中国与世界经济发展报告

2023

主编◎刘宇南

副主编◎张学颖　张宇贤　王远鸿　牛　犁

ANNUAL REPORT ON
CHINA AND THE WORLD ECONOMIC
DEVELOPMENT 2023

中国市场出版社
China Market Press

北　京

图书在版编目（CIP）数据

中国与世界经济发展报告. 2023 / 刘宇南主编；张学颖等副主编. — 北京：中国市场出版社有限公司，2022. 12

ISBN 978 - 7 - 5092 - 2366 - 6

Ⅰ. ①中… Ⅱ. ①刘… ②张… Ⅲ. ①中国经济-经济发展-研究报告-2023②世界经济-经济发展-研究报告-2023 Ⅳ. ①F124②F112

中国版本图书馆 CIP 数据核字（2022）第 257598 号

中国与世界经济发展报告（2023）

ZHONGGUO YU SHIJIE JINGJI FAZHAN BAOGAO（2023）

主　　编：刘宇南
责任编辑：钱　伟

出版发行：中国市场出版社
社　　址：北京市西城区月坛北小街 2 号院 3 号楼（100837）
电　　话：（010）68034118/68021338
网　　址：http：//www. scpress. cn

印　　刷：河北鑫兆源印刷有限公司
规　　格：185mm×260mm　16 开本
印　　张：29　　**字　　数**：550 千字
版　　次：2022 年 12 月第 1 版　　**印　　次**：2022 年 12 月第 1 次印刷
书　　号：ISBN 978 - 7 - 5092 - 2366 - 6
定　　价：88. 00 元

《中国与世界经济发展报告（2023）》

编委会

刘宇南 国家信息中心主任。曾在国家发展改革委社会发展司、国民经济综合司任职，长期从事发展战略、规划、政策研究制定和宏观形势分析工作。为国家"十五""十一五""十二五""十三五"规划起草小组成员；牵头起草《国家基本公共服务体系"十二五"规划》《国家人口发展规划（2016—2030年）》等国家专项规划；多次参与中央、国务院有关文件和领导人讲话起草工作。参与或牵头组织了20余项重点课题研究，获国家发展改革委优秀研究成果一等奖1次，其他奖多次。已出版著作2部，在报纸和刊物发表文章数十篇。

张学颖 国家信息中心副主任，高级经济师。长期从事宏观经济、产业经济研究工作。牵头或参与组织若干项国家自然基金、社科基金、国家发展改革委重点研究课题，参与主持编撰《中国经济展望》《中国产业发展展望》《中国可持续发展的产业政策研究》等，在报刊发表宏观经济和产业经济研究文章数十篇。

张宇贤 国家信息中心经济预测部主任，二级研究员。在国家发展改革委系统长期从事重大战略、重大规划、重大政策研究，主持或参与重大研究课题50多项。曾获国家发展改革委优秀研究成果一等奖2次，二等奖4次。曾在《人民日报》《经济日报》《光明日报》《管理世界》《中国工业经济》《世界经济》《经济理论与经济管理》《中国宏观经济研究》等国家重要报刊发表论文60余篇。

王远鸿 经济学博士，国家信息中心经济预测部副主任、二级研究员。主要从事宏观经济、财政金融、数量经济模型和经济景气模型方面的研究工作。主持或参加国家科技攻关、国家发展改革委等有关政府部门、国家社科基金、国家自然科学基金及社会和国际合作课题多项，获国家科技攻关重大成果奖1次、国家发展改革委优秀研究成果一等奖1次、二等奖2次、三等奖2次，著有《中国经济内外均衡问题研究》《通货膨胀研究—分析与模型》等专著，在《经济研究》《金融研究》《中国工业经济》《人民日报》《经济日报》等报刊发表文章100余篇。

牛　犁　研究员，国家信息中心经济预测部副主任。主要从事国内外宏观经济、能源战略、国际油价等研究工作。曾主持或参加中财办、国家发展改革委、商务部、国家能源局、国家开发银行等单位有关“十四五”发展规划、“高质量发展”、“潜在增长能力”、“国家能源战略”以及国别规划咨询等研究课题 100 多项。在《人民日报》《中国金融》等报刊发表文章 100 多篇。曾获“中央国家机关优秀青年”称号，国家信息中心“突出贡献奖”，国家发展改革委优秀研究成果一等奖 1 次、二等奖 1 次、三等奖 2 次，国家信息中心优秀研究成果奖多项。被聘为商务部经贸政策咨询委员会专家、绿色低碳发展智库伙伴专家委员等。

序

2022年是极不寻常、极不平凡的一年，受需求收缩、供给冲击、预期转弱三重压力叠加疫情反复和乌克兰危机等超预期因素的影响，我国经济下行压力持续加大。在以习近平同志为核心的党中央坚强领导下，各地区各部门坚持稳中求进工作总基调，统筹国内国际两个大局，统筹疫情防控和经济社会发展，统筹发展和安全，加大宏观调控力度，发展质量稳步提升，科技创新成果丰硕，改革开放全面深化，就业物价基本平稳，粮食安全、能源安全和人民生活得到有效保障，保持了经济社会大局稳定。2022年也是党和国家历史上极为重要的一年，党的二十大胜利召开，描绘了全面建设社会主义现代化国家的宏伟蓝图，号召全国各族人民以中国式现代化全面推进中华民族伟大复兴。

2023年是全面落实党的二十大精神的开局之年，也是实施“十四五”规划承上启下关键之年。我国经济发展内外部环境依然严峻复杂。从国际看，美欧经济面临衰退风险，大宗商品价格分化回调，全球通胀依然居高不下，地缘政治风险加快全球供应格局变化，国际供应链在调整中面临新的风险，主要经济体收缩宏观经济政策可能进一步加剧金融市场震荡。从国内看，“三重压力”仍然较大，经济内生增长动能仍然不足，我国经济恢复的基础尚不牢固。我们要以习近平新时代中国特色社会主义思想为指导，全面贯彻落实党的二十大精神，扎实推进中国式现代化，坚持稳中求进工作总基调，完整、准确、全面贯彻新发展理念，加快构建新发展格局，着力推动高质量发展，更好统筹疫情防控和经济社会发展，更好统筹发展和安全，全面深化改革开放，大力提振市场信心，把实施扩大内需战略同深化供给侧结构性改革有机结合起来，继续实施积极的财政政策和稳健的货币政策，加大宏观政策调控力度，加强各类政策协调配合，形成共促高质量发展合力。突出做好稳增长、稳就业、稳物价工作，有效防范化解重大风险，推动经济运行整体好转，实现质的有效提升和量的合理增长，为全面建设社会主义现代化国家开好局起好步。

国家信息中心和国家信息系统预测团队衷心希望《中国与世界经济发展报告(2023)》能够为您了解和把握中国及世界经济发展大势提供帮助。报告难免有不足之处,敬请批评指正。

刘宇南

2022 年 12 月

目　录

Annual Report on
China and the World Economic Development（2023）

总报告

GENERAL REPORT

01　2022年中国宏观经济形势分析及2023年展望

国家信息中心

2022年以来，面对更趋复杂严峻的国际环境和国内疫情持续反复等多重挑战，在以习近平同志为核心的党中央坚强领导下，各地区各部门坚决贯彻落实党中央、国务院决策部署，按照疫情要防住、经济要稳住、发展要安全的要求，高效统筹疫情防控和经济社会发展，加力落实稳住经济一揽子政策和接续政策措施，国民经济顶住压力稳步恢复，经济结构持续优化、创新能力不断增强、物价水平保持稳定。展望2023年，我国将深入贯彻落实党的二十大精神，继续坚持稳中求进工作总基调，完整、准确、全面贯彻新发展理念，加快构建新发展格局，着力推动高质量发展，全面推进中国式现代化建设。2023年，疫情防控更加精准化科学化，二十大精神激发各方积极性，政策效应、缺口效应和基数效应逐步释放，我国经济有望保持稳步回升态势，经济运行处于合理区间。

关键词： 宏观经济　合理区间　持续恢复

一、2022年宏观经济运行呈现波动恢复态势

2022年第一季度，我国经济平稳开局，GDP增长4.8%，前两个月主要经济指标表现亮眼，3月份受新冠肺炎疫情反复等冲击经济出现放缓。第二季度，我国经济顶住压力实现正增长0.4%，4月份“需求收缩、供给冲击、预期转弱”三重压力叠加“疫情反复和乌克兰危机”两大超预期因素带来严重冲击，主要经济指标出现深度下滑；面对经济形势超预期下滑，中央政治局会议提出“疫情要防住、经济要稳住、发展要安全”的要求，国务院加紧出台6方面33条稳住经济一揽子政策措施，5月份经济形势边际改善，6月份较快恢复。第三季度，宏观经济恢复向好、GDP增长3.9%，7月恢复势头有所趋缓，8、9月重回升势。进入第四季度，受冬季季节性影响疫情新发多发，但疫情防控更加精准科学，以及政策效应逐步释放，我国经济保持稳步恢复态势。

（一）供给侧呈现逐步恢复态势

工业生产波动回升。面对疫情冲击，工业生产在波动中保持总体稳定恢复，边际向好态势持续巩固，高技术制造等新动能逐步成为增强工业韧性的重要力量，汽车、电气机械和器材等传统制造业表现较好。1—10 月，全国规模以上工业增加值同比增长 4.0%，比上半年加快 0.6 个百分点，延续了波动回升走势。高技术制造业同比增长 8.7%，增速高于规模以上工业 4.7 个百分点。汽车制造业、电气机械和器材制造业分别增长 8.1%和 11.9%，较上半年分别加快 10 个和 2.2 个百分点。前三季度，整体工业增加值占 GDP 比重为 33.7%，对经济增长的贡献率为 40%，拉动 GDP 增长 1.2 个百分点。

服务业生产缓慢恢复。受疫情持续多发散发的影响，服务业受到较大冲击。1—10 月，全国服务业生产指数同比仅增长 0.1%，其中，信息传输、软件和信息技术服务业，金融业生产指数分别增长 11.1%、5.3%。前三季度，服务业增加值增长 2.3%，远低于过去两年同期 4.8%的平均增速，占 GDP 比重为 53.5%，对 GDP 的贡献率为 41.9%，拉动 GDP 增长 1.3 个百分点。

（二）需求侧动力明显分化

固定资产投资稳定增长。在加大项目要素保障力度、积极发挥重大项目牵引和政府投资撬动作用、多层次金融支持政策发力等因素的带动下，固定资产投资保持了较快增长。1—10 月，固定资产投资同比增长 5.8%，快于过去两年同期 3.8%的平均增速。其中，基础设施投资增长 8.7%，连续 6 个月回升；制造业投资增长 9.7%，电气机械和器材、纺织服装服饰等行业投资保持快速增长；房地产投资下跌 8.8%，累计跌幅呈持续扩大态势。前三季度，资本形成总额对经济增长的贡献率为 26.7%，拉动经济增长 0.8 个百分点。

消费需求明显收缩。2022 年居民消费经历了“平稳运行-二次探底-波动恢复”的过程。1—10 月，社会消费品零售总额累计同比增长 0.6%，远低于过去两年同期 4.0%的平均增速。从住行来看，商品房市场深度调整，1—10 月，商品房销售面积和销售额分别同比下降 22.3%和 26.1%；6 月份起乘用车购置税减半征收等政策带动汽车市场强势反弹，汽车销量增速由前 5 个月的同比下降 12.2%跃升为 6—10 月的增长 23.3%。前三季度，全国居民人均消费支出同比实际增长 1.5%，低于过去两年同期 3.7%的平均增速，最终消费支出对经济增长的贡献率为 41.3%，拉动经济增长 1.2 个百分点。

外贸出口快速增长但边际变弱。东盟、印度、拉美等贸易伙伴需求旺盛、疫情冲击下存在部分订单转移至国内的贸易替代效应，以及机电、新能源车等出口商品较强的竞争力，使得我国外贸出口保持快速增长。1—10 月，我国出口总额（按美元计价）同比增长 11.1%，这是在过去两年同期 14.9%的高基数基础上实现的，实属不易。当然，随着美欧日等经济不断减速下行，外需减弱趋势已经出现，10 月当月出口增速由正转负，同比下降 0.3%，结束了连续 28 个月的正增长。前三季度，货物和服务净出口对经济增长的贡献率为 32%，拉动经济增长 1 个百分点。

（三）消费物价温和上涨，工业品价格高位回落

居民消费价格温和回升。受输入性通胀、疫情散发、猪肉价格上涨、极端天气等影响，消费价格呈温和回升态势。1—10 月，CPI 同比上涨 2.0%，涨幅同比提高 1.3 个百分点，由 1 月份的 0.9%温和回升至 9 月份的 2.8%，10 月回落至 2.1%。其中，食品价格上涨 2.5%，生猪市场供需发生短期变化，下半年以来猪肉价格再度上涨；非食品价格中消费品价格上涨较多，特别是国际能源价格持续处于高位导致汽油柴油价格保持两位数上涨。扣除食品和能源价格的核心 CPI 上涨 0.9%，保持基本稳定。我国 CPI 涨幅明显低于其他主要经济体，同期美国、欧元区、日本 CPI 同比分别上涨 8.3%、8.1%和 2.2%，俄罗斯、巴西、南非、印度 CPI 同比分别上涨 14.1%、10.0%、6.9%和 6.8%。

工业生产者出厂价格稳步回落。国际大宗商品价格呈先升后降态势，全球供应链效率下降，商品运输和交易成本上升，输入性通胀压力较大，基数因素前高后低，国内能源、粮食等重点商品保供稳价工作成效显著，工业品价格总体呈逐月稳步回落走势。1—10 月，PPI 同比上涨 5.2%，涨幅同比放缓 2.1 个百分点，由 1 月份的 9.1%逐月回落至 10 月份的-1.4%。其中，生产资料价格上涨 6.4%，生活资料价格上涨 1.4%。我国 PPI 涨幅显著低于其他主要经济体，同期美国、欧元区、日本 PPI 同比分别上涨 10.1%、36.9%和 9.5%，俄罗斯、南非、巴西 PPI 同比分别上涨 16.6%、14.2%和 13.2%。

二、当前经济发展面临的主要矛盾和问题

当前，我国经济运行总体延续恢复态势，部分经济指标呈现积极改善迹象，然而经济发展过程中仍存在一些深层次矛盾和问题，需要予以高度关注。

（一）国际环境存在“五重风险”

1. 全球疫情不确定性及放松防控加大我国“外防输入”压力

当前，新冠病毒仍在持续变异，全球疫情仍处于流行状态，特别是随着奥密克戎变异株在全球快速传播，变异病毒的传染性、隐匿性和免疫逃逸能力急剧增强，

造成全球疫情流行始终难以有效控制，疫情最终走向还存在很大的不确定性。与此同时，由于多国已放松疫情防控，人员流动频率加快以及流动范围扩大将加速疫情传播，甚至不排除新冠病毒与人类长期伴生。我国坚定不移坚持人民至上、生命至上，坚定不移落实“外防输入、内防反弹”总策略，坚定不移贯彻“动态清零”总方针，因此，外防输入的压力持续加大，防疫形势依然极其复杂严峻。

2. 世界经济减速及贸易替代效应减弱导致外贸出口放缓

由于全球疫情冲击持续、地缘冲突加剧、极端异常天气、主要经济体激进加息，世界经济持续面临异常巨大下行压力，部分国家发生经济衰退甚至金融债务危机的风险上升。国际货币基金组织（IMF）秋季报告预计，2023 年世界经济增长 2.7%，较上年放缓 0.5 个百分点，也低于过去 40 多年 3.5%的平均增速。世界经济减速导致国际市场需求收缩。同时，部分国家放松疫情防控，产业链供应链逐步恢复，我国出口订单转入的贸易替代效应将会减弱。因此，外部需求减少及贸易替代效应减弱，使得我国外贸出口面临较大下行压力。

3. 主要经济体激进加息的滞后影响显现

为抑制通货膨胀持续攀升，美欧等主要经济体大力度收紧货币政策。美联储高频率大幅度加息，截至 11 月联邦基金利率上调至 3.75%～4%之间，为 40 多年来最大密集加息幅度。继美联储之后，欧央行及英国、加拿大、印度、巴西、南非等国央行采取加息措施，日本、韩国等国对外汇市场进行干预。主要国家（地区）加息的滞后效应逐步显现：在持续大幅加息紧缩货币政策的背景下，部分国家经济衰退的概率上升；部分国家将面临本币贬值、资本流出、主权债务危机等风险，中外利差扩大削弱了人民币金融资产对外资的吸引力，加剧短期资本流出和人民币汇率贬值压力；全球利率水平上升导致流动性趋紧，市场风险偏好降低，国际金融市场动荡风险加大。

4. 乌克兰危机加剧地缘政治局势动荡风险

随着俄罗斯总统普京签署部分动员令、顿涅茨克等四地公投、北溪管道爆炸、美西方不断增加对乌军事援助等一系列事件的发生，俄乌双方军事角力和利益诉求进入胶着状态，乌克兰危机走向更加难以预料。从地缘政治看，乌克兰危机及美西方对俄制裁加速打破欧洲政治平衡，欧洲国家被迫与美国战略利益捆绑，导致全球地缘政治格局的深度调整。从经济影响看，乌克兰危机及美西方对俄制裁对全球产业链供应链稳定、对全球能源及粮食供应安全的威胁显著上升，严重干扰正常国际经贸合作。

5. 美对我战略围堵打压加剧大国博弈风险

美国《国家安全战略报告》提出，“中国是美国面对的‘最严重的地缘政治挑战’，中国也是唯一一个既有意愿也有能力重塑国际秩序的竞争者”。美对我战略围堵打压从点到面、全方位、系统性增强。一是加大对华全方位科技脱钩和打压。美众议院通过《芯片与科学法案》，美商务部出台限制 31 家中国公司、研究机构和其他团体获得美国半导体技术，限制所有美国芯片生产设备制造商向中国出口 14 纳米及以下芯片的生产设备等一系列新措施。二是利用劳工问题进行打压。美国出台所谓“维吾尔强迫劳动预防法案”，推动对新疆企业和人员制裁。三是挑动台海等地区紧张局势。美国频繁涉足台海、南海等问题，美国会众议长南希·佩洛西窜访中国台湾地区，推出“2022 年台湾政策法案”，“以台制华”意图明显。四是强化盟友联合围堵。正式启动“印太经济框架（IPEF）”，重振盟友关系，在供应链重塑、数字经济和数字贸易以及地区基础设施等方面强化对华地缘政治经济竞争。

（二）我国经济运行面临“四大挑战”

1. 内需收缩和外需收缩相碰头

国内消费需求明显收缩。疫情反复导致餐饮、娱乐等接触性、聚集性消费场所面临随时停业风险，旅游消费者面临被隔离滞留在旅游区风险，部分服务领域面临“无法消费”现象。疫情冲击、预期不佳等影响消费意愿，消费信心指数跌至历史低点，居民储蓄倾向明显上升，出现“无意消费”现象。部分群体、部分行业结构性失业问题突出，疫情持续冲击下居民对未来收入预期下降，股票市场低迷导致居民财富缩水，居民收入减少导致消费能力削弱，出现“无力消费”问题。外部需求出现明显减弱趋势。受地缘政治冲突、部分发达经济体加快收紧货币政策等影响，全球经济下行压力不断加大，导致外部需求减弱，自 2022 年 8 月起我国外贸出口增速明显放缓。2022 年 9 月摩根大通全球制造业 PMI 降至 49.8，为 26 个月以来首次降至荣枯线以下。此外，虽然人民币对美元出现一定幅度贬值，但对欧元、英镑、日元、韩元等其他主要货币仍然呈现升值态势，不利于我国对相关国家与地区出口。在内需收缩的同时外需开始减弱，对我国经济平稳增长带来较大挑战。

2. 订单转移和产能转移相叠加

订单转移趋势显现。在国内外疫情反复的背景下，部分发达经济体放松防疫政策，实施带疫复产，同时东南亚等地区制造业发展势头较好，国内企业订单出现向海外转移的现象。纺织服装、家居建材、消费电子等行业企业反映订单外流明显。中国纺织品进出口商会企业问卷调查显示，有 26%的企业表示客户订单外移比例在

30%以上，90%以上的企业表示当前在手订单较2021年下半年有所缩减。

产能出现向外转移。疫情冲击和贸易摩擦影响全球产业布局，跨国公司调整国际产业链供应链分布，部分国内外资企业产能向海外转移。同时，随着国内人工、原材料成本上涨以及东南亚等地区劳动力成本低廉、营商环境和基础设施条件逐步改善，部分本土企业选择在国外设厂经营。当前订单和产能向海外转移相叠加，不利于保持我国产业链供应链的完整性，影响国内工业生产稳步恢复。

3. 企业缩表和居民缩表相同步

企业投资和生产意愿不足。需求收缩、预期转弱等因素导致企业扩大生产意愿不足，投资回升动力趋弱。国务院发展研究中心调查显示，未来一段时间计划增加投资的企业占比仅为26%（多年平均水平不低于40%），较2021年底下降12.2个百分点。尽管当前货币流动性充裕，但企业新增贷款扩大生产意愿不强，导致部分资金难以进入生产领域。

居民资产负债表收缩。2022年以来，部分购房业主开始提前偿还房贷，房地产市场深度调整使得新增房贷放缓，反而居民储蓄存款较快增加。央行发布的《2022年第三季度城镇储户问卷调查报告》显示，第三季度，城镇储户倾向于“更多储蓄”的居民占58.1%，处于历史高位；倾向于“更多消费”的居民占22.8%，比上季度减少1.0个百分点。

企业和居民部门同时收缩资产负债表导致国内消费、投资需求增长乏力，经济增长动能减弱。

4. 财政风险和金融风险相交织

地方财政收支平衡压力加大。经济增长承压、工业品价格走低、房地产遇冷等因素交织导致地方财政增收困难加大。1—10月，地方一般公共预算收入扣除留抵退税因素后增长5.4%，按自然口径计算下降3.6%；特别是国有土地使用权出让收入同比下降25.9%。与此同时，疫情防控、民生保障等财政支出刚性增长，因而地方财政收支平衡压力明显上升。

局部金融风险开始暴露。当前，我国房地产市场深度调整，商品房销售大幅下降，房企面临资金链断裂、债务违约等风险，造成相关项目烂尾停工，不能按期交付，部分购房业主出现停供房贷现象，引发金融风险和社会问题。河南、安徽等地村镇银行出现取款难，辽阳农商行等进入破产程序，中小银行资产质量、资本充足水平、公司治理等问题突出，中小金融机构风险逐步暴露。

地方财政收支压力和金融风险相交织，势必压缩财政金融政策稳增长的空间，掣肘宏观政策的效能。

三、2023年宏观经济有望稳步回升

展望2023年，党的二十大胜利召开后，各地鼓足干劲、迎难而上，高效统筹疫情防控和经济社会发展，宏观经济有望稳步回升，生产端恢复加快，需求端动能增强，物价水平保持平稳。

（一）经济增速将稳步恢复

“四大效应”助力2023年经济增长。一是政治效应。党的二十大科学谋划了未来5年乃至更长时期党和国家事业发展的目标任务和宏伟蓝图，对经济持续发展、社会长治久安具有重大意义，将极大改善社会预期、鼓舞社会信心、激发生产积极性。二是政策效应。各项稳住经济一揽子政策措施的叠加效果、累积效果和延后效果将进一步释放，支持宏观经济平稳运行，增强经济发展韧性。三是缺口效应。根据国家信息中心测算，“十四五”时期我国经济潜在增长率为5.5%左右。受世纪疫情冲击，当前我国实际经济增速与潜在经济增速存在较大缺口。而我国劳动力、资本、全要素生产率等生产要素支撑能力并未发生实质性改变，随着疫情防控的科学化精准化，2023年经济增速将向潜在经济增长率逐步回归。四是基数效应。2022年受疫情反复和乌克兰危机等超预期因素冲击，我国经济出现显著下滑，2023年经济增速将在低基数基础上呈现出恢复性增长态势。预计2023年我国经济将增长5.2%左右。

（二）生产端恢复较快

工业生产增势向好。在疫情对生产的影响持续降低、各地区各部门落实稳经济的主观能动性增强、助企纾困政策持续发力、积极疏通产业链供应链堵点卡点等因素带动下，工业将保持较好增势。与此同时，我国工业体系完备，制造能力强等优势能够较快适应外部需求变化，新产业新业态新模式对生产的拉动作用持续增强，工业领域数字化、网络化、智能化转型成效持续显现。预计2023年规模以上工业增加值增长5.5%左右。

服务业波动修复。在不发生大范围大强度疫情反弹的情况下，常态化防疫政策持续优化进一步减少了服务消费障碍，居民出行意愿增强，前期积累的餐饮、旅游、住宿、交通等接触性服务行业需求将逐步得到释放。同时，前期服务业纾困政策的积极作用仍在持续，服务业企业压力进一步减轻，经营状况将有所好转。预计2023年服务业增加值增长5.2%左右。

（三）需求动能有所增强

投资保持稳定增长。从基建投资看，前期大力增加政策性开发性金融工具、

将新型基础设施纳入地方专项债适用范围、积极推动银行业金融机构增加融资支持等举措将持续为基建投资增长增添动力。同时，交通运输、沿江沿边、城市更新等领域投资需求仍然较大，有利于进一步扩大基建投资需求。从制造业投资看，企业生产经营压力依然较大，利润回补有待进一步增强，部分行业企业亏损情况依然较重，企业信心仍待重振，制造业投资增长面临较大压力。与此同时，继续落实好制造业新增留抵退税政策直接增加企业现金流，加快设备更新改造贷款投放，制造业投资总体将保持较快增长。从房地产投资看，国家出台“金融 16 条”促进房地产市场平稳发展，在部分需求政策放松后，全国房地产市场销售有望降幅收窄、逐步回暖。主要房企已度过境外债券融资到期高峰，偿债压力有所缓解。但房企经营困难依然较大，房地产投资降幅有望收窄。预计 2023 年固定资产投资增长 6.0%左右。

消费需求温和恢复。在疫情逐步好转的情况下，居民消费有望保持恢复性增长。从服务消费看，旅游、休闲、娱乐等接触性聚集性服务消费有望回暖向好，餐饮消费加快修复。从重点商品看，新能源车购置税优惠延期到 2023 年底等政策有利于释放社会购车需求；各地对绿色智能家电、绿色建材等予以适度补贴或贷款贴息，部分耐用品消费将趋于好转；住房消费将有所回暖，对家具家电、建筑装潢等相关消费的带动力有所增强。预计 2023 年社会消费品零售总额增长 5.0%左右。

外贸增长稳步放缓。受乌克兰危机、全球滞胀压力加大以及主要国家宏观政策过快转向等因素影响，全球经济增长趋于放缓，增长前景的不确定性显著加大，海外市场需求增长将更加乏力，我国出口面临更多压力。同时，疫情以来贸易替代效应也随着周边国家生产的恢复而进一步降低。预计 2023 年货物出口增长 3%左右。

（四）物价涨幅总体平稳

居民消费价格延续温和上涨。一是粮食产量和库存双高有利于食品价格保持稳定，奠定物价稳定的基础；二是目前猪肉价格正处于周期性上涨阶段，将维持高位运行态势，但由于后期猪肉供给有保障，将抑制肉价大幅上涨；三是居民消费进一步恢复，市场活跃度有所回升，将对物价涨幅形成一定支撑；四是货币环境总体宽松，流动性保持合理充裕。总体看，居民消费价格将延续温和上涨态势，预计 2023 年 CPI 上涨 2.0%左右。

工业生产者出厂价格走低。一是全球经济减速下行、需求疲软、运价高位回落、全球流动性收紧等因素导致本轮全球大宗商品价格已经见顶，将呈现震荡回落走势，输入性通胀压力将减少；二是国内能源、粮食等重要商品保供稳价成效显著，通胀预期回落将抑制工业品价格。三是宏观经济将稳步恢复，经济活力进一步增强，工业品需求有所回升将对工业品价格形成一定支撑。总体看，国内工业品价格将延续走低态势，预计 2023 年 PPI 下跌 1.0%左右。

全社会固定资产投资的预期目标与完成情况见表 1。

表 1　全社会固定资产投资的预期目标与完成情况

单位:%

	2022 年 1—10 月（实际）	2022 年（预测）	2023 年（预测）
GDP	3.0	3.3	5.2
第一产业	4.2	4.3	3.9
第二产业	3.9	4.3	5.5
第三产业	2.3	2.4	5.2
规模以上工业增加值	4.0	4.1	5.5
固定资产投资	5.8	5.7	6.0
房地产开发投资	-8.8	-9.0	-3.0
社会消费品零售总额	0.6	1.3	5.0
出口（亿美元）	11.1	8.6	3.0
进口（亿美元）	3.5	2.6	3.5
居民消费者价格	2.0	2.0	2.0
工业生产者出厂价格	5.2	4.3	-1.0

四、政策建议

针对新冠肺炎疫情不确定性较强、经济下行压力依然存在等问题，2023 年宏观政策仍需保持力度，持续出台稳经济接续政策，积极的财政政策更加有为，稳健的货币政策注重成效。

（一）高效统筹疫情防控和经济社会发展

按照“疫情要防住、经济要稳住、发展要安全”的要求，在“外防输入、内防反弹”总策略和“动态清零”总方针的指导下，坚决贯彻落实《关于进一步优化新冠肺炎疫情防控措施 科学精准做好防控工作的通知》，将 20 条举措进一步落实到位，防止层层加码、过度防疫，更科学、更精准、更规范、更快速地开展疫情防控，把该管住的重点风险管住、该落实的落实到位、该取消的坚决取消，充分利用资源，提高防控效率，更好地统筹疫情防控和经济社会发展，以最小成本实现最大的防控效果，畅通国民经济循环，推动经济社会回归正常化运行。

（二）财政货币政策加力稳定经济大盘

一是适度增加财政支出强度。提前发行 2023 年地方专项债，支持一批重点项目建设，提高政府投资资金使用效率，发挥“十四五”规划重大项目带动引领作用，撬动社会资本共同参与经济建设。二是落实好技改贷款财政贴息政策，提高实体经济创新发展能力，持续支持关键核心技术研发应用，增强经济发展后劲。三是进一步深化退税减税降费政策，切实减轻企业经营负担。四是综合运用数量型和价格型金融工具，灵活精准施策，推动金融机构降低实际贷款利率水平，切实降低企业融资成本，增强信贷总量增长的稳定性。五是用好设备更新改造专项再贷款，支持经济社会发展薄弱领域设备更新改造。六是保持人民币汇率在合理均衡水平上的基本稳定。

（三）需求政策加力提升效率

一是稳定社会就业。积极扩大就业渠道，鼓励创业带动就业，发挥失业保险助企扩岗作用，保持居民收入稳定增长，夯实消费需求释放基础。二是拓展乡村消费空间。实施好汽车、绿色家电下乡活动，拓宽耐用消费品销售渠道。三是持续创新消费业态和模式，适应常态化疫情防控需要，扩大升级信息消费，大力推进智慧零售、智慧旅游、智慧餐饮、数字文化以及“互联网+消费”等消费模式，增强消费活力。四是超前布局重大基础设施建设，打造新型基础设施网络体系，论证推进一批重要农业、水利、交通、能源等基础设施建设项目，加强 5G 等新型基础设施体系布局。五是围绕补短板、强弱项，加快推进关键核心技术攻关项目投资，支持制造业技术改造投资，加大重点行业节能降碳项目投资，加强社会民生、生态环保等领域建设。六是有效督查监管重大投资项目进展情况，加强在建项目后续建设，避免出现半拉子工程。七是统筹利用外经贸发展专项资金，加大出口信用保险支持力度，发挥外贸创新平台作用，保障防疫、用能、用工、物流等环节顺畅，支持外贸企业保生产保履约，确保订单交付。

（四）房地产政策加力防范风险

一是积极推进保交楼建设，明确项目、房屋交付时间表，推动项目早复工、早交付。二是加强协同监管，严防风险外溢，加强市场监管和土地、金融等政策协同，加强部门和地方协调联动、信息共享，加强对房地产领域相关风险的预测预警预防。三是优化完善房地产信贷政策，进一步缓解房地产企业融资困难，促进房地产业良性循环和健康发展。四是开展房地产市场质量监管行动。强化全产业链监管，保证房地产项目原材料、施工、安装等工序质量，严打不良项目违规问题。

Annual Report on
China And The World Economic
Development（2023）

综合篇

OVERALL REPORTS

02 2022年固定资产投资分析及2023年展望

胡祖铨*

摘要：2022年以来，固定资产投资增长加快，关键性作用更加彰显。1—10月，固定资产投资同比增长5.8%，较上年同期两年平均增速（3.9%）高出1.9个百分点，较上年全年增速（4.9%）高出0.9个百分点。基础设施投资强劲增长，制造业投资快速增长，房地产开发投资同比下降。预计2022年固定资产投资增长5.7%左右。当前需要密切关注投资增长内生动力不足、房地产市场不确定性较大、低效无效投资项目有所增多等问题。展望2023年，在宏观经济加快恢复、逆周期调节发力、开施工项目推进、有效投资空间涌现等利好因素带动下，固定资产投资有望增长6%左右。建议更加注重改善提升民间资本、服务业、房地产等薄弱环节的投资环境，充分发挥和释放出投资稳增长的关键性作用，以及补短板调结构、带消费扩就业的积极效应。

关键词：关键性作用　逆周期调节　基础设施

一、投资增长加快，关键性作用更加彰显

在年初公布的2022年国民经济和社会发展计划草案中，投资的主基调定位为“积极扩大有效投资”，延续了2018年以来不再设立全社会固定资产投资预期增长目标的做法，并部署提出适度超前开展基础设施投资、加大社会民生领域补短板力度、做好用地用能等要素保障、优化投资结构等重点工作。

1—10月，全国固定资产投资额为47.1万亿元，同比增长5.8%，较上年同期两年平均增速（3.9%）高出1.9个百分点，较上年全年增速（4.9%）高出0.9个百分点。分季度看，第一季度同比增长9.3%、第二季度增长4.2%、第三季度增长5.5%，季度间呈现出“V形”走势，与宏观经济受超预期因素影响呈现出回稳向上

---

* 胡祖铨，经济学博士，国家信息中心经济预测部人口监测预测与发展政策研究室副主任、副研究员，主要研究领域为宏观经济、人口发展、财政与税收。

的趋势基本一致。分领域看，基础设施投资强劲增长、制造业投资快速增长有效抵消了房地产开发投资大幅收缩的负面影响。分区域看，东、中、西部和东北地区投资分别增长 4.2%、9.8%、6.1%、0.3%，部分受疫情明显冲击的省份投资同比下降，上海、吉林、天津、广东、海南、西藏、青海投资同比增速分别为-5.9%、-5.1%、-9.2%、-1.4%、-1.9%、-26.2%和-3.3%。从贡献率看，投资在稳增长中的关键性作用更加彰显。前三季度，资本形成总额对经济增长贡献率为 26.7%，较上年同期提高 11.1 个百分点，拉动 GDP 增长 0.8 个百分点。

2009—2022 年全社会固定资产投资的预期目标与完成情况见表 1，固定资产投资增速走势见图 1。

表 1　2009—2022 年全社会固定资产投资的预期目标与完成情况

年份	预期目标（%）	主基调	完成增速（%）	是否完成
2009	20	保持投资较快增长	30.0	√
2010	20	保持合理的投资规模	23.8	√
2011	18	保持合理的投资规模	23.8	√
2012	16	进一步优化投资结构	20.3	√
2013	18	发挥好投资对经济增长的关键作用	19.3	√
2014	17.5	促进投资稳定增长和结构优化	15.3	×
2015	15	着力保持投资平稳增长	9.8	×
2016	10.5 左右	着力补短板调结构，提高投资有效性	7.9	×
2017	9.0 左右	精准扩大有效投资	7.0	×
2018	—	聚焦重点领域优化投资结构	5.9	—
2019	—	聚焦关键领域促进有效投资	5.1	—
2020	—	积极扩大有效投资	2.7	—
2021	—	增强投资增长后劲	4.9	—
2022	—	积极扩大有效投资	预测 5.7	—

注：投资计划预期目标是政府对年度固定资产投资发展期望达到的目标。预期目标本质上是导向性的，在反映投资发展基本趋势的同时，主要是向社会传递宏观调控的意图，以引导市场主体行为，不等同于预测值。

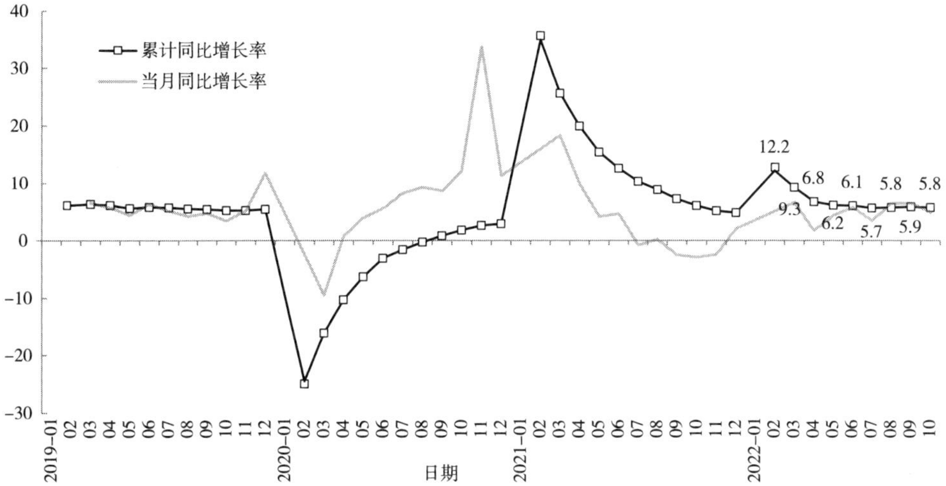

图1 固定资产投资增速走势（%）

（一）制造业投资较快增长

1—10月，制造业投资同比增长9.7%，较上年同期两年平均增速（4.0%）大幅提高5.7个百分点。制造业投资对全部投资增长的贡献率为42.7%，拉动投资增长2.5个百分点。在扩大制造业中长期贷款投放、加快制造业增值税留抵退税、设立设备更新改造专项再贷款和财政贴息等支持政策带动下，制造业投资保持较好增势。截至9月末，制造业中长期贷款余额同比增长30.8%，较全部中长期贷款余额增速高出20.5个百分点。分领域看，新动能投资表现亮眼，高技术制造业投资增长23.6%；制造业技改投资同比增长10.4%，占全部制造业投资比重达到40.9%。如图2所示。

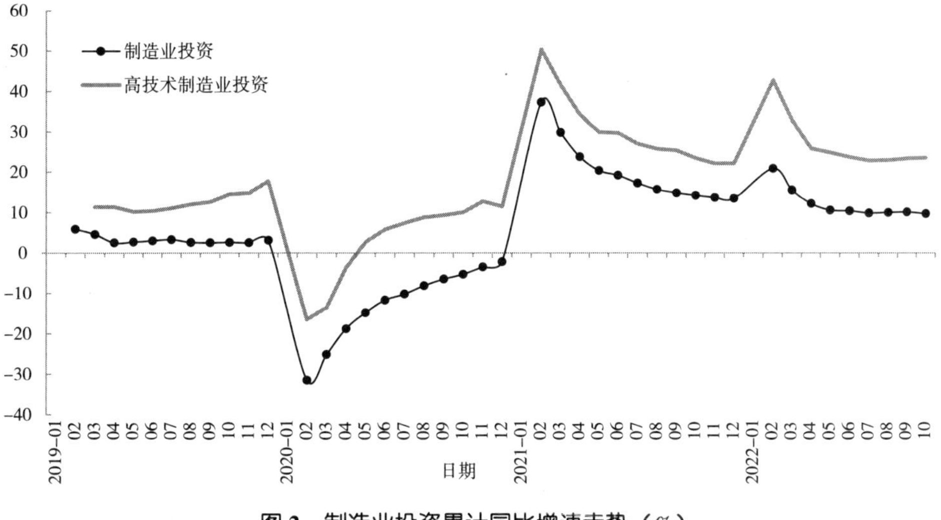

图2 制造业投资累计同比增速走势（%）

（二）基础设施投资明显发力

1—10 月，基础设施投资（大口径，包括电热燃水的生产和供应业）同比增长 11.2%，自 2018 年以来首次重回两位数增长。国家推出财政政策靠前发力、设立政策性开发性金融工具、依法盘活地方政府专项债务结存限额等支持政策，着力破解重大基础设施项目资本金到位难等问题，促进基建项目加快落地。一般公共预算和政府性基金支出合计同比增长 7.4%，远高于 2021 年同期的-1.1%。10 月末政策性开发性金融工具已投放 7400 亿元，有力补充了交通、能源、水利、市政等领域重大项目的资本金。全年新增地方政府专项债首次超过 4 万亿元，包括新增专项债 3.65 万亿元以及专项债务结存限额 5000 多亿元。分大类行业看，电热燃水的生产和供应业投资同比增长 18.9%，交通运输、仓储和邮政业增长 6.3%，水利环境和公共设施管理业增长 12.6%。如图 3 所示。

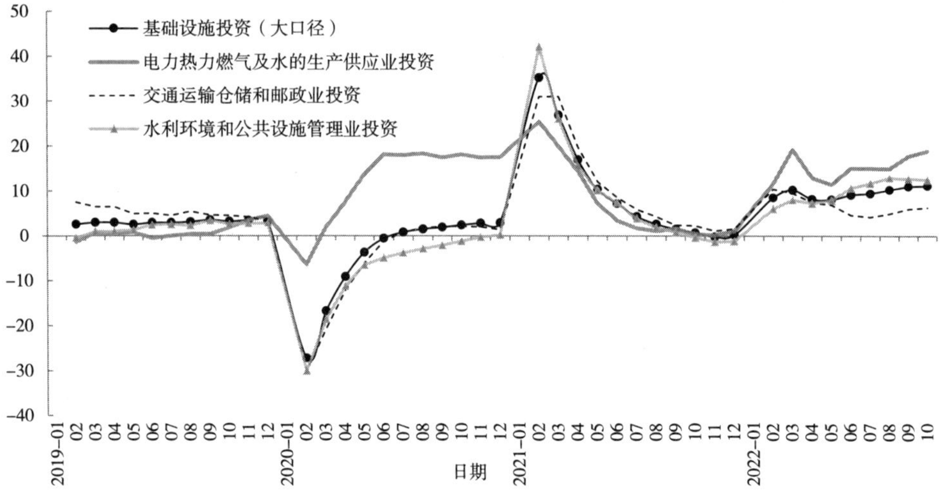

图 3　基础设施投资累计同比增速走势（%）

（三）补短板固底板投资快速增长

国家统筹发展与安全，加大补短板、固底板投资，着力补齐经济社会发展和风险防控的薄弱环节。1—10 月，社会领域投资同比增长 13.2%，自 2003 年发布大类行业投资统计数据以来均保持了两位数增长。教育、卫生和社会工作、文化体育等公共服务设施加快补齐短板，更好服务人的全面发展和人民美好生活需要。其中，卫生和社会工作投资增长 29.1%。能源保供进一步加强，能源领域投资力度不断加大。煤炭开采和洗选业投资增长 27.5%，油气开采业投资增长 12.7%，火电工程投资增长 47.5%，太阳能发电工程投资增长 3.5 倍。国家储备体系加快完善，战略和应急物资储备基地建设明显提速，带动仓储业投资同比增长 17.2%。如图 4 所示。

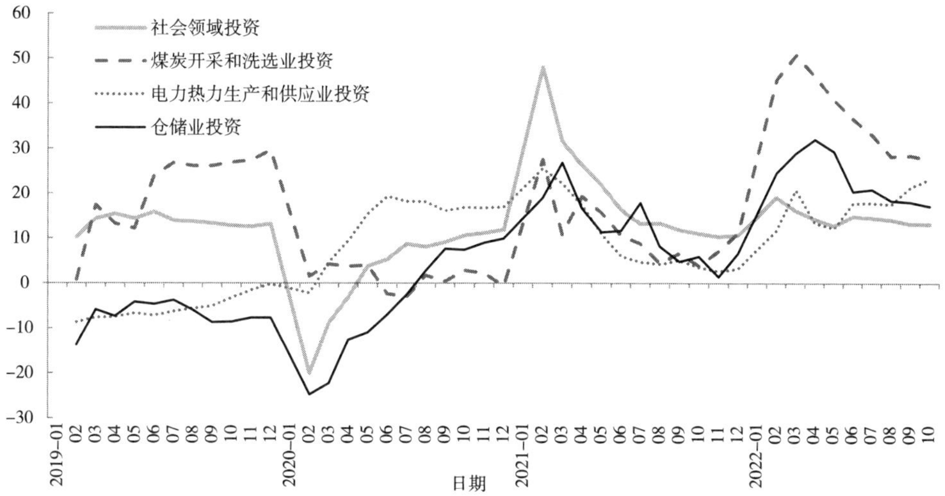

图4 短板底板领域投资累计同比增速走势（%）

（四）房地产开发投资同比下降

1—10月，房地产开发投资同比下降8.8%，降幅较上半年扩大3.4个百分点。房地产开发投资对整体投资增长形成明显的拖累，剔除房地产开发投资的项目投资同比增速达到11.5%。房地产市场延续2021年下半年以来的深度调整趋势，一些前期盲目扩张的房企资金链比较紧张，部分地方出现房屋交付困难等问题，叠加疫情期间居民收入增长显著放缓等因素，房地产市场预期持续低迷不振。商品房销售面积、销售额同比分别下降22.3%、26.1%，销售面积当月同比数据已经连续16个月下降。10月份，70个大中城市新建商品住宅价格环比下降0.4%，最近14个月均未录得上涨情况。

（五）民间投资实现增长

1—10月，民间投资同比增长1.6%，增速较上半年回落1.9个百分点。民间投资占固定资产投资的比重为56.9%，较上年同期回落2.3个百分点。近三成民间投资集中在房地产开发领域，受房地产市场调整影响，民间投资增长相对疲弱。国有及国有控股单位投资同比增长10.8%，远高于民间投资增速，两者增速差年内逐月扩大。如图5所示。

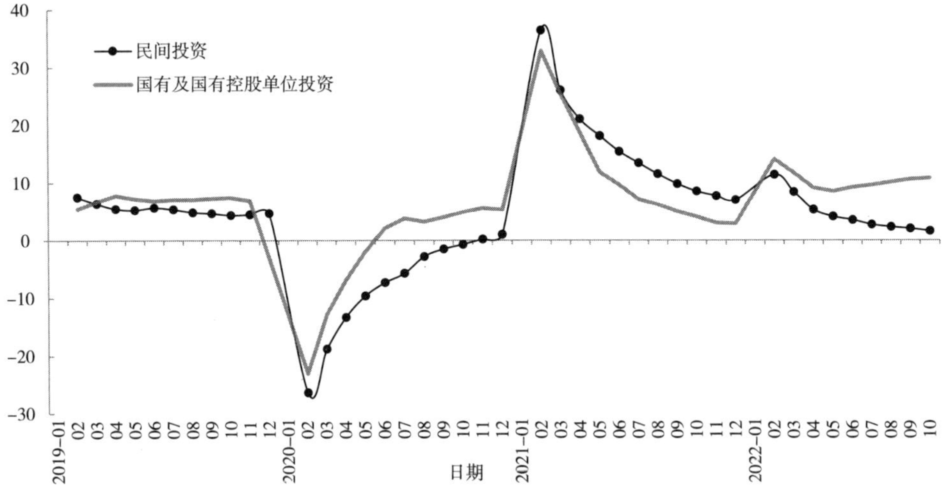

图5　民间投资累计同比增速走势（%）

综合判断，固定资产投资将保持平稳增长，预计 2022 年全年增长 5.7%，较 2020—2021 年两年平均增速、2021 年全年增速分别高 1.8 个、0.8 个百分点。

二、当前投资领域需要关注的问题

（一）投资增长内生动力不足

当前国际环境更加复杂严峻，国内经济下行压力有所增大，在市场总需求增长放缓的大背景下，企业发展预期普遍转弱、观望情绪浓厚，投资增长动力不足，对投资增长的可持续性带来挑战。一是世界经济增长放缓。受疫情冲击、地缘冲突、主要经济体大幅加息等因素叠加影响，世界经济增长预期明显下行。国际货币基金组织 10 月报告预计 2023 年世界经济将增长 2.7%，明显低于 2001—2019 年平均增速（3.7%），是 2001 年以来最为疲弱的经济增长表现。世界经济低迷对我国出口导向型企业的投资意愿带来不利影响。二是国内总需求恢复迟缓。国内新发疫情不断出现，市场需求恢复持续偏慢，叠加能源原材料价格快涨，导致部分市场主体倾向“收缩式”“应对型”经营策略，对扩大再生产、新增投资较为谨慎，投资意愿整体偏低。同时，近年来企业为应对产业链供应链扰动风险进行的主动补库存行为基本完成，增加存货冗余和备份对市场总需求的支撑作用明显减弱。前三季度规模以上工业企业存货变动需求同比下降 33.1%，2020 年、2021 年分别为增长 3.1 倍、增长 4.1 倍。三是民间投资增长低迷。受交通、能源、电信、市政工程等领域进入壁垒以及融资困难等因素制约，促投资系列政策对国有类投资、民间投资产生了非对称性影响，民间投资受益程度较弱、增速明显偏低。

（二）房地产市场不确定性较大

房地产相关产业链条长、带动作用大，房地产开发投资收缩对投资平稳增长带来较大的负面冲击。目前来看，房地产市场前景仍然存在较大的不确定性。一是疫情冲击导致居民就业质量下降、增收困难加大，购置房产的能力和意愿均明显下降。近三年16~24岁青年调查失业率平均高达14.8%，2020—2021年全国居民人均可支配收入年均名义增长6.9%，2022年前三季度增长5.3%，均明显低于疫情前三年平均增速（8.9%）。第三季度央行城镇储户问卷调查显示，未来三个月打算购房的居民占比仅为17.1%，持续处在较低水平。二是房地产市场景气度仍在惯性下降。房地产销售和投资下降的趋势尚未扭转，房企融资条件还没有出现实质性改善，多数房企资金面仍较为紧张，债务违约风险持续发酵。居民二套房利率仍然偏高，对释放改善性住房需求形成一定制约。三是坚持“房住不炒”定位和构建长效机制，决定了房地产政策调整以满足刚性和改善性住房需求为方向，以新市民、青年人等为目标群体，进一步放松的空间已经不大。

（三）低效无效投资项目有所增多

政府类投资在我国稳投资大局中发挥着重要的引导和撬动作用。当前政府类投资中出现无效、低效项目增多的苗头倾向，这既对当前的稳投资效应产生负面影响，也给未来的投资价值实现带来挑战，应予以高度重视。无效、低效投资项目的共性特点主要有：项目主要建设内容与国家政策要求出现严重偏离；项目建设任务不清晰，同质性项目扎堆出现；项目可研报告编制只为可批性而忽略可行性的问题非常突出；项目论证不成熟，前期工作开展多年仍不具备开工条件；项目前期工作不扎实，开工后需要变更设计方案，造成工程停滞。

三、2023年固定资产投资分析预测

展望2023年，固定资产投资将实现平稳增长。一是宏观经济加快恢复。国家高效统筹疫情防控和经济社会发展，加力落实稳经济各项举措，宏观经济有望加快趋近潜在增长水平。宏观环境改善将带动市场信心修复，有利于增强投资内生动能。二是逆周期发力更加精准。国家加大逆周期调节力度，落实稳经济一揽子政策和接续措施，制定出台支持民间投资发展、金融支持房地产等针对性政策，有望改善投资环境、破解融资瓶颈，推动投资项目落地实施。三是项目开施工情况向好。1—10月，新开工项目、施工项目计划总投资分别同比增长23.1%和12.0%，有利于投资

持续稳定增长。四是有效投资空间不断涌现。投资流向先进制造业、数字经济、乡村振兴、粮食能源供应安全、绿色低碳、公共服务等领域的趋势愈发明显，高质量投资的成色越来越足。

综合判断，2023年固定资产投资将增长6%左右，重点领域投资增长将更加均衡，制造业投资、基础设施投资引领投资增长，房地产开发投资增长有望筑底企稳。

四、政策建议

建议2023年固定资产投资工作围绕“着力保持投资平稳增长”的思路展开，加大制造业、基础设施、社会领域等重点领域的投资支持力度，更加注重改善提升民间资本、服务业、房地产等薄弱环节的投资环境，充分发挥和释放出投资稳增长的关键性作用，以及补短板调结构、带消费扩就业的积极效应，促进宏观经济向潜在增长水平回归。

（一）贯彻投资逆周期调控理念

用好用足近年来稳宏观杠杆、控地方政府债务赢得的政策空间，支持地方政府依法盘活债务限额空间，适当提升对政府债务融资的容忍度，增强对合法合规政府投资项目可能出现损失的包容性，适度超前开展基础设施投资，扩大支持有一定经济可行性的投资项目。

（二）探索创新投资调控方式

在方向引导的基础上，增加投资数量调控工具，研究在地方政府专项债券、政策性开发性金融工具的投放上，明确不低于一定比例（可考虑细分行业领域近五年民间投资比重的平均值）用于支持民营资本控股的项目，激发民间投资活力。创新地方政府专项债使用方式，地方政府债务限额空间形成的资金额度，在国家明确的支持领域范围内，由各省级政府自主确定支持内容、标准、具体项目等，为更多支持县乡（镇）等基层投资项目、小零散投资项目创造制度条件。支持投资类项目尽可能多地实施以工代赈，帮助当地群众就近实现务工增收。

（三）进一步提升促投资政策效能

扩大地方政府专项债使用范围，提高地方政府专项债券用作资本金比例，进一步降低项目投资门槛。坚持市场化方式用好政策性开发性金融工具，发挥好推进有效投资重要项目协调机制的重要作用，高效推进资金投放、项目开工建设和形成更多实物工作量。调整优化重点领域投资项目最低资本金要求，对民生保障、应急储备、绿色低碳项目，普遍降低项目最低资本金比例5个百分点。民生保障领域包括保障性住房、城市停车场、教育、医疗健康、文化体育、养老托育等，应急储备领域包括粮食、基本生活物资、公共卫生应急物资、备灾物资、能源资源等仓储基地，绿色低碳项目比照《绿色债券支持项目目录（2021 年版）》执行。

（四）加大服务业投资支持力度

顺应服务业受疫情冲击更大、修复更慢的客观规律，阶段性地加大服务业纾困扶持政策力度，消除制造业与服务业支持政策的差异，提高政策普惠性，促进企业设备更新、技术改造和研发投入。固定资产加速折旧优惠政策，将适用范围从制造业以及信息传输、软件和信息技术服务业扩大至所有行业；研发费用加计扣除政策，将适用范围扩大至所有行业（即增加烟草制造业、住宿和餐饮业、批发和零售业、房地产业、租赁和商务服务业、娱乐业），加计扣除比例统一为 100%。

（五）着力改善房地产市场预期

落实《关于做好当前金融支持房地产市场平稳健康发展工作的通知》，因城施策完善房地产政策，有效满足房企合理融资需求，重点支持居民的刚性和改善性住房需求。压实地方政府责任，以“保交楼”“保民生”为主要目标，妥善化解房企债务风险，督促停缓建项目尽快开复工，切实保障购房者利益。加大保障性住房建设力度，增加保障性租赁住房供给，着力解决人口净流入、房价偏高的大城市中的新市民、青年人等群体的住房困难。

03 2022 年消费形势回顾及 2023 年展望

邹蕴涵*

摘要：2022 年以来，疫情给我国经济发展带来较大挑战，对消费的影响明显加大，消费恢复的波动性显著增大，在遭遇连续三个月的负增长后，消费呈现回暖态势，但整体复苏仍偏缓慢。综合研判，后续消费修复仍面临较多困难，消费信心、能力、流通、环境等方面均出现了新变化新挑战，影响消费恢复的可持续性，需引起高度重视。在持续做好精准防疫的基础上，加快落实系列促消费政策，多措并举恢复消费信心，巩固提升消费能力。预计 2023 年社会消费品零售总额增长 4.5%。

关键词：消费二次探底　恢复可持续性　促消费政策

一、2022 年消费二次探底后实现反弹

2022 年以来，我国消费市场经历了“平稳运行-二次探底-波动复苏”的过程，复苏态势波动性显著加大。具体来看，服务消费再遭冲击，重点商品消费走势分化，新型消费保持增势。

1. 二次探底后波动回弹

前三季度，全国居民人均消费支出增长 1.5%，较第二季度累计增速回升了 0.7 个百分点，但仍比上年同期两年平均增速低 2.2 个百分点，其中第二季度增速已经降至 2021 年以来新低。1—10 月，消费品零售总额同比增长 0.6%，扣除价格因素后，社会消费品零售总额实际同比负增长。分城乡来看，城镇消费增长乏力特征较为突出，农村消费显示出一定的抗风险能力，但都低于上年同期水平。前三季度，城镇居民人均消费支出同比下跌 0.2%，农村居民人均消费支出同比增长 4.3%，与上年同期的两年平均增速 1.9%和 6.9%相比，仍有明显差距。

2. 服务消费恢复再遇挑战

国内疫情的波及面和严重程度明显高于上年同期，服务消费所受影响最为严重，

* 邹蕴涵，国家信息中心经济预测部宏观经济研究室，副研究员，研究领域为宏观经济、消费等。

恢复态势面临较大不确定性。旅游消费再遇较大冲击。2022 年以来，旅游消费复苏的不确定性进一步加大，修复进度较上年同期有所倒退。“五一”假期国内旅游出游同比下降 30.2%，旅游收入仅恢复至 2019 年同期的 44%；国庆假期全国旅游收入同比下跌 26.2%，仅恢复至 2019 年同期的 44.2%。且受多地疫情反弹影响，2022 年暑期旅游尚未过半就突然中断。餐饮消费逐步恢复。多地疫情大规模反弹再次带来餐饮等线下聚集型业态“瞬间冻结”，餐饮消费转线上趋势更加明显，短期内部分抵消禁堂食带来的负面影响。1—10 月，全国餐饮收入同比下跌 5%，跌幅在逐步缩小，其中限额以上单位餐饮收入恢复相对更快，8 月当月同比增速达到 12.9%。文化娱乐消费有所恢复。从电影消费看，“五一”档电影票房总收入同比下降 82.5%，为 2019 年同期水平的 19%，降至近十年来较低水平。6 月以来，电影消费实现了一定的恢复性增长，暑期档电影票房达到 91.3 亿元，已经超过上年暑期档总票房。但随后受疫情影响，国庆档电影票房为 14.96 亿，比上年同期低约 30 亿。

3. 耐用品消费恢复出现分化

在疫情影响逐步减退以及政策补贴支持增强等因素影响下，汽车消费实现了较快恢复，总体呈现“淡季不淡，旺季重现”的态势。1—10 月，汽车销售累计同比增长 4.6%，其中 6 月汽车销售达到近期峰值，10 月汽车销售同比增长 6.9%，延续了良好发展势头。新能源车消费增长迅速，前 10 个月累计增速达到 110%，市场占有率稳步提升。与此同时，由于房地产市场仍处于调整期叠加疫情影响，全国住房销量尚未出现实质性转暖，1—10 月商品房累计销售额同比跌幅仍有 26.1%，由此建筑装潢、家具等住房相关消费也没有明显转暖趋势。1—10 月，限额以上建筑及装潢材料零售额同比下跌 5.3%，跌幅显现再次扩大的苗头。

4. 新兴消费激发新活力

作为消费中增长动力较强的部分，网购消费和信息消费均保持温和增长。物流不畅等因素对网购消费的影响明显缓解，网购消费保持了缓步恢复的态势。1—10 月全国网上零售额同比增长 4.9%，较上月累计增速提升 0.9 个百分点，已连续 5 个月稳步提速；其中实物网上零售额同比增长 7.2%，较上月累计增速提高 1.5 个百分点。信息消费在 6 月和 7 月实现增长改善后，增长势头再次出现波动，表明增长基础较为脆弱。1—10 月，限额以上通信器材类零售额同比下跌 0.9%，明显低于上年同期。

二、消费恢复的可持续性面临挑战

疫情的持续反复、就业增收压力持续加大给居民消费信心和消费能力带来较大影响，消费流通和消费环境也出现新问题，使得消费恢复的可持续性受到影响，稳消费面临多重问题。

1. **消费信心持续低位**

持续不断的疫情持续考验着居民的忍耐力和承受力，社会消费预期持续较为谨慎保守，消费意愿不仅未能持续修复，反而有所倒退，对未来的担忧增多给消费潜力释放带来了更多障碍。国家统计局数据显示，9月消费者信心指数为87.2，已经连续6个月位于90以下的历史低位，且从6月起消费者信心持续下滑。央行调查显示，第三季度居民选择更多储蓄的比例为58.1%，虽然较第二季度略有回落，但仍处于历史高位；居民未来就业预期指数降至45.3，居民未来收入信心指数为46.5，也都处于历史低位。

2. **消费能力增长承压较大**

10月全国城镇调查失业率为5.5%，比上年同期高出0.6个百分点。前三季度，全国居民可支配收入实际同比增长3.2%，比上年同期两年平均增速低1.9个百分点，其中经营性收入恢复较慢。在这种情况下，居民消费能力对消费增长的支撑作用不够强劲，特别是重点群体消费能力增长较为困难。一是青年群体压力大。10月18~24岁人口调查失业率为17.9%，仍处于历史新高。市场调查显示，今年毕业生月平均薪酬将上年同期下跌12%，本来最具消费活力的青年群体的消费能力受到显著影响。二是农民工群体就业增收压力大。由于国内经济持续承压、外需放缓势头显现，制造业特别是出口型制造业企业新增用工需求明显收缩，中型企业的PMI从业人员指数在5月触底后回升但波动较大，小型企业的PMI从业人员指数尚未止住下滑态势，截至9月末，制造业平均用工人数累计同比下降1%，第二季度以来增速下滑态势尚未改变。总体来看，农民工就业市场上供不应求的“招工难”问题已经转变为供大于求的“找工难”问题。三是大龄劳动者群体困难多。在疫情持续反复、部分企业面临疫情以来最大生存压力的情况下，45岁以上的大龄劳动者的失业问题日渐突出。一方面，受终端销售疲软、房地产市场谷底盘整、服务业反复遭受疫情直接冲击等因素影响，吸纳大龄劳动者较多的制造业、建筑业和基础服务业等产业就业吸纳能力有所下降，既有从业者也面临较大失业风险。另一方面，由于这部分群体就业技能不适应转岗需求，其再就业难度也明显大于其他群体。

3. **消费品流通环节仍存阻滞**

3月以来，由于疫情大范围反弹、防疫措施明显收紧，特别是以上海为中心的长三角地区疫情较重，虽然目前物流保通保畅工作已经取得显著成效，全国范围内大面积物流阻滞情况基本消失，前期国内货运受阻、物流不畅等影响消费的突出问题已经明显缓解，但物流通畅仍存在一定问题。一方面，“最后一公里问题”依然存在，特别是前期较少经受疫情考验的地区在疫情防控时容易陷入“一刀切”，导致消费仍受较大负面影响。另一方面，不能发货问题依然突出，部分电商平台和快递企业对有疫情地区（市县）的发货管理仍需更加精准，“出现一例，全市停发”的现象依然存在，直接影响了网购消费。

4. **消费环境有所转差**

近期，消费市场乱象频发多发，在居民就业收入承压较大的情况下，进一步影响消费意愿释放，特别是服务业出现多种问题。一是涨价太快。市场数据显示，国庆北京部分郊区酒店房价上涨超千元，民宿房价最高达到平日的近两倍。二是服务质量跟不上。由于硬件软件维护都较欠缺，酒店旅游等相关服务业面对较大客流时，服务质量不能满足顾客需要，引发较多意见。三是在线平台预定价格存在不合理差异。某线上旅游平台不同手机机型预定同样酒店客房时价格相差较多，差价接近一倍。与此同时，消费者在电商平台、网络直播频繁遭遇购买预售商品不发货、售后退货难等消费陷阱，影响了线上购物热情。总体来看，疫情反复情况下，下游消费品企业以涨价来弥补亏损的动机日益增强，消费市场秩序平稳运行遭遇更大挑战。

三、预计 2023 年消费将呈现温和回升态势

展望 2023 年，预计疫情仍存局部散发的可能性，宏观经济下行压力依然存在，经济增长回归正常区间仍需克服较多困难。在这种情况下，消费需求将保持温和回升态势，对经济增长的支撑作用有望进一步恢复。

1. **2023 年重点领域消费恢复态势不一**

在疫情不出现大范围反弹的情况下，居民消费有望呈现温和回升态势，增长态势较 2022 年持续改善，但恢复的波动性依然较大。从主要商品看，在政策补贴的激励下，汽车消费仍将保持一定增势，但大概率已经度过本轮政策刺激作用的高点，政策作用逐步减弱，且芯片短缺已经明显缓解，制约汽车消费的主要因素再次回归至需求侧能力不足导致趋势性的下行；新能源车购置税优惠延期到 2023 年底等政策有利于释放社会购车需求。同时，住房消费较难出现显著回暖，仍处于底部盘整阶段，建筑装潢、家具等住房相关消费的内生增长动力不足，增速较难实现明显回升。从服务消费看，休闲、旅游、娱乐等线下接触性聚集性服务消费受疫情反复的影响仍将持续，间歇性复苏成为主要特征，且居民收入受到疫情影响，非必需品消费将适当后延，不利于升级类服务消费增长，餐饮消费修复速度相对加快。从结构看，

占社会消费品零售总额60%以上的限额以下零售业态恢复相对偏慢，小门店、小超市等恢复态势受疫情直接影响。预计2023年社会消费品零售总额增长4.5%左右。

2. **有利因素助推消费恢复**

在面临较大困难的同时，消费恢复也存在一定的有利因素。一方面，促消费政策发挥实效，对消费的影响带动力进一步增强。从中央层面看，车辆（燃油车、新能源车）购置税减免政策成为刺激汽车消费的重要因素，新能源汽车免征车辆购置税政策延期至2023年底等接续政策将进一步激发消费热情。从地方层面看，各地因地制宜推出消费券、购物节等活动，以财政补贴带动商家优惠，激发餐饮、旅游、家电等消费加快恢复。另一方面，消费业态模式不断创新助力挖掘消费潜力。疫情之下，移动互联网技术加快应用，对居民消费的激发带动已经不仅局限于商品消费，部分服务消费也加快转向线上，同时还显著降低了农村消费障碍，极大提高了农村居民消费便利度，形成了新的消费增长点。

四、多出实招快招稳消费促消费

在持续做好精准防疫的基础上，加快落实一系列促消费政策，并结合各地实际，多措并举恢复消费信心，巩固消费能力，进一步提升消费政策的实效性和针对性。

1. **降低疫情防控对消费的负面影响**

总结前期各地疫情防控措施的主要经验教训，研究对封控区管控区居民基本生活消费保障举措的指导，加强与主要物流电商平台沟通协作，形成一套行之有效的打通消费“最后一公里”的举措预案，有效降低防控措施对消费的负面影响。加强跨部门跨地区协调，落实好保障货运物流特别是重要生产生活物资的运输畅通等政策，进一步优化防疫通行管控措施。研究建立物流监测反馈机制，针对瓶颈梗阻做到随查随改。

2. **多途径稳就业稳收入**

针对就业领域出现的新情况，加大对中年群体就业、城市外来人员就业的帮扶支持力度，进一步加大就业技能再培训力度，降低对参与培训人员的各类限制要求，创新线上技能培训方式。对受疫情影响较大、基本生活出现困难的外来就业人口，加大基本生活托底保障力度。进一步维护资本市场的健康稳定发展，稳定居民财产性收入，进一步发挥资本市场的财富效应。

3. **有效提升消费券发放实效**

结合各地发放消费券的主要经验，总结分析影响消费券发放效果的关键因素，进一步鼓励指导地方优化消费券的发放时机、发放节奏、发放方式，有效提升各地消费券发放实效，支持零售、餐饮、文旅、住宿等领域消费有序修复，增强消费驱动的政策效应。扩大消费券政策覆盖面，支持线上线下联动，积极引导小微企业加入，让更加需要帮扶的小型个体商家入驻消费券平台，同步依托小型个体商家搭建场景，扩大农村县域覆盖面。鼓励地方财政发放符合本地消费特色的地方消费券，将餐饮旅游、家电汽车更新等消费恢复短板作为重点支持领域。重视强化数字科技赋能和企业补贴协同，优化政策设计，提升精准度和乘数效应。

4. 进一步释放耐用品消费潜力

研究启动新一轮农村电网升级工程，由中央财政支持户均配变容量低问题最为突出的地区农村实现电网再升级，为农村消费挖潜扫除障碍。在切实坚守“房住不炒”的原则下，进一步推进因城施策、因需施策，合理满足居民刚性购房需求，支持刚性改善需求合理释放。开展 5G、绿色节能等产品的补贴推广活动，深度激发城镇居民的绿色大家电需求，促进大家电更新换代。

5. 紧抓平台建设提升消费能级

加快推进国际消费中心城市培育建设，推动步行街高质量发展，建设城市“一刻钟便民生活圈”，开展便利店升级改造，提升消博会消费促进平台功能，让城市生活更有品质、更有温度。紧紧围绕补齐县域商业发展短板，完善县乡村物流配送，延伸优化供应链体系，提升农产品上行能力，支持发展农村电商、农产品冷链和快递物流，提升便利化水平，释放乡村消费潜力。

04　2022年对外贸易形势分析及2023年展望

闫　敏*

摘要：2022年以来，我国对外贸易快速增长，贸易结构持续优化，创新能力进一步升级，进出口成为拉动宏观经济的重要因素，对稳定经济运行起到了至关重要的作用。展望2023年，由于国际环境更加错综复杂，海外市场需求减少，汇率波动性加大，叠加订单转移、基数偏高等因素影响，我国对外贸易增长将呈现稳中放缓趋势。建议加大稳外贸政策力度，推动贸易多元化，探索新型贸易方式。

关键词：对外贸易　外部风险　多元化

一、当前对外贸易保持较快增长

1. 贸易总量创历史同期新高

2022年以来，疫情形势一波三折，国际环境逐步转差，海外市场需求稳定性减弱，但是我国积极实施稳增长政策，加大稳外贸措施力度，外贸发展内生动力强劲。2022年前三季度，我国进出口总值31.11万亿元人民币，比上年同期（下同）增长9.9%；出口17.67万亿元，增长13.8%；进口13.44万亿元，增长5.2%。对外贸易在上年高增长的基础上，继续实现平稳较快增长，成绩来之不易。前三季度，我国净出口对国民经济贡献率达到32%，拉动GDP增长1个百分点，为稳定宏观经济大盘作出了积极贡献。我国进出口增长情况见图1。

2. 贸易结构持续优化

从出口产品看，我国外贸出口产品不断升级，产品附加值进一步提升。前三季度，机电产品出口10.04万亿元，增长10%，占出口总值的56.8%，长期保持主导地位。其中，自动数据处理设备及其零部件、手机等高技术产品出口增势较好，汽车出口继续高速增长。同期，由于国际市场需求结构发生变化，我国出口劳动密集

* 闫敏，经济学博士后，国家信息中心经济预测部副研究员、处长，主要研究领域为宏观经济、对外贸易、环境经济等。

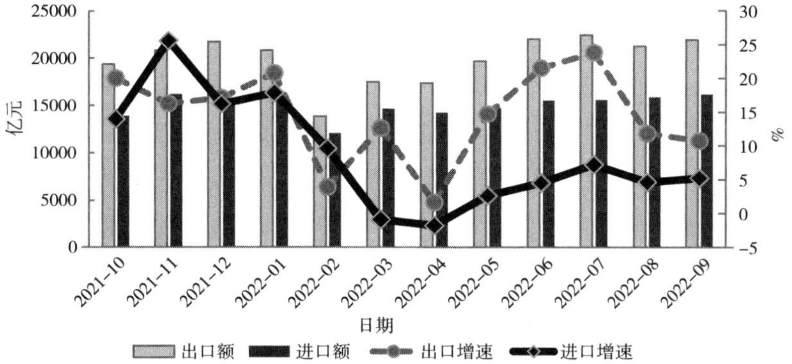

图 1 我国进出口增长情况

型产品出口增长 12.7%，服装及衣着附件、纺织品、塑料制品等产品出口平稳增长。与此同时，钢铁、原油等资源能源性产品出口增速下降。从贸易方式看，前三季度，我国一般贸易进出口额 19.92 万亿元，增长 13.7%，占我国外贸总值的 64%，比上年同期提升 2.1 个百分点。我国保税物流方式进出口额 3.83 万亿元，增长 9.2%。部分新型贸易方式进出口比重逐步提高。从企业性质看，民营企业进出口 15.62 万亿元，增长 14.5%，占我国外贸总值的 50.2%，比上年同期提升 2 个百分点，提升幅度较大。目前民营企业出口占比已达到 60%。机电产品出口累计增长情况见图 2，不同类型企业进出口金额占比见图 3。

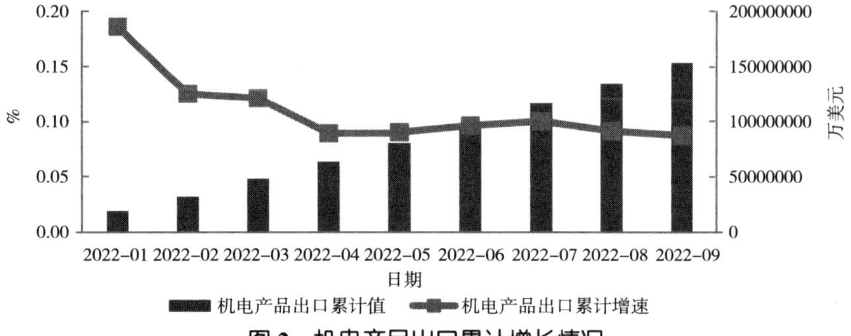

图 2 机电产品出口累计增长情况

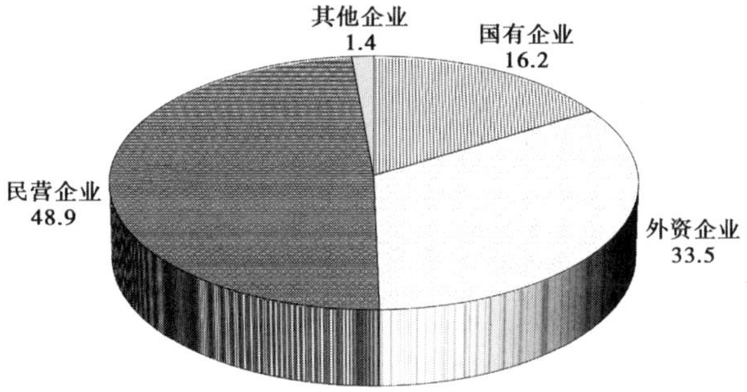

图 3 我国不同类型企业进出口金额占比（%）

3. 贸易多元化趋势明显

在新冠肺炎疫情全球蔓延，部分国家经济出现阶段性波动、局部地区动荡不安，防疫管理政策全球分化的背景下，我国积极推进贸易多元化举措，与东盟、欧盟、美国、日本、“一带一路”沿线国家、“RCEP”国家、南美和非洲国家普遍开展经贸合作，搭建博鳌论坛、进口博览会、广交会等国际交流平台，不仅深耕传统市场，而且进一步拓展新兴市场，对外贸易“朋友圈”显著扩大。前三季度，东盟为我国第一大贸易伙伴，我国与东盟贸易总值增长15.2%，占外贸总值的15.1%；欧盟为我国第二大贸易伙伴，我国与欧盟贸易总值增长9%，占外贸总值的13.6%；美国为我国第三大贸易伙伴，我国与美国贸易总值增长8%，占外贸总值的12.2%；我国对“一带一路”沿线国家合计进出口增长20.7%，显著高于进出口平均增速。

我国对美、欧、日月度出口情况见图4，2021年以来“海上丝绸之路”贸易指数见图5。

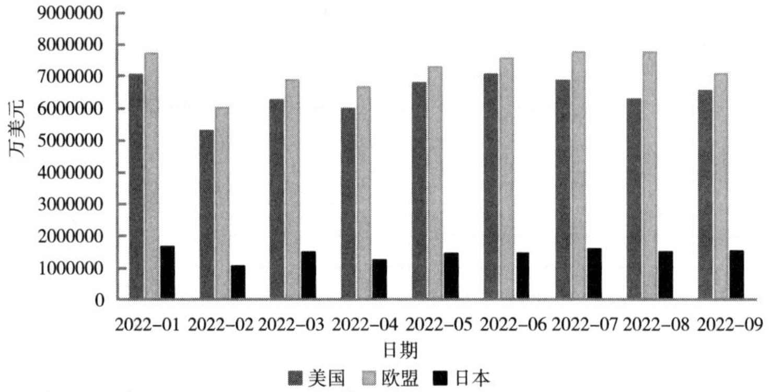

图4 我国对美、欧、日月度出口情况

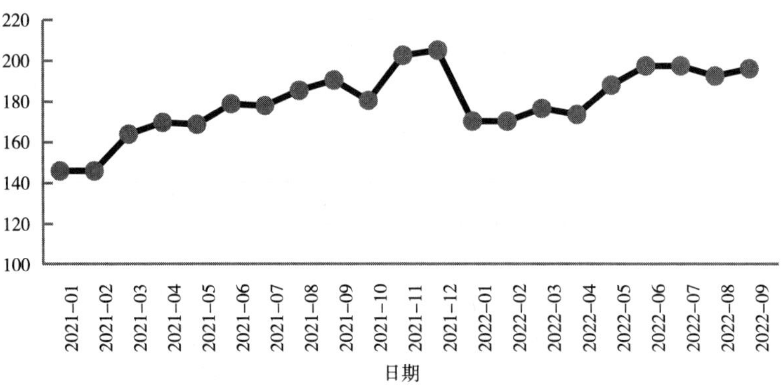

图5 2021年以来“海上丝绸之路”贸易指数

4. **服务贸易平稳增长**

伴随产业升级和货物贸易发展，我国服务贸易高质量发展特征更趋明显，目前服务出口世界排名居第三位。1—8 月，我国服务贸易继续保持平稳增长，进出口总额增长 20.4%，其中出口增长 23.1%，进口增长 17.9%。服务出口增幅大于进口 5.2 个百分点，带动服务贸易逆差下降 29.5%。我国积极推动创新型国家建设、科技水平显著提高、高技术行业快速成长，带动知识密集型服务贸易增长，其出口增速达到 15.7%，知识产权使用费、电信计算机和信息服务增势良好。受疫情影响，旅行服务进出口增长 7.1%。剔除旅行服务，我国服务进出口增长 22.8%。

二、2023 年对外贸易发展环境及展望

（一）国际环境复杂严峻

2023 年，国际环境复杂严峻，我国外需发展面临世界经济减速导致需求收缩、主要经济体货币政策变化外溢风险上升、地缘政治冲突错综复杂、国际打压限制明显增多等多重压力，外部发展环境的复杂性、严峻性、不确定性上升。

1. **世界经济增长减速，国际市场需求收缩**

世界经济复苏乏力，疫情冲击、气候异常、地缘冲突、主要经济体大幅加息，众多因素导致经济增速下降。国际货币基金组织 10 月报告预计 2022 年世界经济增长 3.2%（2023 年增长 2.7%、较 7 月预测下调 0.2 个百分点）；世界银行 6 月预计增长 2.9%，较 1 月预测下调 1.4 个百分点。世界经济增速下降导致国际市场需求收缩。美国、欧洲经济硬着陆预期升温，高通胀明显削弱市场消费意愿，生活成本上升致使商品消费见顶回落。美国个人消费实际同比增速部分月份已经转负，持续加息推高融资成本导致企业投资意愿下降。欧元区经济衰退风险加剧，能源短缺形势严峻，严重干旱致使航运受阻，制造业景气度趋降。主要经济体市场需求萎缩将导致国际贸易活跃程度下降，对我国外贸出口造成冲击，外贸新订单减少等问题将逐步显现，外贸发展面临的困难加大。

2. **主要经济体激进加息，外溢风险逐步积累**

为抑制通货膨胀持续上升，美欧等主要经济体货币政策收紧进程提速。美联储年内实施 6 次加息，其中 4 次宣布上调联邦基金利率 75 个基点，目前其基准利率水平达到 3.75%~4%之间，为 2008 年初以来的最高水平。2023 年，研究表明美国仍处于加息周期，加息步伐可能放缓，但仍维持高利率水平。继美联储之后，英国、

瑞士、挪威、南非、卡塔尔、菲律宾、约旦、印尼等国央行先后宣布提升利率，日本、韩国等国对外汇市场进行干预。主要国家加息溢出效应逐步显现：一是在持续大幅加息背景下，美国经济 2023 年大概率出现衰退，彭博社 10 月经济模型推演结果表明美国在未来 12 个月内发生经济衰退的概率为 100%，《华尔街日报》调查显示美国在未来一年内遭遇经济衰退的概率为 63%。二是全球经济面临高通胀低增长甚至负增长的“滞胀”风险，亚洲大部分国家将面临本币贬值、资本流出、经济衰退、通货膨胀、主权债务危机风险。三是全球利率水平上升导致流动性趋紧，市场风险偏好降低，避险情绪上升，国际金融市场脆弱性显现、震荡幅度加大。我国人民币汇率在此背景下，对美元呈现快速贬值，对其他主要经济体出现相对升值，汇率因素导致我国外贸进出口风险加大。

3. 乌克兰危机风险上升，地缘局势动荡不安

乌克兰危机正在从局部地区军事对抗走向更大范围武装参与行为。北溪天然气管道爆炸、克里米亚大桥爆炸、俄对乌进行大规模远程打击、乌克兰投掷脏弹、美西方增加对乌军事援助等一系列事件显示局部军事冲突的参与范围、使用武器、对抗强度、风险等级在不断扩大和升级，未来走势可能难以控制，不排除爆发更大范围战争的可能性。乌克兰危机对全球经济政治版图将产生长期、深层次影响，欧洲大陆呈现分化，美欧联系更加紧密；危机推高全球粮食能源价格，部分区域出现能源、粮食短缺，对居民生活和国家安全造成威胁；危机冲击全球产业链供应链，造成部分国际航道阻滞，国际经贸合作受到抑制。

（二）国内环境总体有利

1. 宏观经济有望较快恢复，外贸发展基础坚实

党的第二十次代表大会召开，这是进入全面建设社会主义现代化国家新征程的关键时刻召开的重要大会，会议科学谋划了未来 5 年乃至更长时期党和国家事业发展的目标任务和大政方针，对经济持续发展、社会长治久安具有重大意义，将极大提高社会预期、鼓舞社会信心，齐心协力促进经济发展。2023 年各项稳增长政策的叠加效果、累积效果和延后效果将进一步释放。今明两年支持宏观经济平稳运行的政策措施叠加效果将持续显现，政策红利将不断释放，增强经济发展韧性。2022 年实际经济增速与潜在经济增速存在缺口。受疫情冲击，我国总需求呈现收缩，但劳动力、土地、资本、全要素生产率等生产要素支撑能力并未发生实质性改变，产能水平并未出现明显缩减。在经济持续恢复的背景下，2023 年经济实际增长速度将向潜在增长区间合理回归。

2. 稳外贸政策发挥效果，外贸政策环境有利

党的二十大报告提出“推进高水平对外开放。依托我国超大规模市场优势，以国内大循环吸引全球资源要素，增强国内国际两个市场两种资源联动效应，提升贸易投资合作质量和水平”。我国积极出台稳定外贸发展的政策措施。按照党中央、国务院稳外贸工作部署，有关部门积极作为，我国出台了若干促进外贸保稳提质措施，包括《关于推动外贸保稳提质的意见》《支持外贸稳定发展若干政策措施》等，各地也及时推出务实管用的配套措施。2023 年，我国将持续积极扩大开放，进一步加力稳定外贸发展，促进外贸保稳提质。政策支持有利于巩固外贸产业基础，畅通贸易物流网络，提高外贸创新能力，保持外贸运行在合理区间。

（三）预计 2023 年我国对外贸易运行稳中趋缓

2023 年，我国外贸将继续保持平稳运行，但进出口在三重效应影响下，增速略有放缓。一是“外部效应”。世界市场需求收缩、主要国家货币政策收紧、全球通胀水平居高不下、国际金融市场波动震荡、大宗商品供给局部受阻、美西方限制打压频繁，外部环境不利于我国外贸出口较快增长。二是“基数效应”。新冠肺炎疫情发生后，我国率先控制住疫情、率先复工复产、率先在世界主要经济体中实现经济正增长，2021—2022 年，我国外贸均呈现较快增长，贸易总量持续创历史新高，占国际市场份额保持高位。在较高基数的基础上，2023 年对外贸易进一步实现快速增长的难度加大。三是“订单效应”。在国内外疫情反复的背景下，部分发达经济体放松防疫政策，实施带疫复产，同时东南亚制造业快速发展，国内企业订单向海外转移有所加快。与此同时，我国宏观经济环境平稳健康，稳外贸政策持续发力，贸易主体创新能力增强，贸易国际多元化格局稳定，初步预计，2023 年我国出口（按人民币计价，下同）增长 6%左右，进口增长 5%左右。

三、政策建议

1. 推动内外贸融合发展

按照构建以国内大循环为主体、国内国际双循环相互促进的新发展格局要求，统筹内需和外需发展，依托我国超大规模市场以及中高端产业发展优势，支持有条件的企业、行业组织、专业机构等开展国内国际标准比对、参与国际标准制定，推进中外标准互认。综合统筹国际和国内市场需求，培育内外贸一体化经营企业，在产品研发设计、生产经营、售后服务等方面实现国内、国际市场无障碍切换。提高产业链、供应链数字化水平，实现国内市场与国际市场产业链、供应链、销售链互

融，建立内外贸企业联盟。发挥高水平对外开放平台的示范引领作用，开展一批内外贸一体化试点，提供内外贸政务服务统一化公共服务和一站式综合服务。

2. **支持外贸市场主体发展**

进一步做好银企对接工作，利用好外经贸发展专项资金，搭建重点外贸企业与外资银行沟通交流的平台和合作对接桥梁，鼓励金融机构探索以应收账款、出口退税单据、出口信贷保单、境外资产等为担保抵押的融资手段，降低企业融资成本。积极推进外贸货物运输保通保畅工作，高效疏通海空港等集疏运，优化作业流程，保障防疫、用能、用工、物流等环节顺畅，支持外贸企业保生产保履约、确保订单交付。加大出口信用保险、进出口信贷支持，扩大出口信用保险短期险规模，指导政策性金融机构不盲目惜贷、抽贷、断贷、压贷。

3. **增强外贸创新能力**

提高外贸发展创新能力，持续扩大跨境电商平台、试点覆盖范围，为国内外客户建立统一的投诉和争端解决平台，构建跨境电商信用评价体系。建立健全新技术、新产品、新业态、新模式知识产权保护规则，探索完善互联网领域知识产权保护制度。增设国家进口贸易促进创新示范区，创新外贸发展模式，提高服务质量。提高海外仓数字化、智能化水平，优化跨境物流履约服务，形成政府、企业、组织等全国统一可调配的海外仓系统。创新展会、展览、宣介方式，充分利用在线、云端等模式拓展全球客户范围，扩大参与面，创造新贸易机会。

05 2022 年物价形势分析及 2023 年展望

张前荣*

摘要：2022 年以来，消费价格温和上涨，生产者价格高位回落，1—10 月 CPI 上涨 2.0%，PPI 上涨 5.2%，预计全年 CPI 上涨 2.0%，PPI 上涨 4.3%。展望 2023 年，猪肉价格高位运行、宏观需求回升、货币环境宽松、劳动力成本上升等因素支撑价格上涨；大宗商品价格震荡回落、粮食产量和库存双高、通胀预期减弱、保供稳价政策积极有力等因素抑制物价过快上涨。综合考虑翘尾因素和新涨价因素的影响，初步判断 2023 年 CPI 上涨 2.0%左右，PPI 下降 1.0%左右。建议将 2023 年物价调控目标定为 3.0%左右，保持流动性合理充裕，做好猪肉市场稳价工作，保障大宗商品供给充足，推进重点领域价格改革。

关键词：温和上涨　因素分析　政策建议

一、CPI 温和上涨，PPI 高位回落

1. GDP 平减指数平稳回落

GDP 平减指数同比涨幅逐季回落。2022 年前三季度，GDP 平减指数同比上涨 3.1%，比上半年回落 0.6 个百分点，同比回落 0.8 个百分点。分季度看，第一季度 GDP 平减指数同比上涨 4.0%，第二季度上涨 3.5%，第三季度上涨 2.1%，涨幅呈逐季回落态势。

2. CPI 涨幅有所扩大，核心 CPI 保持稳定

CPI 温和上涨。1—10 月，CPI 同比上涨 2.0%，同比提高 1.3 个百分点，比 3%的调控目标低 1.0 个百分点，翘尾因素拉动 CPI 上涨 0.6 个百分点，新涨价因素拉动 CPI 上涨 1.4 个百分点。CPI 月度同比涨幅先高后低。受疫情散发、猪肉价格上涨、气候等影响，1—10 月 CPI 同比分别上涨 0.9%、0.9%、1.5%、2.1%、2.1%、

---

* 张前荣，经济学博士，国家信息中心经济预测部副研究员，主要研究领域为宏观经济模型与价格监测分析。

2.5%、2.7%、2.5%、2.8%和2.1%。核心CPI涨幅总体稳中略降。核心CPI月度同比涨幅在0.6%~1.2%的区间内窄幅波动，10月核心CPI仅上涨0.6%，为年内低点。我国CPI涨幅（2.0%）在主要经济体中处于较低水平，略低于日本（2.1%），明显低于美国（8.3%）、欧元区（8.1%）、俄罗斯（14.3%）、巴西（10.4%）、印度（6.9%）和南非（6.8%）等主要经济体。根据当前物价形势，初步判断2022年CPI上涨2.0%左右。

3. **食品价格涨幅明显扩大，非食品价格平稳上涨**

猪肉和鲜菜价格上涨带动食品价格涨幅明显扩大。第三季度以来，猪肉价格同比涨幅明显加快，7—10月猪肉价格同比分别上涨20.2%、22.4%、36.0%和51.8%；受疫情和气候等因素影响，鲜菜价格持续高位运行，1—10月鲜菜价格同比上涨6.8%，同比提高4.1个百分点。受猪肉和鲜菜价格上涨带动，1—10月食品价格同比上涨2.5%，同比提高4.2个百分点，对CPI的拉动比上年同期高0.8个百分点。国内能源价格涨幅较高带动消费品价格上涨，非食品价格涨幅有所扩大，非食品价格上涨1.9%，同比提高0.6个百分点。

4. **PPI涨幅高位回落，明显低于其他主要经济体**

PPI涨幅总体维持高位。1—10月，PPI同比上涨5.2%，同比回落2.1个百分点，翘尾因素拉动PPI上涨4.3个百分点，新涨价因素拉动PPI上涨0.9个百分点。PPI月度同比涨幅大幅收窄。受上年同期基数较高影响，1—9月PPI同比分别上涨9.1%、8.8%、8.3%、8.0%、6.4%、6.1%、4.2%、2.3%、0.9%，10月下降1.3%，涨幅呈逐月回落态势。上涨行业面较广。在调查的30个主要工业行业中，价格上涨的达到28个。PPI涨幅明显低于其他主要经济体。我国PPI同比上涨5.2%，低于美国（10.3%）、欧元区（36.9%）和日本（9.4%）等发达经济体，也低于俄罗斯（16.6%）、巴西（14.2%）和南非（13.2%）等新兴市场国家。根据当前物价形势，初步判断2022年PPI上涨4.3%左右。

5. **PPI结构性分化特征明显，对CPI传导有限**

生产资料价格涨幅明显高于生活资料。1—10月，PPI中的生产资料价格上涨6.4%，影响PPI上涨约4.8个百分点，生活资料价格上涨2.4%，影响PPI上涨约0.4个百分点。上游价格涨幅明显高于中下游。生产资料内部，上游采掘工业价格涨幅（20.8%）超过中游原材料工业价格涨幅（12.4%），原材料工业价格涨幅超过下游加工工业价格涨幅（2.4%）。PPI尚未对CPI形成明显传导。我国工业消费品领域竞争激烈，原材料价格上涨导致的成本提高难以向消费领域传导，PPI和CPI剪刀差收窄，1—10月分别为8.2、7.9、6.8、5.9、4.3、3.6、1.5、-0.2、

-1. 9和-3. 4 个百分点，传导效应不明显。

6. 大宗商品价格大幅上涨，我国进口大宗商品价格以涨为主

2022 年以来，受疫情和地缘政治等因素影响，国际大宗商品价格大幅上涨。1—10 月，RJ/CRB 商品期货价格指数为 286. 4，同比上涨 39. 9%。分品种看，WTI 原油期货价格为 97. 1 美元/桶，同比上涨 45. 7%；NYMEX 天然气期货价格为 6. 64 美元/百万英热单位，同比上涨 85. 6%；LME 铝期货价格为 2776. 1 美元/吨，同比上涨 13. 3%；CBOT 大豆和玉米期货价格分别为 1523. 1 美分/蒲式耳和 689. 4 美分/蒲式耳，同比分别上涨 10. 3%和 21. 7%；LME 铜期货价格为 8899. 2 美元/吨，同比下跌 3. 7%；新交所铁矿石当月掉期价格为 125. 9 美元/吨，同比下跌 26. 7%。我国大宗商品进口价格以涨为主。1—10 月，我国进口原油为 4812. 7 元/吨，同比上涨 53. 1%；进口天然气为 4095. 3 元/吨，同比上涨 58. 5%；进口未锻轧铜及铜材为 62300 元/吨，同比上涨 2. 6%；进口大豆为 4429. 7 元/吨，同比上涨 25. 6%；进口铁矿砂为 796. 1 元/吨，同比下跌 29. 1%。

二、预计 2023 年 CPI 上涨 2. 0%，PPI 下降 1. 0%

（一）推升物价上涨的因素

一是猪肉价格将维持高位运行态势。从生猪产能看，2022 年 9 月末生猪存栏 44394 万头，比 2021 年末减少 1. 2%。其中，能繁殖母猪存栏 4362 万头，同比减少 2. 2%，同比连续 7 个月下降，能繁母猪存栏一般对应 10 个月后的生猪出栏情况，当前能繁母猪同比减少，预示后期生猪出栏难以明显增长。从周期视角看，2006 年以来，我国经历了四轮猪周期，每轮猪周期的时间为 4 年左右，上涨期的持续时间为 1 年半至 2 年左右，以 36 个城市猪肉平均零售价和 22 个省市猪肉平均价为观测指标，2022 年 4 月猪肉价格筑底，目前正处于周期性上涨阶段。截止 2022 年 10 月底，全国大中城市猪粮比价为 9. 66∶1，高于 7∶1 的盈亏平衡点，生猪养殖利润尚可，后期养殖户去库存速度将逐步放缓，由于国内生猪产能已调减一定幅度，今年生猪养殖并未出现大规模疫病，后期猪肉供给有保障。总体判断，今年后期和明年猪肉价格将维持高位运行态势，但涨幅有限。

二是宏观需求将有所回升。2022 年第三季度以来，宏观经济持续恢复发展，GDP 增速呈明显回升向好态势，三大需求对经济的拉动更趋均衡，经济结构持续优化。前三季度我国 GDP 增长 3. 0%，比上半年提高 0. 5 个百分点，第三季度 GDP 增长 3. 9%，比第二季度提高 3. 5 个百分点。2022 年后期和 2023 年，稳经济一揽子政策和接续政策有望持续发力、原材料成本下降减轻企业生产经营压力、企业经营效益改善、低基数等因素将支撑经济保持回升向好态势，2023 年我国宏观经济有望延续回升态势，预计 2023 年 GDP 增速将处于 5%~6%的潜在增长区间，高于 2022 年 GDP 增速。宏观需求的回升将在一定程度上支撑物价涨幅。

三是货币环境总体宽松。2022 年以来，我国出台了多项稳经济的货币政策，通过降低存款准备金率、设立专项再贷款等结构性货币政策工具、增加政策性金融贷款、降低 LPR 利率等向市场投放流动性和降低企业融资成本。9 月末广义货币 M2 和社会融资规模存量同比增速分别为 12.1%和 10.6%，比上年同期分别提高 3.8 和 0.6 个百分点，比 6.2%的 GDP 名义增速分别高 5.9 和 4.4 个百分点。1—9 月，社会融资规模增量为 27.77 万亿元，同比多增 3.02 万亿元，体现了有力的逆周期调节政策取向。为了保持合理的经济增速，2023 年仍将维持稳健偏松的货币政策，退出的力度较小。物价是货币供应的滞后指标，物价上涨的货币压力将在后期逐步释放。

四是劳动力成本上升。劳动年龄人口及占比已过历史峰值，根据 2021 年调查数据，我国 15~59 岁的劳动年龄人口为 8.98 亿人，占 63.6%，跟上一次人口调查相比，劳动年龄人口减少 1279 万，占比下降 1.5 个百分点。60 岁及以上人口为 2.67 亿人，增加 1348 万人，占总人口的 18.90%，占比上升 0.8 个百分点。我国劳动年龄人口及占比下降预示着人口红利趋于结束，居民工资和服务价格涨幅提高。2022 年前三季度，全国居民人均可支配收入实际增长 3.2%，略高于 GDP 同比增速，其中农村居民人均可支配收入实际增长 4.3%，比 GDP 增速高出 1.3 个百分点。劳动年龄人口及占比双减少，人工成本刚性上扬，推升相关商品和服务价格。

（二）抑制物价上涨的因素

一是国际大宗商品价格有望震荡回落。受通胀本高企影响，美联储和欧洲等主要央行持续加息，2022 年以来美联储已经连续 6 次加息，共计加息 375 个基点，联邦基金利率由年初的 0.25%提高至 4.0%，欧洲央行连续 3 次加息，共计加息 200 个基点，欧元区主要再融资利率由年初的 0 提高至目前的 2.0%。俄乌战争已经爆发超过半年，地缘政治的心理影响和预期影响逐渐趋于缓和。由于疫情和发达国家货币政策收紧，世界经济增长乏力，IMF10 月发布的最新《世界经济展望报告》预计 2022 年全球经济增速为 3.2%，2023 年将降至 2.7%，比 7 月预测低 0.2 个百分点。运输成本回落，2022 年以来，国际海运价格高位回落，目前波罗的海干散货指数（BDI）在 1500 左右震荡，相当于 2019 年底疫情前的水平。发达经济体加息、地缘政治的影响趋于缓和，全球需求疲软、运价回落等因素将抑制大宗商品价格，总体判断，如果不再发生严重的地缘政治冲突，本轮全球大宗商品价格已经见顶，未来上行动力不足，2023 年大宗商品价格总水平将呈震荡回落走势，抑制物价上涨。

二是粮食产量和库存双高。从粮食生产看，2022年全国夏粮和早稻总产量达到3511亿斤，比上年增产31亿斤，增长0.9%，夏粮和早稻增产为稳定全年粮食生产奠定了基础。根据农业农村部监测，目前秋收进展顺利，全年粮食有望再获丰收，预计2022年我国粮食总产量将连续8年保持在1.3万亿斤以上。从粮食库存看，国内各类粮食企业库存超过1万亿斤，占粮食总产量的80%左右，明显高于全球30%左右的平均水平，玉米及替代品进口增加，粮食储备调控和应急供应保障充分。粮食丰收、库存高企将保持食品价格稳定运行，为稳物价奠定了物质基础。

三是通胀预期减弱。市场主体的通胀预期与前期的价格水平密切相关。2022年以来我国居民消费价格涨幅平稳，工业生产者价格高位回落，生产领域通胀预期明显减弱。人民银行调查显示：第三季度企业家产品销售价格感受指数为45.4%，环比下降6.9个百分点，同比下降12.7个百分点，连续5个季度呈下降态势；原材料购进价格感受指数为56.7%，环比下降11.4个百分点，同比下降15.3个百分点，连续5个季度下降。通胀预期将通过市场主体的投资、消费等决策途径影响物价水平，通胀预期回落将抑制物价上涨。

四是保供稳价政策积极有力。对关系民生的重要商品，国家围绕畅通生产、流通、消费等多环节，通过发挥政府、生产和流通等企业的作用，运用多种调控手段，保障了重要民生商品有效供给和价格总体平稳。对价格快速上涨的大宗商品，通过加强供给和需求双向调节、加强现货和期货市场监管、做好价格预测预警工作和加强预期引导等多种政策措施，发挥政府、行业协会和企业的作用，遏制价格过快上涨。2022年以来，国家积极推进煤炭行业保供稳价工作，煤炭行业增产保供效果持续显现，价格涨幅明显回落。前三季度，煤炭开采和洗选业价格上涨30.5%，涨幅比上半年回落14.4个百分点。

（三）对2023年物价走势的初步判断

猪肉价格高位运行、宏观需求回升、货币环境宽松、劳动力成本上升等因素支撑价格上涨；大宗商品价格震荡回落、粮食产量和库存双高、通胀预期减弱、保供稳价政策积极有力等因素抑制物价过快上涨。经测算，2023年CPI翘尾因素为1.0%左右，比2022年提高0.6个百分点，PPI翘尾因素为-0.5%左右，比2022年下降4.0个百分点。总体来看，我国工农业生产能力较强，重要民生商品保障有力，宏观政策空间充足，国内物价能够保持总体稳定。综合考虑翘尾因素和新涨价因素的影响，初步判断2023年CPI上涨2.0%左右，PPI下降1.0%左右。应重点关注原油等大宗商品和猪肉价格走势，防止部分商品价格大起大落。

历年物价调控目标、涨幅、翘尾因素和新涨价因素汇总见表1。

表 1　历年物价调控目标、涨幅、翘尾因素和新涨价因素

单位：%

时间	CPI 调控目标	CPI 涨幅	CPI 翘尾	CPI 新涨价	PPI 涨幅	PPI 翘尾	PPI 新涨价
2008 年	4.8	5.9	3.4	2.5	6.9	3.2	3.7
2009 年	4.0	-0.7	-1.2	0.5	-5.4	-4.5	-0.9
2010 年	3.0	3.3	1.2	2.1	5.5	3.0	2.5
2011 年	3.3	5.4	2.4	3.0	6.0	3.3	2.7
2012 年	4.0	2.6	1.2	1.4	-1.7	-0.9	-0.8
2013 年	3.5	2.6	1.0	1.6	-1.9	-1.1	-0.8
2014 年	3.5	2.0	0.9	1.1	-1.7	-0.5	-1.2
2015 年	3.0	1.4	0.4	1.0	-5.2	-1.9	-3.3
2016 年	3.0	2.0	0.6	1.4	-1.7	-2.6	0.9
2017 年	3.0	1.6	0.6	1.0	6.3	4.2	2.1
2018 年	3.0	2.2	0.9	1.3	3.5	2.8	0.7
2019 年	3.0	2.9	0.7	2.2	-0.3	0.1	-0.4
2020 年	3.5	2.5	2.2	0.3	-1.8	-0.1	-1.7
2021 年	3.0	0.9	-0.1	1.0	8.1	1.4	6.7
2022 年	3.0	2.0	0.4	1.6	4.3	3.5	0.8
5 年平均	3.1	2.1	0.8	1.3	2.7	1.5	1.2
10 年平均	3.2	2.0	0.8	1.3	1.0	0.6	0.4
15 年平均	3.4	2.4	1.0	1.5	1.4	0.7	0.7

三、加大政策调控力度，保持物价平稳运行

1. 建议将 2023 年物价调控目标定为 3.0%左右

根据当前物价走势，充分考虑翘尾和新涨价因素，初步预计 2023 年 CPI 上涨 2.0%左右，PPI 下降 1.0%左右。建议将 2023 年物价调控目标定为 3.0%左右，主要基于以下考虑：一是为价格改革预留空间。调控目标略高于物价涨幅，可为宏观调控、价格改革和前期相关稳物价政策措施退出预留一定的空间。二是体现连续性。自 2015 年以来（2020 年除外），物价调控目标均为 3.0%，CPI 涨幅自 2012 年以来均低于 3.0%，将 2022 年物价调控目标定为 3.0%左右，体现了连续性。三是引导市

场主体预期。3.0%是物价温和上涨的标志，将目标定为3.0%，体现了 2023 年我国物价将温和上涨，不存在通胀风险，也不存在通缩风险，有利于引导市场主体预期。

2. **保持流动性合理充裕**

实施稳健的货币政策，加大对实体经济支持力度，根据经济运行情况，适度降低存款准备金率，灵活利用逆回购、中期借贷便利、常备借贷便利等多种政策工具提供不同期限的流动性，保持货币供应量、社会融资规模增速与名义经济增速基本匹配，确保流动性合理充裕。货币政策以我为主，及时跟踪欧美等主要经济体货币政策变化情况，根据国内经济和物价走势，深化利率市场化改革，发挥 LPR 作用，推动金融机构降低企业综合融资和个人消费信贷成本。发挥结构性货币政策工具的作用，加大对普惠小微、科技创新、乡村振兴、绿色发展、技术改造、交通物流等重点领域和薄弱环节的支持力度。加强预期引导和管理，根据形势调整金融机构外汇存款准备金率，保持人民币汇率在合理均衡水平上的基本稳定。

3. **做好猪肉市场稳价工作**

加快构建现代生猪养殖体系，大力推进标准化规模化养殖，推进规模养殖场建设和养殖标准化示范化创建，推进规模养殖场生产全程机械化，推行绿色养殖模式，完善生猪种业创新体制机制，优先支持生猪核心育种场建设，开展区域性联合育种。加强生猪生产和市场监测，及时发布生猪产能信息，引导生猪养殖主体根据市场情况，合理安排生产和优化养殖布局，保持能繁母猪产能处于绿色区间，落实《完善政府猪肉储备调节机制做好猪肉市场保供稳价工作预案》，增强中央和地方政府对猪肉价格的调控能力。适当增加猪肉进口，确保猪肉市场供求基本均衡。保持生猪养殖用地、环保、贷款和保险等长效性支持政策稳定，不搞“急转弯”，防止损害基础生产能力。探索建立生猪产能储备制度，加大生猪养殖和调出大县的奖补力度，通过资源环境补偿、跨区合作等方式建立养殖基地，推动形成销区补偿产区的长效机制，强化对生猪产能的保护与调节。

4. **保障主要大宗商品供给充足**

在确保安全开发的前提下，提高煤炭企业产能利用率，增加国内煤炭供应，增加从非洲、东南亚和俄罗斯等地的煤炭进口，实现进口多元化，增加风电、核电、光伏发电利用小时数。继续做好粗钢压减工作，对生铁及废钢等实行零进口税率，通过取消出口退税、增加关税等手段减少钢铁、有色金属、建材等高耗能产品的出口，优先保障国内市场供应。扩大与资源能源国家，特别是“一带一路”沿线国家的资源和资金循环合作，支持勘探、开发、储运、加工、技术服务等相关企业以集群方式“走出去”，以基金等方式支持中国企业参股、收购、控股海外相关企业，增加原油和天然气等商品的海外供给能力。督促重点生产和流通企业树立大局意识，带头维护大宗商品市场价格秩序，加强大宗商品期货和现货市场联动监管，严厉打击投机炒作等违法行为。做好大宗商品价格监测预测工作，密切跟踪铁矿石、有色金属、煤炭、原油等大宗商品价格走势，引导媒体对大宗商品价格和供给的报道工作，做好舆情监控。

5. 推进重点领域价格改革

督促各省制定落实煤炭中长期交易价格合理区间和现货交易价格上限的调控政策，统筹考虑煤炭开采成本和正常利润，结合市场供需变化，探索研究建立“基准价+上下浮动”的煤炭市场价格长效机制。推进电力市场化改革，放开竞争性环节电价，加强与燃煤发电市场化电价机制的衔接，根据电煤价格走势，及时调整燃煤发电市场交易电价上下浮动范围，理顺输配电价结构，加快培育发展配售电环节独立市场主体，扩大市场化交易规模。进一步放开竞争性领域和环节价格，研究制定高速公路分时分区差异化收费政策和高铁等运输领域价格改革政策。对“两高”行业实行阶梯价格政策，提高其用电、用气、用水等能源资源成本，发挥价格杠杆在促进绿色低碳发展中的作用。根据“成本加合理收益”的原则，分区域完善天然气管道运输价格，建立终端销售价格与采购成本联动机制，推进天然气门站价格市场化改革。

06　2022 年就业形势分析及 2023 年展望

陈　彬*

摘要：2022 年以来，我国就业压力明显加大，但总体形势逐步改善，高技能人才结构性短缺、青年群体和部分行业人员就业难问题凸显。展望 2023 年，全球经济或陷入长期低增长困境，国内经济恢复基础仍不稳固，适龄劳动人口减少和退休高峰到来缓解短期就业压力，技术进步创造新增就业岗位，稳就业政策红利持续释放。需从进一步提高经济增长就业带动力、加大助企纾困力度、保障重点群体就业、强化技能培训和公共服务、激发平台经济创新活力等几方面着手，努力在内外部环境变局中确保就业形势稳中向好。

关键词：就业　劳动人口　经济增长

一、2022 年我国就业形势的基本特征

就业是最大的民生，也是稳经济大盘的重要支撑。有就业才能创造财富、增加收入，进而带动消费、拉动经济增长。面对乌克兰危机加剧、国际地缘政治紧张、国内疫情散发多发等超预期因素影响，以习近平同志为核心的党中央始终坚持就业优先战略，以发展促就业，以稳就业支撑经济加快恢复，确保了就业大局总体稳定。然而也应看到，当前宏观经济恢复的基础仍不稳固，保市场主体的任务仍然艰巨，就业的结构性矛盾仍较突出，部分行业的失业风险仍然较高，未来“稳就业”工作依然面临不小的挑战。

1. 就业压力上升明显但总体形势逐步改善

2022 年年初开始，特别是 3 月中下旬以来，受部分地区疫情散发多发影响，我国就业压力明显上升。4 月，全国城镇调查失业率和 31 个大城市调查失业率分别达到 6.1% 和 6.7%，均为 2017 年公开发布数据以来的最高值。同时，受各地疫情防控

---

* 陈彬，管理学博士，国家信息中心经济预测部副研究员，主要研究领域为就业与收入分配、农业经济理论与政策、能源与资源环境经济等。

和人员流动限制等措施影响，企业生产经营受到冲击，隐性失业现象有所增多，4月全国企业就业人员周平均工作时间为46.2小时，为2020年6月以来的新低。此后，随着全国疫情形势逐步缓和、稳经济一揽子政策落地见效，就业形势逐步好转。前三季度，全国实现城镇新增就业1001万人，完成年度目标任务的91%，快于时序进度；1—9月平均，全国城镇调查失业率为5.6%，有希望实现全年控制在5.5%以内的目标。

2017年以来各月我国城镇调查失业率见图1。

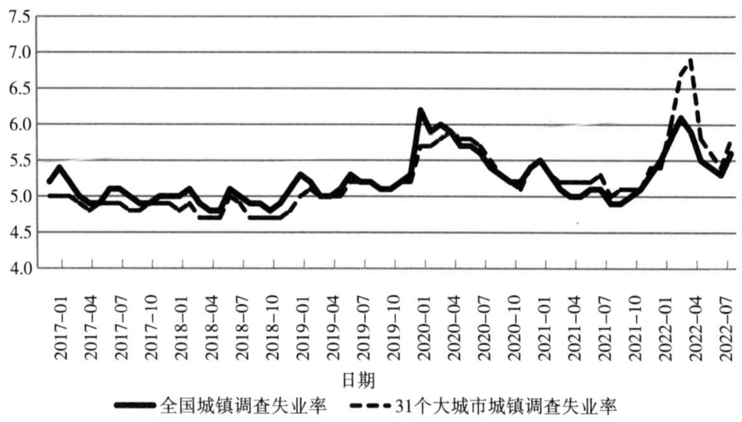

图1 2017年以来各月我国城镇调查失业率（%）

数据来源：国家统计局、Wind数据库。

2. 劳动力市场保持宽松但结构性矛盾仍然突出

人社部数据显示，2022年以来，全国公共就业服务机构和市场机构求人倍率均在1以上，表明市场用工需求持续大于劳动力供给，劳动力市场整体保持宽松状态。中国人民大学中国就业研究所和智联招聘联合发布的报告也显示，2022年前三季度中国就业市场景气指数（CIER指数）分别为1.56、1.35和1.63，虽然同比均出现了不同幅度下降，但需求人数仍然大于求职人数，就业市场总体仍呈现供不应求状态。但是，我国技能人才特别是高技能人才短缺的问题仍十分突出。当前，我国技术工人约占就业人数的20%，而高技能人才只占6%。据人社部、工信部发布的《制造业人才发展规划指南》预测，2025年中国制造业十大重点领域人才缺口将接近3000万人，缺口率高达48%。

2001年以来各季度我国城市公共就业服务机构求人倍率见图2。

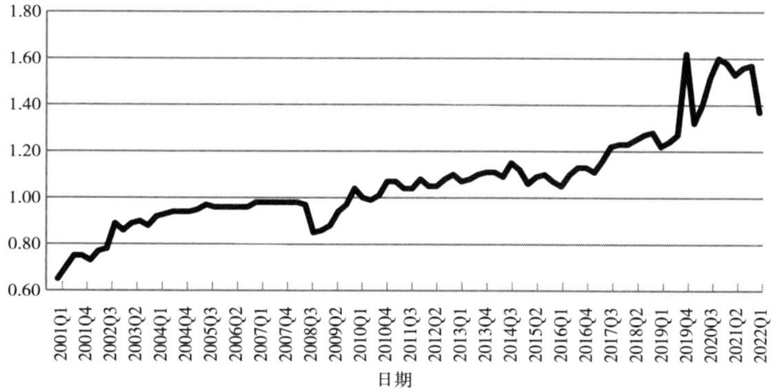

图 2 2001 年以来各季度我国城市公共就业服务机构求人倍率

数据来源：人力资源和社会保障部、Wind 数据库。

3. 青年群体就业压力矛盾凸显

当前，虽然总体就业形势逐步趋向好转，但青年群体的就业压力依然较大。2022 年初以来，16~24 岁青年调查失业率持续攀升，7 月达到 19.9%，为疫情暴发以来的最高值，比同期全国水平高出 14.5 个百分点。虽然 8 月、9 月青年失业率连续两个月小幅下降，但仍处于高位。青年群体失业率居高不下的原因之一是就业总量压力持续加大。2022 年我国高校毕业生人数达到 1076 万人，同比大幅增加 167 万人；不少前两年因为疫情而选择延迟就业的毕业生今年仍在努力寻找工作；海外留学生归国求职意愿强烈也导致国内就业竞争更加激烈。另一个重要原因是青年就业技能供需不匹配。高校的人才培养模式与社会接轨不够紧密，重理论知识传授、轻实践能力锻炼的现象未得到根本改变，学校的专业设置滞后于产业结构调整和市场需求变化。此外，青年群体就业诉求、就业预期与就业选择行为同质化现象突出，“内卷”现象严重，也导致青年群体“就业难”。

2018 年以来各月全国城镇和 16~24 岁人口调查失业率见图 3。

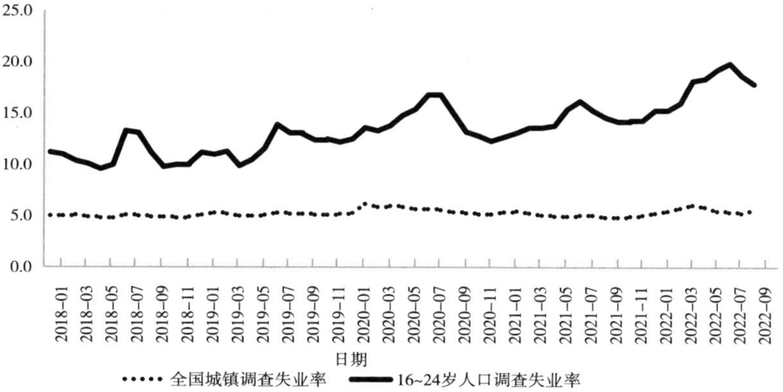

图 3 2018 年以来各月全国城镇和 16~24 岁人口调查失业率（%）

数据来源：国家统计局、Wind 数据库。

4. 房地产和教培行业从业人员失业风险上升

近段时间以来，在降负债、控支出，以及央行“三道红线”等政策调控下，房地产行业整体进入调整期，相关就业受到影响。智联招聘发布的《2022 房地产行业人才市场分析报告》显示，有 44.4%的房地产行业从业者认为行业“处在振荡期，局势不明确”，只有 9.3%的从业者认为行业“稳中有进，整体走势趋好”。同时，受“双减”政策实施影响，教育培训行业就业需求降温。前程无忧发布的《2022 高校毕业生秋招行情》显示，教培行业的招聘量仅相当于 2020 年的 61%；BOSS 直聘发布的《2022 年春季就业市场趋势观察》也显示，教培行业的岗位规模收缩幅度超过 30%。有专家指出，校外培训市场提供约 1000 万个工作岗位，“双减”政策出台后，直接影响数百万人员（尤其是女性）就业。

5. 服务业恢复偏慢制约吸纳就业功能的充分发挥

3 月以来，国内疫情呈现散发多发特点，疫情暴发期间，企业难以进行正常的生产、销售等经营活动，特别是作为吸纳就业“主力军”的服务业，其营业收入大幅减少，流动资金吃紧，但仍需如期支付租金、员工工资、贷款本息、日常防疫等刚性开支，企业维持运转的压力增加，导致其招聘需求下降。1—9 月，采购经理指数中服务业从业人员指数持续低于制造业从业人员指数 1.4~2.7 个百分点，表明服务业用工景气程度始终低于制造业。2021 年，我国服务业就业人员比重达到 48.1%，比第二产业高出 19 个百分点。并且有测算表明，服务业每增长 1 个百分点带动的就业人数比第二产业多 20%左右。因此，2020 年以来服务业受疫情冲击恢复持续偏慢导致其稳就业功能无法得到充分发挥。

1978 年以来我国三次产业就业人数占比见图 4。

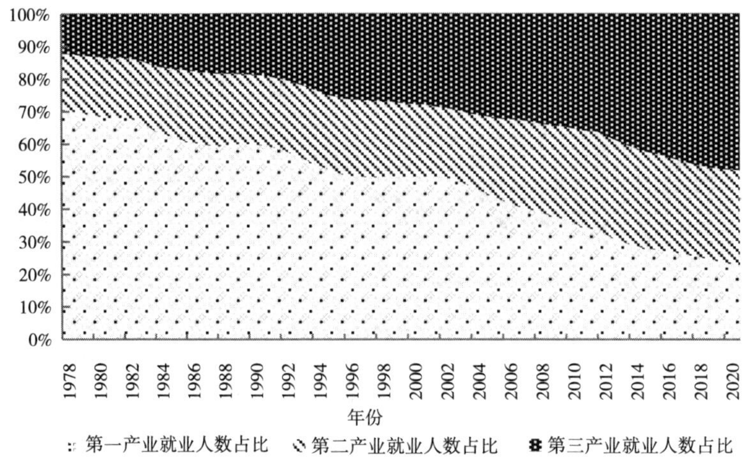

图 4 1978 年以来我国三次产业就业人数占比（%）

数据来源：国家统计局、Wind 数据库。

6. 新动能和新主体快速成长继续成为就业的有力支撑

近年来，我国经济发展新动能继续壮大，新产业、新业态、新商业模式加快成长。2021 年，我国经济发展新动能指数[1]（以 2014 年为 100）为 598.8，比上年增长 35.4%。新动能持续增长，带来就业岗位的持续增加，“平台就业”“家庭就业”“网络就业”等新型就业方式不断涌现，出现了微商、快递员、专车司机、网络主播等新兴职业，为劳动者提供了更多的就业选择。同时，在国务院和各级地方政府的大力推动下，“大众创业、万众创新”蓬勃发展，创业活力竞相迸发，新主体新企业不断涌现，日益成为扩大就业的重要支撑。截至 8 月底，全国登记在册市场主体 1.63 亿户，其中个体工商户 1.09 亿户，占市场主体总量的2/3，带动就业近 3 亿人。

2012 年以来我国市场主体数量累计值见图 5。

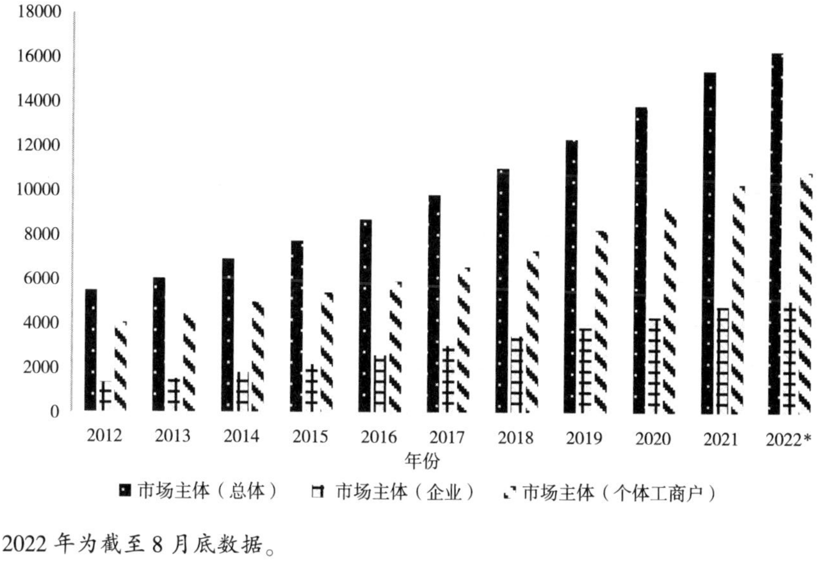

* 2022 年为截至 8 月底数据。

图 5　2012 年以来我国市场主体数量累计值（万户）

数据来源：市场监督管理总局、Wind 数据库。

---

[1] 经济发展新动能指数是指以新产业、新业态、新商业模式（简称“三新”）为主要内容的统计指标体系，包括网络经济指数、经济活力指数、创新驱动指数、知识能力指数、转型升级指数，由国家统计局按年度发布。

二、影响我国就业的主要因素分析及就业趋势展望

展望2023年，世界经济或陷入长期低增长困境，国内经济企稳恢复仍面临不少困难和挑战，适龄劳动人口减少、退休高峰来临将在短期内缓解就业压力，技术进步孕育创造更多新增就业机会，稳就业的政策红利持续释放，这些因素都将深刻影响我国就业形势。

1. 世界经济或陷入长期低增长困境

当前，全球滞胀风险明显加大。新冠肺炎疫情打破了国际分工的既有秩序与运转效率，全球产业链、供应链断点、堵点频现，导致产品供应不足、货运成本上升。乌克兰危机进一步加剧了供给冲击，全球能源、粮食和部分原材料短缺，价格飙升，并带动其他商品和服务价格上涨。生产资料和用工成本上涨导致企业产品涨价，助推通胀预期和薪资期望，工资与通胀螺旋上升的风险不断加大。同时，世界各国普遍采取了大规模财政货币刺激政策，导致全球流动性泛滥和总需求过度扩张，形成了需求复苏领先于供给复苏的局面，为本轮通胀提供了货币基础和需求基础。经合组织9月发布的最新报告将2023年全球经济增长预期下调至2.2%，低于6月预测的2.8%；世界银行最新预测2023年和2024年全球经济增速可能会徘徊在2.9%附近。因此，未来通过外需支撑我国经济和就业增长的难度在上升。

2. 国内经济企稳恢复的基础仍不稳固

未来我国经济长期向好的基本面没有变，但短期内仍面临一些突出矛盾和问题。一是市场需求不足问题持续凸显。制造业企业流动资金紧张，贷款主要用于满足流动性资金需求，企业投资能力和投资信心还有待恢复；经济发展预期受挫、疫情造成部分人群收入预期下降、房企债务危机等导致房地产投资低迷；疫情反复导致餐饮、娱乐等接触性消费场所面临随时停业的风险，居民预防性储蓄动机增强造成消费需求不振。二是财政收支平衡压力上升。经济下行压力加大、减税降费力度加大、PPI趋降、房地产遇冷等多因素交织导致财政增收困难重重；疫情防控、民生保障等财政刚性支出压力不减。三是市场主体生产经营困难依然较多。乌克兰危机导致原油、天然气、有色金属等国际大宗商品市场价格大幅上涨，叠加海运供应链紧张、运费上升，劳动力成本刚性上升等多重因素，持续推升企业生产经营成本。下游市场需求增长乏力，中小企业议价能力和成本传导能力有限，其利润空间不断受到挤压。经济增长通常与就业人数正相关，经济增长得好，可以创造出更多新的岗位，因此，国内经济复苏基础不牢将可能影响就业增长的空间。

3. **适龄劳动人口减少和退休高峰来临短期缓解就业压力**

近年来，我国劳动年龄人口数量和占比持续下降。数据显示，2011—2021 年十年间，我国 15~59 岁劳动年龄人口数量累计减少 4325 万人，占总人口的比重累计下降 6.5 个百分点。劳动年龄人口的下降短期内虽然有利于缓解"就业难"的矛盾，但作为要素投入的劳动力数量的减少将导致我国未来潜在经济增长水平的下降，反过来制约就业的增长。与此同时，从 2022 年开始的十余年间，每年将有 2000 多万在 1962—1975 年第二次"婴儿潮"期间的出生人口退出就业市场，这意味着按照 60 岁年龄标准退出就业市场的退休人员规模将比此前一段时期明显扩大，可以为新成长的劳动力腾出更多的就业岗位。但考虑到未来随着人口老龄化程度的加深和渐进式延迟退休的逐步推进，这种"退休潮"带来的就业压力减轻效应将逐渐减弱。

2002 年以来我国 15~59 岁劳动年龄人口数量及占总人口比重见图 6。

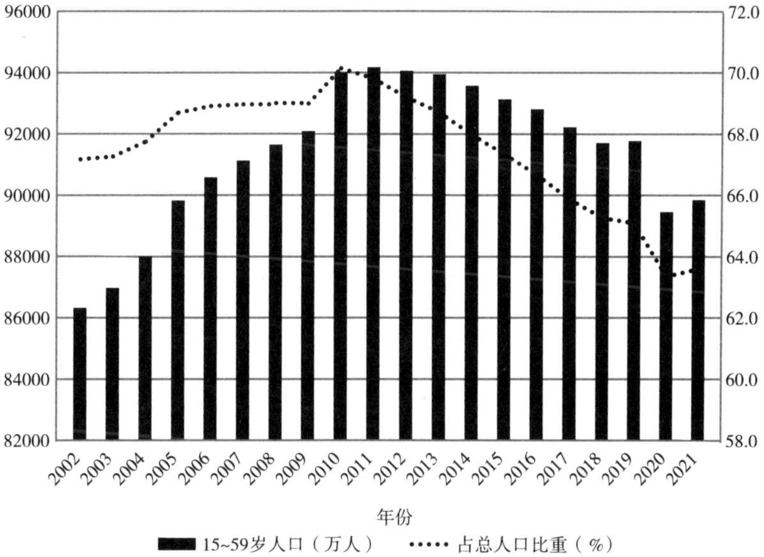

图 6　2002 年以来我国 15~59 岁劳动年龄人口数量及占总人口比重

数据来源：国家统计局、Wind 数据库。

4. **技术进步孕育创造更多新增就业机会**

技术进步对于劳动力市场的影响是双重的。一方面，技术将取代传统行业的劳动力，随之而来的是劳动力需求、就业和工资的下降；另一方面，技术使那些有工作的人更有生产力，并且随着生产力的发展，将为劳动力催生出更多任务，进而带来劳动力需求的上升。经合组织基于其成员国 200 年的数据研究表明，尽管短期内技术进步会对就业产生一定的负面影响，但这种影响相对于其巨大的创造效应可以忽略不计。国家信息中心发布的数据显示，2017—2021 年五年间，我国参与共享经济活动的人数从 7 亿增长到 8.3 亿；参与共享经济服务人员从 7000 万增长到 8400 万。[1] 普华永道则估计，到 2037 年，人工智能及相关技术可以为我国净增加就业岗位 9300 万个左右，约相当于现有就业岗位数的 12%。

5. **稳就业政策持续发力的红利效应逐步释放**

2022 年以来，党中央、国务院坚持将稳就业摆在突出位置，全方位持续出台系列政策，不断释放政策红利，确保就业形势总体稳定。在助企稳岗方面，将阶段性缓缴养老、失业、工伤保险费政策实施范围扩围至汽车制造业、通用设备制造业等 17 个其他特困行业；在拓宽就业渠道方面，提出结合实施区域协调发展、乡村振兴等战略，挖掘基层就业社保、医疗卫生、养老服务、社会工作、司法辅助等就业机会；在困难帮扶方面，出台阶段性免除经济困难毕业生国家助学贷款利息并允许延期还本等政策；在支持创业方面，对高校毕业生自主创业按规定给予一次性创业补贴、创业担保贷款及贴息、税费减免；在强化保障服务方面，允许灵活就业人员在就业地参加职工基本养老、医疗保险，依托国家统一平台参保登记，提升社保缴费、转移接续、异地就医等便利度。以上政策的逐步推行落实，将对就业起到“稳定器”作用。

6. **2023 年我国就业趋势与指标预测**

综合分析上述因素，预计 2023 年，受技术进步带来更多新增就业机会、适龄劳动人口减少缓解就业总量压力、退休高峰来临腾出更多就业岗位等因素影响，我国城镇新增就业人数将保持稳定，失业率平稳波动，全年新增就业人数 1200 万，全国城镇调查失业率 5.5%；适龄劳动人口比例继续下降至 63%，劳动力市场呈持续宽松状态，求人倍率保持在 1.3 以上的较高水平。但全球经济或陷入滞胀困境、国内经济企稳恢复基础仍不稳固也给就业稳定带来不小挑战。此外，受疫情形势复杂多变、产业转型升级、技能结构错配、行业政策调整、体制机制障碍等因素影响，部分地区和人群仍将面临较为突出的失业风险。

三、政策建议

为了有效应对国内外环境的深刻变化，守住不发生大规模失业的底线，推动就业形势稳定向好，努力实现更加充分更高质量就业，必须着力做到“五个进一步”，

---

[1] 数据来源：国家信息中心发布的《中国共享经济发展报告（2022）》。

即：进一步提高经济增长就业带动力，进一步加大助企纾困力度稳岗位，进一步保障重点群体就业和转岗再就业，进一步强化职业技能培训和公共就业服务，进一步激发平台经济创新活力带就业。

1. **进一步提高经济增长就业带动力**

强化就业优先导向，完善以扩大就业容量为目标取向的就业优先政策体系，找到产业转型升级与保障就业的均衡点，合理调整产业布局和经济结构。将企业减税降费政策与宏观经济运行的周期性特征相结合，在经济下行压力较大的情形下，通过税费减免降低企业运营成本、保经济主体。推动“白名单”制度常态化运行，聚焦汽车、集成电路、消费电子、装备制造、农用物资、食品、医药等重点产业，保障重点企业稳定生产、着力打通产业链供应链卡点堵点，更加精准地实现疫情防控与稳定经济运行之间的对接。引导人工智能等新技术替代高风险、工作条件恶劣的生产岗位，提高就业质量。实行包容审慎监管，支持新产业新业态发展，鼓励多渠道灵活就业。

2. **进一步加大助企纾困力度稳岗位**

继续清理、精简涉及企业生产经营的行政审批事项和涉企收费，规范中间环节、中介组织行为，减轻企业负担，降低企业成本。对不裁员、少裁员的企业继续落实好失业保险稳岗返还政策，放宽中小微企业失业保险稳岗返还政策裁员率标准，鼓励企业开展以工代训和线上培训并给予职业培训补贴。通过变“企业找政策”为“政策找企业”方式，推进援企稳岗政策免申即享。保持政策的持续性和稳定性，研究继续适当延长部分支持政策至疫情完全消除，提振企业发展信心。发挥政府融资担保机构的作用，持续鼓励为受疫情影响生产经营暂时面临困难的小微企业提供小额贷款担保支持，提高融资的可获得性，搞活企业从而稳定就业。

3. **进一步保障重点群体就业和转岗再就业**

通过资金扶持、税费减免、贷款贴息、社保补贴、培训补贴等方式鼓励中小微企业吸纳高校毕业生；鼓励国有企业、事业单位招聘岗位优先向高校毕业生开放，开发研究助理岗；打造一体化的高校就业服务平台，提高岗位供需匹配效率。完善灵活就业人员劳动权益保护、保费缴纳、薪酬等政策制度。提高以工代赈项目补助标准，减轻地方配套或村民自筹压力。密切跟踪关注房地产业、教育培训业、互联网行业等领域人员的失业和再就业情况，挖掘新业态中的就业机会，引导房地产、教育培训等行业转岗人员就业。鼓励就业困难人员根据自身实际自主灵活就业，拓展社区养老、托幼、绿化、保安等就业岗位，适时提供必要的就业帮扶指导，确保零就业家庭动态清零。

4. 进一步强化职业技能培训和公共就业服务

建立技能培训与产业需求变化联动预警机制、培训课程动态调整机制、资金投入与培训效果评估挂钩机制，加快培养适应市场用工变化的技能型劳动者队伍。探索“互联网+职业技能培训”新模式，鼓励发展“订单式培训”，实现“招生、培训、就业”环节无缝衔接。积极引导支持企业充分利用好失业保险结余统筹基金，开展职工技能提升和转岗培训，培养更多符合产业发展需求的实用人才。健全技能人才评价激励机制，切实打通职业发展通道，充分调动劳动者积极性和创造性。建立全国统一的劳动力管理信息系统，推进各部门信息的互联互通和数据共享，实现求职者和用人单位即时对接，提高劳动力市场资源配置效率。

5. 进一步激发平台经济创新活力带就业

统筹处理好发展与规范的关系，引导平台企业依法合规开展业务和发展，鼓励其参与国家重大科技创新项目，推动平台经济健康持续发展，促进就业规模持续扩大、就业结构不断优化。持续探索创新监管模式，完善信用监管等常态化监管机制，通过包容审慎监管等方式，为新业态留足创新发展空间，以平台经济高质量创新发展促进新产业新业态新模式加快培育，创造更多新增就业岗位。加力实施支持新就业形态发展计划，完善用工指导、争议处理等综合维权保障机制，推动新业态、新职业健康发展。创新性开展“直播带岗”等活动，努力整合地方中小企业服务中心、高校、协会、企业等各方力量，搭建起需求端和供给端的新型对接平台，打通就业堵点。

07　2022年财政收支形势分析及2023年展望

李　亘*

摘要：2022年，上海疫情、俄乌冲突等超预期因素与房地产市场持续下行等结构性问题交织，叠加大规模留抵退税政策集中落地等政策性因素共振，财政减收压力成为贯穿全年的突出问题，地方财政紧平衡态势进一步加剧，完成全年预算目标的难度较大。为了弥补资金缺口，应对财政前置带来的“窗口期”，推动基建投资持续发力，积极的财政政策更加积极有为，推出了延长税费缓缴期限、盘活专项债结存限额等一系列政策措施，发挥了稳定经济的关键作用。2023年，国内外经济环境有望改善，财政收入增速将明显恢复，财政收支平衡压力明显减轻，积极的财政政策应保持适当力度，提高政策的精准性、持续性和有效性，为经济社会平稳运行保驾护航。

关键词：财政收支　留抵退税　基层“三保”

一、2022年全国财政收支形势分析预测

（一）前三季度财政收入同比下降

前三季度，全国一般公共预算收入153151亿元，扣除留抵退税因素后增长4.1%，比年初预算增速高出0.3个百分点；按自然口径计算下降6.6%，仅完成年初预算的73%，收入进度创十年来最低水平。其中，中央一般公共预算收入69934亿元，扣除留抵退税因素后增长3%，按自然口径计算下降8.6%；地方一般公共预算本级收入83217亿元，扣除留抵退税因素后增长5.2%，按自然口径计算下降4.9%。全国税收收入124365亿元，扣除留抵退税因素后增长1%，按自然口径计算下降11.6%；非税收入28786亿元，比上年同期增长23.5%。

前三季度财政收入有如下特点：

* 李亘，经济学博士，国家信息中心经济预测部财政与金融研究室助理研究员，主要研究领域为财政政策和政府债务等。

1. **经济恢复向好和政策效应逐渐消退，财政收入加快改善**

前三季度，GDP 同比增长 3.0%，较上半年加快 0.5 个百分点，经济总体呈现恢复向好态势。三大需求持续回升，社会消费品零售总额增长 0.7%，固定资产投资增长 5.9%，人民币计价进出口总额增长 9.9%，表明我国经济韧性较足，长期向好的基本面没有改变。国民经济稳定恢复为财政收入的改善注入了“源头活水”。前三季度按可比口径计算财政收入累计同比增速达 4.1%，较 5 月低谷提高 1.2 个百分点，同口径下收入预算完成进度将达 81.2%，在过去十年中仅次于 2021 年的 83%。大规模留抵退税政策的集中落地是造成财政收入在自然口径下大幅下降，加剧收支平衡压力的主要因素。随着政策效应的逐渐消退，财政减收压力出现明显改善。前三季度按自然口径计算财政收入同比下降 6.6%，较上半年降幅大幅收窄 3.6 个百分点，从当月增速看，2022 年 9 月财政收入增长 8.4%，自 8 月转负为正以来，增速继续加快，与大规模留抵退税工作启动的 4 月相比，增速大幅提高了约 50%。

2. **分税种看，增值税收入加速修复但其余税种收入增长表现分化**

受留抵退税政策效应减弱影响，增值税收入增速加速修复。前三季度，国内增值税收入 33347 亿元，按自然口径计算下降 33.4%，较 1—8 月降幅收窄 4.2 个百分点；扣除留抵退税因素后增长 2%，增速较 1—8 月提高 0.6 个百分点。其中，9 月当月增速达 6.7%，较前期再度提高 1 个百分点，拉高当月财政收入增幅 2.3 个百分点，增速持续提高。

房地产调控政策生效，土地和房地产相关税收收入同比跌幅收窄。前三季度，契税 4395 亿元，比上年同期下降 27.1%；土地增值税收入 5166 亿元，比上年同期下降 8.9%；房产税收入 2417 亿元，比上年同期增长 12.8%；耕地占用税收入 1056 亿元，比上年同期增长 26.3%；城镇土地使用税收入 1596 亿元，比上年同期增长 8%。五项相关税种收入合并后的 9 月同比增速为-4.1%，降幅较 8 月大幅收窄 20.5 个百分点，拉低了 9 月财政收入增幅 0.4 个百分点，较 8 月收窄 2.1 个百分点。

个人所得税收入延续高增，但企业所得税收入增速回落。前三季度，个人所得税收入 11360 亿元，比上年同期增长 9.1%，较 1—8 月提高 0.2 个百分点，9 月当月个人所得税收入同比增速为 11.2%，较 8 月提高 2.4 个百分点，继续维持较高增速。企业所得税收入 36409 亿元，比上年同期增长 2.1%，较 1—8 月回落 0.4 个百分点，9 月当月企业所得税收入同比下降 12.2%，较 8 月下滑 9.2 个百分点。

受需求收缩影响，国内消费税和进口环节税收边际下滑。前三季度，国内消费税收入 13108 亿元，比上年同期增长 7.3%，较 1—8 月回落 1.4 个百分点，9 月当月国内消费税收入同比下降 4.4%，比 8 月增速低 9.6 个百分点，再度出现明显负增长。进口货物增值税、消费税收入15251亿元，比上年同期增长11.3%，较1—8月收窄1.1个百分点，9月当月增长3.8%，增幅较8月回落2.3个百分点。关税收入2161亿元，比上年同期下降3%，降幅较1—8月扩大0.1个百分点，9月当月同比下降3.6%，增速比8月低4.0个百分点。

3. 非税收入增长较快，“缓冲垫”效应持续显现

前三季度，全国非税收入28786亿元，比上年同期增长23.5%，增速比自然口径下的税收收入和财政收入分别高出35.1个和30.1个百分点。9月当月非税收入同比增长39.7%，较8月再度走高6.1个百分点，继续维持高速增长，拉升当月财政收入增幅达8.2个百分点，“缓冲垫”效应持续显现。

4. 分地区看，地方财政收入呈“西升东降”态势

前三季度按自然口径计算，地方一般公共预算本级收入同比下降4.9%，降幅较1—8月收窄1.6个百分点，比中央一般公共预算收入低3.7个百分点。按可比口径计算，地方一般公共预算本级收入增长5.2%，高于中央一般公共预算收入3%的增速。分地区看，东部、中西部占地方财政收入比重从2021年1—8月的59.1%、36.3%变为2022年同期的57.3%、38.7%。受益于煤炭等大宗商品前期量价双涨，部分西部省份增值税、资源税等收入大幅提升，内蒙古、山西、新疆3个资源大省（区）1—8月财政收入按可比口径计算增速超35%，陕西、青海增速也达到20%以上。

（二）前三季度财政支出增速小幅回落

受国内疫情反复和财政减收压力等因素影响，财政支出增速再度回落。前三季度，全国一般公共预算支出190389亿元，完成预算的71%，同比增长6.2%，9月当月财政支出同比增长5.4%，增速均出现连续两个月下滑，与2022年7月相比，分别下降0.2个和4.5个百分点。增速回落的压力主要来自地方财政。同期，中央一般公共预算本级支出25014亿元，同比增长7%，增速较7月提高0.6个百分点；地方一般公共预算支出165375亿元，同比增长6.1%，增速较7月回落0.3个百分点。财政收支相抵后，累计赤字达37238亿元，同比增加21965亿元。

前三季度财政支出有如下特点：

1. 教育支出持续增长

前三季度，教育支出28423亿元，同比增长5.7%，增速较上年同期进一步提高0.5个百分点。重点用于支持建设高质量教育体系。继续增加义务教育经费投入，进一步改善农村学校办学条件，促进义务教育优质均衡发展和城乡教育一体化。切实保障义务教育教师工资待遇水平并按时足额发放。进一步支持高校“双一流”建设，提高人才培养和科研创新能力。

2. **科学技术支出大幅增长**

前三季度，科学技术支出6516亿元，同比增长14%，增速较上年同期大幅提高13.2个百分点。重点用于支持原创性、引领性科技攻关，推进国家实验室建设、大幅增加中央引导地方科技发展资金规模，支持地方建设区域创新高地。加强重大人才工程、人才计划、人才项目经费保障，引进和培育高层次人才，强化国家战略科技力量。

3. **文化旅游体育与传媒支出小幅下降**

前三季度，文化旅游体育与传媒支出2577亿元，同比下降1.7%，较上年同期下降5.0个百分点。重点用于支持推进城乡公共文化服务体系一体建设，扩大优质文化产品供给。支持中华优秀传统文化传承发展，加强文物保护利用和非物质文化遗产保护传承。完善艺术、电影等领域资金支持政策，资助文艺创作，扶持文艺人才。

4. **社会保障和就业支出增长较快**

前三季度，社会保障和就业支出28470亿元，同比增长6.9%，增速比上年同期提高4.5个百分点。重点用于稳步实施企业职工基本养老保险全国统筹，适当提高退休人员基本养老金和城乡居民基础养老金最低标准，确保按时足额发放。加快推进工伤和失业保险省级统筹。将3岁以下婴幼儿照护费用纳入个人所得税专项附加扣除。支持健全分层分类的社会救助体系，兜牢困难群众基本生活底线。

5. **卫生健康支出显著增长**

前三季度，卫生健康支出16253亿元，同比增长10.7%，增速较上年同期提高8.4个百分点。重点用于做好常态化疫情防控、疫苗接种、药物研发等工作，延续医务人员和防疫工作者个人所得税有关优惠政策。提高基本公共卫生服务经费人均财政补助标准，持续扩大国家组织药品、高值医用耗材集中带量采购范围。

6. **节能环保支出降幅明显收窄**

前三季度，节能环保支出3630亿元，同比下降2.5%，降幅较上年同期大幅收窄5.8个百分点。重点用于紧盯重点领域和关键环节，支持深入打好污染防治攻坚战。加快建立分类补偿与综合补偿、纵向补偿与横向补偿协调推进的生态保护补偿制度，稳步有序推进碳达峰碳中和。

7. **城乡社区支出小幅下降**

前三季度，城乡社区支出14362亿元，同比下降0.5%，降幅较上年同期小幅收窄0.7个百分点。重点用于提升新型城镇化建设质量，推动健全常住地提供基本公共服务制度，促进农业转移人口更好融入城市，选拔新一批示范城市，系统化全域推进海绵城市建设。支持开展综合货运枢纽试点示范，推动构建综合立体交通运输体系。支持再开工改造一批城镇老旧小区，有序推进城市更新。

8. **农林水支出增长较快**

前三季度，农林水支出 15940 亿元，同比增长 5%，增速较上年同期大幅提高 9.5 个百分点。重点用于巩固提升粮食安全保障能力，加强农田水利薄弱环节建设，推进种业振兴和农业核心技术攻关，加大对粮食主产区财政奖补力度，给种粮农民再次发放农资补贴，保障农民种粮收益和主产区抓粮积极性。

（三）全年财政收支分析预测

1. **全年财政收入按自然口径计算下降** 3.0%，**按可比口径计算增长** 4.1%

我国经济自上半年以来整体恢复向好，带动财政收入降幅持续收窄。但进入 10 月份以来，全国疫情再度出现散发、多发态势，10 月工业生产等主要经济指标低于预期，内外部发展环境面临的风险挑战依然较大，预计全年实际经济增速为 3.3%，整体表现低于年初预期，将对财政收入形成制约。同时，为应对超预期因素带来的冲击，助力市场主体纾困保就业，延长制造业税费缓缴期限等一系列减税降费政策力度不减，据此判断，按自然口径计算全年财政收入降幅将在前三季度的基础上继续收窄，但大概率仍将负增长，预计全年降幅为 3.0%；按可比口径计算全年财政收入增长 4.1%，累计增速与前三季度基本持平。

2. **全年财政支出完成预算目标难度较大**

财政前置发力叠加第三季度接续政策有力衔接，为基建投资提供了坚实的资金保障，有效缓解了财政在基本建设领域的资本性支出压力，确保财政支出向重点民生领域倾斜，兜牢基本民生保障底线。但主要受贯穿全年的财政减收压力影响，2022 年年初以来，财政支出增速低于年初预算安排（8.4%），后续随着政策加快落地，年末部分存量资金加快使用，财政支出增速将迎来小幅回升，但完成全年预算目标的难度依然较大。预计全年财政支出增速为 6.8%，完成预算进度的 99%。

二、2023 年全国财政收支分析与展望

（一）2023 年国内外经济环境分析

1. **全球经济状况有所改善，但外部形势依然复杂严峻**

2022 年年初的俄乌冲突进一步抬高了国际能源价格，加剧了欧美主要发达经济

体的通胀压力。为了舒缓通胀压力，美联储年内累计加息 375 个基点，当前发达国家货币政策存在过度紧缩风险。10 月，美国通胀形势出现边际好转趋势，就业数据显示出较强韧性，新增非农就业数据好于预期，美国货币政策强硬“鹰派”的态度可能出现一定程度的软化，全球经济将迎来一针“强心剂”，总体形势预计有所改善。但另一方面，欧洲的能源短缺和供需收缩形势预计将延续至 2023 年；欧美主要发达国家财政扩张力度将持续回收，全球经济下行风险依然存在。

2. 经济将持续稳定恢复，但面临的困难挑战依然较多

2023 年我国经济将持续稳定修复。一是服务业增长动能增强。随着优化疫情防控“二十条”的推出，常态化疫情防控政策将更加人性化，人员和生产要素正常流动所受到的过度干扰现象将得到较明显的缓解，餐饮、娱乐、旅游业等重点服务行业将迎来明显修复，推动居民前期积累的消费需求持续释放，服务业市场主体经营压力显著改善，供需两侧的增长动能将显著增强。二是投资保持稳定增长。政策性开发性金融工具和盘活专项债限额结存的政策效应将延续至 2023 年，叠加 2023 年新增投资规模和项目储备，基建投资有望持续高增；大规模减税降费政策仍将延续并保持一定的政策力度，金融政策将加力助企纾困，制造业投资“压舱石”作用将持续显现。三是消费需求温和回升。疫情逐步好转，防控政策持续优化，将有力引导居民消费持续恢复。同时，前期落地的促消费政策如车购税减半等将延续执行，汽车等耐用品消费有望继续发挥重要支撑作用。

但也要看到，2023 年国内经济平稳运行面临的困难挑战依然较多。一是房地产市场可能延续调整态势。基于基数原因，2023 年房地产投资降幅大概率将有所收窄，房企债务风险尚未完全缓释，拿地开发意愿和居民住房消费需求仍较低迷。二是消费改善仍受诸多因素制约。疫情阴霾仍未散去，依然存在散发多发风险，居民消费尤其是服务消费的波动较大。同时，居民收入增长明显放缓，整体就业压力仍较艰巨，居民消费意愿不强，收入因素对消费的负面影响预计将持续显现。三是外贸增速有所回落。受外需疲弱和高基数因素影响，预计我国 2023 年的外贸进出口增速将出现回落，外需走弱将倒逼我国畅通国内大循环，增强内需增长动能。

初步判断，2023 年我国 GDP 将增长 4. 5%左右。

（二）2023 年财政收入将稳健增长

2022 年 10 月，PPI 当月同比增速已转为负数，累计增速持续下降，预计 2023 年工业品领域价格因素将基本消退。但另一方面，大规模留抵退税政策进入尾声，减税降费力度预计将出现边际回收，税收增速将有所加快，同时，2023 年我国经济将加快恢复，经济增速较 2022 年有所提高，总体来看，2023 年我国财政收入将稳健增长。

1. 国内增值税收入增速将明显回升

2023 年大规模留抵退税政策对国内增值税收入的扰动将基本消退，单月增速和累计增速均将加速提高。结合价格因素，预计 2023 年我国工业增加值收入将保持平稳增长，社会消费品零售总额增速在 2022 年的基础上进一步走高，综合来看，国内增值税收入同比增速将明显回升。外需走弱叠加高基数因素，2023 年我国进出口增速预计将边际下降，进出口环节各项税收如增值税、关税、消费税等收入增速将随之回落。但我国经济长期向好的基本面没有改变，外贸领域的韧性依然较足，尽管增速出现边际回落，但依然可维持较高的增长水平。

2. 所得税收入将平稳增长

随着经济稳固复苏和疫情防控政策的持续优化，企业经营效益预计将普遍好转，央行设立设备更新改造专项再贷款，支持企业设备和技改投资，有效压低了融资成本，表明政策助企纾困、助力发展的力度不减，将进一步扭转企业所得税收入增速持续下滑的不利态势。房地产市场虽然整体仍将处于低谷，但预计降幅有所收窄，带动房地产相关五项税收边际改善，叠加个税收入的持续稳健增长，2023 年我国所得税收入总体将保持平稳，增速较 2022 年有所加快。

3. 减税降费力度将边际回收

面对复杂严峻的国内外环境，2022 年我国推出了总额达 1.65 万亿元的大规模留抵退税政策，重点惠及交通餐饮等六大行业领域和广大中小型制造业企业，叠加 1 万亿元的各项减税降费和税费缓缴措施，总体政策力度达到 2.65 万亿元，有效激发了广大市场主体活力。但一方面，年内大规模留抵退税政策已将 2019 年 3 月以来的进项税款余额基本抵扣返还，该政策“子弹”已经阶段性“打完”，2023 年继续推行的可能性较小；另一方面，地方财政收支紧平衡态势进一步加剧，截至 2022 年 9 月，地方财政自给率仅为 50.3%，创十年新低，地方财力紧张也将制约减税降费的政策规模，导致政策力度出现一定程度的边际回收。

4. 行业和区域间收入将继续分化

虽然我国全部工业品 PPI 持续下滑，但能源和上游大宗商品价格受国际通胀形势影响，仍将保持一定高位，一方面使上游企业延续较高的盈利能力，另一方面挤压下游广大制造业企业的利润空间，行业间“冷热不均”将持续存在。东部沿海地区集中了我国大部分高端产业，经济发展基础雄厚，企业盈利能力强，财政自给率高，而中西部地区产业基础薄弱，财政收入虽然一定程度上将受益于消费税、资源税等税种收入高增，但由于上述税种收入所占比重较小，无法发挥主体税种作用，因此总体来看，中西部地区财政收支矛盾仍较突出，区域收入分化将长期存在。

综合以上因素，初步预测，对应可比口径下的2022年财政收入，2023年财政收入增速为5.0%。对应自然口径下的2022年财政收入，由于在该口径下存在较明显的基数效应，此时2023年的收入增速为7.5%。

（三）2023年财政支出将保持合理强度

2023年我国经济平稳运行面临的风险和挑战依然较多，形势依旧复杂严峻，为夯实经济大盘，推动经济运行在合理区间，积极的财政政策仍要求保持一定的支出强度，兜牢基层“三保”底线，扩大有效需求，支持产业升级，呵护市场主体。财政收入的稳健增长也有助于缓解支出端尤其是地方财政的支出压力，确保财政保持合理的支出强度。

1. 兜牢基层“三保”底线

一是优化支出结构。持续压减一般性支出，严格控制竞争性财政支出规模，重点保障基本民生。二是足额保障基层财政“三保”支出。适当加大转移支付规模，优化分配机制，加大基层财政的资金倾斜力度，坚持县级为主、市级帮扶、省级兜底、中央激励的方针，足额保障县级财政“三保”支出。三是持续扩大兜底性、普惠性、基础性社会保障水平。提高支持稳就业的财政支出力度，做好大学毕业生、灵活就业人员、个体工商户等重点群体的就业保障工作，强化对新就业形态和创新创业的财税支持；扩大医保药品带量采购范围，适当提高城乡医保和养老保险人均补助水平，支持加快构建商业化、多层次社会保障体系，加大城乡低保和失业人员等困难群体福利保障力度。

2. 积极扩大有效需求

一是发挥政府投资引导带动作用。围绕国家重大战略部署，支持推进交通、能源、水利等领域项目建设，优化投资结构，加强与专项债券衔接，鼓励和引导社会资本参与基础设施和公共服务项目建设运营。二是促进消费持续恢复。延续新能源汽车购置补贴、免征车辆购置税等政策，积极谋划出台新的支持政策，挖掘财政促消费的增长潜力。支持县域商业建设行动，加快县乡村商贸流通改造升级和快递物流配送体系贯通畅达，扩大农村消费，推动重点领域政府购买服务改革，更好满足公共服务需求。三是提升区域发展协调性，落实好支持京津冀协同发展、长江经济带发展、长三角一体化、粤港澳大湾区建设以及雄安新区建设、海南自由贸易港建设等相关财税政策，推进基本公共服务均等化，促进东、中、西和东北地区协调发展。

3. 着力呵护市场主体

综合运用融资担保、贷款贴息、奖励补助等方式，引导撬动金融资源流向中小微企业。实施普惠金融发展示范区奖补政策，研究建立国家融资担保基金风险补偿机制，继续实行融资担保降费奖补，促进中小微企业融资增量、扩面、降价。引导地方安排中小企业纾困资金，督促各部门、事业单位等及时支付采购账款，防止拖欠。扩大出口信用保险对中小微外贸企业的覆盖面，强化出口信贷支持，帮助外贸企业稳订单稳生产。

综合以上因素，初步预测，2023年财政支出增速为6.2%左右。

三、政策建议

1. 继续实施积极的财政政策

一是建议将赤字率安排为2.8%。在当前经济受内外部超预期因素冲击，复苏基础亟待进一步稳固夯实；地方财力紧平衡态势加剧，收支压力较为明显的形势下，为了确保2023年的经济“开好头、起稳步”，建议将赤字率稳定在2.8%，对应的赤字规模约为3.59万亿元，赤字率和赤字规模分别较2022年提高0.2个百分点和2200亿元。二是建议将新增专项债安排为3.65万亿元。2022年我国专项债发行、使用效率明显提升，节奏明显加快，并首度提出要盘活专项债限额结存。专项债在稳投资稳增长中的重要作用愈发突出，基建投资在经济增长中的托底作用愈发明显。同时，在构建地方城投平台新型投融资模式和防范化解隐性债务风险齐头并进的背景下，专项债作为固定资产投资重要的资金来源，对社会资本的带动效应也显著加强，保证一定的资金规模是稳增长稳投资的客观要求。

2. 大力支持产业转型升级

增强产业链供应链韧性和竞争力。强化企业创新主体地位，支持企业牵头承担国家科技项目，落实研发费用加计扣除等政策。坚持培优企业与做强产业相结合，新增支持一批国家级专精特新“小巨人”企业。聚焦重点产业链，进一步增加产业基础再造和制造业高质量发展专项资金，着力解决基础零部件、关键材料、核心软件、短板装备等“卡脖子”问题。有效发挥财政资金引导作用，充分运用市场化手段，支持集成电路等重点行业创新发展。

3. 加大财政“口袋”统筹力度

一是通盘统筹四本预算。加大必要的财政收支调剂力度。重视发挥预算外专户资金的稳增长效力，重点抓好各级财政历年结余结转资金的回收统筹再分配工作，对当前较迫切的支出领域优先安排存量资金的调拨，灵活调整资金用途，优化财政支出结构。加强省政府的辖区财政管理权限，适当简化审批流程和程序，降低决策时滞和执行时滞，充分发挥省政府在协调基层政府事权、财力和支出责任的重要作用，推动存量资金统筹、分配、切块和下达的快速直达。二是用好财政杠杆充分盘活存量资产。进一步规范和完善 REITs、PPP 等投融资模式，在堵住新增隐性债务风险的制度性漏洞的基础上，适当放宽政府可行性资金补助的政策约束，提高存量资产投资项目的吸引力，增强财政资金“四两拨千斤”的杠杆作用，充分激发和调动社会资本活力，发掘存量资产的再投资“魅力”。

08 2022年金融运行分析及2023年展望

李若愚[*]

摘要：2022年，稳健的货币政策“总量宽松、定向发力”，推动货币供应量加快增长、社会融资规模放量、市场利率与社会综合融资成本下行。受美元超常走强影响，年内人民币对美元汇率出现快速走低。2023年，美联储加息将持续扰动国际金融市场，外部冲击风险不容忽视。我国经济运行持续面临需求收缩和预期转弱的压力，房地产市场下行问题较为突出。货币政策应以“稳增长”为首要目标，通过“宽信用”“降成本”稳定宏观经济大盘。

关键词：货币政策　利率　汇率

一、2022年金融运行情况及特点

（一）货币政策宽松推动货币供应量加快增长

2022年以来，稳健的货币政策不断加大对实体经济的支持力度，呈现总量宽松、定向发力的政策特点。总量政策有，向中央财政上缴结存利润超过1万亿元，主要用于留抵退税和增加对地方转移支付；4月份全面降准0.25个百分点；持续开展公开市场逆回购操作和中期借贷便利（MLF）操作。结构方面，央行年内再次创设科技创新再贷款、普惠养老专项再贷款、交通物流专项再贷款三项新的政策工具，加上2021年第四季度推出的碳减排支持工具、普惠小微贷款支持工具、支持煤炭清洁高效利用专项再贷款，以及支农支小再贷款和抵押补充贷款等长期政策工具，结构性政策工具箱已较为丰富和完善。此外，为支持基建投资，还调增调增政策性银行8000亿元信贷额度，支持国家开发银行、农业发展银行分别设立金融工具，规模共6000亿元，允许地方“一城一策”灵活运用信贷等政策，合理支持刚性和改善性住房需求。在政策引导和推动下，货币供应量增速明显加快。10月末，广义货币

* 李若愚，金融学硕士，国家信息中心经济预测部财金研究室主任，副研究员，主要研究领域为货币政策、金融运行与金融市场等。

M2 余额同比增长 11.8%，狭义货币 M1 余额同比增长 5.8%，比上年末分别高出 2.8 个和 2.3 个百分点。

（二）货币财政政策齐发力推动社会融资规模放量

10 月末，社会融资规模余额同比增长 10.3%，与上年末持平。前 10 个月，社会融资规模增量累计为 28.7 万亿元，比上年同期多 2.31 万亿元。结构来看，表内贷款增长平稳，表外融资明显好于上年同期。前 10 个月对实体经济发放的人民币贷款增加 18.33 万亿元，同比多增 7265 亿元；表外融资（包括委托贷款、信托贷款和未贴现的银行承兑汇票）累计减少 2408 亿元，同比少减少 1.37 万亿元。作为积极财政政策的重要抓手，地方专项债发行力度加大，推动政府债券融资多增较多，前 10 个月累计 6.19 万亿元，同比多 1.16 万亿元。直接融资中，股票融资表现平稳，企业债券融资略显低迷。前 10 个月，非金融企业境内股票融资 8988 亿元，同比多 539 亿元；企业债券净融资 2.43 万亿元，同比少 2349 亿元。

（三）信贷政策引导人民币贷款同比多增

10 月末，人民币贷款余额同比增长 10.5%，增速比上年同期低 0.8 个百分点。前 10 个月人民币贷款累计新增 18.7 万亿元，同比多增 1.15 万亿元。结构来看，企业贷款和重点领域贷款增长较快。企业流动资金贷款平稳充裕，前三季度本外币企事业单位短期贷款及票据融资增加 5.77 万亿元，同比多增 3.71 万亿元。工业中长期贷款增速持续提升，对工业投资形成较好支撑。前三季度本外币工业中长期贷款增加 2.63 万亿元，同比多增 5860 亿元。普惠金融领域贷款保持较快增长，前三季度人民币普惠金融领域贷款增加 4.89 万亿元，同比多增 5757 亿元。绿色贷款保持高增长，9 月末，本外币绿色贷款余额同比增长 41.4%，增速比各项贷款平均值高出 30.7 个百分点。涉农贷款增速平稳增长，前三季度涉农贷款增加 5.46 万亿元，同比多增 1.46 万亿元。

受房地产市场低迷和疫情反复影响，房地产贷款、服务业贷款和住户消费贷款增速持续回落。9 月末，人民币房地产贷款余额同比增长 3.2%，其中，个人住房贷款余额同比增长 4.1%，增速比上年末分别低 4.7 个和 7.2 个百分点；本外币服务业中长期贷款余额同比增长 9.6%，增速比上年末低 1.4 个百分点；住户消费性贷款（不含个人住房贷款）余额同比增长 5.4%，增速比上年末低 4.1 个百分点。

（四）利率政策引导市场利率与社会综合融资成本下行

2022 年央行利率政策趋于宽松，公开市场逆回购操作和 MLF 中标利率分别于 1 月和 8 月出现两次下调，每次下调 0.1 个百分点，累计 0.2 个百分点。受公开市场操作利率下调与央行通过降准和 MLF 等加大流动性投放的双重影响，货币市场利率稳中有降。作为代表性利率，4 月份以来，隔夜上海银行间同业拆放利率（SHIBOR）和银行间 7 天质押式回购加权平均利率基本上一直在 2%以下运行，隔夜 SHIBOR 最低触及 0. 96%，银行间 7 天质押式回购加权平均利率最低触及 1. 44%。债市利率随之下行，1 年期和 10 年期国债到期收益率 10 月末降至 1. 73%和 2. 64%，比上年末分别下降 0. 50 个百分点和 0. 13 个百分点。Wind 数据显示，10 月份公司债、企业债、中期票据和短期融资券发行利率分别为 3. 05%、3. 87%、3. 18%和 2. 06%，比上年 12 月分别下降 0. 64 个、0. 64 个、0. 72 个和 0. 87 个百分点。在央行下调 MLF 中标利率等政策推动下，1 年期和 5 年期贷款市场报价利率（LPR）年内下行 0. 15 个百分点，5 年期以上 LPR 下行 0. 35 个百分点。

（五）人民币对美元汇率出现两轮快速走低

2022 年人民币对美元汇率出现两轮快速走低。一次是人民币对美元汇率在 4 月中旬至 5 月中旬经历了近一个月的快速走低，即期汇率由 4 月 15 日的 6. 37 下跌至 5 月 16 日的 6. 8，累计下跌 6. 3%。另一次是 8 月中旬以来，人民币对美元汇率再现走低压力，先后跌破 6. 8、6. 9、7. 0、7. 1、7. 2 和 7. 3 的关口。截至 10 月 31 日，人民币对美元即期汇率（CNY）收于 7. 2985，年内累计贬值幅度达 12. 7%。美元超常走强是人民币兑美元汇率快速走低的主要原因。迫于通胀压力的快速上升，美联储自 2022 年 3 月份开启了 40 年来最为猛烈的加息周期，美元指数由 2022 年 3 月底的 97. 8 升至 10 月底的 111. 6，累计上升 14. 1%。美元走强的对立面，就是非美货币普遍对美元大幅贬值。与其他主要货币相比，人民币对美元贬值幅度相对较小，因而相对其他主要货币出现明显升值，一篮子人民币汇率指数表现相对稳定。截至 10 月 31 日，年内日元、英镑和欧元对美元贬值幅度分别高达 22. 6%、15. 3%和 13. 1%，人民币对日元和英镑累计升值分别达到 12. 7%、2. 2%，对欧元贬值 0. 3%，CFETS 人民币汇率指数累计贬值 2. 5%。

二、2023 年金融运行面临的环境和问题

（一）美联储加息持续扰动国际金融市场，外部冲击风险不容忽视

迫于美国通胀压力的快速上升，美联储于 2022 年 3 月开启本轮加息周期，于 6 月开始减持美国国债和抵押贷款支持证券（MBS），推动其资产负债表规模收缩。美元的世界货币地位使美联储政策紧缩导致美元走强、资金回流美国、全球流动性和资金条件收紧，加之欧洲、英国等发达经济体央行跟进加息，对国际金融市场形成剧烈冲击。2022 年非美货币掀起对美元贬值潮，美国和欧洲等国家和地区的债券

市场普遍跌入熊市，美债、欧债收益率大幅走高。例如，截至10月末，10年期美国、英国国债收益率与欧元区公债收益率分别升至4.1%、3.7%和2.4%，比上年末分别提高2.6、2.7和2.4个百分点。

未来随着美国通胀减弱和经济衰退压力上升，美联储加息和缩表的步伐有望趋缓。但2023年加息路径仍有不确定性。一方面，美国短期通胀上升势头仍未受到遏制，未来通胀恶化的可能性尚不能完全排除。2022年9月份美国CPI同比涨幅为7.7%，核心CPI涨幅高达6.3%。同时，美国就业数据表现强劲，劳动力市场结构性供给不足仍在推升薪资和服务价格。而且地缘政治复杂多变，不能排除未来出现黑天鹅事件并带来新增供给冲击的可能。另一方面，美国基准利率水平短期快速抬升，对需求产生较强的抑制作用，加大经济衰退风险。2022年第三季度美国房地产、制造业活动、消费支出均已出现不同程度的放缓。综合判断，2023年上半年，美联储政策调整仍将以控制通胀为重点，保持一定的加息和缩表力度。下半年，如果短期通胀率升势被彻底扭转，美联储政策将更多考虑经济增长的要求，停止加息，甚至转为降息。总体来看，美联储政策调整将继续困扰2023年国际金融市场，美股“超级泡沫”有破裂的危险，美元指数波动加大，全球汇市、债市和股市也将随之持续动荡。受美联储持续加息与我国货币政策趋于宽松影响，中美国债收益率利差自2022年第二季度开始出现倒挂，且倒挂程度迅速拉大。例如，10月31日，10年期国债收益率美国为4.1%，比同期中国（2.6%）高出1.5个百分点。中国利率水平下降削弱了人民币金融资产对外资的吸引力被削弱，加剧短期资本流出和人民币汇率贬值压力。2023年（尤其是上半年）国际金融市场风险因素不减，中美货币政策将持续反向并推动中美利差倒挂趋于严重，人民币汇率和跨境资金流动保持稳定面临的外部形势仍较为严峻，要防范外资异动并对股市和债市产生冲击，防止发生汇债股市场联动齐跌的共振局面。

（二）经济运行仍面临需求收缩压力，“稳增长”需货币政策加力

2022年，受外部化境变化和国内疫情防控波动带来的超预期因素冲击，第二季度我国经济下行压力明显加大。5月底以来，国务院接连推出33项稳经济一揽子政策和19项接续政策。在政策托底之下，第三季度经济运行恢复向好，但需求收缩问题仍未有效缓解。2023年，我国面临的国内外需求环境仍然严峻，“稳增长”压力不减。一是全球经济下行带来外需减弱，出口对我国经济增长的支撑作用将下降。IMF、世界银行、世界贸易组织、联合国贸易和发展会议等国际机构已接连对“世界性经济衰退”的前景发出警告。外需减弱之下，我国出口增长前景不容乐观。二是疫情反复对居民消费需求冲击较大。2022年前三季度，社会消费品零售总额仅比增长0.7%。餐饮等受疫情冲击大的行业持续低迷，前三季度餐饮行业收入同比下

降 4.6%，国内旅游收入（旅游总消费）同比下降 27.2%，交通运输完成营业性客运量同比下降 30.9%。三是民间投资增长持续放缓。2022 年民间投资累计同比增速逐月下行，9 月份回落至 2%，比上年全年低 5 个百分点。

我国货币政策调控有充分就业、稳定物价、经济增长和国际收支平衡四项目标。其中，前三项为内部均衡目标，国际收支平衡为外部均衡目标。2023 年，在需求趋弱的压力下，通胀形势将平稳温和，经济下行风险仍存并拖累就业。就外部目标看，在美联储持续收紧政策带来的国际金融动荡之下，外资流出和人民币贬值压力加大，我国国际收支平衡面临的问题和挑战增多。总体来看，内外均衡目标冲突加大，金融调控面临“不可能三角”（开放经济下，一国不能同时实现资本流动自由，保持货币政策的独立性和汇率的稳定性）困境。也要看到，稳健的国内基本面是国际收支保持基本平衡的坚实基础。尽管外部牵制因素增多，内外均衡目标冲突加大，我国货币政策未来仍要坚定“以我为主”，坚持以“稳增长”为首要目标。政策出台要注意时机选择，选择合适的时间窗口，避免与美联储紧缩政策“相撞”。

（三）居民和企业预期趋弱，货币政策宽松效果面临微观约束

从金融数据表现看，居民和企业预期转弱问题较为突出。一是货币流动性比例（M1/M2）下降反映企业和居民的货币需求更具预防动机。M1 包括流动性强、可以随时用于支付的流通中现金和单位活期存款，对应了货币需求中的交易需求。M2 则由 M1 和流动性较差的准货币（包括储蓄存款、单位定期存款和其他存款）组成。准货币主要对应了货币需求中的预防需求。2022 年 9 月末，货币流动性比例为 25.3%，比上年末下降 1.9 个百分点。二是企业存款呈现定期化倾向和居民储蓄存款快速增长反映出微观主体防御性储蓄欲望增强。2022 年 9 月末，非金融企业定期及其他存款余额同比增长 14.4%，增速比上年同期提高 8 个百分点，定期及其他存款占全部非金融企业存款比重为 66.3%，占比比上年同期提高 1.9 个百分点；储蓄存款余额同比增长 14.5%，增速比上年同期提高 3.7 个百分点。

货币供应宽松和银行增加信贷投放有利于增加企业和居民的货币购买力，但只有企业和居民将手中的货币资金进行投资和消费，货币政策宽松才能对终端需求起到促进作用。企业和居民预防和储蓄动机增强是其预期转弱的表现，会压低居民消费倾向和企业投资意愿，从而影响货币政策宽松效果。一方面，企业和居民有效贷款需求减弱，信贷政策对银行放贷的推动作用受到制约。央行银行家问卷调查结果显示，2022 年第三季度贷款需求指数为 59%，比上年同期低 9.3 个百分点。另一方面，居民和企业选择增加储蓄和持有银行存款，货币投放更多变为储蓄存款和定期存款等“货币沉淀”，无法有效增加总需求。

（四）房地产市场持续疲软，妥善化解房地产金融风险面临挑战

房地产在我国经济增长、固定资产投资和金融等方面有着重要的地位和影响。仅就金融来看，房地产占用了大量的社会资金，是现阶段我国金融风险方面最大的"灰犀牛"。2022 年，我国房地产市场持续调整，市场预期较为低迷。前三季度全国房地产开发投资同比下降 8.0%，房屋新开工面积下降 38.0%，商品房销售面积下降 22.2%，商品房销售额下降 26.3%，房地产开发企业到位资金同比下降 24.5%。房地产下行风险是我国金融平稳运行面临的突出问题。随着房地产市场持续调整，房地产金融风险日渐暴露。为妥善化解房地产金融风险，2022 年 9 月以来，央行与银保监会积极引导金融机构支持房地产企业合理融资需求，推动金融机构降低个人住房贷款利率、更好满足刚性和改善性住房需求，通过政策性银行专项借款方式支持"保交楼"。上述房地产金融政策的边际调整和放松有利于房地产市场筑底企稳，但现有政策力度还难以逆转其低迷态势。主要原因在于：一是在预期转弱的情况下，居民加杠杆购房意愿不强。根据中指研究院监测，2022 年前 10 个月，全国已有超 300 省市优化调整政策超 900 次，政策涉及优化限购、降低首付比例、降低房贷利率、提高公积金贷款额度、发放购房补贴、降低限售年限等方面，不过，居民贷款购房意愿未明显改善，个人购房贷款增长持续低迷。9 月末，个人住房贷款余额同比增长 4.1%，增速比上年末低 7.2 个百分点。10 月份住户中长期贷款（主要是个人住房贷款）仅增加 332 亿元，同比少增 3889 亿元。二是"保交楼"专项借款严格限定用于已售、逾期、难交付的住宅项目建设交付，实行封闭运行、专款专用。该项政策仅有利于部分施工中的商品房竣工完成，对改善房地产企业资金状况和促进其新开工建设并无影响。三是民营房企融资困境难解。与央企和国企相比，民营房企资金困境尤为突出。尽管为房企融资松绑的政策信号不断释放，但从实际情况来看，融资条件宽松尚未有效传导至民营房企。中指研究院发布的数据显示，2022 年前个 10 月，央企、国企是房地产企业发债主体，两者发行债券总额在总发行中的占比为 87.1%。在房地产行业持续下行近一年后，房企债务压力和风险明显加大，截至 2022 年 10 月 31 日，房地产企业一年内到期的债券合计 9552.8 亿元。在当前房地产销售没有明显回暖、民营房地产企业融资困难、房地产企业面临偿债压力的情况下，2023 年房地产金融风险仍需高度关注。

三、2023 年金融调控政策建议

1. 稳健的货币政策要持续加力"稳增长"

稳健的货币政策要全面落实"疫情要防住、经济要稳住、发展要安全"的要

求，稳字当头、稳中求进，及时发力，积极作为，强化跨周期和逆周期调节，发挥总量和结构双重功能，通过“宽信用”“降成本”稳定宏观经济大盘。综合运用各种货币政策工具，保持社会流动性平稳充裕，保持货币供应量和社会融资规模合理增长，建议 2023 年 M2 余额和社会融资规模存量增长 10%左右。目前人民币法定存款准备金率仍有一定下调空间。数量调控可采取适当下调法定存款准备金率和加大 MLF 操作力度等措施，及时释放宽松信号，提振市场信心和预期。利率调控可择机下调公开市场操作和 MLF 利率等央行政策利率进而引导 LPR 适度走低，发挥贷款市场报价利率改革效能和指导作用，发挥存款利率市场化调整机制重要作用，推动降低企业综合融资成本和个人消费信贷成本。

2. 鼓励和引导金融机构加大对实体经济的信贷支持力度

持续缓解银行信贷供给的流动性、资本和利率三大约束，引导金融机构按照市场化、审慎经营原则，加大对实体经济的信贷支持力度，增强信贷总量增长的稳定性。用足用好结构性政策工具，强化对重点领域、薄弱环节和受疫情影响行业的支持，引导金融机构增加制造业中长期贷款，加大对民营企业的金融支持力度。配合地方专项债资金运用，用好政策性开发性金融工具，持续发力支持基础设施建设。

3. 积极维护人民币汇率在合理均衡水平上的基本稳定

深化汇率市场化改革，增强人民币汇率弹性，发挥汇率调节宏观经济和国际收支的自动稳定器作用。引导企业和金融机构坚持“风险中性”理念。加强预期管理，及时出手进行引导和纠偏，保持人民币汇率在合理均衡水平上的基本稳定。在关键时刻及时出台下调外币存款准备金率，上调远期售汇业务外汇风险准备金率等措施，向市场展示调控意图和决心，防止形成单边贬值预期。加强对国际金融市场、跨境资金流动的高频监测，密切关注外部环境发展变化，加强外汇形势监测评估，完善跨境资本流动监测、预警和响应机制。

4. 持续优化调整房地产金融政策

积极稳定房地产市场，坚持“房住不炒”的定位，因城施策用足用好政策工具箱，支持刚性和改善性住房需求，视需要适当扩大“保交楼”专项借款规模。推动房地产企业风险处置，引导金融机构支持房企特别是民营房企合理融资需求，校正过度避险行为，保持房地产融资平稳有序。引导和督促商业银行执行好房地产金融审慎管理制度，区分项目风险与企业集团风险，不盲目抽贷、断贷、压贷，加大对长租房市场、保障性住房建设的金融支持力度。

09　2022 年股票市场运行分析及 2023 年展望

徐平生*

摘要： 2022 年，A 股市场新股首发融资总规模大幅提高，再融资规模出现一定幅度萎缩；市场大幅振荡，呈全面下跌态势；上市公司整体业绩增速持续回落，科创板公司业绩持续较快增长；常态化退市稳步推进，退市公司数量再创新高。2023 年，主板股票发行注册制有望成行，新股首次发行将继续平稳进行；A 股市场偏紧的运行环境将趋于缓解，但仍面临许多约束和不确定性，总体平稳运行的可能性较大。

关键词： 发行　平稳　下跌　退市　注册制

一、2022 年 A 股市场运行分析

（一）新股首发融资总规模大幅提高，再融资规模出现一定幅度萎缩

新股首次发行总体平稳进行，新股首发融资总规模大幅提高。2022 年，尽管我国 A 股市场在大幅震荡中全面下跌、新股破发频频出现，A 股市场新股首次发行总体仍平稳进行，新股首发融资规模大幅提高。截至 2022 年 11 月 11 日，2022 年 A 股市场共有 348 家公司进行了新股首发，比 2021 年同期 416 家新股首发家数减少 68 家；但新股首发融资总规模达 5281. 17 亿元，比 2021 年同期的 4224. 04 亿元增加 1057. 13 亿元。

增发融资规模大幅下降，再融资总规模出现一定幅度萎缩。再融资中，截至 2022 年 11 月 11 日，2022 年沪深两市共有 283 家上市公司进行了定向增发和公开增发融资，比 2021 年同期的 424 家减少 141 家；增发融资总额为 5541 亿元，比 2021 年同期的 7285 亿元减少 1741 亿元。此外，7 家公司进行了配股融资，配股融资总额为 567 亿元，比 2021 年同期增加 274 亿元，增加近 1 倍；130 家公司发行了可转

* 徐平生，硕士研究生，高级经济师，主要研究领域为资本市场、宏观经济。

换债券，融资总额达 2415 亿元。上述三项再融资总额达 8523 亿元，比上年同期的 10001 亿元减少 1478 亿元，出现了一定幅度萎缩。

（一）A 股市场大幅振荡，呈全面下跌态势

A 股市场大幅振荡，主要股指全面下跌。2022 年，受内外部诸多不利因素共同影响，我国 A 股市场振荡幅度大幅扩大，主要股指呈全面下跌态势。截至 2022 年 11 月 11 日，上证综指收盘于 3087. 29 点，较 2021 年底收盘指数下跌 15. 18%，振荡幅度达 21. 66%；深证成指收盘于 11139. 77 点，较 2021 年底下跌 25. 02%，振荡幅度达 32. 67%；创业板指收盘于 2405. 32 点，较 2021 年底下跌 27. 61%，振荡幅度达 36. 93%；沪深 300 指数收盘于 3788. 44 点，较 2021 年底下跌 23. 32%，振荡幅度达 29. 66%；上证 50 指数收盘于 2518. 05 点，较 2021 年底下跌 23. 1%，振荡幅度达 30. 58%；科创 50 指数收盘于 1023. 26 点，较 2021 年底下跌 26. 82%，振荡幅度达 39. 5%。

内外部不利因素交织导致我国 A 股市场运行面临巨大压力。一方面，2022 年以来主要发达经济体通胀高企、美国持续大幅加息等因素导致我国资金外流压力日益扩大，而中美战略博弈加剧过程中美国通过金融市场向中国施压极大提高了中国大陆资产风险溢价，导致短期内大量投资者抛售中国大陆资产，一段时期内我国资金外流压力空前提高，并通过比价效应、预期效应等直接诱发我国 A 股市场短期内出现非理性大幅下跌。这在 2022 年 3—4 月我国 A 股市场非理性大幅下跌行情中体现得尤为明显。一是俄乌冲突爆发后欧美对俄空前的全方位制裁引发出中美战略博弈加剧后对中国大陆潜在制裁风险不良预期。俄乌冲突爆发以来，欧美发达国家紧锣密鼓地对俄罗斯发起了几轮全方位制裁，俄罗斯金融机构被 SWIFT 排除在外、央行的外汇储备被冻结、贸易最惠国待遇被取消、特定商品的进出口被限制、相关个人的境外财产被控制…… 这其中的部分措施在伊朗、伊拉克、阿富汗等已有先例，但此次针对俄罗斯制裁的广度、深度和力度都是空前的，导致卢布汇率暴跌、资产价格跳水、信用评级大降、跨国公司撤离，制裁措施的直接和间接影响彰显了一场全面“经济战”的巨大威力。这在一定程度上引发出中美战略博弈加剧、台海潜在危机等风险可能导致的中国大陆资产存在极大风险隐患等不良预期，并在市场上逐步发酵。二是美国《外国公司问责法案》正式实施，2022 年 3 月 8 日五家中概股公司被 SEC 列入《外国公司问责法》暂定清单引发中概股退市预期发酵，中概股公司股价持续暴跌，并传导到港股市场。三是据报道，部分主权投资机构限制中国资产，如全球最大主权基金-挪威主权基金将某中资公司剔除出投资名单、澳大利亚养老金宣布撤离中国股票市场等传言引发市场对海外资金流出中国市场的担忧。四是部分外国投资机构大幅下调中概股评级和目标价。如 3 月 14 日，摩根大通将美团目标

价由 295 港元下调至 90 港元，并将评级由“增持”降至“减持”；将腾讯控股目标价由 570 港元下调至 265 港元，并将评级由“增持”降至“减持”；将阿里巴巴目标价从 180 美元下调至 65 美元，并将评级由“增持”下调至“减持”。在市场信心无比低迷的时期，这些国际顶级投资机构的做空报告对不断下跌的中概股股价而言无疑是雪上加霜。五是华尔街日报、路透社等西方主流财经媒体持续发布虚假报道和信息。例如，3 月 14 日，《华尔街日报》撰文称腾讯因为“洗钱”将面临历史性处罚，其后一位路透社专栏作者根据这篇报道杜撰出一篇“腾讯面临拆分”评论性文章；社交网络上开始流传腾讯与阿里等头部互联网公司都在大规模裁员的消息等。在这些因素的综合作用下，美国市场掀起了做空中概股、中国大陆资产的狂潮。据高盛测算，2022 年 3 月 15 日 MSCI 中国的股票风险溢价（ERP）高达 9.5%，比长期均值高出 0.9 个标准差，接近甚至高于 2020 年初新冠肺炎疫情暴发、2018 年底贸易战和 2015 年 A 股市场抛售期间的高点。跨市场传导效应导致 A 股市场面临巨大压力。中概股股价剧烈下跌通过腾讯、阿里巴巴、京东等在美、港双重上市公司港股股价的同步剧烈下跌引发港股科技板块剧烈下跌，并通过资金流动、比价效应等方式对 A 股市场造成巨大压力。在资金方面，3 月份北向资金持续净流出，3 月 15 日的北向资金净流出额达到 160.24 亿元，刷新年内最高纪录，3 月上半月北向资金累计净卖出额高达 645 亿元。比价效应方面，在 A 股、港股同时上市的公司上体现得尤为明显。3 月 4 日以来，恒生 AH 股 AH 指数持续大跌，最低于 3 月 15 日盘中下探至 2212.21 点，与 3 月 3 日收盘价相比，最大跌幅达 15.1%，H 股股价大跌，往往诱使 A 股同步大幅下跌，从而对 A 股市场施加了巨大影响。在外部因素的诱导下，A 股市场可能出现脱离基本面的非理性下跌，并可能通过杠杆资金被动减持等因素导致市场流动性风险持续扩散：一是市场杠杆资金可能被动或主动减仓。市场持续较快下跌时，部分杠杆资金必然会进入保证金警戒区间甚至强平区间，一旦未能追加保证金，就必然面临强平的窘境。此外，一些杠杆资金也会主动降低杠杆水平，以有效应对可能的非理性市场风险。从券商沪深“两融”余额的融资余额看，2022 年 3 月 3 日融资余额为 16334.49 亿元，3 月 15 日已下降至 16023.66 亿元，8 个交易日下降了 310.83 亿元。二是券商股票质押贷款可能逐步进入警戒区间甚至强平区间。三是私募基金净值逐步逼近预警线、清盘线。私募基金为了避免过大损失，往往会设置预警线、清盘线。在极端行情下，大量私募基金净值会逼近甚至跌破预警线或清盘线，一旦跌破清盘线，就必须清仓清盘，而一些私募基金为了避免清盘，往往会在进入预警线时就大幅减仓甚至清仓，从而大量卖出股票。四是银行等理财产品为了避免收益为负或收益降幅过大，往往会在股票大幅下跌后降低股票仓位，从而导致市场进一步下跌。

另一方面，从内部看，前几年公募基金、私募基金等市场主导资金抱团的所谓"赛道股""概念股"持续大涨后抱团股股价开始从局部崩溃走向全面崩溃、新冠疫情持续且局部暴发愈演愈烈态势对国民经济运行、居民收入及收入预期的不良累积效应日益提高、市场融资、股份减持等资金需求压力居高不下等因素使得 A 股上市公司股价运行持续面临压力。尤为值得关注的是，在当前 A 股市场主导机构资金日益注重市场博弈而上市公司估值锚日益缺失的背景下，外部的风吹草动常常导致 A 股市场的大幅振荡。

（三）上市公司整体业绩增速持续回落，科创板公司业绩持续较快增长

1. 上市公司整体业绩增速持续回落

据统计，根据沪、深、北三家交易所披露 2022 前三季度财务报告的 4964 家上市公司的相关数据，2022 年前三季度这些 A 股上市公司合计实现营业总收入 52.33 万亿元，合计归属母公司股东净利润 4.39 万亿元，比上年同期分别增长 8.39%、3.05%，业绩增速持续下滑。分季度看，2022 年第三季度 A 股上市公司共实现净利润 13825 亿元，同比增长 0.80%，当季上市公司净利润增速继续回落。其中，2363 家上市公司实现归母净利润同比正增长，4077 家上市公司归母净利润为正。

2. 科创板公司业绩持续较快增长

分板块看，2022 年前三季度，主板、创业板、科创板分别实现营业收入 49.07 万亿元、2.42 万亿元和 0.78 万亿元，较上年同期分别增长 7.60%、20.77% 和 26.08%；分别实现净利润 4.09 万亿元、2044 亿元和 891 亿元，较上年同期分别增长 2.37%、8.72%和 21.43%。相比中报业绩，主板业绩增速有所下滑，创业板业绩增速转正，科创板继续保持高增长。此外，2022 年前三季度，北交所上市公司实现净利润 67 亿元，同比增长 16.30%。

（四）A 股市场常态化退市稳步推进，退市公司数量再创新高

1. A 股市场常态化退市机制稳步推进

退市制度是资本市场重要的基础性制度。2020 年 3 月，新证券法正式生效施行，不再对暂停上市情形和终止上市情形进行具体规定，改为交由证券交易所对退市情形和程序做出具体规定；2020 年 10 月 9 日，国务院印发《国务院关于进一步提高上市公司质量的意见》，将健全上市公司退出机制作为一项重要任务，要求完善退市标准，简化退市程序，加大退市监管力度；2020 年 11 月 2 日，中央深改委第十六次会议审议通过了《健全上市公司退市机制实施方案》，明确指出要坚持市场化、法治化方向，完善退市标准，简化退市程序，拓宽多元退出渠道，严格退市

监管，完善常态化退出机制；2020 年 12 月 14 日，沪深证券交易所发布了相关退市规则的征求意见稿，完善了退市的指标，简化了退市流程，并增加和优化了风险警示等情形，设置了财务类、交易类、规范类和重大违法类四大退市通道，并于 2020 年 12 月 31 日正式发布实施；2021 年年底，沪深交易所发布了营业收入扣除业务办理指南，明确了非正常交易合并取得的收入进行扣除规定，精准打击空壳公司，推动 A 股“应退尽退”；2022 年 4 月 29 日，证监会发布并实施《关于完善上市公司退市后监管工作的指导意见》，适应常态化退市的要求，进一步完善了上市公司退市后监管工作，退市情形更加健全，退市效率大幅提升。

2. 退市公司数量再创新高

近几年，随着 A 股市场常态化退市机制稳步推进，A 股市场被终止上市公司数量持续个提高，2019—2021 年被终止上市公司数量分别为 10、16、20 家，截至 2022 年 10 月底，2022 年沪深两市 A 股市场被终止上市公司数量已达 42 家，再创历史新高。

二、2023 年 A 股市场运行展望

（一）主板股票发行注册制有望成行，新股首次发行将继续平稳进行

1. 主板股票发行注册制有望成行

2022 年，由于国际国内环境发生较大变化，我国 A 股市场运行面临较大压力，年初政府工作报告提出的“全面实行股票发行注册制”任务目标未能实现。2022 年较为严峻的形势下科创板、创业板和北交所新股注册制发行持续平稳运行、2023 年我国股票市场偏紧的运行环境很可能逐步有所改善等将为主板股票发行注册制在 2023 年落地提供经验和环境保障，我国 A 股市场全面实行股票发行注册制有望在 2023 年成行。

2. 新股首次发行继续平稳进行

2022 年，在市场下跌、新股首发上市频频破发等严峻的形势下，我国 A 股市场新股首发基本保持较高、平稳的发行频率，新股首发融资规模继续大幅提高，科创板、创业板等板块新股注册制发行运行良好，这些都充分说明我国 A 股市场承接能力较强，且具有良好的韧性。2023 年，我国偏紧的股市运行环境可能趋于缓解，股市新股承接能力将进一步提高，新股首次发行将继续平稳进行，进一步增强我国资本市场的活力和韧性，完善科技、产业、资本的良性循环，提升资本市场服务经济

高质量发展的效能。

(二) A 股市场偏紧的运行环境将趋于缓解，总体平稳运行的可能性较大

1. A 股市场偏紧的运行环境将趋于缓解

第一，经过 2022 年较大幅度的全面下跌后，市场下跌压力已得到极大释放，市场估值水平下降幅度较大。据统计，2022 年 11 月 11 日收盘后，上证综指动态市盈率下降至 13.13 倍，沪深 300 指数动态市盈率下降至 10.36 倍，上证 50 指数动态市盈率下降至 8.61 倍，深证成指动态市盈率下降至 26.66 倍。第二，市场下跌后，股东减持动力减弱、增持动力增强，且上市公司回购动力增强，回购规模可能扩大，这将有利于上市公司股价的稳定。第三，上游能源原材料价格继续下跌的可能性较大，上市公司总体成本压力将趋于缓解，上市公司业绩增速将有所提高，从而为市场运行提供支撑。第四，此前机构资金抱团的“赛道股”“概念股”大多已经崩溃并出现较大跌幅，后期再度大幅下跌的压力已经大大缓解；第五，中概股股价已经大幅下跌，港股估值水平已跌至历史极限，后期尽管中概股、港股可能仍面临压力，但下跌压力和空间已经大大压缩，美国在金融市场通过施压中概股、港股以诱发 A 股市场非理性下跌的空间将较有限。

2. A 股市场运行将面临诸多约束和不确定性

第一，A 股市场资金需求较大，而场外资金流入面临诸多资金约束将是市场行情向上深入拓展的最大制约因素。从资金需求看，2023 年 A 股市场新股首发、再融资、股份减持和证券交易印花税与相关经纪佣金等费用带来的资金需求将超过 2.5 万亿元人民币。而场外资金供给方面，一是当前我国股市规模、证券化率已处于较高水平，现阶段市场整体可预见的上涨空间将较为有限，并且前期机构资金抱团“赛道股”“概念股”营造的结构性牛市已经极大透支了机构信用和局部牛市行情，今后通过市场整体持续上涨或营造结构性牛市形成的赚钱效应刺激场外资金大幅流入市场以推动市场行情向纵深发展的难度大幅提高，场外资金流入规模将受到极大限制；二是近几年机构等市场主导资金忽视公司价值而热衷于资金抱团、概念炒作和市场极限博弈，并且绝大部分有能力维持公司二级市场价格的公司对公司市场价格表现无动于衷，一大批 A 股上市公司股价大幅低于有现金流支撑的每股净资产，或者市盈率（净利润有真实充足现金流支撑）水平低于 5 倍、4 倍，甚至低于 3 倍、2 倍，这导致传统、经典的净资产、市盈率等估值锚的市场影响极大削弱，我国 A 股市场面临估值锚缺失的困境，这将严重抑制资金的长期投资信心和决心，从而严重抑制长期投资资金的流入。第二，欧美主要国家和地区将陷入“滞胀”困境，美联储持续大幅加息的累积效应将逐步显现出来，全球经济、金融市场动荡很可能将

急剧，并传导到我国经济和金融市场。第三，新冠肺炎疫情在我国扩散和防控仍将是我国经济社会面临的巨大挑战，其对我国经济社会运行的影响仍存在巨大不确定性，预期不明将是A股市场行情发展的重大障碍。

总体看，2023年我国A股市场偏紧的运行环境很可能将趋于缓解，但仍面临许多约束和不确定性，A股市场总体平稳运行的可能性较大。

10　2022 年利用外资和对外投资形势分析及 2023 年展望

韩瑞栋*

摘要：2022 年，我国双向投资水平稳步提升，利用外资延续快速增长态势，引资结构持续优化；对外投资保持稳健增长，对“一带一路”沿线国家和 RCEP 成员国直接投资成为新的增长点。展望 2023 年，我国利用外资和对外投资仍具有国际比较优势，总体将保持“规模增长、结构优化”的发展趋势。吸引外资“引进来”，要进一步扩大对外开放，不断优化营商环境，促进投资便利化，加强各项稳外资政策协同；推动企业“走出去”，要深入构建对外开放新平台，积极参与国际投资规则制定，完善对外投资政策支持体系，推动对外投资高质量发展。

关键词：利用外资　对外投资　对外开放

一、2022 年我国双向投资水平稳步提升

2022 年，世界百年变局与新冠肺炎疫情持续交织，经济发展面临的不确定性、不稳定性因素显著增多，全球跨境投资增长乏力。面对多重超预期因素的影响，我国高效统筹疫情防控和经济社会发展，在稳定宏观经济大盘的同时，坚持高水平对外开放，持续改善营商环境，推动双向投资工作稳中向好。全国实际利用外资量质齐升，引资规模保持两位数增长态势，引资结构持续优化。对外直接投资规模保持稳健增长，我国对“一带一路”沿线国家和 RCEP 成员国直接投资成为新的增长点。

（一）利用外资延续快速增长态势

面对国内新冠肺炎疫情多点散发、国际环境深刻变化带来的新挑战，中央和地方积极出台多项政策措施，稳外资工作取得积极成效，外资企业对中国未来发展的预期和信心保持稳定，持续看好来华投资前景，我国仍然是全球外商投资的重要目的地。

2022 年以来，在全球跨国投资低迷的背景下，我国利用外资逆势增长，在 2021

---

* 韩瑞栋，中央财经大学经济学博士，国家信息中心经济预测部宏观经济研究室助理研究员，主要研究领域为宏观经济、外商直接投资与对外直接投资等。

年全年使用外资同比增长 20.2%的基础上，继续保持两位数增长。前三季度，全国实际使用外资金额 10037.6 亿元人民币，按可比口径（下同）同比增长 15.6%，折合 1553 亿美元，增长 18.9%，已超过 2020 年全年实际使用外资总额，达到历史同期最高水平。分月份来看，2022 年前 9 个月实际使用外资同比均实现正增长，6 月份实际使用外资金额达到 246 亿美元，创单月使用外资金额最高值。外商投资企业数量持续增长，2020 年和 2021 年年均新设外商投资企业 4.3 万户，截至 2022 年 9 月底登记在册外商投资企业 45.5 万户（不含分支机构），跨国公司在华设立地区总部、研发中心超过 2000 家。随着第四季度稳外资政策措施进一步落地实施，我国实际使用外资有望继续保持较快增长。

2021 年以来我国实际使用外资情况（当月）见图 1。

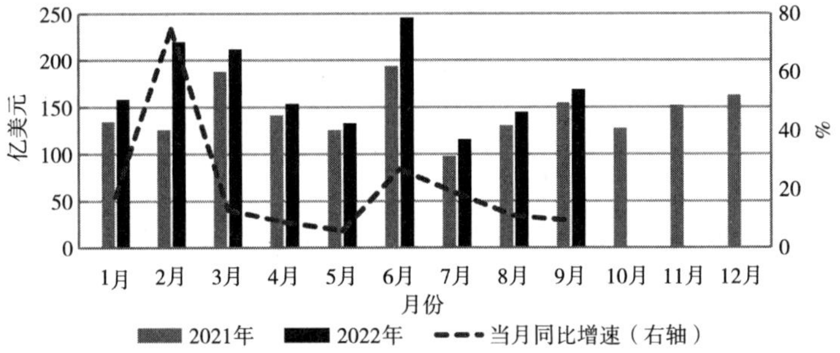

图 1　2021 年以来我国实际使用外资情况（当月）

数据来源：商务部数据中心。

（二）利用外资结构持续优化

在引资总量快速增长的同时，我国引资结构得到进一步优化。从投资行业看，制造业和高技术产业实现“双提升”。跨国公司在我国制造业领域投资呈现出从中低加工制造业向高技术制造业拓展，从低技术、低附加值生产环节向高技术、高附加值生产环节转变的趋势。前三季度，高技术产业实际使用外资延续快速增长态势，同比增长 32.3%，其中高技术制造业增长 48.6%，高技术服务业增长 27.9%。由于服务业受疫情影响较为明显，前三季度服务业实际使用外资金额 7414.3 亿元人民币，增长 6.7%，增速低于全行业平均水平。从区域分布看，我国东部、中部、西部地区实际使用外资分别增长 13.3%、34.8%和 33%。随着高质量共建“一带一路”的深入推进和区域全面经济伙伴关系（RCEP）的生效实施，中西部地区引资潜力和空间加速释放，利用外资增速比全国平均水平分别高出 15.9 个和 14.1 个百分点，有效促进了区域协调发展。从来源地看，德国、韩国、日本、英国实际对华投资分别增长 114.3%、90.7%、39.5%和 22.3%，表明发达经济体跨国企业来华投资信心增强，普遍看好我国市场发展潜力。

（三）重大外资项目和开放平台引资带动作用增强

近年来，重大外资项目对稳外资起到积极作用，自贸区等开放平台引资带动作用明显。截至 11 月，重大外资项目工作专班已推出六批标志性重大外资项目，计划总投资约 1700 亿美元，已完成投资约 580 亿美元。标志性重大外资项目总体进展顺利，已有 18 个项目实现全部或部分投产。国家层面对重大外资项目提供规划、用地、环评、能耗等政策支持，有利于重大项目加快落地。高水平开放平台带动作用明显。2022 年上半年，21 个自贸试验区实际使用外资 1198.5 亿元，增长 16.8%，以不到 4‰的面积吸引了近 16.6%的外资。服务业扩大开放“1+4”示范试点地区的服务业吸收外资增长 15%，占我国服务业引资比重达 34.7%。230 个国家级经开区吸收外资增长 42.1%，占比达到 19.6%。

（四）对外投资保持稳健增长

2022 年，面对全球新冠肺炎疫情持续、俄乌冲突、通胀高企以及发达国家紧缩性货币政策等因素影响，全球外国直接投资未能延续 2021 年的高增长态势。联合国贸发会议发布的《2022 年世界投资报告》显示，2022 年全球外国直接投资可能会下降或持平。在全球外国投资增长乏力的背景下，我国对外直接投资依然保持了稳定增长态势，呈现出较强的韧性。前三季度，我国境内投资者共对全球 157 个国家和地区的 5199 家境外企业进行了非金融类直接投资，累计投资 5671.9 亿元人民币，同比增长 8.5%，折合 858.5 亿美元，同比增长 6.3%，达到近 6 年同期最高水平。分月份来看，第二季度 3 个月对外直接投资呈现负增长态势，7 月以来对外直接投资快速修复，同比增长 10%以上。从投资领域看，我国对外直接投资涵盖国民经济的 18 个行业大类，对外非金融类直接投资流向租赁和商务服务业 293.2 亿美元，同比增长 26.7%；流向制造业、批发和零售业、建筑业等领域的投资也呈增长态势。

2021 年以来我国非金融类对外直接投资情况（当月）见图 2。

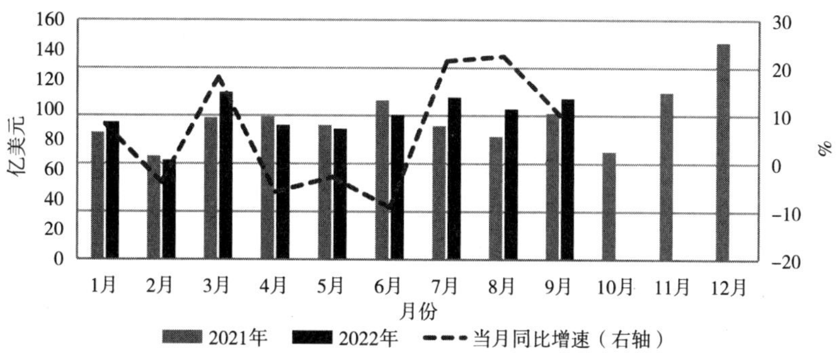

图 2　2021 年以来我国非金融类对外直接投资情况（当月）

数据来源：商务部数据中心。

（五）“一带一路”沿线国家投资合作稳定增长

从投资目的地来看，我国对“一带一路”沿线国家的投资持续增长，占比稳中有升。调查显示，79.5%的企业优先选择“一带一路”沿线国家投资。前三季度，我国对“一带一路”沿线国家非金融类直接投资156.5亿美元，同比增长5.2%，占同期对外非金融类直接投资总额的18.2%，主要投向新加坡、印度尼西亚、马来西亚、巴基斯坦、阿拉伯联合酋长国等国家。对外承包工程方面，我国企业在“一带一路”沿线国家新签对外承包工程项目合同4357份，新签合同额767亿美元，完成营业额573.3亿美元，分别占总额的52.2%和53.6%。“一带一路”沿线国家和地区与RCEP成员国在东亚区域范围内部分重叠，有利于增强我国与相关国家产业的互补关系，创造更多的投资合作机会。

二、2023年利用外资与对外投资趋势展望

（一）促进双向投资面临新的风险挑战

当前，全球疫情影响仍在持续，国际环境更趋复杂严峻和不确定。在逆全球化和保护主义、单边主义上升的背景下，我国利用外资和对外投资还面临全球经济增长放缓、地缘政治冲突加剧、发达国家紧缩性货币政策以及跨国投资审查趋严等一系列新挑战。

1. 全球经济增长放缓导致跨境投资信心不足

2022年以来，全球约2/3的经济体出现连续两个季度GDP负增长，欧美发达国家面临的“低增长、高通胀”滞胀风险显著攀升，外需拉动作用边际走弱，跨国公司对海外新项目的投资仍比疫情前水平低1/5。2023年，全球经济复苏的脚步可能进一步放缓，导致跨境投资增长动能减弱。世界银行已将2023年全球经济增长预期从3%下调至1.9%，并表示全球经济正逼近衰退。国际货币基金组织10月发布的《世界经济展望》将全球经济增速从2021年的6.0%，下调至2022年的3.2%与2023年的2.7%，成为自2001年以来，除金融危机与新冠肺炎疫情大流行冲击外，全球经济增长最疲软的时期。全球经济增长放缓一定程度上影响企业家对境外市场的信心，跨境投资力度可能将有所减弱。

2. 地缘政治冲突加剧增加跨境投资不确定性

新冠肺炎疫情叠加俄乌冲突，进一步加剧了能源短缺和供应链中断风险，全球产业链和供应链的不确定性、不稳定因素增多，调整和重构步伐加快，我国企业对

"丝绸之路经济带"中俄乌及相邻国家的投资受到一定影响。欧美国家对俄罗斯施加制裁措施，给跨境资本流动增加更多障碍，抑制跨境投资活力。

3. **发达国家紧缩性货币政策导致金融风险上升**

新冠肺炎疫情暴发以来，欧美等发达国家采取大规模量化宽松政策，为市场提供充分的流动性。2021 年下半年，全球通胀水平快速攀升，并持续至今。2022 年 9 月，美国 CPI 同比上涨 8.2%，核心 CPI 同比涨幅达 6.6%，创 1982 年 8 月以来新高。欧元区 CPI 达到 9.9%，欧盟 27 个成员国平均通货膨胀率达到 10.9%。为抑制高通胀，欧美国家纷纷采取激进加息策略。2022 年 3 月至 11 月，美联储已经连续 6 次提高联邦基金利率，累计加息 375 个基点；欧洲央行 2022 年 7 月和 9 月两次提高关键利率，累计加息 125 个基点；英国央行连续 8 次加息至 3%，达到 2009 年以来最高水平。发达国家激进加息，直接导致资本从新兴市场国家回流发达国家，并且加大了高债务国家的偿债压力。间接导致全球汇率波动加大，使跨国企业面临较大的汇率和财务风险。

4. **投资审查趋严加高跨境投资壁垒**

在逆全球化和保护主义、单边主义上升的背景下，全球产业链和供应链加速重构，本土化、区域化趋势明显。部分国家加强了对外资的安全监管，通过提高准入门槛、从严从细审查、修改投资法案、附加额外条件、政府直接干预等方式对外商投资进行多种限制，增加跨国投资难度。特定国家滥用国家力量、泛化国家安全打压外国企业的错误做法有所增加，限制范围从原先的国防工业扩展到战略性行业、关键性基础设施及国内核心技术，一定程度上加高了跨境投资壁垒。

（二）利用外资有望保持稳定增长

尽管面临多重挑战，但我国利用外资依然具有国际比较优势，国内市场吸引外资的有利因素没有改变，外资企业对中国未来发展的预期和信心保持稳定，普遍看好中国高质量发展新机遇。展望 2023 年，随着疫情防控措施不断优化和一系列稳外资政策措施落地实施，有利于吸收外资的积极因素逐渐增多，我国将继续成为外商投资兴业的优选地，全年利用外资有望保持稳定增长态势。

1. **统筹疫情防控和经济社会发展为吸引外资奠定基础**

经济长期向好的基本面决定了我国成为外资的"避风港"。在国际环境更趋复杂严峻、全球经济增速放缓的背景下，我国长期向好的经济基本面是吸引外资的根本因素。前三季度，扎实稳住经济的一揽子政策措施落地见效，我国经济增长企稳回升，物价水平总体平稳，不存在欧美国家面临的滞胀风险。随着疫情防控措施不断优化，疫情对经济社会发展的影响逐步减弱，国内经济将稳定向好，给外资企业带来了持续的盈利空间。世界银行最新一期中国经济简报认为，在调控有力的财政货币政策等一系列稳经济政策措施推动下，我国经济增长速度有望反弹，吸引外资的引力进一步增强。

2. 高水平对外开放释放利用外资潜力

党的二十大报告明确提出，要坚持社会主义市场经济改革方向，坚持高水平对外开放，加快构建以国内大循环为主体、国内国际双循环相互促进的新发展格局。有关部门积极出台多项政策措施，持续优化营商环境，全面加强外商投资促进和服务，推动利用外资高质量发展。国家发展改革委等6部门联合印发《关于以制造业为重点促进外资扩增量稳存量提质量的若干政策措施》，就进一步加大制造业引资力度、着力解决外商投资企业面临的突出问题，提出了三大方面15条措施。《鼓励外商投资产业目录（2022年版）》进一步扩大了鼓励外商投资范围，在增加条目数量、优化目录结构的基础上，聚焦制造业高质量发展，加快促进技术迭代升级，进一步优化外资区域布局。随着政策效应的积累叠加，高水平对外开放将释放更大的利用外资潜力。

3. 外商投资企业积极深耕国内市场

随着我国营商环境的持续优化，更多外资企业将中国市场作为企业发展战略重点，外资企业来华投资目的逐渐发生转变，以开拓市场为投资目的的企业逐渐增多。外资企业对中国未来发展的预期和信心保持稳定，持续看好在华发展前景，普遍看好中国高质量发展新机遇。中国美国商会调查显示，60%的受访企业认为我国仍是全球三大投资目的地之一，66%的受访企业计划增加在华投资。外资企业对获取经营场所、纳税和市场准入评价“较满意”以上的占比均在87%以上，显示出外资企业愿意深耕中国市场，与中国经济共成长。

（三）对外投资将保持稳中有进

近年来，我国不断深化对外开放合作，积极推动全球化，主动引领和参与较高水平的国际贸易投资规则制定，推动对外直接投资高质量发展具备坚实基础。展望2023年，RCEP落地生效，新一轮技术革命与产业变革加速推进，为我国企业“走出去”创造了良好的外部环境，我国对外直接投资将保持稳中有进态势，对“一带一路”沿线国家和RCEP成员国投资将继续保持较快增长。

1. RCEP生效带来新的投资空间

2022年RCEP正式生效，不仅降低了成员国之间的贸易壁垒，而且进一步推动了成员国之间对外直接投资的增长，为企业“走出去”提供了更多便利。RCEP是全球最大的自由贸易协定，成员国在制造业、农业、林业、渔业、采矿业等多个领域作出了高水平自由化承诺。在制造业方面，日本、澳大利亚和新西兰除部分敏感领域外都对缔约方开放。同时，“负面清单+国民待遇”的RCEP外资管理模式，将有助于我国企业更加便利地在RCEP区域内投资布局，降低生产成本。

2. 产业链升级带来对外投资新机遇

在投资领域方面，各国处于不同的发展阶段，拥有差异化的要素禀赋，产业结构互补性较强。随着新一轮产业技术变革，通过对外直接投资深化国际合作，能够充分利用比较优势，增强区域产业链供应链韧性。从投资领域看，高新技术领域、绿色和可持续发展领域面临的投资机会增多，人工智能、大数据等信息技术将推动新经济快速发展，绿色基建、绿色能源等领域成为国际投资合作的重要内容，都将为我国企业更好地“走出去”提供有力支撑。

三、政策建议

（一）多措并举做好稳外资工作

稳外资是稳住经济增长大盘的重要组成部分，针对国内外出现的新情况、新问题，要在高效统筹疫情防控和经济社会发展基础上，进一步扩大对外开放，不断优化营商环境，促进投资便利化，加强各项政策的协同，推动稳外资工作取得积极进展。

1. 进一步扩大对外开放

实施好新出台的以制造业为重点促进外资扩增量稳存量提质量的15条政策措施。合理缩减外资准入负面清单，落实准入后国民待遇，促进内外资企业公平竞争。落实《鼓励外商投资产业目录（2022年版）》，引导外资更多投向先进制造业、战略性新兴产业、数字经济、绿色发展等领域，推动利用外资“总量增加、结构优化”。进一步优化区域开放布局，巩固东部沿海地区开放先导地位，提高中西部和东北地区开放水平。持续推动重大外资项目落地见效，提升国际循环的质量和水平。

2. 不断优化营商环境

持续营造市场化、法制化、国际化的一流营商环境，依法保护外商投资权益。推动外资准入通道更加畅通、标准更加透明、秩序更加公平、知识产权保护更加完善。加快建设全国统一大市场，鼓励各地区持续优化营商环境，依法开展招商引资活动，防止招商引资恶性竞争行为，以优质的制度供给和制度创新吸引更多优质企业投资。

3. 促进投资便利化

按照“一套制度规则、一个债券市场”的原则，进一步便利境外机构投资者投资中国债券市场，统一资金跨境管理，为境内外投资者提供更加友好、便利的投资环境。发挥自由贸易港、自贸试验区、国家级经开区、服务业扩大开放综合示范试点地区等高能级开放平台作用，发挥进博会、服贸会、广交会等重要经贸展会的投资促进功能。不断优化稳外贸稳外资税收支持政策和征管服务便利化举措，提高外商来华投资的便利性。

（二）推动对外投资高质量发展

我国对外直接投资面临新的机遇和挑战，要将推动对外直接投资高质量发展，融入构建“双循环”新发展格局中来，深入构建对外开放新平台，积极参与国际投资规则制定，完善对外投资政策支持体系，增强企业合规意识和抗风险能力。

1. 深入构建对外开放新平台

积极推动各类自贸区协议和投资协定的签署，充分利用 RCEP 中的投资便利，深耕东南亚市场。拓宽“一带一路”领域合作，促进与沿线国家产能互补，稳步拓展新能源、数字经济、数字贸易、新型基础设施等领域合作，深度参与全球产业分工和合作，积极培育对外投资新的增长点。

2. 积极参与国际投资规则制定

在扩大开发的同时，对标高水平国际经贸规则，积极参与并引领国际投资规则的制定。深度对接《全面与进步跨太平洋伙伴关系协定》《数字经济伙伴关系协定》等高标准国际经贸规则，主动构建有利于我国的多边和双边规则体系，加快形成与国际高标准规则相衔接的制度体系和监管模式。

3. 完善对外投资政策支持体系

为国内“走出去”企业提供必要的信息、金融、网络、安保等多领域服务，增强企业应对经贸摩擦能力。支持企业通过完善公司治理，使其经营管理行为符合有关法律法规、商业惯例和道德规范要求，有效预防和应对国际化经营风险。按照《企业境外经营合规管理指引》等系列文件要求，根据业务性质、地域范围、监管要求等设置相应的合规管理机构，增强企业合规经营和防风险能力。

11　2022年我国新动能发展形势分析及2023年展望

高辉清*

摘要： 2022年以来，各地持续深入开展“放管服”改革，不断优化营商环境，全面推进创新创业事业，以数字政府、数字社会、数字经济为抓手，以规范平台经济发展为保障，不断强化新经济新动能的新优势，供给侧和需求侧的新业态新模式层出不穷。展望2023年，我国创新创业生态更加完善，新经济新动能发展的数字技术基础更加有力，政府政策支持力度更加强大，新经济对传统经济的改造和融合速度将进一步提速，数字经济对高质量发展的驱动作用将更加凸显。

关键词： 新经济　新动能　创新创业

一、2022年新动能发展形势

（一）数字公共服务不断提质

为加速推进我国数字化转型，充分发挥数字政府建设对数字经济、数字社会、数字生态的引领作用，国务院出台了《关于加强数字政府建设的指导意见》，为开创我国数字政府建设新局面作出全面部署，推动了数字化公共服务水平不断提升。“互联网+政务服务”发展成效明显，全国一体化政务服务平台基本建成，“一网通办”“异地可办”“跨省通办”广泛应用，电子发票服务平台用户数量突破千万级，全国96.68%的办税缴费事项实现“非接触式”办理。数字惠民能力提升，全国中小学（含教学点）互联网接入率达100%，电子社保卡领用人数达6.19亿人，审批设置了1700多家互联网医院，线上教学、线上服务、互联网诊疗快速发展。乡村治理数字化程度提高，党务、村务、财务“三务”在线公开率超过70%。

* 高辉清，经济学博士后，国家信息中心经济预测部研究员，主要研究领域为宏观经济、战略规划、新动能（双创）等。

（二）政府帮扶政策精准多元

2022 年以来，面对需求收缩、供给冲击、预期转弱三重压力，党中央、国务院加大了对市场主体的帮扶力度，部署实施了组合式税费支持政策，助企纾困解难。这些政策既有减免政策、又有缓缴退税政策，既有普遍适用政策、又有专项帮扶政策，既有全国统一政策、又有地方自主实施政策。截至 8 月 31 日，全国累计新增减税降费及退税缓税缓费超 3.3 万亿元，极大地减轻了企业负担，增强了市场主体活力，激励了企业增加创新投入热情。税务总局数据显示，截至 9 月 20 日，已退到纳税人账户的增值税留抵退税款达 22113 亿元，其中制造业退税 5818 亿元，小微企业退税 8902 亿元。在稳市场主体稳就业方面，人力资源社会保障部持续政策发力加效，全面推广“免申即享”经办新模式，2022 年前 8 个月已向 1120.1 万户次企业发放稳岗资金 646.3 亿元，超半数参保企业受益。截至 2022 年 9 月底，全国登记在册的个体工商户达 1.11 亿户，占市场主体总量的 2/3，带动就业近 3 亿人。

（三）企业创新主体地位提高

企业是创新主体，是推动新经济新动能发展的生力军。2022 年的政府工作报告明确提出，加大企业创新激励力度，强化企业创新主体地位。为了强化企业创新生态，教育部办公厅、工业和信息化部办公厅、国家知识产权局办公室联合印发《关于组织开展“千校万企”协同创新伙伴行动的通知》，推动高校和企业在更广范围、更深程度、更高水平上开展合作，加粗产学研创新链条，打通教育培训、技术研发和场景应用衔接通道，集中多方力量重点突破产业升级发展中遇到的关键核心技术和共性技术，提升高校科技成果产业化效率，加速企业创新发展步伐。中上协数据显示，2022 年前三季度上市公司研发投入资金同比增长了 20%，其中创业板、科创板和北交所上市公司增速分别为 32%、54% 和 43%，研发强度分别为 4.59%、8.68%和 4.30%。

（四）平台经济发展趋向规范

平台经济既是新经济的重要组成部分，也是新经济发展的重要引擎。平台经济的发展能够极大地推动传统经济向信息化、数字化、智能化方向转型，加速数字产业化和产业数字化的进程，有效地贯通国民经济循环各环节，有利于提高全社会资源配置效率。但是在资本无序扩张驱使下，平台经济也带来了“数据垄断”、抑制市场竞争、损害用户合法权益等严重问题。为此，党中央提出，从构筑国家竞争新优势的战略高度出发，推动平台经济规范健康持续发展。国家发展改革委、市场监管总局等九部门发布的《关于推动平台经济规范健康持续发展的若干意见》提出，将完善平台经济相关规则制度，加强诚信管理，推动合规经营，加强行业自律建设，维护消费者权益。银保监会、交通运输部等部委也陆续出台相关政策，为强化平台企业监管、规范平台经济竞争秩序提供了行动指南和根本遵循。经过有效的规范，平台经济更好地回归了服务经济社会高质量发展的本职，在守正创新中进一步激发新动能。

（五）需求侧新动能发展较快

2022 年前三季度，高技术产业投资同比增长 20.2%，比全国固定资产投资平均增速高出 14.3 个百分点。高技术制造业增长 23.4%，比全部制造业投资平均增速高出 13.3 个百分点。高技术制造业中，电子及通信设备制造业、医疗仪器设备及仪器仪表制造业、计算机及办公设备制造业投资分别增长 28.8%、26.5%、12.6%。高技术服务业投资同比增长 13.4%，增速比全部服务业投资平均增速高出 9.5 个百分点。其中，电子商务服务业、科技成果转化服务业、研发设计服务业投资分别增长 45.1%、22.1%、18.7%。前三季度，社会消费品零售总额同比增长 0.7%，而实物商品网上零售额同比增长 6.1%，增速比社会消费品零售总额快 5.4 个百分点，占社会消费品零售总额的比重达到了 25.7%。绿色升级类商品销售增势良好，新能源乘用车零售 387 万辆，同比增长 113.2%。前三季度，我国新兴服务贸易蓬勃发展，增设了一批跨境电子商务综合试验区，出台了一批支持海外仓发展的政策措施，跨境电商进出口额增长 20.1%。前三季度，我国保险服务的进口快速增长，知识产权使用费、电信计算机和信息服务等出口增长较快。

（六）供给侧新业态持续扩张

我国科技农业和绿色农业加速发展，截至 2022 年 9 月，全国农作物耕种收综合机械化率超过 72%，节本高效技术农、化肥、农药利用率均超过 40%，集成推广 150 多套绿色防控模式，绿色防控覆盖率提高 4 个百分点，绿色有机地理标志农产品数量累计达到 6.2 万个，全国农业科技进步对农业增长的贡献率超过 61%。第三季度数据显示，高技术制造业增加值同比增长 6.7%，增速比全国规模以上工业增加值平均水平高出 1.9 个百分点；规模以上高技术制造业增加值同比增长 8.5%，增速比全部规模以上工业增加值平均水平高出 4.6 个百分点，继续发挥引领带动作用；新能源新材料产品继续保持高速增长，其中太阳能工业用超白玻璃、多晶硅、单晶硅、充电桩、风力发电机组、光伏电池等产品产量同比分别增长 83.2%、56.1%、53.9%、81.5%、47.1%、30.8%。前三季度，信息传输、软件和信息技术服务业，金融业增加值同比分别增长 8.8%和 5.5%，合计拉动服务业增加值增长 1.5 个百分点；文化新业态特征较为明显的 16 个行业小类同比增长 3.9%，增速比全部规模以上文化企业平均增速高出 2.5 个百分点。

（七）国家创新能力稳步提升

根据联合国世界知识产权组织（WIPO）发布的《全球创新指数排行榜》，中国创新能力持续10年稳步提高，2022年全球排名升至11名，连续5年成为唯一进入前20名的发展中国家，成功地迈入了创新型国家行列。我国数字技术发展迅速，量子计算原型机、类脑计算芯片、碳基集成电路等取得原创性突破，人工智能、区块链、物联网等领域形成了一批以自主底层软硬件为支撑的平台和开源社区，关键产品技术创新能力大幅提升。2022年前三季度，我国发明专利授权61.5万件，受理PCT专利申请53698件，其中国内申请人提交量为92.1%。截至9月底，发明专利有效量累计408.1万件，其中国内（不含港澳台）发明专利有效量占79.0%。关键数字技术中，人工智能、物联网、量子信息领域发明专利授权量居世界前列。2022年8月底，胡润研究院发布的《2022年中全球独角兽榜》显示，全球独角兽企业数量在快速增长截至2022年上半年半年内增加了254家或24%，使得总数达到1312家。美国仍然遥遥领先领先，增量为138家，总量为625家，均为全球独角兽总数的一半左右；中国增加了11家，以312家的总数位居第二，其中抖音为全球价值最高的独角兽。从城市拥有的独角兽数量看，北京以90家排名第三，上海以69家保持第四，深圳以33家位列第六。

二、2023年新动能发展环境

（一）有利因素

1.“放管服”改革持续深化

党中央、国务院高度重视以“放管服”改革为抓手推动营商环境的优化工作。2022年8月29日，李克强总理在第十次全国深化“放管服”改革电视电话会议上发表重要讲话，部署持续深化“放管服”改革。随后，国务院办公厅出台了《第十次全国深化“放管服”改革电视电话会议重点任务分工方案》，明确了依靠改革开放释放经济增长潜力、提升面向市场主体和人民群众的政务服务效能、着力推动已出台政策落地见效三方面21项举措，要求在2022年年底前省、市、县级要编制完成本级行政许可事项清单和办事指南，落实和完善行政许可事项清单制度，坚决防止清单之外违法实施行政许可；要求2022年底实现企业开办、涉企不动产登记、员工录用、企业简易注销等“一件事一次办”，进一步提升市场主体获得感；要求加快建设全国统一、实时更新、权威可靠的企业电子证照库，并与全国一体化政务服务平台电子证照共享服务系统互联互通，推动电子营业执照和企业电子印章跨地区跨部门互信互认。

2. **创新创业生态更加完善**

根据深化“放管服”改革要求，国务院发布了《促进个体工商户发展条例》，自 2022 年 11 月 1 日起施行该条例对登记注册服务、年度报告服务、各类信息服务、精准帮扶、经营场所供给，以及资金、财税、金融、社保、创业就业、社区便民、数字化发展、知识产权保护、纾困帮扶等多个方面做出了具体规定，为个体工商户发展提供了全方位政策支持，释放出了积极鼓励支持个体工商户发展的明确政策信号。国务院办公厅印发的《全国一体化政务大数据体系建设指南》要求，2023 年年底前，基本建成全国一体化政务大数据体系，从统筹管理、数据目录、数据资源、共享交换、数据服务、算力设施、标准规范、安全保障等 8 个方面充分整合现有政务数据资源和平台系统，增强数据共享和开放能力，提升政务数据管理服务水平，持续优化社会营商环境。国务院办公厅印发的《关于扩大政务服务“跨省通办”范围进一步提升服务效能的意见》要求，聚焦企业和群众反映强烈的异地办事难点堵点，统一服务标准、优化服务流程、创新服务方式，持续深入推动政务服务“跨省通办”改革，不断提升政务服务标准化、规范化、便利化水平。科技部公布的《关于营造更好环境支持科技型中小企业研发的通知》提出，以支持科技型中小企业研发为主线，从优化资助模式、完善政策措施、集聚高端人才、创造应用场景、夯实创新创业基础条件等 5 个方面加大科技、金融、财税等政策落实力度，显著增强支持科技型中小企业研发的制度安排。科技部公布的《“十四五”技术要素市场专项规划》提出，促进技术要素与资本要素融合，支持科技人员通过创业实施科技成果转化，支持高校院所科研人员按照国家有关规定兼职离岗创新创业；探索建立科技人才跨地区、跨部门、跨行业流动机制，完善校企、院企科研人员“双聘门”或“旋转门”机制，畅通高校院所和企业间人才流动渠道。人力资源社会保障部、财政部联合印发《国家级高技能人才培训基地和技能大师工作室建设项目实施方案》提出，继续实施国家级高技能人才培训基地和技能大师工作室建设项目，打造集技能培训、技能评价、技能竞赛、技能交流、工匠精神传播等为一体的综合型高技能人才培养培训载体，优先支持先进制造业、战略性新兴产业国家级高技能人才培训。

3. **数字基础设施实现跨越式发展**

我国不断加大投入力度，适度超前推动新基建建设步伐，加快推进高速泛在、天地一体、云网融合、智能敏捷、绿色低碳、安全可控的智能化综合性数字基础设施建设。截至 2022 年 6 月，我国数据中心机架总规模超过 590 万标准机架，建成国家绿色数据中心 153 家，电能使用效率最低降至 1.1 左右，达到世界领先水平。截至 2022 年 7 月，我国已许可的 5G 中低频段频谱资源共计 770MHz，许可的中低频段频率资源总量位居世界前列。截至 2022 年 9 月底，我国累计建成 5G 基站 222 万个，占移动基站总数的 20.7%，比上年末提高了 6.4 个百分点；全国一体化大数据中心体系基本构建，建成一批国家新一代人工智能公共算力开放创新平台。

4. 支持新经济发展政策力度不减

财政部、税务总局、工业和信息化部三部门联合发布的《延续新能源汽车免征车辆购置税政策的公告》显示，为支持新能源汽车产业发展，对 2023 年新能源汽车免征车辆购置税。工信部、国家发展改革委、财政部、市场监管总局联合发布《关于开展 2022 年度智能制造试点示范行动的通知》，要以揭榜挂帅方式，选出一批智能制造优秀场景，打造一批智能制造示范工厂，通过各行业各领域排头兵的示范作用，推进全国智能制造高质量发展。农业农村部印发《农业生产“三品一标”提升行动有关专项实施方案》提出，以农业供给侧结构性改革为主线，推进科技创新，选育一批突破性农作物品种和畜禽水产良种，建设一批绿色标准化农产品生产基地，培育一批带动性强的农业企业集团，打造一批有影响力的农业知名品牌，加快推进农业转型升级，为加快农业农村现代化提供有力支撑。

（二）不利因素

1. 外部压力持续增大

美国民主党总统拜登执政之后，美国国内政策出现较大调整，但是国际政策尤其是对华科技打压政策不仅没有任何改变，而且力度甚至有增无减。拜登上台之初就发布《掌舵：迎接中国挑战的国家技术战略》和《非对称竞争：应对中国科技竞争的战略》，旗帜鲜明地宣示了对华遏制和强化自身科技霸权的姿态。在国内，拜登将总统科技顾问提升至内阁级，任命了 3 名特朗普时期强势对抗中国的官员，针对中国组建了一支鹰派策略团队。同时，主张“供应链内循环”和产业链回流，保证国内关键行业、关键环节、关键物资的供应链安全，推动美国制造业复兴。在国际上，拜登力图组建针对中国的“民主国家科技联盟”，联合盟友建立将中国排除在外的科技产业链，推动构建包括韩、日和中国台湾在内的“四方芯片联盟”，试图在芯片关键产业链和供应链上与中国“精准脱钩”。尤其值得关注的是，2022 年 8 月美国政府抛出了一份《2022 芯片与科学法案》，该法案充满冷战思维，打算对以芯片为基础的中国数字经济进行全方位打压，以达到遏制中国半导体产业发展，以及重塑美国在全球半导体领域的核心地位的目标。

2. **宏观经济形势不容乐观**

经济繁荣是创新创业的最强大驱动力，宏观经济发展的好坏将在很大程度上影响新经济新动能发展态势。当今世界百年未有之大变局正加速演进，新冠肺炎疫情冲击巨大且影响深远，国际地缘政治导致局部冲突和动荡频发，中美大博弈持续深化，美联储加息周期远未结束，全球进入新的动荡变革期，世界经济复苏乏力。外部环境恶化和国际市场低迷将直接抑制我国对外经贸活动的繁荣，再加上内需收缩、供给冲击和预期转弱的三重困境难以出现根本性缓解，从而将会从金融、财政、经济等各方面对我国新经济新动能发展形成一定的抑制作用。

3. **要素支持依然不足**

支持新经济新动能发展的两大要素是资金和人才，与传统经济相比，土地要素的重要性相对下降。从资金看，由于创新的不确定性，支持创新发展的资金主要来源于资本市场，而非银行资金。正是因为拥有了全球最发达的资本市场，美国才有可能成为世界的创新中心。这些年来，我国资本市场虽然发展较快，并且开设了三板、科创板、中小板和北交所，但是以银行为主的间接融资依然占据了对主导地位，而最能满足科技创新发展需求的直接融资比重仍然过低。从人才角度看，我国高端研发人才、数字化管理人才和专业化技能人才明显不足，复合型、创新型人才严重短缺。根据人力资源和社会保障部发布的一份人工智能工程技术人员就业景气现状分析报告，我国人工智能人才缺口超过 500 万，国内的供求比例为 1∶10，而且这种人才供给与需求失衡现象将随着人工智能企业的增多而变得更加严重。

三、2023 年新经济新动能三大发展趋势

1. **数字经济蓬勃发展**

我国数字基础设施实现跨越式发展，数字产业创新能力取得突破性进展，总体规模连续多年位居世界第二，发展成就举世瞩目。我国数字经济的蓬勃发展不断推动各领域转型升级，为我国经济高质量发展注入了源源不断的新动能。为了保持和强化数据经济良好的发展势头，保持和强化数据经济对经济社会发展的引领支撑作用，2022 年 10 月 28 日国务院将《关于数字经济发展情况的报告》提请十三届全国人大常委会第三十七次会议审议。报告提出，要充分发挥我国社会主义制度优势、新型举国体制优势、超大规模市场优势，强化目标导向和问题导向，牢牢抓住数字技术发展主动权，把握新一轮科技革命和产业变革发展先机，大力发展数字经济。报告从八个方面做出了具体战略部署，必将推动我国数字经济发

展迈上新台阶。

2. **专精特新企业持续增长**

根据习近平总书记关于“培育一批‘专精特新’中小企业”的指示精神，政府各部门在资金、人才、税收、场景应用、孵化平台搭建等方面对于“专精特新”企业的培育给予了大力支持。在财政方面，中央财政中小企业发展专项资金将安排100亿元以上奖补资金，分三批（每批不超过三年）支持1000余家国家级专精特新“小巨人”企业，以中央财政资金引导，吸引社会资金跟进，加快培育一批专注于细分市场、聚焦主业、创新能力强、成长性好的专精特新“小巨人”企业，推动提升专精特新“小巨人”企业数量和质量。2022年9月，工业和信息化部完成了对第四批4300多家专精特新“小巨人”企业的公示，我国专精特新“小巨人”企业总数已经达到9000家左右。未来这一规模将持续增长，按照相关战略部署，“十四五”时期我国将培育形成百万家创新型中小企业、十万家专精特新中小企业、万家专精特新“小巨人”企业、千家制造业“单项冠军”企业，持续推动中小企业专精特新发展。

3. **新经济与传统经济加速融合**

基于新一代网络技术、数字化技术、智能技术的新经济在驱动新产业、新模式发展的同时，也在以越来越快的速度驱动传统产业的升级转型，并与之融合发展。智能制造是传统制造和新一代网络技术、数字化技术、智能技术深度融合的产物，代表着制造业高质量发展的主要方向。习近平总书记指出：“要以智能制造为主攻方向推动产业技术变革和优化升级，推动制造业产业模式和企业形态根本性转变，以‘鼎新’带动‘革故’，以增量带动存量，促进我国产业迈向全球价值链中高端。”经过多年努力，我国智能制造发展已经从试点示范阶段进入多方协同推进、蓬勃发展的新阶段。根据工信部印发的《建材行业智能制造标准体系建设指南（2021版）》，2023年我国将初步建立建材行业智能制造标准体系。与此同时，虚拟现实将技术与行业应用融合发展，工业和信息化部、教育部、文化和旅游部、国家广播电视总局、国家体育总局印发的《虚拟现实与行业应用融合发展行动计划（2022—2026年）》提出，到2026年，我国虚拟现实产业总体规模超过3500亿元，虚拟现实终端销量超过2500万台，为制造强国、网络强国、文化强国和数字中国建设提供有力支撑。

四、政策建议

1. 全力推进新型人才培育

人才是第一资源。科技要自立自强，必须坚持教育优先发展、人才引领驱动战略，才能不断塑造发展新优势。我国适合新经济新动能发展需求的新型人才严重短缺，与我国相关教育培养短板密切相关。以人工智能为例，全球共有超过 360 所拥有人工智能研究机构的高校，其中美国有近 170 所，而中国只有 30 多所。这与我国经济发展在全球所处地位严重不对称，也与我国蓬勃发展的新经济需求严重不对称。我们必须把对新型人才培养当成一个重点战略问题来抓落实，加强企业与高校和职业学校在人才培养方面的合作，争取通过 3~5 年的努力，极大地改变我国新型人才严重匮乏的困局。

2. 促进资本市场持续繁荣

新经济新动能需要源源不断地获得来自资本市场的资金的支持，要求建设结构完善、功能完备、覆盖科技型企业全生命周期的多层次资本市场，客观上要求加快推进中小板、创业板、科创板和北交所的提质增量，为更多有潜力的科技创新企业提供孵化场所，为新经济新动能发展提供更多的市场主体和领军龙头。促进资本市场的健康发展需要持续简政放权，夯实法治基础，强化监管执法，提高上市公司质量。更为重要的是，从当前中国资本市场现实看，保持市场繁荣的一个重要前则是制造市场的持续性财富效应，吸引社会储蓄资金持续转为市场投资资金，为市场健康持续壮大提供支持。在审慎监管原则下，可以适当提高社保、保险、养老等各类机构投资者权益投资比例上限，设定其权益投资比例下限，引导长期机构资金进入市场。同时做好投资者尤其是中小投资者合法权益的保护工作，保护好中小投资者的投资热情，形成长期稳定的增量资金。

3. 聚焦聚力底层技术攻关

我国新技术、新经济发展取得了突出成效，同时也存在一些突出的问题。以智能制造为例，智能制造的一些基础性技术存在短板，使多领域集约发展的根基不牢。目前，经过多年努力，我国已经在智能制造技术领域取得了多项突破，这些领域包括机器人技术、感知技术、复杂制造系统、智能信息处理技术等，这就使得我国以智能控制系统、工业机器人、自动化成套生产线为代表的智能制造装备产业体系初步形成。但是，我国智能制造的底层支持技术还存在明显短板，如工业仿真设计软件基本被国外垄断，高档数控机床、智能传感器等对国外产品的依赖程度较大，等等。我们应当充分发挥举国体制优势，以政策投入为牵引，吸引国内外各界资金，加强科技攻关，争取打开新经济新动能发展的技术约束瓶颈。

4. 完善“政产学研金服用”协同机制

纵观各国历史，创新发展都离不开“政产学研金服用”合作机制建设。这其中，政府的作用至关重要，必须由政府出面牵头，统筹各方，才能有效构建“政产学研金服用”七位一体的协同体系，才能够有效地整合产业基础、要素资源、人才技术、金融资金、优惠政策等各方面资源，形成较为完善的创新创业生态，才能够有效地聚焦创新创业全链条，打通创新创业中的堵点痛点难点，形成通畅的创新创业大循环，从而才有可能有效地激发新动能，发展新经济。

12　我国新型城镇化发展展望

肖若石*

摘要： 党的十八大以来我国新型城镇化建设取得历史性成就，预计到2022年，我国常住人口城镇化率达将超过65%。未来，我国将面临城市转移人口压力进一步增大、城镇化发展空间不均衡、城市治理体系与治理能力有待提升等问题。但总体看，我国新型城镇化将保持稳定健康发展，到2025年常住人口城镇化率有望达到68%左右，到2035年我国城镇化率有望达到70%以上。

关键词： 新型城镇化　城市群都市圈　城市治理体系　城乡统筹

党的十八大以来，以习近平同志为核心的党中央就深入推进新型城镇化建设作出了一系列重大决策部署。新型城镇化建设在新的起点，取得了影响深远的历史性成就。预计到2022年，我国常住人口城镇化率有望超过65%、1亿农业转移人口和其他常住人口在城镇落户目标顺利实现、城镇常住人口基本养老保险覆盖率超过90%等。我国新型城镇化将保持稳定健康发展，城镇化率和城镇化质量的同步提升，预计到2025年我国常住人口城镇化率有望达到68%左右，农业转移人口市民化进程将取得突破性进展，“三横两纵”的城镇化格局将进一步优化，大中小城市协调联动发展活力将加快迸发，城市可持续发展能力将显著增强。

一、我国新型城镇化发展的成就

党的十八大以来，我国新型城镇化取得重大进展，城镇化水平和质量大幅提升，以人为核心的新型城镇化建设不断深化，常住与户籍人口城镇化率持续增加，城乡基本公共服务均等化水平稳步提升，环境宜居和历史文脉传承不断改善，人民群众获得感和幸福感显著提高。

---

* 肖若石，经济学博士，助理研究员，研究领域为共同富裕、发展规划、城镇化等。

1. **城镇化水平连上新台阶**

2013—2021 年，我国常住人口城镇化率年均上升约 1.2 个百分点，从 53.7%增长到 64.7%；户籍人口城镇化率从 2013 年的 35.9%增长到 2020 年的 45.4%。当前，我国超过 60%的城镇化水平已经超过世界银行测算的 55.3%的世界平均标准。基本公共服务覆盖范围和均等化水平显著提高，2021 年城镇职工基本养老保险、城乡居民基本养老保险、基本医疗保险参保人数分别为 48075 万人、54797 万人、136424 万人，覆盖率超过 90%。

2. **城镇化空间格局持续优化**

“两横三纵”城镇化战略格局基本形成，城市群和都市圈承载能力不断提高，一批中心城市辐射带动作用日益增强。19 个城市群承载了我国 80%以上的人口，GDP 占比接近 90%，京津冀、长三角、珠三角等城市群国际竞争力显著增强，成渝地区双城经济圈等发展活力提升。城市规模结构进一步优化，2020 年末城市数量增至 685 个。城市可持续发展能力持续增强，

3. **城镇基础设施水平明显改善**

“十三五”时期，新型城市建设步伐加快，全国棚改累计开工超过 2300 万套，5000 多万居民实现出棚进楼，城市轨道交通运营里程超过 7000 公里。现代高效的城市轨道交通快速发展，2021 年末，城市轨道交通运营线路里程 8736 公里，拥有运营线路的城市达 51 个。

4. **城镇人居生态环境质量明显改善**

城市生态环境得到根本性改变，城市宜居品质快速提升。2021 年全国地级及以上城市平均空气质量优良天数比例为 87.5%，比 2015 年提高 6.3 个百分点；PM2.5 年均浓度为 30 微克/立方米，下降 34.8%；全国地表水考核断面中，水质优良（Ⅰ～Ⅲ类）断面比例为 84.9%，比 2012 年提高 23.3 个百分点。2021 年末，城市污水、生活垃圾无害化处理率分别为 97.5%、99.9%，比 2012 年末分别提高 10.2 个、15.1 个百分点；2020 年末，城市人均公园绿地面积达 14.8 平方米，比 2012 年末增长 20.5%。

5. **城乡融合发展体制机制进一步完善**

“以工补农、以城带乡”的发展模式基本确立，城乡要素自由流动、平等交换，城乡公共资源配置稳步一步优化，城乡居民收入比从 2012 年的 3.3 下降到 2021 年的 2.5。农村人居基础设施水平进一步提升，2021 年末，全国农村卫生厕所普及率超 70%，生活垃圾进行收运处理的自然村比例稳定保持在 90%以上。农业转移人口

市民化成效显著，户籍制度改革取得历史性突破，全面取消城区常住人口300万以下的城市落户限制，全面放宽城区常住人口300万~500万的大型城市落户条件，居住证制度全面实施。城市反哺农村的资金支持机制不断健全，财政资金投至农林水领域的规模持续较快增长。

二、我国新型城镇化发展新特点

“十四五”时期，我国新型城镇化建设进入新阶段，发展导向是以推动城镇化质量优先，并且兼顾城镇化率增长。相较于与以往的城镇化发展，我国新型城镇化将出现以下新的特点。

1. 城镇化率增速将出现调整换挡

近20年，是我国城镇化率增长最快的阶段，常住人口城镇化率从第五次人口普查（2000年）的36.22%增长到第七次人口普查（2020年）的63.89%，增长了近27个百分点，年均增速约为1.38个百分点。诺瑟姆“城市化过程曲线”表明，当城市人口占比达到60%~70%之间时，城市化率增长曲线的边际增速将持续降低，同时出现城市生活成本增加、公共服务供给不足等问题，甚至会出现逆城镇化现象。“十四五”期间，我国城镇化率恰好进入60%~70%的增长平缓区间，增速将出现换挡，预计从2020年到2035年，城镇化率年均增长约为0.85个百分点，比2000—2020年年均增长率下降0.5个百分点左右。尽管城镇化率增速有所减缓，但仍具有较大的投资空间和潜力，从发达国家的发展历史看，城镇化率超过60%之后，每提升1个百分点，将直接带动人均资本存量增加3.5%。

2. 城镇化长期滞后于工业化的情况将出现转变

改革开放以来，我国工业化水平快速提升，而城镇化发展相对滞后。2000年左右我国城镇化与工业化发展之间的差距达到峰值，城镇化率与工业化率比值仅为0.8，而世界平均水平为2.0左右。针对城镇化发展长期滞后的问题，我国提出要走“中国特色城镇化道路”，把城镇化作为经济社会发展的重要目标，城镇化水平实现快速提升。到2020年，我国城镇化率与工业化率比值达到1.7左右，已经逐步接近世界平均水平（2.0左右）。预计“十四五”期间，我国镇化率与工业化率比值将上升到1.9左右，基本达到世界平均水平，城镇化长期滞后于工业化的情况将出现转变。

3. 城市群都市圈成为城镇化发展的主体形态

《国家新型城镇化规划（2014—2020年）》首次提出，要建立一体发展的都市圈。“十三五”时期，城市群都市圈发展步伐明显加快，产业和人口向优势区域集中，“两横三纵”城镇化战略格局基本形成。从国际城镇化发展经验看，当城镇化发展进入中后期阶段，将形成由若干分工较为明确、经济社会联系紧密的大中小城市连绵而成的城市群，每个城市群包含一个或几个大型都市圈，例如纽约都市圈、巴黎都市圈、莱茵-鲁尔都市圈等。我国在“十四五”时期进入了城镇化发展的中后期阶段，人口、产业与各类要素将进一步向城市群都市圈聚集，城市群都市圈综合承载能力仍有很大的发展空间。因此，要进一步完善以城市群为主要形态的城镇化发展动能，带动经济总体效率提升，高质量承载人口和经济是我国新型城镇化发展的重点任务。

4. 县城成为新型城镇化的重要载体

县域城市生产总值占全国的近25%、人口占全国城镇常住人口的30%，既是城镇化体系的重要组成部分，又是城乡融合发展的重要纽带。我国长期以来优先发展大中城市，县域城市与邻近大中城市的发展差距显著，产业配套设施薄弱、基础设施承载能力不足、公共服务供给不足、生态环境水平不高等问题较为突出。“十四五”期间，县城短板弱项将进一步补齐补强，县域基础设施投资潜力巨大，对公共服务、环境卫生、市政公用、产业配套等基础设施有较大的投资需求，投资的增长空间比地级及以上城市城区大1倍。此外，要以县域为基本单元推动城乡融合发展，促进城乡公共资源均衡配置，促进城乡产业协同发展。

5. 产业发展成为新型城镇化的重要支撑

因我国城镇化长期滞后于工业化，土地城镇化率增速较快，从2000年到2020年，我国城镇建成区面积增长了170%左右，而城镇人口数量增长95%左右。“十四五”期间，城镇化滞后于工业化的情况出现转变，产业将成为推动城镇化发展的主要动力，产业基础高级化与产业链现代化将进一步推动要素向城市集聚。此外，依托城市群都市圈的产业发展特色，产业在空间内的布局优化也将成为城镇化发展的重要方向。

三、我国新型城镇化存在的主要问题

当前，我国城镇化质量不高仍是新型城镇化建设的突出问题，城镇化格局仍需进一步优化，城市的可持续发展能力仍需进一步增强。

1. 城市转移人口压力进一步增大

2020年，我国户籍人口城镇化率比常住人口城镇化率低近18.5个百分点，有超过2.5亿人面临农业转移人口市民化的问题，需要同等享受城镇居民在教育、医疗、养老等方面的基本公共服务等。与此同时，我国流动人口持续增加，2020年人户分离人口约为4.9亿人，比2010年增加88.5%，转移人口的落户需求将进一步凸显。据国务院发展研究中心课题组估算，每一个农业转移人口市民化所需公共支出成本约为8万元，假定“十四五”期间再推动1亿人落户城镇，大约需要8万亿元以上的财政投入。但2022年以来地方财政收入持续紧张，上半年全国一般公共预算收入同比减少10.2%，高质量推进城镇化建设的现实压力进一步增大。

2. 大城市发展过度集中，空间格局尚需优化

从2010年到2020年，我国超大、特大城市数量从12个增加到21个，常住人口规模从1.6亿万增加到2.9亿；而小城市的数量从493个减少到466个，常住人口规模从3.5亿下降到3.2亿。我国超大特大城市主要集中于东部地区，东部地区城镇化率达到70%左右，而中西部地区的城镇化率不到60%。在东部地区“大城市病”问题普遍存在，房价高、交通拥堵、“上学难”、“看病难”等问题较为突出，存在“一市独大”“城市虹吸”等现象，对周边的辐射带动作用不足。城市群内部体制机制障碍仍然存在，基础设施互联互通不足，产业分工协作潜力尚未发挥，低水平同质化竞争等问题突出。

3. 城市建设品质有待提升，绿色集约高效的城市发展模式仍需完善

我国部分地区片面追求城市规模体量发展，城市发展“摊大饼”现象仍然存在。第三次全国国土调查（2021年）显示，城镇建设用地总规模达到1.55亿亩，城乡建设外延式扩张态势还没有根本扭转，低效闲置用地问题突出。未来建设用地供需矛盾会更加突出，要加大存量建设用地挖潜力度，提升城镇土地利用效率，倒逼存量建设用地的盘活。城市生态环境仍需改善，黑臭水体、城市空气、城市建成区绿化等问题仍有待解决。在城市建设方面，城市老旧建成区存在水电路气信等配套设施不健全、地下管网与燃气管道老化、便民服务设施不足、道路老旧与停车场缺乏等问题。

4. 城市治理体系和治理能力有待强化

随着城镇化向更高质量迈进，中等收入群体的逐步扩大，治理重心逐步向基层、向社区下沉，人民群众对城市治理体系与治理能力提出了更高要求，在诉求表达、权益保障、基层自治等方面的关注日益增多。特别是在新冠肺炎疫情冲击下，部分城市治理体系在应急管理、风险防控、医疗卫生等方面短板弱项更加突出。

四、推动新型城镇化高质量发展的政策要点展望

未来，相关部门将针对新型城镇化的新特点、新问题，在促进农业转移人口市民化，优化城市群都市圈空间格局，提升城市建设品质、提升推城市治理能力等领域综合施策。

1. 积极促进农业转移人口市民化

要把户籍制度改革落到实处，“居民户口+居住证”制度加快过渡到“以经常居住地登记户口”制度；全面放宽大城市落户条件，建议有条件的大城市取消落户限制；超大特大城市积分落户政策要取消配额限制，精简积分项目，实施达到积分标准即可落户政策。要提升居住证所包含教育、医疗、住房保障等公共服务的实际供给水平，提升转移人口享受的基本公共服务项目数量和水平。要进一步完善农业转移人口市民化相关配套政策，建立中央财政与地方财政合理分配的市民化成本分担机制，重点解决跨省流动农民工的市民化体制机制障碍。

2. 优化城市群都市圈空间格局

要合理确定城市分布，推动中西部地区城镇化水平快速提升。要推进城市群基础设施互联互通、公共服务共建共享、生态环境共保共治、产业科技创新协作等。提升都市圈同城化程度，发挥好都市圈的外溢作用，增强都市圈基础设施的连接性与通达性，推动城市群内部产业结构升级和竞争格局重塑。要深入实施区域协调发展重大战略，进一步发挥京津冀、长三角、粤港澳大湾区的经济引领作用，提升GDP 占全国比重。加快创新完善区域规划和区域政策，健全区域协调发展机制，推进全国统一市场建设。要优化超大特大城市中心城区功能，发挥好大城市的辐射带动作用，增强中小城市功能与经济承载能力，提升县城基础设施水平与经济活力。

3. 加快提升城市建设品质

要在坚持节约高效利用的原则下，充分考虑保障产业高质量发展、基础设施建设、公共服务与民生改善的用地需求，严格控制新增建设用地规模。要强化城市规划在空间治理中的引领和约束作用，“腾笼换鸟”提升城镇土地利用效率，倒逼存量建设用地的盘活，有效管控城镇化发展的无序扩张。要优化配置城市公共资源，有序推进城市更新，加快推进老旧小区实施更新改造。积极利用专项债、政策性金融工具等手段建设水电路气信、地下管网与燃气管道老化、便民服务设施不足、老旧道路与停车场设施改造，到 2035 年要完成 21.9 万个城镇老旧小区改造。在碳中和碳达峰工作目标要求下，要积极推动城市生产生活方式绿色转型，加大绿色能源、

建筑、交通等设施建设。

4. 提升城市治理体系和治理能力水平

要加快完善城市治理体系。积极推动公共服务资源向社区下沉，建立城镇社区服务体系。要推进城市综合行政执法改革，积极推广一支队伍管执法的成功经验。要畅通和规范群众诉求表达、利益协调、权益保障通道，完善人民调解、行政调解、司法调解联动工作体系。要创新治理手段、治理模式、治理理念，积极利用物联网、大数据、云计算等新技术、新手段，及时准确地找到城市治理的节点和痛点，实现精准治理。要提高城市防灾减灾、公共卫生防控救治和防洪排涝能力，保障城市正常运转和人民安全。

Annual Report on
China and the World Economic
Development（2023）

产 业 篇

INDUSTRY REPORTS

13　2022 年工业形势分析及 2023 年展望

魏琪嘉　冯利华*

摘要：2022 年，工业经济恢复增长态势明显，呈现出企稳向好的态势，对稳定经济大盘发挥了重要作用。工业领域的一些指标积极改善，代表转型升级和技术提升的行业实现较快发展，尽管疫情造成的冲击效应并未完全结束，但工业恢复态势将进一步持续。但也要看到，当前工业经济企稳回升的基础不牢固，影响工业平稳运行的风险因素仍然存在。建议应继续以政策之力对冲下行压力，包括高效统筹疫情防控和经济社会发展，聚焦全要素多角度，切实提升产业竞争力，强化工业运行监测，推动政策落地落实落细。

关键词：工业　制造业　产业结构

一、总的看，当前工业经济运行边际企稳、恢复态势进一步巩固

从工业运行数据看，稳的态势在进一步巩固。1—10 月，规模以上工业增加值同比增长 4%，增速比上年同期提高 0.6 个百分点。分行业看，制造业增加值同比增长 3.4%，增速比上年同期提高 0.6 个百分点。分产品看，新材料新能源等产品产量实现较快增长。从利润看，工业利润呈现结构改善的特点，装备制造业等行业利润景气程度开始回升。国家统计局数据显示，1—9 月份，装备制造业利润同比增长 0.6%，2022 年以来首次由降转增，拉动规模以上工业企业利润增速较 1—8 月份回升 0.8 个百分点。

当前工业经济边际企稳，与以下五方面因素密切相关：一是疫情发展仍存不确定性，但对消费的冲击力边际减弱，消费领域的积极改善，对稳定工业终端需求具有一定的正面意义。散发疫情对消费的影响虽然较大，消费成为各类变量中恢复速度较慢者，但从当前消费恢复的情况看，消费企稳向好，对工业需求起到的是拉动

---

* 魏琪嘉，经济学博士，国家信息中心经济预测部研究员，研究领域为产业经济；冯利华，经济学博士，国家信息中心经济预测部助理研究员，研究领域为政府信用。

作用。

二是出口增速有回落压力，但结构性亮点仍然存在，工业出口保持较为稳定的增长。工业出口交货值数据向好，与此同时，欧洲能源成本高企，对高能耗产品进口需求或增加，对于我国对欧出口有望形成一定支撑。

三是基建投资提速，实物工作量形成进度加快，从产业链循环的角度看，为制造业提供了坚实的市场需求。8月下旬以来，高温天气缓解，疫情影响逐渐减退，财政资金支持基建力度边际加大，高频数据显示实物工作量形成的进程明显加快。

四是制造业投资韧性凸显，升级趋势不改。1—8月制造业固定资产投资增速达10%，保持较强韧性。制造业技改投资同比增长12.1%，增速比全部制造业投资平均水平高出2.1个百分点。另外，我国经济转型升级在加速展开，政府正在加大对关键技术及核心零部件的投入和攻关，制造业产业链在突破“卡脖子”工程、提升核心竞争力方面仍有较大空间，制造业投资还有较大潜力。

考虑到工业和国民经济总体增速的匹配关系，以及考虑到基数、翘尾等因素影响，预计2023年规模以上工业增加值增速在5.5%左右，二产增加值增速在5.3%左右。

二、当前和未来一段时间影响工业运行的三类风险

但同时要清醒地看到，当前内外复杂因素仍然较多，不确定性事件发生的概率也在不断加大，国外主要经济体经济运行动荡程度加深，我国工业稳定运行面临一定风险和挑战。具体看，主要有三类风险，并且都已经开始显露苗头，必须着力加以防范和化解，避免风险扩散，对整个工业链条产业负面冲击。

1. PPI进入负增长区间

原油、煤炭、螺纹钢、铜等大宗商品价格变化是影响国内PPI走势的关键变量。从当前国内外需求端所受的冲击以及当前国际大宗商品价格“过山车”变化的状态看，结合模型预测，第四季度PPI同比或将进入负增长区间。

2. 企业状况分化加剧

受需求收缩、供给冲击、预期转弱三重压力冲击，企业的景气状况也是不同的，这种分化态势在2023年将进一步加剧。自疫情开始至今（10月份）的33个月里，大型企业PMI只有2个月处于荣枯线之下，而中型企业PMI有11个月处于荣枯线之下，小型企业有27个月处于荣枯线之下，企业经营分化的趋势在进一步加强。

3. 外贸出口面临下行压力

全球经济环境日益严峻，近期世贸组织、IMF多次提到全球经济存在衰退的风

险，并且不断下调全球经济增长预期。近期出口企业订单景气度出现下滑，9 月新出口订单指数为 47%，较前值下滑 1.1 个百分点。从国内港口数据来看，9 月上旬，八大枢纽港口外贸集装箱吞吐量同比增速从 8 月末的-2.2%回落至-14.6%。

三、稳工业运行的两个抓手

稳工业是一项系统工程，要坚持以辩证和全面联系的观点去推动政策落地。从稳增长的角度而言，政策需统筹当前和长远。一方面应通过政策推动，引导各类资源向最需要、最急迫的领域汇聚，解决当下最重要的问题；另一方面，还要着眼于经济社会长远发展，为后续发展打下基础、留足空间。从这个角度看，稳工业运行主要有两个抓手：一个是与带动工业需求密切相关的基建投资，另一个是工业内部的制造业投资。

1. 基建投资

近期出台的调增 8000 亿元政策性银行信贷规模和 3000 亿元金融债用于重大项目资本金等增量政策有望支持基建投资继续发力稳增长。政策性开发性金融工具、专项再贷款、财政贴息等政策，配合后续其他增量支持政策，第三、第四季度，基建投资有望加快形成实物工作量，对带动下游制造业需求具有重要作用。从政策上看，在前期确定的交通基础设施、能源、保障性安居工程等九大领域基础上，适当扩大专项债券支持领域，优先考虑将新型基础设施、新能源项目等纳入支持范围；优化新能源汽车充电桩（站）投资建设运营模式，逐步实现所有小区和经营性停车场充电设施全覆盖。这些举措，对于短期形成有效供给、支撑中长期消费需求打下良好基础，进一步拓展了经济纵深，增加了经济发展的韧性，从而为 2023 年工业企稳提供助力。

2. 制造业投资

技术升级改造和高技术制造领域持续释放投资需求，制造业投资将成为稳定经济增长的重要力量。其中，制造业领域的技改投资一直是稳定制造业投资的关键，其涉及范围广、带动作用强，对扩大工业领域有效投资具有重要作用。2022 年政府工作报告相继部署龙头企业保链稳链工程、国家战略性新兴产业集群工程、培育“专精特新”企业等系统性政策项目，对支撑制造业投资具有很强的促进作用。这些项目既涉及技术改造方面的投资，也涉及高技术制造业相关领域，对整个制造业投资的带动作用是十分明显的。

四、相关政策导向建议

1. 注重政策导向的连续性、稳定性

确保工业政策的连续性、稳定性，对于稳定市场主体预期、更好发挥政策效力具有关键作用。一方面是对原有政策进行细化再落实，另一方面是在稳中求进工作总基调下针对工业运行领域出现的新情况采取针对性措施，确保政策相时而动。

2. 注重政策实施的系统性、协调性

工业经济运行是一个复杂的系统，加工生产、原料供应、要素支持、市场渠道等多个环节环环相扣，共同搭建了工业经济循环的框架。畅通工业经济循环，每一个环节都要有相应政策做保障。

3. 注重政策操作的精准性、差异性

工业领域市场主体众多，发展水平不同，政策诉求多元化，平衡好这些关系，要求工业政策在具备精准性的同时，必须兼顾差异性。精准性方面，中小微企业点多面广，受疫情影响相对较大，助力中小微企业渡过经营难关，是稳定工业运行的重要方面。差异性方面，在用地用能等方面考虑到地区、不同类型企业的差异性。

4. 注重政策落实的协同性、联动性

“落实”二字，是振作工业经济的关键。从部委层面看，重点在加强统筹协调、做好形势监测、强化政策相向配合等方面一以贯之推动相关工作。从省级政府层面看，引导各省级政府制定实施本地区促进工业经济平稳增长的行动方案，构建相应的协调机制推动工作落实。各级地方政府要结合本地产业发展特点，在保护市场主体权益、优化营商环境等方面出台更为有力有效的改革举措。

具体政策建议包括：

一是高效统筹疫情防控和经济社会发展。疫情防控和维护生产生活秩序、促进经济社会发展绝不是非此即彼的“单选题”，而是相辅相成、辩证统一的。“高效统筹”的关键在于坚持系统观念，运用辩证思维，要坚持“动态清零”总方针、加强科学精准防疫水平，纠正和防范过度防疫，最大限度减少对正常生产经营秩序的影响，全力推动经济平稳健康发展。从着力点来看，要持续做好民生保障，强化公共卫生应急体系建设，确保产业链供应链畅通稳定，加大助企纾困政策力度，及时回应社会关切。

二是稳工业政策要注重统筹当前和长远。一方面应通过政策推动，引导各类资

源向最需要、最急迫的领域汇聚，解决当下最重要的问题；另一方面，还应着眼于经济社会长远发展，考虑中长期发展需要，为后续发展打下基础、留足空间。当前，应抓住工业企稳回升的有利时机，抓紧推进产业链供应链补短板和锻长板，持续提升产业链供应链自主可控能力。发挥好投资对补短板强弱项的促进作用，聚焦提升产业链供应链现代化水平持续发力。

三是聚焦全要素多角度，切实提升产业竞争力。加大制造业融资支持力度，特别是增加制造业中长期贷款投放，引导金融机构加大对实体经济特别是小微企业、科技创新、绿色发展的支持力度，进一步提升融资支持的精准性和有效性。着力破解企业用工难题，为产业高质量发展提供强有力的用工保障。通过不断强化标准的带动和倒逼作用提升产业核心竞争力。通过全产业链发展，使工业发展的速度、效益、质量、安全相统一。

四是强化产业链供应链运行监测。应时刻保持“风起于青蘋之末”的敏锐度，第一时间化解可能出现的各类风险挑战。对工业经济的准确监测，考验的是科学决策能力，关系产业发展，更事关产业安全。要加强对工业经济运行态势的跟踪监测，拓宽信息渠道，深入分析研判苗头性倾向性潜在性问题，强化预研预判，做好政策储备。

五是推动政策落地落实落细。打通“最后一公里”，让各类政策精准直达市场主体，直接关系到政策的最终效果。因此，应多措并举，稳妥施策。要加强对政策的宣传、解读和指引，让市场主体迅速享受到该享受的政策。推动政策集成化、具体化，提升享受政策的便利化程度和水平，确保企业对各类奖补政策应知尽知、应报尽报、应享尽享。

14 2022年服务业发展形势分析及2023年展望

刘玉红*

摘要： 前三季度，面对复杂严峻的国际环境和国内疫情带来的严重冲击，服务业经济顶住压力逐步趋稳，主要指标边际改善，第三季度以来恢复步伐加快，发展动能稳步提升，企业景气企稳向好。总体来看，我国服务业经济呈恢复向好态势，但当前国内外不确定、不稳定因素依然较多，保市场主体和就业压力仍然较大，服务业恢复基础需要继续巩固。未来，我国服务业将在疫情防控常态化背景下继续恢复，新动能作用继续增强。对此，要推动稳经济一揽子政策及接续政策措施落地见效，巩固服务业经济发展基础，促进服务业平稳恢复。

关键词： 服务业　分析　展望

一、服务业平稳发展

前三季度，服务业经济运行总体延续恢复性增长态势，主要经济指标改善，新动能支撑作用显著。

（一）服务业经济逐步恢复

服务业经济运行状况有所改善。分季度看，第一季度、上半年和前三季度服务业增加值分别增长4.0%、1.8%和2.3%，服务业增长对经济增长的贡献率分别为49.6%、40.6%和41.9%。前三季度，服务业增加值465300亿元，同比增长2.3%，服务业增加值占国内生产总值比重为53.5%，比第二产业高出13.3个百分点。服务业拉动国内生产总值增长1.3个百分点。其中，第三季度服务业增加值160432亿元，同比增长3.2%，增速比第二季度上升3.6个百分点。

企业生产经营平稳增长。随着稳经济政策不断落地显效，前三季度，服务业生

---

* 刘玉红，经济学博士，现任职于国家信息中心预测部，主要研究领域为计量经济模型，景气监测预警。

产指数同比增长 0.1%。从单月数据看，4 月、5 月的疫情加剧导致服务业生产指数当月出现负增长，6 月份开始服务业生产指数恢复正增长，9 月份当月同比增长 1.3%。企业生产经营收入增速加快。1—8 月份，全国规模以上服务业企业营业收入同比增长 5.1%，比 1—7 月份加快 0.9 个百分点；其中，信息传输、软件和信息技术服务业增长 8.2%，卫生和社会工作增长 8.7%。

服务业景气水平总体稳定。2022 年以来，服务业商务活动指数最低值出现在 4 月份，仅为 40%，此后逐步回升，9 月份受到疫情影响，指数数值仅为 48.9%，再次回落至临界点以下。从行业情况看，生产性服务业商务活动指数继续位于扩张区间，其中邮政、电信广播电视及卫星传输服务、货币金融服务等行业商务活动指数均高于 60.0%，业务总量增长较快；生活性服务业商务活动指数降至收缩区间，是 9 月份服务业景气回落的主要因素，其中零售、航空运输、住宿、餐饮、居民服务等接触型聚集型服务行业商务活动指数均低于 45.0%，回落幅度较大。从市场预期看，业务活动预期指数为 56.1%，低于上月 1.5 个百分点，仍位于较高景气区间，其中邮政、电信广播电视及卫星传输服务、货币金融服务、保险等行业业务活动预期指数均位于 60.0%以上的高位景气区间，企业对行业恢复发展保持信心。

2022 年 2—9 月服务业生产相关统计指标见表 1。

表 1 2022 年 2—9 月服务业生产经营相关统计指标

单位:%

时间	增加值	固定资产投资	规模以上企业营业收入	生产指数	商务活动指数
2022-02			13.6	4.2	50.5
2022-03	4	6.4	9.0	-0.9	46.7
2022-04			4.2	-6.1	40.0
2022-05			4.6	-5.1	47.1
2022-06	1.8	4.0	4.4	1.3	54.3
2022-07			4.2	0.6	52.8
2022-08			5.1	1.8	51.9
2022-09	2.3	3.9		1.3	48.9

数据来源：根据统计局数据整理，部分数据尚未公布；服务业增加值、固定资产投资和规模以上企业营业收入增速为累计增速。

（二）服务业发展势头良好

服务业支持经济作用明显。金融供给侧结构性改革继续深化，金融稳定保障基金基础框架初步确立，首批 646 亿元资金筹集到位。规范发展第三支柱养老保险，专属商业养老保险试点区域扩大到全国，养老理财认购金额超600亿元。2022年以来，我国假日市场恢复明显，2022年国庆节假期7天，全国国内旅游出游4.22亿人次，实现国内旅游收入2872.1亿元。

服务业的新动能引领作用不断增强。自2020年初疫情暴发以来，服务业新动能已成为引领复苏的重要力量，尤其是今年上半年在服务业复苏整体放缓的背景下，依然表现亮眼。前三季度，信息传输、软件和信息技术服务业，金融业增加值同比分别增长8.8%和5.5%，合计拉动服务业增加值增长1.5个百分点。9月份，信息传输、软件和信息技术服务业，金融业生产指数同比分别增长8.5%和4.9%，共拉动当月服务业生产指数增长1.7个百分点。

服务业新业态持续活跃。前三季度，社会消费品零售总额同比增长0.7%。新型消费较快发展，实物商品网上零售额继续保持较快增长，同比增长6.1%，增速明显快于社会消费品零售总额，占社会消费品零售总额的比重为25.7%，比1—8月份提高0.1个百分点。从与网购密切相关的邮政快递业发展情况看，预计前三季度快递业务量与业务收入同比分别增长4.2%和3.5%。前三季度，移动互联网累计流量达1904亿GB，同比增长18.4%。新兴业务收入快速增长，前三季度共完成新兴业务收入2329亿元，同比增长33.4%，拉动电信业务收入增长5.3个百分点。工业软件快速普及，工业软件产品收入1636亿元，同比增长9.0%，占软件产品收入比重达9.0%。

（三）服务业投资稳步增长

高技术服务业投资增势较好。受到高基数影响，服务业投资同比增速有所回落，第一季度、上半年和前三季度，服务业固定资产投资分别增长6.4%、4.0%和3.9%。2022年以来高技术服务业固定资产投资增势较好，第一季度和上半年分别增长14.5%和12.6%，前三季度累计增长13.4%，增速比全部服务业固定资产投资高出9.5个百分点。分行业看，电子商务服务业投资继续领跑，2022年各月增速均保持在30%以上，前三季度实现45.1%的增速；科技成果转化服务业和研发设计服务业在前三季度也分别增长18.7%和22.1%。

高技术服务业吸收外资继续保持较高增幅。2022年服务业继续成为国外对华投资的热点领域，前三季度服务业实际使用外资7414.3亿元，累计增长6.7%，占全国实际使用外资金额的73.9%；高技术服务业实际使用外资增长27.9%，增速比服务业高出21.2个百分点。

（四）服务贸易结构继续优化升级

我国服务贸易保持良好增长态势，服务出口整体好于服务进口。1—8月，我国服务进出口总额 39375.6 亿元（人民币，下同），同比增长 20.4%。分结构看，2022 年服务出口表现明显好于进口，1—8 月服务出口 19082.4 亿元，同比增长 23.1%；进口 20293.2 亿元，同比增长 17.9%。服务出口增幅比进口大 5.2 个百分点，带动服务贸易逆差下降 29.5%至 1210.8 亿元。

服务贸易结构继续升级优化。2022 年以来，知识密集型服务贸易始终呈现较好发展态势。1—8 月，知识密集型服务进出口 16432.7 亿元，增长 11.4%，占全部服务进出口总额的 41.7%。知识密集型服务出口 9297.9 亿元，同比增长 15.7%；出口增长较快的领域是知识产权使用费、电信计算机和信息服务，同比分别增长 24%、18.4%。知识密集型服务进口 7134.8 亿元，同比增长 6.2%；进口增长较快的领域是保险服务，增速达 64.4%。

旅行服务进出口继续恢复。2022 年以来，随着全球旅游业局部升温，加上基数影响，我国旅行服务进出口呈现回暖态势。2022 年 2 月份扭转了 2020 年以来的负增长，首次实现正增长，当月增速 16.9%，此后增速有所放缓，前 8 个月保持了 7.1%的增长，累计实现服务进出口 5426.6 亿元。剔除旅行服务，1—8 月我国服务进出口增长 22.8%，与 2019 年同期相比，服务进出口增长 51.9%。

服务外包产业平稳增长。1—9 月，我国企业承接服务外包合同额 13794 亿元，执行额 9471 亿元，同比分别增长 12.9%和 12.6%。从业务结构看，1—9 月，我国企业承接离岸信息技术外包（ITO）、业务流程外包（BPO）和知识流程外包（KPO）执行额分别为 2411 亿元、914 亿元和 2178 亿元，同比分别增长 4.1%、12.6%和 15.2%。其中，新能源技术研发服务、信息技术解决方案服务、互联网营销推广服务等离岸服务外包业务增速较快，同比分别增长 160.0%、128.5%和 58.9%。

二、服务业经济恢复发展面临更复杂的环境和挑战

总体来看，我国服务业经济呈恢复向好态势，但当前国内外不确定、不稳定因素依然较多，服务业恢复基础需要继续巩固。

（一）内需偏弱外需放缓，恢复基础尚不牢固

从国内看，服务业恢复面临的主要问题仍然是市场需求持续不足。9 月份，尽管消费品制造业需求较好释放，但受高温天气以及疫情多点散发等因素影响，市场需求仍有所偏弱，新订单指数为 49.28%，虽较上月回升 0.6 个百分点，仍处于 50%以下。物流与采购联合会的企业调查显示，反映市场需求不足的制造业企业比重虽较上月下降 0.3 个百分点，仍位于 54%以上的较高水平，从企业感受来看，当前国

内市场需求仍然偏弱。装备制造业和消费品制造业的新出口订单指数分别为49.2%和48%，较上月分别下降1.2个和3.7个百分点，降至50%以下。综合来看，市场需求整体持续不足，经济回升动力偏弱。从国际看，全球经济衰退风险增加。当前美欧等主要央行的政策导向以控制通胀为主，可能使全球经济增长付出更多代价。加快紧缩还将加剧经济金融波动，若美联储紧缩过快或加大2023年美国经济衰退的概率，金融市场面临进一步调整；欧元区或面临金融分化加剧、部分国家债务风险积聚；新兴市场面临更高的资本外流和汇率贬值压力，并可存在由此引发的恶性通胀风险，被迫收紧货币政策又会抑制国内仍未走完的经济复苏进程。

（二）服务业修复缓慢，就业形势严峻

疫后经济的修复将是一个漫长的过程，而这对于服务业来说尤为艰难。据统计，2019年疫情尚未暴发时，中国中小企业发展指数中的社会服务业指数为95.2%，疫情暴发后，2020年2月服务业指数骤降至77.2%，截至2022年9月，该指数也仅为88.3%，与疫情前水平落差高达7个百分点，服务业尚未能恢复到疫情前的水平。随着我国工业化、城镇化水平的不断提高，服务业就业人员规模快速扩张，就业人员占比稳步攀升，已经成为吸纳就业的主导力量。服务业恢复缓慢导致我国就业形势严峻，2022年第二季度全国31个大城市城镇调查失业率创下历史新高6.5%，尽管第三季度有所回落，仍高达5.6%；16~24岁的年轻人的失业率最近两个季度连创历史新高，第三季度达到了18.8%。9月份我国服务业从业人员的PMI指数仅为46.3%，是仅次于2020年2月以及2022年4月、5月的低值。

（三）中小企业压力较大，保市场主体仍需进一步加强

2022年以来，为保市场主体，政府推出一系列退税缓费、融资支持、纾困稳岗、保通保畅政策，并取得较好成果，但是在经济下行压力加大、疫情影响持续的情况下，中小企业仍面临较大压力。9月份，大型企业PMI为51.1%，较上月上升0.6个百分点，对宏观经济有较强的支撑作用，但中型企业PMI为49.7%，虽较上月上升0.8个百分点，仍位于50%以下，小型企业PMI为48.6%，仍低于49%。当前中小企业持续偏紧运行，困难较为突出，保市场主体、助力企业纾困工作仍需进一步加强。

三、2023年服务业发展特点和前景展望

疫情已经持续了两年多的时间，服务业发展面临的环境、受众及模式都有所变化，疫情常态化的服务业复苏将更加适应新的用户需求，数字化元素更加鲜明。

（一）服务业的复苏更加适应疫情常态化模式

不同于制造业，服务业的生产消费同时性的特点，决定了其具有明显的聚集性、流动性和接触性等特征，受疫情影响更大，持续时间更长。自新冠肺炎疫情暴发已超过两年，对我国居民消费习惯产生的影响更加深远。例如，旅行行业自疫情后恢复有限，整体跟团游市场仍被政策严控，虽然各类政策促出行链恢复大逻辑不变，但旅行社对于出行半径敏感程度高，消费者出行习惯也在疫情后逐步向自由行转变。消费方面，受疫情影响，居民人均可支配收入增速有所放缓，前三季度为27650元，实际增长3.2%，一方面导致消费支出开始向最基本的生活必需品转变，另一方面，也使得居民的谨慎性心理增强，消费性倾向降低，截至2022年9月末，我国住户存款规模为115.7万亿元，比年初增加了13.2万亿元，同比多增4.7万亿元。疫情常态化将倒逼服务业的复苏必须适应新的消费模式，例如，线上与线下相结合，在服务中注入更多数字元素，创新服务模式等。

（二）现代服务业支撑作用继续增强

疫情以来，以信息、科技等为代表的现代服务业保持了较好增长势头，推动了服务业恢复增长、平稳增长。随着现代服务业占服务业的比重不断增加，未来现代服务业对服务业增长的贡献将继续不断加大，成为支撑服务业增长的主要动力。中国互联网络信息中心发布的第49次《中国互联网络发展状况统计报告》显示，截至2022年6月，中国网民规模达10.51亿，互联网普及率达74.4%。我国网约车用户规模达4.05亿。中国数字经济发展迅猛，用户规模庞大，为生活服务业数字化赋能提供了坚实基础。数字化的生活服务有效保障了人们的日常生活、学习和工作；旺盛的市场需求促使相关企业加快数字化转型，来提升自身生产和运营效率，这为保障中小微企业健康稳定发展提供了重要支撑。同时，随着生活性服务业在国民经济中的比重日益提升，其数字化发展将进一步拓展行业边界，为服务业迈向高质量发展开拓新空间。

（三）部分社会服务行业恢复差异化区域化明显

疫情对服务业特别是生活服务业的影响较为直接，但服务业的不同行业在受疫情冲击时及疫情后的恢复中表现出了差异化和区域化的倾向。行业差异化方面，线上、非接触型的服务业延续了之前的增长趋势，而对于住宿、餐饮、旅游以及文体娱乐等服务业行业，疫情对于其在消费场景和消费容量等方面均有不同程度的限制，因此行业活动恢复力度相对较弱。1—9月份，全国餐饮收入、线上餐饮收入同比增速分别下降4.6%和3.9%，百货店零售额下降6.3%。区域化方面，以周边本地需求为主的低线城市只要不受全国性疫情影响，局部数据均相对坚挺，但一线城市在全国流动受阻的情形下均会受到影响。以酒店 RevPAR（指每间可供租出客房产生的平均实际营业收入）为例，7 月 RevPAR 恢复至 2019 年的 85.8%，其中一线城市经济型/中高端 RevPAR 增速为-41.97%/-47.1%，二线城市经济型/中高端 RevPAR 增速为-26.2/-16.3%，三四线城市的中高端 RevPAR 增速明显恢复更好。

四、政策建议

（一）保障供给侧平稳，同时注重需求侧拉动

1. 推动形成更多就业增长点

进一步加大就业保障力度，在现有的失业保险返还政策基础上，探索更强力的稳岗促就业举措。认真落实助企纾困政策，推动更多企业复工达产，进一步增强市场主体的用工能力，指导各地尽快落实支持中小微企业吸纳高校毕业生就业的补贴政策。全面实施乡村振兴战略，加快推进以县城为重要载体的新型城镇化建设，鼓励高校毕业生到城乡基层就业和返乡入乡创业。深入开展创业带动就业专项行动，引导大学生积极创业和灵活就业。

2. 培育融合发展新业态新模式

将制造业价值链由以产品制造为中心向以提供产品、服务和整体解决方案并重转变，鼓励发展个性化定制、智能制造与运营管理、融资租赁、总集成总承包以及整体解决方案等业务。鼓励电子商务等新业态新模式创新发展，坚持包容审慎监管原则。通过示范创建、案例评选、资金奖励等方式，支持即时零售、社区电商、无接触消费等新业态新模式发展。遵循“法定职责必须为、法无授权不可为”的原则，严格落实“全国一张清单”管理模式，进一步清理取消制约新业态新模式发展的不合理规定。

3. 充分发挥政府投资的带动效应

积极扩大有效投资，全面加强基础设施建设，扩大制造业和高技术产业投资，加强社会民生领域补短板建设。加快推进国家规划已明确的重大工程和基础设施建设，加快政府专项债券发行和使用，尽早形成实物工作量，努力扩大有效投资，提高投资效益。加强自主创新能力建设，推进关键核心技术攻关，推动新技术新产品产业化进程，加强保障性安居工程及配套基础设施建设，加快推进城市燃气管道等老化更新改造和排水设施建设等。

（二）完善落实保障政策，千方百计保市场主体

1. 完善落实各项政策，提高政策针对性有效性

进一步细化对不同服务业类别的纾困政策和相关配套措施，加大政策宣传和加快政策有效落实，切实帮助企业渡过难关。发挥服务业各个行业协会的重要作用，指导帮助企业用足用好相关纾困扶持措施，并根据不同服务业的行业发展特点和发展需要，加大专业化行业服务供给。

2. 做好强力政策储备，改善市场主体预期

在保持现有保市场主体政策的连续性和稳定性的同时，有必要筹划更大规模、更大力度的政策措施。尽早谋划扩大赤字、增发国债、加大信用投放力度等增量政策工具，把握好目标导向下政策的提前量和冗余度，对于市场和政府都将有更大回旋余地。同时，要发挥政策指引功能，加强与市场主体之间的沟通，更好地阐述政策制定的目标、约束以及执行方式，使市场对于政策有充分理解，改善企业家和消费者的预期和信心。

3. 扩大信贷增量，稳住信贷存量

继续抓好“两增”考核。做好月度监测，督促银行业金融机构完成全年普惠小微企业信贷计划，保持普惠型小微企业贷款快速增长势头。主要跟踪监测小微企业等市场主体贷款延期还本付息政策的执行情况，督促银行业金融机构抓好政策落实，合理运用续贷、贷款展期、调整还款计划等方式为市场主体办理贷款延期，努力做到“应延尽延”。

（三）提升数字经济软实力，加快服务业高质量发展进程

1. 持续优化网络布局，加快新型数字基础设施建设

按照适度超前的原则，继续加大 5G 网络和千兆光纤网络建设的力度，深入实施工业互联网创新发展工程，统筹布局绿色智能数据与计算设施建设。通过鼓励数据密集型行业和领域先行先试、数据交易城市试点、组建重点行业数据综合运营中心，制定行业数据标准，规范行业数据治理，强化对行业数字化转型的数据赋能。

2. 加大现代服务业与数字经济深度融合的应用场景建设

重点加强新兴领域的技术研发和产品化，培育具有“在线、智能、交互”特征的新业态、新模式。按照“场景牵引、以点带面”原则，制定现代服务业与数字经济融合应用场景建设规划，分级分类有序推进应用场景开放。“揭榜挂帅”，定期摸排、遴选和发布一批核心场景需求榜单，引导重点行业领域形成一批可复制推广的

创新案例。

3. 加快中小微服务业数字化转型进度

持续扶持中小微服务业企业数字化普及与应用，鼓励平台为中小微服务业企业提供数字化技术服务。鼓励开发面向中小微服务企业的轻量应用和微服务。对经营稳定、信誉良好的中小微服务企业提供数字应用的低息或贴息贷款，降低数字化转型门槛。

（四）释放服务消费潜力，推进消费持续恢复

1. 努力增加居民收入

鼓励创业带动就业，增加非全日制就业机会，实施提升就业服务质量工程。关注低收入人群增收，重点保证低收入人口的就业。提高低收入人口的社会保障水平，增加转移支付。优化收入分配，继续降低中低收入群体税负，加大对高收入人群的征税力度。

2. 合理增加公共消费

加强对小微企业产品与服务的购买，在各单位的政府采购用品中明确提高小微企业产品与服务的占比。突出补短板导向，侧重循序增加卫生健康、环境保护与科教培训等方面的支出占比，重点加强农村学校育儿园设施、医疗网点以及乡村两级图书馆等方面的建设，同时适度提高农民的医疗养老保险补助标准，以此促进公共消费的城乡平等化。

3. 加快释放网络消费新动能

支持传统零售企业提升网络营销能力，进一步拓宽居民线上消费的渠道。推动优质服务资源与电商企业有效对接，拓展电商新模式，助力电商直播等新业态普及应用。支持社会资本进入基于互联网的医疗健康、养老家政、文化、旅游等新兴服务业领域，增加优质服务供给，满足多层次多样化的服务需求。

15　2022 年房地产市场分析及 2023 年展望

邹士年*

摘要：2022 年以来，我国房地产市场在内外压力共同作用下，经历了前所未有的挑战，房地产市场供需两端均比较低迷，房企违约增多，“稳地产”对“稳经济”意义重大。随着中央和各部委频繁释放积极信号，各地全面优化“因城施策”措施，房地产市场下行趋势逐步减缓。但疫情带来居民收入预期变化，市场下行压力依然较大，仍需关注商品房库存增多、房企债务压力和土地财政急剧下滑下的地方债务等风险。2023 年，房地产市场在政策持续友好和 2022 年较低基数的共同作用下，有望在第二季度完成筑底。房地产市场调控需在“房住不炒”定位下加强调控的精准性，守住不发生系统性风险的底线，完善住房市场和保障两个体系，加快健全住房基础性制度和长效机制。

关键词：房住不炒　因城施策　风险

一、2022 年的房地产市场走势

2022 年以来，我国经济运行面临的外部环境仍然复杂严峻，国内受多地疫情反复等超预期因素影响，全国房地产市场无论是销售还是投资都面临前所未有的调整，商品房销售面积持续大幅下降，房地产开发投资累计同比再次出现负增长。

（一）国房景气指数低位徘徊，9 月开始进入低景气水平区间

包含房地产投资、资金、面积、销售等有关指标的房地产开发景气指数（简称“国房景气指数”）是最能反映房地产整体情况的指标，国房景气指数 100 是最合适的景气水平，95~105 点为适度景气水平，95 以下为较低景气水平，105 以上为偏高景气水平。2022 年以来的景气指数一直在 100 以下，并呈现不断下降趋势，到 2022 年 9 月已经回落到 94.86，属于低景气水平。鉴于 2021 年第四季度房地产市场指数较低，预计 2022 年第四季度的国房景气指数会回升至 95 附近，但全年国房景气指数显著低于 2021 年。2021 年 9 月至 2022 年 9 月国房景气指数见图 1。

---

* 邹士年，经济学博士，副研究员，研究领域为宏观经济、房地产经济等。

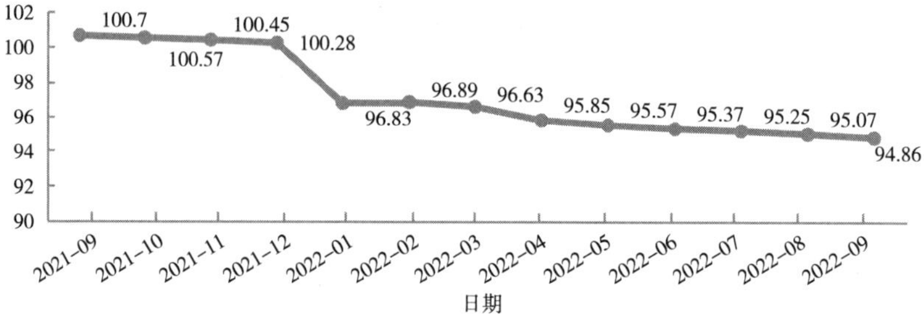

图 1　2021 年 9 月至 2022 年 9 月国房景气指数

（二）房地产投资持续下滑，第四季度下滑速度有望减缓

2022 年 1—9 月，全国房地产开发投资 103559 亿元，同比下降 8.0%。其中，住宅投资 78556 亿元，下降 7.5%。整体看房地产投资持续下滑，投资累计同比增速自 2020 年 6 月以来再次跌入负数区间。房地产投资占固定资产投资比重从 2021 年同期的 28.3%下降到 24.6%，下降了 3.7 个百分点。分区域看，1—9 月，东部地区房地产开发投资同比下降 5.89%；中部地区下降 4.1%；西部地区下降 13.9%；东北地区下降 24.4%。可见，各个区域房地产投资均不同程度下滑，其中东北地区同比下降最快，中部地区降幅最小。从投资规模看，东部地区依然保持领先，占全国房地产总投资的 54.0%，高于其他三区域的总和。按照当前的市场形势，第四季度房地产投资整体仍然会继续回落，但是由于 2021 年第四季度房地产投资快速回落，加上当前稳地产政策效果有所显现，因此，2022 年第四季度房地产投资增速下滑幅度会有所收窄，全年房地产投资增速预计为-8%左右。2021 年 9 月至 2022 年 9 月全国房地产开发投资同比增速见图 2。

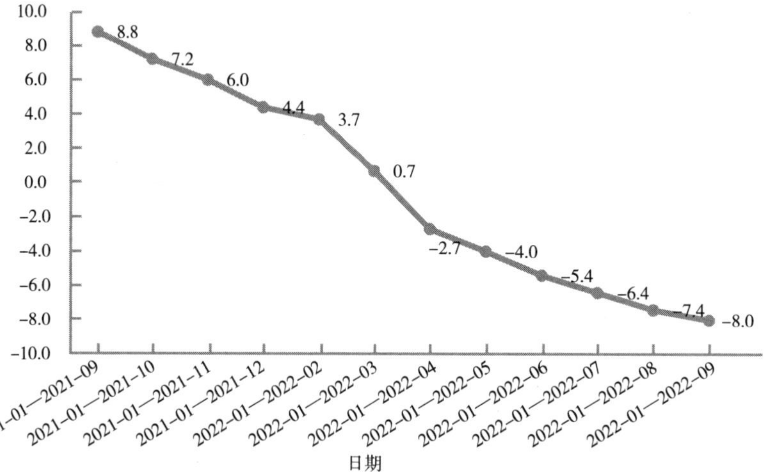

图 2　2021 年 9 月至 2022 年 9 月全国房地产开发投资同比增速（%）

1—9月，房地产开发企业房屋新开工面积94767万平方米，同比下降38.0%。房屋竣工面积40879万平方米，下降19.9%。整体来看，房地产供给端的修复很弱，新开工规模持续处于深度调整中，且降幅不断扩大。房屋竣工面积虽然也处于负增长区间，但随着地方"保交付"政策的推进以及房企销售业绩的逐步转好，后续项目竣工进程或有改善，将推动其降幅进一步收窄。

在市场销售短期内难以快速恢复、流动性风险依然存在的背景下，房企拿地态度普遍谨慎。1—9月，房地产开发企业土地购置面积6449万平方米，同比下降53%；土地成交价款5024亿元，同比下降46.2%。但第三季度当季土地购置面积环比上涨23.2%，同比下降58.0%；土地成交价款环比上涨117.4%，同比下降46.2%。大幅下降的拿地面积对下一阶段房地产投资的增长形成了制约。

（三）房地产销售增速深度回落，但近期销售增速环比有所回升

1—9月，全国商品房销售面积101422万平方米，同比下降22.2%，其中住宅销售面积下降25.7%。商品房销售额99380亿元，下降26.3%，其中住宅销售额下降28.6%。商品房销售面积和销售额累计降幅较8月分别收窄0.8和1.6个百分点，同比降幅结束了自年初以来不断扩大的趋势。其中商品房销售金额同比降幅依然大于销售面积，显示价格同比继续回落。

从商品房类型来看，住宅销售下滑最为严重，1—9月同比下降25.7%，而办公楼和商业营业用房销售同比分别上升了5.6%和2.3%。办公楼和商业营业用房销售保持上涨，凸显了商业地产在底部空间已经"稳住阵脚"，保持了相当的活跃度。

分区域看，1—9月，东北地区商品房销售下滑幅度最大，商品房销售面积和销售额分别下降34.8%和39%；其次是东部地区，商品房销售面积和销售额分别下降23.3%和26.2%，而东部地区销售面积及金额占全国比重分别为41.2%、57.9%；西部和中部地区商品房销售面积分别下降24%和17.1%，销售额分别下降28.4%和22.8%。

整体来看，房地产销售市场在稳楼市政策发力的背景下企稳迹象渐显，商品房销售下行趋势有所好转。自8月以来商品房销售面积单月环比大幅增长，且同比增速下行趋势有所放缓，9月当月销售面积环比增长39.3%，销售金额环比上涨33.7%。随着9月底稳楼市政策进一步发力，利率下调、个税退税等刺激刚需及改善性需求的措施落地，促进竣工交付，企业销售促销力度加大，整体销售缓慢复苏，叠加上年低基数的影响，预计第四季度销售同比降幅将稳步收窄。全年商品房销售面积降幅同比有望在20%以内，销售额降幅有望在25%以内。2021年9月至2022年9月全国商品房销售面积和销售额同比增速见图3。

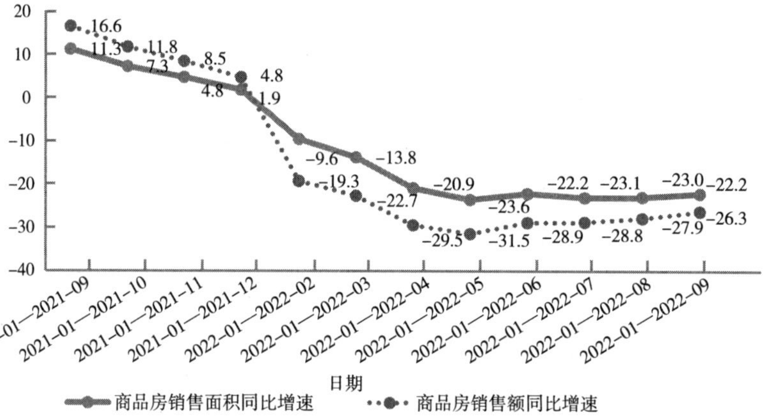

图3　2021年9月至2022年9月全国商品房销售面积和销售额同比增速（%）

（四）房地产开发企业到位资金增速低位徘徊，房企融资压力依然较大

受房地产市场需求及金融政策的影响，房地产开发企业到位资金全年低位运行。1—9月，房地产开发企业到位资金114298亿元，同比下降24.5%，但是自8月以来已经连续两个月环比上升。其中，国内贷款13661亿元，下降27.2%；利用外资61亿元，增长2.7%；自筹资金40568亿元，下降14.1%；定金及预收款37348亿元，下降34.1%；个人按揭贷款18397亿元，下降23.7%。从到位资金结构来看，定金及预收款和个人按揭贷款是企业主要的资金来源，占全部资金的48.8%，占比较上年同期下降4.5个百分点；自筹资金占35.5%，上升4.3个百分点，可见2022年以来企业都在积极筹措资金；国内贷款占比为12.0%，下降0.4个百分点。2021年9月至2022年9月全国房地产开发企业到位资金同比增速见图4。

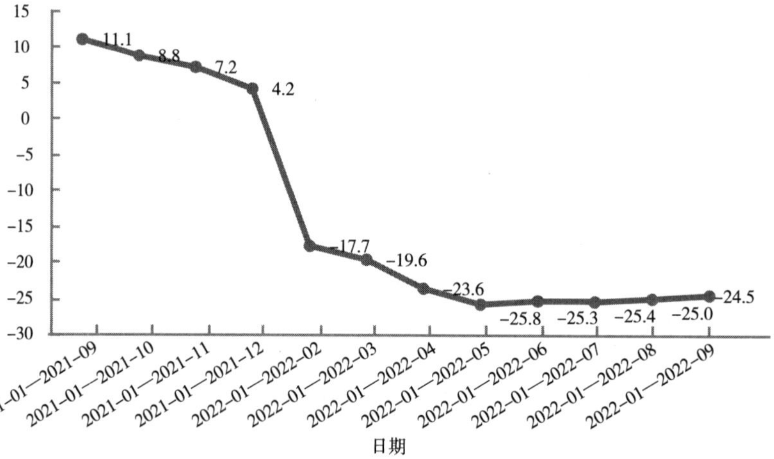

图4　2021年9月至2022年9月全国房地产开发企业到位资金同比增速（%）

随着金融支持房地产健康平稳发展政策的逐步兑现，部分房企资金面状况会有一定改善，尤其是财务稳健的优质房企获得资金倾斜的概率更大，但部分房企在当前的偿债高峰期仍面临较大的流动性风险，行业融资环境修复还需要时间。

二、2023年房地产市场展望

在“房住不炒”的定位下，2023年房地产调控政策聚焦于居民合理住房需求和民生，房地产投资会逐步企稳，但在居民收入增长的制约和房地产行业的趋势性调整下取得报复性反弹的可能性较小，房地产销售下滑的步伐会减缓，商品房销售企稳有利于加快企业资金回流。

1. 房地产调控政策聚焦合理住房需求和稳民生

党的二十大报告明确指出，“坚持房子是用来住的、不是用来炒的定位，加快建立多主体供给、多渠道保障、租购并举的住房制度。”中央层面，房地产调控政策会始终坚持“房住不炒”的定位不动摇，但是会积极聚焦支持合理住房需求，释放刚性和改善性住房需求空间。积极支持住房回归居住这一民生属性，支持住房租赁市场快速发展。地方层面将会在中央这一调控基调下，进一步优化“因城施策”和“一城一策”措施，部分大城市甚至要细化到“一区一策”，持续落实各项促进合理住房需求和“保交楼、稳民生”的政策措施，以稳定市场预期，促进市场回稳。为促进住房回归居住属性和满足居民住有所居需求，强化租购并举、推进租赁市场发展是房地产市场未来的大趋势，满足多层次人群的居住需求，无疑也有利于房地产市场的稳定。此外，各地还会加快推进“租售并举”“租购联动”“租售同权”等相关政策的出台和落地实施。

2. 房地产投资有望逐步企稳

房地产投资包括土地购置投资和工程投资。从土地购置投资来看，2022年房地产土地购置对房地产开发投资形成较大拖累，2023年这一状况将会有所好转。自2022年9月末以来，有关部门密集出台刚性和改善性住房需求的措施，金融部门加大金融支持房地产市场平稳健康发展工作，考虑到房地产销售对房地产投资有2~3个季度左右的领先性，当前销售企稳信号初现，一旦销售企稳，房企拿地积极性会提升。但考虑到我国人口结构和住房存量等因素，住房刚需将会趋势性减弱，拿地面积难以大幅反弹。房地产工程投资受到前期拿地下滑幅度较大影响，而拿地到开发时间一般是半年，因此2022年以来较低的拿地面积制约了2023年房地产开发的工程投资扩大。但随着2023年房地产销售的企稳，房企会加大开发力度回笼资金。

另外，住房租赁市场将迎来快速发展期，为开发企业、运营企业、装饰装修企业、金融机构等提供了新的发展机遇，促进房地产市场投资的企稳。整体来看，房地产投资的拐点或将于2023年第二季度中后期到来，全年房地产投资增速预计为-3%。

3. 商品房销售有望温和复苏

随着鼓励刚需和改善性需求的一系列政策持续落地和力度不断加大，房地产市场需求会有所回升，但是各城市回升幅度会有差异，一些人口净流入城市和供需较为紧张的城市回升较快。随着针对刚需和改善性需求措施的不断落地，2022年末一些重点城市在政策利好下会加快优质项目推盘，加快资金回笼，市场热度提升将带动更多二线、三线城市回暖。但是由于疫情带来收入预期的变化，销售整体回升幅度还会与疫情防控密切相关。鉴于2022年较低的基数，2023年全年房地产销售同比增速有望收窄到-10%以内。

三、当前房地产市场面临的主要问题

当前在经济下行和疫情等因素的影响下，叠加我国城市化和人口结构变化等因素，房地产市场进入趋势性调整阶段，房地产库存仍不容乐观，房地产行业长期高负债高周转开发模式面临调整压力，地方土地财政风险攀升。

1. 房地产市场商品房库存持续增加

自2015年底国家提出房地产行业“去库存”以来，2018—2019年全国商品房待售面积持续下行，但是2020年初新冠肺炎疫情突袭，库存规模由降跳增，虽然2021年上半年的反弹带来库存有所下降，但是2022年以来商品房库存整体在不断攀升。截至9月末，全国商品房待售面积达到54333万平方米、同比增长8.1%，比上年同期增加了4048万平方米。其中，住宅待售面积25919万平方米，同比增长15.6%。克尔瑞的数据显示，截至9月末，百城去化周期超20个月（8月末在20个月以内），一线城市库存持稳13个月，库存风险基本可控；二线城市去化周期存在进一步拉长趋势，增至20个月；三四线城市库存高企，去化周期高达25.3个月，部分基本面缺乏支撑且人口净流出、购买力不足的三四线城市商品住宅消化周期在50个月以上，潜在库存风险较大。

2. 城投公司托底拿地的救市行为蕴含极大风险

2022年的房地产市场让严重依赖土地财政的地方政府也陷入了深深的焦虑，很多地方政府为了救市不得不亲自下场，让地方城投公司托底就是最直接的方式。根据机构统计，在地产下行之下，城投公司拿地比例由2021年第一批土拍的11.6%最高提升至 2021 年第三批的 52%，而从 2022 年年初以来的集中供地情况来看，城投公司拿地平均占比 42%，目的都是“托底”土地市场。城投公司入市固然可以稳定市场运行，但其本身开发能力不强，在资金压力下拿地会造成资源占用。普遍拿地积极开工却很缓慢，到 2022 年 9 月末，各地城公司投拍得的土地，开工面积仅仅占所拍土地的 16%，84%的土地依然闲置。而从 2013 年到 2022 年 5 月，地方城投公司的总债务达到了 13.74 万亿元，扩大了 6 倍。其中仅 2021 年到 2022 年，城投公司的总负债就增加了 6 万亿元，两年的时间，城投公司的债务整整翻了 1 倍。而大约 6.7 万亿元的城投债要在 2023 年底到期，一旦城投公司手中的土地卖不出去，现金流就会出现问题。

3. 房地产企业债务风险压力依然较大

自 2018 年以来，房地产行业利润增速已呈下降趋势，当前房地产形势加剧房企资金回笼压力，融资也受限，房企债务压力巨大。根据《中国房地产报》记者不完全统计，从 2022 年下半年至今，提出债券展期的房企数量不断增加，截至 11 月 2 日，已有 35 家房企对旗下债券计划提出展期或展期成功。目前市场环境下，房企流动性在短期内并未改善，现金流依然紧绷。于是，部分房企开始二次展期。彭博汇编的数据显示，中国房企到 2023 年底前有 2920 亿美元的境内外债务到期（2022 年年内有 537 亿美元到期，2023 年全年有 2380 亿美元到期）。作为房企现金流来源的融资和销售回款，从当前情况来看，对房企融资政策有所放松，但是往往是销售业绩好的房企更容易获得。销售回款方面，随着宽松政策的不断出台，以及“保交楼”方面工作的加快推进，楼市有望在重点城市率先转暖，并可能在年底对更多二线、三线城市产生带动作用，但销售业绩的全面改善难度依然较大。

4. 房地产下行加剧地方财政风险

长期以来，地方财政对土地出让和房地产相关税收依赖度较高，近两年土地出让收入和房地产相关税收在地方本级财政收入中占比超 50%。当前，房地产下行加剧了地方财政压力，1—9 月，国有土地出让权收入同比下降 28.3%，土地和房地产相关税收收入同比减少 10.4%，导致地方政府性基金收入和地方一般公共预算收入分别下降 26.4%和 4.9%。地方一般公共预算收支缺口占一般公共预算收入比重（即收支缺口率）提升至 98.7%，为 1994 年分税制改革以来最高水平，部分地方基层“三保”出现困难。地方政府性基金收支缺口占地方政府性基金收入比重仍高达 80.2%，地方经济对政府债务性融资需求加大，而房地产市场的下行直接削弱了地方政府债务融资能力。由于地方综合财力减弱和举债规范管理下融资供给能力下降，地方政府融资供需缺口矛盾凸显，稳投资能力较之前明显下降。

四、促进房地产市场健康发展的有关政策建议

面对当前较为严峻的房地产形势，既要坚持“房住不炒”定位不动摇，坚决不将房地产作为短期刺激经济的手段，又要以问题为导向增强调控的针对性和政策的延续性，牢牢守住不发生系统性风险的底线。同时，还要以目标为导向，着力完善住房市场和保障两个体系，健全房地产基础性制度和长效机制，促进房地产市场平稳健康发展。

1. 坚持“房住不炒”定位不动摇，加强市场调控的精准性

当前，“房住不炒”+“三稳”（稳地价、稳房价、稳预期）是房地产调控的总基调。既要坚持“稳”字当头，保持房地产调控政策的连续性、一致性、稳定性，把握调控的节奏、力度和时机，防止“急刹车”“急转弯”；各地又要秉承“一城一策”“因城施策”原则制定具体调控方案，找到当地房地产市场的“痛点”和“堵点”制定相应的调控对策。抓住我国未来10年左右仍处于城镇化较快发展的窗口期，牢牢把握居民住房刚性和改善性需求还有一定增长空间的契机，以时间换空间，稳步推进房地产行业转型和去金融化，加快建立健全多主体供给、多渠道保障、租购并举的住房制度。

2. 稳妥化解房地产企业风险，维护购房人合法权益

继续以市场化、法制化手段，分类推动房企债务公开透明处置。对已经出险的企业，重点组织处置“烂尾”项目，不直接救助企业，适时推动企业破产重组。对虽未出险但存在债务风险压力的企业，行业主管部门应指导房企健全内部风险预警机制，金融监管部门应引导金融机构综合考虑其债务规模，合理满足存量债务产生的还本付息等滚动融资需求，在一定时间内有序降低企业负债。对坚持主业、资产质量和负债结构较为健康的企业，不盲目抽贷、断贷、压贷，满足其合理融资需求。明确股权、债权的减记顺位，保障股东、债权人和相关主体合法权益。同时，要求房企以“保交楼”为目标，积极配合地方政府加快问题项目处置，切实维护好购房者和相关利益方的权益，维护社会稳定大局。聚焦已出售、因资金链断裂不能竣工交付的商品房项目，用好专项借款等政策工具妥善处置“保交楼”项目，逐步推动房地产市场存量风险缓释。

3. 保障房地产业合理资金需求，维护房地产市场供需稳定

各行业主管部门继续引导金融机构支持房地产企业合理融资需求，校正过度避险行为，推动个人住房贷款利率下行，更好满足刚性和改善性住房需求。一方面，改善房企融资条件，在政策引导下，金融机构继续通过加大房地产贷款投放、支持债券融资等方式，精准滴灌有合理融资需求的房企特别是民营房企。避免“一刀

切”抽贷、断贷、拒贷，推动专业增信机构为符合条件的房企特别是民营房企发债提供增信支持。充分利用并购贷款、投行等工具做好重点房地产企业风险处置项目并购金融服务，同时，加大债券融资支持力度，稳定房地产供给端。另一方面，合理满足首套刚性购房需求和改善性需求，落实好已经出台的个人按揭贷款利率调整政策，切实减轻购房者负担，促进房地产需求端稳定复苏。

4. 进一步完善住房市场体系，满足居民多层次住房需求

不断完善房地产市场调控，通过市场手段促进住房资源的优化配置。各地方应根据本地经济社会发展水平、常住人口和家庭规模变化趋势以及存量住房状况，合理确定新建普通商品住房供应规模、结构和节奏，根据不同区域、家庭不同阶段住房需求，优化各类商品住房套型比例，满足居民刚性和改善性需求。保持居住用地价格、新建商品住宅价格、二手住宅价格和住房租赁价格变动幅度处于合理区间。进一步完善差别化住房信贷和税收政策，支持刚性和改善性住房需求。优化二手房交易增值税、个人所得税等税收优惠政策，助力释放改善性购房需求。加快发展长租房市场，城市土地供应要向租赁住房特别是长租房建设倾斜，大力发展专业化、机构化租赁业务，以盘活存量房源为主增加租赁住房有效供应。

5. 加快完善住房保障体系，更好发挥住房保障民生兜底作用

以人口流入多的大城市为重点，落实好各项支持政策，有效增加保障性住房供给，着力解决困难群体和新市民住房问题，支持符合条件的保障性租赁住房项目发行地方政府专项债。持续推进重点城市和地区公共租赁住房建设，保障城市中等偏下收入住房困难家庭。有序探索发展共有产权住房。完善住房保障方式，建立健全退出机制，逐步由“补砖头”向“补人头”转变。加快推动“租购同权”，逐步使租购住房在享受公共服务尤其是基本教育上具有同等权利。

6. 健全房地产基础性制度，完善房地产长效机制

完善住房用地供应体系，落实好“地随人走”的政策，进一步优化土地“招拍挂”制度，发挥好土地供应对住房和房地产市场的导向作用，提高对保障性住房土地供应的比例并优化区位条件，实现住房供需动态平衡。完善住房金融宏观审慎管理体系，对房企购地资金进行穿透式监管，并将信贷资金、信托资金、信用债等各类资金统一纳入监管体系，灵活使用各类金融调节工具。进一步完善住房税收体系，加大对租赁性、保障性住房建设运营的税收优惠力度；完善住房交易环节差别化税收政策；提高住房持有环节税收；引导地方培育更多基于产业的税源，推动地方政府逐步摆脱对土地财政的依赖。稳步推进房地产开发经营模式改革，提高预售门槛并严格监管预售资金使用，有条件的地方要积极探索推行现房销售制度。

16　2022 年银行业运行分析及 2023 年展望

刘　鹏[*]

摘要：2022 年，面对复杂严峻的国内外形势和多重超预期因素冲击，银行业加快落实支持实体经济系列政策措施，资产负债规模增长明显，尽管非息收入有所减少落且波动较大，但盈利能力缓中趋稳，利润保持较快增长，资产质量整体稳健。展望 2023 年，预计银行业资产规模平稳增长，信贷结构更加优化，非息收入边际改善，息差有望企稳回升，盈利能力有所修复，资产质量保持稳定。下一步，银行业应深入贯彻落实党的二十大精神，面向未来深化改革，打造现代化商业化银行，加快业务转型调整，支持国家重大战略和实体经济发展，全面加强风险管理，防范化解重点风险。

关键词：银行业　金融风险　支持实体经济

一、2022 年银行业运行分析

（一）资产规模稳步提升，存款规模增长强势

2022 年以来，疫情反复，经济增长动能承压，银行信贷投放面临实体需求疲弱、区域分化显著、房地产市场风险波动等多重因素影响，但是在经济政策加码对实体经济支持力度，政策端多措并举（LPR 降价，结构性货币政策工具、政策性金融工具加速落地等）的背景下，商业银行扩表仍相对积极。前三季度人民币贷款增加 18.08 万亿元，同比多增 1.36 万亿元。其中，企业中长期贷款新增 1.35 万亿元，较上年同期多增约一倍。

资产规模稳步提升，大行头雁作用显著。前三季度，境内银行业金融机构总资产合计 366.7 万亿元，同比增长 10.3%，明显高于上年同期的 8.0%。上市银行总资产同比增长 11.1%，其中贷款同比增长 11.4%。银行业总资产的快速增长主要由国

---

[*] 刘鹏，经济学博士，国家信息中心经济预测部副研究员，主要研究领域为金融风险与监管、货币政策等。

有行和城商行信贷增长驱动，股份行规模扩张步伐相对较小。前三季度，大型商业银行总资产同比增长 13.1%，其中信贷投放同比增长 12.8%；城市商业银行、农村金融机构、股份制商业银行的总资产同比增速分别为 10.2%、10.2%和 7.1%。6 月 30 日、8 月 24 日合计设立 6000 亿元以上政策性开发性金融工具补充项目资本金，盘活 5000 余亿元地方专项债限额支持在建项目、创设再贷款工具鼓励设备更新贷款投放等，以基建为代表的政府和准政府投资成为中长期对公贷款增长的重要驱动因素，对大型商业银行信贷扩张形成有力支撑。优质区域性银行则主动适应经济发展环境，深耕本地经济，积极布局实体转型，灵活调整体制机制，强化区域差异服务的能力，成都、宁波、杭州等优质区域性银行均保持 20%以上的贷款同比增速，信贷投放力度强劲。

存款增长规模强势，存款定期化现象延续。2022 年，流动性充裕、财政多支少收以及信用派生等因素共同支撑 M2 增速维持高位，10 月份同比增长 11.8%。存款扩张态势较好，10 月份，金融机构各项存款余额同比增长 10.8%。存款的较快增长一方面与扩表加速下信贷派生存款增加有关，另一方面也与 2022 年资本市场表现欠佳导致部分理财资金向存款分流有关。另外受疫情等因素影响，居民消费和企业投资意愿下滑，货币贮藏性需求提升，加之资本市场景气度不佳，导致微观主体资产配置更倾向于安全性更高的银行定期类存款。前三季度上市银行定期存款同比增速为 18.8%，远高于 11.6%的存款同比增速，已披露存款结构的 12 家上市银行中有 9 家银行定期存款占比环比上行。银行业资产负债情况如图 1 所示。

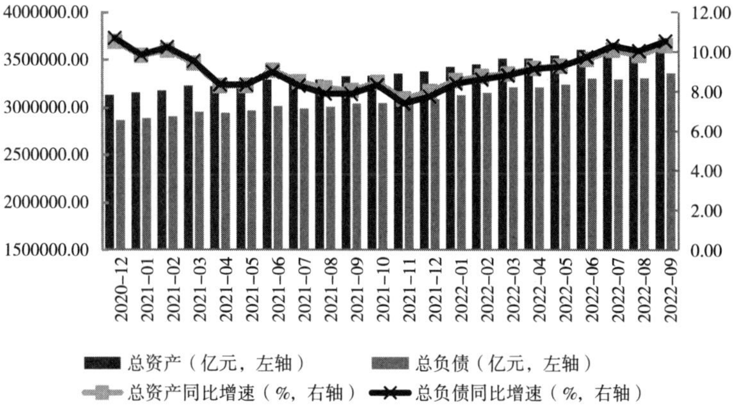

图 1　银行业资产负债情况

数据来源：Wind 数据库。

（二）手续费收入逐季回落，投资收益波动较大

2022 年以来资本市场持续波动，银行非息收入整体承压。手续费收入方面，前

三季度上市银行手续费及佣金净收入同比下降0.7%（第一季度和上半年同比分别增长3.5%和0.7%），增速逐季回落，中间收入占比为14.6%，较上半年继续下降0.8个百分点，贡献度持续下降。其中，零售端中银行代理代销业务和财富管理业务受资本市场表现偏弱影响拓展难度加大，银行卡业务受疫情扰动和消费需求较弱影响增长相对乏力；对公端受减费让利政策影响，相关手续费率收入有所下行。其他非息收入方面，受市场利率、汇率阶段性波动影响，投资收入和交易收入同比回落明显，前三季度非息收入累计同比下降0.8%（上半年累计同比增长12.3%）。

（三）盈利能力缓中趋稳，利润保持较快增长

营业收入整体回落。前三季度上市银行营业收入同比增长2.8%，增幅较上半年收窄了2.1个百分点，净利息收入和中间业务收入的增速均持续放缓。利息净收入方面，受LPR定价持续下行影响，前三季度同比增长4.2%，增幅较上半年收窄了0.3个百分点。非息收入方面，由于资本市场波动较大对代理代销为主的财富管理业务收入造成冲击，前三季度手续费及佣金净收入同比下降0.7%；受市场利率和汇率波动影响，其他非息收入（投资收益、汇兑损益及公允价值变动）增速由正转负，进一步给营收增长带来压力。从机构上看，前三季度国有行、股份行、城商行、农商行营收增速分别为2.4%、1.9%、9.8%、4.1%，其中部分优质区域行受益于区域位置占优及资产结构的进一步优化，营收增速达到14%以上。

息差下降幅度逐季收窄。前三季度上市银行净息差为1.99%，同比下降11个基点。银行业负债端存款成本相对刚性，资产端受疫情等因素影响，实体经济信贷需求整体偏弱。银行作为国家稳定宏观经济大盘的重要政策对象，在持续保持"稳信贷"整体力度的同时，还重点加大对制造业、普惠、绿色信贷等重点领域的信贷支持，减费让利、LPR连续下调等金融让利实体政策持续贯彻落实，贷款收益率整体下降。加之金融投资和同业资产收益率也有所下移，银行业息差承压较为明显。但第三季度以来，随着LPR维持稳定，生息资产结构持续改善，上市银行生息资产收益率环比有所回升，第三季度单季平均净息差2.18%，环比收窄1个基点，息差快速下降的势头得到了遏制。

受资产减值准备下降和生息资产规模扩张的影响，利润继续保持较快增长。前三季度上市银行归母净利润同比增长8.0%，其中13家银行净利润同比增速超过20%，杭州（31.8%）、成都（31.6%）、江苏（31.3%）、张家港（30.1%）银行归母净利润增速达到30%以上。

（四）资产质量整体稳健，资本充足率稳中有升

银行业近几年不良资产确认及处置充分，存量压力较轻，不良率处于较好水平，

整体资产质量稳中向好。从上市银行看，前三季度上市银行加权平均不良率为 1.31%，较上半年下行 2 个基点，延续 2020 年以来的下行趋势。除农商行外，其他类型银行不良率均呈现边际下降态势，42 家上市银行中有 15 家实现了不良率和关注率的环比双降，资产质量向好驱动信用成本下行，带动利润的合理释放。从前瞻性指标看，第三季度披露关注率的 25 家上市银行中，有 16 家关注率环比下降、3 家持平、6 家出现抬升，出现抬升的银行可能与地产相关信贷及消费信贷资产压力有关，表明银行资产质量仍存在一定潜在风险。从拨备看，第三季度末上市银行平均拨备覆盖率达到 242%，拨备持续增厚，为风险处置和反哺利润提供了有力支撑。

2022 年第三季度末，上市银行核心一级资本充足率、一级资本充足率、总资本充足率分别为 11.17%、12.93%、16.09%，资本充足率稳中有升。分机构看，国有行、股份行、城商行、农商行核心一级资本充足率分别为 12.17%、9.56%、9.4%、11.36%。其中，城商行由于风险加权资产扩张提速，相应加大了资本消耗，资本充足率提升较慢。整体看，分红季节性因素消退叠加风险资产扩张速度保持稳定，大部分上市银行核心一级资本充足率环比第二季度上行，资本压力边际缓解。

二、当前银行业面临的主要问题

1. 银行经营状况分化加剧，国有行股份行承压

国有大行稳经济大盘责任重大，在稳增长政策驱动下的信用扩张、“让利实体”引致资产收益率承压，叠加负债端核心存款款占比较高，存款定期化趋势拖累明显，营收增速下滑较大，息差收窄持续承压，前三季度营收同比增长 2.4%，增幅较上半年收窄 2.9 个百分点；净息差为 1.95%，环比收窄 2 个基点。股份行受限于实体信贷需求偏弱、房地产风险暴露、中间收入增速下滑的“三重压力”，整体经营压力较大，前三季度营收同比增长 1.9%，在四类银行中增速最低。优质区域性银行面临的本地融资需求较为旺盛，保障了资产扩表，客户群体更加下沉加之拨备抵补充足，经营呈现较高景气度，部分财务指标逐渐上行，前三季度上市城商行营收、利润增速分别为 9.8%、15.2%，在四类银行中表现最优。

2. 重点领域风险加大，地产零售均需关注

2022 年，受疫情影响，国内经济下行压力加大，银行业信用风险有所攀升，房地产和零售信用类资产风险暴露加大。受部分房企负面舆情持续和多地疫情反复影响，房地产行业的开发建设、投资和销售持续受到冲击，部分房地产项目出现停工、延期情况，导致商业银行房地产业贷款及个人住房按揭贷款不良率继续上升。2022

年6月末，国有六大行和主要股份制银行（不含广发银行和恒丰银行）的平均对公房地产贷款不良率为3.31%，较2021年6月末提高了1.17个百分点，显著高于商业银行贷款平均不良率；国有六大行和主要股份制银行（不含中信银行、光大银行、华夏银行、浙商银行、广发银行和恒丰银行）的平均按揭贷款不良率为0.34%，较2021年6月末提高了0.05个百分点。2022年受疫情影响，宏观经济承压，小微、个体工商户及居民收入受到一定影响，还款意愿和还款能力有所下降，银行零售风险暴露加大。以零售转型较好的银行为例，第三季度末平安银行持证抵押贷款、新一贷、汽车金融、信用卡不良率环比上半年分别上行2、15、19、12个基点，招行按揭贷款和其他零售贷款不良率环比上半年分别上行2和34个基点，零售信贷风险有所上行。预期伴随疫情防控常态化，“稳增长”加码，促消费政策频出，经济逐渐复苏，零售风险有望改善。

3. 资本补充压力仍存，内外融资皆遭掣肘

上市银行总资本充足率尚存较大缓冲空间，但核心一级资本充足率压力较大，特别是叠加国内系统重要性银行附加监管要求（D-SIBs）后，部分上市银行核心一级资本充足率缓冲空间不足100个基点，部分中小银行的核心一级资本充足率降至8.5%，临近监管底线（7.5%），资本补充压力较大。从内源融资看，受盈利能力制约，通过留存盈余增加内源性资本补充的空间有所压缩。从外源融资看，2022年以来，在疫情和经济下行压力加大影响下，银行业经营面临挑战增多，估值处于下降通道，目前市净率仅为0.49倍，处于历史绝对低位，36家银行“破净”（市净率低于1），在所有上市银行中占比高达86%，大面积破净导致银行运用任何类型的普通股工具补充核心一级资本都面临很大困难，而上市银行估值水平与预期营业收入、净利润和资产质量等直接相关，受市场环境和监管环境影响明显，短期内修复难度较大。

三、2023年银行业前景展望

1. 资产规模平稳增长，信贷结构更加优化

2023年，在双循环新发展格局下，我国经济将延续复苏态势，消费和投资将成为带动经济增长的主力，有力支撑银行业经营规模增长。预计国家将继续出台一系列政策，加大银行业对稳经济大盘重点领域支持力度，保持货币信贷总量合理增长。逆周期政策持续发力有助于基建投资保持较高增长，配套贷款有望持续支撑对公中长期贷款增速企稳回升。经济复苏将带动制造业、小微企业发展，政策奖补继续驱

动科技产业和技改领域投资，相关制造业贷款有望继续保持高增长。实现“双碳”目标仍需大量绿色低碳投资，传统行业绿色转型升级将创造巨大投融资需求。《关于做好当前金融支持房地产市场平稳健康发展工作的通知》等一系列稳地产政策将带动个人住房按揭贷款投放边际改善，对公房地产贷款投放有望企稳回升。随着防控政策的优化调整和经济活动回暖，消费恢复节奏加快，零售贷款需求有望提升。

2. 手续费收入边际改善，其他非息收入前低后稳

从手续费及佣金收入看，对公端，预计银行将持续发力综合金融，充分挖掘客户综合金融服务需求，提升债券承销、现金管理、财资系统、外汇对冲等综合化服务，助力中间业务收入稳步增长。零售端，财富管理方面，零售客户数及资产管理规模仍将维持较高增速；理财方面，净值型产品管理能力逐渐提升，产品体系日益丰富，封闭式、长期限产品占比提升，理财业务有望稳步发展；代销业务方面，2023 年利率、汇率、权益市场有望逐步回归常态，低基数下，代销业务收入有望修复；银行保险方面，银保渠道有望持续发力，相关保险收入贡献有望持续提升。从其他非息收入看，当前资金市场利率仍处低位，2023 年边际回升概率较大，银行公允价值浮盈和投资收益或将承压，考虑到 2022 年上半年非息收入基数较高，预计 2023 年呈现前低后稳走势。

3. 息差有望企稳回升，盈利能力有所修复

2023 年息差有望企稳回升，从而带动银行盈利修复。利息收入仍是当前银行营收的主要构成，而息差是影响利息收入的主要因素。从资产端看，2022 年以来 1 年期 LPR 下行 15 个基点、5 年期及以上 LPR 下行 35 个基点，2023 年初银行业将面临较大的贷款重新定价压力，尤其是对公中长期贷款和个人住房按揭贷款占比较高的银行承压更大。但随着经济进一步复苏，信贷需求逐渐修复，尤其是高收益零售贷款需求改善，生息资产收益率下行幅度或将有限。从负债端看，受益于存款自律定价机制改革、存款挂牌利率下调，负债成本率有望改善，从而对冲部分资产端定价下行压力。总体看，2023 年贷款收益率下行空间有限，且存款利率市场化仍将释放红利维持负债成本平稳，预计息差或将企稳回升。

4. 资产质量保持稳定，信用风险整体可控

2023 年，银行业资产质量面临经济下行压力、地产领域风险等因素扰动，但上市银行资产质量真实、风险抵御能力强，预计上市银行资产质量仍有望保持稳定。下阶段银行信贷结构不断优化，新增信贷投向聚焦基建、高端制造、绿色领域，零售信贷占比持续提升，信用风险整体可控。随着疫情防控常态化，“稳增长”持续发力，促消费政策频出，经济逐渐复苏，零售风险有望改善。地产宽松政策的效果有望逐渐显现，银行自身也将进一步严格地产项目准入、强化贷后管理跟踪、合理预判和处置不良资产，预期相关风险将持续缓释。整体看，信用风险大规模释放的概率较小，不良生成压力处于可控范围，银行业资产质量表现有望继续保持稳健。

四、银行业发展建议

1. 面向未来深化改革，打造现代化商业银行

一是建立市场化运行机制。积极培育职业经理人市场，建立科学合理、协同有效的资源配置机制，打造智慧运营中枢，以客户为中心，敏捷响应市场需求。二是打造面向未来的数字化银行。推进开放银行和智慧银行建设，以零售金融数字化转型和交易银行建设为抓手，加快业务与经营模式重塑。推动数字产业落地深耕，支持人工智能、大数据、区块链等新兴数字产业以及工业物联网、智能制造、智慧农业等数字经济与实体经济融合领域发展，助力巩固和提升我国数字经济领先地位。三是积极推进资产低碳化。发展绿色金融和转型金融，统筹推进投融资结构绿色转型，实现金融资产“碳中和”。

2. 加快零售业务转型，助力扩大内需与共同富裕

一是加快构建消费贷款、住房贷款和经营贷款协同发展的新格局。把握扩内需下的零售信贷机遇，重点挖潜城市群和都市圈带来的新零售、新市民客群，加强重点消费场景建设，以优质的金融服务抓住潜在零售客户。二是把握共同富裕基调下的财富管理机遇。满足新中产阶级对专业财富管理服务需求，打造适合中低收入群体的普惠财富金融产品，推动养老理财以及养老资管业务发展。三是加强普惠小微企业服务。信贷投放切实向小微企业下沉，简化流程环节、降低融资成本、强化普惠服务。支持培育科创型小微企业，探索知识产权质押贷款、股权质押贷款等定制化金融产品，探索投贷联动、股权投资等科技金融新路径、新方案。

3. 加快对公业务调整，支持现代化产业体系建设

一是助力制造业高质量发展。聚焦高技术制造业、战略性新兴产业、先进制造业集群，重点支持电子信息、生物医药与医疗器械、高端装备等先进制造业和高技术制造业投资项目，以“商行+投行”的综合金融服务手段满足客户多元融资需求。二是助力绿色低碳发展。围绕低碳和增汇两个领域，创新推广绿色金融产品，支持高碳行业向低碳转型。三是支持国家创新发展战略。持续加大核心技术领域、战略性新兴产业、未来产业金融服务力度，为企业提供“一站式”服务。

4. 全面加强风险管理，防范化解重点风险

一是增强风险管理能力。持续完善全面、全员、全流程风险管理体系，推进风险管理前置和风险穿透识别，统筹发展和安全，提高大类资产配置能力，增强组合管理能力，提高不良资产处置能力。二是做好重点领域风险防范。加强经济转型、产业升级、平台经济规范发展和跨境金融服务等领域风险防范。坚持“房住不炒”定位，坚持贷管并重。对于地方政府融资平台，打消政府兜底思想，重视财政收入对偿债能力的支撑。三是健全气候风险管理架构。构建气候风险压力测试体系，加强对环境与气候风险的识别、分析、缓释、控制与报告管理，将环境与气候风险纳入全面风险管理体系。

17　2022年钢铁行业形势分析及2023年展望

董静媚*

摘要： 2022年，受国际经济形势严峻、新冠肺炎疫情散点多发、国内房地产行业低迷等因素影响，钢铁行业发展景气下行，呈现“供给减量、需求减弱、价格下跌、成本高企、收入减少、利润下滑”特点。展望2023年，钢铁行业将继续面临需求趋弱的发展环境，且低碳转型目标下行业节能减排面临新挑战，预计粗钢和钢材产量同比下降3.0%左右，进口铁矿石价格将回归合理区间，用钢需求结构转变将引领行业逐渐向高附加值化转型。建议钢铁行业发展更要紧抓创新，以智能化、绿色化、低碳化为核心谋发展，推动产品向高端化、高附加值转型，同时要加快推进兼并重组提高产能集中度，在增强抗风险能力的同时增强全球竞争力。

关键词： 钢铁　需求　创新

一、2022年钢铁行业发展景气下行，整体效益大幅下滑

2022年以来，受全球经济下行且通胀高企、国内疫情散点多发、房地产等钢铁下游行业需求较弱等因素影响，钢材市场呈现“供给减量、需求减弱、价格下跌、成本高企、收入减少、利润下滑”的运行态势，企业生产经营面临较大挑战。

（一）“双碳”目标下粗钢产量持续压降

在“双碳”目标下，2021年，我国钢铁行业粗钢产量压减任务全面完成，2022年，该项工作继续推进，引导钢铁企业摒弃以量取胜的粗放发展方式，促进钢铁行业高质量发展。中钢协在面向各钢厂的会议中指出，2022年将以2021年全国粗钢产量为基数，同比压减1000万吨以上。从总量看，1—9月份，全国生铁、粗钢及钢材产量分别为65610.4万吨、78083.3万吨和100584.5万吨，与上年同期相比分别下降2.5%、3.4%和2.2%。从单月产量趋势看，粗钢和钢材产量呈现波动走势，大体呈前高后低，但单月产量同比增速由下降幅度较大逐渐提升为正增长，这主要

* 董静媚，经济学博士，国家信息中心经济预测部副研究员，研究领域为产业经济与区域发展。

是受到上年月产量前高后低基数的影响（见图1）。

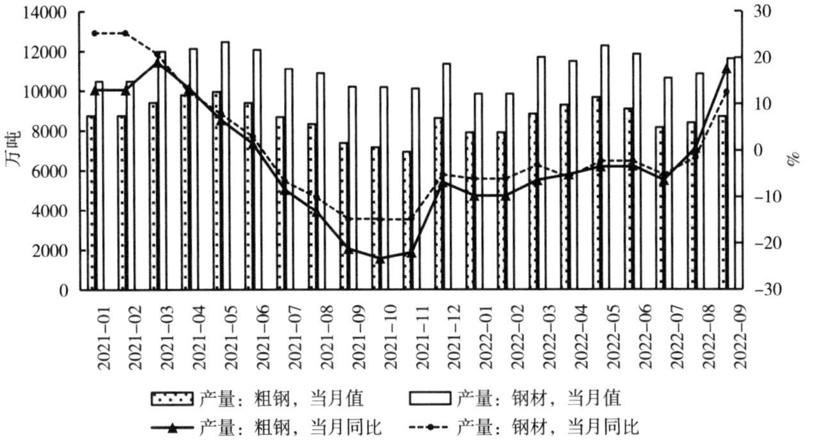

图1 2021年1月至2022年9月钢铁当月产量及同比增速

（二）进出口数量下降，平均单价上升

2022年以来，受全球经济高通胀、货币紧缩、俄乌冲突、能源危机等多重因素影响，主要经济体增长放缓。第三季度开始，外需下滑对出口的拖累作用明显，我国出口增速放缓，钢材出口量连续4个月下降，单月出口量较峰值下降35.8%（见图2）。从总量看，出口方面，1—9月，出口钢材5120.9万吨，同比减少3.4%；出口平均单价1471.5美元/吨，同比上涨32.2%；钢材出口金额累计同比上涨27.8%。进口方面，1—9月进口钢材834.3万吨，同比减少22.1%；进口平均单价1589.6美元/吨，同比上涨25.8%；钢材进口金额累计同比下降2.0%。

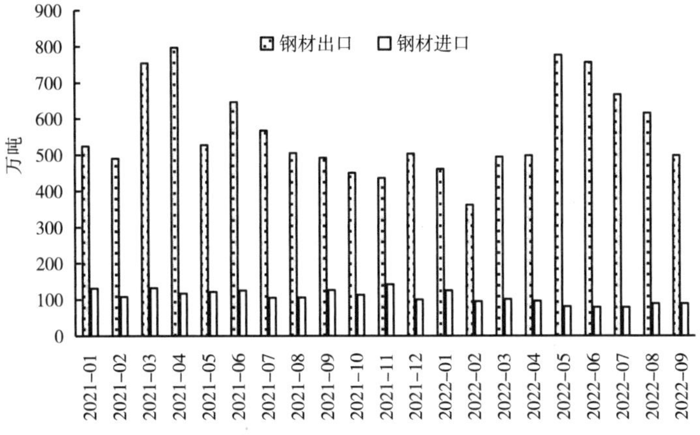

图2 2021年1月至2022年9月全国钢材每月进出口量

（三）钢材和原燃料价格呈波动回落

受房地产等下游行业需求减弱等因素影响，钢材价格呈波动性大幅回落趋势。

2022 年 1—9 月，中国钢材价格指数（中钢协月度数据）平均值为 126.9 点，同比下降 16.36 点，降幅为 11.4%。从分月情况看，2022 年 1 月钢材综合价格指数为 132.98 点，之后逐渐提升到 4 月份的 140.02 点，此后则快速下降至 7 月份的 111.46 点，8—9 月份呈小幅波动调整（见图 3）。

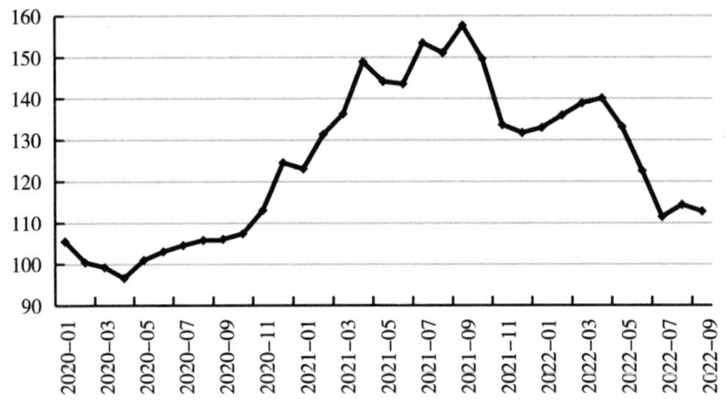

图 3　2020 年 1 月至 2022 年 9 月钢材价格指数

钢铁行业上游主要原燃料价格呈先上升后回落的走势，但整体来看仍处于高位。中钢协公布的月度数据显示，国产铁精矿、炼焦煤、冶金焦、废钢的价格都是先从 1 月逐渐升到 4 月的高点，之后再波动性回落（见图 4）。从平均价格来看，2022 年 1—9 月，国产铁精矿、废钢、CIOPI 进口矿的月度平均价格分别比上年同期下降 297.4 元/吨、49.8 元/吨、42.4 美元/吨，同比分别下降 22.7%、1.4%、24.8%；炼焦煤、冶金焦的月度平均价格分别比上年同期上涨 586.2 元/吨、203.3 元/吨，同比分别上涨 26.6%、7.2%。铁矿石价格方面，走势也是先涨后落，且进口铁矿石波动幅度较大，国产铁矿石波动幅度相对较小（见图 5）。整体来看，钢铁行业的原燃料价格仍然处于相对高位。

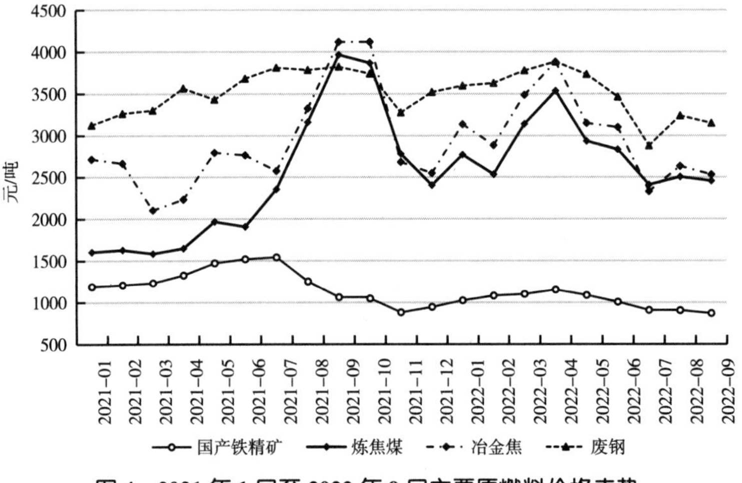

图 4　2021 年 1 月至 2022 年 9 月主要原燃料价格走势

图5　2021年以来我国铁矿石价格指数走势

（四）行业景气下行企业效益大幅下滑

2022年，受原燃料成本高企和下游钢铁消费需求下降、钢材价格低迷的影响，钢铁行业的经济运行呈现明显下行趋势。从行业景气指数来看，2022年前9个月，钢铁行业采购经理人指数（PMI）一直低于50.0的荣枯分界线，处于收缩期，其中7月份下降到33.0，为近年来的最低点。效益方面，1—9月，黑色金属冶炼和压延加工业实现营业收入66177.7亿元，同比下降9.1%；营业成本63386.4亿元，同比下降4.6%；实现利润总额313.0亿元，同比下降91.4%。

二、2023年钢铁行业运行环境分析与展望

2022年以来，钢铁行业发展已经进入新的下行周期，展望2023年，钢铁行业运行将继续在大环境的影响下面临诸多挑战。

1. 钢铁行业将继续面临需求趋弱的发展环境

从大环境看，钢铁行业目前已经并将继续处于下行发展周期中。一是2023年全球经济增长将进一步放缓，影响钢铁行业外需市场。新冠肺炎疫情仍在持续，俄乌危机以来能源危机凸显，全球通货膨胀率达到几十年来最高水平，多个国家紧缩加息、金融环境收紧等，这些都将严重影响全球经济增长前景。国际货币基金组织2022年10月份的最新预测值显示，2023年全球GDP增速将进一步放缓至2.7%，

较7月预测值下调0.2个百分点。二是国内下游房地产市场趋于饱和，影响国内需求。自2021年11月份以来，受疫情、能耗双控特别是地产“暴雷”影响，钢材需求锐减、价格下跌，由此开启本轮下行通道。目前占钢材消费比重约1/3的房地产市场已经趋于饱和，难以继续维持近年来的建筑钢材消费水平，更难提供消费增量，除非有重大调整（如快速大规模推行钢结构建筑），否则钢材消费量、价格和效益的较大幅度增长短期内已经不具备支撑条件。

2. 低碳转型目标下行业节能减排面临新挑战

近年来，我国钢铁行业的节能减排工作取得了明显成效，但是也仍然面临诸多挑战和困难。一是当前严峻的市场形势影响未来的资金投入和预期。2022年钢铁企业利润的下降，对于企业推进超低排放改造、开展低碳转型探索等工作将造成一定影响，这种影响主要体现在资金投入和未来预期两个方面。二是污染物排放面临更高要求。当前，钢铁行业超低排放改造工作正在如火如荼地推进，重点地区预计2022年底基本完成。2022年河北省又率先提出在已完成12家钢企创A的基础上，利用3年时间实现河北省钢企全面创A。同时，超低排放改造的整体要求也在逐步提高。三是节能降耗面临发展瓶颈期。从能耗下降趋势看，“十四五”期间，钢铁行业进一步降低能耗强度的空间缩小。我国当前在新型节能技术研发方面投入明显不足，部分已研发成功的节能技术受限于示范案例较少，在应用推广过程中受阻，也影响了行业整体能效水平的提升。四是低碳转型面临多重任务目标背景下的高质量转型压力。“双碳”目标的一系列政策体系已经逐步建立，对钢铁行业加快推进低碳转型提出了更为先进的指标要求，如“到2025年炼铁、炼钢工序能效标杆水平以上的产能比例达到30%”“短流程炼钢占比到2025年达15%以上，2030年达20%以上”等，钢铁行业低碳转型时间紧、任务重，并会将压力传导到每一年。

3. 用钢需求结构转变将引领高附加值化转型

用钢结构或从建筑用钢需求向制造业需求迎来转变，特钢领域发展潜力巨大。制造业转型升级和智能化刺激国内特钢需求，中长期看我国特钢需求空间巨大。对标发达经济体钢铁产业发展，我国特钢目前占比较低，优特钢企业粗钢产量占全国粗钢产量比例不到15%，未来10~20年特钢行业将迎来较快发展。从结构看，不锈钢和高端产品供给不足，2021年不锈钢占特钢产量的比例仅为6%，未来占比有望进一步提升。汽车业等特钢下游行业对不锈钢、合金结构钢等高性能、高精度的特钢产品的巨大需求将刺激特殊钢产量和质量的提升。面对国内钢铁高附加值和高技术含量的品种供给不足的问题，我国钢铁企业将在市场需求拉动和自主创新能力不断提升的双重作用下不断提升钢铁行业产品质量，钢铁行业将加快从低附加值产品到高附加值产品的转型，从产能结构上向高端产品集中。

4. **钢铁产量和进口铁矿石价格等将继续下降**

钢铁产量将继续下降。一方面，2023 年国内外市场需求趋弱将使企业自主减产。另一方面，碳达峰目标下，国内钢铁行业“去产能”“限产量”政策大概率将继续延续，因此 2023 年粗钢和钢材产量也将继续同比下降，预计下降 3%左右。铁矿石价格将回归合理区间。我国作为铁矿石最大的消费国，在粗钢产量下降的大趋势下，全球铁矿石供应将大概率呈现宽松局面，加之近年来我国在海外不断开发铁矿石资源，同时在铁矿石定价权等领域已经有较大突破，铁矿石贸易人民币结算也为我国在铁矿石定价上带来了主动优势，对于维护铁矿石价格稳定，稳定国内钢铁企业经营风险将有重要意义。

三、政策建议

钢铁行业发展越是面临市场下行、需求走弱、绿色环保要求趋严的约束，越是要紧抓创新，以智能化、绿色化、低碳化为核心谋发展，推动产品向高端化、高附加值转型，同时要加快推进兼并重组，提高产能集中度，在增强抗风险能力的同时增强全球竞争力。

1. **加大科技创新发展突破**

我国已经建成了世界上规模最大、先进完整的现代化钢铁工业体系，但在创新方面仍有不足，前沿核心技术仍有待突破，部分高精尖产品仍依赖国外。中国钢铁工业要抓住低碳冶金和智能制造的发展机遇，加大科技创新力度，勇闯“无人区”，推动钢铁行业的高端化、高附加值化发展。一是加强自主创新补短板优结构。以绿色化和智能化为核心方向，瞄准关键短板和钢铁产品质量性能的迭代升级发力，构建产业链上下游合作创新生态圈，统筹推进科技创新，补短板、强基础、促提升，集中力量攻克一批“卡脖子”钢铁材料和核心技术，提高特钢等高端钢铁产品在国内市场的占比。二是加强国际创新合作。针对当前国际上一些前沿探索性的、颠覆性的、有风险的技术，要寻求体制机制上的突破，加强国内外的钢铁工艺技术创新合作，逐步建成各类创新主体协同互动和创新要素高效配置机制，协同推动行业科技创新，抢占行业未来制高点，打造中国钢铁产业竞争新优势。

2. **加快绿色低碳转型发展**

一是优化调整工艺模式，实现源头减污降碳。鼓励在产能置换过程中更多采用电炉流程。进一步加强高炉富氢冶炼、氢气竖炉直接还原等低碳冶金技术的研发与产业化应用，助力无化石能源冶炼发展，实现源头减污降碳。二是继续推进超低排放改造。企业要通过评估进一步优化技术方案和实施计划，政府要进一步优化政策导向，建立公平的竞争环境，扶优汰劣，扩大环保领先企业竞争优势，执行超低排放改造的差别化管理政策。三是高度重视节能降耗。节能降耗不仅影响企业的生存和竞争力，在困难时期更是钢企降本增效的重要抓手，在当前“双焦”价格高企的情况下，更应注重节能降耗。钢企应通过开展全厂系统性节能诊断，对标行业先进水平，查找在能源使用和管控方面的不足，制定切实可行的改进方案，深挖生产各环节的节能潜力，进一步提高能效水平，大幅降低生产成本。四是推进钢化融合发展。以钢化联产为抓手，打造钢铁、焦化间循环经济产业链，生产高附加值化工产品的同时以化固碳，推进钢铁、化工行业协同联合发展，打造一批钢化联产示范项目。

3. 推进兼并重组产能集中

当前阶段，推进我国企业联合重组不仅能更好抵抗市场下行趋势下的需求冲击风险，而且有利于提高产能集中度，增强行业竞争力。国家有关部门应进一步加大力度，发挥好引导作用，破除阻碍重组的体制机制障碍，完善政策支持和保障体系，为钢铁行业进一步推进兼并重组提供支持。一是积极发挥政府指导作用。以构建全国统一大市场为遵循，做好产业政策引导，在置换、备案、环保、能耗双控、财政税收、要素跨地区自由流动等方面对联合重组项目给予重点支持，同时研究解决好退出机制，鼓励优势企业牵头重组核心企业，积极开展产能跨区域重组，优化布局结构。二是鼓励多种方式兼并重组。鼓励国有企业以投资入股、联合投资等多种方式参与非国有企业进行的股权融合、战略合作、资源整合，鼓励非国有资本参与国有企业改制重组或国有控股上市公司增资扩股及企业经营管理。三是完善节能环保指标调整机制。在确保地方政府完成污染物排放总量、能耗双控目标的前提下，允许跨区域企业集团进行跨区域环保能耗指标调整，调动企业重组的积极性。

18　2022年电子信息产业发展情况及2023年展望

徐　斯[*]

摘要：2022年以来，我国电子信息产业总体呈现良好发展态势，1—9月规模以上电子信息制造业增加值同比增长9.5%，行业投资持续处于高位、出口积极向好、企业营业收入和利润有所回升。但也要看到，手机、电脑等传统消费电子品市场疲软态势再次显现、产业外迁势头不减、产业链供应链稳定运转不确定性上升、技术研发创新的掣肘增多等问题仍然存在，甚至有扩大的趋势。下一步，要从补短板、筑基础、扩需求、强支撑、稳链条、促合作等五方面着手，有的放矢地破解电子信息产业发展存在的问题，做大做强电子信息产业，促进行业高质量发展。

关键词：新基建　新产品　新需求　电子信息产业

一、2022年电子信息产业运行情况分析

2022年以来，面对复杂多变的国际环境和国内疫情散发等多重考验，电子信息产业认真贯彻落实党中央、国务院相关决策布局，坚持稳字当头、稳中求进，行业运行总体保持较快发展态势。

1. 行业生产总体增长较快

1—9月规模以上电子信息制造业增加值同比增长9.5%，比全国工业平均增速以及高技术制造业增速分别高出5.6个、1个百分点。其中，9月份同比增长10.6%，较8月份加快5.1个百分点，增速明显提高。从具体产品看，移动通信基站、程控交换机、环境监测仪器仪表、单晶硅、多晶硅、太阳能电池等产品产量快速增长，其中，1—9月程控交换机、太阳能电池、移动通信基站同比分别增长105.7%、33.7%、16.8%。电子信息制造业和工业增加值累计同比增速见图1。

---

* 徐斯，硕士研究生，中级经济师，主要研究领域为电子信息制造业、数字经济等。

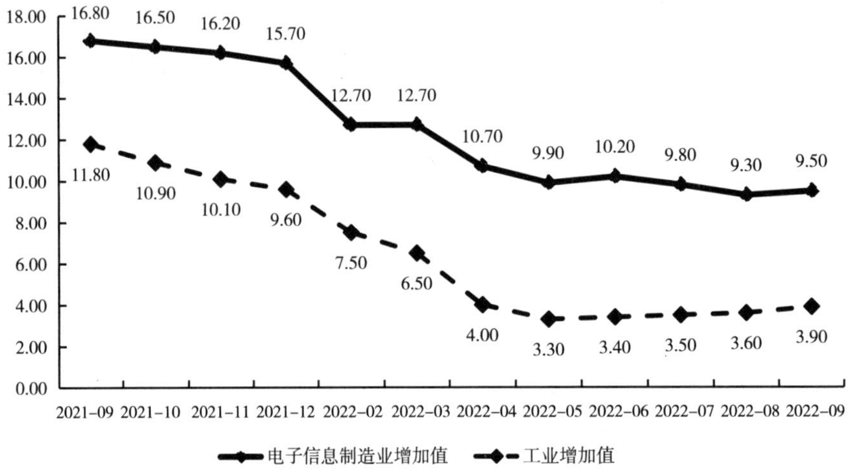

图 1　电子信息制造业和工业增加值累计同比增速（%）

2. 行业投资持续处于高位

前三季度，规模以上电子信息制造业完成固定资产投资同比增长 19.9%，比全国工业平均增速高出 8.8 个百分点。当前，集成电路、电子材料、新能源、5G 等领域受关注度不断提升，投资力度不断加大，是推动产业投资增长的主要因素。2022 年以来，我国布局建设新一代超算、云计算、人工智能平台、宽带基础网络设施，10 个国家数据中心集群中的新开工项目投资超过 1900 亿元。此外，我国 5G 基站建设加快推进，1—8 月份新建基站 67.7 万个，基站总数已达 210.2 万个。电子信息制造业和工业固定资产投资完成额累计同比增速见图 2。

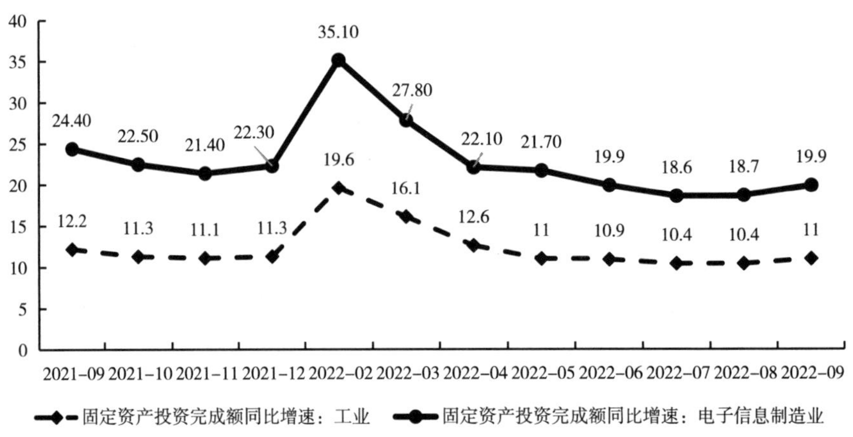

图 2　电子信息制造业和工业固定资产投资完成额累计同比增速（%）

3. **行业出口有所回升**

随着国内疫情逐渐好转，国内助企纾困政策相继落地实施，企业复工复产不断加快，电子信息制造业出口增速由负转正。前三季度，规模以上电子信息制造业实现出口交货值同比增长 6.4%，增速较 1—8 月份上升 0.2 个百分点。其中 9 月份，电子信息制造业实现出口交货值同比增长 7.8%，比 8 月份上升 6.8 个百分点。从具体产品看，1—9 月份，有机发光二极管显示屏、太阳能电池、二极管及类似半导体器件、电子元器件、集成电路出口金额同比分别增长 136.5%、84.1%、47.5%、14%。电子信息制造业和工业出口交货值累计增速见图 3。

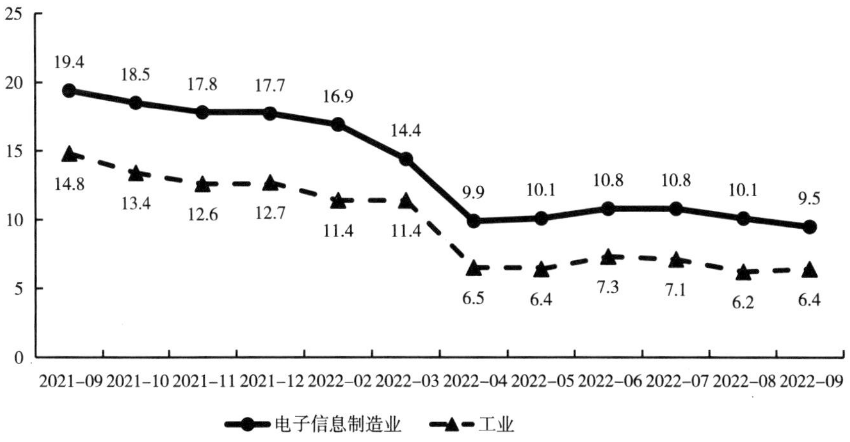

图 3　电子信息制造业和工业出口交货值累计增速（%）

4. **企业营收持续提升**

前三季度，电子信息制造业实现营业收入 110363 亿元，同比增长 8%，增速较 1—8 月份提高 0.4 个百分点；营业收入利润率同比增长 4.8%，增速较 1—8 月份提高 0.1 个百分点。电子信息制造业营业收入累计增速见图 4。

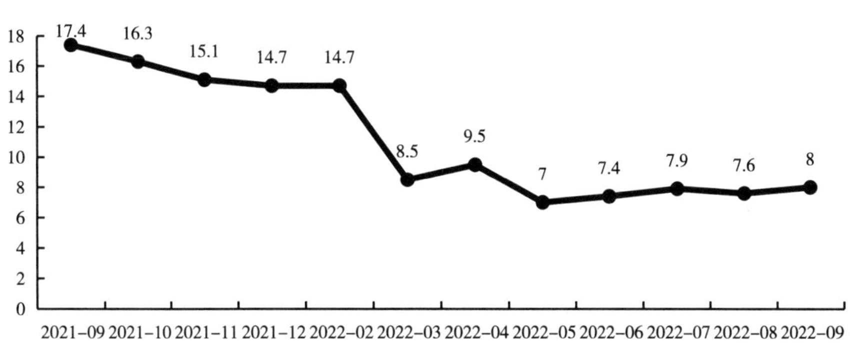

图 4　电子信息制造业营业收入累计增速（%）

二、电子信息产业发展面临的问题

现阶段，受疫情冲击、美西方国家恶意打压等多种因素影响，电子信息产业新旧问题交织，需求不足、企业外迁、产业链不稳、创新掣肘增多等问题持续存在，并有进一步扩大的可能。

1. 消费市场需求有所下降

2022 年以来，受疫情反复冲击以及国内经济压力持续加大影响，国内外电子产品消费需求有所下滑。一是手机消费需求大幅下滑。1—8 月份，国内市场手机总体出货量累计 1.75 亿部，同比下降 22.7%，其中国产品牌手机出货量累计 1.51 亿部，同比下降 21.6%。国内 5G 手机出货量 1.38 亿部，同比下降 17.9%。二是个人电脑需求量小幅下滑。全球著名科技市场独立分析机构 Canalys 公布的数据显示，2022 年第二季度，中国个人电脑（包括台式机、笔记本电脑和工作站）出货量为 1148.5 万台，同比下降 16%，降幅进一步扩大，较第一季度扩大了 15 个百分点。其中，台式机（包括台式工作站）出货量下降 26%，降幅较第一季度扩大 15 个百分点；平板电脑市场再次下滑，出货量下降 10%。三是产品出口量明显减少。受国内疫情反复冲击及国外产业链逐步恢复的影响，我国重点电子产品出口数量有所下降。海关数据显示，2022 年 1—10 月，集成电路、手机、家用电器等重点出口产品出口数量同比分别下降 10.8%、10.2%、11.4%，增速较上年同期分别大幅下滑 36.5 个、11.3 个、39.9 个百分点。

2. 产业外迁压力有所加大

近年来，随着我国土地、人力成本上升以及产业转型升级加快，部分电子信息企业外迁倾向明显。一方面，我国手机等消费电子产品产量占全球比重持续降低。2021 年中国生产智能手机 10.98 亿部，在全球占比 81%，但与 2016 年 93%的全球占比相比，呈现逐年下降趋势。另一方面，三星、富士康等企业对越南、印度等地区的投资力度不断加大。近年来，越南不断加大吸引外资力度，2022 年以来已经向富士康科技工厂、中国香港晶澳太阳能、新加坡 Risesun Investment Pte. Ltd 等多个企业颁发投资许可证。据不完全统计，富士康已经在越南投资超 100 亿人民币。越南电脑、手机产品等电子消费品产量不断增加。越南统计局数据显示，越南的电子工业出口额从 2015 年的 473 亿美元增加至 2020 年的 960 亿美元，在全球电子出口商的排行榜中，越南从 2001 年的第 47 位提升至近年来的 10 位左右。

3. 产业链稳定运转仍有隐忧

电子信息产业是产业链供应链高度全球化的典型行业。近年来，新冠肺炎疫情对全球产业链的开放稳定安全运行构成极大威胁，叠加中美贸易摩擦和科技竞争升级，我国电子信息行业产业链供应链面临多维度冲击。一方面，全球新冠肺炎疫情冲击影响仍在持续。2020 年以来，电子信息产业先后经历了“中国-日韩-欧美-东南亚”四波新冠肺炎疫情冲击，汽车、手机、显卡等产品生产都面临长时间的缺芯影响，同时也推升了部分电子零部件的价格。7 月份以来，全球新冠肺炎疫情蔓延再度升温，美国、德国、日本等国疫情再度反弹，电子信息产业“断芯”风险仍然存在。另一方面，美西方对我国电子信息行业打压升级，企业面临较大的断供风险。继 2019 年华为、2020 年大疆等众多电子信息领军企业被美国纳入实体名单后，2022 年美国又先后将北京世维通光通讯有限公司、滁州惠科光电科技有限公司、上海微电子装备（集团）股份有限公司等 20 家企业纳入“未核实名单”，即要求美国的企业或者使用美国专利、技术的企业不能直接向这些企业出口、再出口或转移受出口管理条例管辖的物项等。此外，美国商务部有意加大对中国半导体产业企业的制裁力度，禁止美国公司向中国公司出售先进的芯片制造设备，华虹半导体、长鑫存储、长江存储等企业将受到影响，难以生产先进制程的芯片。未来我国企业随时会面临打压制裁的风险，产业链供应链稳定运转的不确定性持续增加。

4. 技术研发创新掣肘增多

近年来，以美国为代表的部分国家和地区，对我国信息技术领域创新限制不断增强。一是限制国内高校、企业、科研机构购买研发所需的关键工业软件、核心零部件、重要设备等科技研发设备设施。例如，2019 年以来，美国将中芯国际等企业列入实体清单，限制其 DUV 光刻机、EUV 光刻机等先进设备研发以及 EDA 等基础工业软件购买，导致中芯国际推进 7nm 工艺芯片、汽车芯片研发进度放缓。二是限制中国开展信息技术对外交流与合作活动。美国将我国北京邮电大学、哈尔滨工业大学、北京理工大学、北京航空航天大学等高校及科研机构列入实体清单，限制这些高校的学生出国留学，对我信息技术国际交流和合作形成强大压力。

三、政策建议

总的来看，我国电子信息产业发展面临短期梗阻以及中长期问题，但也要看到，促进产业快速发展的有利因素在不断集聚，如各地加快推进新型基础设施建设、半导体产业国产化进程不断深入、“元旦”“春节”等节日促进国内外消费需求恢复等。预计2022年全年，我国电子信息产业将总体保持较快增长势头，预计2023年规模以上电子信息制造业增加值同比增速保持在8%～10%。下一步，针对我国电子信息产业发展面临的问题与挑战，建议从补短板、筑基础、扩需求、强支撑、稳链条、促合作等五方面着手，做大做强电子信息产业，促进行业高质量发展。具体措施包括：

1. 加强基础创新，破解“卡脖子”“歪脖子”困境

抓住新一代信息技术变革的历史机遇，瞄准世界科技前沿，强化基础研究，促进基础研究与应用研究融通创新发展，着力实现前瞻性基础研究、引领性原创成果重大突破。聚焦芯片制造、工业软件等电子信息产业链的关键环节，以关键共性技术、前沿引领技术、现代工程技术、颠覆性技术创新为突破口，构建高效强大的共性关键技术供给体系，努力实现关键技术重大突破。大力推广“揭榜挂帅”“赛马”机制，引导新基建各领域头部企业、领军人物、科研机构、高校以及金融机构构建产学研融一体化创新平台，积极开展协同创新。

2. 加快新基建布局，筑牢新时期电子信息产业发展基础

按照适度超前、科学布局的原则积极布局5G基站、数据中心、工业互联网等新型基础设施建设。引导和鼓励重点工业园区、关键港口、大型矿产开采区、农产品种植区以及国内大型物流配送中心积极建设5G、物联网、工业互联网、数据中心等基础设施，为农业、制造业、采矿业、服务业等行业推动数字化、信息化、智能化奠定基础。引导和鼓励国内一二线城市加快布局人工智能、大数据中心，积极推动数字化治理模式创新，为提升社会管理能力打下基础。

3. 推动融合发展，开拓消费级、企业级新需求

加快消费电子产品的智能化、品质化、个性化升级，做大做强消费电子产业。大力支持可穿戴设备、消费级无人机、虚拟现实等高端智能产品创新，推动消费类电子产品智能化升级。支持电信运营、通信设备、垂直行业、信息技术、互联网等企业结合自身优势，开展5G融合应用技术创新、集成创新、服务创新和数据应用创新。打造数字化改造企业样本，择优遴选一批应用成效显著的试点企业作为样板。

4. 加强要素支撑，优化我国电子信息产业布局

加快优化电子信息产业链布局，引导产业链关键环节留在国内，强化中西部和东北地区承接产业转移能力建设。引导中西部地区持续优化营商环境，破除地方保护和区域壁垒，健全公平竞争审查机制，清除政府采购、招标投标等领域对外地企业设置的隐性门槛和壁垒。鼓励中西部地区立足自身产业规划和区位优势，以长三角一体化、长江经济带、粤港澳大湾区等战略机遇，积极承接电子信息产业项目，同时通过引进新兴产业、推动制造业企业智能化改造等方式推动产业转型升级。

5. 保障产业链供应链稳定，促进电子信息产业平稳运转

积极布局新一代通信、先进计算等前沿领域，抢占未来发展制高点。拓展内涵外延，推进产业链发展。把增强产业韧性作为制造业高质量发展的支撑，加强建链、延链、补链、壮链，打好产业基础高级化、产业链现代化攻坚战。系统梳理我国信息技术领域基础技术，按照保障产业安全的底线要求，发挥新型举国体制优势，加快实现关键技术创新突破。构建更为密切的产业网络，加强产业链上下游的协同和搭接，以网络化、系统性的产业体系应对供应链风险。

6. 强化国际合作，推动信息技术“引进来”与“走出去”

坚持扩大开放、合作共赢，继续支持重点外资项目建设，营造竞争公平的有效市场环境。着力强化全球产业链拓展、价值链增值、创新链整合，建立健全国际资源有机互动的产业生态体系和全球研发创新网络。紧抓“一带一路”建设新机遇，强化智能终端、光伏等领域国际合作，搭建产业、技术、项目对接合作平台，积极推动优势产能“走出去”。不断完善中日韩、中俄、中美、中欧等双边、多边工作机制，丰富国际交流渠道，拓展国际产业合作深度。

19 我国长期护理保险试点进展与发展趋势展望

马 婷*

摘要： 长期护理保险是妥善解决我国失能老人护理问题、积极应对人口老龄化的重要制度安排。自2016年我国开展长护险试点以来，六年间全国49个试点城市已有1.45亿人参加了长期护理保险，累计享受待遇人数达172万。目前试点工作已经取得阶段性成效，切实减轻了失能人员家庭经济和事务负担，促进了养老产业和健康服务业发展，推动了劳动力供给侧改革。“十四五”时期，我国将稳步建立长期护理保险制度，逐步扩大参保对象，建立互助共济、责任共担的多渠道筹资机制和公平适度的待遇保障机制，有效衔接社会资源，健全长期护理保险经办服务体系，织牢社会保障养老服务网。

关键词： 长期护理保险　试点进展　失能老年人

一、发展现状

（一）我国长期护理险试点进展

长期护理保险是以社会互助共济方式筹集资金，为社会个体在年老、疾病或伤残而失去工作或生活能力的时候提供基本的生活照料及医疗护理保障服务的社会保险制度。通常将长期护理保险称为除养老、医疗、工伤、失业、生育等五项社会保险之外的“社保第六险”。

为积极应对人口老龄化，妥善解决失能人员长期护理保障问题，按照党中央、国务院决策部署，我国从2013年起开始探索建立长期护理保险制度。2016年，人力资源和社会保障部印发《关于开展长期护理保险制度试点的指导意见》（人社厅发〔2016〕80号），将河北省承德市、黑龙江省齐齐哈尔市等15个城市作为长期护

* 马婷，经济学硕士，现任职于国家信息中心经济预测部，研究领域为人口老龄化、人口监测预测、低碳经济、能源经济。

理保险制度试点城市，并将吉林和山东两省作为国家试点的重点联系省份（见表1）。2020年9月，国家医保局、财政部印发《关于扩大长期护理保险制度试点的指导意见》（医保发〔2020〕37号），进一步增加北京市石景山区、天津市等14个试点城市，确立长期护理保险的社会发展导向，凸显独立险种地位。2021年7月，《长期护理失能等级评估标准（试行）》（医保办发〔2021〕37号文件印发）提出首个全国统一的长期护理失能等级评估标准，标志着我国长期护理保险制度建设迈出了关键一步。同年11月，中共中央、国务院印发的《关于加强新时代老龄工作的意见》提出，"稳妥推进长期护理保险制度试点，指导地方重点围绕进一步明确参保和保障范围、持续健全多元筹资机制、完善科学合理的待遇政策、健全待遇支付等相关标准及管理办法、创新管理和服务机制等方面，加大探索力度，完善现有试点，积极探索建立适合我国国情的长期护理保险制度"。

表1 长期护理保险制度试点城市名单

序号	省份	试点城市	序号	省份	试点城市
1	河北	承德市	15	天津	天津市
2	吉林	长春市等6个城市	16	山西	晋城市
3	黑龙江	齐齐哈尔市	17	内蒙古	呼和浩特市
4	上海	上海市	18	辽宁	盘锦市
5	江苏	苏州市、南通市	19	福建	福州市
6	浙江	宁波市	20	河南	开封市
7	安徽	安庆市	21	湖南	湘潭市
8	江西	上饶市	22	广西	南宁市
9	山东	济南市等16个城市	23	贵州	黔西南州
10	湖北	荆门市	24	云南	昆明市
11	广东	广州市	25	陕西	汉中市
12	重庆	重庆市	26	甘肃	甘南州
13	四川	成都市	27	新疆	乌鲁木齐市、石河子市
14	北京	石景山区			

注：吉林省的6个试点城市分别是长春市、吉林市、通化市、松原市、梅河口市、珲春市。山东的16个试点城市分别是济南市、青岛市、淄博市、枣庄市、东营市、烟台市、潍坊市、济宁市、泰安市、威海市、日照市、临沂市、德州市、聊城市、滨州市、菏泽市。

（二）我国长期护理险试点工作成效

截至2022年3月底，长期护理保险制度覆盖49个城市、1.45亿人，累计享受待遇人数172万，年人均减负超过1.5万元，有效应对老年人的长期护理需求，破解了"机构不能医、医院不能养、家庭无力护"的困局。

一是建立了长期护理保险制度框架，开始了依靠社会保险机制来解决老龄化问题的第一步。2020年，我国在第一批长期护理保险试点取得成功经验的基础上，又开展了第二批试点，这是为解决老年人护理保障问题在制度创新上的积极努力。2021 年 7 月出台的《长期护理失能等级评估标准（试行）》和 2022 年 1 月配套印发的《长期护理保险失能等级评估操作指南》首次提出全国统一的长期护理失能等级评估标准，建立了涵盖日常生活能力、认知能力、感知觉与沟通能力等方面的综合评估指标体系，明确了实施规范要求，让长期护理险“保障谁”更加清晰，“保什么”更加精准，更好保障失能人员公平享有长期护理保险待遇的权利，更好规范和精准提供长期护理服务。

二是试点地区中部分失能老人的长期护理服务需求得到了一定程度的满足，保障了他们体面和有尊严的生活质量，切实增强了老年人的幸福感、获得感。考虑我国当前的经济发展水平、资金筹集能力、护理服务可及度及群众需求等因素，虽明确试点阶段从职工医保参保人群起步，重点满足重度失能人员基本护理保障需求，但各试点地区可结合自身实际逐步扩大参保对象，覆盖城镇和农村居民。建立与经济社会发展和社会保障水平相适应的动态调整筹资机制，明确单位、个人、财政、社会等主体责任。试点阶段从职工人群起步的地区，筹资以单位和个人缴费为主，鼓励各试点地区积极探索通过财政等其他筹资渠道，对特殊困难退休职工缴费给予适当资助。

三是长期护理保险可以有效衔接老年人群的医疗和养老安排。长期护理险基金为符合规定的机构和人员提供基本护理服务支付保险费用，并按照护理等级、服务提供方式等不同实行差别化待遇保障政策，有望高质量、高效率地解决老年人的健康护理和日常护理问题。通过研究长期护理保险护理服务项目目录，明晰基金支付范围，厘清长期护理服务与基本医疗保险支付的医疗护理等的界限，从更深层次推动医养结合的发展，使长期护理险成为现代社会保障体系的重要组成部分。

长期护理险覆盖人数和享受待遇人数见图 1。

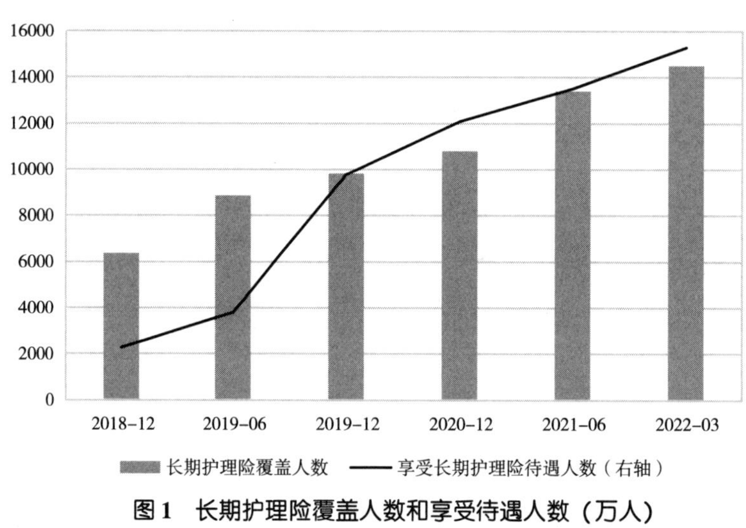

图 1　长期护理险覆盖人数和享受待遇人数（万人）

四是在一定程度上推动了当地护理服务市场、家政服务业和养老产业的发展，有利于促进养老服务产业发展和拓展护理从业人员就业渠道。目前依托已全面建成的全国统一的医保信息平台，开发建设了长期护理保险业务模块基础版，包括长期护理待遇管理、失能评估管理、评估量表管理等功能，为实现政府与养老机构之间的数据共享提供了必要条件。

二、存在问题

（一）参保对象城乡不均衡

从目前试点情况来看，大部分地区仅将城镇职工基本医疗保险的参保人员作为长期护理险的覆盖群体。在首批 15 个长期护理保险试点地区中，有 4 个试点地区仅覆盖了城镇职工医保人群，2 个试点地区覆盖了职工医保和居民医保人群，9 个试点地区覆盖了城乡居民。在第二批 14 个长期护理保险试点地区中，有 11 个试点地区仅覆盖了城镇职工医保人群，仅 3 个试点地区覆盖了城乡居民（各试点具体情况见表 2）。城镇居民和农村居民并未被全部纳入长期护理险保障对象，这既违背了保险制度的社会化属性，也不利于推进长期护理保险城乡统筹发展和基本养老服务均等化。

表 2　长期护理保险试点城市参保对象范围

城市	城镇职工	城镇居民	农村居民	城市	城镇职工	城镇居民	农村居民
承德市	√			山东省	√	√	
长春市	√	√	√	石景山区	√		
齐齐哈尔市	√			天津市	√		
上海市	√	√	√	晋城市	√		
苏州市	√	√	√	呼和浩特市	√	√	√
南通市	√	√	√	盘锦市	√		
宁波市	√	√	√	福州市	√		
安庆市	√			开封市	√	√	√
上饶市	√	√	√	湘潭市	√		
青岛市	√	√	√	南宁市	√		
荆门市	√	√	√	黔西南州	√		
广州市	√	√		昆明市	√		
重庆市	√			汉中市	√		
成都市	√	√	√	甘南州	√		
石河子市	√	√		乌鲁木齐市	√	√	√
吉林省	√	√	√				

（二）筹资机制仍需要探索创新

1. 筹资能力和渠道较为单一，基金运行可持续性面临挑战

从试点实践来看，尽管多数试点城市在政策中提出探索建立多渠道筹资机制，但实际上各试点均将医疗保险统筹基金作为长期护理险的重要资金来源，医保基金出资占比均在30%以上，上海市和广州市甚至达到100%。虽然试点阶段从职工基本医疗保险参保人群起步，借助医疗保险筹资水平高、基金结余多的优势可以降低长期护理险基金经营风险，也可以解决职工医保基金结余问题，但从长期角度看，长期护理保险长期依附于医疗保险基金，既会造成医疗保险基金入不敷出，也会阻碍长期护理险的发展。

2. 筹资标准差异会带来收支水平的不同

从实践来看，各试点地区的筹资方式可分为定比例、定额度和分类筹资三种。定比例筹资是根据参保人上一年度工资总额或职工医保缴费基数，按一定比例筹资；定额度筹资是以固定金额缴费；分类筹资是对城镇职工按比例筹资，对城镇居民或城乡居民按额度筹资。在不同的筹资方式和筹资标准下，各地长期护理险收支情况差异明显。以采取定额度筹资方式的试点地区为例，广州市长期护理险筹资标准是每年每人130元，而安庆市的筹资标准仅为30元。

（三）标准化建设有待完善

一是长期护理失能等级评估标准仍有进一步细化和完善的空间。2021年7月出台的《长期护理失能等级评估标准（试行）》使长期失能人员的评估有据可依、有规可循，可以有效解决我国长期护理险试点过程中失能评估各行其是的问题，但该标准如何落地，如何推动评估结果跨部门互认仍是一项系统工程，也需在试点实践中进一步细化和完善。从评估结果看，失能等级评估之后仍需有效衔接长期护理需求认定和护理服务标准体系等配套工具。

二是给付标准差异较大。我国长期护理保险待遇的给付标准受到筹资人群、筹资标准、护理服务包、给付对象等因素的影响，各试点地区给付标准差异较大。以城镇职工重度失能人员入住定点护理机构待遇标准为例，成都市待遇标准为每月每人1577元、2237元和2796元三个等级，齐齐哈尔市待遇标准为每月每人900元，由长期护理保险基金支付75%。与此同时，同一试点地区的给付标准在城乡之间也存在差异，例如，吉林省城镇职工长期护理保险限额以下支付比例为70%，城乡居民长期护理保险限额以下支付比例为60%。

（四）服务供给尚不充分

一是部分试点地区存在服务体系建设和产业发展滞后、护理服务供给不足、具有相关技能水平的专业照护人员短缺等问题，对基本养老服务产业带动作用不强。二是各方政策联动不到位，各类涉老社会保障制度功能缺乏衔接。地方政府未能将养老服务补贴、高龄补贴、老年残疾人补贴等财政投入的涉老津贴与长期护理保险进行有效整合，未实现集约财政资源、提高资金使用效率的目标。

三、政策建议

（一）加强顶层设计，完善长期护理险政策

一是总结各地开展长期护理保险试点工作情况，研究制定长期护理保险顶层设计方案，健全完善稳定的多渠道筹资机制和基金管理、服务管理、经办管理等制度框架。二是持续跟进评估《长期护理失能等级评估标准（试行）》实施情况，总结经验做法，尽快建立全国统一的长期护理需求认定和等级评定标准体系，包括：全国统一的失能等级认定、护理等级评定、服务质量评价、支付标准和方式、待遇申请享受办法等标准体系，为探索建立长期护理保险制度框架打好基础。三是积极推进信息化管理平台建设，不断提高经办服务信息化、科学化、规范化水平。探索建立评估数据共享机制，在确保评估对象个人信息等数据安全的前提下，定期沟通调度，实现评估数据共享。四是适时推动长期护理保险立法。建立长期护理保险是一项重大制度创新，也是一项复杂的系统工程，涉及多行业多部门多领域职能。随着管理运行机制等在试点建设中不断完善，应适时开展长期护理保险立法工作。

（二）逐步探索农村长期护理保险制度

全国第七次人口普查数据显示，我国 60 岁及以上城镇老年人口为 1.43 亿，占城镇地区总人口比重为 15.8%，农村老年人口为 1.31 亿，占农村地区总人口比重为 23.8%，比城镇高出约 8 个百分点，且农村老年人收入较低，对长期护理险的需求更为迫切，因此需逐步探索农村长期护理保险制度。一是探索城乡居民“家庭账户”模式、职工用医保个人账户资金缴费等多种互济办法，最初可适当降低缴费标准，尽可能让更多农村地区和人口受益。二是优先选择有代表性、条件许可、风险可控的农村地区开展试点工作，持续总结评估试点经验成效，逐步扩大农村长期护理险试点范围。三是鼓励社会力量参与农村长期护理保险，积极探索运用市场化、社会化机制介入农村长期护理保险领域，同时鼓励更多的慈善组织共同参与到农村长期护理保险领域中。

（三）建立责任共担的可持续独立筹资机制

1. 建立稳定可持续的基金来源渠道

着眼将长期护理险作为独立险种进行发展，逐步脱离对医保基金的依赖，探索建立互助共济、责任共担的多渠道筹资机制。通过科学测算护理服务需求和费用，按照“以收定支、收支平衡、略有结余”的原则制定本年度基金筹资总额。探索通过调整职工基本医疗保险账户结构，将个人账户中一定比例的资金转变成长期护理保险基金。政府发挥财政兜底和再分配的职能，对特殊困难退休职工缴费给予适当资助，同时承担基金平衡调节义务，结合各地经济发展水平，人口结构等差异进行专项拨款，平衡地区差异，建立与经济社会发展和保障水平相适应的动态筹资调整机制。

2. 制定差异化的缴费标准

考虑职工与居民之间负担能力的不同，设定不同的缴费规则，职工参保人可以参照收入采用定比例缴费，居民参保人采取定额缴费。同时，不同年龄阶段的人发生失能风险概率也不同，因此应按年龄设定差异化的费率，缴费比率或额度依年龄适当提高。此外，生育可以视为平衡代际不平衡的有效手段，因此针对生育与未生育的已婚人员也可以制定不同的费率，对已婚未生育者设定较高的费率。

（四）健全长护险经办服务体系

1. 积极引导社会力量共建长期护理保险

充分发挥商业养老保险在养老保障体系中的作用，激发商业保险机构参与长期护理保险发展的热情。推动商业保险机构开发相关补充性质的保险产品，参与养老护理产业发展，逐步提高商业保险服务老年护理保障的能力，满足老龄化带来的长期护理保险需求。鼓励商业保险机构积极探索基于数字化、智能化、网络化等技术手段创新服务养老护理产业的新模式，提高服务的便捷性和针对性。

2. 壮大失能照护队伍，引导产业发展

通过开展应急救助和照护技能培训等方式，提高失能老年人家庭照护者的照护能力和水平。加强对以护理失能老年人为主的医疗护理员、养老护理员的培训。鼓励志愿服务人员为照护居家失能老年人的家属提供喘息服务。加快推进医疗卫生与养老服务紧缺人才培养，将老年医学、护理、康复、全科等医学人才，养老护理员、养老院院长、老年社会工作者等养老服务与管理人才纳入相关培养项目。鼓励普通高校、职业院校增设健康和养老相关专业和课程，扩大招生规模，适应行业需求。鼓励退休医务人员到提供医养结合服务的医疗卫生机构和养老服务机构开展志愿服务。

Annual Report on China and the World Economic Development（2023）

区域篇

REGIONAL REPORTS

20　2022—2023 年区域经济发展分析

胡少维*

摘要：2022 年，在国家区域战略指引下，各区域加强协作，一体化进程加快，区域协调发展取得积极进展。受疫情散点多发、国际局势动荡以及南方旱情等偶发性因素影响，各地区经济增速普遍不及预期，分四大区域看，中部地区增速处于领先地位。展望 2023 年，国际环境以及新冠肺炎疫情仍是两大不确定性因素，对我国经济增速将形成极大的扰动，若疫情得到控制、人员流动恢复正常，由于 2022 年基数相对较低，2023 年经济增速将出现一定幅度反弹。四大区域中，东部地区由于在创新能力、营商环境等方面占有一定优势，加上民营经济发达、第三产业占比高，且 2022 年受疫情影响较大，估计 2023 年其经济增速将保持领先；中西部特别是中部地区受益于产业转移以及城镇化的持续推进，经济增速有望保持稳定；东北地区依然增速最低。为促进区域协调发展，建议：构建科学评价体系，分类施策；立足差异，充分发挥各地区的比较优势；围绕“三链”协同，优化地区产业布局；大力支持中西部地区数字化发展，缩小“数字鸿沟”。

关键词：区域　发展　趋势　建议

一、2022 年区域经济发展基本态势

2022 年以来，各地区认真贯彻落实党中央、国务院决策部署，坚持稳中求进工作总基调，统筹推进疫情防控和经济社会发展，经济韧性进一步提高，区域协调有所进展。

（一）区域协调发展取得新进展

2022 年 4 月 10 日，《中共中央 国务院关于加快建设全国统一大市场的意见》发布，明确了建设全国统一大市场的指导思想、工作原则、主要目标、重点任务和

---

* 胡少维，国家信息中心经济预测部正高级经济师，主要研究领域为宏观经济、区域经济等。

实施保障，不仅为区域经济一体化、加强区域合作提供了战略方向，而且指出在维护全国统一大市场前提下，优先开展区域市场一体化建设工作，建立健全区域合作机制，积极总结并复制推广典型经验和做法。国家发展改革委印发《长三角国际一流营商环境建设三年行动方案》便是践行这一思想的具体行动。

随着对区域发展规律认识的不断深化、发展理念的不断升华，区域协调发展政策已改变传统财政补贴、用地倾斜等做法，着重细化政策单元，立足区域发展实际，分类指导、精准施策，更注重“有的放矢”而非“大水漫灌”；区域协调发展也摆脱了单纯追求经济增长的局限，转向“基本公共服务均等化、基础设施通达程度比较均衡、人民生活水平大体相当”等多维目标。随着区域发展格局的不断完善，各区域比较优势充分发挥、东西南北中联动协调的发展势能正进一步显现，长三角、京津冀、大湾区等重点区域协同发展驶入快车道。

（二）中部地区经济增长相对亮眼

在疫情多点散发、能源价格上涨的背景下，2022 年各地区经济增速与上年相比普遍出现下降。分四大区域看，2022 年前三季度，中部地区经济增速最高，比平均水平高出 1.3 个百分点；西部地区经济增速比平均水平高上 0.23 个百分点；东部地区经济增速比平均水平低 0.5 个百分点；东北地区经济增速比平均水平低 1.63 个百分点。31 个省（自治区、直辖市）中，上海、海南、吉林 GDP 是负增长，都是受疫情影响所致，对上海的影响主要在第二季度，对海南的影响在第三季度，吉林则前两个季度都受到了影响，西藏由上半年增长 4.8%下降至前三季度增长 0.2%，也是受疫情影响。前三季度 GDP 增速，有 18 个省（自治区、直辖市）增速跑赢了平均水平，其中山西增速领跑，福建第二，内蒙古和江西并列第三。增速前 10 中（增速在 4%及以上），中部 6 省占了 4 个席位，西部占据 4 席，东部除福建排在第 2 外，仅有山东排在第 10 位。

中西部地区经济增幅相对较高。一是在油气、煤炭价格上扬的前提下，山西、内蒙古、陕西等资源大省（区）经济总量和增速纷纷逆势上升。二是中西部地区工业增长较快，对经济增幅贡献较大。2022 年 1—9 月规模以上工业累计增幅排在前 11 位的均为中西部地区，青海、西藏达到 14%以上，山西增长 9.7%，内蒙古、宁夏、陕西、云南增幅在 8%以上，湖北、新疆、江西和湖南增幅也在 7%以上。三是中西部地区出口形势比较好，成为拉动地方经济发展的重要动力。

从第三季度与上半年比较看，整体上出现企稳回升态势，但一些省份（主要是西部地区）由于受疫情以及特殊天气影响，经济增速出现下滑。前三季度增速比上半年下降的有：宁夏下降 0.4 个百分点，甘肃下降 0.1 个百分点，新疆下降 1 个百分点，重庆下降 0.9 个百分点，贵州下降 1.7 个百分点，四川下降 1.3 个百分点，西藏下降 4.6 个百分点，海南下降 2.1 个百分点。

从全年情况看，随着一系列稳经济政策措施的逐步显效，我国经济迈向高质量发展态势不会改变，假若疫情没有大的变化，各地区全年经济仍然会保持恢复态势。在各地落实稳增长政策措施推动下，2022 年第四季度东部地区经济增长有望出现更大力度的反弹，但区域经济增长格局不会发生大的变化。四大区域地区生产总值季度累计增速见表 1，2022 年前三季度各地区生产总值增速见图 1。

表 1　四大区域地区生产总值季度累计增速

单位:%

	2021Q1	2021Q2	2021Q3	2021Q4	2022Q1	2022Q2	2022Q3
地区合计	18.36	12.80	9.68	8.02	4.82	2.60	3.03
东部	18.21	12.80	9.80	8.15	4.49	1.82	2.54
中部	22.73	14.67	10.80	8.71	5.82	3.96	4.32
西部	15.60	11.49	8.70	7.46	5.49	3.70	3.26
东北	13.27	10.20	7.65	6.07	0.75	-0.03	1.40

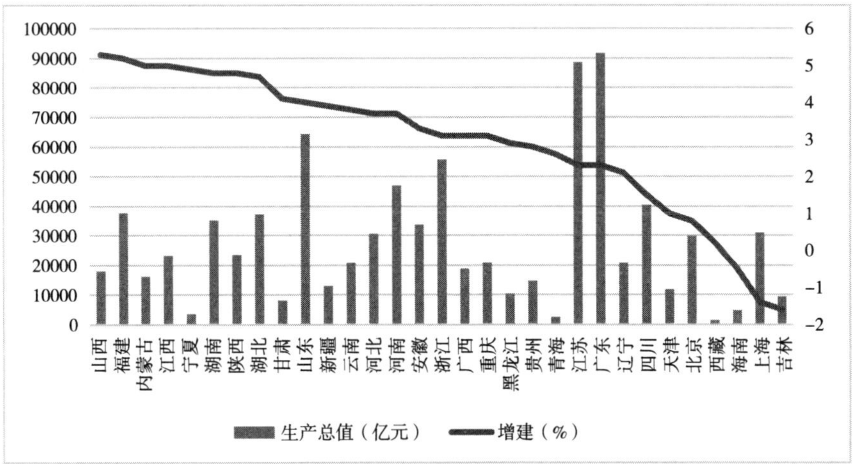

图 1　2022 年前三季度各地区生产总值及增速

二、2023 年区域经济发展判断

2023 年，是党的二十大做出新部署后的第一年，各地将切实贯彻落实二十大精神，以习近平新时代中国特色社会主义思想为指导，全面推进经济社会高质量发展。2023 年，疫情的变化仍是影响各地区经济发展最大的不确定因素。剔除疫情以及偶发因素，影响地区经济发展的主要因素如下：

（一）城镇化和城市群发展

过去40余年，我国城镇化取得了巨大的进展，城镇化率（城镇常住人口占总人口比重）从1978年的17.9%跃升至2021年的64.7%，已超世界平均56%的水平。但与发达国家大都在80%以上相比，仍有很大的距离。特别是2020年我国的户籍人口城镇化率只有45.4%，离世界平均城镇化率还有相当的差距。因此，我国的城镇化进程虽已步入中后期，但还有很长的一段路要走。目前看，今后我国的城镇化将以建设城市群为新的方向，即促进农村人口向城市群集聚，而非就近向中小城镇转移。《"十四五"新型城镇化实施方案》提出，深入实施京津冀协同发展、长三角一体化发展、粤港澳大湾区建设等区域重大战略，加快打造世界一流城市群。积极推进成渝地区"双城经济圈"建设，显著提升经济实力和国际影响力。实施长江中游、北部湾等城市群发展"十四五"实施方案，推动山东半岛、粤闽浙沿海、中原、关中平原等城市群发展。引导哈长、辽中南、山西中部、黔中、滇中、呼包鄂榆、兰州-西宁、宁夏沿黄、天山北坡等城市群稳步发展。这意味着城市群的地位将进一步凸显，成为强大的经济增长引擎。分区域看，东部发达地区城市群发展相对成熟，对经济增长的拉动力更强，中西部地区更多的还是依赖于城镇化水平提高带来的红利。

（二）营商环境

一个地区的营商环境是经济发展的晴雨表，因为营商环境很容易折射出其背后隐藏的思想观念、体制机制、经济结构等问题。"深化商事制度改革研究"课题组发布的《中国营商环境调查报告（2022）》显示，2021年市场主体投票得票率最高的前5个省份分别为：广东（44%），上海（42%），浙江（35%），北京（24%），江苏（23%）。其他省份得票率明显低于前5个省份，且得票率均未超过10%。其中，黑龙江、吉林、西藏、宁夏、青海这5个省份得票率为0。从数据来看，营商环境得票率高的省份多处于沿海发达地区，得票率低的省份多为北方及西部省份，地域分化较为明显。尽管各地都在积极改善营商环境，但短时间内东强西弱的格局不会发生变化，高端人才、有竞争力的人力资本依然会向发达地区集中流动，进一步促进这些地区的经济增长。

（三）人口因素

高质量的劳动力和充足的劳动力数量，在激发区域经济活力中起着重要的作用，劳动力参与经济活动的机会越多，就越有利于推动经济增长。伴随城市化进程的加快，区域间人口流动愈趋频繁、规模日益增大，对区域经济发展造成了极大的影响。这几年，受疫情影响，人口流动量略有下降，特别是东部产业持续向中西部转移，中西部地区就业机会和吸引力不断增加，农民工跨省迁移数量明显减少。但一旦疫情缓解甚至结束，劳动力“向东流”的趋势依然会出现。

（四）市场化程度

区域市场化程度与制度创新能力的差异，是造成区域经济增长率差异和区域差距扩大的重要原因，区域经济发展与制度变迁之间存在互动循环。从区域看，我国东部地区市场化程度高，国有企业占的比重相对较小，制度创新能力强，制度变迁产生了巨大的经济效益，促进了区域经济的发展。而我国其他区域，特别是老工业基地地区，由于制度变迁的滞后，制度因素对区域经济的增长贡献不大。2021 年，京津冀、长三角、粤港澳大湾区内地 9 市地区生产总值分别达 9.6 万亿元、27.6 万亿元、10.1 万亿元，总量超过了全国的 40%，发挥了全国经济“压舱石”、高质量发展动力源、改革“试验田”的重要作用。这三大地区规模经济效益明显，创新要素快速集聚，高水平人才密集，对外开放走在前列，成为我国科技创新的主要策源地和制度型开放的先行引领者。2023 年，这种态势将继续强化。

（五）区域创新能力

当前创新已经成为经济增长的核心驱动力，科技创新投入强度不同在一定程度上导致了区域经济增长差异。当前研发投入强度省际差异巨大，比如东北地区略有下降，西南地区有所上升。《中国区域创新能力评价报告 2021》显示，2021 年，广东区域创新能力排名第 1 位，北京、江苏分列第 2 位和第 3 位。整体上看，广东、江苏、浙江等东部沿海省份及北京、上海等特大型城市，依然是创新能力领先地区；山东、湖北、安徽齐头并进、相差无几；山东的领先优势在缩小；四川、陕西、湖南、重庆、福建、河南紧随其后；贵州、云南等西部省份追赶势头迅猛，创新步伐不断加快。总的看，多中心的区域创新体系基本形成，区域相对差距在缩小，但绝对差距仍在变大。

（六）金融支持力度

2021 年末，全国社会融资规模存量为 314.1 万亿元，同比增长 10.3%。分区域看，东部、中部、西部和东北地区社会融资规模增量占全国的比重分别为 62.3%、17.8%、18.7%和 1.3%。从新增直接融资占全国的比重看，2021 年东部、中部和西部地区分别为 76.5%、14.7%和 9.9%。而地区生产总值占全国比重东部、中部、西部和东北地区分别为 52.1%、22.0%、21.1%和 4.9%。显然，东部地区更受金融机构青睐，得到的金融支持力度更大。2021 年末，东部地区不良贷款率为 1.16%，比全国银行业平均水平低 0.57 个百分点。在金融机构利益偏好与风险控制方面，东部地区有一定优势，预计 2023 年其得到金融资本支持的力度依然会强于其他区域。

（七）“双碳”影响

“双碳”是我国进入新发展阶段、贯彻新发展理念、构建新发展格局、建设绿色低碳循环发展的现代经济体系的重要抓手，将推动经济、能源、产业结构转型升级，推动经济社会的系统性变革，也将重塑区域比较优势及竞争格局。碳达峰、碳中和将重塑生产力要素价值及其利用方式，如荒漠化地区发展农业面临水资源制约，却具备“光伏+”等多种产业发展的有利条件。同时，可再生能源资源分布的地域差异将带来产业格局的变化。我国建设了从西部外送清洁能源的特高压直流输电通道，青海、甘肃、宁夏、内蒙古等省区成为清洁能源的外送基地。太阳能、水能等可再生能源分布在我国西南地区，成为高载能产业集聚和生产的吸引要素。“双碳”目标将导致产业“西进”，产业链供应链将出现新变化，粗钢、氧化铝、乙烯等产业的生产将伴随可再生能源供给而变化，并影响区域经济版图。

（八）产业结构

区域产业结构合理化对经济增长的促进作用较为普遍和明显，为实现经济“又好又快”发展，产业结构转型势在必行。由于东南沿海地区率先调整优化产业结构，大力培育发展新动能，积极服务和融入新发展格局，在推动高质量发展上发挥着引领作用；东南沿海地区是改革开放的前沿，为改革开放探索新途径、积累新经验，发挥着先行先试、敢闯敢试的示范带动作用；产业结构相对合理，增长韧性强。而中西部地区特别是北方地区，产业上是以资源型重化工为主体，产权上是以国有经济成分为主体，企业规模上是以大中型企业为主体。随着我国经济进入新常态，传统动能减弱，其去产能调结构，培育新动能，转型升级的时间要长于轻型产业非资源依赖的南方地区，经济结构调整的阵痛期更长。

（九）需求因素

1. 固定资产投资

目前，西部地区的开放意识逐渐提升，产业发展水平得到了改善，国家政策面上的支持也十分有力，比如国家“十四五”规划纲要中提出，要加强中西部地区开放通道和开放平台建设，支持部分中西部省份建设内陆开放型经济试验区、开发开放先导区和内陆地区开放高地，鼓励东部沿海发达产业向中西部转移带动外资转移、引导中西部参与“一带一路”建设等。近年来，中西部地区要素成本低的相对优势开始显现，而且随着人员的跨区域流动，中西部地区劳动力的技术和熟练度也在不断提高。商务部数据显示，2022 年 1—9 月，全国实际使用外资金额 10037. 6 亿元人民币，按可比口径同比增长 15. 6%，折合 1553 亿美元，增长 18. 9%。从区域分布看，东部、中部、西部地区实际使用外资分别增长 13.3%、34.8%和 33%，中西部地区外资增速已连续数月高于东部地区。中西部地区受到越来越多外资的青睐，意味着中西部地区的市场潜力正在逐步释放，将带动其投资稳步增长。

东部地区尽管 2022 年投资增幅低于中西部地区，但由于其民间投资占比更高，制造业相对发达，高新技术产业发展也远超其他区域，一旦疫情缓解、市场信心恢复，其反弹力度也会更大，预计 2023 年东部地区投资增幅与中西部地区差距将缩小。

东北地区 2022 年投资增幅在四大区域中最低，预计 2023 年这种局面也很难改观。其原因在于，从投资环境看，东北在经历了一段时间的沉沦之后，无论是硬件还是软件，都与其他地方（尤其是经济发达地区）有了比较大的差距，从而影响了东北的外在形象，让投资者不太愿意到东北投资。尽管东北已经充分认识到投资环境不佳的危害，努力在改善投资环境上下功夫，并且取得了比较明显的成效，但要改变大家既有的印象，非短时间内可以完成。

2. 消费

2022 年前三季度，疫情冲击下多个省份社会消费品零售额出现负增长。31 个省份中，仅有 16 个省份社会消费品零售额增速为正，最高的江西也仅为 6%，最低的上海为-10.7%，高于全国平均水平的省份有 15 个。其中，东部 10 个省份中 5 个省份累计同比增速为负；中部 6 省中增速为正的有 5 个，山西零增长；东北 3 省增速全部为负；西部四川、甘肃、贵州、新疆、西藏和青海为负增长。总体看，2022 年消费增长与疫情散点多发密切相关。2023 年，假如疫情影响可控，接触性服务业回归常态，那么各地消费将出现较大幅度反弹，特别是 2022 年低基数的地区。从四大区域看，东部地区反弹力度可能会更大一些，中西部地区次之，东北地区由于经济发展相对低迷，增幅可能依然低于其他区域。

3. 对外贸易

2022 年 3 月以来，由于长三角、珠三角等“外贸重镇”不同程度受到疫情影响，加上上年同期高基数，俄乌冲突和大宗商品价格大涨等因素，外贸一度承压减速。为了帮助外贸企业保订单、保市场、保信心，党中央、国务院密集部署一系列稳外贸举措，围绕物流保通保畅、加大财税金融支持力度、加快出口退税和通关效率等方面落实落细助企纾困政策，有效助力稳住外贸基本盘。外贸“主力军”民营企业进出口占我国外贸总值的比重提升，顺差贡献率上升；与“一带一路”沿线国家经贸往来更为密切；一些高技术、高附加值的产品出口保持较快增长。2023 年，在外部环境变化不大的情况下，预计供应链压力将会得到缓解，对外贸易依旧会是中国经济增长的重要引擎之一，民营企业将继续发挥主导作用。东部地区作为我国对外贸易的绝对主力，民营经济发达，高技术产品有相对优势，加之2022年增速相对不高，2023年其对外贸易将平稳增长。一系列举措打通了中西部地区连接国内国际人流、物流和信息流的渠道，减少了国际物流时间，降低了运输成本，提升了运输效率，比如中欧班列将我国内陆省份到西欧国家的货运时间压缩近50%，陆海新通道使货物从重庆到新加坡的时间比经东部地区出海节约10天左右。受益于“一带一路”建设，中西部地区出口增幅有望继续保持领先。东北地区中随着黑龙江对俄罗斯外贸的活跃，也将保持一定增速。

（十）总体判断

综合考虑上述影响因素，对2023年我国区域经济增长判断如下：

随着区域重大战略的加快实施，东部地区率先建立现代化经济体系的活力将进一步增加。在影响区域经济增长的几个主要因素中，城市群发展、创新、营商环境、人口、金融支持等，东部地区明显占优。加之东部地区第三产业占比高，服务业支撑作用明显。2021年，东部地区三次产业增加值比例结构为4.5：39.1：56.4，其中北京、上海、海南第三产业增加值占比分别达到81.7%、73.3%、61.5%，名列全国前三。这几年，由于受疫情影响，第三产业增速不高，一旦疫情好转，其反弹会更大些。整体看，2023年，在疫情好转的假设下，东部地区经济增速将领跑全国。

在长江经济带、中部崛起、西部大开发等国家战略推动下，中部地区在制造业产业链上正向中高端迈进。自贸区与中欧班列的联动以及积极融入“一带一路”建设，进一步推动陆海双向开放，将助推中西部地区外向型经济高质量发展。丰富的资源优势将持续吸引产业转移，叠加城市化进程的持续推进，加之国内需求保持稳定增长，中部地区2023年仍将维持相对较高的增速，由于2022年相对较高的增速基数，因此其增速与东部地区基本相当，西部地区增速将略低于东部和中部地区。

随着营商环境的不断改善，国有企业改革的持续深化，新旧动能转换的不断推进，加之向北开放的“桥头堡”的特殊地位，东北地区经济增长将逐步向好，但增速仍将落后于其他区域。

三、促进区域经济协调发展的政策建议

尽管我国区域协调发展取得了积极成效，但仍存在许多问题，需要进一步采取针对性措施。

1. 立足差异，促进区域协调发展

实施新时期区域协调发展战略，要发挥各区域的特点，在发挥多种优势与特色基础上，形成全国的整体优势，使整个国家的空间组织效能迈上新台阶，走上协同发展与整体竞争力提高的高质量发展之路。要把握区域经济发展规律，根据要素禀赋、历史、人文条件，把各自的比较优势充分地发挥出来，发展特色产业，通过特色产业集聚人才、资金和各种要素，加强交流和互助，实现优势互补，互利共赢。

2. 围绕“三链”协同，优化布局

逆全球化暗流汹涌，地缘矛盾频出，加上疫情冲击，全球产业链、供应链、创新链从“效率”主导转向“安全”主导，出现了产业链集群化、供应链本土化、创新链自主化演进趋势。各地应以此为契机，围绕“三链”协同，优化区域产业结构和空间布局，推动跨区域产业梯度转移和承接，形成分工合理、竞争有力的生产力一体化布局，并以生产力一体化带动各地联动发展，将区域发展位势差转化为区域协调发展内生动力。深化国内价值链分工，培育更多的能够引领价值链分工的跨区域企业，延伸和拓展全球价值链的国内环节，让中西部和东北地区能够更深入地参与全球价值链分工和国内价值链分工，促进不同区域价值链分工的深度融合和协同升级。继续积极承接国外和东部地区的产业转移，加快其重化工业价值链的转型升级和新价值链的重构。

3. 构建科学评价体系，分类施策

由于不同区域在“美丽中国”建设中的功能定位不同，有的地区更多是履行生态安全屏障功能，有的地区以生产粮食为主，有的地区则按照自然规律和社会经济规律成为人口和经济集聚的区域，这导致在经济收益上存在巨大差异。过去往往生态保护越重要的地方、提供商品粮比重越高的地方，收益越低，因此，我国需要进行体制机制改革，通过落实生态产品价值的系列制度创新实现收益，通过粮食产品补贴实现收益，通过财政转移支付实现收益，还需要通过基本公共服务均等化托底。有鉴于此，需要对目前基本以经济增长为主的评价体系进行重构，构建符合新发展理念的地方评价体系，引导各地方发挥各自优势，加强合作。同时，也可根据各地区的实际情况，分类施策，提高政策的针对性与有效性。

4. 大力支持中西部地区数字化发展，缩小“数字鸿沟”

在市场一体化不断加强、数字经济蓬勃发展的环境下，落后地区可以借力在新经济、新动能培育构造中摆脱落后状态、占领制高点。也就是说，数字经济的发展，为一些落后地区跨越传统产业体系基础，在新经济、新动能培育发展中与发达地区比肩并跑，甚至超前领跑，提供了机遇。因此，应从广度和深度上强化数字赋能，缩小地区间“数字鸿沟”，让各地均能共享数字经济发展机遇，推动发展机会均等化；加大新基建推进力度，推进传统产业数字化转型，加快大数据产业化应用，着力培育新产业、新业态、新模式；提高政府数字治理能力，并通过数字技术强化各地经济、技术联系，为各地区联动发展提供有力支撑。

21　2022 年西部地区经济形势分析及 2023 年展望

朱　敏*

摘要：党的十八大以来，西部地区认真贯彻落实党中央、国务院关于区域协调发展的重大决策部署，加快推动经济结构转型升级，积极主动扩大开放，经济保持持续平稳较快增长。2022 年西部经济克服了新冠肺炎疫情冲击、世界经济衰退等一系列不利因素影响，呈现稳定复苏、稳中向好态势。在目前俄乌冲突和中美博弈加剧的大背景下，西部战略通道建设势在必行，我国向西开放的力度将持续加大，西部地区的重要性将进一步凸显。预计 2023 年西部经济增长有望继续快于东部地区，区域发展的协调性进一步增强。西部地区要坚持扩大内需这个战略基点，进一步加大科技创新投入，推进产业结构优化升级，齐心协力，开拓进取，推动经济高质量发展。

关键词：西部地区　经济形势　趋势展望

一、2022 年西部经济呈现恢复回稳态势，西北地区表现更为优异

党的十八大以来，在以习近平同志为核心的党中央坚强领导下，西部地区坚定不移贯彻新发展理念，着力推动高质量发展，产业结构不断优化，需求结构持续改善，区域发展格局优化重塑，发展的协调性和可持续性明显增强。2022 年西部经济继续呈现稳定复苏、稳中向好态势，大部分指标均好于东部地区，西北地区表现更为优异。

1. 2022 年西部经济稳定复苏、稳中向好

近年来，西部地区经济保持持续平稳较快增长，经济增速在较长时期内领先于中东部地区，与中东部地区的发展差距逐步缩小，东中西和东北“四大板块”联动

* 朱敏，硕士研究生，高级经济师，研究领域为宏观经济、区域规划、新动能、新能源。

发展，区域协调发展呈现新格局。按不变价核算，2013—2021 年，东部、中部、西部、东北地区生产总值分别年均增长 7.0%、7.5%、7.7%和 4.7%，西部地区增长速度分别比东、中部地区高 0.7 个和 0.2 个百分点，明显领先于中东部地区。西部地区生产总值占全国的比重由 2012 年的 19.6%提高到 2021 年的 21.1%，区域发展相对差距持续缩小。2022 年，西部经济继续保持了快于东部的发展势头，与上年不同的是，经济增长格局由 2021 年的西部地区“一枝独秀”转变为 2022 年的中部、西部地区“并驾齐驱”。2022 年前三季度，共有 18 个省份经济增速高于全国平均水平，其中西部地区 8 个，东部地区 4 个，而中部地区 6 个省份全部高于全国平均水平。2021 年前三季度西藏、贵州、云南勇夺增速“前三名”，2022 年增速前三名则被山西（5.3%）、福建（5.2%）、江西（5.0%）摘走，中部地区夺得 2 席；增速前十名中，中部和西部各有四个省份上榜，而增速低于全国水平的 13 个省份中，东部地区占到 6 个。从经济总量看，2022 年前三季度共有 18 个省份 GDP 超过 2 万亿元，较上年新增 3 个（云南、重庆、辽宁），西部地区占据 2 席，而四川更是历史性地突破了 4 万亿元大关。

2. 固定资产投资稳定回升，西北地区表现更为优异

近年来，西部地区扎实推进固定资产投资领域各项工作，加大有效投资力度，投资规模不断扩大，投资结构持续优化，投资建设成果丰硕，投资稳增长、补短板、强弱项、增动能成效更加明显，在促进经济增长、优化供给结构中的关键作用不断增强。2013—2021 年，中、西部地区投资分别年均增长 10.8%和 8.9%，同期东部地区投资年均增长 7.9%。2021 年中、西部地区占全国投资的比重分别为 26.2%和 26.3%，比 2012 年分别提高 5.4 和 1.8 个百分点，而东部地区占全国投资的比重为 44.4%，比 2012 年下降 0.7 个百分点。2022 年以来，在政策性银行信贷额度、专项债结存限额不断接续发力的支撑下，基建投资维持高位。在能源需求扩大和能源价格上涨的背景下，内蒙古、陕西、宁夏、新疆等能源大省（区）GDP 增速亮眼，工业支撑尤为明显，也拉动了相关投资的快速增长。2022 年前三季度西部地区固定资产投资稳定回升，增速比上年同期明显加快，但总体增速低于中部地区。前三季度西部地区固定资产投资同比增长 6.7%，增速比全国平均水平高 0.8 个百分点，比东部地区高 2.4 个百分点，但比中部地区低 3.3 个百分点。而与上年同期相比，西部地区投资增速提高了 1.2 个百分点。前三季度能源资源富集的西北各省区固定资产投资均高速增长，而西南各省区则表现平平，如内蒙古、宁夏、甘肃、新疆、陕西投资增速分别为 24.9%、11.4%、10.9%、10.3%和 9.8%，均远远高于西部 6.7%的平均水平，而同期西南地区除了云南外，其余省区投资增速均明显低于西部平均水平。

3. **工业生产增速高于东部地区，但同比有所回落**

面对世界经济格局深刻变化和发展环境错综复杂的新局面，西部地区通过不断调整完善产业链应对外部环境变化和潜在风险冲击，产业链供应链自主可控能力不断提升，工业生产保持较快增长，总量规模持续扩大，质量效益稳步提升。从疫情影响角度而言，东部省份因为人口密集、经济互动密切，防控压力尤其大，西部地区地广人稀，相对而言影响较小。而且2021年以来，大宗商品价格持续走高，使得资源丰富的西北地区优势凸显，拉动了工业生产的快速增长。2022年前三季度，西部地区规模以上工业增加值同比增长6.6%，增速比同期东部地区高3.4个百分点，比同期中部地区低0.7个百分点。而与上年同期相比，西部地区工业增加值增速回落了3.6个百分点，同期中、东部地区也分别回落5.6个和10.5个百分点。前三季度西部地区经济增长较快的青海、西藏分别增长14.7%和14%。与上年同期相比，8个省份增速回落，4个省份增速提高，青海、陕西分别提高6.7个和1.5个百分点。需要指出的是，前三季度西部地区工业生产快速增长，很大程度上得益于能源资源价格的大幅上涨，这从西部地区工业企业实现利润增速远高于工业增速可以得到佐证，前三季度西部地区工业企业实现利润17677亿元，同比增长24.6%，分别比同期中、东部地区高出17.8个和40.4个百分点。

4. **出口保持较快增长，增速继续高于东部地区**

近年来，随着我国区域发展战略的深入实施，西部陆海新通道、“一带一路”运输通道建设持续推进，中欧班列连通中欧物流的作用进一步凸显，西部由内陆地区变成了对外开放的前沿地带，由于市场潜力大、资源优势明显，国内产业也持续向中西部转移，促进了中西部地区对外贸易的快速发展，增速长期高于东部地区。按美元计价，2021年我国中西部地区进出口总额1.1万亿美元，是2012年的2.5倍，占同期我国外贸进出口总值的17.7%，较2012年提升6.6个百分点。年均增长10.7%，较同期我国外贸整体年均增速高5.6个百分点，比同期东部地区年均增速高一倍多，2022年，西部地区对外开放迈上新台阶，吸引外资取得新突破，出口规模持续扩大，展现出长期向好发展的雄厚基础。2022年前三季度，西部地区出口2575亿美元，同比增长14.7%，比同期全国平均增速高2.2个百分点，比东部地区高3.9个百分点，但比中部地区低9个百分点。与上年同期相比，前三季度西部地区出口增速同比回落20.1个百分点。从内部省份情况看，前三季度11个省份同比均增长，西北地区表现更为优异，经济增长较快的西藏、青海、宁夏、新疆、甘肃分别增长130%、100%、71.1%、64.6%和49.3%。与上年同期相比，5个省份增速提高（其中青海、甘肃分别提高69.6个和38个百分点），6个省份增速有所回落。

二、西部地区发展不平衡不充分，经济恢复回稳基础仍不牢固

尽管2020年西部经济呈现恢复回稳态势，但也必须看到，当前西部地区发展不平衡不充分问题仍然突出，科技创新能力不强，营商环境仍然不尽如人意，经济增长对资源的依赖程度过大，外部环境更趋复杂严峻，经济恢复回稳的基础仍不牢固。

1. 科技研发经费投入相对较低

根据《2021年全国科技经费投入统计公报》，2021年，我国东、中、西部地区研究与试验发展（R&D）经费分别为18928.1亿元、5346.4亿元和3681.8亿元，分别比上年增长14.6%、14.7%和14.6%；东部地区对全国R&D经费增长的贡献为67.7%，领先优势依然明显。2021年分地区看，R&D经费投入超过千亿元的省（直辖市）有11个，分别为广东（4002.2亿元）、江苏（3438.6亿元）、北京（2629.3亿元）、浙江（2157.7亿元）、山东（1944.7亿元）、上海（1819.8亿元）、四川（1214.5亿元）、湖北（1160.2亿元）、湖南（1028.9亿元）、河南（1018.8亿元）和安徽（1006.1亿元），西部地区仅有四川上榜。R&D经费投入强度超过全国平均水平的省（直辖市）有6个，分别是北京（6.53%）、上海（4.21%）、天津（3.66%）、广东（3.22%）、江苏（2.95%）和浙江（2.94%），R&D投入强度的头部效应越发显现，前六名均来自东部地区，西部省区无一上榜，科技投入仍存在不少制约因素，实现科技创新发展各项规划目标、加快建设科技强省仍需付出艰苦努力。

2. 经济增长对资源的依赖程度过大

2022年，西北地区异军突起，前三季度西部地区经济增长最快前五名依次是：内蒙古、宁夏、陕西、甘肃和新疆，清一色的西北省区；而同期西南各省区经济增长普遍缓慢，表现平平。2022年西北地区经济表现优异主要是因为大宗商品价格持续走高，使得坐拥煤炭、铁矿石等资源的省份异军突起呈领先之势。山西、内蒙古、宁夏、陕西4个能源大省区的表现尤其突出，4省区2022年前三季度规模以上工业增加值同比分别增长9.7%、8.9%、8.8%、8.7%，均快于全国的3.9%，其中，4省区采矿业增加值分别增长8.8%、9.5%、8.6%、10.8%，原煤产量分别增长10.5%、15.6%、11.0%、11.2%。单一依赖资源开采加工的产业结构具有较大风险，一旦能源资源价格进入下行区间并且价格较低，地方经济所受影响将会比较严重。从长期发展趋势看，我国大力发展可再生能源、逐步降低化石能源比重的基本

政策不会改变，这也就意味着这些省区仍需未雨绸缪，加快推进能源结构和产业结构调整升级，逐步摆脱经济增长对能源资源的过度依赖。

3. **营商环境仍然不尽如人意**

西部在营商环境、基础设施等方面仍然问题很多，与东部地区差距明显。目前西部各地承接产业转移依然面临各种问题和困难，诸如区位交通不便、园区基础设施不足、土地和能耗指标约束、缺资金、缺人才、市场容量小等。在不少西部地区招引的光伏制造产业项目中，都绑定了新能源电站建设指标。有不少地区明里暗里提出要求，要想获得电站建设指标必须在当地投资数亿元产业，甚至是修公路、建学校，光伏制造企业被迫参与产业换资源。光伏行业现在有一个不成文的惯例，企业进驻前，地方政府需要为其平整土地或代建厂房。一家在西部某省区有项目投资的上市公司本来已经和当地有关部门约定好代建事宜，但地方以资金不足为由要求企业通过贷款先期自行建设。中央大力提倡“放管服”改革，西部政府应发挥“店小二”精神，做好服务，而不是成为企业发展路上的绊脚石。西部地区政府应向东部地区看齐，顺势打出政策、资源、服务的组合牌，急企业所急、想企业所想，抓住产业转移的机遇，与企业共成长，这才是应取之道。

三、未来西部地区重要性将进一步凸显，经济仍将延续复苏态势

俄乌冲突和疫情之后世界经济存在高度不确定性，全球经济前景因俄乌冲突升级正越发黯淡。为了抑制物价持续上涨，大部分国家的央行都在2022年多次加息，加息对经济造成的影响往往有滞后效应，导致市场流动性降低，人们的消费、投资欲望下降，企业的生产能力受到影响。主要发达经济体通货膨胀持续高位运行，总需求在加息进程下逐步收缩，世界经济衰退风险加大。2023年世界可能走向全球性经济衰退，多家国际组织和机构都对2023年世界经济增速亮出“红灯”。IMF在最新一期报告中预测，2022年全球经济增速为3.2%，2023年为2.9%，发达经济体的总体增速下降至1.1%，远低于2022年的2.4%。世界贸易组织（WTO）最新预测称，2022年世界经济增速将为2.8%，2023年世界经济增速将降至2.3%，比此前预期下调1个百分点，同期全球商品进出口总额可能仅增长1%，远低于此前预测的3.4%。世界经济衰退叠加疫情冲击和经济结构调整，我国经济也将面临极大的下行压力。外需低迷以及外部环境的不确定性是制约出口增长的重要因素，外部经济体面临持续的通胀压力，逐渐把重心转向控制通胀，外部环境日益紧缩，外部需求短期内难以好转。在俄乌冲突持续的背景下，各国在政治上的对抗日益加剧，贸

易保护进一步增强，甚至成为政治对抗的工具之一，不断上升的不确定性和经济碎片化风险将对出口造成较大的长期下行压力。从国内需求看，前三季度房地产投资呈现较大幅度下滑，未来在“房住不炒”定位下难有根本起色，2022 年一般公共财政支出对基建的支持力度有限，导致部分基建项目资本金不足，专项债贡献主要靠增量资金来源。而 10 月份以来，我国新冠肺炎疫情又开始反弹，受疫情等超预期因素影响，实体零售、餐饮、住宿等行业市场主体经营仍面临不小压力，消费低迷不振局面难以改观。

尽管世界经济前景黯淡，我国经济也面临严峻复杂的外部环境和多重超预期因素冲击，但也应当看到，我国经济韧性强、潜力足、回旋余地大，经济基本面健康，政策面积极，而且稳增长政策储备充足，经济运行总体恢复向好的发展态势不会改变。首先，投资得益于政策持续发力，已经开始恢复向好。利率的回落激发了实体企业的融资意愿，基建增速持续大步反弹，消费温和复苏，对总需求带来支撑，也提振了企业扩产意愿。10 月央行新增设备更新类便利工具，鼓励工业企业设备更新。其次，随着稳经济促消费政策推进落实，我国消费市场总体延续恢复增长态势。10 月 26 日，国务院总理李克强主持召开国务院常务会议，要求促进消费恢复成为经济主拉动力。随着统筹疫情防控和经济社会发展工作持续推进，带动居民收入水平稳步提高，促进市场供给能力持续提升，稳经济促消费政策措施效果进一步显现，消费有望继续稳定恢复。最后，下半年以来，党中央、国务院部署加大稳经济稳外贸力度，各项支持政策陆续出台并落地见效，各地也及时推出了务实管用的配套措施。在美元升值等因素影响下，人民币贬值有望提高国内商品和服务出口的价格竞争力优势，短期内将利好以美元结算的出口型企业。随着各项政策效应的进一步发挥，基建投资、制造业投资以及居民消费都有向上动能，内需回稳向上将推动第四季度经济增速较第三季度继续加快，2022 全年 GDP 增速在 3.3%左右。2023 年基建投资在政策支持加大的形势下有望继续强劲增长，形成托底效应，制造业也会在补链强链、产业升级、政策奖补、2000 亿再贷款驱动下保持韧性，但海外需求走弱势头开始出现，疫情对消费仍有扰动，地产行业仍未见趋势性好转，预计 2023 年经济仍将延续复苏态势，全年 GDP 增速将略高于 2022 年。

2023 年，西部经济有望继续得到政策面和基本面的强力支撑，“一带一路”建设、西部大开发战略深入推进，基础设施和生态环境建设取得积极进展，陆海新通道建设加快推进，营商环境不断改善，居民收入快速增长，利用外资规模持续扩大，西部经济将持续快速发展。

1. 基础设施建设不断完善，布局更加均衡

党的十八大以来，西部地区统筹推进交通通信基础设施建设，不断强优势、补短板，加强区域间基础设施互联互通，为构建高质量发展的区域经济布局提供重要支撑。随着一系列区域重大战略加快落实，西部地区资源空间配置优化升级，区域经济增长新潜力进一步显现，一批重大基础设施项目相继建成，资本、技术、人才、信息等要素加速融合，城市间互联互通取得新进展。西部地区高速铁路、公路和机场设施建设不断提速，宝兰高铁、川藏铁路成雅段、京新高速、汕昆高速等交通项目相继投入运营，进一步补齐西部地区交通短板。2013—2021年，中西部地区新增高速公路里程5.3万公里，占全国新增高速公路里程的73.0%；新增高铁里程1.9万公里，占全国新增高铁里程的60.5%；新建、迁建运输机场57个，占全部新建、迁建机场的72.2%。2022年年初，《成渝地区双城经济圈多层次轨道交通规划》印发，提出到2025年，轨交总规模达到1万公里以上，重庆、成都“双核”间1小时通达等目标。

2. 居民收入快速增长，与中东部差距不断缩小

随着区域发展总体战略的深入实施，收入分配制度改革深化，西部地区居民收入增速明显快于其他地区，区域居民收入差距持续缩小，收入分配格局明显改善。2021年，东部、中部、西部和东北地区居民人均可支配收入分别为44980元、29650元、27798元和30518元，与2012年相比，分别累计增长110.1%、116.2%、123.5%和89.5%，年均增长8.6%、8.9%、9.3%和7.4%，西部地区居民收入年均增速最高，中部次之，西部地区居民收入年均增速分别高于东部、中部和东北地区0.7、0.4和1.9个百分点。东部、中部和东北地区与西部地区居民人均收入之比（以西部地区居民收入为1）从2012年的1.72、1.10和1.30分别缩小至2021年的1.62、1.07和1.10。西部地区人均地区生产总值由2012年的29195元增加至2021年的62596元，与东部地区的相对差距由1∶1.87缩小至1∶1.67，东西差距持续缩小，区域发展的协调性逐步增强。

3. 区位优势凸显，对外资吸引力增强

随着“一带一路”建设的持续推进和RCEP生效，西部由内陆地区变成了对外开放的前沿地带，开放程度有效提升，营商环境、基础设施和产业配套不断完善，同时加强疫情防控，成为吸引外资的新区域。2022年前三季度，我国东部、中部、西部地区实际使用外资分别增长13.3%、34.8%和33%。10月28日，国家发展改革委、商务部发布《鼓励外商投资产业目录（2022年版）》，与2020年版相比，新版《鼓励目录》中西部目录共955条，增加200条、修改82条，中西部目录无论是新增数量还是条目规模均高于全国水平。新版《鼓励目录》还明确在西部地区投资可进一步减按15%税率缴纳企业所得税。《鼓励目录》持续引导外资投向中西部地区，这有助于进一步开放中西部地区优势产业，引导外资推动中西部地区产业链布局优化，构建中西部地区比较优势。

在目前俄乌冲突和中美博弈加剧的大背景下，西部战略通道建设势在必行，我国向西开放的力度将持续加大，西部地区的重要性将进一步凸显。党中央、国务院高度重视西部发展。2022 年初，央行等六部门和重庆市、四川省人民政府发布《成渝共建西部金融中心规划》，明确了共建西部金融中心的“六体系一基础”政策框架，有利于进一步推进金融改革开放，将成渝建设成为立足西部、面向东亚和东南亚、南亚，服务共建“一带一路”国家和地区的西部金融中心，推动成渝地区加快“双城经济圈”建设，打造高质量发展重要增长极和新的动力源。西部地区具有独特的资源禀赋和产业优势，此次修订《鼓励外商投资产业目录（2022 年版）》在因地制宜、统筹考虑各地方资源禀赋和产业条件的基础上，新增或扩展了有关条目，对西部地区的倾斜力度明显加大。西部地区市场潜力大，要素价格低，加上政策支持，对外资更具吸引力，随着西部一系列稳外贸稳外资的政策举措落地见效，西部外贸呈现较强的发展韧性。2022 年以来，从中央到西部各省接连部署，持续扩大有效投资，适度超前布局，精准有序实施了一批既利当前、又利长远的投资项目，多地城市基础设施建设，包括老旧小区改造、综合管廊建设、燃气热力旧管道更新、污水垃圾收集处置、内涝治理等“补短板、惠民生”的项目也正在加速落地。西部地区人均社会消费品零售总额增速高于东部地区，东部产业持续向西部转移，西部地区就业机会和吸引力不断增加，农民工跨省迁移数量明显减少。西部地区正在大力改善营商环境，积极承接东部的产业转移，有利于增加地方就业吸引力，促进外地务工人员和科技人才回流，加快当地工业化和城镇化进程。在稳增长促消费政策支持下，西部消费需求总体延续恢复态势，对经济发展的基础性作用逐步巩固，经济潜力巨大、市场空间广阔、产业配套完整、政策优惠持续的优势将进一步发挥，预计 2023 年西部经济增长有望继续快于东部地区，全年 GDP 增速在 4%左右，区域发展的协调性进一步增强。

四、巩固经济恢复发展基础，推动西部经济高质量发展

西部地区要深入贯彻新发展理念，高效统筹疫情防控和经济社会发展，坚持扩大内需这个战略基点，进一步加大科技创新投入，推进产业结构优化升级和绿色低碳转型，狠抓相关政策落实见效，充分释放政策效能，扩大有效需求，推改革激活力，巩固经济恢复发展基础，积极畅通国民经济循环，齐心协力，开拓进取，推动经济高质量发展。

1. 坚持创新引领，进一步加大科技创新投入

党的二十大报告指出，完善科技创新体系，加快实施创新驱动发展战略。协调高效的国家创新系统和区域创新系统已成为新时代的主要发展动力，也是高质量发展动力源的核心部分。然而，西部地区经济发展长期依赖投资拉动，对外开放程度较低，科技创新投入不足，科技创新引领能力有待提高。未来西部地区要深入贯彻落实党的二十大精神，坚持创新在现代化建设全局中的核心地位，进一步提高发展质量和产品附加值，经济增长的模式要从要素驱动转向创新驱动，通过创新驱动发展战略、人才强国战略、教育强国战略来实现供给端的经济发展方式转变。坚持创新引领，围绕产业链部署创新链、围绕创新链布局产业链，加快培育先进制造业集群，促进先进制造业与现代服务业深度融合，推动制造业加快迈向价值链中高端。要继续保障 R&D 经费投入总量稳步增长，加大政府资金对基础研究的投入力度。强化企业科技创新主体地位，发挥科技型骨干企业引领支撑作用，营造有利于科技型中小微企业成长的良好环境，推动创新链产业链资金链人才链深度融合。

2. 着力扩大内需，稳住经济发展“基本盘”

随着世界经济衰退风险加大，外需对出口支撑的动力会进一步减小，并拖累制造业投资和生产。此时一定要把经济增长的动力转移到国内，着力扩大内需，稳住经济发展“基本盘”。拥有 14 亿人口的超大规模市场，实施扩大内需战略，能够为经济稳定增长提供战略支撑。西部地区要把实施扩大内需战略同深化供给侧结构性改革有机结合起来，增强国内大循环内生动力和可靠性，多措并举促进消费持续恢复，深化供给侧结构性改革，形成需求牵引供给、供给创造需求的更高水平动态平衡。应对当前经济下行压力，需要采取能够直达消费的财政政策，相比于单纯地通过信贷或者基建来扩张总需求而言，财政直达消费可绕过产业链传导的阻碍，受预期的影响相对较小，并有助于让市场发现有效需求。要努力增加居民收入，改善消费环境，积极出台切实可行的促消费政策。尽可能稳定住接触型、聚集型、流动型消费，有效扩大汽车、住房等大宗消费。积极拓展信息、绿色等新型消费。在扩消费的同时，还要推进生活性服务业与生产性服务业、制造业比翼齐飞，推动部分投资直接或间接转化为消费。

3. 帮助企业纾困，推动制造业高质量发展

党的二十大报告提出，坚持把发展经济的着力点放在实体经济上。实体经济是稳定经济大盘的“压舱石”，而制造业又是实体经济的基础。因此，稳住制造业投资，既对当前经济稳增长有重要作用，又影响未来的产业结构和发展后劲。近期，从中央到地方，一系列促进制造业发展的举措接连推出。西部地区具有较大的市场优势，加上完整的工业体系、完备的产业链、日益现代化的基础设施体系，这些基础条件为各类企业发展提供了巨大机遇和广阔的市场空间。当前，在疫情等超预期因素影响下，制造业发展面临一些长短期困难交织问题，主要是有效需求相对不足、企业预期有所转弱，特别是一些中小企业遇到生存困境。因此，要持续落实好稳经济一揽子政策和接续措施，特别是要推动组合式税费支持政策落地见效，帮助企业纾困解难，为其扩投资、稳预期、增活力、强信心提供有力支撑。要坚持改革开放，深化“放管服”改革，优化营商环境，打造高效能服务型政府，对相关措施要督促检查落地，稳定市场预期，提振企业信心。要着眼于推进新型工业化、加快建设制造强国，有效提升制造业发展的能级、水平、层次，加快传统产业数字化改造，增强产业韧性，确保产业链供应链安全顺畅运转。

22　2022年长三角地区经济形势分析及2023年展望

江苏省战略与发展研究中心宏观经济研究所

长三角地区在全国经济总量中占比稳定在24%以上，是中国经济重要的增长极和最具活力的区域之一。在新发展征程上，长三角各省市需把学习贯彻落实党的二十大精神，与学习贯彻习近平总书记对长三角一体化重要讲话指示精神结合起来，紧扣“一体化”和“高质量”两个关键，将重大政策、重大事项、重大项目落地落实，共同做好这篇区域经济发展的大文章。

一、前三季度长三角地区经济运行基本情况

2022年以来，长三角地区经济运行受疫情冲击较大，前三季度实现地区生产总值209062.3亿元，加权平均增速为2.1%[1]，低于全国平均增速。其中，上海实现地区生产总值30956.65亿元，较上年同期下降1.4%，但经济总量继续保持国内城市首位；江苏实现地区生产总值88652.7亿元，增长2.3%；浙江实现地区生产总值55750亿元，增长3.1%；安徽实现地区生产总值33702.9亿元，增长3.3%。从经济数据来看，随着疫情趋于稳定，长三角地区前三季度经济增速较上半年呈现快速恢复、回稳向上态势（见表1）。

表1　2018年以来长三角地区各季度累计GDP增长情况

单位:%

时间	上海	江苏	浙江	安徽	全国
2018年第一季度	6.8	7.1	7.4	8.1	6.8
2018年上半年	6.9	7.0	7.6	8.3	6.8
2018年前三季度	6.6	6.7	7.5	8.2	6.7
2018年全年	6.6	6.7	7.1	8.0	6.6
2019年第一季度	5.7	6.7	7.7	7.7	6.4

[1] $G_{地区} = \sum_{i=1}^{n} G_i \times A_i$。其中$G_{地区}$表示地区GDP增长率，$G_i$表示第$i$省（直辖市）GDP增长率，$A_i$表示第$i$省（直辖市）占区域GDP总量的比重，$n=4$，区域GDP总量由区域内所辖省（直辖市）GDP加总获得。

续 表

时间	上海	江苏	浙江	安徽	全国
2019 年上半年	5.9	6.5	7.1	8.0	6.3
2019 年前三季度	6.0	6.4	6.6	7.8	6.2
2019 年全年	6.0	6.1	6.8	7.5	6.1
2020 年第一季度	-6.7	-5.0	-5.6	-6.5	-6.8
2020 年上半年	-2.6	0.9	0.5	0.7	-1.6
2020 年前三季度	-0.3	2.5	2.3	2.5	0.7
2020 年全年	1.7	3.7	3.6	3.9	2.3
2021 年第一季度	17.6	19.2	19.5	18.7	18.3
2021 年上半年	12.7	13.2	13.4	12.9	12.7
2021 年前三季度	9.8	10.2	10.6	10.2	9.8
2021 年全年	8.1	8.6	8.5	8.3	8.1
2022 年第一季度	3.1	4.6	5.1	5.2	4.8
2022 年上半年	-5.7	1.6	2.5	3.0	2.5
2022 年前三季度	-1.4	2.3	3.1	3.3	3.0

1. **需求市场平稳复苏，消费潜力持续释放**

投资稳步回升，重点领域投资带动效能持续显现。前三季度上海、江苏、浙江、安徽固定资产投资增速分别为-8.6%、3.5%、10.0%、8.8%，除上海外其他省份保持恢复性增长态势。消费需求逐步回补，线上消费成消费增长主力军。前三季度，沪苏浙皖社会消费品零售总额增速分别为-10.7%、-0.3%、4.2%、0.9%，较上半年分别回升 5.4、3.4、2.2、1.2 个百分点。外贸稳中提质，为稳住经济大盘提供强劲动能。前三季度沪浙苏皖对外出口同比分别增长 13.1%、12.9%、20.1%、20.3%，海外需求扩张，叠加前期外需订单积压释放的拉动效应，三省一市外贸出口均保持了连续 3 个月以上的两位数增长。

表 2　2018 年以来长三角地区主要需求指标累计增速

单位:%

时间	固定资产投资完成额				社会消费品零售总额				出口总额			
	上海	江苏	浙江	安徽	上海	江苏	浙江	安徽	上海	江苏	浙江	安徽
2018 年 1—3 月	7.7	3.9	4.9	11.5	7.6	9.7	11.0	11.6	2.0	8.3	2.7	21.8
2018 年 1—6 月	6.0	5.3	5.7	11.8	7.7	9.2	10.1	12.0	1.8	7.5	6.0	22.0
2018 年 1—9 月	6.9	5.6	6.9	11.9	7.9	8.8	9.7	12.0	2.9	7.1	9.7	20.7
2018 年全年	5.2	5.5	7.1	8.4	7.9	7.9	9.0	11.6	6.0	8.4	9.0	18.3

续 表

时间	固定资产投资完成额				社会消费品零售总额				出口总额			
	上海	江苏	浙江	安徽	上海	江苏	浙江	安徽	上海	江苏	浙江	安徽
2019年1—3月	5.0	1.6	9.0	8.5	6.3	6.6	8.6	11.1	3.6	7.3	8.6	14.8
2019年1—6月	5.0	4.1	9.7	8.1	8.4	7.0	9.3	10.9	1.9	5.7	6.6	11.9
2019年1—9月	4.8	4.7	10.1	11.8	7.2	6.7	8.5	10.8	1.4	4.3	7.5	12.3
2019年全年	5.1	5.1	10.1	9.2	6.5	6.2	8.7	10.6	0.4	2.1	9.0	11.6
2020年1—3月	-9.3	-20.2	-5.2	-11.1	-20.4	-18.1	-14.7	-11.9	-7.3	-14.9	-10.4	-8.1
2020年1—6月	6.7	-7.2	3.8	1.0	-11.2	-9.4	-6.3	-3.5	0.7	-5.6	3.3	3.2
2020年1—9月	10.3	-1.7	4.3	2.4	-4.6	-4.7	-4.9	-0.5	1.0	-1.8	7.5	9.9
2020年全年	10.3	0.3	5.4	5.1	0.5	-1.6	-2.6	2.6	0.0	0.9	9.1	12.8
2021年1—3月	27.1	22.1	21.8	25.7	48.9	39.1	26.5	36.4	14.3	33.1	39.0	47.0
2021年1—6月	10.9	10.3	14.9	11.4	30.3	28.7	16.4	27.4	9.6	22.1	27.5	34.5
2021年1—9月	9.4	6.7	13.1	10.4	19.6	19.5	12.9	22.0	9.9	18.2	19.5	26.2
2021年全年	8.1	5.8	10.8	9.4	13.5	15.1	9.7	17.1	14.6	18.6	19.7	29.5
2022年1—3月	3.3	7.3	14.4	10.8	-3.8	0.5	5.5	3.7	23.8	15.0	28.3	23.6
2022年1—6月	-19.6	3.3	10.3	9.6	-16.1	-3.7	2.0	-0.3	4.8	12.3	20.3	18.3
2022年1—9月	-8.6	3.5	10.0	8.8	-10.7	-0.3	4.2	0.9	13.1	12.9	20.1	20.3

注：上海、江苏、浙江以人民币计价计算出口增速，安徽2021年之前以美元计价，2021年开始以人民币计价。

2. 工业生产稳健增长，服务业持续恢复

工业强劲增长总体趋势不变。前三季度上海规模以上工业增加值同比增长14.9%，比全国平均水平高出10.1个百分点，自6月起当月工业总产值连续4个月实现较快增长，其中9月份工业总产值规模创历史新高。苏浙皖三省规模以上工业增加值同比增速分别为4.5%、5.4%和5.8%，分别比全国平均水平高出0.6、1.5、1.9个百分点。服务业延续恢复态势。上海前三季度规模以上服务业营收同比增长4%，增速较上半年提高5.3个百分点。苏皖两省规模以上服务业营收同比增速分别为6.8%、7.7%，比全国平均水平高出2.1、3个百分点。浙江省服务业拉动全省经济增长1.3个百分点，前三季度规模以上服务业营收同比增长4.1%。

3. 发挥集中优势，产业协同度显著提升

长三角地区战略性新兴产业发展基础扎实，抢占"新赛道"的条件具备、优势明显。前三季度，上海市工业战略性新兴产业总产值较上年同期增长7.2%，占全市工业的比重较上年同期提高2.9个百分点。江苏前三季度汽车、电气行业增加值同比分别增长11.8%、12.9%，增速比上半年分别提高6.6个、4.7个百分点。浙

江数字经济核心产业制造业增加值增长 12.7%，拉动规模以上工业增加值增长 1.8 个百分点，高技术产业、战略性新兴产业、装备制造业分别增长 14.6%、11.3%和 7.0%，增速均高于全部规模以上工业。加强产业协同，共建产业集群，推动转型升级，长三角协同创新发展不断深化，产业链整体向高附加值攀升，区域整体竞争力不断提升。从百度迁徙图可以看出，尽管受到疫情冲击，长三角地区间依然往来密切（见图 1）。

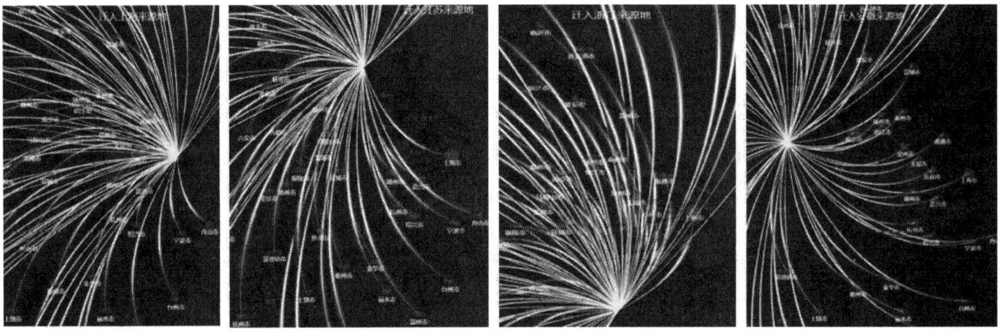

（a）迁入上海来源地　（b）迁入江苏来源地　（c）迁入浙江来源地　（d）迁入安徽来源地

图 1　长三角人员流动百度迁徙图

4. 民生保障有力，城乡差距进一步缩小

长三角各地结合实际，纾困解难、多方合作，千方百计稳住民生，三省一市城乡差距持续缩小，聚焦基本公共服务便利共享，率先探索在民生领域实现一体化。从居民收入看，长三角地区居民收入增长与经济增长基本一致，民生得到较好保障。前三季度，上海、江苏、浙江、安徽居民人均可支配收入同比增速分别为 1.0%、5.2%、5.2%、6.4%，居民人均可支配收入都保持平稳较快增长，2021 年上海、江苏、浙江、安徽城乡居民人均收入比进一步缩小至 2.14、2.16、1.94、2.34（见表 3）。

表 3　2018—2022 年度（前三季度）长三角地区城乡居民人均可支配收入金额

单位：亿元

地区		2018 年	2019 年	2020 年	2021 年	2022 年前三季度
上海	城镇居民	68034	73615	76437	82429	62479
	农村居民	30375	33195	34911	38521	32435
	比例（%）	2.24	2.22	2.19	2.14	1.93
江苏	城镇居民	47200	51056	53102	57743	46250
	农村居民	20845	22675	24198	26791	21605
	比例（%）	2.26	2.25	2.19	2.16	2.14

续　表

地区		2018 年	2019 年	2020 年	2021 年	2022 年前三季度
浙江	城镇居民	55574	60182	62699	68487	55132
	农村居民	27302	29876	31930	35247	30438
	比例（%）	2.04	2.01	1.96	1.94	1.81
安徽	城镇居民	34393	37540	39442	43009	34396
	农村居民	13996	15416	16620	18368	14925
	比例（%）	2.46	2.44	2.37	2.34	2.30

应该看到，目前内外环境不确定性增加，长三角高质量一体化发展基础有待进一步巩固，需重点关注几点问题：一是长三角作为人口高流动地区，科学协调好疫情防控和经济社会发展的辩证关系具有一定难度，对多条线政策统筹协调提出了更高要求，稳增长压力较大。二是企业中短期内经营面临不同程度的困难。有关调查报告指出，受国际政治经济形势影响，部分行业遭受冲击较为明显，在手订单数量有所下滑，特别是中小微企业经营遭遇不同程度困难。三是县域之间发展水平存在较大差距。2021 年昆山、江阴、张家港、常熟、慈溪、宜兴、义乌、太仓等地区生产总值均超过 1500 亿元，但苏北、浙西南、皖北等县城的发展与这些超千亿元的县级市相比仍存在较大差距。2011 年以来长三角地区经济增长率演进趋势见图 2。

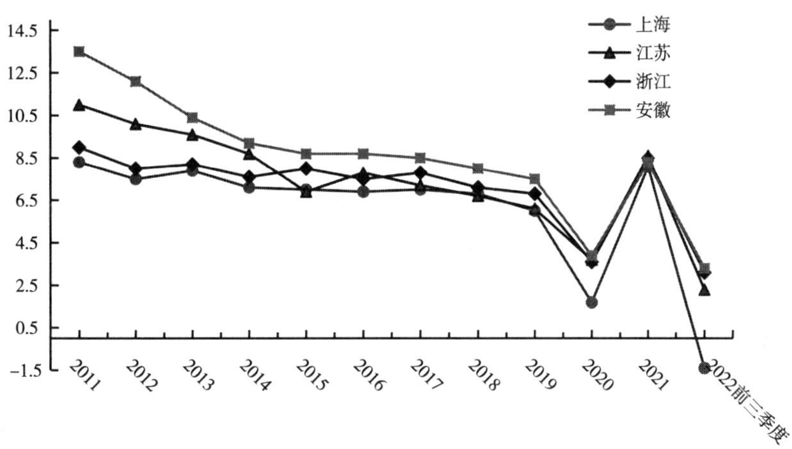

图 2　2011 年以来长三角地区经济增长率演进趋势

二、2023 年长三角地区经济形势总体判断

从国际看，俄乌冲突或有长期化、扩大化趋势，势必深刻影响全球经济，将对长三角外贸市场环境带来不小的影响。从国内看，防疫政策持续优化调整，防疫的精准性、科学性不断提升，经济持续回稳的基本面没有变。从地区看，长三角一体化战略深入实施，区域间合作持续深化，围绕发展战略和长远目标制订的计划举措正持续落实。

据此判断：2023 年长三角地区经济将继续保持稳中趋进运行态势，预计长三角地区 GDP 总量将达 2.9 万亿元，在低基数效应及有利因素集聚的条件下，沪苏浙皖三省一市 2023 年的经济增速将高于 2022 年水平。2018—2022 年上海、江苏、浙江、安徽 GDP 增长情况见表 4。

表 4　2018—2022 年上海、江苏、浙江、安徽 GDP 增长情况

单位：%

地区	2018 年	2019 年	2020 年	2021 年	2022 年（预测）
长三角地区	7.0	6.5	3.4	8.7	2.8
上海	6.8	6.0	1.7	8.1	0.1
江苏	6.7	6.1	3.7	8.6	2.8
浙江	7.1	6.8	3.6	8.5	3.6
安徽	8.0	7.5	3.9	8.3	4.0

三、下一阶段长三角地区经济高质量发展的建议

1. 坚持“一盘棋”，坚决打赢稳增长主动仗

优化动态调整防控举措，确保区域内人流物流畅通，坚决守牢口岸、冷链物流、国际邮件等重要关口，共同织密织牢疫情防控网。全面落实扩大有效投资的要求，围绕国家长三角一体化规划“十四五”实施方案确定的重大工程、重点项目，尽快推动成熟度高的项目开工建设，全力稳住经济基本盘。把稳增长摆在更加突出位置，共同加强政策预案研究，进一步充实政策“工具箱”，打好政策“组合拳”，千方百计保持经济运行在合理区间，为全国发展大局挑大梁作贡献。

2. 下好“联动棋”，持续推进产业协同创新合作

利用长三角 G60 科创走廊平台加强协同联动、优势互补、要素对接、资源共

享，强化制度精准创新和有效供给，推动创新一体化先行先试，共建共享人才发展高地，持续提高人才吸引度。研究制定长三角重大产业链建设方案，设计更加符合行业规律和当前形势的政策措施，合力维护集成电路等优势产业链供应链安全稳定，提高产业链供应链上下游对接效率。加大金融支持实体经济力度，鼓励类似长三角产业链"强固补"基金成立，加强关键核心技术及其零部件生产联合攻关，积极强链补链，保障整个产业链稳定生产。

3. 落准"关键棋"，紧抓数字经济和县域经济机遇

重视数字经济发展，发挥长三角县域数字新基建布局空间大、数字应用场景丰富等优势，借助工业互联网、消费互联网平台技术，多措并举促进企业数字化转型，轻量化、平台化打造数字农业、智能制造、智慧服务等新集群新典范。高位统筹推动县域经济高质量发展，注重分类引导，着力构建县域经济发展体系，推进以县城为重要载体的城镇化建设，保持县域经济发展定力。欠发达县域要立足本地实际，制定适合的发展思路，战略性发展符合自身条件的特色产业，推动特色经济产业化、规模化、品牌化。

（执笔：韩磊　滕菲）

23　2022 年北京市经济形势分析及 2023 年展望

北京市经济信息中心

2022 年以来，面对全球经济剧烈波动、国内经济发展“三重压力”，北京市高效统筹疫情防控和经济社会发展，推动稳经济一揽子政策措施和接续政策落地显效，总体经济保持恢复态势，生产需求逐步回升，预计 2022 年全年 GDP 增长 1.5%左右。2023 年，国际经贸环境更加复杂，全国经济还将处在恢复阶段，北京市信息服务业等优势产业深度调整，传统服务业恢复缓慢，优质工业项目对 2023 年经济增长拉动有限，预计 2023 年北京市 GDP 增长 4%左右，经济转型的阵痛集中体现。

一、2022 年在超预期因素影响下最终实现经济稳固增长

2022 年经济波动较大，年初北京市经济平稳开局，生产需求稳定恢复，第一季度 GDP 同比增长 4.8%，比 2020 年和 2021 年两年平均增速提高 0.1 个百分点。3 月份后全国疫情出现反弹，北京市经济下行压力加大，上半年和前三季度 GDP 分别累计增长 0.7%、0.8%。第四季度，各项稳增长政策将发挥更大效能，市场主体活力将有所增强，消费者信心指数小幅提高，经济增速将有所回升，预计全年经济增长 1.5%左右。

内需恢复较为缓慢。消费仍是本轮疫情冲击效应最强烈的领域，前三季度社会消费品零售总额同比下降 4.5%，比全国平均水平低 5.2 个百分点。受消费需求不足、缺芯、重点电商企业经营波动等多重因素影响，网上消费拉动作用放缓，前三季度全市限额以上批发零售业、住宿餐饮业实现网上零售额同比增长 5.9%，较上年同期下降 14.8 个百分点。固定资产投资作为稳需求的重要力量，前三季度同比增长 7%，较上半年提高 1.5 个百分点，其中反映实物工作量的建筑安装工程投资和基础设施投资均增长 7.2%，分别较上半年提高 3.8 个和 1.2 个百分点。但北京市消费占比超六成，内需不足成为制约经济发展的主要矛盾。

外部冲击叠加内部结构调整，重点产业集体放缓。工业增加值增速出现较大降幅，受新冠肺炎疫苗生产高基数及国内散发疫情影响，前三季度规模以上工业增加值同比下降 17.5%，剔除新冠肺炎疫苗生产因素影响，同比增长 3.8%。电力热力、

电子制造等支柱行业在对冲医药制造业下降过程中发挥重要作用，同时新能源车整车制造、集成电路制造、电子专用材料制造、飞机制造等新型行业增加值增速均在30%以上，成为工业增长的新动力。服务业经济“压舱石”作用凸显。前三季度全市服务业同比增长 3.5%，增速比上半年提高 0.2 个百分点，为经济持续恢复提供了重要支撑。金融业、信息服务业分别增长 6%、8.6%，拉动 GDP 增长 1.1、1.4 个百分点。高技术服务业持续向好，1—8 月全市规模以上高技术服务业法人单位实现收入 2 万亿元，同比增长 6.7%，其中电子商务服务、研发与设计服务收入同比分别增长 14.6%和 14.4%。

二、经济运行中存在的问题

1. 全球经济波动幅度加大对本市造成冲击

一是全球经济增速放缓下外需疲软。考虑气候异常、地缘冲突、主要经济体大幅加息等因素，联合国、国际货币基金组织、世贸组织预测的 2023 年世界 GDP 增长率分别为 2.2%、2.7%、2.3%，与上半年的预测值相比均有所下调。同时世贸组织预测全球贸易增速将在 2023 年大幅下降，预计仅增长 1%。北京市经济外部需求将有所缩减，出口贸易增速或将进一步下滑。二是产业波动加大。受美联储为抑制高通胀而加速收紧货币政策影响，人民币汇率出现显著波动，原油等大宗商品价格大幅波动，北京市批发零售、商务服务等产业价量波动均有所加大。

2. 消费需求恢复不及预期

一是服务消费恢复再遇挑战。2022 年国内疫情的波及面和严重程度明显高于上年同期，疫情反复导致消费场景明显受损，同时也对消费服务行业经营扩张及消费者消费意愿产生负面影响，前三季度本市服务性消费额下降 1.7%，消费行业步入量价不振的衰退负循环。二是居民消费预期较为谨慎保守，消费意愿有所倒退，前三季度北京市消费者信心指数为 111.5，比上年同期低 11.6 个百分点。三是居民消费能力对消费增长的支撑作用不够强劲，前三季度居民人均可支配收入同比增长 3.7%，较上年同期下降 5.4 个百分点，其中经营净收入由上年同期的正增长转负。智联招聘调查数据显示，北京市受疫情冲击较大的旅游、酒店餐饮、娱乐体育等线下消费行业的薪酬在第三季度环比下降 10%以上。

3. 工业支柱行业龙头企业增长承压

一是汽车产业增速仍待提高。汽车生产受零部件和芯片到料未达预期影响，生产计划有所调减。前三季度北汽集团累计销售整车同比下降超 20%。奔驰推出的新能源汽车 EQE 上市首个完整月份销量仅为 675 辆，市场反响平淡。二是电子信息产业景气度有所下降。小米集团前三季度产值同比下降 20%，并且下游需求不足逐渐向中上游显示器、集成电路等行业传导。美国针对我国集成电路领域的新一轮打压也对企业生产经营造成一定影响。

4. 部分服务业恢复态势缓慢

一是信息服务业收入增速有所下降。重点头部平台企业营收增长放缓，抖音、快手等收入增速均低于预期，教培行业“归零”也带来增长缺口，作业帮、学而思等大型教育机构降幅均在 8 成左右。二是广告业、旅行社、会展业占商务服务业的比重超过三成，前三季度三个行业的收入下降幅度均为两位数。三是文体娱行业下降明显。近年来打造众多爆款电影的北京文化，前三季度营收下降 87.73%，《封神三部曲》《749 局》等电影积压，业务陷入停滞。四是客流量不断反复，接触性聚集性服务业恢复不确定性增大，2022 年 10 月地铁客运量、国内直飞航班数量较上月环比下降约 16%、22%，表明各城市人员流动大幅受挫，对零售、餐饮住宿等线下服务业场景冲击较大。

5. 就业形势仍然严峻

一是高校毕业生就业率收入双降。2022 年北京地区高校毕业生将达到 21.9 万人，比上年增加 9000 人，但高校毕业生签约率持续走低。市场调查数据显示，2022 年毕业生月平均薪酬较上年同期下跌 12%，就业前景不容乐观。二是就业市场存在供需矛盾。人力资源和社会保障部发布 2022 年第三季度全国“最缺工”的 100 个职业排行，多为餐厅服务员、快递员、保洁员、保安员等服务型行业职位，北京市的此类职业面临更大的缺口。

三、2023 年经济形势展望

2023 年，北京市经济将延续 2022 年下半年以来的恢复态势，优势产业保持相对稳定，接触性聚集性服务业加快恢复，但内需不足的矛盾依然突出，与 4.7%左右的潜在增长水平还存在一定差距，并且 2023 年国内外经济社会发展中的不确定性和近年来持续累积的风险呈上升趋势，预计全年 GDP 增长 4%左右，年内呈现前低后稳的发展态势。

（一）总需求将延续恢复

1. 消费需求将温和回升

“新 20 条”发布后，居民消费持续改善，预计全年总消费增长 6%左右，其中社会消费品零售总额增长 4.5%左右。一是在政策补贴的激励下，汽车消费仍将保持一定增势，新能源车购置税优惠延期到 2023 年底等政策有利于释放社会购车需求。同时，小客车沉淀指标预计将在 2023 年集中释放，有望带动社会消费品零售总额增量 40 亿元左右。二是电子消费有望恢复增长趋势。国际数据公司（IDC）及屏幕供应链调研机构（DSCC）调研报告指出，2023 年将有多达 23 款折叠屏手机面市，还可能有第一款可折叠笔记本电脑和第一款可卷曲智能手机上市，并且折叠屏手机价格将由往年的 1.5 万元左右降到万元以下，有望带来新一波换机潮，带动 2023 年全球智能手机出货量同比增长 5.2%。三是被长期抑制的接触性消费将有所恢复，但三年来旅行社及其相关从业人员均出现大幅减少，多个大型会展挪往外地，居民宅家的消费习惯已经养成，居民收入增长放缓、消费倾向下降，乐观估计也仅能恢复至疫情前水平。四是北京市商业布局持续优化，新的消费节点加速建设，朝阳北苑天街、丽泽天地、西北旺万象汇等大型商业综合体将在 2023 年开业，全面带动周边地区产业和商业升级。五是从年内走势看，2022 年第二季度基数低，2023 年第二季度消费增速有望达到两位数，其他三个季度低位增长，全年消费市场将呈现"中间高、两头低"的走势。

2. 固定资产投资将稳中趋缓

2023 年，投资依然是稳增长和优化产业布局、产业结构的重要手段，投资规模将会进一步扩大，但由于项目储备"缺大少新"，增速会比 2022 年低 1 个百分点左右，约为 3.5%。从投资的三大板块看，一是占比五成左右的房地产投资仍将保持低位运行。根据市场机构统计，2022 年前三季度，北京房地产大宗投资市场与往年相比仍然低迷，累计成交金额约 226.85 亿元，同比下降 55.2%。前三季度北京市房地产开发企业到位资金同比下降 7.6%，较上年同期下降 16.8 个百分点。前三季度北京市商品房销售面积同比下降 5.1%，降幅较年初逐步收窄，考虑到房地产销售对房地产投资有 2~3 个季度的领先性，预计 2023 年房地产投资增长 2%左右。二是占比两成左右的基础设施投资增速将保持平稳增长。轨道交通三期、市郊铁路以及城南等专项行动计划加快实施，为扩大有效投资提供支撑，预计 2023 年基础设施投资增长 8%左右。三是占比一成以上的制造业投资将继续保持高速增长。京东方第六代新型半导体显示器件生产线、丰田燃料电池研发与生产项目等一批具有重大影响力的标志性项目将落地实施。预计在工业生产限电结束、制造业设备更新、技改投资税优、信贷支持政策等相关因素助推下，2023 年制造业投资增速有望达到 40%左右。

（二）多点支撑下产业将逐步回稳

1. 工业将回归常态化增长

2023 年，北京市工业增速将恢复至常态化水平。从库存周期来看，2023 年 3 月以来北京市工业企业在需求萎缩下进入主动去库存阶段，按照北京市库存周期一年半左右的长度计算，随着需求的逐渐恢复，全市工业将在 2023 年年中进入主动补库存阶段，工业增速有望恢复。从企业效益来看，2022 年 7 月以来北京市工业企业经营利润增速止跌企稳并逐渐回升，微观主体效益转好有利于改善其生产预期，活跃生产活动。从新增产能来看，近期国务院、人民银行均提出支持企业设备更新升级改造的专项计划，截至 10 月 10 日北京市设备更新改造贷款合同额超过 120 亿元，企业新增产能扩张动力提升。综上所述，预计 2023 年北京市工业增加值增长 4%。

分行业看，汽车制造业将快速增长，北京奔驰和北京现代有望延续 2022 年销量向好的态势，加之零部件和芯片陆续到料，汽车生产进度将加速。北汽福田将继续领跑全国商用车行业，预计 2023 年重卡增长 15%~20%，轻卡增长 20%~25%。2022 年前三季度北汽整车出口同比增长 30%，预计 2023 年北汽旗下多个车型（尤其是纯电动车型）海外出口量仍将保持较大增幅。电子行业将平稳增长。占电子制造业产值 50%左右的小米 2023 年有望保持增长态势，市场机构预计小米智能手机出货量将由 2022 年的 1.58 亿部增长为 2023 年的 1.65 亿部，全球市场份额提高 0.9 个百分点。目前全球面板价格基本企稳，在此带动下京东方产值将有所改善。随着下游电子产品需求转暖，兆易创新、威讯联合半导体、集创北方、智芯微电子等重点集成电路企业产值将有所恢复。医药制造业预计和 2022 年大体持平。目前科兴和北京生物疫苗库存较高，若 2023 年没有加强针接种计划，预计疫苗生产将进一步减量。同时，一批新型抗体、细胞和基因治疗等前沿领域加快布局，科兴广谱治疗用药单克隆抗体组合“SA58（BD55-5840）”和“SA55（BD55-5514）”有望明年上市，康龙化成制剂 CDMO 平台等新开创新药项目明年有望落地投产。

2. 服务业将保持平稳增长

2023 年，信息、金融等重点行业将继续支撑服务业整体保持稳定，接触性行业有望加速恢复，预计全年服务业增长 4%左右。信息服务业将增长 9%左右。占信息服务业收入一半以上的平台企业虽然无法实现往年超 20%的高速增长，但疫情对人们生活方式的改变可能常态化，标普全球预计 2023 年美团将继续保持在外卖和本地消费者服务领域的强劲市场地位。快手重新开放广告外链之后，2022 年第四季度广告及电商交易总额增长将超 20%，明年有望吸引更多外部广告需求，实现更快增长。电信业务仍可保持 20%左右的增速。金融业将增长 6%左右。传统金融行业受贷款接续不足、直接融资成本下降、资管产品分流存款、偿还隐性债务等因素影响，增长有所放缓，近五年来北京市金融业增加值平均增速较前五年低 6.3 个百分点。但证券业增长将明显加快，北京证券交易所有望吸引更多中关村、经开区的高新技术、文化等细分行业龙头企业上市，国际大数据交易所和国家级绿色交易所加快建设，私募股权二级市场和 S 基金加快发展，市场扩围和要素集聚将带动投融资规模增长。商务服务业将明显回暖。其中，传统广告业务收入有望回暖，同时互联网媒介、短视频及直播等自媒体将继续保持高速增长，带动广告业保持两位数增长。旅行社业务有望逐步恢复，目前国家已经要求跨省旅游经营活动不再与风险区实施联动管理，北京市作为国内主要旅游目的地，有望迎来更多游客。房地产业有望扭转下降态势。首套个人住房公积金贷款利率下调等利好政策相继推出有利于激发刚需，换购住房个人所得税退税优惠、“连环单”并行办理等政策实施将提振二手房换新房的改善性需求，预计 2023 年房地产市场成交水平将有所回升。

（三）居民消费价格指数预计增长 2.5%左右

根据近年 CPI 走势的规律分析，预计 2023 年翘尾因素为 1 个百分点，新涨价因素为 1.5 百分点，北京市 CPI 同比涨幅为 2.5%。一是输入性通胀压力有所缓解。主要经济体通胀水平预计较 2022 年下降，IMF 预测 2023 年全球通胀有望由 2022 年的 8.8%回落至 6.5%。同时在欧美等经济体货币政策收紧环境中，投机炒作情绪降温，目前国际油价已基本回到俄乌冲突爆发前的水平，预计 2023 年价格中枢将下移。二是猪肉价格 2023 年的上涨压力小于今年，生猪养殖周期为 10 个月左右，2022 年 4 月开始能繁母猪产能逐渐恢复，预计 2023 年第二季度生猪价格将出现下降拐点。三是蔬菜、鸡蛋价格易受气候、季节、运输等因素影响，波动较大，食品价格不确定性较强。

总的来看，2023 年产业端的恢复整体快于需求端，产业支撑由信息服务、金融等少数行业拉动转变为全行业恢复，消费需求对于线上消费的依赖有所减弱，实体消费提质放量，同时在全球通胀背景下，北京市依然能够保持相对温和的物价上涨，经济稳中提质的特征更加鲜明。

（执笔：奚春）

24　2022年河北省经济形势分析及2023年展望

河北省宏观经济研究院

2022年以来，河北省坚持稳字当头、稳中求进工作总基调，全面落实“疫情要防住、经济要稳住、发展要安全”要求，持续推动稳经济一揽子政策措施及接续政策落地见效，全省经济运行保持平稳增长、恢复向好态势。

一、2022年宏观经济运行特点及全年增长预测

（一）前三季度经济运行基本情况

经济运行态势良好。前三季度，全省生产总值30591.1亿元，同比增长3.7%，比上半年加快0.3个百分点。分产业看，第一产业增加值2543.2亿元，同比增长3.9%；第二产业增加值12378.8亿元，增长4.4%；第三产业增加值15669.1亿元，增长3.1%。产业结构调整优化，三次产业之比为8.3∶40.5∶51.2。

农业生产形势较好。蔬菜总产量同比增长3.6%；园林水果总产量增长7.3%。畜牧业生产稳定，猪牛羊禽肉产量增长3.8%，其中，猪肉产量增长3.6%，禽蛋产量增长4.4%；牛奶产量增长10.8%。畜牧、蔬菜、果品三大优势产业产值占农林牧渔业总产值比重为72.7%。

工业生产平稳增长。前三季度，规模以上工业增加值同比增长5.6%，增速比上年同期提高0.5个百分点。制造业同比增长4.4%，采矿业增加值同比增长13.7%，电力、热力、燃气及水的生产和供应业增加值同比增长8.3%。规模以上工业战略性新兴产业增加值同比增长11.6%。高新技术产业增加值同比增长7.8%。

服务业恢复势头良好。前三季度，服务业对经济增长的贡献率为45.9%。信息传输、软件和信息技术服务业增加值增长8.8%，卫生和社会工作增长9.8%，金融业增长6.6%。

固定资产投资平稳增长。前三季度，固定资产投资同比增长8.2%，其中，建设项目投资增长10.3%，房地产开发投资增长1.4%。工业投资同比增长13.6%，高技术产业投资同比增长18.0%，民间投资同比增长6.3%。

消费品市场平稳恢复。前三季度，社会消费品零售总额实现 9901.4 亿元，同比增长 4.5%。城镇市场消费品零售额 8452.9 亿元，同比增长 4.5%；乡村市场消费品零售额 1448.5 亿元，同比增长 4.3%。限额以上单位实现零售额 3224.3 亿元，同比增长 10.7%。

对外贸易基本稳定。前三季度，全省进出口总额 4078.1 亿元，同比增长 2.4%。其中，出口总额 2486.8 亿元，同比增长 14.0%；进口总额 1591.3 亿元，同比下降 11.6%。实际使用外资 11.2 亿美元，增长 24.4%。

居民消费价格温和上涨。前三季度，居民消费价格同比上涨 1.9%，涨幅比上年同期扩大 1.3 个百分点。其中，城市上涨 1.7%，农村上涨 2.3%。工业生产者出厂价格同比上涨 3.0%，工业生产者购进价格同比上涨 8.1%。

（二）2022 年主要经济指标预测

河北省深入学习宣传贯彻党的二十大精神，在谋划推进中国式现代化河北场景中找准定位、抢抓机遇，解放思想、奋发进取，深入推进京津冀协同发展，扎实推动稳增长一揽子政策落地，着力抓投资、上项目、促消费，深化改革开放，加强环境保护，强化民生保障，不断巩固经济回升向好态势。初步预计 2022 年，生产总值完成 43700 亿元，增长 4%左右，其中一、二、三产业增加值分别为 4360 亿元、17740 亿元和 21600 亿元，分别增长 3.5%、4.6%和 3.6%。规模以上工业增长 6.0%，固定资产投资增长 8%，社会消费品零售额增长 5%，进出口总额增长 3.7%，城镇居民和农村居民人均可支配收入分别增长 4.4%和 6.7%，居民消费价格上涨 2.2%。

二、主要工作举措

1. 在对接京津、服务京津中加快发展

深入实施区域协调发展战略，高质量、高标准推进雄安新区建设，坚持以疏解北京非首都功能为“牛鼻子”，加强服务保障，营造一流环境，全面落实中央疏解清单。深化京津冀协同发展重点领域合作，把构建“轨道上的京津冀”与建设河北现代化交通体系结合起来，集中力量打造现代商贸物流基地。深化与京津产业对接合作，抓好重大平台建设，推动更多优质项目向河北转移。大力发展后奥运经济，扎实推进京张体育文化旅游带建设和张家口首都“两区”建设。

2. 更好发挥创新驱动发展作用

加快实施创新驱动发展战略，优化城乡教育资源配置，培育创新主体，加快科

技创新平台建设，推进战略性新兴产业融合集群发展。加强京津冀协同创新共同体建设，积极吸引创新资源和先进要素，推动更多科技成果到河北孵化转化。实施人才强冀战略，深化人才发展体制机制改革，健全科技人才评价体系，全方位培养、引进、用好人才。加快数字河北建设，促进数字经济与实体经济深度融合，全面提升经济、社会、政务系统数字化、智能化水平。

3. 增强投资对优化供给结构的关键作用

大力实施项目带动战略，聚焦 12 个省级主导产业和 107 个县域特色产业，加强项目谋划储备，推进特色产业集群化高质量发展。开展县城城镇化补短板强弱项行动，建设一批新型产业基础设施。完善重点项目建设推进机制，畅通审批“绿色通道”，试行“拿地即开工”审批改革，强化项目建设条件保障，确保用地、融资、能源、环境等要素指标及时到位。发挥重大项目牵引和政府投资撬动作用，激发民间投资活力，加强民间投资融资支持，鼓励参与重大工程和科技创新项目建设。

4. 发挥消费对经济发展的基础性作用

全面落实国家扩大汽车消费、促进居住类消费的政策措施，对城乡居民汽车、家电等大宗消费给予补贴。鼓励各市聚焦汽车、家电、餐饮、体育、文化旅游等重点领域发放消费券。促进新型消费发展，积极拓展沉浸式、体验式、互动式消费新场景，高标准推进商业步行街和特色商业街建设。引导和推动社会性投资基金加大各类新型应用培育。组织开展线上线下消费促进活动，挖掘全渠道消费潜力。

5. 推进高水平对外开放

积极支持企业开拓国际市场，支持石家庄、雄安新区两个跨境电商综试区建设“两平台、六体系”，支持廊坊、沧州市申请设立国家跨境电子商务综合试验区。高标准推进河北自贸试验区建设，支持有实力企业和专业机构建设和运营海外仓，完善仓储配送、营销展示、出口退换货及售后服务功能。创新会展服务模式，聚焦 RCEP、“一带一路”等重点国家和地区，组织专场线上展览会。借助省内外重要经贸活动平台和跨境电商展会平台，组织系列招商活动，签约一批合作项目。

三、2023 年经济形势展望

1. 宏观经济企稳回升

京津冀协同发展向纵深推进，雄安新区大规模建设，将促进京津冀各类要素合理流动和高效集聚，为河北高质量发展注入源源不断的新动力。数字经济加快发展，将催生更多的新产业、新业态、新模式，促进全省加快实现新旧动能转换。国家全面加强基础设施建设、构建现代化基础设施体系，为河北省实施项目带动战略，加强重点项目建设、补齐基础设施短板、带动产业升级提供了有利时机。河北省可再生能源发展起步较早，发展绿色经济、低碳经济、循环经济，将释放巨大的绿色发展潜力。高效统筹疫情防控和经济社会发展，全力以赴抓好疫情防控、安全生产工作，确保全省经济社会大局平稳有序。预计 2023 年，河北省生产总值达到 47380 亿元，增长 5.5%，其中一、二、三产业增加值分别达到 4600 亿元、18950 亿元和 23830 亿元，分别增长 4.0%、4.6%和 6.5%。

2. **工业生产平稳运行**

大力实施项目带动战略，推动重大制造业投资项目开工建设，一系列促进工业经济稳定增长的政策措施将持续发挥效应，一批新能源汽车、生物制造、新一代信息技术等重大工业项目加快实施，一批工业互联网创新发展、产业基础高级化和企业高端化、智能化、绿色化改造项目开工建设，将带动工业生产稳步回升。随着中央财政支持专精特新“小巨人”企业专项资金加快落实，增值税留抵退税政策大规模实施，助企纾困解难、项目服务、要素保障和政策支持力度加大，产业链供应链堵点卡点疏通，工业企业投资、生产信心逐步恢复，工业生产形势将会明显好转。但是，受全球物流不畅、工业原材料价格高涨、供给瓶颈和部分零部件短缺等因素影响，企业生产经营仍面临诸多挑战和困境。预计 2023 年，河北省规模以上工业增长 5.5%。

3. **投资增速保持平稳**

围绕国家政策导向和重点支持方向，河北省加强项目谋划储备，超前谋划一批网络型、数字型、城市、农业农村等重大基础设施项目，同时，加快产业转型升级、推动城市更新、全面推进乡村振兴、补齐民生短板等将进一步释放投资潜力，投资后劲明显增强。营商环境不断优化，进一步放宽基础设施和公共事业等领域准入，减税降费、地方政府专项债券发行等政策效应显现，将提振企业投资信心，激发民间投资活力。但是，受疫情形势变化、大宗商品价格上涨、企业利润空间收窄等多重因素影响，企业投资意愿仍然不高。预计 2023 年，河北省固定资产投资增长 8.0%。

4. **消费需求总体保持平稳增长**

宏观经济和就业形势保持总体稳定，助企纾困力度持续加大，企业效益逐步好转，城乡居民收入稳步回升，将对消费稳定增长发挥基础支撑作用。河北积极扩大汽车消费，稳住家居居住类商品消费，提振餐饮消费，有助于稳定传统消费。完善城市消费基础设施，建设文旅消费集聚区，拓展文化旅游消费、体育消费，将带动新兴消费快速增长。新型消费主体加速培育，网络消费成为新常态。全面推进乡村振兴，健全农村消费品流通体系，大力发展农村电子商务，将进一步释放乡村市场消费潜力。但是，受疫情反复影响，消费者对未来预期存在担忧，消费意愿仍有待加强；部分行业就业岗位减少、增收难度加大，对消费的回升形成一定制约。预计 2023 年，河北省社会消费品零售总额增长 7.0%。

5. 对外贸易有所好转

河北省建立稳外贸激励机制，加大对外贸骨干企业、外贸新业态的支持力度，提升外贸基地发展能级，支持企业线上线下开拓国际市场，扩大优质产品和大宗商品进口，将促进河北省外贸扩大规模。高标准推进河北自贸试验区建设，加强与贸易伙伴互利合作，都有利于扩大工业产品出口。加快推进重大外资项目，全面落实外资奖励政策，有利于提高利用外资水平。预计 2023 年，河北省进出口总额达到 6000 亿元，增长 6.8%。

6. 居民消费价格温和上涨

受国际形势变化的影响，全球粮食、能源供应出现偏紧局面，国际粮价、油价已上行至历史高位。尽管外部输入性压力加大，部分能源产品价格有所上涨，但是国内保供稳价的力度也在持续加大，粮食、能源供给基本稳定，保供稳价具有良好基础条件。河北省加强综合调节和价格调控，粮食丰收、库存高企和生猪生产恢复性增长，将使食品价格保持基本稳定，可以保障重要民生商品的有效供给。预计 2023 年，河北省居民消费价格指数增长 2.5%。

（执笔：刘静）

25　2022 年山西省经济形势分析及 2023 年展望

山西省能源革命和区域合作中心

2022 年以来，在省委、省政府坚强领导下，全省上下坚持以习近平新时代中国特色社会主义思想为指导，深入学习贯彻习近平总书记考察调研山西重要指示精神，坚决落实党中央“疫情要防住、经济要稳住、发展要安全”的要求，坚持稳字当头、稳中求进，按照全方位推动高质量发展目标要求，高效统筹疫情防控和经济社会发展，推动全省经济运行在合理区间。前三季度，全省经济稳定恢复，能源保供扎实有力，转型动能加快壮大，市场主体快速增长，质量效益显著提升，民生福祉持续增进，主要经济指标增速明显好于全国，为全国稳住经济大盘作出了山西贡献。

一、2022 年全省宏观经济运行情况

1. 主要经济指标增速明显好于全国

前三季度，全省地区生产总值 18026. 35 亿元，增长 5. 3%，增速较上半年提高 0. 1 个百分点，比全国平均水平高出 2. 3 个百分点，排全国首位。全省规模以上工业增加值 9198. 5 亿元，增长 9. 7%，增速比全国平均水平高出 5. 8 个百分点，排全国第 3 位。全省一般公共预算收入完成 2704. 4 亿元，增长 26. 1%，增速排全国第 2 位，扣除留抵退税因素后，增长 36. 3%。

2. 能源供应保障有力

前三季度，全省全社会原煤产量 9. 78 亿吨，同比增长 10. 5%。其中，规模以上企业原煤产量 9. 65 亿吨，同比增长 8. 9%。外送电量 1053. 5 亿千瓦时，同比增长 14. 6%，非常规天然气产量 82. 4 亿立方米，增长 13. 8%，为保障全国能源安全提供了有力支撑。

3. 市场需求逐步恢复

前三季度，全省固定资产投资完成 6371. 7 亿元，同比增长 6. 3%，增速比上半年和 1—8 月分别提高 0. 9 个、0. 3 个百分点。其中，制造业投资增长 9. 5%，特别

是高技术制造业投资增长37%，医药工业投资增长36%，装备制造业投资增长16.4%，均大幅高于全省投资增速。社会消费品零售总额完成5629.3亿元，基本恢复至上年同期水平，其中限额以上消费品零售额增长1.4%。

4. 市场主体规模持续扩大

9月末，全省市场主体达到381.1万户，同比增长24.9%。其中，2022年以来新登记市场主体84.4万户，同比增长1.2倍，较年初净增长70.4万户。新纳入规模以上法人单位857户。

5. 民生保障坚实稳固

前三季度，就业形势总体稳定，全省城镇新增就业42.8万人，农村劳动力转移就业40.5万人，分别完成全年目标的95.1%、122.8%。9月份全省城镇调查失业率为5.7%。居民收入稳步增长，城乡居民人均可支配收入分别为29406元和11471元，分别增长6.1%、6.7%，比上半年分别加快0.7个、0.6个百分点。市场物价小幅上涨，CPI同比上涨2.2%，其中9月当月上涨2.8%。

二、主要工作举措

1. 牢牢把握经济发展主动权

面对煤炭短期繁荣、长期减量，数字经济逆势上扬、战略地位显著提升的新形势新变化，山西省提出同步推进“两个转型”，能源产业“五个一体化”融合发展的战略部署，认真贯彻落实国家稳经济一揽子政策措施和接续政策，连续出台稳经济46条、接续政策措施27条、促消费10条和抓项目促投资稳增长21条等政策举措。

2. 同步推进“两个转型”

“两个转型”指产业转型和数字转型。积极稳妥化解过剩产能，全面提升行业先进产能占比，推动钢铁、有色、焦化等9个传统优势产业对标“两线”“双控”实施改造提升。手撕钢、高端碳纤维、高铁轮轴等一批关键技术和产品取得突破，宝武太钢高端纯铁基材、液化气专用钢研发成功，有效破解了相关领域的“卡脖子”难题。大力实施全产业链培育工程，推动新兴产业集群集聚发展。新材料、高端装备等产业营收稳定在千亿元以上，节能与新能源汽车、现代煤化工、电子信息等百亿产业持续快速发展。数字经济蓬勃发展，截至9月底，累计建成5G基站超过5.9万个。大力引育数字经济主体，山西数据流量生态园入园企业突破300家，较上年末增长 2.4 倍。1—8 月全省规模以上服务业中，互联网和相关服务业营业收入增长 71%，软件和信息技术服务业增长 28.7%。

3. 充分激发市场主体活力

大力实施市场主体倍增工程，深入开展“市场主体建设年”活动。持续强化专业镇建设，锻造县域经济长板。建立“链长+链主”工作推进体系，确定 10 大重点产业链、20 户链主企业，全面推动重点产业链补链延链强链。布局建设省级文旅康养示范区 50 个，设置各类便民经营点 1769 个，成功举办“双创”活动周山西分会场活动。加大财政金融支持力度。前三季度，全省累计新增退税减税降费及缓税缓费 730 亿元，惠及各类市场主体 130 多万户次。落实专业化规模化住房租赁企业税费减免政策，成功争取国家 28 亿元保交楼专项借款，推动首套房、二套房贷款利率分别下调至 4.5%、5.08%，进一步稳定房地产市场预期。营商环境不断优化，截至 9 月底，山西省千人拥有企业数升至 29 户，位列中部地区第 3。

4. 积极推动区域协调发展

太忻一体化经济区建设强势起步、迅速开局，“1+3+N”“三级三类”规划体系基本成型，重大项目加快推进，产业转型势头强劲。太忻大道全线通车，太忻城际列车正式开行，滹沱河供水工程稳步推进，太原科创驱动中心、源翰蓝宝石二期等新兴产业项目加速落地，50 家数字经济头部企业入驻太忻数据流量谷。山西中部城市群建设步伐加快，交通基础设施互联互通规划印发。山西中部城市群第一次市际联席会议召开，签署“6+1”合作协议。国道 108 改造、太原西北二环高速等项目加快推进。乡村振兴战略深入实施，前三季度，脱贫人口人均纯收入 10318 元。持续升级改造“四好农村路”，截至 9 月底全省农村公路建成里程 3600 公里。持续深化农产品精深加工十大产业集群建设，前三季度完成产值超过 1350 亿元，增幅均超过 30%。成功举办 2022 年“中国农民丰收节”山西活动，持续打响大同黄花、沁州黄小米、九牛牧业等一批农产品“特”“优”品牌。

5. 绿色低碳发展成效显著

有序开展“碳达峰山西行动”，上半年全省单位 GDP 能耗同比下降 3.6%，超额完成下降 2.5%的序时进度目标。能源革命综合改革试点纵深推进，出台煤炭绿色开采技术指南地方标准、制定全国首批煤矿智能化建设地方标准、成功举办第 6 届太原能源低碳发展论坛。扎实推动黄河流域生态保护和高质量发展，9 项专项规划、11 项区域规划、10 个配套政策文件相继出台，“1+N+X”规划政策体系基本形成。全面加强污染防治，93 个国考断面中水质优良断面占比达 82.8%，同比上升 21.1 个百分点。优良天数比例平均为 71.3%，同比提高 4.1 个百分点。

三、形势研判

当前，山西省经济发展机遇与挑战并存。主要有利因素为：一是党的二十大胜利召开，为经济持续稳定发展指明了前进方向，进一步激发全方位推动高质量发展的动力。二是国内高效统筹疫情防控和经济社会发展成效显著，第三季度工业、服务业、投资、消费等主要经济指标增速明显回升，9 月份制造业采购经理指数升至 50.1%，重回扩张区间，为全省经济增长提供了稳定环境。三是煤炭产量和价格保持稳定。山西省原煤产量持续保持高位，日产量突破 370 万吨，月产量稳定在 1.1 亿吨以上，第四季度是煤炭消费旺季，预计煤炭价格将继续保持稳定，煤炭“量价齐稳”为全省经济稳定增长提供有力支撑。四是山西省持续推进稳经济一揽子政策和接续政策落实，扩投资、促消费等政策效应持续显现，各类市场主体大幅增长，全省经济活力不断增强，主要经济指标均好于上半年，正在呈现积极变化。主要不利因素为：受美联储加息、地缘冲突等影响，全球经济面临衰退风险。国内需求收缩、供给冲击、预期转弱的“三重压力”依然存在，经济恢复基础还需持续巩固。山西省受散发输入性疫情冲击，经济发展稳中有忧，经济稳定增长的基础还不牢固。农业和服务业对经济增长的带动作用不足，民间投资、房地产投资、消费低于往年，非煤工业企业利润大幅下降 49.7%等。部分指标完成全年任务存在差距，14 项主要预期性指标中有 7 项未达序时进度或完成全年任务有难度。

综合研判，预计第四季度经济运行将会延续 2022 年以来稳定增长的良好态势，全年增速将继续保持全国前列。2022 年全省主要经济指标增速如下：GDP 增长 5.6%左右、规模以上工业增加值增长 9.8%左右、固定资产投资增长 6.5%左右、社会消费品零售总额增长 0.5%左右、CPI 增长 2.3%左右、城镇居民人均可支配收入增长 6.0%左右、农村居民人均可支配收入增长 6.6%左右。

展望 2023 年，山西省将继续做好能源保供，大力实施乡村振兴，稳定房地产市场，认真落实中部高质量发展等重大国家战略，加快能源革命改革排头兵建设，以改革促发展，推动经济进一步复苏。

四、政策建议

1. 坚定不移推动“两个转型”

用好经济发展总体稳定、财政收入和煤企收益相对宽裕的“窗口期”，加快推进产业转型、数字转型。积极推动煤焦冶电等传统产业转型，加大对战略性新兴产业支持力度。充分发挥怀柔实验室山西基地等重大创新平台作用，培育发展一批百亿千亿产业。加快制定出台推进数字经济全面发展的实施方案，开展数字经济考核和监测指标体系研究。建立数字经济重点项目专库，为数字经济发展提供项目支撑。

2. 积极促进市场主体发展

持续创优“三无”“三可”营商环境，坚持保主体、增主体、活主体、强主体并重，促进全省市场主体上规模、增实力、提效益。落实助企纾困政策，帮助各类市场主体渡过难关。推动新能源汽车、氢能等十大重点产业链建设，坚持“一镇一策”加强专业镇培育。落实好民营经济发展 30 条和新 23 条等政策，帮助它们先活下来、再好起来。

3. 持续扩大投资促进消费

持续滚动开展“三个一批”活动，跟踪问效签约开工投产成果，切实发挥开发区项目建设主战场作用。加快推动雄忻高铁山西段、太原武宿机场三期改扩建等重大项目建设，发挥好重点工程牵引带动作用。加快资金投放使用进度，确保中央预算内资金、地方政府专项债、制造业中长期贷款等资金及时投放使用。持续多种形式的促消费活动，线上线下并重，推动消费快速回暖。确保高速公路、煤炭外运通道、航空口岸有序运转，保障物流畅通。

4. 不断深化重点领域改革

加快推进能源产业“五个一体化”融合发展，争做全国能源领域数字化转型“排头兵”。加快金融改革化险提质增效，开展好高风险金融机构风险化解专项行动，确保三年攻坚战顺利收官。持续推进国资国企改革，通过实施深化改革提质增效三年行动、扭亏减亏三年攻坚行动，推动省属企业主要经营指标尽快迈过“生存线”，达到“发展线”。持续深化“放管服”改革，不断优化营商环境。进一步深化标准化体系建设，推动农业、工业、服务业和社会事业等领域标准全覆盖。

（执笔：冯健美）

26　2022 年吉林省经济形势分析及 2023 年展望

吉林省经济信息中心

2022 年以来，面对复杂严峻的国内外形势和省内疫情突发等超预期因素带来的严重冲击，吉林省经济下行压力明显增大。针对异常复杂困难局面，吉林省委、省政府按照党中央、国务院决策部署，全省上下深入贯彻习近平总书记关于“疫情要防住、经济要稳住、发展要安全”的指示精神，高效统筹疫情防控和经济社会发展，落细落实稳经济一揽子政策和接续政策措施，最大限度减少疫情对全省经济社会发展的影响。第三季度经济继续恢复向好，明显好于第二季度。

一、2022 年经济运行形势分析

前三季度，吉林省受省内疫情影响，经济发展速度比上年同期明显下滑。在省委省政府的坚强领导下，通过采取一系列恢复经济增长政策措施，全省经济运行在 4 月探底后，5 月、6 月快速复苏，全省经济呈 V 型走势，提前实现“止跌、回升”阶段性目标。稳步恢复、稳重加固、稳定向好，全年经济有望实现正增长。

（一）三次产业平稳增长

在各项政策措施综合作用下，吉林经济稳健恢复。初步核算，前三季度，全省 GDP 实现 9433.06 亿元，按不变价格计算，同比下降 1.6%，降幅比上半年收窄 4.4 个百分点，比第一季度收窄 6.3 个百分点。其中一产实现 699.37 亿元，二产实现 3471.79 亿元，三产实现 5261.9 亿元，三次产业之比为 7.4∶36.8∶55.8，与上年同期相比，第一、第二产业比重分别提高 0.1、0.2 个百分点，第三产业比重下降 0.3 个百分点。

农业生产稳中提质，粮食生产丰收在望。粮食作物播种面积保持稳定增长，玉米、大豆播种面积显著增加，玉米保苗率达到 95.5%，比近五年平均保苗率高 2.2 个百分点，一二类苗占比达 97.2%，为全年粮食产量稳产高产奠定坚实基础。前三季度，农林牧副渔业总产值实现 1409.94 亿元，同比增长 3.3%。为全省经济社会发展发挥了重要的“压舱石”作用。到第三季度末，猪牛羊和禽肉产量达 211.33 万吨，增长5.6%，其中猪肉、牛肉、羊肉和禽肉分别增长7.5%、8.4%、9.0%和0.5%。

工业生产强势回升，呈快速恢复良好态势。第三季度，全省规模以上工业增加值同比增长18.4%，比全国平均水平高出13.6个百分点，7、8、9月分别增长17.9%、27.2%和12.3%，分别位居全国第2、第1和第4位；汽车产业增加值增长32.5%，其中7、8、9月分别增长28.4%、63.2%和17.3%；信息产业增加值增长88.3%，装备制造业增加值增长32.8%。前三季度，规模以上工业增加值同比下降2.5%，降幅比1—8月收窄2个百分点。

服务业营业收入实现正增长，重点服务业营业收入增长加快。1—8月，规模以上服务业企业营业收入为883.22亿元，同比增长4.2%。规模以上重点服务业营业收入为455.81亿元，增长14.3%，其中装卸搬运和仓储业、互联网和相关服务软件和信息技术服务业、科学研究和技术服务业及文化、体育和娱乐业分别增长17.8%、29.1%、26.7%和15.1%。

（二）三大需求持续回暖

投资实现正增长，大项目建设发力。第三季度，全省固定资产投资增速实现转正，同比增长1.5%。省统计局最新数据显示，吉林省项目建设在8月份继续发力，1—8月，全省项目（不含房地产）投资同比增长5.8%；其中5000万元及以上项目同比增长8.5%；亿元以上项目投资同比增长7.7%。“挖掘机指数”表现出各类工程机械设备的开工率和工作情况，吉林省更是在8月创下2022年全国开工率的最高值78.01%。

消费市场复苏迅猛，消费需求持续恢复。第三季度，吉林省限额以上社会消费品零售总额同比增长10.7%，其中7、8月分别增长10.6%和15.9%，比全国平均水平分别高出3.8个、6.6个百分点，分别居全国第10位和第7位；9月虽受疫情影响，仍实现6.1%的增长，与全国平均水平持平。批、零、住、餐业营业额分别增长4.4%、7.4%、4.3%和0.9%，对全省GDP回升起到了积极支撑作用。

外贸规模继续壮大，出口增长强劲。随着稳外贸政策措施落地见效，出口大幅增长，第三季度，出口增长66.2%，比全国平均水平高出50.4个百分点，其中7、8、9月出口分别增长72.9%、63.2%、78.1%，分别比全国平均水平高出49.9个、51.4个、67.4个百分点。全省跨境电商进出口增长15.5%，其中，跨境电商零售进出口增长65.9%。前三季度，外贸出口增长48.0%，比全国平均水平高出34.2个百分点。

（三）新动能新业态发展持续活跃

产业新业态加快发展，对吉林省经济转型提质支撑作用不断增强。前三季度，全省装备制造业、高技术制造业同比分别增长 18%、1.5%，占规模以上工业比重比上年同期分别提高 0.7 个和 1.3 个百分点；工业战略性新兴产业产值同比增长 9.8%，占规模以上工业比重为 16.5%，比上年同期提高 2.3 个百分点。其中，新能源汽车、节能环保、新材料产业产值分别增长 63.9%、35.0%和 11.2%。第三季度，全省风力发电量、太阳能发电量分别增长 82.7%和 54.2%；新电商、新消费已成为引领新经济发展的重要内容，7、8、9 月网络零售分别增长 11.4%、11.6%、11.3%，增速均排在全国前三位，其中农村网络零售额分别增长 15.9%、11.9%、10.1%，比全国平均水平高出 8.7 个、9.2 个、9.2 个百分点，跨境电商进出口增长 19.8%、18.5%、17.6%，领先全国。

（四）市场活力增强，发展质量效益不断提升

财政税收收入持续增长。9 月份，全省一般公共预算收入同比增长 3.6%，实现转正，其中税收收入增长 3.9%，连续两个月正增长。前三季度，全省一般公共预算收入完成 610.33 亿元，同比下降 33.8%，其中税收收入完成 406.63 亿元，同比下降 37.3%，降幅分别比 1—8 月收窄 3.5 个、2.4 个百分点。

存贷款规模稳步增加。前三季度，吉林省本外币存款余额实现 32151.68 亿元，同比增长 10%，比上年同期高 1.9 个百分点；本外币贷款余额完成 25984.41 亿元，同比增长 6.7%，比上年同期低 1.1 个百分点。9 月末，全省人民币贷款余额同比增长 6.6%，增速连续 5 个月居东北三省首位。

规模以上工业企业效益显著好转。1—8 月，吉林省规模以上工业营业收入完成 8881.73 亿元，同比下降 4.7%，降幅比上月收窄 2.6 个百分点；利润总额实现 681.9 亿元，同比下降 17.4%，降幅比上月收窄 4.6 个百分点。截至 9 月底，全省市场主体发展到 322.1 万户，同比增长 11%。

（五）民生保障扎实有力

就业形势快速恢复并趋于总体稳定。9 月底，全省城镇新增就业、农村劳动力转移就业分别完成年计划的 79.4%和 102.8%。调查失业率与全国平均水平差距缩小。

民生领域财政支出大幅增长。前三季度，吉林省粮油物资储备、卫生健康等民生领域财政支出同比分别增长 16.8%、33.1%，增速比上年同期分别提高 23.8 个、23.4 个百分点。

农村居民可支配收入增速高于城镇，实现正增长。农村居民可支配收入实现正增长，同比增长 0.7%，增速比上半年提高 3 个百分点；城镇居民人均可支配收入下降趋势减缓，同比下降 1.9%，降幅比上半年收窄 3.5 个百分点。

居民消费价格指数温和上涨。前三季度，全省 CPI 同比上涨 2.2%，比上半年高 0.3 个百分点。八大类商品价格“七涨一降”，衣着类略有下降，交通和通信类涨幅较为明显，增速比去年同期高 2.5 个百分点。

二、全年主要经济指标预测

第四季度，全省上下凝心聚力，政策将持续发力，吉林省经济有望快速恢复，全年有望实现正增长。农业形势喜人，全省粮食生产有望再获丰收；工业受“双碳”“双控”政策、传统产业增长放缓的影响，下行压力犹存，但在高技术产业和装备制造业加快增长等因素驱动下，快速恢复；受到俄乌冲突带来的影响，国际发展环境趋于更加复杂多变，影响出口需求；国内点状疫情时发，投资和消费恢复进程较慢，有效需求不足，但在防疫政策调整和促消费政策、新兴消费业态发展壮大等因素作用下，消费市场活跃度将会进一步提升。

三、吉林省推进社会经济恢复稳步发展实施的重点工作

为全面落实全国稳住经济大盘电视电话会议精神和国务院常务会议确定的六个方面 33 条稳经济一揽子政策措施要求，高效统筹疫情防控和经济社会发展，最大限度减少疫情对全省经济社会发展的影响，结合吉林省实际，印发了《关于稳定全省经济若干措施的通知》，聚焦八个方面提出 43 条具体政策措施。省政府先后两次组织政策落实情况督查，确保政策能直达基层、直达企业，充分释放了政策红利，全省主要经济指标持续回升，提前实现“止跌、回升”的阶段性目标。

1. 确保农业粮食增产增收

全省上下统筹疫情防控和粮食生产各项工作，坚持把春耕备耕生产与疫情防控放在同等重要位置，通过采取超常规举措，高标准完成了备春耕生产任务，切实做到“农时一天不耽误、农户一户不落下、农田一亩不撂荒”。累计派出“干部+专家”技术包保指导组 9 个，技术指导人员 19.2 万人次；成立驻县排涝指导小分队 15 个，排出田间积水 277.86 万亩。根据作物长势，喷施速效肥料和植物生长调节剂 225.91 万亩，全力以赴推动粮食稳产增产。

2. 强化“项目为王”鲜明导向

吉林省实施投资和项目建设百日攻坚行动，抢抓 8—10 月施工“黄金期”加快项目建设，在土地供给、项目审批、用能保障等方面，提供全方位服务。依托投资

在线审批监管平台开展“不见面”审批，共完成6818个项目审批核准和备案。成立了省政府重点项目工作专班，省领导牵头推动35个重大项目建设。奥迪一汽新能源项目全面开工，有望形成产值1500亿元的产业集群；吉化转型升级项目全面启动，是“十四五”以来国家批准的首个大型石化项目；中车松原新能源产业基地产品下线；“陆上风光三峡”、“千亿斤粮食”工程、“千万头肉牛”工程等项目扎实推进，以项目建设带动全省经济企稳回升。

3. 全省上下齐力推动工业经济快速恢复

在工业领域开展“奋战100天、打赢三季度，全力把疫情损失补回来”攻坚行动。吉林省各地各部门迅速落实国家和省支持企业发展各项政策措施，压紧压实地区工业稳增长主体责任，推动重点企业复工复产和稳产、满产，保障重点产业链稳定运行，加强企业生产要素稳定供应，指导企业精准落实疫情防控措施，在全省上下形成工作合力，共同推动工业经济快速恢复。

4. 深挖内需潜力有效释放市场需求

前三季度，吉林省累计发放消费券6.23亿元，拉动销售额126.93亿元；第二届吉林“9·8消费节”实现销售额近43亿元；组织家电消费季促销，开展绿色智能家电、家装下乡行动，活跃城乡消费市场，实现销售额近43亿元；扩大汽车消费，出台进一步活跃二手车市场扩大汽车消费若干措施，发挥消费“顶梁柱”作用。在政策组合和系列促销活动带动下，消费需求加速释放。

5. 有效激发市场主体活力

一是便捷市场准入准营和退出。2022年6月底，推广应用行政许可“e窗通”系统，实现市场监管领域行政许可“不见面审批”。二是加大惠企帮扶力度。在“吉事办”小程序开辟企业政策直达专栏，根据不同市场主体特点开展智能精准推送。同时，按国家要求，对个体工商户和小微企业提高减免幅度，确保减税降费政策落实落细。三是推动产品质量和品牌提升。2022年发布吉林区域品牌团体标准10项以上，完成区域品牌认证30个以上，培育“吉致吉品”区域品牌。四是实施精准有效金融信贷。开展吉林省银行业金融机构支持“专精特新”中小企业高质量发展专项行动，建立“专精特新”中小企业“企业名单+信息档案”共享机制，组织银行业金融机构开展融资对接，加大信贷投放力度。

6. 强化保基本民生政策支持

一是促进就业切实稳定。扩大重点群体就业，多渠道抓好高校毕业生就业，加大创业培训指导力度，强化对未就业毕业生的实名帮扶；有针对性帮扶脱贫人口就业；多措并举支持农民工返乡就业、创业；支持新产业新业态吸纳就业。二是完善社会民生兜底保障措施。密切关注 CPI 和食品价格指数变化，达到启动条件的地区及时启动社会救助和保障标准与物价上涨挂钩联动机制，按照政策要求及时足额发放价格临时补贴，缓解物价上涨对困难群众生活的影响。

四、2023 年经济趋势分析与展望

党的二十大的胜利召开为 2023 年及未来五年经济社会发展指明了方向。展望 2023 年，吉林经济发展有利因素和不利因素并存，困难和挑战依然较多，包括落实“双碳”目标的约束、产业数字化的落后等。“一主六辅”的加快建设，将促进城市发展的积聚辐射、产业协同发展和同城化效应更好发挥作用，为推动形成优势互补、高质量发展的区域经济布局提供有力支撑。

有利因素：2022 年基数较低，2023 年将会呈现较高的增长，随着疫情防控政策的调整，加大扩大内需的政策力度，会引领住宿餐饮、旅游交通等服务性行业的爆发式增长；大项目储备落实；工业企业全面投产达产等。加之我国具有完整产业体系，国内市场巨大，营商环境优化，宏观调控有力等。这些优势条件十分突出，经济高质量发展的积极因素也在不断积聚。

不利因素：俄乌冲突爆发，地缘风险抬升，推升了外部环境复杂性。受国际复杂环境不确定及全球经济疲软短期内缺乏新动力等因素影响，供应链瓶颈仍然存在，全球大宗商品市场存在较大不确定性，发达经济体的快速加息和财政紧缩，尤其是美国货币政策紧缩和需求回落，发达和新兴经济体均面临下行风险，国内 CPI 上行、PPI 下行压力较大，互联网消费红利已近达峰，金融风险压力加大等。

综合判断，如果没有大的疫情干扰和全球爆发性事件的发生，吉林经济有望实现恢复性增长，进入较为合理的运行期间，经济增速与全国平均水平的差距有望进一步缩小。

（主审：宋国志　张辉）

（执笔：谭慧敏　王涤非　金春姬　夏嫐媛　崔雯雯）

27　2022年黑龙江省经济形势分析及2023年展望

黑龙江省发展规划研究所

2022年以来，黑龙江省委省政府统筹推进疫情防控和经济社会发展，坚决贯彻党中央“疫情要防住、经济要稳住、发展要安全”重要要求，积极克服疫情反复等不利因素影响，扎实落实国家及黑龙江省稳经济一揽子政策，千方百计稳经济保增长、多措并举稳市场主体保就业，全省经济运行总体平稳，预计2022年全省GDP增长3.6%。2023年，随着疫情防控举措优化，经济发展环境进一步宽松，预计全年GDP增速有望达到5%。

一、2022年经济运行特点分析

前三季度，黑龙江省实现地区生产总值（GDP）10466.7亿元，同比增长2.9%，比上半年提高0.1个百分点，其中第一产业实现增加值1153.6亿元，增长3%；第二产业实现增加值3530.1亿元，增长1%；第三产业实现增加值5783亿元，增长3.8%。

1. 粮食生产再获“十九连丰”

截至10月31日，黑龙江省粮食作物已收99.9%，除个别玉米冬收地块外，全省秋收生产已全面结束。从专家测产和农民实际收获看，水稻、大豆、玉米单产有望创历史新高，粮食生产实现“十九连丰”。前三季度，全省农林牧渔业实现增加值1217.7亿元，同比增长3%；生猪出栏1727.8万头，同比增长5.1%。

2. 工业生产保持增长

前三季度，黑龙江省规模以上工业增加值同比增长1%，比全国平均水平低2.9个百分点，但高于北京、上海和天津，在东北三省中居第一位。全省40个行业大类中，化学纤维制造业等6个行业增加值增速比全国行业平均水平高出10个百分点以上。装备工业增长5.6%、食品工业增长5.2%。

3. **投资需求逐渐回暖**

前三季度，黑龙江省固定资产投资完成额同比增长 2.4%，比上半年同期回落 4.5 个百分点，比全国平均水平低 3.5 个百分点。全省工业投资增长 10.5%，比上年同期高 4.8 个百分点，其中技术改造投资继续保持高位增长，第三季度实现同比增长 63.2%，比全国平均水平高出 50.7 个百分点，列全国第一位。从重点领域看，前三季度全省基础设施投资增长 13.6%，制造业投资增长 12.7%。全省高技术产业投资增长 17.5%，其中，高技术制造业投资增长 9.8%，高技术服务业投资增长 24.4%。

4. **消费市场持续低迷**

前三季度，黑龙江省社会消费品零售总额同比下降 4.3%，降幅比上半年扩大 1.1 个百分点，比全国平均水平低 5 个百分点，受疫情影响仍较大。从消费类型看，商品零售额下降速度小于餐饮收入额，前三季度全省商品零售同比下降 2.7%、餐饮收入下降 7.6%。线上消费保持增长，全省网上零售额同比增长 8%，其中实物商品网上零售额增长 7.7%。

5. **外贸保持高位运行**

前三季度，黑龙江省实现外贸进出口总额 1901.5 亿元，比上年同期增长 30.5%，进出口增速居全国第 6 位，比全国平均水平高出 20.6 个百分点。其中出口 363.6 亿元，增长 17.2%，比全国平均水平高出 6.5 个百分点，进口农产品 158.8 亿元，增长 8.6%。进口铁矿砂 60.2 亿元，增长 12.9%。进口 1537.9 亿元，增长 34.1%，比全国平均水平高出 28.9 个百分点。

6. **物价总体稳定，生产价格高位运行**

自 2021 年 5 月份以来黑龙江省物价一直温和上涨。前三季度全省居民消费价格（CPI）同比上涨 2%。分类别看，八大类商品及服务价格均上涨。交通和通信类、居住类、食品烟酒类、衣着类、其他用品和服务类、教育文化和娱乐类、医疗保健类、生活用品及服务类价格分别上涨 6.4%、2.0%、1.7%、1.0%、1.0%、0.9%、0.6%、0.4%。受大宗商品价格上涨等影响，黑龙江省 PPI 持续高位运行，前三季度 PPI 同比上涨 13.4%，比全国平均水平高出 7.5 个百分点。

初步预计，2022 年第四季度黑龙江省 GDP 增长 4.8%左右，全年增长 3.6%左右，其中第一、二、三产业增加值分别增长 3.5%、3%和 4%。规模以上工业增加值增长 3%；固定资产投资增长 6%；社会消费品零售总额下降 2%；进出口总额增长 30%左右；城镇和农村居民人均可支配收入分别增长 5%和 6%左右；居民消费价格指数上涨 1.8%左右；PPI 上涨 10%左右。

二、保持经济平稳健康发展的有效做法

1. 稳农业生产的做法和经验

一是下发《全省统筹推进疫情防控和秋收生产的指导意见》，为各地科学有序开展秋收准备工作做好保障；二是先后制定《2022 年全省秋收生产工作指导意见》、《关于抢抓晴好天气不误农时抢收粮食确保丰收入库的通知》等指导文件，组织各地统筹疫情防控和秋收生产、分类有序开展秋收；三是各地分别制定秋收生产工作方案，成立秋收工作专班，全力推进秋收生产工作。

2. 稳工业生产的做法和经验

一是制定《黑龙江省工业强省建设规划（2019—2025 年）》，为“十四五”时期黑龙江省工业发展振兴提供重要保障；二是构建“4567”现代化产业体系，加快实施数字经济、生物经济、冰雪经济、创意设计产业发展规划；培育壮大航空航天、电子信息、新材料、高端装备、智能农机产业等战略性新兴产业；加快推进能源、化工、食品、医药、汽车、轻工产业向中高端迈进，赋能升级传统优势产业。三是出台《黑龙江省加快推动工业稳增长若干措施》，围绕降低企业生产经营成本、抓实工业投资和重大项目建设等方面提出 20 条举措。

3. 稳消费市场方面的做法和经验

一是出台《2022 年全省促消费活动工作方案》，在做好疫情防控基础上，进一步挖掘消费潜力，提振消费信心和预期；二是出台《进一步扩大 2022 年消费若干措施》，发挥消费券乘数效应，挖掘市地消费潜力，有效引导居民消费，加快恢复企业生产经营，拓宽助企纾困渠道，保市场主体，加快推动全省经济稳定发展；三是印发《贯彻落实国务院扎实稳住经济一揽子政策措施实施方案》，通过 8 个方面 50 项措施，加力推动国务院扎实稳住经济一揽子政策措施落地见效；四是出台《黑龙江省关于搞活汽车流通 扩大汽车消费升级的若干措施》，进一步发挥汽车消费对促进经济循环的带动牵引作用。

4. 保投资增长方面的做法和经验

一是项目建设开展“夏季大会战”。截至 9 月 30 日，500 个省重点项目已开工 497 个，比上年同期增加 269 个，开工率 99.4%；完成投资 1856.1 亿元，投资完成率 90.1%，比上年同期提高 3.5 个百分点；财政部门下达资金 634.9 亿元，资金到

位率 91.7%，“四率”目标全部提前超额完成，夏季大会战全面告捷；二是建立“要素跟着项目走”保障机制，强化“煤电油气运”等传统要素供给和“人地钱技数”等新型要素供给，用好各类政府投资资金，健全债券项目生成机制，最大限度发挥政府投资引导带动作用。三是出台《黑龙江省招商引资行动方案》，全力推动招商引资扩大规模、优化结构、提升质量、加速落地，服务构建高能级现代化产业体系。

5. **稳外贸增长方面的做法和经验**

一是出台《黑龙江省支持对外贸易发展的若干措施》，激发外贸主体发展活力，扶持中小微外贸企业，推进全省外贸高质量发展；二是省商务厅组织全省 780 家企业参加第五届进博会“寻”合作，向全国乃至全世界展示黑龙江的开放发展成果及人文风采，并借助进博会的平台功能和溢出效应，积极组织进口商品采购、招商对接洽谈、企业实地走访等系列活动。

三、2023 年宏观经济运行趋势展望

1. **粮食“压舱石”地位进一步夯实**

目前黑龙江省为 2023 年粮食丰产丰收做充分准备，努力做好秋收与秋整地“无缝对接”，科学确定整地模式，抢抓封冻前的有利天气，歇人不歇车。截至 10 月 31 日，全省秋整地面积 11357.52 万亩，为 2023 年高标准开展春季农业生产奠定了坚实基础。2023 年全省将继续实施“藏粮于地、藏粮于技”战略，着力调整优化农作物种植结构，深化农业供给侧结构性改革，推动农业高质量发展。

2. **工业发展后劲增强**

2023 年，全省将深入贯彻执行《黑龙江省产业振兴计划（2022—2026 年）》，构建高质量“4567”现代产业体系。推动能源、化工、食品、医药、汽车、轻工等传统产业转型升级，打造数字经济、生物经济、冰雪经济、创意设计等经济发展新引擎，培育壮大航空航天、电子信息、新材料、高端装备、农机装备等战略性新兴产业，推进新旧动能转换，增强工业发展后劲。2022 年省工信厅出台的《黑龙江省加快推动工业稳增长若干措施》，将为 2023 年全省工业发展保驾护航。

3. **投资“稳增长”作用持续发挥**

近年来，在外部环境严峻复杂、疫情形势反复波折的背景下，投资需求仍对“稳增长、调结构、惠民生”发挥了关键性作用。2023 年黑龙江省将精准对接国家

“十四五”规划和东北全面振兴“十四五”实施方案等国家战略，一批重大工程、重点项目将加快落地，基建投资将成为拉动全省投资增长的重要源泉。为保障项目有序开展，黑龙江省建立“要素跟着项目走”保障机制，加强用地、融资、人才和政策等要素保障，盘活国有存量资产，激发社会投资活力。充分利用展会平台，加大招商引资力度，努力实现行业龙头和配套企业同步引进、同步建设、集群发展，招商引资成效逐步扩大。

4. 消费需求潜力加快释放

2023 年，黑龙江省将继续实施扩大内需发展战略，提振居民消费信心。推进消费模式创新和业态升级，加快发展平台经济、共享经济、电商直播等，支持智慧商店、无接触配送等新业态新模式发展。现代服务业结构逐步优化，信息服务、现代金融、现代物流、服务型制造业等生产性服务业向专业化高端化延伸，旅游康养、养老托育、文化娱乐等生活性服务业向高品质多样化转型发展趋势愈加明显，消费需求加快改善。2023 年，疫情防控措施将更加精准有效，消费环境趋好，受疫情积压许久的消费潜力将加快释放。

5. 外贸继续保持稳定增长

俄乌冲突仍在持续，大宗商品价格持续走高，全球经济高通胀和供给恢复减缓，经济下行风险加剧，对黑龙江省外贸产生一定影响。但 2023 年，全省将继续实施扩大高水平对外开放政策，深度融入共建“一带一路”，积极参与“中蒙俄经济走廊”建设，加快与 RCEP 伙伴国的贸易往来，推动全面融入全国统一大市场。强化基础设施互联互通，畅通对俄欧陆路通道，贯通哈绥俄亚陆海联运通道，建设国际物流枢纽集散地等。

2023 年，“疫情防控 20 条”政策进一步放宽，对黑龙江省经济恢复增长形成有力支撑。综合分析预判，2023 年全省 GDP 增速有望达到 5%，其中一、二、三产业增加值分别增长 3. 8%、5. 8%、5. 2%。规模以上工业增加值增长 6%左右；固定资产投资增长 7%左右；社会消费品零售总额增长 6%左右；进出口总额增长 20%左右；城镇居民人均可支配收入增长 5. 5%左右，农村居民人均可支配收入增长 7%左右；CPI 上涨 2%左右；PPI 上涨 8%左右。

（执笔：郭新梅、丛静、崔霄、王茜）

28　2022 年江苏省经济形势分析及 2023 年展望

江苏省战略与发展研究中心宏观经济研究所

2022 年，面对复杂严峻的国内外环境和多重超预期因素冲击，江苏经济运行挑战增多、波动加大，但经济增长韧性持续显现，经济基本面总体平稳，预计全年增长 2.8%左右。随着疫情防控政策持续优化，资源要素支撑和稳增长政策持续发力，发展新动能不断增强，江苏经济发展韧性将不断显现，2023 年经济运行有望回归正常合理区间。

一、2022 年经济运行形势特征

2022 年，江苏经济呈现复苏态势，供给好于需求、外需好于内需，工业和投资对经济拉动明显，服务业和消费稳步恢复，外向型经济增长明显，主要经济指标增长恢复压力逐季提升，预计全年经济增长 2.8%。

1. 工业生产加速回升

前三季度规模以上工业增加值同比增长 4.5%、较上半年回升 2.4 个百分点，9 月当月增长 10.5%、已连续四个月高于全国平均水平。列入统计的 40 个行业中 26 个行业增加值实现正增长，增长面达 65%。规模以上工业中占比近半的高新技术产业恢复态势良好，9 月当月同比增长 14.9%，连续 4 个月实现两位数增长，疫情冲击下增长显现良好韧性。行业增长预期存在波动，10 月江苏制造业采购经理指数 48.3%，环比回落 0.4 个百分点，连续四个月低于临界点。需求不足是江苏省经济发展面临的主要困难。江苏调查总队调查显示，反映“市场需求不足”问题的制造业企业占比 49.5%，环比连续 9 个月上升。

2. 服务业稳步恢复

前三季度江苏省服务业稳步恢复，服务业增加值同比增长 1.7%，较上半年提升 0.1 个百分点。其中，金融业增长 7.5%，信息传输、软件和信息技术服务业增长 10.3%，非营利性服务业增长 6.5%。1—8 月，全省规模以上服务业营业收入同比增长6.5%，增速比1—7月提高2.4个百分点。列入统计行业的增长面达70%。其中科学研究和技术服务业增长11.9%，信息传输、软件和信息技术服务业增长11.6%。但市场预期走弱的现象需关注，10月份江苏非制造业商务活动指数为47.8%，环比下降1.6个百分点，连续两个月收缩。部分服务业用工减少，规模以上批发业、零售业用工分别下降3.2%、1.4%。

3. **投资稳固回升**

前三季度固定资产投资同比增长3.5%、较上半年回升0.2个百分点。从全年走势看，固定资产投资增速先冲高回落后趋稳回升，2月达到全年最高增长水平，4月探底后增速稳固回升。其中，基础设施投资增长4.9%，增速自6月转正后稳步向好；制造业投资增长11.2%，对投资增长持续发挥关键拉动作用；高新技术产业投资增长有力，同比增长15.3%。前三季度，江苏完成1545亿元地方政府专项债券发行工作。在国家及地方各项政策靠前发力拉动下，前三季度10亿元以上项目完成投资额同比增长18%，对全省投资增长贡献率达到122%。房地产开发投资仍处于负增长区间，同比下降6.9%。尽管与1—8月（-7.1%）相比下滑幅度小幅收窄，但房地产市场需求尚未得到边际改善，预计房地产开发投资短期仍难明显好转。

4. **消费需求逐步回补**

江苏出台扩大内需战略实施方案，持续开展"苏新消费·夏夜生活"、绿色节能家电促消费等活动，前三季度社会消费品零售总额同比下降0.3%、降幅较上半年收窄3.4个百分点，规模继续保持全国第二位。在经历4月疫情冲击下探后，9月当月增长6.9%、连续四个月实现正增长，社会消费品零售总额增速逐步恢复至2022年年初水平。新能源汽车、智能家电零售额分别增长1.8倍、1.5倍，批零住餐四大行业增速较上半年明显回升，其中限上批发业、零售业销售额分别增长3.6%、4.8%。前三季度全省居民人均可支配收入同比增长5.2%，有力支撑消费回升。随着疫情防控政策持续优化，消费场景受限消失，收入预期改善，2023年消费有望加速回升。

5. **外向型经济增长明显**

外向型经济增长为稳定宏观经济大盘作出积极贡献。一是进出口较快增长。前三季度外贸进出口同比增长9.8%，9月份增长4.4%，累计进出口、出口、进口规模均创历史最好水平。对"一带一路"沿线国家进出口增长14.9%、占比提升至26.5%，中欧班列开行1471列、同比增长17%。外部需求不足将对出口形成制约，超八成广交会参展企业认为国际市场需求不足是当前最主要困难，预计第四季度进出口增速将有所下滑。二是外资规模保持领先。前三季度实际使用外资258.8亿美元，同比增长 17.2%，规模继续保持全国首位。成功举办“东盟-中日韩（10+3）产业链供应链合作论坛暨东亚企业家太湖论坛”，国家已推出的 6 批 39 个重大外资项目中江苏省有 9 个项目在列，数量居全国首位。2023 年欧美经济可能大幅下滑，全球贸易增速下降、美联储加息带来的经济滞胀风险等因素都会导致贸易重新平衡，届时我国外向型经济增长可能面临较大困难。

二、2023 年宏观经济形势判断

总的判断：随着疫情防控政策持续优化，资源要素支撑和稳增长政策持续发力，发展新动能不断增强，江苏经济发展韧性将不断显现，2023 年经济运行有望回归正常合理区间。

1. 全球经济增长预期放缓

全球经济活动普遍放缓且比预期更为严重，通胀处于几十年来的最高水平。2022 年来美联储六次加息作用下高通胀率有所放缓，但通胀能否见顶仍未确定，预期明年滞胀风险可能抬升。欧洲能源价格高涨加剧输入性通胀压力，推高企业生产成本，欧洲增长动能持续减弱。外部需求持续疲软，日韩经济增速预期转弱。受益于其在全球供应链中不断提升的重要性，东南亚很可能强劲复苏。俄乌冲突致使地缘政治风险加剧，将进一步加剧世界能源和粮食的短缺，全球经济不确定性上升。国际货币基金组织（IMF）10 月发布的《全球经济展望》指出，全球经济增长率预计将从 2021 年的 6.0%下降至 2022 年的 3.2%和 2023 年的 2.7%，是 2001 年以来最为疲弱的增长表现。

2. 我国宏观经济长期向好有支撑

一是党的二十大为宏观经济稳定发展举旗定向。二十大报告提出，发展是党执政兴国的第一要务。我国经济体量可观，抗风险冲击韧性强，基础产业支撑有力，供给保障能力强大，加快建设现代化经济体系，提升产业链供应链韧性和安全水平，将有效推动经济实现质的有效提升和量的合理增长。二是疫情防控政策持续优化调整。疫情及疫情防控政策仍是影响我国经济运行的关键因素。中央政治局会议对疫情定调不断发生变化，国务院出台优化防控政策“20 条措施”，疫情防控政策持续优化调整，防疫的精准性、科学性不断提升，疫情对经济运行的负面影响逐步减弱。三是宏观政策调节力度不断加大。近年来组合式税费支持政策有效实施，金融支持实体经济力度加大，对于缓解企业困难、稳定经济发挥了积极作用，这一政策有望继续推行。近期国家发展改革委发布支持民间投资发展的意见、央行等部门发布支持房地产市场平稳健康发展的通知等，丰富的宏观调控手段是经济长期稳定增长的特色优势。

3. 我省经济增长大概率回归正常合理区间

利用 HP 滤波方法计算，2008 年以来，每年江苏经济实际增速与潜在增长率之间的缺口较为平稳，实际增速接近潜在增速（见图 1）。受疫情冲击，2020—2022 年江苏经济增长处在正常合理区间之外，实际增速与潜在增长率之间的缺口波动明显且差额较大，常规情况下预计 2023 年经济增速将回归到潜在增长率水平（区间是 5%~6%）。江苏经济增长有支撑具体表现在：

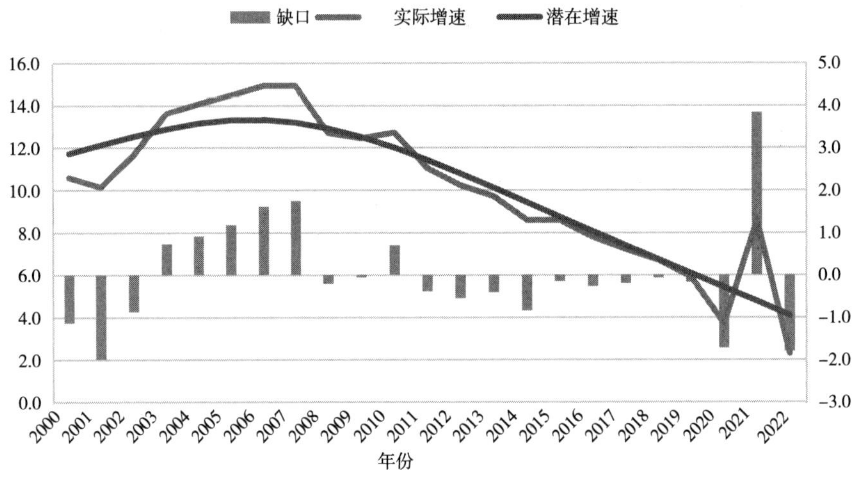

图 1　2001—2022 年江苏经济潜在增长率及缺口（%）

一是资源要素支撑和稳增长政策持续发力。资金、土地、环境容量、能源电力等要素保障能力进一步强化，国务院以及江苏省一揽子政策措施效能持续释放，将为稳增长、扩内需、促就业提供强劲支撑。二是工业基本盘扎实稳定。工业是江苏经济的基本盘，工业基本盘之稳是江苏经济保持韧性、持续向好的关键。江苏有门类齐全的产业基础支撑，工业经济在冲击之下总体仍呈现企稳回升态势，为 2023 年工业经济平稳增长奠定了良好基础。三是发展新动能不断增强。全省大力发展数字经济，坚定不移推动产业结构调整，新能源汽车、生物医药等新产业新产品韧性彰显，智能生产、线上服务等新业态新模式迎来重大机遇，动力换挡、结构趋优态势凸显。新动能产业持续快速增长，展现出经济高质量发展的强大动力和良好势头。

三、几点建议

一是以党的二十大精神指引推进经济高质量发展。把发展经济的着力点放在实体经济上，推进新型工业化，加快建设制造强省、质量强省、交通强省、数字江苏。持续培育壮大制造业产业集群和战略性新兴产业集群，推动现代服务业同先进制造业、现代农业深度融合，加快现代服务业集聚示范区建设。加大产业转型升级力度，积极培育壮大人工智能等新兴数字产业，打造具有国际竞争力的数字产业集群。

二是积极扩大有效投资。用好地方政府专项债券和政策性开发性金融工具，加快已开工项目建设进度，确保形成更多实物工作量。适度超前排布一批打基础补短板的重大工程项目，统筹推进棚户区、老旧小区及老旧建筑更新改造，着力加强管道改造和建设，加快5G、充电桩、特高压等新型基础设施建设。谨慎把握房地产调控节奏和力度，理顺一二手商品房比价关系，通过适时适度微调微控，引导房地产市场形成稳定合理预期，有效释放刚性和改善性住房需求，夯实房地产投资回稳基础。

三是持续释放消费潜力。利用元旦、春节等重要促销节点，鼓励商家开展家电下乡和以旧换新，加大新能源汽车推广力度，省市联动举办文旅消费活动。加快发展农村寄递物流，支持发展社群电商、微商电商等新模式，进一步激发农村消费潜力。推进实施重点群体增收激励工作，稳定居民工资性收入预期，拓宽财产性和经营性收入渠道，着力扩大中等收入群体，持续增加低收入群体收入，稳步提升居民消费能力。培育壮大新型消费，促进家政、养老托幼等服务消费线上线下融合，加力服务消费提质升级，进一步营造便利安全放心消费环境，提升居民消费意愿。

四是推动外资外贸保稳提质。深入融入共建“一带一路”，持续深化与东盟、日韩等经贸和产业合作，组织好线上对接会、境内外各类展会博览会，积极应用跨境电商、海外仓等新业态新模式，助力外贸企业稳订单拓市场抗风险。引导外资投向产业链薄弱环节和关键技术领域，及时协调解决外资企业在贸易便利化、物流运输、项目建设等方面的需求，防止产业外迁和订单外流。

五是有效激发市场活力。落细落实稳经济一揽子政策，加大政策宣传解读和实施力度，加快释放现有政策红利。深入实体调查研究，全面梳理评估现有政策落实情况及实施效果。根据经济运行新情况新问题和市场主体需求，超前研究合身解渴有感的储备政策，深入调研、主动服务，支持对特殊困难行业用电实施阶段性优惠政策，促进中小微企业融资增量扩面降价，切实帮助企业降本增效。加强能耗、用地、资金、人才等要素保障，引导金融机构加大制造业、科技创新、绿色发展支持力度，及时稳住市场主体发展信心。

（执笔：韩磊　曹新宇）

29　2022年浙江省经济形势分析及2023年展望

浙江省经济信息中心

一、2022年经济运行的主要特点

2022年以来，浙江全省上下坚持以习近平新时代中国特色社会主义思想为指导，全面贯彻习近平总书记“疫情要防住、经济要稳住、发展要安全”重要指示精神和党中央、国务院决策部署，忠实践行“八八战略”，奋力打造“重要窗口”，高质量发展建设共同富裕示范区，深入实施经济稳进提质攻坚行动，以超常规力度举措应对超预期影响，经济运行呈现恢复态势，稳的基础在夯实，进的因素在累积，持续向好的态势在巩固。

1. 工业新动能加快积蓄

1—9月，浙江省规模以上工业增加值16294亿元，增长5.4%，增速高于全国平均水平，也高于东部经济大省。其中，规模以上数字经济核心产业制造业、高技术产业、战略性新兴产业制造业增加值分别增长12.7%、14.6%和11.3%，均高于面上工业增速。坚持创新驱动，增强内生发展动力，前三季度规模以上工业企业的研发费用支出增长17.7%。

2. 三大需求恢复超预期

进出口持续快速增长。1—9月，进出口、出口、进口总额分别增长17.6%、20.1%和11.2%，占全国份额分别为11.3%、14.7%和6.9%，同比提升0.7个、0.8个和0.4个百分点。消费持续恢复。社会消费品零售总额21778亿元，同比增长4.2%，比1—6月加快2.2个百分点。投资力度持续加大。固定资产投资增长10.0%，增速继续保持在两位数。制造业投资、基础设施投资、工业企业技改投资分别增长16.2%、10.6%和17.3%。

3. 金融财政支撑有力

金融存贷款同比多增。9月末，浙江省金融机构本外币贷款余额18.7万亿元，同比增长15.3%。1—9月新增贷款同比多增2719亿元。扣除留抵退税财政收入同比增长。1—9 月，一般公共预算收入同比下降 5.3%，扣除留抵退税因素后增长 3.6%。一般公共预算支出增长 12.1%，其中，卫生健康、科技、粮油物资储备支出分别增长 38.5%、34.0%和 29.2%。

4. **社会民生总体平稳**

多措并举稳就业促增收。1—9 月城镇新增就业 90.1 万人，完成年度目标的 90.1%，城镇调查失业率低于全国平均水平。城乡居民人均可支配收入分别增长 4.5%和 6.9%，收入比缩小至 1.81。CPI、PPI 涨幅温和。1—9 月，居民消费价格（CPI）上涨 2.3%；工业生产者出厂价格（PPI）上涨 5.5%。

二、影响 2023 年经济增长趋势的关键因素分析

（一）从经济增长趋势看，2023 年经济增长将继续在 5.4%左右的潜在水平

2010—2017 年，浙江 GDP 增速分布在 7.5%~11.9%的区间。从 2018 年中美贸易摩擦发生到 2019 年末新冠肺炎疫情发生之前，浙江 GDP 增速在 7%左右。疫情发生后的 2020—2022 年，如果 2022 年 GDP 增长为 4%，则浙江 GDP 三年年均增速为 5.3%。考虑疫情对经济的长期影响，5.5%左右的 GDP 增速应该是相对合理的潜在增速估计值。2001 年以来浙江省 GDP 增长率变动趋势见图 1。

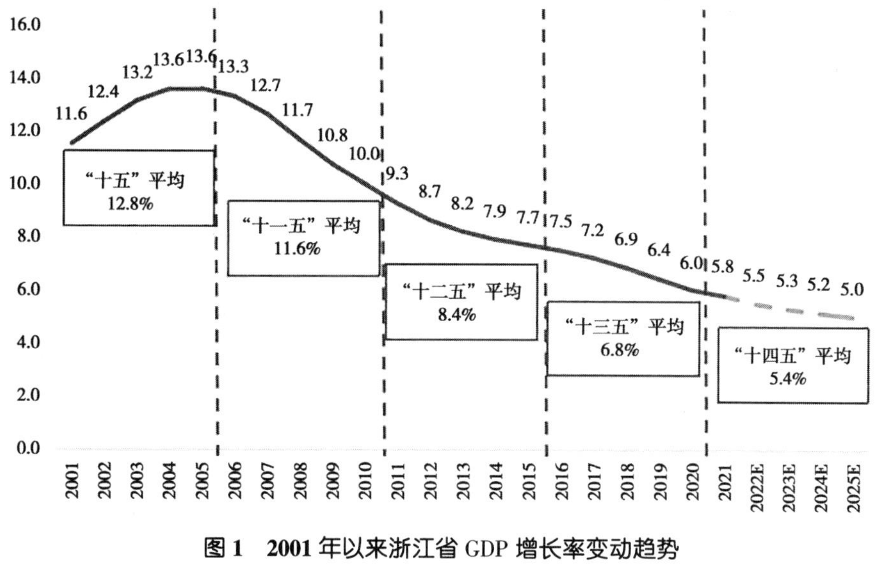

图 1　2001 年以来浙江省 GDP 增长率变动趋势

注：E 表示估计值。

（二）从延续性因素看，宏观政策环境依然宽松有效，投资仍在发力，但消费提振任重道远

2023年经济增长将部分延续2022年宏观经济复苏的动力和基础，主要表现在以下四个方面：

1. 稳经济一揽子政策及接续政策措施实施效果继续显现

近期我省对照国家19项接续政策，梳理形成79项重点落实举措，这些政策还有相当大的实施空间，落实落地后能够产生较大的政策效应，将为2023年经济增长打下较好基础。

2. 国内融资环境依然宽松

近年来，我国货币政策注重连续性、稳定性、可持续性，国家2022年出台实施的财政、金融增量稳增长政策会在2023年继续释放红利，特别是一系列纾困助企、稳增长政策效果有望进一步释放，金融定向支持工具进一步发力，将促进实体经济融资成本进一步降低。

3. 投资仍然是支撑GDP增长的主力

重大项目有望形成有力支撑。在国家政策性开发性金融工具、新增专项债券以及制造业中长期贷款、设备购置与更新改造贷款等政策支持下，杭温铁路、铁路杭州萧山机场站枢纽及接线工程等项目全面建设，通苏嘉甬铁路等开工建设，这些项目将在2023年形成较多增量，基础设施建设、制造业项目将会进一步提速。

4. 消费“慢变量”提振难度较大

在市场预期、居民收入未有明显好转的情况下，消费仍将持续受到抑制，单靠政策刺激难以有效提振。以汽车为例，在国家和各地促进汽车消费政策影响下，6月以来，国内乘用车市场总体增长明显。8月浙江省汽车类消费增长28.7%，拉动社会消费品零售总额增长3.5%。2009—2010年和2016—2017年两次减免车购税促消费均提前透支了消费潜力，政策到期后的第二年汽车销量明显下滑，若政策不延续的话，2023年汽车消费可能下滑。

（三）从新变量看，二十大召开是最有利的政策变量，但六大不确定因素或将决定经济的持续恢复

在党的二十大召开后宏观经济政策再定位、协调体系再调整以及新一届政府到位等因素的作用下，宏观经济下行压力将得到极大的缓解。但与2022年相比，2023年经济仍存在六大不确定性因素。

1. **国际大宗商品价格走势存在不确定性**

2022 年或是大宗商品价格见顶之年，大宗商品价格中枢或将维持高位，进入 2023 年，大宗商品价格有望逐步回落，但相较于 2019 年疫情暴发前的水平，其价格的绝对值或仍在高位。考虑到疫情存在不确定性、俄乌等地缘政治冲突存在不确定性、主要海外经济体超预期货币政策存在不确定性，大宗商品价格大幅波动可能带来的风险依然较大。

2. **国内外防疫政策分化带来的持续影响**

中长期来看，疫情持续已经给全球经济带来了不可逆的改变，伴随抗疫战线的拉长，在医疗资源挤兑以及经济压力的多重挤压下，全球多个国家放宽防疫限制，国内外防疫政策分化将加剧不同经济体的复苏进程分化、不同行业和企业的恢复程度分化、不同阶层和群体的贫富分化，给全球长期经济增长带来较大影响。

3. **房地产市场实现筑底存在不确定性**

浙江省经济与房地产关联较大，房地产开发投资占比高于 40%，明显高于全国水平。在房地产市场持续下行的情况下，上下游产业及相关消费增长也面临较大压力。展望 2023 年，房地产市场好转的可能性不大，能否实现筑底仍有待观察。

4. **信息经济服务业实现新发展**

数字经济经历了由点到面的发展后，将进入从“链”（产业链）到“圈”（生态圈）的新发展阶段。浙江拥有数字经济先发优势，2021 年，全省数字经济增加值达到 3.57 万亿元，居全国第四，占全省 GDP 比重达到 48.6%，在新一轮的发展浪潮中，浙江如果能够抓住机遇发展出更多新动能、新场景，信息经济服务业将实现新的发展。

5. **俄罗斯、欧盟的出口替代的可持续性**

2023 年全球经济放缓、需求不足的问题更加严峻，外需对经济增长的支撑作用可能大幅减弱。但从另一方面看，俄乌冲突仍在持续，欧洲各国也对俄罗斯实施了大规模制裁，部分面向俄罗斯、欧盟的出口订单开始向我国转移，如果能够承接住、承接好这些订单，将在一定程度上弥补出口需求回落的造成的经济下滑。

6. **极端天气的不确定性**

2023 年极端天气是否出现是不确定的，但确定的是，浙江省能源对外依赖度高，结构调整尚需时日，如果极端天气频发，浙江能源保供的压力将更大，对企业的影响也将不可避免。

三、2023 年经济走势的三种情景假设

展望 2023 年，在积极的宏观政策加持下，充分评估六大变量对浙江经济可能带来的潜在影响，我们给出经济走势的三种情景假设（见表 1）：

1. **基准情形**

疫情、极端天气等不稳定因素相对平稳，突发零散疫情影响面较小；俄乌冲突不再升级，国际局势趋于缓和，大宗商品价格高位回落，外部环境逐渐改善；经济政策稳步见效，房地产市场筑底企稳，经济内生恢复动力好于 2022 年，叠加 2022 年的低基数影响，2023 年 GDP 增速达到 5.5%左右。

2. **悲观情形**

由于疫情反复、俄乌冲突加剧、全球通胀高企以及极端天气等因素扰动冲击，政策未能带动企业生产、居民消费的内生修复，房地产市场仍继续下行探底，只有通过政府债务的上升才能换取接近 5%的 GDP 增速。

3. **乐观情形**

整体宏观环境明显改善，俄乌冲突结束加快国际经济秩序的恢复，疫情、极端天气等对经济影响较小，经济循环加速畅通，需求、消费等经济内生动能明显增强，经济增速回到 6%以上的疫情前水平。

表 1　2023 年三种情景下 GDP 和三次产业增速初步预测

单位：%

	2022 年前三季度	2022 年预计	情景一	情景二	情景三
GDP	3.1	4 左右	6 左右	5.5 左右	5 左右
一产	2.8	3 左右	2 左右	2 左右	2 左右
二产	4	4 以上	6.5 左右	6 左右	5.5 左右
工业	4.1	5.5 左右	6.8 左右	6.3 左右	5.8 左右
三产	2.3	3 左右	5.5 左右	5 左右	4.5 左右

四、2023 年主要指标的支撑性分析

综合分析研判，我们认为情景二较为合理，预计 2023 年一产、二产、三产分别

增长2%、6%、5%，对GDP贡献比2022年前三季度提高2个百分点以上，能够支撑GDP增长5.5%。

1. **工业增加值增长6.3%左右**

2022年以来，受诸多超预期因素冲击，工业经济走势波动明显，如4月受上海疫情影响，规模以上工业增加值同比下降1.9%，7月受有序用电影响，增速再次回落到3.6%。展望2023年：

（1）从有利因素分析，受益于数字化转型的领先优势，以及国家政策的大力支持，工业新动能增长韧性不断增强，将继续对工业增长形成正向推动。例如，医药、计算机通信产业仍处于快速发展期，保持20%左右增速有希望；汽车制造业2023年上半年将呈恢复性增长态势，带动全年保持10%以上的增长。此外，通用设备、电器机械、金属制品等行业去库存步伐加快，预计2023年增速将有所提升。

（2）从不利因素分析，大宗商品价格位于高位，挤压制造业以及中小企业的利润空间，企业扩生产意愿不足，存在较大的不确定性。纺织、服装、皮革、化纤、造纸行业在2022年低基数基础上，增速有望有所提高，但提高的幅度取决于市场需求（特别是出口需求）的回升。

综合分析，预计2023年规模以上工业增加值增速在6%以上，规模以下工业增加值有望好于2022年，全部工业增加值增速为6.3%，比2022年第三季度高出2个百分点以上，对GDP贡献比2022年前三季度高出1个百分点以上。

2. **服务业增加值增长5%左右**

接触性聚集性服务业受疫情的影响依然存在，2022年前三季度交通运输业已转为负增长，住宿和餐饮业同比下降0.2%，随着统筹疫情防控和经济社会发展措施精准性不断提高，预计2023年恢复将好于2022年；在消费“慢变量”持续承压下，预计2023年批发零售业增速难有大的改善，继续保持4%的增速；随着高基数效应的消失，信息服务业增长有望重回正常轨道，预计增长10%；房地产销售面积或仍将处于负增长区间，房地产业或将继续拖累经济；金融业对服务业拉动作用有望保持在稳定的水平。

以此推算，预计2023年服务业增加值增速为5%，比2022年前三季度高出2.5个百分点，对GDP贡献比2022年前三季度高出1个百分点以上。

3. **一产增加值增长2%左右**

从历年情况看，在不发生重大突发性事件的情形下，2023年浙江省农林牧渔业增速保持在2%左右是有把握的。

（执笔：蒋明 王宁江 李中英 孟寅敏 肖琛）

30　2022 年安徽省经济形势分析及 2023 年展望

安徽省经济信息中心

2022 年，面对日趋复杂严峻的外部环境，安徽认真贯彻党中央、国务院决策部署及省委、省政府工作要求，按照“疫情要防住、经济要稳住、发展要安全”的要求，高效统筹疫情防控和经济社会发展，推深做实“六稳”“六保”工作，扎实推进一系列稳经济政策措施落地落实，全省经济企稳回升，主要经济指标运行在合理区间。展望 2023 年，全球经济或陷入衰退，国际环境更趋复杂严峻，但我国经济长期向好的基本面没有改变，防疫措施优化调整也将使疫情对经济社会的影响降低，安徽仍处于有利发展机遇期，经济将继续运行在合理区间。

一、2022 年经济运行情况

1. 经济韧性总体较强

2022 年以来，受疫情等因素影响，安徽经济运行经历了“平稳开局、显著放缓、温和修复”三个阶段，第一季度、上半年、前三季度 GDP 增速分别为 5.2%、3.0%和 3.3%，增幅居长三角首位。前三季度，全省 GDP 总量达到 3.37 万亿元，位居全国第一方阵。10 月份以来，合肥等地的疫情形势严峻，防疫取得了不错效果，但仍会对全省经济恢复性增长造成一定影响。第四季度经济将延续复苏态势，全年全省经济增速有望高于前三季度。

2. 新动能发展态势良好

以市场的逻辑、资本的力量推进新兴产业发展，深化“双招双引”工作，新动能对经济增长的支撑作用显著增强。前三季度，安徽省战略性新兴产业产值增长 15.5%，增速比全部工业高 5.2 个百分点；高技术制造业增加值增长 10.1%，增速比全部工业高 4.3 个百分点。重点行业产品产量实现较快增长，光纤、集成电路、新能源汽车、液晶显示屏产量分别增长 29.5 倍、92.2%、76.2%和 31.9%。

3. **投资消费“双轮”驱动**

深入实施扩大内需战略，以“干货”政策发力有效投资，推进重点项目建设落地落实。截至 11 月，安徽已组织 4 批重大项目集中开工动员，包含项目 3629 个、总投资 2.4 万亿元。前三季度，全省固定资产投资增长 8.8%，比全国平均水平高出 2.9 个百分点。在稳增长促消费政策支持下，消费市场稳中趋升，对经济发展的基础性作用逐步巩固。前三季度，全省社会消费品零售总额增长 0.9%，增速较上半年回升 1.2 个百分点，比全国平均水平高出 0.2 个百分点。

4. **外贸新业态新模式加快发展**

出台实施《安徽省外贸发展提升三年行动方案》，培育发展新业态新模式，积极拓展外贸市场，进出口呈现量增质升动力足态势。全省进出口规模逐季抬升，累计规模保持中部第 2 位，前 10 个月进出口总值破 6000 亿元。外贸新业态大幅增长是亮点之一。前三季度，市场采购贸易方式出口增长 1.2 倍，安徽自由贸易试验区进出口增长 32.8%，对“一带一路”沿线国家和 RCEP 贸易伙伴进出口增长高于整体水平。

二、保持经济平稳健康发展的经验做法

1. **注重发挥政策集成效应**

全面落实国务院稳经济“33 条”，推进更大规模减税降费，出台支持市场主体纾困发展“23 条”、稳外贸稳外资促消费行动方案“20 条”、稳经济“36 条”、有效投资攻坚行动方案等一系列政策措施。聚焦实体经济面临的问题困难，部署开展“新春访万企、助力解难题”“优环境、稳经济”等活动，全省各级领导共收集各类问题 3.7 万个、解决率达 95%。凝聚政策服务和政务服务合力，稳市场主体。前三季度，全省新增减税降费及退税缓税缓费 1090 亿元；市场主体总量突破 700 万户。

2. **注重提升项目建设实效**

坚持把“双招双引”作为经济工作第一战场，建立顶格倾听、顶格协调、顶格推进的“双招双引”工作机制，充分发挥世界制造业大会等平台及行业协会的招商优势，创新实施“云指导”“云服务”“云签约”等线上招商方式，“双招双引”成效显著。上半年，十大新兴产业“双招双引”开工项目 3202 个、总投资 1.3 万亿元，新增投产项目 1341 个、总投资 5021 亿元。推行为企业投资和项目落地提供全过程、全要素、全生命周期的服务机制，加大项目调度频次和力度，省政府建立每

日视频调度机制，积极疏通项目建设堵点痛点难点。前三季度，全省重点项目计划内投资完成率、开工率、竣工率分别为93.1%、85.2%、101.1%。

3. 注重推进工业互联网赋能增效

构建多层次系统化工业互联网平台体系，打造代表工业互联网平台技术突破、应用赋能的标杆“双跨平台”。省内重点培育工业互联网平台130个，其中工信部试点示范30个、位居全国前列，科大讯飞“图聆”工业互联网平台入选国家级双跨平台。将“羚羊”省级综合服务平台作为推动有效市场和有为政府更好结合的关键载体，正式发布“羚羊工业互联网平台2.0”，以及“羚羊平台生态合作计划”，为各类中小企业提供更加精准的数字化解决方案。截至9月底，“羚羊”平台已入驻企业6.3万家，汇集工业App应用5423款、服务商上万家，入驻高校院所146所，汇聚科技成果5万多个。出台《推进制造业数字化模式创新行动方案（2022—2025年）》，为未来3年安徽工业互联网行业创新发展指明了方向。

4. 注重合力办好“惠民利民”大事小事

实施“10件‘民生大事’+10件‘关键小事’”20项民生工程。集中拿出150亿元，实施10项暖民心行动。上半年，10项暖民心行动38个监测指标中有23个完成进度超过50%，累计拨付暖民心行动资金32.31亿元。做好群众有感的“关键小事”，包括中小学课后服务、15分钟健身圈、15分钟阅读圈等10件小事，保障群众对品质生活的追求。常态化开展“四进一促”、“2+N”招聘会等活动。截至9月底，全省共发布“2+N”线上招聘会、举办线下主题招聘会超3万场。积极推进高校毕业生就业服务攻坚行动。

三、2023年宏观经济态势展望

当前，世界经济总体趋弱，全球动荡源和风险点增多，“黑天鹅”“灰犀牛”交替出现、新冠肺炎疫情反复延宕、地缘政治冲突加剧、美国激进加息风险外溢、多国通胀居高不下，全球性、系统性重大危机爆发的潜在风险大幅提升。IMF大幅下调全球143个经济体（占全球GDP的92%）2023年的经济增长预期，预计全球经济增长率为2.7%。市场普遍看好我国经济，IMF预计2023年我国GDP增长4.4%，比2022年高1.2个百分点；经合组织预计2023年我国GDP增速将反弹至4.7%。

综合看，2023年外部环境依然错综复杂，但国内经济向好的基本面没有变，安徽经济发展仍处于战略机遇期，经济有望继续保持相对较快增长。但是，2020年以来的疫情形势与经济形势变化关联度表明，疫情是安徽经济稳增长的重要影响因素，对未来疫情走势及其可能带来的影响仍需高度关注。

1. **第一产业将延续平稳运行态势**

2020—2021年，在科技强农、机械强农以及投资力度加大等支撑下，安徽第一产业增加值两年平均增长4.8%，高于往年增速（疫情前5年平均为3.5%），这一态势在2022年仍将延续。展望2023年，安徽将继续助农稳产增产，巩固农业基础大盘，进一步加快农村基础设施建设、农业科技装备提升，一产固定资产投资有望延续近两年的高速增长态势。另外，考虑到猪肉价格上涨预计会持续到2023年夏秋阶段，价格因素支撑或将增强。综上，初步预计2023年第一产业增加值增速有望继续保持在较高水平。

2. **第二产业有望逐步恢复向好**

2020—2021年，安徽第二产业增加值年均增长6.2%，展现出韧性强、恢复快的特点，2022年受疫情影响增速有所下降。展望2023年，第二产业增速有望逐步恢复至近两年的平均增长水平。一是工业重点行业支撑仍将有力。2022年以来，汽车、家电、电子信息等重点行业增长较快，以不足3成的比重实现对规模以上工业增长的贡献率超75%。随着《安徽省“十四五”科技创新规划》加快实施，以及汽车家电促消费活动开展、新能源汽车免征购置税延至2023年底等政策的落实，部分重点行业仍有望延续较快增长态势。二是制造业投资增势强劲。现在的投资结构就是未来的产业结构。在补链强链、提质升级等力度加大的背景下，制造业投资有望延续前期较高增长态势，有助于进一步强化产业增长动能。同时，考虑到基建投资持续发力、房地产市场有望筑底企稳，建筑业增长或加快，对二产形成一定拉动作用。

3. **第三产业加快复苏可期**

持续反复的疫情对服务业形成较大冲击，叠加房地产市场低位运行、“双减”政策实施等因素，2020—2021年安徽服务业增加值年均增长5.8%，2022年增速将略低。展望2023年，服务业有望逐步回归常态化增长轨道。一是房地产市场或筑底企稳。首套个人住房公积金贷款利率下调、居民换购住房个人所得税退税等一系列房地产政策“组合拳”效应将在2023年显现效果，市场信心或将逐步修复，叠加低基数因素，房地产业对服务业增长的贡献有望转负为正。二是防疫政策优化调整影响。平台数据显示，《关于进一步优化新冠肺炎疫情防控措施 科学精准做好防控工作的通知》出台后，机票和酒店的搜索量、预定量大幅增加。若不发生疫情大规模反复，住宿餐饮、文化旅游等接触型服务业将逐步恢复，有望对服务业增长形成较强支撑。

4. **投资有望继续保持较高增长水平**

一是重点项目投资将继续发挥“压舱石”作用。2020—2022 年，安徽省重点项目计划投资 1.31 万亿元、1.48 万亿元和 1.66 万亿元，最终计划投资加储备项目共完成投资 1.77 万亿元和 1.79 万亿元，2022 年前三季度已完成 1.59 万亿元。根据近年重点项目计划投资规模和超序时进度趋势，2023 年重点项目投资规模仍将较大。二是提前谋划储备专项债项目。稳经济大盘第四季度工作推进会议提出，依法依规提前下达 2023 年专项债部分限额，这将有助于尽快形成实物工作量，以扩大有效投资稳增长。三是房地产投资有望触底企稳。在房地产政策效应发挥、房企融资环境边际改善等作用下，房地产开发投资有望逐步企稳，对固定资产投资的拖累也将减小。同时，安徽将继续实施有效投资攻坚行动，全力推动项目尽早开工、加快建设，2023 年固定资产投资仍有望实现较高增长。

5. **消费增长潜力有望释放**

2020—2021 年，安徽社会消费品零售总额年均增长 9.4%，2022 年受疫情反复冲击，消费增长乏力。展望 2023 年，受益于疫情防控政策优化调整，消费市场或将出现明显反弹。原因在于：一是消费与宏观经济密切相关。随着经济逐步恢复，就业压力有望减小，居民收入也有望进一步增加，对消费意愿和消费信心提升有较强的支撑作用。二是促消费政策效应得以显现。2022 年以来出台的促消费政策效应将在 2023 年继续释放，叠加一些新的政策措施，将促进消费增长。但是，消费恢复仍将面临疫情带来的不确定性。

6. **居民收入将与经济同步增长**

2018—2021 年，安徽居民人均可支配收入与 GDP 年均实际增速均为 6.8%。2022 年前三季度，居民人均可支配收入实际增长 4.1%，比 GDP 增速高出 0.8 个百分点。党的二十大报告提出，努力提高居民收入在国民收入分配中的比重，提高劳动报酬在初次分配中的比重，扩大中等收入群体比重。安徽出台了在重点工程项目中大力实施以工代赈促进当地群众就业增收实施方案、促进残疾人就业三年行动，2023 年预计将出台更多促进农民和低收入者增收的政策措施，进一步深化收入分配制度改革。同时，经济复苏向好也将支撑居民收入稳定增长。

（执笔：李红梅 何婷婷 孙韩 赵子青）

31　2022年福建省经济形势分析及2023年展望

福建省经济信息中心

2022年，福建省经济工作坚持稳字当头、稳中求进，全面实施“提高效率、提升效能、提增效益”行动，高效统筹疫情防控和经济社会发展，积极落实稳经济一揽子政策和接续措施，经济运行总体平稳，主要经济指标保持在合理区间，为全国稳定经济大盘作出了福建贡献。结合与相关智库联合开展研究，综合考虑各种影响因素并结合机器学习、深度学习等前沿算法模型，初步预测2022年第四季度全省GDP增速将小幅上升，全年增长5.5%；2023年将继续稳进提速，全省GDP增长6.5%。

一、2022年经济运行特点及全年预测

（一）前三季度经济运行情况

1. 经济稳中向好

前三季度，全省生产总值增长5.2%，增速比上半年提高0.6个百分点，比全国平均水平高出2.2个百分点。其中，一产、二产、三产分别增长4.9%、5.8%、4.7%，增速分别比上半年提高0.1个、0.4个、0.9个百分点。

2. 工业支撑有力

前三季度，全省规上工业增加值增长6.3%，比全国平均水平高出2.4个百分点。全省38个行业大类中，有28个行业增加值实现增长，行业增长面为73.7%。高技术产业增加值增长18.4%，增幅比规模以上工业高出12.1个百分点，对规模以上工业增加值增长的贡献率达44.1%。

3. 服务业加快恢复

前三季度，全省服务业增加值增长4.7%，增速比上半年提高0.9个百分点，比全国平均水平高出2.5个百分点。信息传输软件和信息技术服务业、金融业、批发

和零售业、住宿和餐饮业、交通运输仓储和邮政业分别增长 10.4%、7.6%、7.5%、4.5%、0.3%，房地产业下降 1.0%。生产性服务业增势较好，互联网和相关服务增长 25.8%，租赁和商务服务业增长 26.0%，研究和试验发展业增长 37.4%。

4. 投资稳中有快

前三季度，全省固定资产投资增长 9.2%，增速与上半年持平，比全国平均水平高出 3.3 个百分点。房地产开发投资下降 8.0%，制造业投资增长 23.2%，基础设施投资增长 14.4%。全省有效投资（建筑安装工程投资和设备工器具购置费）增长 11.5%，比上半年提高 0.5 个百分点，占全省投资的 79.2%，同比提高 1.7 个百分点，对全省投资增长的贡献率达 97.4%，拉动全省投资增长 8.9 个百分点。

5. 消费持续回暖

前三季度，全省社会消费品零售总额增长 4.1%，增速比上半年提高 1.1 个百分点，比全国平均水平高出 3.4 个百分点。线上线下零售齐发力，限额以上实体店零售额增长 5.2%，增速比上半年提高 1.5 个百分点；限额以上网络零售额增长 24.4%，占限额以上消费品零售额的比重为 24.8%，同比提高 3.2 个百分点。

6. 出口增势稳固

前三季度，全省进出口增长 9.2%，比上半年回落 3.2 个百分点，比全国平均水平低 0.7 个百分点，其中，出口增长 14.2%，比全国平均水平高 0.4 个百分点；进口增长 2.3%，比全国平均水平低 2.9 个百分点。

（二）第四季度和全年经济运行预测

第四季度，随着稳经济一揽子政策和接续措施落地显现，全省经济将稳步复苏，GDP 增速较第三季度将小幅上升，预测全年增长 5.5%。在高技术产业加快增长、供应链和物流运输改善等因素支撑下，工业将稳定增长，但受生产成本加大、部分高耗能行业增速放缓等影响，预测全年增长 6.5%。在传统消费旺季、促消费政策发力等因素作用下，随着疫情防控措施优化调整，消费市场将逐步恢复，预测全年增长 5%。投资在基础设施投资和技改投资较快增长、资金保障更加有力等支撑下将保持平稳增长，但仍面临房地产投资疲软、投资信心意愿不足等问题，预测全年增长 8.5%。外贸环境不确定因素较多，但在稳外贸政策持续发力等促进下，出口全年将增长 13.5%。

二、稳经济的有效做法和典型经验

1. 高水平建设创新型省份

一是通过打造福厦泉国家自主创新示范区创新高地，推动高新区联动发展，推进创新型县市建设等创新引擎，联动推进区域科技创新中心建设。二是实施创新平台建设行动，建设中国东南（福建）科学城、厦门科学城、泉州时空科创基地，高水平建设省创新研究院，首批 4 家省创新实验室高效运转。三是实施体制机制创新行动。推行“揭榜挂帅”“赛马”“军令状”等攻关机制。推广科技特派员制度，科技特派员创业和技术服务实现乡镇和重点建制村全覆盖、一二三产业全覆盖。

2. 做大做强做优四大经济

一是着力打造数字经济新引擎。加快建设国家数字经济创新发展试验区，实施新型基础设施建设工程，深入开展“上云用数赋智”行动，布局福建大数据交易所等数字经济平台，遴选一批“独角兽”“瞪羚”企业。二是着力拓展海洋经济新空间。深入实施海洋经济高质量发展三年行动，加快建设福州、厦门国家海洋经济发展示范区，发展海上风电、海洋信息等产业，形成“一带六湾多岛”的区域海洋经济发展格局。三是着力壮大绿色经济新优势。建设国家新能源产业创新示范区，推进“电动福建”建设，推广应用新能源汽车，建设国内领先的电动船舶研发制造基地。四是着力打响文旅经济新品牌。加快建设全域生态旅游省，实施文化旅游融合示范工程，推动康旅、茶旅、农旅、渔旅等跨界融合，推进平潭国际旅游岛等重点海岛建设，推动厦门植物园创建国家 5A 级景区、永定创建国家级旅游度假区。

3. 全力扩大有效需求

一是积极扩大有效投资。深入实施项目攻坚行动，加快基础设施建设，加大民生补短板投资力度。用好地方政府专项债券和政策性、开发性金融工具等，谋划建设一批大项目、好项目。二是加快消费回补、扩容提质。结合暑期、节庆、会展、旅游促消费，常态化开展“全闽乐购”等活动，统筹做好福茶、福酒、闽菜、闽品、万福商旅等“福消费”文章。三是扩大对外经贸合作交流。培育壮大外贸新模式新业态，推进厦门金砖国家新工业革命伙伴关系创新基地建设，持续办好中国国际投资贸易洽谈会，扩大“丝路海运”品牌影响，建好海丝中央法务区、“两国双园”等标志性项目。

4. 持续打造更优营商环境

一是推出系列创新改革举措。出台《福建省优化营商环境条例》，推出包容审慎监管“四张清单”“八闽办税码”“人策匹配机器人”等一批具有福建特色的改革举措和创新做法，创新推出营商环境数字化监测督导机制。二是高效能培优民营经济。出台《关于推动民营经济创新发展的若干措施》，大力传承弘扬“晋江经验”，支持泉州创建民营经济示范城市。上半年出台 80 多项助企纾困政策，帮助企业化解难题、恢复发展。

三、2023 年宏观经济运行态势展望

尽管福建省面临的国内外环境依然错综复杂，但随着省内生产需求持续回升，多区叠加政策持续释放改革开放红利，疫情防控政策优化调整释放积极预期，全省经济有望进一步稳进提速。初步预测 2023 年全省 GDP 增长 6.5%，工业增长 7.5%，投资增长 6.0%，消费增长 8.0%，出口增长 7.0%。

1. 投资将稳中趋优

有利因素：一是基础设施投资将持续增长。专项债规模增加和领域扩大、政策性开发性金融工具效能发挥等，重大项目审批提速，将助推基建投资形成更多实物量。二是制造业投资将持续走强。专项再贷款与财政贴息配套支持部分领域设备更新改造、金融信贷支持企业力度加大等利好因素，高技术产业投资延续高增长，将支撑制造业投资提速提质。三是重点项目投资拉动持续发力。全省上下聚焦项目谋划招引、要素保障协调等，一批龙头大项目将释放投资，重点项目拉动投资增长贡献更加突出。

不利因素：一是房地产投资短期回暖难度较大。房地产市场销售情况依然偏冷，房企拿地能力和建设能力下降，生产经营态度更加谨慎。二是地方政府财政收支承压，基建资金缺口加大。大规模减税降费政策，防疫、民生等刚性支出增长，地方政府财政收入矛盾较为突出，部分地区基建投资资金紧张。三是投资意愿不足。在国内外需求增长放缓背景下，利润率持续下滑增加了企业经营难度，企业投资信心不足。

2. 消费将温和复苏

有利因素：一是一系列促消费措施、“全闽乐购”促消费活动等将持续发力，助推消费潜力加快释放。二是数字化新型消费渠道加速线上线下消费融合，绿色消费、智能消费、健康消费等消费热点不断涌现，旧消费场景恢复与新消费场景增多，为消费增长注入强劲动能。三是支持刚性和改善性住房需求，“保交楼、稳民生”等政策效应逐步显现，房地产相关消费预期有望改善。四是就业形势总体稳定，民生保障更加有力，为消费恢复提供坚实保障。

不利因素：一是受大环境影响，导致消费者对未来预期的担忧，消费意愿短期走弱。居民收入增长放缓，影响社会消费能力。二是汽车“缺芯”问题仍将制约福建省占比高的汽车消费增长，国际油价走高或将抑制中低端汽车消费。

3. 外贸将继续承压

有利因素：一是新业态新模式不断发展壮大。跨境电商、外贸综合服务等较快发展，为稳外贸注入新动能。二是民营企业引领增长。随着营商环境不断优化、政策支持力度加大，民营企业活力不断提升，民营企业外贸将继续成为稳外贸的支撑力量。三是区域全面经济伙伴关系（RCEP）的实施为全省融入双循环、促进区域发展提供了重要机遇。

不利因素：受国际疫情反复发生、俄乌冲突、世界经济放缓等影响，福建主要贸易伙伴市场需求放缓或将对省内机电产品及劳动密集型产品出口造成一定压力。

4. 工业将稳定运行

有利因素：一是国家和省里出台的一系列稳工业增长政策将持续发挥效应，提高企业生产积极性。二是随着高质量做大做强先进制造业、龙头企业培优扶强程等工程建设持续推进，高技术产业将持续增长。三是民营工业支撑有力。随着改革力度不断加大，“晋江经验”不断传承发展，生产经营环境持续优化，民营企业创新创造活力日益提升。

不利因素：一是企业生产经营困难加大，预期减弱。市场需求恢复动力较弱，企业盈利能力下降等，将影响企业进一步扩大生产规模。二是部分行业结构性调整放缓。受“双碳”政策和房地产市场疲软等影响，钢铁、煤炭、水泥等行业生产增速下行压力加大。

5. 服务业将调整升级

有利因素：一是贯彻落实国家和省里已出台的支持服务业纾困解难的各项政策措施，将助力服务业困难行业企业恢复发展。二是疫情防控措施优化调整，接触性服务行业有望加快回暖向好。三是随着数字技术与生活领域加快融合渗透，疫后将助推服务应用和创新升级，服务业新业态新模式不断涌现。

不利因素：服务业 PMI 走弱，服务业市场主体信心不足，生活性服务业完全恢复到疫情前水平尚需时间，将影响服务业修复幅度。

课 题 负 责：蔡荣富
课题组成员：杨　东　林　庚　余晓红　张雪玲　陈体珠　李丽香　林　辉
执　　　笔：张雪玲　陈体珠　李丽香

32 2022年河南省经济形势分析及2023年展望

河南省营商环境和社会信用建设中心

2022年以来，面对国际局势变化和疫情多点散发等超预期挑战，河南省坚持以习近平新时代中国特色社会主义思想为统领，深入学习贯彻习近平总书记视察河南重要讲话重要指示精神，坚决落实党中央关于“疫情要防住、经济要稳住、发展要安全”的部署要求，坚持稳字当头、稳中求进，高效统筹疫情防控和经济社会发展，果断出台并加快推动落实稳经济一揽子政策和接续措施，有效应对各种风险挑战，全省经济回升向好的基础进一步巩固，经济运行总体延续恢复发展态势，在实现“两个确保”目标上迈出坚实步伐，为稳住全国经济大盘作出积极贡献。

一、2022年经济运行的主要态势与特征

2022年前三季度河南省地区生产总值为47022.73亿元，同比增长3.7%，增速比上半年提高0.6个百分点，比全国平均水平同出0.7个百分点，其中第一产业增加值为4539.94亿元，同比增长4.7%；第二产业增加值为20096.94亿元，同比增长4.5%；第三产业增加值为22385.85亿元，同比增长2.7%。

1. 三次产业恢复向好

一是农业生产稳中加固。河南省夏粮播种面积为8525.64万亩，总产量达到762.61亿斤，夏粮播种面积和总产量均居全国首位。河南省秋作物播种面积为1.19亿亩，其中粮食作物为7600万亩，通过抓防汛抓抗旱、调优粮食生产结构实现秋粮丰收。2022年河南省粮食产量预计超过1300亿斤，“中原粮仓”再次稳稳扛起保障国家粮食安全的重任。二是工业生产稳中有升。河南省深入推进“万人助万企”活动，随着工业产业链供应链快速修复及部分行业需求回暖，工业生产持续恢复和改善。前三季度河南省工业增加值为15861.33亿元，同比增长4.7%，其中规模以上工业增加值同比增长6.0%，高于全国2.1个百分点，规模以上工业40个大类中有32个保持增长。三是服务业经济稳中向好。前三季度河南省服务业增加值同比增长2.7%，比上半年加快0.5个百分点。金融活力有效释放，9月末河南省金融机构人

民币存、贷款余额分别达到92210.8亿元、75815.1亿元，同比分别增长9.6%、8.0%。交通物流持续恢复，前三季度河南省货物运输量为19.01亿吨，同比增长3.0%；快递业务总量为33.21亿件，同比增长9.9%。

2. 三大需求协同发力

一是固定资产投资保持较快增长。河南省启动稳经济重点项目集中攻坚行动，统筹推进“三个一批”项目建设，投资对稳经济的关键支撑作用日益凸显，前三季度全省固定资产投资同比增长9.9%，其中工业投资保持高增长韧性，前三季度同比增长23.4%；基础设施投资增速加快，前三季度同比增长9.1%。二是消费市场持续稳定恢复。河南省积极实施加快平台经济健康发展的意见、商贸流通领域促消费计划，开展消费促进月、双品网购节等一系列促消费活动，消费市场持续恢复，前三季度全省社会消费品零售额总额为17848.4亿元，同比增长1.9%，其中限额以上消费品零售额同比增长7.1%。三是进出口快速增长。在外贸各项利好政策支持下，河南省外贸取得显著成效，前三季度全省进出口总值达到6208.1亿元，同比增长12.1%，增速比全国平均水平高出2.2个百分点，其中出口为3842.6亿元，同比增长13.5%；进口为2365.5亿元，同比增长9.9%。

3. 市场预期企稳回升

一是先行指标持续恢复。2022年9月份，全国制造业采购经理指数（PMI）为50.1%，比上月上升0.7个百分点，升至荣枯线以上，表明我国经济总体延续恢复发展态势。2022年1—8月，河南省工业用电量为1474.61亿千瓦时，同比增长3.56%，其中制造业用电量1057.05亿千瓦时，同比增长5.17%。前三季度河南省货物周转量为8338.15亿吨公里，同比增长11.0%，增速比上半年提高3.2个百分点。二是CPI温和上涨，PPI涨幅收窄。前三季度河南省居民消费价格指数同比上涨1.5%，比全国平均水平低0.5个百分点。前三季度河南省工业生产者出厂价格指数同比上涨6.9%，涨幅高位回落。三是就业形势总体趋稳向好。河南省出台7条稳岗位提技能防失业实施意见和16条稳就业政策措施，不断加大重点群体帮扶、创业带动、职业技能培训和就业服务力度，全力以赴稳就业保就业。2022年1—8月，河南省城镇新增就业92.12万人，完成年度就业目标的83.7%。

4. 一流创新生态加快构建

河南省坚持把创新摆在发展的逻辑起点、现代化建设的核心位置，实施以创新驱动、科教兴省、人才强省战略为首的“十大战略”，加快构建一流创新生态。2022年以来，河南省聚焦国家重大战略需求、产业转型升级需要，启动大科学装置功能区核心区建设，布局超短超强激光等装置及配套设施，推动省科学院与中原科技城、国家技术转移郑州中心“三位一体”融合发展，同时重塑重构省实验室体系，新设立5家省实验室、15家省产业研究院、13家省中试基地、12家省创新联合体，建设覆盖科技创新全周期、全链条、全过程的开放式平台，形成以省实验室为核心、优质高端创新资源协同创新的“核心+基地+网络”创新格局，为建设国家创新高地提供有力支撑。2022年河南省启动43项重大科技专项，总投入42.8亿元；前7个月全省技术合同成交额达到620.78亿元，同比增长145.63%；前三季度全省一般公共预算支出中的科学技术支出同比增长55.9%，工业技改投资同比增长38.0%，增速比全部投资高出28.1个百分点。

5. 经济结构调整完善和优化升级扎实推进

一是产业结构不断优化。前三季度河南省工业增加值占GDP的比重为33.7%，同比提高0.6个百分点。前三季度河南省战略性新兴产业、高技术制造业增加值占规模以上工业的比重分别为25.1%、11.9%，同比分别提高1.6个、1.0个百分点。二是需求结构继续改善。前三季度河南省高技术制造业投资占工业投资的比重为12.6%，同比提高1.1个百分点。前三季度河南省限额以上体育娱乐用品类、文化办公用品类、通信器材类等升级类商品零售额增速分别比限额以上消费品零售总额高出9.8个、2.2个、1.8个百分点。前三季度河南省外贸结构加快调整，一般贸易、保税物流实现两位数增长，加工贸易占比下滑，其中对产业带动能力较强的一般贸易进出口值达到2232.5亿元，同比增长12.6%，占全省进出口总值的36%；以保税物流方式进出口值达到296亿元，同比增长53.9%。

6. 现代化产业体系能级和效能显著提升

随着产业结构调整和转型升级深入推进，河南省产业体系能级和效能显著提升，新动能加快孕育成长，经济发展质量和效益持续提高。一是先进制造业蓬勃发展。前三季度河南省规模以上高技术制造业、战略性新兴产业增加值增速分别比规模以上工业高出11.5个、3.0个百分点，对全省规模以上工业增长的贡献率分别达32.6%、37.8%，继续发挥引领带动作用；高技术制造业投资增长34.9%，高于全国11.5个百分点，高于工业投资增速11.5个百分点，拉动工业投资增长4.0个百分点。二是数字经济增长势头强劲。前三季度河南省计算机通信和其他电子设备制造业增加值、固定资产投资分别增长22.0%、37.8%；限额以上单位通过公共网络实现的零售额增长24.0%；卫星导航定位接收机、服务器、平板电脑、笔记本电脑产量同比分别增长71.4倍、20.5倍、7.2倍、1.3倍。三是新兴服务业发展活跃。2022年1—8月，河南省多式联运和运输代理业、互联网和相关服务业、软件和信息技术服务业营业收入分别增长34.6%、24.6%、15.6%，增速比全省规模以上服务业分别提高 33.0 个、23.0 个、14.0 个百分点。同时，河南省以网上零售为代表的新型消费蓬勃发展，成为消费增长新引擎，前三季度全省实物商品网上零售额 2641.5 亿元，同比增长 21.6%，零售额占全省社会消费品零售总额的 12.5%，增速居全国第 4 位。

7. 市场主体发展活力和社会创造力充分迸发

市场主体是经济增长的直接推动者，市场主体规模大、结构优、质量高，经济就有活力、有韧性、有后劲。2022 年以来，河南省全面贯彻落实《河南省优化营商环境条例》《河南省优化营商环境创新示范实施方案》《关于培育壮大市场主体的实施意见》《进一步优化营商环境更好服务市场主体实施方案》，直面市场主体需求，聚焦企业运营成本，着力破解企业生产经营中的堵点痛点，降低市场主体制度性交易成本，进一步激发市场活力，增强发展内生动力，加快打造市场化、法治化、国际化营商环境，培育壮大市场主体，夯实高质量发展根基。截至 2022 年 10 月，河南省实有市场主体 971.4 万户，跃居全国第 4 位，稳居中部六省第 1 位，较 2021 年年底增加 116 万户，增长 13.6%，全省市场主体实现了增量、增速“双提升”，为稳住全省经济大盘提供了有力支撑。

二、2022 年经济运行存在的主要问题

受国际环境复杂演变、疫情反复冲击等因素影响，河南省经济发展面临的不确定性和不稳定性因素明显增多，经济下行压力和风险挑战明显加大，部分主要经济指标增速出现不同程度放缓，经济持续快速恢复的基础有待进一步夯实，经济实现平稳运行所面临的一些突出问题亟待解决。

1. 从短期供需看，生产需求两端较为疲弱

从生产端看，受国际原油、有色金属等大宗商品价格波动传导和国内市场需求偏弱等多种因素影响，河南省工业品价格走势整体下行，涨幅从高位逐步回落，9 月份 PPI 同比上涨 1.2%，涨幅回落明显，导致价格因素对工业企业收入、利润增长的拉动作用逐渐减弱；当前国内市场需求总体偏弱，河南省多数工业企业经营成本高位运行，利润空间被挤压，企业经营效率和盈利能力下降，部分行业盈利困难，特别是量多面广且处于产业链中下游的中小微企业普遍反映订单难找、成本难降、账款难收、融资难求、人流物流难畅通，生产经营压力较大。此外，前三季度河南省生活性服务业、交通运输业等部分服务业领域恢复不及预期，特别是规模以上服务业企业营业收入下滑明显，导致服务业整体恢复态势受到短期抑制，发展势头趋

缓，纾困政策仍需加力。从需求端看，前三季度河南省房地产开发投资同比下降5.5%，商品房销售额同比下降16.8%，房地产市场仍在探底过程中。受房地产市场低迷影响，非金属矿物制品业、有色金属冶炼和压延加工业增加值同比下降，钢材、水泥、商品混凝土等产品产量也出现不同程度下滑，产业关联度较高的工程机械行业走势也较为疲软。新冠肺炎疫情反复，居民收入增速放缓，预期减弱，极大地抑制了消费需求，消费市场需求疲弱，恢复弱于市场预期，主要表现在住宿餐饮业零售额恢复较缓、传统实体店铺零售额增速较低、家居类商品受房地产市场影响日益显现，限额以上单位商品种类中，仍有近两成商品零售额尚未实现正向增长。

2. 从长期结构看，现代化产业体系亟须提升核心竞争力

从产业结构看，前三季度河南省三次产业之比为9.7∶42.7∶47.6，产业结构更趋协调，初步形成了以先进制造业和现代服务业为主体、特色现代农业为基础的现代产业体系，内生动力显著提升，但第三产业占比仍比全国平均水平低5.9个百分点，现代服务业规模、生产性服务业内部结构等与东部沿海地区相比差距较大，产业结构尚未形成明显的竞争优势。从工业内部结构看，完备的工业体系和强大的产业规模优势是建设现代化产业体系的基础，河南是全国工业大省，拥有40个工业大类，197个行业中类，583个行业小类，是很多产业循环的发起点、支撑点、结合点，在构建现代化产业体系方面具有良好的基础条件和比较优势。但是，河南省现阶段产业结构偏重，全省六大高耗能行业增加值占规模以上工业的38.3%，远高于战略性新兴产业和高技术制造业占比，以数字经济为代表的新产业新经济新业态规模与经济总量不匹配，整体发展质量不高，竞争力不强。从产业体系的技术支撑看，河南省依然面临关键核心技术受制于人、原始创新能力不足、产业标准话语权较弱等问题，高端制造业领域产品附加价值不高，多数企业在国际产业链分工中总体上仍处于全球价值链中低端，缺乏对产业链的控制力和话语权，尤其是核心基础零部件和元器件、先进基础工艺、关键基础材料、产业技术基础以及基础软件等配套领域的能力不足，难以支撑省内企业参与国际市场竞争以及在全球价值链上获得优势，导致河南省现代产业体系整体上处于全球价值链中低端，缺乏核心竞争力。从产业发展存在的矛盾和困境看，河南省传统产业发展动能不足，部分产业仍处在过度依赖规模扩张和能源资源要素驱动的阶段，尚未克服重复建设、低质同构、低生产效率、低利润率等固有弊端，加之受产业布局不协调、产业链协同能力不足、产业生态竞争力不强等因素影响，造成资源浪费、低端产品过剩、中高端产品不足、恶性竞争、效益低下等严重后果，导致河南省现代产业体系综合实力不强。从产业之间融合看，河南省产业发展存在农业与二、三产业融合水平不高、先进制造业和现代服务业融合程度不深、数字经济与传统产业融合不充分等断层现象，产业之间的关联融合能力不强，严重影响了整个产业体系的韧性和系统整合能力。

三、2023 年宏观经济形势展望

从国际环境看，世界百年未有之大变局加速演进，全球疫情仍处于高位，大国博弈日趋激烈，地缘冲突加剧演变，技术封锁和贸易保护等单边主义、保护主义抬头，经济全球化遭遇逆流，全球产业链供应链紊乱、大宗商品价格高企、能源供应紧张等风险频发，全球性通胀压力居高不下，欧美等发达经济体加速收紧货币政策，全球经济正迈入高通胀、高债务、高成本、低增长阶段，滞胀风险上升，经济增长预期受挫，增长动能趋弱，复苏之路面临严峻挑战。2022 年 10 月，IMF 发布《世界经济展望报告》，预计 2022 年全球经济将增长 3.2%，2023 年全球经济增速将进一步放缓至 2.7%。

从国内环境看，当前我国经济发展面临周期性因素和结构性因素叠加、短期问题和长期问题交织、外部冲击和新冠肺炎疫情冲击碰头等多重影响，需求收缩，供给冲击，预期转弱的“三重压力”在经济运行中日益显现。随着国务院 33 项稳经济措施和 19 项接续政策出台实施，经济整体呈持续恢复状态，但经济恢复的基础仍不牢固，面临居民消费投资疲弱、外需下降拖累出口走弱、居民增收持续乏力、物价结构性变化较大（PPI 与 CPI 剪刀差由正转负）、就业扩容提质难度较大、产业链供应链薄弱环节亟待巩固加强、房地产市场持续低迷、地方政府财政压力加大、中小金融机构风险暴露、人民币对美元汇率出现新一轮“急跌”等诸多问题，导致经济内生增长动能不足，经济恢复势头不够强劲，实际经济增速仍显著低于潜在增速水平。但从中长期看，我国经济体量大、韧性强、潜力足、回旋余地广、政策工具多，拥有雄厚的物质基础、丰富的人力资源、完整的产业体系、稳定的产业链供应链、超大规模的国内市场、巨大的内需潜力、强大的科技实力、不断壮大的实体经济等比较优势，这些因素共同构筑起经济的强大韧性和活力，我国经济稳中向好、长期向好的基本面没有变，高质量发展的大势没有变，完全有条件、有能力稳住宏观经济大盘。

2023 年，河南省要坚持以习近平新时代中国特色社会主义思想为指导，深入学习贯彻落实党的二十大精神，立足新发展阶段，完整、准确、全面贯彻新发展理念，紧抓构建新发展格局战略机遇，坚持稳中求进工作总基调，以推动高质量发展为主题，以市场机制和宏观调控为抓手，以改革创新为根本动力，坚持把实施扩大内需战略同深化供给侧结构性改革有机结合起来，科学统筹疫情防控和经济社会安全发展，用足用好用活宏观政策，积极应对超预期变化，扭转市场信心，改善市场预期，释放市场主体活力，积极扩大有效投资和消费需求，加速新旧动能转换，加快建设现代化经济体系，着力提高全要素生产率，着力提升产业链供应链韧性和安全水平，着力增强产业体系的核心竞争力和综合实力，推动经济实现质的有效提升和量的合理增长，奋力谱写全面建设社会主义现代化中原更加出彩的绚丽篇章！考虑到复杂多变的国内外环境，河南省经济运行面临的下行压力依然较大，基于新古典经济增长理论构建向量自回归移动平均模型（VARMA），预计 2023 年河南省经济增速将保持在 4%~6%的区间。

（执笔：刘洋　张东阳　赵向阳　张函　邢剑锋　缑凯莉）

33　2022 年广西壮族自治区经济形势分析及 2023 年展望

广西壮族自治区宏观经济研究院

一、宏观经济走势：经历“平稳-下行-恢复”发展态势

2022 年以来，国际环境更趋复杂严峻，国内疫情多发散发，超预期突发因素带来严重冲击，广西经济下行压力持续较大，出现了一定程度的波动，但总体运行在合理区间。总的看，2022 年广西经济总体经历了“平稳-下行-恢复”的发展走势。平稳：第一季度广西经济实现平稳开局，地区生产总值同比增长 4.9%。下行：进入第二季度，受新一轮疫情和外部环境变化等超预期因素影响，经济下行压力持续加大，4 月份主要指标增速明显转弱，5 月份主要指标降幅收窄、6 月份边际回升；上半年，地区生产总值同比增长 2.7%，增幅比第一季度回落 2.2 个百分点。恢复：进入第三季度以来，随着国家和自治区一系列稳经济大盘政策的落地实施，经济企稳回升的势头持续显现，前三季度地区生产总值同比增长 3.1%，增速比上半年提高 0.4 个百分点。广西地区生产总值累计增速走势见图 1。

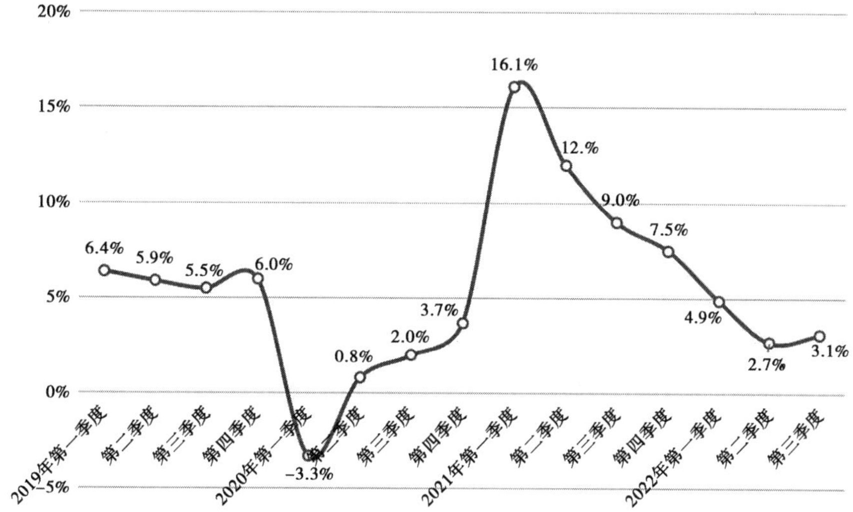

图 1　广西地区生产总值累计增速走势

二、经济工作成效：多项政策“组合拳”稳住经济基本盘

（一）紧跟国家步伐，强化宏观政策“组合拳”

1. 加力打好政策组合拳

全面贯彻落实党中央“疫情要防住、经济要稳住、发展要安全”的要求，把握关键时点、聚焦重点问题，精准施策深挖稳增长潜力动力。尤其是5月以来，广西认真贯彻全国稳住经济大盘电视电话会议精神，及时出台实施国务院稳经济一揽子政策和接续政策措施分工方案，出台服务业纾困48条、扩大有效投资10条、稳工业40条、稳消费26条、加快旅游业恢复20条、稳外贸15条、招商引资10条等政策措施，推动政策组合效能持续释放，为稳定市场预期发挥了至关重要的作用。

2. 精准聚焦完善工作机制

成立自治区“稳中求进攻坚年”总指挥部和“十场攻坚战[1]”指挥部，建立工作提醒约谈机制强化督查问效、自治区政府领导联系推进政策性开发性金融工具（基金）已签约投放项目责任制、广西稳住经济大盘督导和服务机制。针对相应行业和领域发展存在的突出困难问题，出台实施一系列政策措施，强化政策“一站式、无障碍”直达企业。其中，广西“桂惠贷”提升市场融资便利度、钦州市创新模式夯实工业发展根基、北海市推行“三色管理”打好保通保畅“攻坚战”三条典型经验做法获得国务院通报表扬。

（二）重点突破攻坚，主要经济指标总体回稳趋好

多措并举夯实“稳”的基础、凝聚“进”的力量，有力促进全区经济回稳向好，主要指标比上半年“5升1降”。前三季度，广西一般公共预算收入同比增长1.3%，增速比上半年提高1.9个百分点，规模以上工业增加值同比增长5.5%，增速比上半年提高1.5个百分点，社会消费品零售总额同比增长1%，增速比上半年提高0.9个百分点，外贸进出口总额同比下降2.1%，降幅比上半年收窄15.9%个百分点；固定资产投资同比增长1.6%，增速比上半年回落0.9个百分点。具体来看：

1. 农业方面，各领域生产保持丰产丰收态势

严格落实粮食安全和耕地保护党政同责，发放种粮补贴资金32.1亿元，建立生猪

[1] “十场攻坚战”包括：稳工业保运行、稳投资增后劲、稳粮食兴乡村、稳消费拓市场、稳外贸扩开放、稳主体激活力、稳财金惠实体、稳生态促转型、稳就业保民生、稳大局保平安。

产能调控基地 407 个，保持重点农产品供应充足、价格稳定。前三季度，广西第一产业增加值同比增长 4.2%，对经济增长的贡献率为 18.3%。粮食实现稳产增收，2022 年广西早稻总产量和面积全国排名稳居第四，单产全国排名位居第八，夏粮播种面积、单产、总产保持“三增长”。生猪生产和供应形势持续向好，截至 9 月末全区生猪存栏 2142.48 万头，同比增长 5.3%，1—9 月生猪出栏 2659.22 万头，同比增长 6.8%。

2. 工业方面，新兴行业发挥重要支撑作用

狠抓工业项目投资，持续推动产业链供应链稳定，不断稳定市场主体预期，工业增长动能逐步修复。前三季度，全区工业增加值同比增长 4.2%，增速比上半年提高 1.3 个百分点；7—9 月规模以上工业增加值当月分别增长 5.3%、9.5%、14.3%，其中 9 月份增速为第二季度以来当月最高增速（见图 2）。分三大门类看，采矿业、制造业、电力热力燃气及水生产和供应业同比分别增长 7.5%、4.9%、9.7%。汽车制造业增加值增长 9.4%，其中 7—9 月当月汽车产量分别为 16.42 万辆、17.44 万辆、19.86 万辆，产量逐月回升。

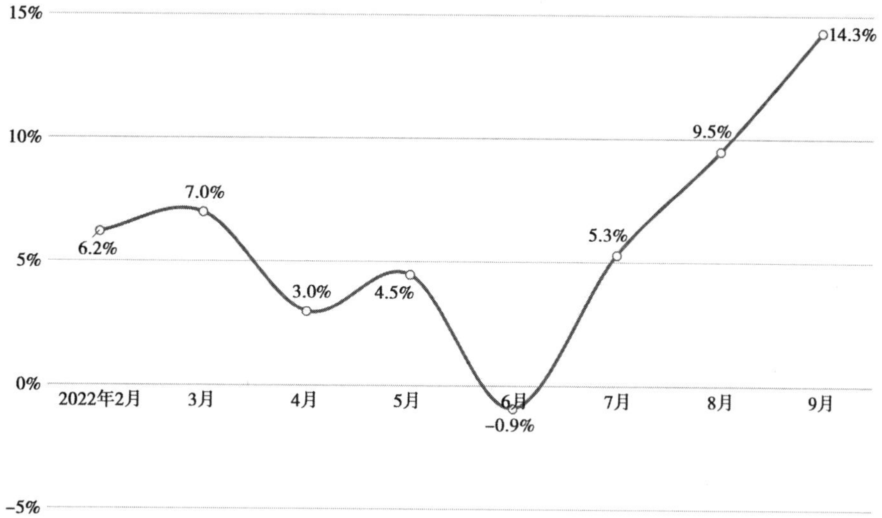

图 2　广西规模以上工业增加值当月增速走势

3. 投资方面，工业和基建投资增势较好

狠抓中央预算内投资和政府专项债券项目申报和资金拨付，在全国率先建立全面加强基础设施建设推进有效投资重要项目协调机制，着力推动工业和基建投资保持平稳较快增长。前三季度，广西工业投资同比增长 37.4%、比上半年提高 1.6 个百分点，拉动全部投资增长 8.6 个百分点，增速比全国平均水平高出 26.3 个百分点，其中制造业、电力热力燃气及水生产供应业投资同比分别增长 34.7%、61.8%；基础设施投资同比增长 9.2%增速比上半年提高 1.2 个百分点，拉动全部投资增长

2.7 个百分点，其中道路运输业投资增长 7.3%、铁路运输业投资增长 26.6%。广西工业投资累计增速走势见图 3。

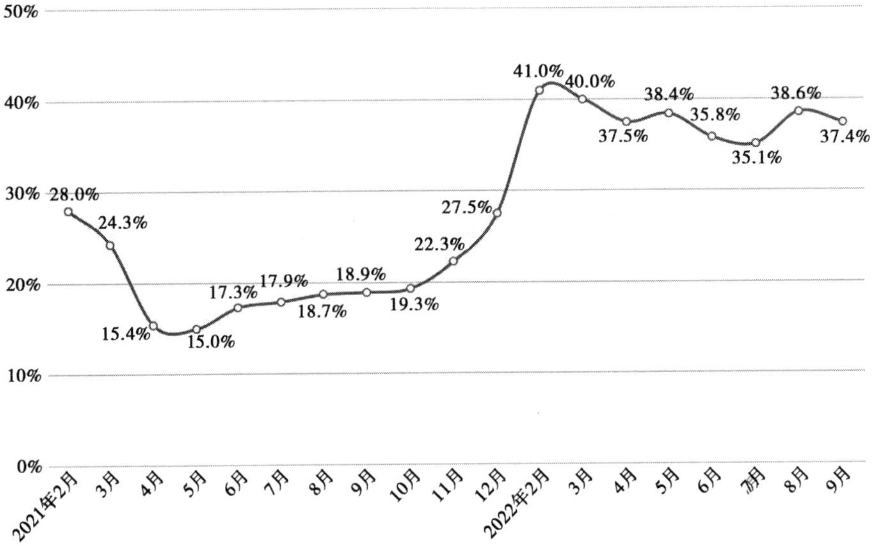

图 3 广西工业投资累计增速走势

4. 消费方面，重点领域消费潜力逐步释放

持续开展广西“33 消费节”、2022 中国-东盟国际消费季等系列促消费活动，加大重点商品促销力度，有效促进消费市场回暖。前三季度，广西限额以上消费品零售总额同比增长 6.6%，其中 7—9 月当月分别同比增长 6.1%、9.9%、10.4%，逐月回升态势明显。线上线下销售加快恢复，前三季度广西实物商品网上零售额同比增长 13.2%，增速比全国平均水平高出 7.1 个百分点，拉动全区消费增长 1.1 个百分点；限额以上实体店商品零售额同比增长 6.1%、比全国平均水平高出 3.8 个百分点。广西限额以上消费品零售额累计增速走势见图 4。

5. 外资外贸方面，开放发展活力持续显现

积极服务和融入新发展格局，抢抓 RCEP 生效实施重大机遇，深挖外贸增长潜力。前三季度，广西外贸进出口总额同比下降 2.1%、降幅比 1—8 月收窄 5.7 个百分点，已连续 6 个月收窄。港口货物贸易规模持续扩大，前三季度北部湾港货物吞吐量在全国沿海港口中排第 9 位，其中集装箱吞吐量排第 8 位、增速排第 3 位；西部陆海新通道海铁联运班列发运集装箱 32.8 万标箱，折合到发 6557 列，同比增长 46%。“稳外资”“稳外贸”政策效果持续显现，前三季度广西成功争取外贷新增额度约 9.85 亿美元，占全国下达总贷款额的 9.4%，位居全国前列。广西外贸进出口总额累计增速走势见图 5。

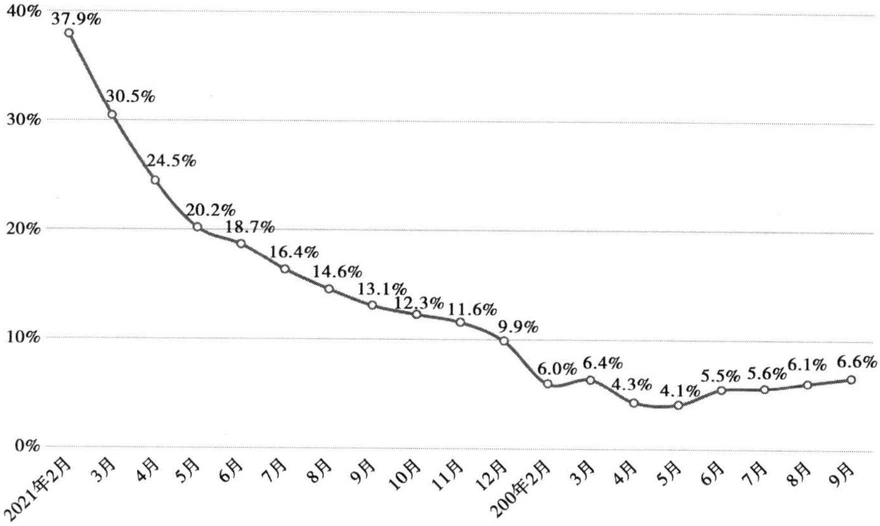

图 4　广西限额以上消费品零售总额累计增速走势

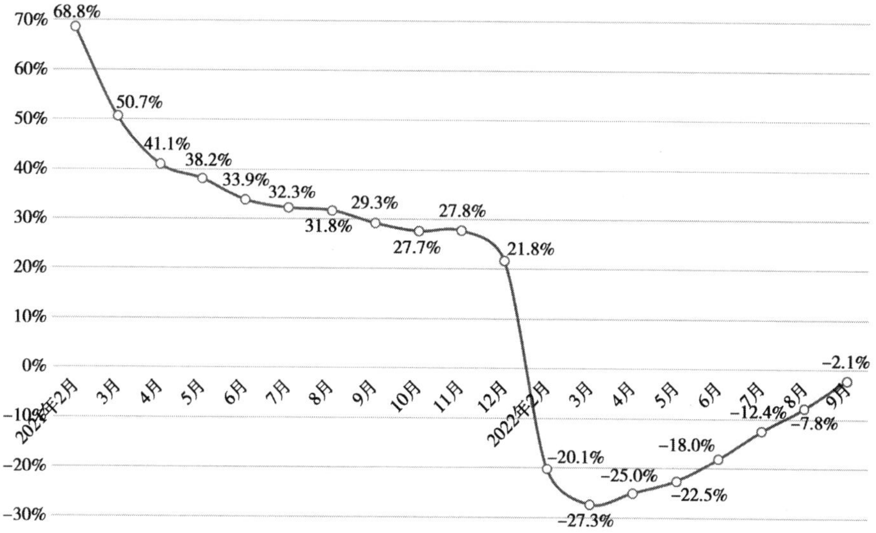

图 5　广西外贸进出口总额累计增速走势

（三）政策稳健有效，社会民生保障持续加固

优化财政支出结构，加大存量资金盘活使用力度，优先统筹安排用于社会民生重点领域，加大以工代赈力度，常态化开展农民工务工“点对点”服务，及时兑现援企稳岗政策，织密织牢社会民生保障网。民生保障方面，前三季度，广西财政投入民生领域的支出达 3671. 37 亿元、占一般公共预算支出的比重为 77. 9%，其中社会保障和就业支出、教育支出分别增长 7. 5%和 3. 2%。居民收入方面，前三季度，广西居民人均可支配收入实际增长 2. 6%，其中城镇居民人均可支配收入实际增长

1%，农村居民人均可支配收入实际增长4.2%。物价方面，前三季度，广西居民消费价格同比上涨2%，涨幅比上半年扩大0.4个百分点，与全国平均水平持平，呈温和上涨、平稳运行态势。

三、发展形势及展望：保持“稳中向好、承压恢复”积极态势

（一）面临的问题挑战：“三重压力”传导下增长动能持续减弱

2022年以来，在需求收缩、供给冲击、预期转弱的“三重压力”影响下，我国经济受到明显拖累、恢复步伐有所滞后，对广西经济发展的负面“共振”效应尤为明显，全区经济企稳回升的基础仍不牢固。主要体现在两个“弱”：

1. 供给端自我修复能力偏弱

受全球价格链传导影响，上游原材料价格上涨对中下游利润的挤占效应较强，压制了中下游企业投资扩产意愿，企业生产积极性减弱，阻碍了全区经济动能的恢复。广西资源型行业占比大，能源和原材料外部依存度高，传统支柱行业加快恢复的步伐受阻，对于企业最大的冲击是利润大幅缩减、生产积极性减弱，短期内供给不足的现象仍将持续。前三季度，广西规模以上工业增加值增速（5.5%）比西部地区平均水平（6.6%）低1.1个百分点，排全国第17位、西部地区第9位。

2. 需求端市场预期持续减弱

受预期转弱影响，广西微观主体预期信心不足，需求端观望情绪加重，内需对经济增长的拉动力偏弱。2022年以来，广西投资增速下滑幅度较大，由1—2月增长15%、比全国平均水平高2.8个百分点，转变为前三季度增长1.6%、比全国平均水平低4.3个百分点。与此同时，因原材料紧缺及大宗商品价格上涨，广西出口贸易型产业订单减少，叠加上年高基数影响，外贸进出口呈现负增长，前三季度下降2.1%，增速比全国平均水平低12个百分点。

（二）发展的积极因素：各项政策下沉力度持续加强

习近平总书记在党的二十大报告中对当前和今后一个时期经济社会发展作出了统筹谋划部署，尤其是习近平总书记在参加广西代表团讨论时发表的重要讲话，为广西贯彻落实二十大精神、做好广西工作指明了前进方向、提供了根本遵循。今后广西将积极贯彻落实党的二十大精神，强化“稳”字当头的预期，高效统筹疫情防控和经济社会发展各项工作，继续推动稳经济一揽子政策持续发力、出台一系列接续政策，工业、服务业、投资、消费等主要经济指标有望加快恢复。同时，随着广

西主动对接长江经济带发展、粤港澳大湾区建设等国家重大战略，推动与成渝地区双城经济圈、海南自由贸易港协同联动，持续推动中国-东盟开放合作走深走实，西部陆海新通道、中国（广西）自由贸易试验区、北部湾国际门户港、平陆运河等开放平台加快建设，内聚外合、纵横联动的向海区域发展新态势将进一步形成，以开放带动全区经济高质量发展的作用将进一步增强。

（三）2022—2023 年广西主要经济指标预测

未来，广西经济发展的积极因素逐渐增多，稳经济一揽子政策和接续政策措施将进一步形成组合效应、发挥聚合作用，经济有望走出筑底阶段，逐步恢复至潜在增长区间。与此同时，外部环境依然复杂严峻，地缘政治将持续影响经济和市场，广西经济下行压力仍然较大，部分领域加快恢复的基础仍不牢固。综合考虑，2022—2023 年广西经济将保持稳中向好、承压恢复的积极态势，预计 2022 年广西地区生产总值同比增长 4%；2023 年，预计地区生产总值增长 5.5%，规模以上工业增加值增长 7.5%，固定资产投资增长 6%，社会消费品零售总额增长 5%，外贸进出口总额增长 10%，CPI 增长 1.5%。

（执笔：李美莲　杨豫萍　张卫华　尚毛毛　陈斌）

34　2022年重庆市经济形势分析及2023年展望

重庆市综合经济研究院（重庆市经济信息中心）

2022年以来，国际政治经济形势错综复杂，国内着力稳经济大盘，有效应对"三重压力"，经济运行回稳向上。重庆面对本地疫情、极端天气、电力紧缺等超预期因素冲击，全力落实稳经济一揽子政策和接续措施，经济展现出良好韧性，主要经济指标增速逐步企稳，景气指数继续运行在趋冷区间，但回升势头明显。预计2022年重庆GDP同比增长2.1%。重庆宏观经济景气动向监测图见图1。

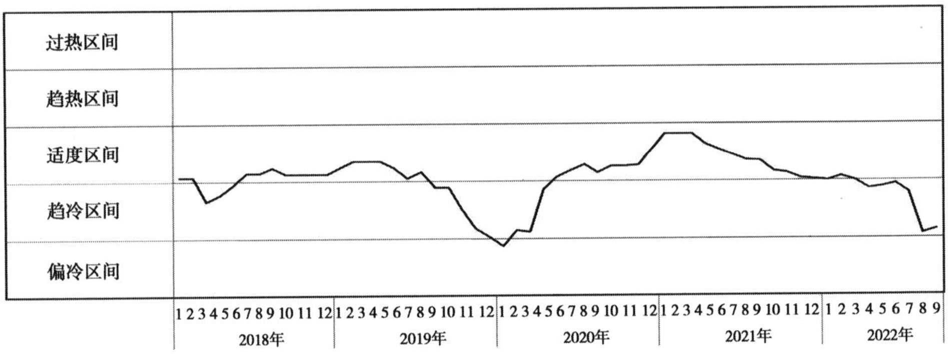

图1　重庆宏观经济景气动向监测图

一、2022年经济运行特征

（一）产业经济运行有所恢复

前三季度，重庆第一产业总体稳定，第二产业企稳回升，第三产业低位运行，对全市经济增长的贡献率分别为8.0%、48.6%和43.4%。

农业生产总体稳定。1—9月，重庆第一产业增加值实现1366.26亿元，同比增长3.7%。粮食安全保障有力，预计全年粮食播种面积3068.3万亩，同比增加48.5万亩；水稻、玉米、小麦产量总体稳定，但受高温干旱天气影响，甘薯等杂粮产量有所下降。1—9月蔬菜产量同比增长2.7%；生猪生产较平稳，9月末猪粮比升至

7. 16∶1，处于盈利区间。乡村休闲旅游业快速发展，1—9 月实现经营收入 817. 8 亿元、接待游客 2. 29 亿人次，同比分别增长 11. 3%、9. 9%。品牌建设深入推进，“巴味渝珍”、地理标志农产品分别达到 833 个、70 个，带动农产品网销大幅增长，1—9 月农产品网络零售额 133. 8 亿元，同比增长 26%。

工业回稳态势明显。1—9 月，重庆第二产业增加值完成 8375. 27 亿元，同比增长 3. 8%。工业经济回升，全口径工业增加值实现 5949. 83 亿元，同比增长 3. 3%；其中规模以上工业增加值同比增长 4. 0%，虽受 8 月份波动影响，增速仍然比全国平均水平高出 0. 1 个百分点。从支柱产业看，能源、汽摩、医药产业增加值累计同比增长 12. 0%、8. 1%、7. 0%，增速均高于规模以上工业总体水平，其中汽摩产业拉动规模以上工业增长 1. 5 个百分点；电子产业受市场需求低迷影响，增加值同比仅增长 0. 8%；材料、消费品、装备产业维持低位运行态势。工业新动能增势较强，1—9 月，战略性新兴产业增加值同比增长 7. 7%，增速比规模以上工业高出 3. 7 个百分点；其中，新能源汽车、工业机器人、服务机器人产量同比分别增长 1. 5 倍、41. 1%、38. 9%，为工业转型升级注入了新动力。建筑业呈现逐季回升走势，在交通基础设施、工业技改等投资带动下，全市建筑业增加值 1—9 月实现 2425. 4 亿元，同比增长 4. 9%，增速较第一季度、上半年分别提升 2. 6 个和 1. 3 个百分点；其中建筑安装工程投资同比增长 8. 9%，支撑了建筑业较快增长。

服务业低位运行。1—9 月，重庆第三产业增加值实现 11093. 53 亿元，同比增长 2. 5%，增速较第一季度及上半年分别降低 1. 7 个、0. 3 个百分点。生产性服务业运行分化。金融业运行趋缓，1—9 月新增社会融资规模 4929 亿元，同比少增 942 亿元；获批建设绿色金融改革创新试验区，绿色贷款增速保持在 30%以上。数字经济发展活力较强，数字人民币试点加快推进，参与商户超 6 万家，服务应用场景不断丰富。软件业务收入同比增长 12. 6%，增速比全国平均水平高出 2. 8 个百分点。物流业复苏乏力，货运量同比下降 5. 0%，降幅较上半年扩大 1. 8 个百分点。生活性服务业有所恢复。随着疫情得到有效控制，住宿、餐饮、商业等不同程度回暖，其中住宿、餐饮营业额同比分别增长 2. 1%、4. 9%，增速较上半年分别提高 3. 1 个和 1. 7 个百分点。

（二）需求动力企稳态势明显

投资运行平稳，消费持续回升，进出口稳中趋缓，前三季度投资、消费和区域净流出对重庆经济增长的贡献率分别为 50%、44. 9%和 5. 1%。

投资总体平稳。得益于政府专项债、政策性开发性金融工具等政策效应持续释放，1—9 月重庆投资同比增长 3. 3%。但民间投资累计增速逐月回落至-4. 4%，增速比全国平均水平低 6. 4 个百分点。分领域看，基建、工业投资缓中趋稳，房地产投资持续下行。基建投资同比增长 8.0%，拉动全市投资增长 2.4 个百分点，其中交通、城建、农林水利等领域投资均呈现企稳回升势头；工业投资同比增长 9.5%，拉动全市投资增长 2.5 个百分点，其中高技术制造业投资增长 10.2%，增速较上半年提高 1.8 个百分点；房地产开发投资降幅加深，同比下降 12.5%，已连续 5 个月负增长。民生补短板力度加大，社会领域投资同比增长 21.8%，拉动全市投资增长 0.8 个百分点，卫生、文体投资增幅均超 25%。2020 年以来重庆及全国投资增长情况见图 2。

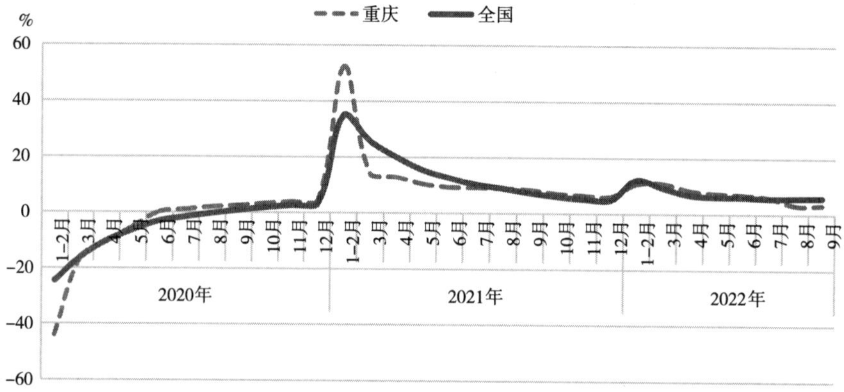

图 2　2020 年以来重庆及全国投资增长情况

消费有所回升。随着中央和地方一揽子稳经济增长政策和促消费措施落地显效，1—9 月，重庆实现社会消费品零售总额 10456.01 亿元，同比增长 1.5%，增速比上半年和同期全国平均水平分别高出 0.4 个、0.8 个百分点。从主要商品零售情况看，受汽车促销政策及油品价格因素等带动，汽车、石油及制品等出行类消费短期增势明显，同比分别增长 8.5%和 11.8%，合计拉动社会消费品零售总额增长约 1 个百分点，其中新能源汽车零售额同比增长 1.5 倍，占汽车类零售额比重由上年同期的 6.1%提高至 16.8%；在粮油价格上涨等带动下，粮油食品消费同比增长 11.7%，对限额以上消费品零售额的贡献率达到 31.4%；受居民压缩非刚性消费影响，服装、化妆品、金银珠宝等消费疲软，同比分别增长-7.6%、-6.2%和-7.2%；家具、建材等住房类相关消费同比分别增长 1.3%和 6.0%，增速比上半年分别低 0.8 个、4.3 个百分点。网上消费保持活跃，限额以上单位通过公共网络实现的零售额同比增长 37.3%，增速较上半年提高 4.4 个百分点，拉动全市社会消费吕零售总额增长 1.4 个百分点。

外贸稳中趋缓。在笔记本电脑、集成电路等电子产品出口低迷影响下，1—9 月重庆外贸进出口总值为 6259.5 亿元，同比增长 8.5%，增速比上半年和同期全国平均水平分别低 4 个、1.4 个百分点，自 4 月以来首次低于全国平均水平。外贸出口同比增长11.5%，增速较上半年放缓8个百分点，其中笔记本电脑出口增速由上半年的8.6%回落至-0.4%。汽车、游戏机及其零附件出口增势强劲，出口额分别同比增长73.4%和45倍。在集成电路、金属矿砂等大宗商品拉动下，进口同比增长3.3%，增速较上半年提高2个百分点。对“一带一路”沿线国家进出口稳步增长，其中随着RCEP实施，对RCEP其他成员国进出口1957.7亿元，同比增长12.8%，进出口额占全市比重达到31.3%。利用外资有所增长，1—9月实际使用外资12.2亿美元，同比增长13.9%。

（三）财政金融平衡矛盾增大

财政收支压力较大。受宏观经济低迷、组合式减税政策等因素影响，全市财政收支平衡压力显著增加。1—9月，一般公共预算收入、税收收入同比分别下降4.3%、11.2%[1]，均连续6个月负增长。其中，1—9月，新增减税降费及退税缓税缓费超570亿元，较好促进了企业恢复发展。从主要税种看，增值税、企业所得税收入同比分别下降10.7%、9.7%；受房地产市场低迷影响，城市维护建设税、契税收入同比分别下降11.3%、51.1%。一般公共预算支出同比增长3.9%，其中农林水、教育、卫生健康等民生领域保持增长态势。

信贷融资需求放缓。市场主体对经济预期不足，融资需求减弱、储蓄意愿增强。从贷款看，全市人民币贷款增速自2021年以来逐月放缓，9月末余额为49017.65亿元，同比增长7.8%，增速较上半年降低1.1个百分点。受房地产开发贷、个人房贷等缩减影响，中长期贷款、个人贷款及透支同比分别增长5.1%和2.1%，增速较上半年分别降低0.2个、3.2个百分点。从存款看，人民币存款余额为48200.15亿元，同比逆势增长9.5%，增速较上半年提高2个百分点，其中企业存款、居民存款同比分别增长7.8%、11.2%。

（四）就业双创形势基本稳定

就业形势稳中有忧。随着稳就业政策持续加码，1—9月重庆城镇新增就业60.5万人，同比增长1.3%；就业帮扶成效显著，零就业家庭保持动态清零，11.58万名困难人员实现就业，同比增长17.09%。但就业压力仍较大，失业保险领金人员同比增长10.8%。双创形势总体稳定。市场主体保持增长，1—9月，全市新登记市场主体42.8万户，同比增长4.0%，市场主体注销登记25.4万户，市场主体总量达336.0万户。创新型企业加快发展壮大，2022年全市新增国家级专精特新“小巨人”企业139家，总量达257家，居西部第2位；新增市级专精特新企业1579家，总量达2365家。

---

[1] 均为扣除留抵退税因素后数据。

（五）区域经济发展特色凸显

“一区两群”总体呈现差异化、特色化发展趋势。主城都市区工业、投资亮点突出，现代服务业集聚发展。中心城区战略性新兴产业加速布局，江北新能源汽车、大渡口生物医药、九龙坡铝新材料、巴南新型显示器等增势较好，其中江北、大渡口工业增加值同比分别增长 18.0%、17.9%，增速居全市第一、第二位。主城新区投资增长势头较强，各区投资增速均高于全市平均水平，其中江津、綦江、大足工业投资增速均超过 10%。随着国际消费中心城市、西部金融中心、国家级物流枢纽加快打造，现代金融、物流、商贸等加速发展，其中江北嘴区域性以上金融总部达到 92 家，港口型国家物流枢纽货物吞吐量同比增长 22%。渝东北三峡库区城镇群绿色工业、投资增速较快，物流服务能力不断提升。随着生物医药、新材料等绿色工业加快发展，万州、云阳、奉节、垫江、忠县等工业增加值增速均高于全市水平，其中在万博特铝新材料等拉动下，万州工业增加值同比增长 14.0%，居全市第三位。在县城城镇化补短板强弱项政策、产业项目建设等推动下，云阳、丰都、垫江、巫溪等投资增速在 10%以上。万州打造全国性综合交通枢纽取得新进展，万州机场航空口岸正式对外开放。渝东南武陵山区城镇群绿色工业、生态旅游发展较好。特色资源产业加速发展，秀山、黔江生物医药产值增速保持在 18%以上，彭水清洁能源、武隆页岩气产业运行良好。在乌江画廊文旅示范带、武陵山区民俗风情生态旅游示范区建设加快带动下，旅游业恢复向好，其中 1—9 月武隆、酉阳游客接待量保持两位数增长。

（六）价格指数呈分化走势

1—9 月，全市 CPI、PPI、PPIRM 同比分别上升 1.9%、3.4%、6.2%。具体看，CPI 较上半年上升 0.5 个百分点，八大类商品价格“七升一降”。食品和非食品交通价格是推动物价上涨主要因素，其中在蔬菜、水果、猪肉价格走高带动下，食品烟酒价格同比上涨 2.9%；受油价高位运行影响，交通通信价格涨幅超过 6%。在部分国际大宗商品价格回落、市场需求不振等因素影响下，工业品价格整体下行，PPI、PPIRM 较上半年分别回落 1 个和 1.8 个百分点，但其中原料出厂价格指数仍保持 7.1%高位，制造业成本压力依然较大。2020 年以来重庆 CPI、PPI、PPIRM 变化情况见图 3。

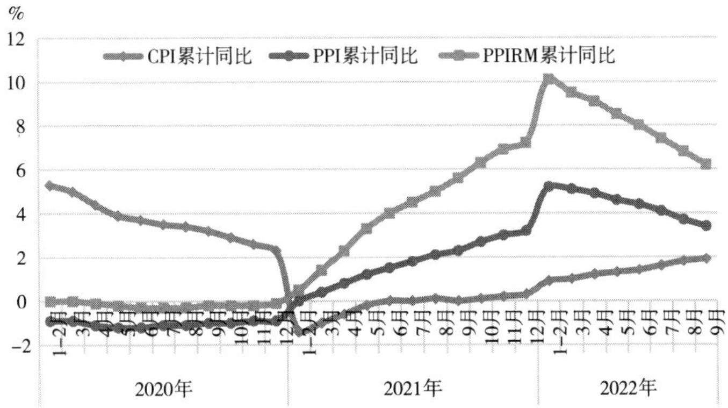

图 3　2020 年以来重庆 CPI、PPI、PPIRM 变化情况

二、经济运行需要关注的问题

1. 经济内生增长动能不足

由于市场主体信心减弱，重庆投资、消费增长后劲不足。一是投资增长动力偏弱。受政府财税收入减少、防疫等重点领域支出压力大、城投平台融资受限等影响，基础设施投资增长后劲和带动性值得关注。民营企业信心不足，政府投资撬动效应有限，营商环境有待优化，民间投资后续跟进堪忧。房地产市场探底，能否回稳仍有待观察，投资持续低迷状态短期内难以得到改善。1—9 月，全市新开工项目计划总投资、投资资金来源分别同比下降 26. 3%、6. 7%，投资增长后劲不足。二是消费结构性矛盾突出。重庆汽车、油品等出行类消费比重超过 13%，其余消费占比相对较小，对全市消费增长支撑作用不大。若扣除出行类消费，重庆社会消费品零售总额增速仅为 0. 2%。同时，受疫情、居民压缩非刚性消费等因素影响，文旅、娱乐等服务消费依然低迷，其中城市影院票房收入同比下降 24. 1%。

2. 工业经济增长面临挑战

当前重庆工业经济运行短板和束缚较多，增长形势仍不容乐观。一是电子产业增长后劲不足。约占全市工业 1/3 体量的电子信息产业增速持续放缓，给重庆传统支柱工业拉响警报的同时，也凸显出原来顶起重庆支柱产业半边天的电子信息产业所处产业链环节层级低、升级换代慢、核心配套少、可替代性强等问题，发展前景存在隐忧。二是工业新动能培育滞后。与上海、武汉、成都等城市相比，重庆对生物基因、低碳经济等新兴产业招商引资、培育不足，新能源汽车、光伏等产业配套不完善，进入产业新赛道相对较晚。在工信部公布的 507 家单项冠军企业、培育企业和单项冠军产品名单中，重庆仅4家企业上榜，上榜率不到1%，在全国排第18位。三是能源综合保障能力不强。重庆电力、煤炭等能源自给率低，其中电力自给率仅70%左右，低于全国平均水平；加之与国家骨干能源网络互联互通水平不高，电力、天然气等调峰能力不强，工业经济稳定运行的能源保障问题较突出。

3. **营商环境仍需持续优化**

与市场主体期盼相比，重庆营商环境仍有较大的改善空间。一是市场环境亟待优化。据调研反映，部分区县仍存在市场进入或退出便利化水平不高、企业办理注销破产困难、外资企业国民待遇未完全落实等问题，影响企业发展信心。此外，政府监管数字化水平不高，依法打击市场垄断及不公平竞争行为的及时性和能力亟待提升。二是政务服务环境仍需继续改善。对企业办事咨询的指导服务，以及政府采购规范性、透明性、公平性等方面有待增强，教育、医疗等公共服务配套仍不够健全，营商环境欠佳不利于全市产业招商引资。三是惠企政策广度力度不够。企业反映政策主要关注新招商企业，存量企业几乎无政策可享受，承诺政策不能及时兑现，企业获得感较差。面向中小微企业政策门槛高、要求多，达到申报的规模、税收等条件困难，难以享受到国家政策红利。

4. **开放经济发展存在隐忧**

随着国际环境不稳定性上升，重庆开放经济发展面临更大的风险挑战。一是外贸订单获取难度增大。当前国际需求总体疲软，9月我国PMI新出口订单指数为47.0，连续17个月处于收缩区间，手机、笔记本电脑等外向型产业增长压力加大。疫情下外贸企业出国拜访客户、商务谈判等减少，面临老客户流失和新客户开发难问题。同时，截至9月底，美元兑人民币累计升值达12.9%，外贸企业进口成本增大，进口需求受到抑制。二是稳外资、引外资难度增大。全球经济下行导致外商投资意愿减弱，各地招商引资竞争加剧；加之展会项目推介、外商实地考察等招商渠道不畅，外资新项目减少。1—9月合同外资同比下降14.5%左右，连续18个月负增长。三是服务贸易恢复较困难。跨境旅游是重庆服务贸易最大来源，占比超过60%，1—9月全市境外游客接待量同比下降30%以上，成为服务贸易低迷主要因素。同时，随着进出口增速放缓和国际运费回落，运输、结算、报关等传统服务出口收缩，国际展会、赛事等数量减少及规模减小也对服务贸易带来一定负面影响。

5. **稳定社会就业压力较大**

在宏观经济增长动能不足背景下，全市就业增收矛盾更加突出，保障和改善民生难度增大。一是企业用工需求不足。当前实体经济生产经营困难，企业用工需求有所减弱。据监测，8月全市企业社保参保人数较上月减少22.5万人，9月企业在岗员工较上月减少0.45万人[1]，房地产、商贸服务等行业失业情况较为突出。二是重点群体就业压力持续增大。重庆应届高校毕业生、返乡农民工人数创近年新高，就业保障难度更大。截至9月末，全市离校未就业高校毕业生同比增长1.1倍，新登记失业人员同比增长7.3%。三是就业压力带来的社会民生问题凸显。在经济下行背景下，居民就业增收乏力，叠加粮油、食品等生活必需品价格的持续上涨，低收入人群、大学生等就业困难群体生活压力增大。同时，就业不足还易引发经济、金融、治安等一系列衍生风险。

三、2023年经济运行环境分析及预测

1. 世界政治经济局势错综复杂

俄乌冲突、通胀高企、货币加速紧缩正导致全球经济陷入衰退。权威机构普遍下调全球经济增长预期，其中，IMF（10月）、世贸组织（10月）、世界银行（10月）、经合组织（9月）分别预计2023年全球经济增长2.7、2.3%、2.2%、1.9%，均较2022年预测值大幅下降。全球经济体普遍面临下行风险，美国受通胀高企、货币金融环境收紧等影响，经济衰退迹象明显；欧洲经济前景持续恶化，生产活动和生活成本将遭受能源短缺较大冲击；日本经济仍显疲态，面临日元贬值、贸易逆差、债务高企等多重压力；新兴经济体增长动力普遍减弱，需求不足、流动性收紧将加剧经济下行风险。为应对通胀，全球货币紧缩步伐加快，特别是美国激进加息，将加剧全球金融市场震荡，加深新兴经济体通胀压力和经济金融脆弱性。全球供应链瓶颈难以明显改善，国际贸易投资仍将遭受贸易保护和单边经济制裁、全球经济放缓等多重影响，世贸组织（10月）认为2023年全球货物贸易增速将由2022年的3.5%回落至1%。国际地缘政治冲突导致安全局势更加紧张，大国战略博弈更趋激烈，能源危机、粮食危机、气候变化等一系列挑战增多，将加剧全球经济发展环境的复杂性、严峻性和不确定性。

2. 国内经济加大稳增长调控力度

2023年，我国经济将延续恢复态势，但仍面临疫情反复、外部环境更趋复杂、内生动力不足等制约，恢复基础尚不牢固，“三重压力”不断增大。作为贯彻党的二十大精神开局之年，将全面贯彻新发展理念，以高质量发展为主题，推动扩内需与深化供给侧结构性改革有机结合，加强跨周期宏观调控，促进经济稳定恢复增长，

---

[1] 数据来源于重庆市就业局对全市3130户企业监测结果。

预计全年 GDP 增速保持在 4.5%～5.5%区间。[1] 财政政策精准发力保市场主体和扩大投资，将通过加强跨年度预算资金使用、扩大专项债规模、积极盘活存量资产等方式拓展财政资金来源，支持重点领域发展。货币政策保持流动性合理充裕，将强化结构性货币政策工具使用，加大实体经济融资支持力度，推动人民币汇率保持基本稳定。投资继续发挥托底作用，一批重大项目建设将提前启动，发力新基建、新能源、先进制造业、乡村振兴等领域，阶段性实施先行用地审批承诺等安排将全力保障重大项目用地需求。产业政策聚焦产业基础再造和重大技术装备攻关，对企业技改和设备更新等方面的支持将明显加强，战略性新兴产业融合集群、专精特新企业发展将获得重点支持。就业政策围绕就业补贴、社保补贴、公益性就业、就业服务等方面对高校毕业生和农民工等重点群体的就业支持力度明显增强。深层次改革开放扎实推进，将实施自由贸易试验区提升战略，构建面向全球的高标准自由贸易区网络，深度参与全球产业分工与合作。乡村振兴全面推进，新农村建设在人居环境治理、农村住房品质提升等方面将不断发力。区域政策将更加发挥城市群都市圈的协同作用，加快形成区域间要素流动、发展动力传导通道。

3. **重庆经济动力与压力并存**

重庆深入贯彻落实国家重大发展战略，积极推动成渝地区“双城经济圈”建设，促进“一区两群”协调发展，经济发展的韧性和动力较强。从发展机遇看，我国持续加大创新支持力度，强化产业链自主可控能力建设，相关政策导向有利于西部（重庆）科学城、两江新区等开发平台加快创新载体和创新主体培育，大力扶持高新技术企业、专精特新企业集聚发展；我国推动制造业高端化、智能化、绿色化发展的相关举措，将助力重庆传统产业向智能制造转型，加快新能源汽车、电子核心部件等重点领域外引内培，打造世界级智能网联新能源汽车产业集群；中欧班列、西部陆海新通道高质量发展深入推进，中新项目、自贸区制度型开放探索加快，将助力重庆深化改革开放，拓展经济发展空间；我国推动系列稳经济大盘政策细化落地，有助于重庆扩投资、促消费、提振市场主体发展信心；成渝地区“双城经济圈”毗邻地区合作不断深入，将助力重庆加快产业分工协作发展。但重庆经济也面临一定挑战：开放型经济发展受到外需不足制约，新兴产业项目、创新资源、人力资源等引入面临激烈区域竞争，金融、物流、能源等要素支撑能力依然较弱，营商环境和产业生态仍待优化培育。

4. **2023 年经济预测**

根据《重庆市宏观经济预警系统》和《重庆市宏观经济短期预测系统》，综合

---

[1] 结合 IMF（10 月，4.4%）、亚洲开发银行（9 月，4.5%）、国家信息中心总经济师祝宝良（11 月，5.2%左右）、重庆市综合经济研究院等机构和专家预测综合判断。

考虑当前重庆经济面临的外部环境和疫情的不确定性，预计 2023 年全市 GDP 同比增长 6.5%~7.5%，全口径工业增加值、固定资产投资、社会消费品零售总额、外贸进出口同比增速分别为 6.8%~7.0%、7.0%~8.5%、8.0%~9.0%、6.5%~7.5%，居民消费价格指数同比增速 2.5%~3.0%。

四、对策建议

当前重庆经济恢复基础仍不稳固，应深化改革推动制度型开放，持续改善营商环境，切实提振企业发展信心，激发市场活力。适当延长、保留相关稳增长政策措施，稳住混合发展动力，着力扩大有效需求，多渠道保障和改善民生，提升发展质量，保持经济运行在合理区间。

1. 持续推动营商环境优化，增强民营经济发展活力

持续优化改善营商环境，有效提升城市竞争力。一是营造公平竞争市场环境。落实内外资、大中小企业公平待遇，探索放宽重点领域外商投资准入限制，及时发现并推动破除各种形式的市场准入不合理限制和隐性壁垒。加强国有企业市场公平竞争审查，探索开展沙盒监管、触发式监管。二是全面改善政务服务。进一步优化工程建设审批流程，梳理解决“政策互相冲突、审批互为前置”问题，加快提高电子证照使用率，推动工程建设审批服务“一网通办”。推进“互联网+监管”联合监管，探索移动监管、远程监管等非现场监管方式，推进“双随机、一公开”监管全覆盖，推广信用承诺型承诺。三是营造良好民营经济发展生态。常态化落实领导干部挂点联系民营企业工作常态机制，及时掌握企业发展的最新情况和发展诉求，了解并推动解决企业生产经营存在的问题，为民营企业发展营造良好环境。搭建推广“不来即享”惠企政策服务平台，保证惠企政策“能享尽享”，对政策兑现进度缓慢的项目及时督促整改。

2. 坚持稳投资与促消费并重，持续激发内需潜力

积极扩大有效投资规模，加快消费需求释放，增强内需增长动力。一是充分发挥投资关键作用。抢抓国家宏观政策窗口期，以成渝地区“双城经济圈”建设为契机，联动川渝协同策划一批跨区域重大项目，促进项目接续滚动、梯次推进。提前启动一批“十四五”规划重点事项，强化项目建设的资金、土地等要素保障，加密调度市级重大项目，组织在全市开展投资“春季冲锋、夏季攻势、秋季攻坚、冬季突击”行动，力促加快形成实物工作量。运用阶段性财政贴息、政策性金融工具等举措，支持经济社会发展薄弱领域设备更新改造。持续聚焦“保交

楼”“保民生”，妥善化解房企债务风险，督促停缓建项目尽快开复工，推动房地产开发投资回稳。二是促进消费持续恢复。加快推进国际消费中心城市建设，大力培育中高端消费市场，增加国际优质消费品和高端产品供给，营造良好消费氛围。精准实施疫情防控和促消费政策，推动各级各类消费券提量扩围，策划开展一批覆盖全域、惠及全民的消费促进活动，加大对低中等收入群体的消费补贴力度，增强消费市场活力。鼓励企业开展汽车、家电等大宗商品更新换代、以旧换新活动，充分挖掘消费潜力。

3. 聚焦重点领域和关键环节，增强工业发展动能

全力推动传统产业改造升级和新兴产业引进培育，增强工业经济发展混合动力。一是推动重点支柱产业转型升级。推动电子、汽车产业补链延链强链，提升重点零部件本地配套能力，增强产业链安全性稳定性。加快生产线数字化智能化改造，提升传统产业生产制造工艺水平，促进传统产业、产业园区转型发展。深挖消费需求，丰富汽车、电子等产品种类，提升高端产品份额，增强产品市场竞争力。二是加快培育工业新动能。加强领军企业、“专精特新”企业、隐形冠军企业的培育引进，畅通政府、科研院所、企业等多方创新参与机制，强化产业链上下游企业合作，引导产业成链、成群发展。加强低碳经济、生命基因、航空航天等领域招商和产业培育，促进新兴产业发展壮大。三是强化能源供应安全保障。稳定外煤入渝保供渠道，加快推进水电、页岩气等清洁能源开发，提速推进疆电入渝、渝西页岩气开发等能源项目建设。加强应急备用和调峰电源能力建设，重点防范严重自然灾害和极端外力破坏等可能引发的电网大面积停电风险，强化保障工业用电。

4. 深化对外开放和区域协作，拓展经济发展空间

深化开放体制机制创新，全力稳外贸稳外资，激发开放经济发展活力。一是着力推动制度型开放。充分发挥自贸试验区、中新互联互通项目、两江新区、综保区等开放平台，以及服务业扩大开放试点、国际消费中心城市建设等试点示范作用，积极对接 RCEP、CPTPP、DEPA 等国际经贸规则，加大在服务贸易、数字服务、跨境数据流动、通道建设等领域的开放制度创新。二是加大稳外贸、稳外资力度。加快东南亚、非洲等市场开拓，帮助外贸企业赴海外争取订单，促进笔记本电脑、手机、新能源汽车等优势商品出口，加大矿产、粮食等大宗商品进口，加快市场采购、跨境电商等新模式发展。深化金融、医疗等服务业外资准入门槛，强化精准招商引资力度，积极引进外资总部企业，提升外资吸引力。三是推进区域协调联动发展。充分发挥成渝双核带动作用，强化区域间产业链群协作，推动产业合作示范园区建设，增强区域经济发展合力。健全“一区两群”对口协同发展机制，促进各类要素合理流动和高效集聚，提升全市发展协同性整体性。

5. **着力稳岗拓岗和优化服务，促进居民就业增收**

多措并举稳就业、促就业，筑牢民生保障底线。一是保障重点群体就业增收。将当前就业困局转化为全市人才资源结构改善契机，鼓励市内机关企事业单位、科研院所结合自身发展需求，面向高校毕业生等高能级人才，开发一批工作岗位，并由政府给予一定成本补贴支持。加强以工代赈、乡村振兴项目等用工推介，促进返乡留乡农民工、脱贫人口就地就近就业。二是加大失业人员就业帮扶力度。开展就业援助月、春风行动等专题帮扶活动，对地产、建筑、商贸服务等困难行业失业人员，加强职业指导、技能培训和岗位推荐，促进其转岗就业或灵活就业。加大失业保险援企稳岗政策力度，大力推行“免跑即领”“免证即办”“免登即发”，强化失业人员保险保障。三是加大低收入困难群体救济力度。加强城市、农村低收入困难人群监测，扎实做好贫困人口精准帮扶工作，加大城市中低收入人群财政转移支付及救济力度，为登记失业人员、低保家庭人员发放临时生活补贴。常态化开展“送温暖”活动，帮助解决贫困户生活实际困难。2022 年、2023 年重庆主要经济指标预测及与 2021 年对比情况见表 1。

表 1　2022 年、2023 年重庆主要经济指标预测及与 2021 年对比

指　标	2021 年实际		2022 年预测		2023 年预测			
					基准情景		乐观情景	
	绝对额（亿元）	增速（%）	绝对额（亿元）	增速（%）	绝对额（亿元）	增速（%）	绝对额（亿元）	增速（%）
1. 地区生产总值	27894	8.3	28950	2.1	31410	6.5	31700	7.5
第一产业	1922	7.8	1980	2.8	2170	5.8	2180	6.5
第二产业	11185	7.3	11630	2.3	12530	7.0	12560	7.3
工业增加值	7889	9.6	8150	2.1	8760	6.8	8770	7.0
第三产业	14787	9.0	15340	1.9	16710	6.2	16960	7.8
2. 固定资产投资	12390	6.1	12720	2.7	13600	7.0	13730	8.5
3. 社会消费品零售总额	13968	18.5	13900	-0.5	15010	8.0	15150	9.0
4. 外贸进出口总值	8001	22.8	8200	2.5	8730	6.5	8820	7.5
出口	5168	23.4	5340	3.3	5820	9.0	5880	10
5. 一般公共预算收入	2285	9.1	2000	-6.0	2060	3.0	2080	4.0
6. 金融机构人民币存款余额	44270	10.0	47940	8.3	51540	7.5	52020	8.5
金融机构人民币贷款余额	46043	12.4	49170	6.8	53600	9.0	54090	10.0

续 表

指 标	2021年实际		2022年预测		2023年预测			
					基准情景		乐观情景	
	绝对额（亿元）	增速（%）	绝对额（亿元）	增速（%）	绝对额（亿元）	增速（%）	绝对额（亿元）	增速（%）
7. 城镇常住居民人均可支配收入（元）	43502	8.7	45370	4.3	48460	6.8	48910	7.8
农村常住居民人均可支配收入（元）	18100	10.6	19280	6.5	20720	7.5	20915	8.5
8. 城市居民消费价格指数	—	0.3	—	2.1	—	2.5	—	3.0
工业生产者出厂价格指数	—	3.2	—	2.4	—	1.0	—	1.5

注：1. 地区生产总值及增加值的绝对值为现价，增速为可比价；
2. 固定资产投资增幅、社会消费零售总额增幅未扣除价格因素；
3. 金融机构存贷款增长与上年同期比。

（执笔：易小光 丁 瑶 余贵玲 罗丛生 张 超 张 佳 施小兰 杨 梅等）

35　2022年贵州省经济运行分析及2023年展望

贵州省信息中心

2022年，贵州经济全省上下深入学习贯彻习近平总书记视察贵州重要讲话精神，有效统筹疫情防控和经济社会发展，克服超预期因素不利影响，保持了高质量发展态势。展望2023年，随着国家和贵州系列政策的落地显效，经济复苏动能有望进一步加强，将持续推动全省经济社会高质量发展。

一、2022年经济运行特征

2022年，贵州面临供给冲击、需求收缩、预期转弱三重压力，尤其是第三季度以来，省内贵阳、毕节等部分区域受到突发重大疫情冲击，经济下行压力持续加大。省委省政府采取坚决有力措施，疫情形势得到有效控制，确保了经济基本盘总体稳定，经济发展长期向好的基本面没有改变。

（一）经济运行总体平稳，发展态势稳中趋缓

贵州地区生产总值前三季度同比增长2.8%，增速较上半年回落1.7个百分点，比全国平均水平低0.2个百分点；两年平均增长5.8%，增速较上半年回落2.5个百分点，比全国平均水平高出1.8个百分点。在基数效应、疫情等因素影响下，全省经济恢复稳中趋缓，增速逐季回落，呈前高后低态势。分产业看，三次产业增加值同比分别增长3.7%、4.8%和1.1%，增速较上年同期有不同幅度的提升；两年平均增长5.7%、7.0%和4.9%，平均增速较上半年均有所下降，其中第二、第三产业增速回落幅度较大。

（二）产业经济持续恢复，重点行业生产经营较快增长

农业生产总体平稳。前三季度，全省农林牧渔业总产值3567亿元，同比增长4.3%。种植业生产总体稳定。粮食播种面积小幅增加，实施大豆玉米复合种植提高粮食单产，秋粮生产总体稳定。前三季度，园林水果、食用菌、茶叶、中药材、猪牛羊禽肉产量同比分别增长10.8%、9.1%、7.9%、5.3%和7.8%。

工业生产保持增长。前三季度，全省规模以上工业增加值比上年同期增长

5.5%，增速比上半年回落6.6个百分点。其中酒、饮料和精制茶制造业增加值比上年同期增长43.9%，计算机、通信和其他电子设备制造业增长46.1%。

服务业继续恢复。前三季度，全省服务业增加值比上年同期增长1.1%，规模以上服务业企业营业收入保持较快增长。1—8月，规模以上服务业企业营业收入比上年同期增长14.0%；金融业前三季度完成增加值910.84亿元，同比增长3.6%，增速比上半年提高1.1个百分点。

（三）需求动力稳定恢复，支撑经济持续增长

固定资产投资规模扩大。前三季度，全省固定资产投资比上年同期增长4.5%，增速比上半年回落3.6个百分点。分领域看，基础设施投资比上年同期增长15.6%，其中，水利、环境和公共设施管理业投资增长13.9%，交通运输、仓储和邮政业投资增长28.5%；工业投资增长21.3%，其中制造业投资增长40.5%。

消费市场总体稳定。前三季度，全省社会消费品零售总额5923.33亿元，比上年同期下降2.1%。限额以上消费品零售额1826.54亿元，同比基本持平，升级类商品需求较为旺盛。限额以上单位商品零售额中，新能源汽车比上年同期增长157.9%，化妆品类增长48.7%，体育、娱乐品类增长35.9%。

进口保持快速增长。前三季度，全省进出口总额526.77亿元，同比增长13.2%，上半年为下降2.6%。其中，进口总额187.73亿元，增长71.9%，增速环比提高24.9个百分点；出口总额339.04亿元，下降4.8%，降幅环比收窄12.2个百分点。

（四）新经济新动能快速成长，发展质量稳步提升

数字经济持续快速增长。1—8月，全省规模以上服务业中互联网和相关服务营业收入比上年同期增长165.4%，持续高速增长。前三季度，计算机、通信和其他电子设备制造业增加值同比增长46.1%，增速比上半年提高15.7个百分点。

新能源电池和材料产业成为经济发展新动力。前三季度，全省规模以上新能源电池及材料产业增加值同比增长75.5%，对全省规模以上工业增长的贡献率达22.4%，拉动全省规模以上工业增长1.2个百分点。其中，正极材料增长158.7%，芯、电池、电池组增长114.3%，负极材料、电解液、辅助材料增长90.2%，前驱体材料及原辅料增长21.1%。

高技术产业保持快速发展势头。前三季度，全省高技术制造业增加值同比增长22.4%，增速比规模以上工业增加值高出16.9个百分点。其中，规模以上软服业增速持续保持全国第一，电子及通信设备制造业、航空航天器及设备制造业增加值分别增长60.9%和18.9%。

有效投资发挥关键作用。前三季度，全省基础设施投资比上年同期增长 15.6%；工业投资增长 21.3%，其中制造业投资增长 40.5%；高技术产业投资增长 78.1%，其中，高技术制造业、高技术服务业投资分别增长 109.7%、47.8%，为产业持续转型升级奠定了坚实基础。

（五）居民收入提高，民生福祉改善

居民收入稳步增长。前三季度，全省居民人均可支配收入 18702 元，比上年同期名义增长 7.3%。按常住地分，城镇常住居民人均可支配收入 31327 元，名义增长 5.8%；农村常住居民人均可支配收入 9375 元，名义增长 7.3%。

就业形势总体稳定。前三季度，全省城镇新增就业 55.62 万人，比上半年增加 18.09 万人。失业人员实现再就业 11.78 万人，就业困难人员实现就业 6.44 万人。

消费价格涨势温和。前三季度，全省居民消费价格比上年同期上涨 1.6%。其中，交通通信价格上涨 6.2%，教育文化娱乐价格上涨 1.6%，其余均温和上涨。

二、2022 年经济运行存在的主要问题

受疫情等超预期因素影响冲击，尤其是受本轮疫情影响大的贵阳市、毕节市和受疫情一定影响的遵义市是 GDP 总量排名前三的市州，拉低了全省的经济增长速度。前三季度，全省地区生产总值、投资和消费等关键经济指标增速低于全国水平，经济持续恢复的基础尚不牢固，经济运行还面临不少困难，主要体现在以下几个方面。

（一）工业行业承压运行

一方面，部分工业行业支撑减弱。虽然 1—9 月规模以上工业增加值累计增速保持增长，但行业之间增长情况分化明显，白酒、烟草、电力等支柱产业增长的同时，也有部分行业出现增速下降，其中农副食品加工业、化学原料和化学制品制造业、非金属矿物制品业、黑色金属冶炼和压延加工业等行业增加值降幅在 13.1%～36.4%之间，达到两位数。另一方面，企业面临成本上升压力。大宗商品价格上涨明显带动主要原材料价格上涨，1—9 月，工业生产者购进价格比上年同期上涨 14.6%、工业生产者出厂价格上涨 8.2%，购进价格涨幅比出厂价格涨幅高出 6.4 个百分点，比全国平均水平高出 4 个百分点，价格“剪刀差”明显，企业面临成本上升压力。

（二）投资稳增长压力依然较大

1—9 月，全省固定资产投资比上年同期增长 4.5%，增速比 1—6 月回落 3.6 个

百分点。前三季度固定资产投资保持增长，但部分投资领域下行压力仍然较大，尤其是占全省投资比重超过两成的房地产开发投资仍在下行，1—9 月，房地产开发投资比上年同期下降 26.5%，降幅比 1—6 月扩大近 3 个百分点，连续 15 个月负增长。民间投资增速由正转负，由 1—6 月的增长 0.5%转为 1—9 月的下降 12.6%。

（三）消费市场持续增长后劲不足

2022 年以来受疫情对接触性聚集性消费冲击和商品价格上涨影响，消费需求恢复较慢，部分服务业、住宿业、餐饮业业务量下降。疫情的不确定性导致就业压力加大、收入预期下降，居民消费意愿降低。1—9 月，全省社会消费品零售总额比上年同期下降 2.1%，降幅比 1—6 月扩大 1.6 个百分点。限额以上消费品零售额首次出现负增长，比上年同期下降 0.1%，其中，城镇消费品零售额比上年同期下降 0.1%，乡村消费品零售额下降 0.9%。

（四）经济运行中存在的风险隐患依然突出

一是债务风险，几乎涉及每个区县，前期主要是基础设施建设，后期是脱贫攻坚和乡村振兴，新增大量政府债务。二是规模性返贫风险，主要涉及原本脱贫基础不太稳定、返贫风险较大的毕节、黔东南等地原连片深度贫困区域，农民稳收增收难度较大。三是安全生产形势较为严峻，2022 年已发生多起重特大安全生产事故。现在全省对安全生产抓得很严，安全生产的风险在 2023 年应该有所缓解，但债务风险将长期存在，规模性返贫风险也不可能在短时间内消除。

预计 2022 年贵州地区生产总同比增长 3.5%。其中第一、第二、第三产业分别增长 4%、5%和 1.5%；规模以上工业增加值增长 6.5%；固定资产投资增长 5%；社会消费品零售总额增长 2%；城镇和农村常住居民人均可支配收入分别增长 5.9%和 7.5%，居民消费价格涨幅为 1.3%。

三、2023 年经济运行环境分析及预测

展望 2023 年，贵州经济运行既面临诸多风险挑战和不稳定不确定因素，也将迎来诸多发展新机遇和有利因素，总体上机遇大于变数，经济发展仍将保总体平稳的态势。

（一）机遇和积极因素

从国内看，面对超预期因素冲击影响，中国经济在较短时间内实现企稳回升，2022 年第三季度“成绩单”亮点颇多，未来具有充分增长空间，中国经济韧性强、潜力大、活力高，长期向好的基本面没有改变。最重要的是，党的二十大胜利召开，

为推动我国经济发展注入了新的动力。随着高效统筹疫情防控和经济社会发展成效持续显现，宏观政策效应不断释放，中国经济回稳向好的态势必将进一步巩固。从省内看，国务院出台了《国务院关于支持贵州在新时代西部大开发上闯新路的意见》（国发〔2022〕2号），给予贵州含金量高、操作性强的政策支持和项目支撑，必将为2023年贵州经济增长注入更多动力。同时，贵州特色产业、基础设施、资源能源、生态环境等方面的优势凸显，共同为高质量发展奠定了坚实基础。

（二）挑战和不利因素

从全球环境看，经济复苏动能有所减弱。根据IMF最新预测，全球经济增长率将从2021年的6.0%下降至2022年的3.2%和2023年的2.7%。这也是自2001年全球金融危机和新冠肺炎疫情严重时期以来的最弱增长。全球经济活动正经历一场广泛且比预期更为严重的放缓，通货膨胀率达到数十年来最高水平。从全国形势看，尽管当前中国经济已处于逐步恢复之中，但实际经济增速仍显著低于潜在增速。受国内外形势多变影响，贵州经济运行也面临诸多困难和挑战。2021年以来，贵州经济增速未能保持连续十年全国前三的强势，要继续维持在第一方阵也颇感吃力。

（三）2023年经济预测

结合当前宏观经济背景、宏观政策化取向，以及贵州经济运行面临的压力与动力，综合判断分析预计2023年贵州地区生产总值同比增长6.5%。第一、第二，第三产业分别增长5%、8%和4%；规模以上工业增加值增长9.5%；固定资产投资增长6%；社会消费品零售总额增长3%；城镇和农村常住居民人均可支配收入分别增长5.5%和7%，居民消费价格涨幅为1.3%。

下一步，全省将多方施力、多措并举，着力推动产业链优化升级、大力培育市场主体、积极扩大有效投资、深入挖掘消费潜力，加快提振信心，推动贵州全省经济社会高质量发展。

（执笔：段倩　秦海旭）

36　2022年云南省经济形势分析及2023年展望

云南省经济信息中心

2022年以来，经济发展面临复杂严峻和不确定性增大的国际环境，国内省内疫情仍然面临多点散发的局面。在供给冲击、需求收缩、预期转弱三重压力下，经济下行压力持续加大。云南加大宏观政策调控力度，贯彻落实稳经济一揽子政策措施，在平衡疫情防控、稳定社会秩序和协调经济发展等方面取得了明显成效。产业结构持续优化，新动能引领作用凸显，需求恢复出现积极变化，外贸进出口增速逐步加快。第一、第二季度经济增速由高转低，下半年随着稳增长政策效应进一步释放，主要指标恢复回稳，积极因素累积增多。第三季度宏观经济景气进入回升趋势，第四季度经济增速有望继续走高，预计全年GDP增长4.3%。

一、经济运行恢复稳中向好

前三季度全省实现地区生产总值20817.86亿元，同比增长3.8%。分产业看，第一产业增加值2227.33亿元，增长5.1%；第二产业增加值7609.23亿元，增长5.8%；第三产业增加值10981.30亿元，增长2.2%。一二三产业分别拉动前三季度GDP增长0.6个、2.0个、1.2个百分点，第二产业承担起了拉动经济增长的重任。从宏观经济景气运行趋势来看，经济运行呈现V型反转态势。2001年1月至2022年9月云南宏观经济景气指数见图1。

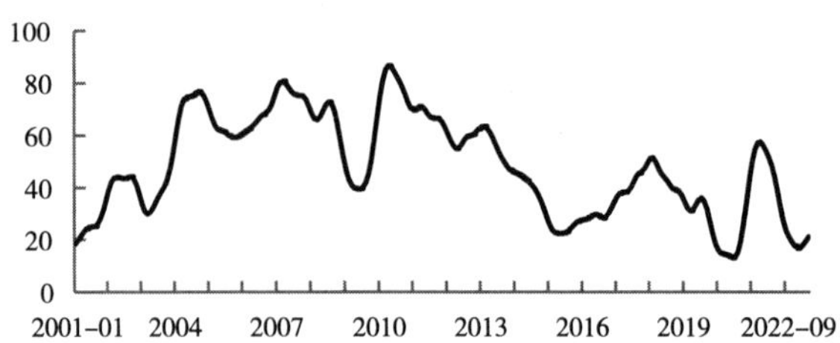

图1　2001年1月至2022年9月云南宏观经济景气指数

（一）工业经济平稳较快增长，服务业经济运行有所改善

随着稳经济一揽子政策和接续政策措施加快推进实施，全省工业经济平稳运行。前三季度，规模以上工业增加值同比增长 8.3%。制造业增长 9.1%，其中装备制造业、高技术制造业分别增长 38.3%、33.9%。电子、有色行业贡献持续增强，增加值分别同比增长 48.0%、16.9%；烟草、电力行业发挥支撑作用，增加值分别同比增长 8.5%、2.2%。工业企业利润保持较快增长。前三季度，全省规模以上工业企业营业收入和利润均保持两位数增长，分别同比增长 13.7%、13.3%；符合转型升级方向的高技术制造业利润同比增长 111.3%，其中电子及通信设备制造业利润同比增长 120.4%。

1—8 月，全省规模以上服务业实现营业收入 1592.67 亿元，同比增长 2.7%，增速较上半年明显回升。重点行业增长加快。多式联运和运输代理业同比增长 34.8%，科学研究和技术服务业增长 17.7%，租赁和商务服务业增长 10.0%。

（二）三大需求持续平稳回升，恢复发展后劲不断增强

加快推进重大产业项目建设，在政策效能不断释放的作用下，固定资产投资保持平稳健康发展。前三季度，全省固定资产投资（不含农户）同比增长 8.0%。第一产业投资增长 20.4%，第二产业投资增长 49.2%，第三产业投资下降 1.0%。前三季度产业投资占全部投资的比重和同比增速分别提高至 39.7%、44.6%，创历史最好水平，拉动全部投资增长 13.2 个百分点。其中，工业投资增长 49.2%，增速为近 10 年来最高；农业投资增长 33.9%；旅游业投资增长 59.8%。工业投资中能源工业投资同比增速高达 90.4%。云南省滇中引水二期配套工程项目开工加快建设，为水利投资平稳增长提供有力支撑，带动前三季度基础设施投资增长 5.8%。房地产开发投资降幅仍处高位，前三季度房地产开发投资下降 25.2%。

在稳增长促消费政策支持下，消费对经济发展的基础性作用逐步巩固，消费需求延续企稳回升的态势。前三季度，全省实现社会消费品零售总额 7948.20 亿元，同比增长 1.5%。餐饮收入和商品零售平稳恢复。餐饮收入 1110.20 亿元，同比增长 1.7%；商品零售 6837.99 亿元，增长 1.5%。居民对品质化消费、绿色消费的需求逐步增加。金银珠宝类、文化办公用品类、通信器材类商品分别增长 27.3%、13.2%、10.5%，新能源汽车增长 2 倍。限额以上单位超市、仓储会员店、专业店和杂食店商品零售额分别增长 12.0%、13.9%、11.3%和 50.3%；限额以上单位通过公共网络实现商品销售额 82.68 亿元，同比增长 33.3%。

面对复杂严峻的国际环境，云南省外贸呈现较强发展韧性，为稳定宏观经济大盘作出积极贡献。前三季度，全省外贸进出口 2609.1 亿元，同比增长 16.4%，其中

出口1313.8亿元，增长11.4%；进口1295.3亿元，增长21.8%。民营企业实现进出口值1511.6亿元，增长24.8%，占全省进出口总值的57.9%。出口机电产品438.6亿元，增长6.6%；出口劳动密集型产品215.2亿元，增长48.4%。进口能源产品（原油、煤及褐煤、天然气）445亿元，增长58.7%；农产品、机电产品进口值分别增长15.3%、71.8%。

（三）财政收支总体平稳，金融运行保障有力

前三季度，全省地方一般公共预算收入完成1370.52亿元，扣除留抵退税因素后，同口径增长5.7%，按自然口径计算下降16.6%。税收收入完成822.64亿元，扣除留抵退税因素后，同口径增长7.9%，按自然口径计算下降25.3%；非税收入完成547.87亿元，增长1.1%。全省地方一般公共预算支出完成5449.71亿元，同比增长0.2%。重点领域中，科学技术支出48.82亿元，增长16.4%；交通运输支出592.08亿元，增长15.5%；教育支出881.60亿元，增长2.2%。

9月末，全省金融机构人民币存款余额39638.39亿元，同比增长8.1%。其中住户存款21322.27亿元，增长11.5%；非金融企业存款8922.98亿元，增长7.2%。金融机构人民币贷款余额41516.36亿元，同比增长9.7%。其中短期贷款8123.71亿元，增长13.0%；中长期贷款29760.95亿元，增长8.7%。

（四）居民收入稳步增长，价格指数有涨有落

前三季度，云南居民人均可支配收入19339元，同比增长5.0%。城镇居民人均可支配收入31729元，增长3.0%；农村居民人均可支配收入9999元，增长7.1%。居民人均消费支出为14087元，同比增长2.2%。城镇居民人均消费支出19802元，下降1.7%；农村居民人均消费支出9778元，增长7.1%。

前三季度，云南居民消费价格（CPI）同比上涨1.4%，涨幅比上半年扩大0.5个百分点；工业生产者出厂价格（PPI）同比上涨8.3%，涨幅较上半年回落2.8个百分点；工业生产者购进价格（IPI）同比上涨10.4%，涨幅较上半年回落2.1个百分点。市场保供稳价力度加大，叠加PPI翘尾因素减弱影响，工业品价格持续震荡走低。

二、经济运行存在的问题

（一）居民消费乏力问题突出

受到疫情冲击、外部环境变化等多重因素影响，居民消费意愿依然偏弱，消费需求修复面临较大困难，消费品零售增速仍在低位运行。居民收入增长放缓、就业

和收入预期边际转弱对消费的拖累较为显著，居民消费能力对消费增长的支撑作用明显不足。云南前三季度城镇居民人均可支配收入同比名义增长 3.0%，扣除价格因素实际仅增长 1.6%，没有跑赢 GDP 增速。居民收入预期下降继续拖累消费回暖步伐。

（二）地方财政收支平衡矛盾凸显

2022 年财政收入持续负增长，受增值税留抵退税影响，财政收入大幅下降，财政收支不平衡的矛盾较为突出。前三季度比上年同期少收 271.81 亿元，财政赤字额高达 4079.19 亿元。云南财政收入总量和增速在全国排名中处在落后位置，而赤字金额在全国排名靠前。受疫情影响经济增速明显减缓，财政收入因此也面临较大的减收压力。一方面是减税降费力度加大客观上减少了地方税收收入，留抵退税政策下财政明显减收；另一方面是房地产市场持续走弱的背景下，政府土地出让收入大幅下降。

（三）房地产市场的下滑程度较大

前三季度，房地产开发投资下降 25.2%，是固定资产投资的最大拖累项，严重拉低企业生产和收入的增长。2021 年房地产开发投资占全省 GDP 比重达到 15.9%，房地产对投资和经济的拉动作用不可小觑，能否稳定住房地产投资和销售仍是影响第四季度经济复苏力度的一个关键因素。虽然采取了一系列纾困楼市的政策，包括促进房地产业转型发展、加大保障性安居工程建设力度、鼓励引导居民住房合理消费、加强房地产市场监管等多个方面，对稳定市场预期、扭转需求端疲弱态势发挥了积极作用。但当前市场整体预期较弱，房地产投资和销售下滑的局面并未得到明显改善。

（四）小微企业的恢复基础尚不稳固

前三季度，小微型企业利润总额同比下降 4.1%，增速比全省规模以上工业低 17.4 个百分点；每百元营业收入中的成本为 86.27 元，比全省规模以上工业高出 6.28 元；应收账款平均回收期为 64.2 天，比全省规模以上工业长 21.9 天。成本提高、利润下降、资金回收困难，小微型企业经营状况不容乐观。中小微企业与大企业相比，应对外部环境变化的能力更弱，以商业零售、餐饮旅游、文化娱乐等服务业为代表的中小微企业仍举步维艰。由于小微企业数量众多，各项纾困政策覆盖面和政策实施力度还需持续加力，着力解决小微企业生产经营困难增多，预期偏弱等突出问题。

三、2022 年经济指标预测

前三季度全省地区生产总值（GDP）增长 3.8%。分季度看，一二三季度 GDP 增速分别为 5.3%、1.9%、4.4%，2022 年第二季度的增速达到近 3 年来的低值。随着稳经济一揽子政策措施落地见效，高效统筹疫情防控和经济社会发展取得积极成效，第三季度经济运行已呈现回升向好趋势。在疫情继续得到稳定控制、稳增长政策效果持续显现，以及房地产逐步回稳的总体预期下，预计第四季度 GDP 增速达到 5.6%，2022 年全年增速达到 4.3%。

工业经济保持平稳增长，以规模以上工业为主的第二产业增长较快，为全省经济稳定发挥了关键作用。但外部环境依然复杂严峻，产业链供应链仍存在堵点难点，小微企业经营仍比较困难，工业企业生产经营和利润增长面临压力。预计全年规模以上工业增加值增长 8.4%。

落实盘活地方专项债结存限额、加快重大基础设施项目开工建设等系列举措，继续推动基础设施投资增长。金融政策继续加大对企业信贷支持，充分发挥产业投资规模扩大的优势，制造业投资将继续拉动全省工业投资较快增长。但房地产投资下降影响房企拿地能力和开发能力，房地产销售和投资回暖依然面临较大压力。预计全年固定资产投资增长 8.2%。

消费和外贸需求企稳回升。继续落实各项助企纾困政策，着力提高居民收入水平，有利于促进消费市场平稳发展。但旅游、餐饮等服务类消费还未完全摆脱疫情冲击的影响，消费市场平稳恢复的基础仍不稳固；装修、家具等与房地产相关联的消费行业，仍然受到房地产低迷带来的影响。预计全年消费品零售额增长 3.0%。受乌克兰危机、高通胀以及宏观政策转向等因素影响，全球经济增长趋于放缓，中国出口的海外市场需求进一步收缩。随着周边国家生产端的逐步恢复，我国贸易替代效应有所减弱，给云南外贸增长带来新压力。第四季度进出口增速回升力度趋缓，预计全年进出口总额增长 18.7%。

居民消费价格温和上行，工业生产者出厂价格持续回落。第四季度随着猪价逐步回升，对食品价格上涨的影响明显加大。国际原油等大宗商品价格已出现调整，汽油、柴油和液化石油气价格持续回落。预计 CPI 全年上涨 2.0%。第四季度随着大宗商品价格继续下降，国内输入性价格传导压力有所减轻；水泥、钢材等行业需求有所回升，价格趋于下降；上年同期基数较高，第四季度价格也有一定下降空间。预计 PPI 全年上涨 5.1%。

四、2023 年经济预测展望

2023 年全球经济仍面临严峻挑战。一个是全球产业链、供应链在疫情暴发以来受到巨大冲击，部分产业链、供应链受阻，严重影响全球产业经济恢复与发展。另一个是未来全球能源价格反复性依旧较大，能源对全球经济恢复与发展有着重要影响，而俄乌冲突能否及时有效解决、美元持续加息的力度与进程等仍具有不确定性。国际货币基金组织表示，全球经济活动正在经历广泛且超出预期的放缓，通货膨胀率高于几十年来的水平，因而将 2022 年全球经济增长预期维持在 3.2%不变，将 2023 年全球经济增长预期下调至 2.7%。

中国加快构建新发展格局、推动高质量发展，经济继续保持恢复发展态势。中国经济潜力大、韧性足、空间回旋余地大，长期向好的基本面没有改变，而且稳增长的财政政策和货币政策都有充足的政策空间。经济发展也面临一些挑战：投资拉动型经济在城镇化进程中渐入尾声，对投资保持较快增长带来明显压力；产业与就业市场困难对居民收入及预期产生较大影响，消费需求短期内难以快速恢复；外部需求下滑、基数效应增加、替代效应减弱，出口增长的困难有所加大。预计 2022 年中国经济增长 3.5%，2023 年经济增速回升加快，增长达到 5.5%。

云南积极推进落实助企纾困和减税降费各项政策，新动能继续领跑工业生产，工业企业发展信心不断增强。装备制造业、高技术制造业保持较快增长，对产业结构进一步升级提供了重要支撑，制造业投资稳中有升。重点项目建设继续推进、政策支持力度加大推动基建投资平稳较快增长。支持刚性和改善性住房需求政策显效，房地产消费预期有所改善，房地产投资逐步回稳。继续提升消费政策的实效性和针对性，绿色升级类消费需求持续释放，新型消费较快增长带动消费恢复发展。RCEP 生效助力提升产业链供应链韧性，有效抵御外部经济动荡和冲击，云南与东盟国家之间的贸易稳步上升，机电、劳动密集型产品出口继续保持较快增长。预计 2023 年云南 GDP 增长 6.5%。

（执笔：孔莉　张容静）

37　2022年陕西省经济形势分析及2023年展望

陕西省信息中心

一、2022年经济运行特征

（一）主要宏观经济指标企稳回升，经济恢复向好

2022年以来，面对疫情阶段性冲击和复杂严峻的内外部环境，陕西省高效统筹疫情防控和经济社会发展，全省经济加速恢复，呈现总体平稳、恢复向好的态势。一是生产总值增速加快。前三季度，地区生产总值同比增长4.8%，位居全国第6，增速较上半年提高0.6个百分点，比全国平均水平高出1.8个百分点。其中，第三季度同比增长6%，增速比第一、第二季度分别高出0.9个、2.7个百分点。二是工业“压舱石”作用发挥显著。前三季度，规模以上工业增加值同比增长8.7%，增速较上半年提高0.1个百分点，比全国平均水平高出4.8个百分点，位居全国第6。其中，能源工业增加值同比增长10%，较上半年提高2个百分点，拉动规模以上工业增长5.3个百分点；非能源工业增加值同比增长7.1%，装备制造业增加值第二季度以来保持14%以上增速，汽车制造业增加值增速大幅提升至15.4%，较上半年提高10个百分点。三是服务业持续恢复。前三季度，服务业增加值同比增长3.1%，增速较上半年加快0.5个百分点。其中，金融业同比增长7.8%，增速较上半年提高0.5个百分点；交通运输、仓储和邮政业同比增长3%，增速较上半年提高1.8个百分点。四是投资拉动经济增长的作用进一步显现。前三季度，固定资产投资同比增长9.8%，增速较上半年提高0.4个百分点，比全国平均水平高出3.9个百分点，位居全国第8。基础设施投资同比增长16.7%，增速较上半年加快2.6个百分点，拉动全省投资增长4.8个百分点。工业投资同比增长10.5%，拉动全省投资增长2.7个百分点。五是消费市场回暖趋势显现。前三季度，社会消费品零售总额同比增长1.9%，增速较上半年提高1.6个百分点，比全国平均水平高出1.2个百分点，位居全国第9。限额以上消费品零售额同比增长4.1%，增速较上半年提高2.7个百分点。按消费形态分，餐饮收入增速由负转正，同比增长0.1%，商品零售同比增长

2.1%。六是出口贸易高速增长。前三季度，全省进出口总额3606.42亿元，同比增长3.1%。其中，出口2240.5亿元，同比增长20.8%，贸易顺差874.58亿元。七是财政收支增长较快。前三季度，地方财政收入同比增长26.3%，增速位居全国第4，财政支出同比增长13.9%，增速位居全国第2。

（二）经济结构优化调整，积蓄新动能、彰显新趋势

一是市场主体结构趋优。前三季度，实有市场主体总量达518.02万户，同比增长8.9%，其中，实有企业数量同比增长11.8%，占比26.1%，占比较上年同期提高0.7个百分点。新一代信息技术、新能源汽车、高端装备制造、新能源领域新登记企业同比分别增长26.7%、24.9%、16.3%和11.9%。二是新兴动能积蓄壮大。前三季度，高技术制造业增加值同比增长11.2%，新能源汽车、3D打印设备产量较上年同期分别增长3.3倍、1.2倍。2139项科技成果正在实施转化，入库科技型中小企业达到上年总数的110%，2700余户企业通过高新技术企业评审，技术合同成交额同比增长36%。三是先行指标走势趋好。前三季度，铁路、公路货物周转量同比分别增长23.7%、4.3%，比全国平均水平分别高出14.2个、4.6个百分点，公路货物周转量增速排全国第7位，较上半年提升4位。人民币贷款余额增速从7月末的10.9%回升至9月末的11%，其中，普惠小微贷款余额同比增长27.2%。工业用电量同比增长3%，增速较上半年提高0.4个百分点。9月PMI为47.4%，较上半年回升0.4个百分点。

（三）民生改善获得积极成效，居民收入持续增加

一是就业、物价总体平稳。截至9月底，城镇新增就业36.36万人，城镇调查失业率在7月、8月略微反弹后，9月降至5.3%，比全国平均水平低0.2个百分点。9月CPI上涨2.6%，低于全国0.2个百分点，较上月下降0.2个百分点。二是居民收入持续增加。前三季度，居民人均可支配收入同比增长5.3%，增速较上半年提高1个百分点，位居全国第16，较上半年上升8位。其中，城、乡居民收入同比分别增长4.1%、6.4%，增速较上半年分别提高0.9个、1.3个百分点，全国排名分别上升2位、6位。三是保生活必需品市场供应、加强社会救助等工作有序开展。2022年以来，面对多轮疫情的冲击，全省上下积极保障肉类、蔬菜等生活必需品市场供应，9个市（区）启动社会救助和保障标准与物价上涨挂钩联动机制。

二、有效做法和典型经验

1. 大力加强调度和督导

在持续落实好国家稳经济33条、省上39条政策措施的基础上，对照国家19条

接续政策，制定出台陕西省 22 条接续措施。调度部署交通、水利、电力、新型基础设施等项目建设和稳岗促就业、能源保供稳价、科技型企业发展等领域重点工作。建立全省稳增长督导和服务工作机制，11 个工作组赴市（区）帮助协调解决难点堵点问题。

2. 工业经济优服务稳运行

落实重点产业链供应链企业“白名单”制度，围绕 23 条重点产业链开展核心技术攻关和产品开发，集中资源支持工业增加值贡献率高的重点产业提升产量。建立省物流保通保畅工作机制，调整设置应急物资中转站。着力稳住能源基本盘，迎峰度夏电力供应总体稳定，三大新能源基地、镇安抽水蓄能电站等项目加快建设。

3. 项目投资抢机遇提进度

落实高质量项目建设推进年实施方案，多次举办重点项目观摩活动，持续开展高质量项目建设成效评价。制定提振工业投资和民间投资的若干措施。抢抓国家稳投资政策机遇，围绕制造业中长期贷款、设备购置与更新改造等领域投放项目、发放资金，省属企业投资提前超额完成年度目标任务。

4. 改革创新激活力增动能

持续推进秦创原创新驱动平台建设，总窗口新增科技型中小企业、高新技术企业分别为上年同期的 2.7 倍、2.3 倍，秦创原国际路演中心、人才大市场等相继投用。实施科技型企业创新发展倍增计划，“三项改革”典型经验做法获国务院第九次大督查通报表扬。分三批推广 74 项优化营商环境典型经验做法，开展涉企违规收费专项整治行动。有序推动要素市场化改革试点工作，设立陕西西安国资国企综合改革试验基金。帮助陕汽、隆基等重点企业协调解决货物边境口岸通关问题，中欧班列（西安）开行量较上年提前 13 天突破 3000 列。

5. 力促区域城乡协调融合发展

梳理推进西安-咸阳一体化发展重点项目，加快榆林能源革命创新示范区创建，支持汉中建设区域中心城市。细化落实县域经济高质量发展若干政策措施，印发“一县一策”“一区一策”事项清单，安排县域专项资金，加快壮大首位产业。实施粮食规模化生产经营三年行动，不断加强高标准农田建设。开展巩固拓展脱贫攻坚成果同乡村振兴有效衔接“百日提升”和“百日督帮”行动。

三、需要关注的问题

1. **非能工业"双降"**

受国际大宗商品价格回落、市场需求萎缩、部分产品价格下跌等因素影响，前三季度，非能工业增速较上半年回落2.1个百分点，占规模以上工业比重为41.5%，占比较上半年降低1.8个百分点，增速、权重"双下降"。制造业增加值同比增长6.6%，增速较上半年回落1.9个百分点，电子、消费品、原材料行业增速回落幅度较大。计算机、通信和其他电子设备制造业增速较上半年回落8.8个百分点。

2. **部分领域投资支撑乏力**

在疫情反复、市场预期转弱等多重因素影响下，社会投资意愿不强，重大项目投资支撑不足，民间投资增速在低位徘徊。前三季度，房地产开发投资同比仅增长0.1%，增速较上半年回落4.5个百分点，比投资总体增速低9.7个百分点，高技术制造业投资仍为负增长，工业技改投资降幅仍为两位数。

3. **消费市场信心不足**

餐饮、文化、旅游等行业生产经营困难较多，外来消费明显减少，居民消费意愿下降。前三季度，服装鞋帽针纺织品类、汽车类消费同比分别下降11.1%、1.8%；限额以上批发业销售额增速较上半年回落5.4个百分点；微型企业经营状况不乐观，限额以上微型住宿业企业营业额同比下降32.8%；个人住房贷款同比少增616.7亿元，商品房销售面积和销售额同比分别下降15%和15.9%，降幅进一步扩大。

4. **收入、利润分化加剧**

在能源产品带动下，陕北一般公共预算收入实现高增长，陕南、关中收入增长压力较大，均为负增长。税收收入主要依靠能源行业支撑，房地产业、建筑业、服务业税收收入均呈现下降态势。企业效益不够平衡，省属资源类企业经济效益大幅增长，但制造业企业营业收入下降，部分企业利润下降。

四、2023年经济展望

（一）经济发展环境分析

1. **国际环境更趋复杂严峻**

美联储激进加息并带动其他国家跟随加息，全球通胀高企，对全球资本市场造成较大冲击，不少国家陷入滞胀。俄乌冲突持续升温，一些国家“脱钩断链”“筑墙设垒”不断加码。随着北半球冬季来临，全球疫情再次反弹、继续蔓延风险不断提升。世界银行预测2023年全球经济或将进入衰退阶段。

2. 国内经济发展面临困难和挑战但后期有望延续回升势头

虽然我国经济运行月度之间有所波动，恢复基础仍不牢固，但随着高效统筹疫情防控和经济社会发展成效逐步显现，第三季度经济恢复向好，明显好于第二季度，特别是党的二十大胜利召开，为推动我国经济发展凝聚了磅礴伟力、注入了新的动力，后期经济有望延续回升势头。

3. 陕西经济运行机遇与挑战并存

2022年以来，全省干部群众攻坚克难，稳增长工作不断向纵深推进，各类政策红利持续释放，比亚迪三期、隆基泾河一期等项目竣工形成新增产能，工业增速在8月份出现波动后，9月份快速回升，投资、消费增速持续加快。但从第四季度来看，疫情仍是经济恢复发展的最大不确定性因素，工业稳增长难度进一步加大，房地产市场下行态势尚未遏制，相关企业风险不断暴露，青年群体就业仍存在困难，促进居民稳定增收任务艰巨，巩固和强化经济回稳向好态势的压力较大。

（二）陕西经济运行态势展望

2023年，预计陕西将继续巩固经济稳定恢复的态势，经济结构进一步优化，高质量发展的动能不断积聚，质效提升。陕西经济发展的最主要的增长点是高端制造业和现代服务业，特别是信息传输、软件和信息技术服务业，科学研究和技术服务业，高端装备制造业，高技术制造业等成为陕西经济增长的新引擎和持续的内生增长动力。预计陕西工业稳增长将大力深入推进，非能源工业继续保持较快增长，能源工业增速有所回落，全省工业“压舱石”作用显著，工业结构进一步优化升级。预计陕西投资将平稳增长，投资结构优化，投资质量提升。预计全省消费市场将保持恢复态势，消费需求得到一定的释放，消费结构进一步升级。预计陕西进出口继续承压前行，进口下降，出口增加，影响陕西进出口的因素主要包括疫情反弹、地缘政治风险、内需疲软、外需回落、供应链冲击等。

（执笔：聂东利　杨西萍）

38 2022 年甘肃省经济运行情况及 2023 年展望

甘肃省经济研究院

2022 年以来，面对复杂严峻的国内外形势和多重超预期因素冲击，甘肃省高效统筹疫情防控和经济社会发展，持续推动稳经济一揽子政策和接续措施落地见效，经济发展呈恢复向好态势，初步预计全年经济增长 5%，2023 年经济增速为 6%。

一、2022 年经济运行分析

前三季度，甘肃省地区生产总值 8124. 2 亿元，同比增长 4. 1%。其中，第一产业增加值 1154. 6 亿元，增长 5. 1%；第二产业增加值 2873. 9 亿元，增长 4. 2%；第三产业增加值 4095. 6 亿元，增长 3. 7%。甘肃省 2016—2022 年第三季度 GDP 及增速见图 1。

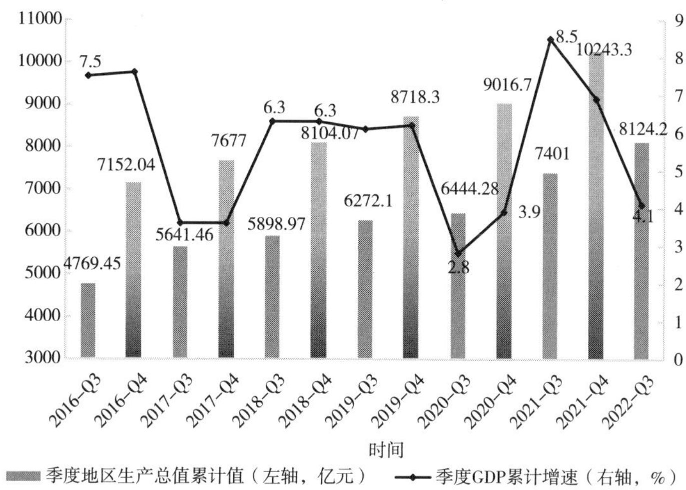

图 1 甘肃省 2016—2022 年前三季度 GDP 及增速

1. 政策举措持续发力见效

出台 53 条稳经济政策措施和 24 条接续政策，营商环境上轨道、上台阶、上水平，带动市场活力、投资吸引力和经济发展韧性增强。截至9月底，全省新设立企业5.94万户，日均新设217户，企业总数达57.46万户。强科技、强工业、强省会和强县域“四强行动”稳步推进，登记科技成果1563项，技术合同成交额227.9亿元，同比增长64%；工业固定资产投资增长56.3%，规模以上工业增加值增长5.9%；“一核三带”区域发展格局夯实推进，印发实施强县域行动实施方案和强县域行动若干措施。民生福祉不断增进，11类民生支出占一般公共预算支出近80%，10个为民办实事项目进展顺利，新增城镇就业27.1万人，输转城乡富余劳动力526.8万人次，人均可支配收入达到16732元。民生商品供应畅通充足，CPI同比上涨1.9%。

2. 现代寒旱特色农业健康发展

粮食安全稳步提升。播种面积达4046.65万亩，超额完成国家下达任务。撂荒地复耕复垦123万亩，完成高标准农田建设276万亩。小麦机收水平达到90%，主要农作物耕种收机械化率63.5%。农业特色产业加快发展，蔬菜产量1534.01万吨，同比增长8%；猪牛羊禽肉产量100.3万吨，增长6.4%。深入开展地理标志助力乡村振兴行动和农业品牌精品培育计划。围绕粮食、油料等建成万亩示范片50个，千亩示范片373个。启动实施了百万亩、百万头（只）产业大县建设和绿色标准化抓点示范行动，已建成绿色标准化基地1189个，建设万头（只）以上标准化养殖场256个。种业振兴行动取得新成效，建成标准化、规模化、机械化、水肥一体化玉米制种基地23万亩、马铃薯良种繁育基地30万亩、瓜菜花卉制种基地5万亩，征集农作物种质资源3037份。

3. 工业发展提质增效

规模以上工业稳定运行。规模以上工业增加值同比增长5.9%，其中采矿业增长12.6%，制造业增长4%，电力、热力、燃气及水生产和供应业增长3.7%。重点企业顶梁柱作用凸显，省属企业累计实现工业总产值2993.63亿元，同比增长22.37%；营业总收入6445.16亿元，增长4.72%；利润总额、上缴税费分别增长2.49%和15.88%。大企业“稳定器”作用显著，兰州石化、金川公司对全省经济增长的拉动均在1个百分点以上。工业发展后劲增强，实施500万元以上工业和信息化项目1039个，已开工建设881个。新入规企业400多户，全省电网新能源装机达3258万千瓦，十大生态产业增加值2077.8亿元，占地区生产总值的25.6%。甘肃省规模以上工业增加值增速见图2。

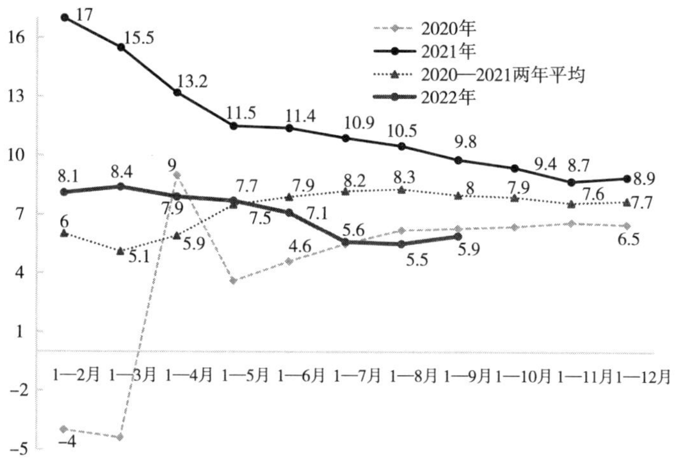

图 2　甘肃省规模以上工业增加值增速（%）

4. 第三产业稳步发展

现代服务业保持恢复增长。交通运输、仓储及邮政业增加值同比增长 10.9%，金融业增长 3.5%，1—8 月规模以上服务业企业营业利润增长 10.5%。文化旅游业行稳致远，官鹅沟景区成功创建国家 5A 级旅游景区，开工建设文旅康养项目 209 个。乡村旅游持续复苏升温，共创建乡村旅游示范县 14 个，打造乡村旅游示范村 310 个，38 个村入选全国乡村旅游重点村，3 个乡镇入选全国首批乡村旅游重点乡镇。铁路货运量同比增长 29.4%，成功组建甘肃省物流集团，积极服务和融入全国统一大市场，实现全省陆港、空港和物流企业协同发展。

5. 固定资产投资平稳增长

固定资产投资同比增长 10.9%，对经济恢复的关键作用增强，基础设施投资实现恢复性正增长 1.8%。第二产业投资增长 56%，工业投资强劲增长 46.5%。累计下达中央预算内投资 213.7 亿元、专项债券 780 亿元。省列重大项目稳步实施，中兰铁路、兰州市城市轨道交通 2 号线等一批重大标志性工程即将建成投运，白龙江饮水工程可研报告通过水利部审查，甘肃省公共卫生医学中心项目开工建设。黄河流域兰西城市群甘肃片区生态建设亿元以上重点项目集中开工 46 个。234 个省列重大项目累计完成投资 1978.13 亿元，年度计划投资完成率 88.92%。出台《关于推行企业投资建设项目信用承诺制改革的若干意见》，切实树立“大干大支持、多干多支持、不干不支持”导向，投资环境持续优化，民间投资总体稳定，增长 8.7%。

甘肃省月度累计固定资产投资增速见图 3。

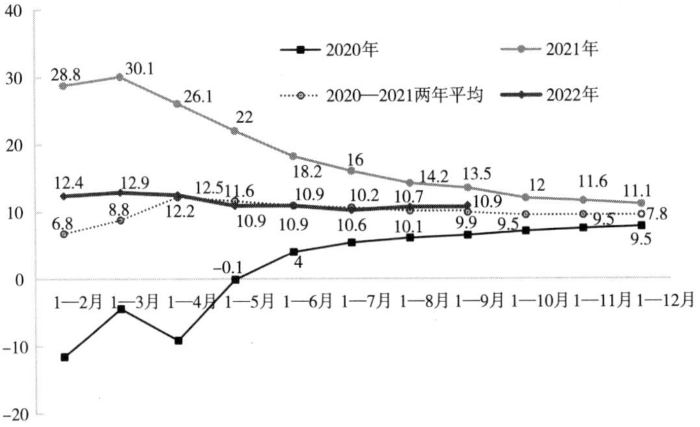

图3　甘肃省月度累计固定资产投资增速（%）

6. **消费市场总体有所改善**

消费市场缓慢恢复。9月份，社会消费品零售总额增速由负转正，呈缓慢恢复增长态势。前三季度，社会消费品零售总额2981.7亿元，同比下降1.4%，降幅较1—8月收窄0.3个百分点。基本生活类消费稳定增长，限额以上单位粮油食品类、饮料类、烟酒类商品零售额分别增长15.3%、13.5%和1.5%。限额以上批零住餐业通过公共网络实现零售额同比增长27.6%。临夏自治州八坊十三巷街区、兰州创意文化产业园商业区入选第二批国家级夜间文化和旅游消费集聚区。“2022‘甘味’”特色农产品贸易洽谈会签订农产品采购和农产品加工投资合作协议58.28亿元，成功举办“2022全国农产品产销对接助力乡村振兴”等活动，“甘味”农产品品牌知名度和影响力进一步提升。甘肃省月度累计社会消费品零售总额及增速见图4。

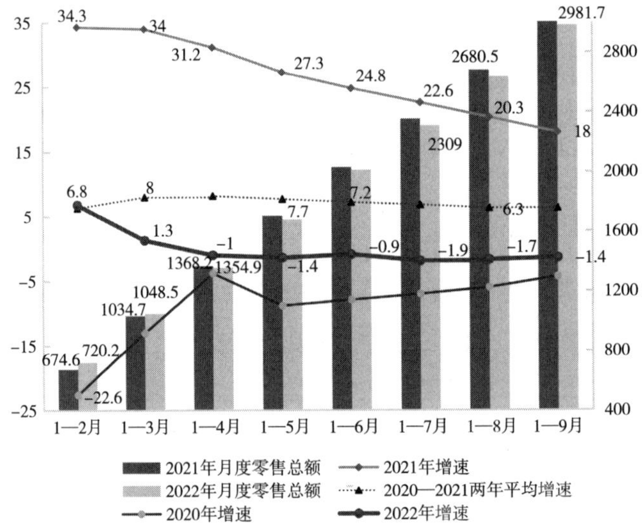

图4　甘肃省月度累计社会消费品零售总额及增速（亿元，%）

7. **外贸进出口增长较快**

外贸进出口快速增长。进出口总值 463. 3 亿元，在高基数基础上，同比增长 21. 7%。其中，出口总值 94 亿元，增长 49. 3%，进口总值 369. 4 亿元，增长 16. 2%。特色产品进出口实现新突破，敦煌首次通过铁海联运出口石棉，金徽酒、陇南西蓝花首次出口韩国，冷冻禽肉首次出口欧洲市场，“中国天水-南非开普敦”国际班列顺利发运。对外经济合作迈出坚实步伐，上半年省外招商引资项目 1510 个，到位资金 1931 亿元，同比增长 26. 85%。深化口岸、属地合作，兰州海关与南京海关签署深化推进“一带一路”建设促进“双循环”新发展格局协议，持续举办“津陇共振兴”“鲁企走进协作地”活动。2016—2022 各年前三季度甘肃省外贸进出口及增速见图 5。

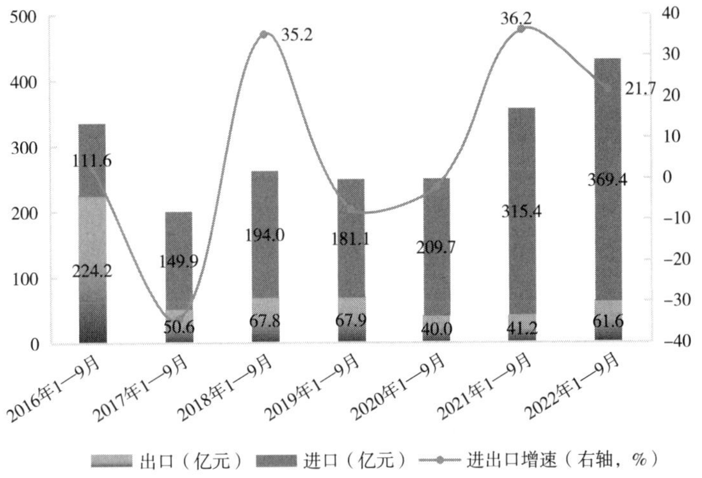

图 5　2016—2022 各年前三季度甘肃省外贸进出口及增速

二、存在的问题

1. **完成全年目标任务困难较大**

地区生产总值增速比年初预期目标低 2. 4 个百分点、规模以上工业增速低 1. 1 个百分点、社会消费品零售总额增速低 9. 4 个百分点、城乡居民人均可支配收入增速分别低 3. 7 个和 3. 8 个百分点；兰州、庆阳等经济占比较大的市州主要指标低位运行。

2. **消费是经济发展的最大短板**

疫情多发频发导致消费预期不稳定，经济增速下降主要是由于消费下滑。社会消费品零售总额同比下降1.4%，服装鞋帽、化妆品类、家用电器音响器材类、文化办公、家具类等限额以上零售降幅均在10%以上。兰州、天水“大块头”社会消费品零售总额分别下降6.9%和5.4%。城镇消费品零售额下降1.5%，乡村消费品零售额下降1.2%。

3. 稳定房地产市场压力巨大

前三季度，房地产开发投资增速直线下降到1.1%。房地产销售持续疲软，第一季度销售面积同比下降10.7%，上半年商品房销售面积下降20.6%，前三季度降幅扩大至29.6%，从中央到省上陆续释放利好政策，但房企投资信心未见明显恢复。

4. 乡村振兴基础薄弱

农业产业还处在由初级向中高端迈进阶段，科技含量低、产业链条短、附加值不高。2021年农产品加工转化率不到60%，3000多家龙头企业总产值仅1600亿元，农产品精深加工业发展不充分。据《2021乡镇综合竞争力报告》，西部百强镇中陕西、内蒙古各20个，四川12个，云南9个，贵州7个，宁夏和新疆各1个，甘肃无一个乡镇入围。

三、2023年趋势展望及主要指标预测

1. 全球通胀高企延续，世界经济下行压力加剧

世界经济饱受疫情、通胀、地缘冲突等因素拖累，贸易保护主义持续升温，结构性矛盾叠加流通性障碍导致供需矛盾跌宕升级，疫情影响和俄乌冲突影响超预期，全球滞胀格局仍将延续。世界银行称“全球经济发展正处于数十年来最严重的减速期”，国际货币基金组织（IMF）预测2023年全球经济增长将放缓至2.7%，称2023年将是自2001年以来经济最疲软的一年。

2. 全国经济正回稳向上，展现出强大韧性和巨大潜力

我国经济总量大、市场广阔、韧性好、潜力足、回旋余地大，发展“形有波动、势仍向好”，长期向好的基本面不会改变。随着高效统筹疫情防控和经济社会发展政策举措将更加科学精准，新冠肺炎疫情对经济运行的干扰有望大幅减弱，全国经济总体延续改善增长态势。国内大循环内生动力和可靠性将有力增强，国际循环质量和水平将有效提升，持续深化供给侧结构性改革，不断为稳健的货币政策和积极的财政政策拓展新空间。国内供给侧生产形势稳定向好，消费基础动力稳固恢

复，有效投资将持续发力，物价将继续保持平稳态势，稳步推进高水平对外开放，将有效提升外贸对经济的拉动作用。

3. 甘肃发展机遇挑战并存，重大战略和发展势能叠加交汇

随着“一带一路”建设、西部大开发、黄河流域生态保护和高质量发展、青藏高原可持续发展等重大战略加快实施，甘肃资源禀赋优势、工业基础优势、地理区位优势越来越凸显，倾斜政策叠加、市场利好叠加的振兴机遇越来越凸显，2023 年全省经济形势总体判断是“逆势而进、稳中向好”。着力推动构建“一核三带”区域发展格局和实施“四强”行动，稳经济增长的动力基础将更加牢固。中央倾斜支持力度持续加大，兰州入选首批气候投融资试点城市，金昌、天水、兰州新区纳入“十四五”时期“无废城市”建设，中央继续实行东西部协作和中央定点单位帮扶机制。固定资产投资形势稳定向好，重大项目迎来重大利好，产业链链长制开局良好，产业发展新动能势头强劲。同时高质量发展还面临“大块头”企业产能受限、小微企业活力不足、链孤岛型产业偏多、隐形债务风险偏高、人口净流出严重、生态环保任务重、营商环境有差距等短板制约。

4. 主要指标预测

初步预计，2023 年全省经济增速在 6%以上，规模以上工业增加值增速 7%以上，固定资产投资增速 10%以上，社会消费品零售总额增速 10%以上，外贸进出口总额达到 700 亿元，就业形势和物价水平保持总体稳定。

四、主要对策建议

1. 深入贯彻落实党的二十大精神

2023 年是全面贯彻落实党的二十大精神的关键之年，要始终坚持以推动高质量发展为主题，坚持社会主义市场经济改革方向，着力建设现代化经济体系，全面推进乡村振兴，促进区域协调发展，坚持高水平对外开放，加快构建以国内大循环为主体、国内国际双循环相互促进的新发展格局。以实际行动贯彻落实党的二十大精神，高效统筹疫情防控和经济社会发展，科学精准、与时俱进、实事求是改善提升防控措施，增强“疫情要防住、经济要稳住、发展要安全”的能力水平。坚持在高质量发展中改善民生，巩固拓展脱贫攻坚成果，扎实推进共同富裕，实施就业优先战略，做好保供稳价，推动城乡教育、医疗服务均等化发展。

2. 持续打造一流营商环境

深化放管服改革，加快打造市场化法治化国际化营商环境，着力培育壮大市场主体，扶持中小微企业体量规模稳步扩大、质量效益明显提升，依法平等保护各类市场主体合法权益，降低市场主体制度性交易成本。全面实施市场准入负面清单管理，深入推进告知承诺等改革，积极探索“一业一证”改革。全面提升线上线下服务能力，加快打造高效便捷、优质普惠的线下“一窗综办”和线上“一网通办”平台。扩大政务服务“跨省通办”范围，加快推进“一件事一次办”，提升面向市场主体和人民群众的政务服务效能。积极复制推广国务院印发的50条营商环境创新试点改革举措。

3. **积极构建现代化产业体系**

坚持不懈地发展现代寒旱特色农业，实施好优势特色产业三年倍增行动，积极开展“甘味”品牌建设，加快实现从特色农业大省向特色农业强省转变。全面落实藏粮于地、藏粮于技战略，逐步把永久基本农田全部建成高标准农田，深入实施种业振兴行动。围绕不断提升产业链供应链韧性和安全水平，加快实施制造业核心竞争力提升五年行动计划，改造提升传统优势产业，培育发展战略性新兴产业，加快“产业生态化、生态产业化”步伐，在绿色低碳发展上取得新突破。充分发挥国有企业在全省经济发展中的“顶梁柱”作用，充分释放产能。发挥链主企业作用，融通上下游全产业链提质增效。坚持把发展经济的着力点放在实体经济上，构建新一代信息技术、人工智能、生物技术、新能源、新材料、高端装备、绿色环保等一批新的增长引擎。推动现代服务业与寒旱农业、先进制造业深度融合，建设高效顺畅的流通体系，推动降低物流服务收费，提升擦亮“交响丝路 · 如意甘肃”文旅主品牌。

4. **着力实施扩大内需战略**

坚持“资金、要素跟着项目走”的原则，继续发挥“项目集中开工”“标准地改革”“区域评估”“协同推进”“四优先”等机制作用，优先支持基础设施领域、规划内和前期工作成熟的项目，着力破解要素保障问题。鼓励民间和扩大外商投资范围，加大外商投资的支持力度。支持刚性和改善住房需求，借鉴刺激住房需求经验做法。统筹推动消费提质扩容，开展商旅文体融合，加快餐饮企业数字化赋能，鼓励发展智慧商店，积极发展特色街区、特色商圈和夜间经济。大力实施消费帮扶，培育一批消费帮扶示范企业和社会组织。推动大型综合生活超市进驻乡镇、中心村，释放农村消费潜力。持续推进“放心消费在陇原”示范创建活动，打造全国一流消费环境。加大稳市场主体力度，改善消费预期，防止教育、医疗、养老等高端服务性消费外流。

5. **不断扩大进出口贸易规模**

抓实“一带一路”最大优势，用足RCEP最新机遇，构建以“一带一路”沿线国家和 RCEP 成员国为牵引的强外贸双轮驱动模式。深入挖掘“一带一路”沿线国家消费需求，巩固提升工业品、服务贸易、特色农产品等出口“一带一路”沿线国家的规模优势，把出口这驾“弱马车”转化为促进经济增长的强动力。鼓励传统外贸企业、跨境电商和物流企业等参与海外仓建设，培育一批优秀海外仓企业。加快推进国家物流枢纽建设再上新台阶，完善综合运输体系，力争国际班列开行数和运营效率稳定提升。用好降税、区域原产地累计规则，做大做强与 RCEP 成员国在新材料、通用设备、种子等领域的商贸合作，扩大优势产品出口。稳定扩大“一带一路”国家矿产资源、化石能源等资源性产品进口，建设双循环能源资源战略支点，保障全省以及全国原材料供应链安全稳定。

（执笔：张帆　马红祥）

39　2022 年青海省经济形势分析及 2023 年展望

青海省信息中心

2022 年以来，面对多轮疫情冲击、极端天气等超预期因素影响，青海省委省政府全面贯彻落实党中央国务院“疫情要防住、经济要稳住、发展要安全”的要求，全省经济顶压前行，生产稳步改善，需求逐步恢复，基本民生有力保障。展望 2023 年，党的二十大指路领航，扩内需战略和供给侧结构性改革有机结合，稳增长政策措施持续发力，全省经济平稳增长具备较好基础，但经济运行中的长短期问题仍对经济增长形成一定扰动。初步预计，2023 年青海省地区生产总值同比增长 3.5%。

一、2022 年经济运行分析及全年预测

（一）主要特征

1. 经济恢复有所放缓

前三季度，青海省地区生产总值同比增长 2.6%，增速较第一季度下降 2.5 个百分点，较上半年回升 0.1 个百分点，比全国同期平均水平低 0.4 个百分点。在疫情散发频发影响下，全省经济恢复进程受到一定程度上冲击，经济运行呈前高后低态势，增长动能趋弱。分产业看，第一、第二产业增加值同比分别增长 4.6%、7.9%，拉动 GDP 增长 3.5 个百分点；第三产业增加值下降 1.6%，降幅较上半年扩大，占 GDP 比重降低 2.3 个百分点。2018—2022 年全国和青海省 GDP 变化情况见图 1。

2. 供给恢复不均衡

工业生产较快增长。前三季度，在工业企业闭环生产、产品价格上涨、新建企业达产等因素带动下，全省规模以上工业增加值同比增长 14.7%，延续较快增长态势。重点行业拉动明显，占比近五成的化学、电气机械和计算机通信业分别增长 27.7%、93.4%和 2.2 倍，对工业生产增长贡献较大。特色优势产业快速成长，高技术、装备制造业增加值同比分别增长 1.2 倍、1.4 倍，盐湖化工、新能源产业增长 35.2%、62.4%，工业新动能加快培育。在企业产能趋于充分挖掘、市场需求增

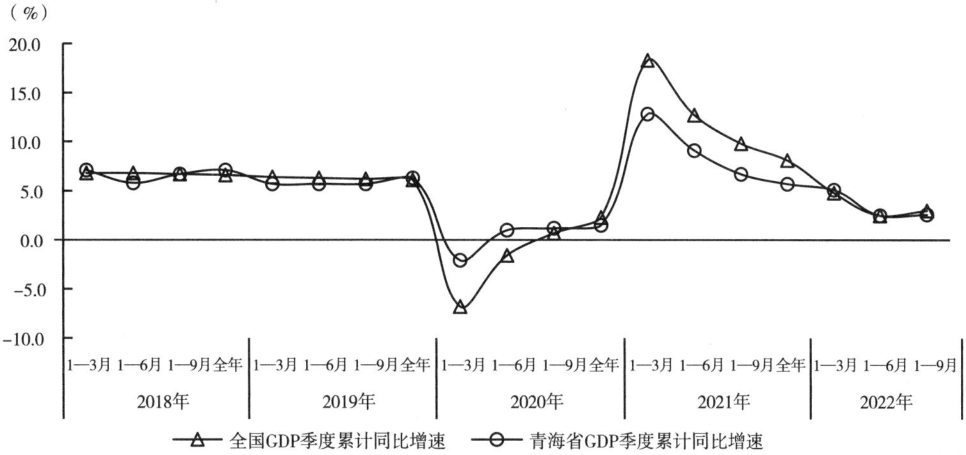

图 1　2018—2022 年全国和青海省 GDP 变化情况

加背景下，光纤、碳纤维和单晶硅产量成倍增长，主要产品量价齐升，带动工业企业经营效益持续改善。

服务业恢复不及预期。在 8 月下旬疫情反弹情形下，前三季度全省服务业增加值持续下降，降幅较上半年扩大 0.4 个百分点。生活性服务业在居民出行受限、收入增长放缓影响下修复力度不足，文化旅游、住宿餐饮、体育娱乐等行业增加值延续负增长，降幅较 1—8 月有所扩大；生产性服务业在要素保障强化、物资流动畅通等因素支撑下稳步恢复，公路货运量取得两位数增长，带动总体货运量同比增长 9.1%，金融、信息技术服务业增加值分别增长 0.3%、12.0%，生产性服务业恢复进程快于生活性服务业。2018 年 2 月至 2022 年 9 月青海省工业和服务业变化情况见图 2。

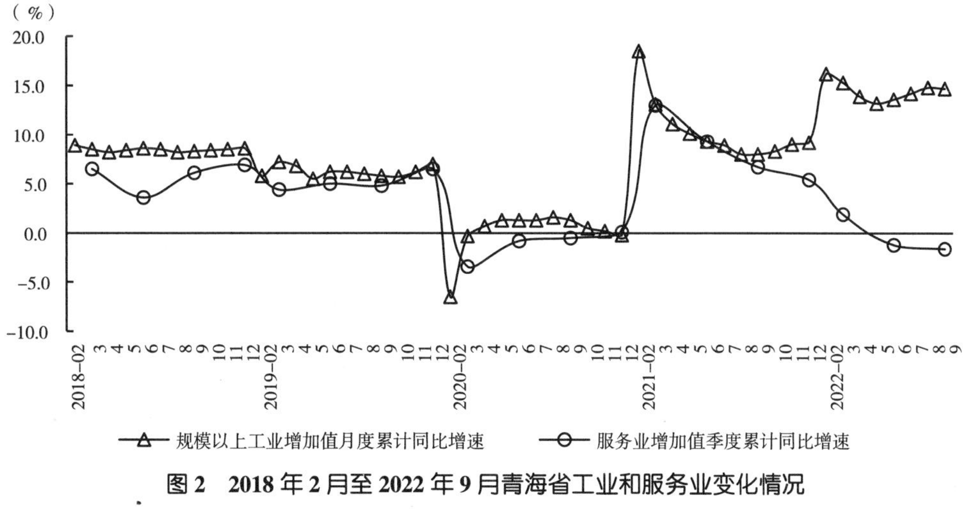

图 2　2018 年 2 月至 2022 年 9 月青海省工业和服务业变化情况

3. 需求复苏动能趋缓

投资保持增长态势。前三季度，全省固定资产投资同比增长 1.8%，增速较上半年提升 1.7 个百分点，第一、第二产业投资增速分别达 48.9%、39.4%，第三产业投资下降 14.9%，降幅有所收窄。工业投资“压舱石”作用持续显现，占比四成的工业投资同比增长 39.6%，其中，采矿业、电力、制造业投资增速分别为 9.2%、39.6%和 52.2%。投资结构趋于优化，占制造业投资比重近七成的高技术制造业投资增长 96.5%，电气机械、计算机通信设备制造业投资均增长 1.1 倍，新能源项目投资增长 48.9%，投资新增长点加快形成。

消费恢复有所放缓。前三季度，全省社会消费品零售总额同比下降 7.4%，9 月下降 19.1%，降幅较 8 月扩大 14.4 个百分点，消费恢复进程受疫情影响明显，占比较大的住宿、餐饮、旅游等服务消费延续两位数下降态势。实物消费方面，粮油食品、烟酒、饮料等基本生活类商品零售额分别增长 5.8%、14.0%和 31.7%；体育娱乐、电子音像制品等升级类商品分别增长 1.1 倍、1.3 倍；大宗商品中，石油及制品类零售额保持增长，新能源汽车大幅增长拉动汽车类消费降幅收窄。

2018 年 2 月至 2022 年 9 月青海省投资和消费变化情况见图 3。

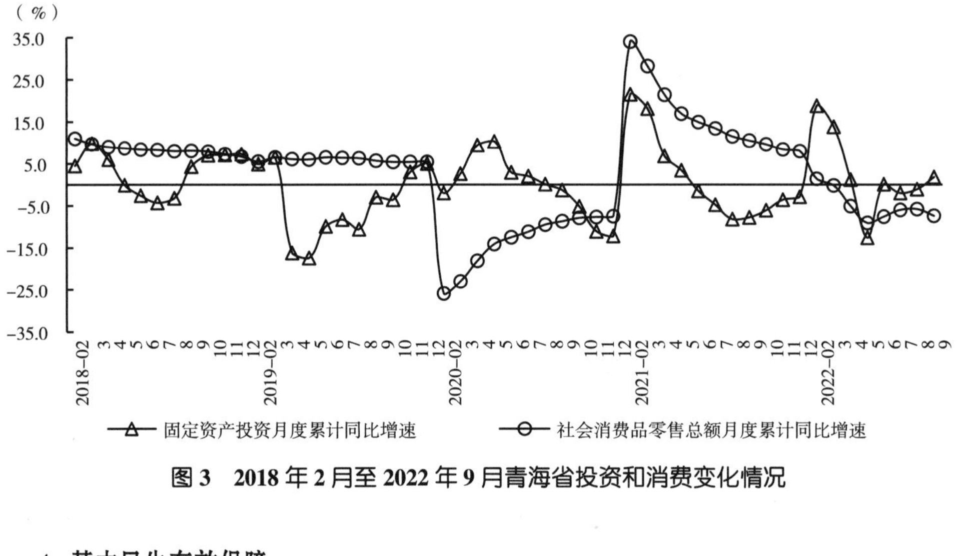

图 3 2018 年 2 月至 2022 年 9 月青海省投资和消费变化情况

4. 基本民生有效保障

居民收入平稳增长，前三季度城镇和农村居民人均可支配收入分别增长 3.4%、6.1%，城乡居民收入比为 2.87，同比缩小 0.07。重点领域保障有力，全省灾害应急、城乡社区、交通运输等领域财政支出呈两位数增长，民族自治州教育、基础设施和文化体育投资分别增长 14.7%、17.3%和 40.5%。就业市场总体稳定，城镇新增就业和农牧区劳动力转移就业分别完成年度目标的 90.7%、99.96%。居民消费价格同比上涨 2.4%，涨幅较上半年有所扩大，交通通信、教育文化娱乐、食品烟酒类涨幅居前。

（二）全年主要指标预测

根据 2022 年以来全省经济运行趋势，结合外生冲击影响，预计 2022 年全省地区生产总值同比增长 2.6%，农牧业增长 4.5%，工业增长 10.0%，服务业下降 1.6%；固定资产投资有望保持正增长，社会消费品零售总额下降 7.6%；城镇和农村常住居民人均可支配收入分别增长 3.5%和 6.5%，居民消费价格涨幅为 2.6%。

二、2022 年经济平稳健康发展做法和经验

1. 积极应对多重冲击，力促经济平稳运行

面对多轮疫情冲击，全省高效统筹疫情防控和经济社会发展，快速应对疫情输入风险，不断完善常态化防控体系，积极有效处置多点散发疫情，疫情防控经受住了严峻考验。面对多年未遇汛情，坚持安全第一、预防为主，建立高效调度指挥体系，抓预警抓排查抓转移抓救治抓安置，最大限度地减少人员伤亡和财产损失。面对持续加大的三重压力，坚持精准调度、综合施策，印发稳经济一揽子政策措施实施方案以及接续政策措施任务清单和项目清单，力促经济平稳运行。

2. 坚持供需协同发力，强化经济增长引擎

供给方面，深入企业开展专项服务，实行闭环生产管理，优化要素保障，抢抓工业品量价齐升机遇，强化工业主导作用。成立商贸企业纾困解难专班，建立重点企业包联机制，制定服务业恢复发展措施，抓好政策直达快享，提振市场主体信心。需求方面，领导领衔保重点、强化调度保目标、一线督导抓服务，全力开展投资攻坚行动，加快推进重大项目建设。制定扩内需战略实施方案，开展购车补贴、发放惠民消费券等活动，力促消费持续恢复。加快综保区、跨境电商综试区等平台建设，稳步扩大对外开放。

3. 积极培育优势产业，推动经济高质量发展

生态文明高地建设方面，持续实施重大生态工程，印发《黄河青海流域生态保护和高质量发展规划》，多部门协同推进三江源国家公园特许经营探索试点，大力改善生态环境，助推“双碳”工作。建设世界级盐湖产业基地方面，从补链、延链、强链入手，提高盐湖资源综合利用效率。打造国家清洁能源产业高地方面，扩大新能源项目投资，着力构建现代能源治理体系。打造国际生态旅游目的地方面，出台旅游景区高质量发展实施方案，持续完善景区基础设施，提升旅游品质。打造

全国绿色有机农畜产品输出地方面，推进两个“三品一标”提升行动，建设国家级现代农业产业园，支持全域绿色有机农畜产品地先行先试。

4. **多措并举保障民生，稳定经济发展基础**

全力推进乡村振兴，实施稳粮保供、产业增效、主体培育、脱贫攻坚巩固等行动，加快落实中央和省级财政衔接资金，持续推动特色产业集群建设。深入开展稳就业工作，全面落实产业发展拓岗、助企纾困稳岗、转移就业、重点群体帮扶等九项行动，着力拓宽居民就业增收渠道。加快推进重大民生工程，民生领域财政支出保持在七成以上，加大对省内民族地区教育就业、医疗卫生等领域资金支持。落实社保缓缴扩围和延长政策，全力优化营商环境，着力保市场主体，稳定经济发展基础。

三、2023 年经济运行趋势展望及主要指标预测

（一）经济运行趋势展望

展望 2023 年，随着党的二十大精神全面贯彻落实，各类市场主体预期趋于稳定，稳增长接续政策持续发力显效，优化疫情防控二十条措施稳步实施，生态文明高地和产业四地建设加快推进，全省经济恢复力度将逐步提升。需求侧，基建投资增长具备一定要素支撑，地产投资或逐步企稳；随着各类消费场景不断恢复，扩内需促消费政策举措持续挖潜增效，消费需求或止跌企稳。供给侧，工业增长的需求支撑短期内仍较稳定，工业或延续稳步增长态势；住宿餐饮、交通运输、文化旅游等服务行业有望实现恢复性增长，信息技术、商务服务等生产性服务业保持增长。但微观主体预期和信心恢复或有所滞后，需求侧增长基础有待巩固；供需恢复不均、内生增长动能趋弱等问题并存，全省经济稳步增长仍面临一定挑战。初步预计，2023 年青海省地区生产总值同比增长 3.5%（见图 4）。

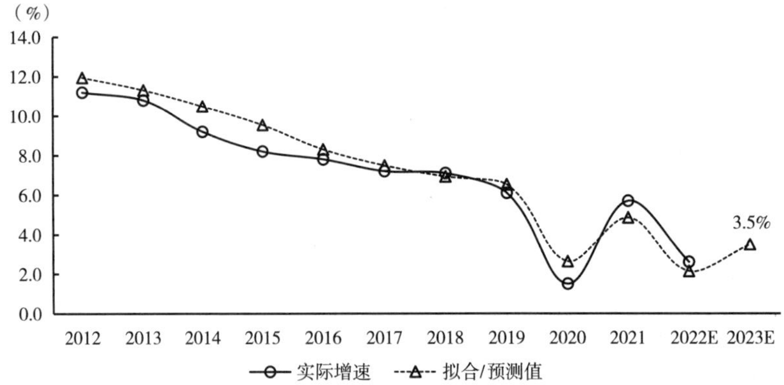

图 4　2023 年青海省地区生产总值同比增速预测*

* 模型测算过程中，2022 年青海省地区生产总值同比增速以前三季度值（2.6%）代替。

（二）主要指标预测

工业方面，一是本轮大宗商品价格上涨逐步见顶，PPI 增幅趋于收窄，价格因素对全省工业增长的贡献程度或有所下降。二是工业增长的行业支撑较为单一，仅依靠化学、电气机械等重点行业增长的支撑格局或不可持续。三是新建入库企业对工业增长的拉动作用较为有限，加之要素保障基础仍不稳固、招商引资难度较大，工业较快增长或缺乏有效接续动能。但同时，随着实体经济政策支持力度不断加大，工业高质量发展“六大工程”有力推进，战略性新兴产业加快培育，全省工业增长仍有一定支撑。初步预计，2023 年青海省规模以上工业增加值同比增长 7.5%。

投资方面，一是项目融资渠道有限，自筹资金难度不断加大，加之近两年重大项目平均规模较往年缩小、数量趋于减少，全省投资稳增长的资金和项目基础不实。二是投资环境仍存在政务服务便利度不高、要素配置效率较低、市场准入限制较多等问题，引项目扩投资压力较大。三是受建设用地不足、环境约束加大等因素影响，重点地区投资效率边际下降，投资稳增长支撑作用趋于弱化。但同时，随着新兴领域投资增长点加快培育，“十四五”规划重点项目加力推进，全省固定资产投资有望改善。初步预计，2023 年青海省固定资产投资保持增长态势。

消费方面，一是微观主体预期和信心改善难度仍较大，居民消费意愿下降、消费市场主体减少，消费供需两端均面临增长困难。二是消费增长点不足，全省消费类型仍将以必需品消费为主，升级类消费提升有限，住房关联消费减少，占比较大的汽车消费仍趋回落。三是居民就业增收难度加大，各年龄群体消费能力和意愿走低，人均消费支出趋于下降。但随着扩内需、稳就业、增收入、促消费等方面政策措施不断落地显效，2023 年全省消费或止跌企稳。初步预计，2023 年青海省社会消费品零售总额实现正增长。

物价方面，在原油价格或维持高位震荡态势、物流运输成本上升等因素影响下，省内非食品项实物消费价格仍将温和上涨；在疫情形势或逐步好转、出行意愿上升背景下，交通、旅游等服务价格将逐步回升。而猪周期逐步见顶回落，保供稳价工作有力有序，食品项价格上涨动力不足；居民收入及预期改善仍需时日，总需求恢复力度或有限，整体物价上涨仍受一定抑制。初步预计，2023 年青海省居民消费价格同比上涨 2.0%。

（执笔：李秀阳　韩锐）

40　2022年宁夏回族自治区经济运行分析及2023年展望

宁夏发改委信息中心

2022年以来，面对复杂严峻的发展环境，在自治区党委和政府的正确领导下，全区上下深入贯彻习近平总书记视察宁夏重要讲话和重要指示批示精神，坚决落实党中央、国务院决策部署，高效统筹疫情防控和经济社会发展，按照习近平总书记关于“疫情要防住、经济要稳住、发展要安全”的重要指示精神，坚决打好“七大战役”，经济大盘扎实稳固，消费需求逐步恢复，转型升级步伐加快，发展动能不断增强，质量效益稳步提升，民生福祉持续改善，经济运行继续保持总体平稳、稳中有进、进中向好的发展态势。

一、2022年经济运行主要特征

1. 经济运行总体平稳，第二产业贡献突出

全区上下按照“大抓发展、抓大发展、抓高质量发展”的工作要求，紧盯发展目标任务，狠抓工作落地见效，不断补齐短板弱项，全区经济继续保持较快增长态势。根据地区生产总值统一核算结果，2022年前三季度，全区实现生产总值3599.18亿元，同比增长4.9%，比全国平均水平高出1.9个百分点，位居全国第4，排名为历史同期最好水平。其中，第一产业增加值258.56亿元，增长5.3%；第二产业增加值1690.05亿元，增长7.6%，对经济增长的贡献最突出，贡献率达到64.7%；第三产业增加值1650.57亿元，增长2.6%。

2. 生产供给稳定增长，加快优化产业结构

加快优化经济结构，稳定一产、做强二产、繁荣三产的力度持续加大，三次产业之比为7.2：47：45.8，分别拉动经济增长0.4个、3.2个、1.3个百分点。一是农业保持较快增长。前三季度，全区农林牧渔业总产值548.92亿元，同比增长5.9%，增速比上年同期提高1.0个百分点。夏粮增产丰收，全区夏粮播种面积127.87万亩。二是工业生产稳定增长。2022年1—9月，全区规模以上工业增加值

同比增长8.8%。其中，轻工业增加值同比增长14.4%，增速比1—8月份提高1.3个百分点；重工业增长8.2%。全区制造业增加值同比增长9.7%，增速比1—8月份提高0.9个百分点；采矿业增长8.6%；电力、热力、燃气及水生产和供应业增长5.3%。

3. **市场需求稳定恢复，投资出口持续向好**

一是有效投资持续发力。全区扎实开展“扩大有效投资攻坚年”活动，以“非常之心”引项目、以“非常之力”抓投资、以“非常之举”促投资，投资增速连续8个月保持在两位数以上。2022年1—9月，全区固定资产投资同比增长11.4%，增速比1—8月份提高0.3个百分点，位居全国第3，投资对全区经济稳增长的拉动作用进一步显现。“六个一百”重大项目开工率99.6%，自治区100个重点建设项目开工率98%，225个中央预算内投资项目开工率89%，全区三批集中开工重大项目2499个，开复工率达94.9%，累计完成投资1657亿元。区域投资全面增长（银川市不含宁东增长6%，石嘴山市增长19%，吴忠市增长12%，固原市增长20%，中卫市增长8%，宁东增长20%），民间投资增长12.5%，增速比全国平均水平高出10.5个百分点。二是市场消费稳定恢复。9月当月，新增发放各类消费券41.5万张（核销消费券27万张），形成扩大消费有效支出0.24亿元，促进消费加快恢复。2022年1—9月，全区社会消费品零售总额1019.06亿元，同比增长2.3%，增速比全国平均水平高出1.6个百分点。三是对外贸易大幅增长。积极融入和服务共建“一带一路”，对沿线国家进出口增长69%、占比31%，对RCEP成员国进出口增长25%、占比24%。外贸进出口总额199.5亿元（占GDP比重为5.5%），连续15个月保持30%以上的高位增长。其中，出口增长76.1%。实施招商引资项目1530个，实际到位资金1503亿元。

4. **转型升级步伐加快，发展动能持续增强**

一是高技术产业快速发展。2022年1—9月，全区高技术产业投资同比增长43.0%，其中，高技术制造业投资增长58.0%，高技术服务业投资增长16.7%。规模以上工业装备制造业增加值增长21.9%，高技术制造业增加值增长27.3%，分别比规模以上工业高出13.1个和18.5个百分点。二是信息产业较快增长。1—8月份，全区规模以上信息传输、软件和信息技术服务业营业收入同比增长12.0%，增速比规模以上服务业高出1.9个百分点。其中，电信、广播电视和卫星传输服务业营业收入增长7.8%，软件和信息技术服务业营业收入增长55.6%。“六新”“六特”“六优”产业产值占农业、规模以上工业、服务业总产值比重分别达88%、77.7%和72.6%。五市中，银川市地区生产总值同比增长4.8%（与上半年持平），石嘴山市增长 4.6%（环比回落 0.6 个百分点），吴忠市增长 6.1%（环比上升 0.7 个百分点），固原市增长 5.3%（环比回落 0.5 个百分点），中卫市增长 4%（环比回落 3.3 个百分点）。

5. 质量效益稳步提升，民生福祉继续改善

一是居民收入加快增长。全体居民人均可支配收入同比增长 6.4%，增速比上半年提高 1 个百分点，比全国平均水平高出 1.1 个百分点。城镇居民收入增长 5.3%，增速比上半年提高 1.1 个百分点，位居全国第 9；农村居民收入增长 7.3%，增速比上半年提高 0.4 个百分点，比城镇居民收入高出 2 个百分点，位居全国第 6。二是城乡就业总体平稳。2022 年 9 月末，全区城镇新增就业 7.55 万人，完成全年目标任务的 100.6%；农村劳动力转移就业 82.11 万人，完成全年目标任务的 109.5%。9 月份，城镇调查失业率为 5%，环比回落 0.3 个百分点，比全国平均水平低 0.5 个百分点。高校毕业生毕业去向落实率达 95.6%，比上年全年高出 0.44 个百分点，位居全国前列。三是脱贫成果稳步拓展。全力推进巩固拓展脱贫攻坚成果同乡村振兴有效衔接，健全“三保障”和饮水安全问题动态清零机制。全区脱贫人口人均纯收入 1.4 万元，较 2021 年度增加 2375 元，增长 20.5%。农村人居环境持续改善，卫生厕所普及率达到 62.2%。

6. 运行环境总体稳定，先行指标回升向好

一是金融存贷总量持续增加。2022 年 9 月末，全区人民币各项存款余额 8319.33 亿元，同比增长 11.4%。人民币各项贷款余额 8871.62 亿元，增长 8.7%。二是消费指数涨幅平稳。2022 年 9 月份，全区居民消费价格同比上涨 2.8%，涨幅比 8 月份扩大 0.1 个百分点。三是工业用电平稳增长。2022 年 1—9 月，全区全社会用电量 931.25 亿千瓦时，同比增长 6.1%。工业用电量 817.78 亿千瓦时，同比增长 5.6%。其中 9 月份工业用电同比增长 5.4%。

二、经济运行存在的主要问题

全国疫情呈现出“点多、面广”特点，宁夏受“9·20”疫情影响，市场需求和生产供给骤降，投资、消费、出口均受一定冲击，企业特别是中小微企业生产经营的困难比较突出，短期失业上升和物价上涨，统筹疫情防控和经济社会发展难度增加。全区经济在多重超预期因素影响下，主要存在以下几个突出问题。

1. 市场有效需求疲乏，投资增长压力较大

一是 2022 年前三季度，规模以上工业增加值增速较 1—8 月份回落 0.4 个百分点。生产指数和新订单指数均处于紧缩区间，企业生产经营活跃度和投资意愿明显减弱，随着第四季度生产淡季来临，企业的市场预期普遍有所下降。二是房地产需求疲软，房地产持续低迷。居民购房意愿下降，叠加疫情和收入不稳定等因素，商品房成交量明显下降。1—9月份，全区实现商品房销售面积下降22.2%，销售额下降19.1%。三是生产成本倒挂依然突出。2022年9月份，工业生产者出厂价格（PPI）上涨1.4%，购进价格（IPI）上涨11.2%，全区购销“剪刀差”在6月达到最高点后，呈逐步收窄趋势，表明产业链中下游价格传导途径略有改善，企业利润空间有所回升。但是9月由于疫情的影响，差距又有所扩大。连续10个月倒挂，企业“高进低出”状况加剧，利润空间被压缩，盈利能力减弱。四是服务行业受损。突发疫情对接触型、聚集型服务业的冲击巨大。大型餐饮企业基本处于关停状态，营业收入呈现断崖式下滑，9月当月，餐饮业营业额下降近80%；A级以上旅游景区游客人数和旅游收入均下降95%左右。机场客运量下降46%，公路客运量下降6.7%。

2. 政府投资能力将长期偏紧

长期看，宁夏与全国各地一样，经济将保持相对较长一段时期中速增长的新常态。受疫情财政刚性支出增加、地方政府债务达到“天花板”、财政收支平衡压力大等因素影响，政府在基础设施领域的投资因持续面临资金筹措困境而维持在较低水平，对全社会固定资产投资贡献减弱。

政府类投资物资运输受阻。由于多省区对交通物流加强管控，区内火电、新能源项目建设及检修设备不能及时运达，造成部分项目停工停产，市、县（区）普遍反映因采购设备、原料无法到位，30%的项目建设进度滞后。

三、2023年全年经济发展预测

2023年，外部环境依旧严峻复杂，国内环境疫情长期影响，经济运行稳中有变，经济下行压力仍然较大，预计2023年地区生产总值增长5.5%。

四、政策建议

2022年以来，面对百年未有之大变局和世纪疫情的叠加影响，全区上下顶住压力、奋勇争先，稳经济、保增长、促发展，推动经济增长逆势上扬、跃升前列，发展质量持续向好。同时我们也应该看到，当前国内外经济环境错综复杂，保持经济持续稳定增长仍面临诸多困难和挑战，推动经济发展的压力更大、任务更重、挑战更多。今后发展经济的具体建议是：

1. 进一步扩大精准有效投资，重点做到“三个强化”

强化重点领域投资，立足发挥投资对优化供给结构的关键性作用，围绕“六个一百”重大项目，抓住建设黄金期，加快黄河黑山峡枢纽、抽水蓄能电站、光伏基地等20个重大工程前期和建设进度；强化投资项目管理，紧盯国家政策导向、宏观政策取向、中央资金投向，让更多的大项目、好项目列入国家规划的大盘子；强化项目要素保障，落实“要素跟着项目走”要求，加强用地、用水、用能、资金等要素保障，强化资源要素保障，形成更多实物工作量，切实扩大有效投资。

2. 加快产业转型升级，增强产业链供应链韧性

聚焦“六新六特六优”产业，大力实施“四项计划”，培优扶强存量企业，加快存量企业转型升级步伐，培育壮大新兴企业，推动新旧动能转换。在做大做强传统优势产业的同时，着力提升数字经济、清洁能源、先进装备等行业和新业态、新经济、新商业模式等发展水平和能效，打造经济新增长极。积极推进“东数西算”工程，高质量建设全国算力一体化网络宁夏枢纽，加快建设电信、广电、中电算力、西云等10个大型超大型数据中心项目，形成一批“东数西算”典型示范场景和应用。

3. 在实施扩大内需战略上下功夫，加快促进消费恢复

进一步优化具体措施，及时增补措施，继续减税降费、减租降息，帮助更多消费服务市场主体恢复发展。加大对100户重点骨干企业监测和月度调度力度，及时跟踪解决难点、堵点问题。提早安排商场促销、汽车展销、家电下乡等消费活动，努力把疫情影响降到最低，刺激消费回升。加快线上线下消费有机融合，鼓励实体商业通过直播电子商务、社交营销开启“云逛街”等消费新模式，推广农产品“生鲜电子商务+冷链配送”“中央厨房+食材冷链配送”等消费新业态。推动房地产业平稳健康发展。全面落实房地产市场平稳健康发展长效机制，因城施策用足用好政策工具箱，促进住房消费健康发展，带动家装、家具、家电等住房相关领域消费持续升温。

4. 加快绿色低碳发展，推动经济社会绿色转型

统筹抓好“双控”、“双碳”、生态保护、环境治理等工作，加快经济社会绿色转型、低碳发展。推动能耗双控激励、用能预算管理等政策落地实施，确保完成国家下达的能耗强度下降目标任务。在节能改造上再攻坚，严格能效约束，推动煤化工、焦炭、电石、铁合金、钢铁等重点领域节能降碳技术改造。深化“双碳”行动，持续推进产业转型、能源消费、交通运输、城乡建设、科技支撑、碳汇经济等重点领域减碳工作。

5. 激发民间投资活力

进一步清理废除与企业性质挂钩的不合理规定，落实各类投资主体一视同仁的要求，保障民间投资平等获取生产要素和政策支持。引导和鼓励民营企业加大在资本市场融资力度，推动金融机构推出符合民营企业特点的信贷产品。进一步完善政策措施，规范创新推进 PPP 模式，吸引社会资本参与重点领域项目。稳妥推进基础设施领域不动产投资信托基金（REITs），支持符合国家政策导向、社会效益良好、投资收益率稳定且运营管理水平较好的基础设施项目设立基础设施 REITs，形成投资良性循环。

（执笔：马冀平 靳婧 杨晓庆）

41　2022 年新疆维吾尔自治区经济运行分析及 2023 年展望

新疆维吾尔自治区信息中心

2022 年以来，自治区党委、人民政府带领全区，坚持以习近平新时代中国特色社会主义思想为指导，以深入学习贯彻习近平总书记视察新疆重要讲话重要指示精神为动力，深入贯彻落实党中央、国务院关于稳住经济大盘的决策部署，科学高效统筹疫情防控和经济社会发展，统筹发展和安全，坚持稳字当头、稳中求进，扎实做好“六稳”“六保”工作，全力推动高质量发展，实现了农业生产形势稳定，工业生产持续增长，固定资产投资力度持续加大，外贸发展持续向好，经济运行总体平稳。

一、2022 年经济运行分析

（一）1—9 月宏观经济运行特征

1. 经济运行总体平稳

1—9 月，新疆实现地区生产总值 13023.82 亿元，按可比价格计算，同比增长 3.9%，增速比全国平均水平高出 0.9 个百分点。其中，第一产业增加值 1638.08 亿元，同比增长 3.4%；第二产业增加值 5479.61 亿元，同比增长 5.9%；第三产业增加值 5906.13 亿元，同比增长 2.6%。三次产业贡献率分别为 11.7%、53.7% 和 34.6%，分别拉动经济增长 0.5 个、2.1 个和 1.3 个百分点。分产业看，第二产业增长最快、贡献最大。

2. 农业生产形势稳定

1—9 月，新疆实现农林牧渔业总产值 3551.34 亿元，按可比价格计算，同比增长 4.1%，增速比全国平均水平低 0.3 个百分点。其中：农业、林业、畜牧业、渔业、农林牧渔专业及辅助性活动产值同比分别增长 4.2%、9.2%、2.7%、2% 和 9.4%。

粮棉生产丰收在望。全年实现夏粮总产 655.17 万吨，同比增长 2.2%，其中：

小麦总产达653.49万吨，同比增长2.1%，秋粮产量预计同比增长4%。全年粮食产量有望达到1780万吨，同比增长3%。棉花长势好于上年，全年棉花种植面积同比增长1%，预计产量达到520万吨以上，同比增长4%，产量有望创1993年以来新高。

畜牧存栏、肉蛋奶均稳步增长。截至9月末，牛羊猪存栏达6116.3万头（只），同比增长10.1%，增速比上半年提高3.6个百分点，为2017年以来新高。牛羊猪共出栏3149.45万头（只），活禽出栏8318.6万只，同比增长0.6%。牛羊猪禽肉产量达132.48万吨，禽蛋产量达27.2万吨，生牛奶产量达163.85万吨，同比增长4.3%。果蔬生产平稳增长。蔬菜产量达1276.15万吨，同比增长6.7%。据林业部门初步统计，水果产量932万吨左右，同比增长1.9%。

3. 工业生产持续稳定增长

1—9月，新疆规模以上工业增加值同比增长7.7%，增速比上半年提高0.1个百分点，比全国平均水平高出3.8个百分点。增速排名由第一季度的全国第17位逐季上升到前三季度的全国第9位。工业对全区生产总值增长贡献率由第一季度的28.4%逐季上升到前三季度的41.7%。

工业三大门类稳定增长。采矿业增加值同比增长12.1%，拉动规模以上工业增长3.8个百分点；制造业增加值同比增长4.7%，拉动规模以上工业增长2.4个百分点；电力、热力及水的生产和供应业增加值同比增长8.7%，增速比上半年提高0.5个百分点，拉动规模以上工业增长1.5个百分点。在11个重点行业中，煤炭开采和洗选业、非金属矿物制品业、化学原料和化学制品制造业等8个主要行业保持增长，合计拉动规模以上工业增长7.6个百分点。

4. 固定资产投资力度持续加大

1—9月，新疆全社会固定资产投资总额（不含农户）同比增长10.3%，增速较上半年回落4.6个百分点，比全国平均水平高出4.4个百分点，居全国第5位。其中，第一产业投资370.08亿元，同比下降8.9%，下拉固定资产投资增长0.6个百分点；第二产业投资2595.13亿元，同比增长33.2%，增速较上半年提高1.1个百分点，拉动固定资产投资增长10.7个百分点；第三产业投资3714.92亿元，同比增长0.3%，拉动固定资产投资增长0.2个百分点。

重大项目建设力度加大。计划总投资500万元以上施工项目13660个，同比增加1382个，增长11.3%。2022年新开工项目7617个，同比增加848个，增长12.5%；新开工项目完成投资2917亿元，同比增长25.7%，拉动固定资产投资增长6.5个百分点。工业投资同比增长33.1%，拉动固定资产投资增长10.7个百分点。

其中，钢铁工业投资同比增长75.1%。基础设施投资同比增长18%，增速比固定资产投资高出7.7个百分点，拉动投资增长6.5个百分点。

5. **社会消费品零售总额增速下行，消费持续低迷**

1—9月，全区实现社会消费品零售总额2447.31亿元，同比下降4.4%，增速较上半年回落5.9个百分点，比全国平均水平（0.7%）低5.1个百分点，居全国第25位，居西部12省（自治区、直辖市）第10位。全区限额以上社会消费品零售总额1131.97亿元，同比下降3.5%，增速较上半年回落10.3个百分点。

分消费形态看，商品零售2124.1亿元，同比下降4.3%。其中：限额以上单位商品零售总额1073.22亿元，同比下降3.2%；餐饮收入323.21亿元，同比下降5.4%。其中：限额以上单位餐饮收入58.76亿元，同比下降8.9%。分经营单位所在地看，全区限额以上城镇单位实现消费品零售总额1063.14亿元，同比下降3.3%；限额以上乡村单位实现消费品零售额68.84亿元，同比下降6.1%。

6. **外贸发展持续向好**

1—9月，新疆外贸进出口总值1723.1亿元，同比增长55.6%，增速比全国平均水平高出45.7个百分点，居全国第2位，提前三个月超过2021年全年1569.1亿元的外贸总值，创2013年以来同期外贸最高值。其中：出口值1440.5亿元，同比增长64.6%；进口值282.6亿元，同比增长21.8%。

新疆双口岸进出境中欧（中亚）班列数量呈稳定增长态势，占全国班列开行数量的五成以上。北疆作为新疆外贸主力军，进出口值占全疆进出口总值的比重达到73.7%。新疆出口商品主要集中在纺织服装、鞋靴等劳动密集型产品和机电产品，二者合计占同期新疆出口值的83.4%。

中亚五国仍然是新疆最重要的贸易伙伴。前三季度，新疆对中亚五国进出口值1321.7亿元，同比增长60.8%，占新疆进出口总值的76.7%；对“一带一路”沿线国家进出口值1563.9亿元，同比增长60.2%，占新疆进出口总值的90.8%；对RCEP成员国进出口值81.1亿元，同比增长23.6%。

民营企业仍然是新疆外贸发展的“引擎”。前三季度，新疆民营企业进出口值1557.3亿元，同比增长65.7%，占新疆进出口总值的90.4%，拉动同期新疆外贸进出口总值增长55.8个百分点。

公路运输主渠道作用凸显。前三季度，新疆外贸以公路运输方式进出口1060.4亿元，同比增长158.4%，占新疆进出口总值的61.5%，增速较上年同期提升24.4个百分点，成为新疆外贸进出口最主要运输方式。

7. **能源产量稳步增长，保供扎实有力**

1—9月，新疆发电量达3505.98亿千瓦时，同比增长1.2%，增速比上半年提高0.7个百分点。全社会用电量2597.56亿千瓦时，同比增长2.4%，其中工业用电量2084.32亿千瓦时，同比增长4.2%；规模以上工业原煤产量29132.39万吨，同比增长31.1%，增速比上半年提高2.3个百分点，居全国第2位；原油产量2428.72万吨，同比增长8.2%，增速比上年同期提高7.1个百分点；天然气产量达302.29亿立方米，同比增长5.1%；西气东输493.65亿立方米，同比增长3.4%。

1—9月，新疆形成政府可调度煤炭储备271万吨，电煤平均可用天数达43天的历史高位，特别是实现疆煤外运5833.1万吨，同比增长1.08倍；疆电外送925.9亿千瓦时，同比增长4.3%，为全国能源供应提供了有力保障。

8. 居民消费价格温和上涨

1—9月，新疆居民消费价格总指数（CPI）同比上涨1.4%，涨幅较上年提高0.6个百分点，比全国平均水平（2%）低0.6个百分点。其中，城市上涨1.4%，农村涨1.2%。分类别看，交通和通信价格同比上涨5.4%，居住价格同比上涨1.6%，教育文化和娱乐价格同比上涨0.7%，食品烟酒价格同比上涨0.4%，其他用品和服务价格同比上涨1.7%，生活用品及服务价格同比上涨0.8%，医疗保健价格同比持平，衣着价格同比下降0.2%。

1—9月，新疆工业生产者出厂价格指数（PPI）同比上涨18%，涨幅较上年同期提高3个百分点，比全国平均水平（5.9%）高出12.1个百分点。工业生产者购进价格指数（PMI）同比上涨19.7%，涨幅较上年同期提高8.9个百分点，比全国平均水平（8.3%）高出11.4个百分点。

9. 财政收入增长较快，金融市场保持平稳

1—9月，新疆一般公共预算收入累计完成1375.63亿元，同比增长15.9%，增速比全国平均水平（-4.9%）高出20.8个百分点，居全国第3位，居西部12省（自治区、直辖市）第2位。扣除留抵退税同比增长33.3%，其中：税收收入同比增长14.4%，扣除留抵退税因素增长40%，非税收入同比增长19%。一般公共预算支出4382.81亿元，同比增长6%，增速比全国平均水平（6.1%）低0.1个百分点。其中，粮油物资储备支出同比增长94.2%，节能环保支出同比增长25.5%，交通运输支出同比增长24.6%，教育支出同比增长17.7%，商业服务业等支出同比增长17.5%。

1—9月，新疆金融机构人民币各项存款余额29944.8亿元，同比增长13.1%，增速比全国平均水平（10.9%）高出2.2个百分点。金融机构人民币各项贷款余额27724.3亿元，同比增长11.2%，增速比全国平均水平（10.7%）0.5个百分点。

10. 城乡居民收入稳步增长，就业形势不容乐观

1—9月，新疆城镇居民人均可支配收入28971元，同比增长4.3%，增速与全国平均水平持平，扣除价格因素实际增长2.9%。农村居民人均可支配收入5222元，同比增长7.4%，增速比全国平均水平高出1个百分点，扣除价格因素实际增长6.1%。城镇新增就业41.16万人（含兵团6.93万人），完成全年目标任务（46万人）的89.47%；就业困难人员实现就业2.5万人（含兵团0.71万人），完成全年目标任务（2.9万人）的86.12%；农村劳动力外出务工297.96万人次（不含兵团），完成全年目标任务的108.3%。9月份城镇调查失业率为9.2%，环比上升3.7个百分点，为2019年有统计以来的新高。

（二）2022年主要经济指标预测

前三季度，新疆深入贯彻落实"疫情要防住、经济要稳住、发展要安全"的要求，积极克服各种超预期因素的不利影响，经济运行基本平稳。分三次产业看，自治区各级农业农村部门统筹疫情防控和农业生产，粮食生产保持良好势头，粮食安全基础牢固；持续优化棉花品种结构，棉花质量稳步提升，棉花生产优势持续巩固；强化生产指导和产销对接，综合施策，实现果蔬等"菜篮子"产品稳产增产，市场供应保障有力，农业生产保持稳中向好良好态势。精准施策"护航"实体经济，推进经济稳增长九方面46项一揽子政策措施落实，积极应对疫情带来的不利影响，工业生产在能源保供等产业带动下保持平稳较快增长，为经济稳定增长提供了重要保障。持续推进重大项目建设，不断扩大投资规模，优化投资结构，发挥重大项目牵引带动和有效投资关键作用，为保持全区经济运行在合理区间提供了关键支撑。外贸更是逆疫情而上保持高速增长，拉动经济增长作用表现抢眼。总的来看，全区经济运行基本平稳，主要经济指标持续增长，发展韧性不断增强。

但也要看到，8月初以来，疫情对经济增长特别是消费和服务业的恢复带来较大冲击，市场预期明显转弱，消费需求乏力。目前，疫情仍在持续演变，外部环境更趋复杂严峻，经济下行压力进一步加大。下一步，全区上下要坚持以习近平新时代中国特色社会主义思想为指导，深入学习贯彻党的二十大精神，贯彻落实习近平总书记视察新疆时的重要讲话重要指示精神，统筹疫情防控和经济社会发展，着力持续推动稳经济一揽子政策落地见效，确保全年经济运行在合理区间并力争实现最好结果。初步预计，2022年新疆地区生产总值增长4.3%；规模以上工业增加值增长7.5%；固定资产投资增长12%；居民消费价格上涨控制在1.6%以内。

二、2023年经济运行环境分析及主要指标预测

2023年新疆稳定发展改革面临不少困难和挑战，也面临一系列重大机遇和优势。一方面，世界百年未有之大变局加速演进，新一轮科技革命和产业变革深入发

展，国际力量对比深刻调整；新冠肺炎疫情影响广泛深远，世界经济复苏乏力，局部冲突和动荡频发，全球性问题加剧，世界进入新的动荡变革期；我国经济发展面临需求收缩、供给冲击、预期转弱三重压力，美西方反华势力对我国的污蔑打压有增无减；新疆经济发展中产业结构偏重、生态环境约束趋紧、高层次高技能人才短缺等瓶颈制约依然突出，受经济下行压力和疫情反复冲击，居民消费信心减弱、消费需求受限。但另一方面，以习近平同志为核心的党中央高度重视新疆工作。2022 年 7 月 12 日至 15 日，习近平总书记再次亲临新疆视察，发表重要讲话、作出重要指示，为做好新形势下新疆工作注入了强大的政治动力、精神动力和工作动力，为新疆发展指明了前进方向、提供了根本遵循。我们相信，在党中央的坚强领导下，在自治区党委的团结带领下，认清面临形势，把握重大机遇，坚定决心信心，主动作为，乘势而上，在新的历史起点上，一定会不断开创新时代新疆工作的崭新局面！总体上，经济增长不稳固不均衡的主要诱因逐步减弱，2023 年经济增长更趋稳固、更趋均衡。初步预计，2023 年新疆地区生产总值增长 5.5%；规模以上工业增加值增长 7%；固定资产投资完成额增长 10%；居民消费价格上涨控制在 3%以内。

三、政策措施建议

1. 持续做好“两个统筹”，防范化解风险

党的二十大报告指出，“提高公共安全治理水平。坚持安全第一、预防为主，建立大安全大应急框架，完善公共安全体系，推动公共安全治理模式向事前预防转型”。我们要持续落实“疫情要防住、经济要稳住、发展要安全”重要要求，科学统筹疫情防控和经济社会发展、统筹发展和安全，为经济高质量发展创造良好环境。毫不放松抓好社会稳定工作。聚焦总目标，高举社会主义法治旗帜，打造共建共治共享的社会治理格局，保持社会大局持续稳定长期稳定。毫不放松抓好常态化疫情防控工作。坚持依法科学精准防控，贯彻“外防输入、内防反弹”总策略和“动态清零”总方针，坚持全疆一盘棋、兵地一盘棋，联防联控、群防群控。毫不放松抓好安全生产工作。严格落实安全生产责任，加强安全监管。毫不放松抓好财政金融风险防控工作，坚决守住不发生系统性风险的底线。

2. 发展壮大实体经济，优化产业布局

党的二十大报告指出，“建设现代化产业体系，坚持把发展经济的着力点放在实体经济上”。实体经济水平越高，经济实力就越强，抵御风险的能力也越强，发展壮大实体经济，是全面建设社会主义现代化国家的必然要求。我们要立足新疆资

源禀赋和区位优势，做大做强油气生产加工、煤炭煤电煤化工、绿色矿业、棉花和纺织服装等特色优势产业集群以及新能源新材料等战略性新兴产业集群，加快建设一批高水平的企业技术中心、制造业创新中心，培育一批创新型中小企业、专精特新中小企业、专精特新“小巨人”企业和单项冠军企业，促进数字技术与实体经济深度融合，推动数字产业化、产业数字化，赋能传统产业转型升级，以碳达峰碳中和牵引产业绿色低碳发展。构建优质高效的服务业新体系，优化基础设施布局、结构、功能和系统集成，推动现代服务业同先进制造业、现代农业深度融合，着力建设具有新疆特色的现代产业体系。

3. 持续深入扩大内需，抓项目促消费

党的二十大报告再次强调，“加快构建以国内大循环为主体、国内国际双循环相互促进的新发展格局。要着力扩大内需，增强消费对经济发展的基础性作用和投资对优化供给结构的关键作用”。深入扩大内需，我们一要着力激发消费潜力。一方面加强需求侧管理，促进消费繁荣。通过增加居民收入，改善消费环境，采取一些促消费政策，尽可能稳定住接触型、聚集型、流动型消费，有效扩大汽车、住房等大宗消费，不断提高消费能力；培育支持直播电商新业态，鼓励传统商贸流通企业向多功能综合性新型消费载体转型，积极拓展信息、绿色等新型消费，持续扩大新兴消费规模。另一方面要发挥供给对消费的促进作用。通过改革和创新，企业生产更多满足现在和未来消费的产品，有助于使得消费真正成为拉动经济增长的基础动力，最终形成需求牵引供给、供给创造需求的动态平衡。二要着力扩大有效投资。切实发挥重点项目牵引作用，更好发挥重大项目对经济稳定运行“压舱石”的作用，适度超前开展基础设施投资，努力构建现代化交通基础设施体系，增强消费的基础性作用，为经济高质量发展提供动力。

4. 加快丝绸之路经济带核心区建设，以高水平开放推进高质量发展

党的二十大报告指出，“推进高水平对外开放，稳步扩大规则、规制、管理、标准等制度型开放，推动共建‘一带一路’、高质量发展”。开放，是当代中国的鲜明标识。习近平总书记 2022 年 7 月考察新疆时说，“随着共建‘一带一路’深入推进，新疆不再是边远地带，而是一个核心区、一个枢纽地带”。我们要充分把握新疆在国内大循环和国内国际双循环中的位置和比较优势，创新开放型经济体制，加快建设对外开放大通道，更好利用国际国内两个市场、两种资源，积极服务和融入新发展格局，稳步推进乌鲁木齐国际陆港区建设，加快推动喀什、霍尔果斯经济开发区高质量发展，加快打造口岸经济带。要深入贯彻第三次“一带一路”建设座谈会精神，坚持“五个统筹”，以高标准、可持续、惠民生为目标，顺应低碳化、绿色化、数字化、透明化的发展趋势，持续推进“丝绸之路”经济带核心区高质量发展，塑造发展的新动能新优势。对内，立足霍尔果斯区位优势，打造贸易集聚区、产业集聚区，加强东西部合作，并做好配套的制度建设和政策支持。此外，要发挥欧亚大陆桥的双向辐射作用，不断优化营商环境，吸引投资。对外，应抓住中巴经济走廊高质量发展和中阿巴互联互通给新疆带来的新机遇，进一步落实中央对外开放总体部署，为维护多元稳定的国际经济格局和经贸关系贡献力量。

（执笔：马天平）

42　2022 年宁波市经济形势分析及 2023 年展望

宁波市经济信息研究中心（宁波市信用中心）

一、2022 年经济运行基本情况

2022 年以来，面对异常复杂严峻的内外环境，宁波市坚决贯彻党中央“疫情要防住、经济要稳住、发展要安全”的要求，全面落实国家、省、市关于稳住经济大盘的系列决策部署，全力打好稳进提质攻坚战，前三季度经济呈现企稳回升、持续恢复的态势，增速高于上半年和全国全省平均水平，预计全年增长 3.5%。总体呈现三个特点：

（一）经济运行逐步恢复

1. 经济增速实现回升

受上海疫情影响，全市第二季度经济受冲击明显，GDP 增速由第一季度的 5.3%回落至上半年的 2.9%，但随着稳链畅链工作的积极开展，企业较快实现复工复产，在一系列助企纾困政策的支持下，经济逐步企稳回升，前三季度增速回升至 3.5%，比全国、全省平均水平分别高出 0.5 个和 0.4 个百分点。

2. 服务业有所改善，工农业保持平稳

前三季度，宁波一、二、三产分别增长 3.9%、3.9%、4%，其中三产增速较上半年回升 2 个百分点，一、二产基本稳定，三次产业之比为 2.2∶48.3∶49.5。分具体行业看，制造业 35 个行业中，有 20 个行业增加值实现正增长，商品销售总额、金融机构本外币存贷款余额均保持较快增长，港口运输总体平稳。

3. 三大需求稳中有升

前三季度，宁波社会消费品零售总额增长 5.8%，连续 4 个月回升，其中通过公共网络实现的零售额增长 34.6%；固定资产投资增长 10.2%，工业、基础设施、房地产开发投资分别增长 8.1%、14.9%、3.4%；外贸进出口、出口、进口总额分别增长 10.3%、12%、7.2%，进出口占全国份额为 3.09%，同比提高 0.01 个百分点。

（二）市场活力持续提升

1. 创新动能加快培育

研发投入力度加大。前三季度，宁波规模以上工业企业研发费用351.9亿元，增长12.7%，增速比营业收入高出1.9个百分点；规模以上工业新产品产值增长10.6%，新产品产值率33.1%，新能源汽车产量增长40.6倍，太阳能电池（光伏电池）和稀土磁性材料产品产量分别增长44.8%和20.8%。

2. 民营经济彰显韧性

前三季度，宁波累计实有市场主体127.7万户，增长8.9%，9月当月新设市场主体增长18.2%，为4月以来单月增速首次转正；规模以上民营工业增加值、服务业营业收入分别增长6.5%、15.4%（1—8月），均高于平均水平。

3. 国企改革深入推进

截至9月底，宁波国企改革三年行动总体完成率达到98.8%，在市属企业资产证券化带动下，市属国有控股上市公司增至6家。前三季度，国企实现营收、利润、资产规模分别增长27.2%、39.2%和12.8%。

（三）区域一体化步伐加快

1. 深化长三角一体化发展

《上海大都市圈空间规划》将宁波定位为综合性全球城市；扎实推进沪甬7个专项合作协议落地；加快公共服务一体化，牵头成立16个长三角区域医疗专科联盟。截至9月底，异地就医结算医疗机构开通范围达708家，参保人员异地直接结算23.8万人次。通苏嘉甬铁路可行性研究获国家发展改革委批复。

2. 奋力唱好杭甬“双城记”

签订杭甬科技合作协议，加快产业数字化、集成电路等产业链对接，启动打造第三代半导体先进封装等3个加盟创新中心，推进两地城市大脑互联互通。

3. 协同推进宁波都市区建设

编制《宁波都市圈发展规划》，签订甬绍“1+7”合作协议；甬舟一体化加快推进，103项政务服务事项实现甬舟“跨市通办”，宁波舟山港实现出口转关货物“一次验封，监管互认”、出入港“一地办证、区域通用”和引航一体化。

但也要看到，经济运行稳中有忧，出口增速逐步回落，企业新签订单并不理想，投资意愿处于低位，对下季度经营预期普遍偏弱，市场需求显现疲软迹象，有关政府部门仍需聚焦弱势领域开展综合施策，进一步加大稳增长政策托底力度。

二、2022 年稳经济主要举措

1. 强化政策保障

一是加强政策集成落地。出台稳经济接续政策配套细则出台，应兑尽兑稳经济“16 条政策”，确保国家、省政策顶格承接、全面贯彻。二是打好助企组合拳。出台《宁波市推进工业企业纾困稳产提质若干意见》，持续做好“一对一”上门服务，强化“一业一策”帮扶。

2. 加强工业支撑

一是深入挖掘产业增量。加快汽车、通信电子、磁性材料等增长性较好行业拓展增量；抓好总部型企业数据回流，支持壮大企业规模；推动 190 个千万元以上新投产项目尽快释放产能。二是抓好企业梯级培育。完善政策、资源、服务、监测等集成机制，梯队式发展壮大本土一流企业，推动有基础的优质企业实施兼并收购、增资扩产，着力解决企业发展壮大过程中遇到的资金、技术、人才、历史产权确认等困难和问题。三是加强企业产销对接。深化标志性产业链群对接，加大“四个百场”“甬上优品”推介等拓市力度，组织企业抱团展销促销；加大对“三首”产品推广应用的政策扶持力度。

3. 促进三产培优

一是细化完善服务业发展政策。推动服务业高质量发展，制定分行业行动计划，谋划出台智能服务、港航服务、商贸服务、文化服务、高品质生活服务五大重点领域政策措施。二是落实服务业主体（项目）培育计划。深化服务业主体（项目）招引、建设和总部企业集聚行动，加快实施 102 个重大项目，重点推进梅山国际冷链供应链平台、人工智能超算中心等一批重点优质项目；落实港航服务、新型贸易、现代金融、专业服务等领域招商行动，推进“人才、资本、项目”打包引进模式。

4. 推进投资放量

一是加快推进重大项目建设。推动通苏嘉甬铁路、甬舟铁路等重大项目开工，以及浙江 LNG 三期、亚洲浆纸等项目放量。二是用足用好国家政策红利。争取部分领域设备购置与更新改造贷款政策支持，推进已反馈额度落地；抓好政策性金融工具投放和开工建设；谋划全域国土空间综合整治、西枢纽等专项债方案；结合各领域投融资体制改革，推动存量资产分类盘活。三是加大要素保障力度。优化土地出让节奏，统筹做好集中供应。

5. 全力稳外贸、抢订单

一是谋划出台新一轮外贸政策。谋划出台新一轮外贸实力效益工程（2023—2025 年）实施方案，加大信保扶持、重点外贸企业引进力度，支持物流企业集货模式跨境出口，协调解决企业保函、贷款等相关问题。二是千方百计“抢订单”。完善涉外商务人员出入境便利化举措，以“包舱位”方式组织企业赴海外拓市场；支持企业海外代参展、自办展、常年展；加强中欧班列便利化服务。三是强化外贸企业精准服务。开展海外市场政策跟踪解读和指导服务，加大预警发布、法律咨询等政府服务力度；保障在手订单正常履约和交付；发挥外贸综服平台作用，支持小微外贸企业出口信保、资金融通、抱团抢单等。

6. 推动消费提质扩量

一是开展促消费活动。围绕各类主题，结合消费券发放，组织策划“宁波消费潮头榜”等促消费行动，出台《新能源汽车购车补贴实施细则》，研究新一轮更大力度促消费政策。二是谋划布局消费新场景。创新夜间经济发展模式，规范化发展地摊经济、“后备箱”经济；布局城区示范性消费与特色消费场景，优化升级“两城”新消费地图，打造城市文旅消费新路线。三是培育消费新业态。招引全国头部直播平台、MCN 机构、直播企业、品牌企业，建设宁波前洋直播电商经济核心区，推动“直播+”多场景融合应用。

此外，积极处置化解房地产风险，推进房地产新政落实落地，结合城市更新、全域国土空间整治、城中村改造等工作，发挥房票政策效力，提高货币化安置比例。用好国家房地产专项贷政策，建立资金保障兜底预案，妥善处置风险楼盘，守牢“不停工”“保交楼”底线。

三、2023 年经济形势展望

2023 年是贯彻落实“二十大”精神的开局之年，国家将继续坚持稳中求进总基调，保持积极财政政策、稳健货币政策，国内发展环境稳中有进。宁波经济基础夯实，随着疫情防控措施的优化以及助企纾困政策延续，借助海外订单、产能转移带来的增量，在低基数背景下，经济有望实现回升，预计 2023 年 GDP 将增长 6%。

1. 工业经济有望企稳回升

受能源危机冲击，欧洲制造业产能大幅收缩，有机化学、电气设备、机械设备、汽车及其零部件等领域的产能和订单将逐步转移到国内，作为制造业大市，宁波有望受益于这一转移趋势。国内、国际本轮库存周期去库阶段或将分别持续到 2023 年下半年、第三季度，下半年工业经济将在库存回补带动下逐步回升。预计 2023 年规模以上工业增加值将增长 8%。

2. **有效投资预计稳中有升**

由于货币政策空间有限，基建投资将扮演逆周期调控的重要角色，随着政策性开发性金融工具的投放、新增专项债规模的保障，基建投资有望保持较快增长。国家近期出台了一系列政策推动房地产市场平稳健康发展，随着房价逐步企稳以及房企资金压力缓解，土地拍卖市场有望逐步回暖，房地产投资将探底缓升。在去库存阶段，工业企业盈利下行，投资意愿趋于回落，但部分优质企业仍将借机开展技改，预计工业投资保持增长。预计 2023 年规模以上工业增加值将增长 15%。

3. **消费有望延续回升态势**

随着后续防疫政策更加精准、灵活，疫情对经济活动的影响将逐步减弱，以出行、餐饮、住宿等为代表消费场景将趋于活跃，叠加家电下乡、消费券等政策带动，消费需求有望逐步回升。分商品类型看，参考 2017 年情形，预计汽车购置税减半政策阶梯式退出对车市仍有支撑；受低基数因素影响，房地产下游商品有望止跌企稳；在全球经济衰退预期背景下，石油价格预计震荡回落。考虑到收入增长放缓等因素制约，预计 2023 年社会消费品零售总额将增长 8%。

4. **出口将实现小幅增长**

目前疫情对海外经济的影响已明显减弱，叠加部分订单甚至产能向国内转移，宁波外贸平稳增长具有一定支撑。但也要看到，在通胀高企背景下，各国货币政策持续收紧，加上海外企业库存高企、补库意愿较弱，市场需求趋于收缩，WTO 下调 2023 年全球货物贸易增速预期 2. 4 个百分点至 1%。预计 2023 年宁波外贸出口将增长 5%。

5. **物价水平有望保持平稳**

能繁母猪存栏拐点已于 2022 年上半年出现，生猪潜在供应相对充足，猪肉价格有望回落；受到输入性通胀影响，非食品类商品可能所有抬升；由于疫情对服务消费的影响逐步减轻，服务价格有望温和回升。预计 2023 年 CPI 将增长 2%。

（执笔：戴娜　章源升）

Annual Report on
China and the World Economic Development（2023）

世界经济篇

REPORTS ON INTERNATIONAL ECONOMICS

43　2022 年世界经济形势分析及 2023 年展望

程伟力*

摘要：2022 年全球经济增速高位回落，增长格局出现新变化；美欧与亚洲国家通胀表现泾渭分明，结构性矛盾凸显；发达国家失业率显著降低，人力资本短缺问题突出；全球贸易增速大幅下滑，贸易格局正在发生变化。展望 2023 年，全球经济面临诸多不利因素：一是货币政策具有滞后效应，二是全球经济进入高成本时代，三是未来财政支出空间有限，四是充分就业预示增长空间有限，2023 年全球经济仍然面临滞胀压力。不过，全球金融体系相对稳健，新兴与发展中经济体具有较强的韧性，亚太地区将在 2023 年引领全球经济增长。建议尽快消除国际国内结构性障碍，从而实现“调结构、反通胀、稳增长”三者的有机统一。

关键词：通货膨胀　货币政策　结构调整

一、2022 年世界经济形势分析

（一）全球经济增速高位回落，增长格局出现新变化

根据国际货币基金组织（IMF）的测算，2021 年全球经济增长 6%，2022 年急剧回落到 3.2%。但是，不同经济体之间的经济发展表现出现较大差异，这一差异对探寻未来经济复苏路径具有较大的启发意义。

1. 美欧经济增速同步回落，但内部出现一定分化

2022 年前两季度，美国 GDP 环比折年增速分别为-1.6%与-0.6%，进入技术性衰退，第三季度环比折年增长 2.6%，IMF 预计 2022 年全年增长 1.6%，这与 2021 年的 5.7%形成了鲜明对比。欧元区前两季度经济仍然表现出较强的增长态势，环比分别增长 0.7%与 0.8%，但第三季度下滑到 0.2%，预计第四季度将出现负增长。

---

* 程伟力，经济学博士，国家信息中心研究员，主要研究领域为世界经济、计量经济。

不过，曾被称为“欧猪五国”的葡萄牙和希腊已将财政赤字减少一半以上，且对俄罗斯天然气供应中断的风险程度也低于欧洲大多数地区，2022 年经济增长表现出较强的韧性。希腊经济受到外资增加的提振以及旅游业复苏的带动，2022 年前两季度 GDP 同比分别增长 9%和 7.8%，预计全年增长超过 5.2%。葡萄牙大刀阔斧改革退休金制度，并以“黄金签证”吸引大批移民，2022 年前两季度 GDP 同比分别增长 11.4%和 7.9%，第三季度环比增长 0.4%，预计全年增长 6.8%。“欧猪五国”另外三个国家意大利、西班牙和爱尔兰经济同样表现出较强的韧性，预计 2022 年全年增速分别为 4.2%、6.8%和 11%，均远高于欧元区 3.1%的平均水平。

2. **多重因素推动日本经济持续复苏**

同为发达经济体的日本表现出相对较强的增长态势。前三季度 GDP 同比分别增长 0.6%、1.7%、1.8%，IMF 预计 2022 年全年增长 1.7%，与 2021 年相同，是主要发达经济体中唯一没有出现增速下滑的国家。究其原因主要有四：一是企业设备投资坚挺，对第二产业复苏发挥了至关重要的作用；二是灵活的防疫政策促进了餐饮和旅游住宿等第三产业持续恢复；三是始终坚持零利率，货币政策没有受到欧美央行的影响；四是全球通胀让日本摆脱了长期通缩的困扰，产品涨价和日元贬值改善了大多数制造业的业绩。

3. **部分亚洲新兴和发展中国家经济异军突起**

从东盟国家的情况来看，2022 年 10 月东盟国家制造业采购经理指数为 51.6，连续 13 个月高于 50，说明东盟国家制造业连续 13 个月处于扩张状态，经济增长态势良好，其中越南和印度尼西亚表现尤为突出。

近年来越南大举投资基础设施，跨国公司纷纷在越南投资。2022 年前三季度 GDP 同比分别增长 5.3%、6.4%和 8.8%，预计全年增长 7%。由于自然资源丰富，印尼也是大宗商品涨价的受益者，庞大人口的内需市场也为经济发展提供了强大支撑。同时，相对于其他发展中经济体债务相对很低，本币汇率异常稳定，2022 年前三季度 GDP 分别增长 5%、5.5%和 5.7%，全年经济增长将超过 5%，位居 G20 国家之首。

4. **中东、北非与中亚的经济活动仍具有弹性**

中东和中亚一些产油国受益于石油行业的超额利润，预计 2022—2026 年间，这些超额利润将达 1 万亿美元。海湾国家经济增长速度或较 2021 年增长一倍以上，2022 年经济增速预计可达 6.5%。

受海湾国家经济提振的拉动，中东和北非地区 2022 年 GDP 增长率预计将从 2021 年的 4.1%升至 5%。但考虑到全球经济状况恶化的影响，预计该地区 2023 年 GDP 增长率将降至 3.6%。

（二）欧美与亚洲国家通胀表现泾渭分明，结构性矛盾凸显

1. 欧美发达国家通货膨胀愈演愈烈，成为遏制全球经济健康发展的重要因素

2022 年欧美发达国家延续并加剧了肇始于 2021 年的通货膨胀，不断刷新上一轮全球滞胀以来的纪录。2022 年 6 月份，美国 CPI 同比上涨 9.1%，10 月份同比涨幅虽然回落到 7.7%，但 9、10 两个月份环比涨幅分别为 0.2%、0.4%，从动态的角度来看，通货膨胀压力仍未消退，达到 2%的调控目标仍遥遥无期。欧元区情况比美国更为严重，2022 年以来 CPI 逐月上涨，10 月份调和 CPI 同比上涨 10.7%，环比涨幅高达 1.5%，创有该项统计指标以来最高纪录。脱离欧盟的英国在通货膨胀方面则与欧元区比翼双飞，9 月份 CPI 同比上涨 10.1%。

2. 亚洲国家通货膨胀温和可控，对世界经济发展作出了重要贡献

与欧美发达国家形成鲜明对比的是，亚洲国家表现出温和可控的特点。从亚洲发达国家来看，2022 年 10 月份日本和韩国 CPI 同比涨幅分别为 3%与 5.7%，远低于欧美发达国家。从东盟国家来看，2022 年 10 月份越南和印度尼西亚 CPI 同比分别上涨 4.3%和 5.7%，10 月份之前越南涨幅均在 1.4%~3.9%之间。从中国情况来看，10 月份 CPI 同比上涨 2.1%，仍处于宏观调控目标范围之内。由于亚洲制造业在全球占据举足轻重的地位，亚洲物价的稳定对世界经济的发展作出了重要贡献。如果亚洲通货膨胀与欧美保持同一水平，全球经济一定会是另外一番景象。

2022 年美国、欧元区与越南通货膨胀率对比见图 1。

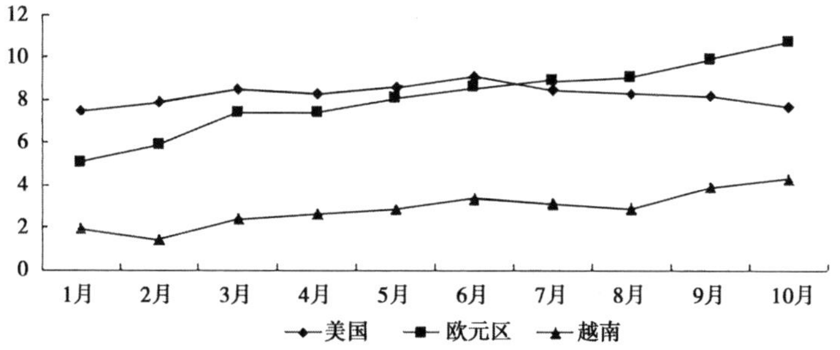

图 1　2022 年美国、欧元区与越南通货膨胀率（%）

数据来源：Wind 数据库。

3. 影响欧美通胀的深层结构性因素凸显

从宏观层面看，欧美经济刺激政策扩大了总需求、全球供应链梗堵以及俄乌冲突都是导致本轮通胀的重要原因。但是，在上述因素影响的逐步弱化之后通胀压力仍未消散，说明还存在深层结构性矛盾。

一是新兴部门与传统部门的矛盾。新兴部门可以通过提高劳动生产率在实现工

资上涨的同时保持价格稳定，传统部门产出因劳动力向新兴部门转移而相对下降，从而导致价格上涨。2021 年以来，欧美发达国家低收入服务行业工人的跳槽及卡车司机短缺成为工资成本上升的先导，2022 年这一矛盾仍在加剧。

二是贸易部门与非贸易部门问题。非贸易部门劳动生产率增速缓慢，其通货膨胀水平主要由工资水平决定，这往往表现为非贸易部门具有较强的提价能力。事实上，当前欧美发达国家通货膨胀也符合这一特征，表现为餐饮、运输、仓储、电力等非贸易部门价格率先上涨，然后再传导至其他部门。

三是价格体系扭曲是导致通货膨胀此起彼伏的重要原因。结构学派的观点认为，不同职位、不同行业之间工资绝对水平存在差异是合理的，但工资增速应保持一致。从当前欧美发达国家的情况来看，公司的管理层通过股价上涨提高了股权收益，普通员工则通过跳槽实现工资的上涨与福利的改善，企业招聘新员工又不得不进一步提高工资水平，从而演化为工资螺旋式的上涨。从行业情况来看，欧美发达国家房地产价格持续十年的上涨必然导致其他行业价格的上涨。

（三）发达国家失业率显著降低，就业繁荣的背后隐藏着问题

从失业率来看，2022 年发达国家就业市场不断改善，9 月份欧元区的失业率降至 6.6%，这是自 1998 年 4 月开始统计该数据以来的最低水平。同期英国失业率为 3.5%，降至 1974 年以来的最低水平，日本失业率只有 2.6%，美国失业率为 3.5%。10 月份美国失业率虽然上升到 3.7%，但仍处于较低水平。但是，就业市场“繁荣”的背后隐藏着诸多问题。

1. 劳动力参与率下降

以美国为例，2022 年 10 月，美国劳动力参与率为 62.2%，比 2019 年 10 月份下降 1 个百分点。下降的原因也是多方面的：一是长期疾病的增加导致劳动力退出就业市场。根据据布鲁金斯学会 2022 年 8 月的报告，估计多达 400 万人因“长新冠”而失业。二是人口结构问题。根据英国就业研究所的报告，一方面年轻人接受教育的年限增加，另一方面老年人按期甚至提前退出劳动力市场，这导致英国劳动人口比疫情暴发之前大幅减少。三是疫情导致劳动密集型服务业从业人员大量流失，如餐饮、养老院等行业容易被感染且收入较低，劳动者就业意愿降低。

2. 结构性失业问题突出

以美国为例，2022 年 10 月空缺职位数达 1072 万个但仍有 561 万的失业人口，说明存在劳动力供给和需求不匹配。一方面，技术、数字、绿色经济领域需要大量高素质劳动力，但大量失业人员不符合要求；另一方面，年轻一代劳动力就业观念发生了巨大变化，劳动者开始规避那些工作时间不灵活、工资水平低的岗位。在这种情况下，9 月份

欧元区的青年失业率仍然高达 14.6%，10 月份美国青年失业率为 11%。

（四）全球贸易增速大幅下滑，贸易格局正在发生变化

根据世界贸易组织（WTO）的统计，2021 年全球货物贸易增长 10.8%，2022 年 10 月份 WTO 发布的报告预计全球贸易将在 2022 年下半年失去动力，货物贸易量将增长 3.5%，但 2023 年仅增长 1%，远低于此前估计的 3.4%。在全球贸易急剧下滑的背景下，贸易格局也在悄然发生变化。

美国是全球最大的货物贸易逆差国，从表 1 可以看出，美国 2021 年贸易逆差比 2017 年增长 38%，美国货物进口仍然是拉动全球贸易的重要力量。不过，在过去的四年中，美国货物贸易逆差来源地发生了重大变化。同 2017 年相比，美国对中国大陆的贸易逆差下降了 4.7%，但对北美、欧洲以及亚洲（不含中国大陆）的贸易逆差分别增长了 86.1%、64.1%、76.7%。

表 1　2017—2021 年美国货物贸易逆差来源地

单位：亿美元

	全球	中国大陆	亚洲（不含中国大陆）	欧洲	北美
2017 年	7243	3438	1786	1598	781
2018 年	7924	3825	1821	1855	887
2019 年	7716	3084	1994	2065	1190
2020 年	8355	2823	2472	2290	1157
2021 年	9997	3276	3155	2622	1453
四年增幅（%）	38.0	-4.7	76.7	64.1	86.1

数据来源：美国商务部。

从 2022 年前三季度数据来看，情况发生了细微的变化（见表 2）。一是美国对欧洲贸易逆差在减少；二是美国对中国大陆的逆差在增加，但对亚洲（不含中国大陆）则以更大的幅度在增长，且对亚洲（不含中国大陆）的逆差超过中国大陆，这也是在过去五年不曾发生的现象。

表 2　2021—2022 年美国货物贸易逆差来源地

单位：亿美元

	全球	中国大陆	亚洲（不含中国大陆）	欧洲	北美
2021 年前三季度	7876	2535	2479	2125	1122
2022 年前三季度	9097	3092	3291	1692	1628
增量	1221	557	812	-433	506

数据来源：美国商务部。

（五）俄乌冲突对全球经济发展影响深远

俄乌冲突让业已疲软的全球经济雪上加霜。一是在推高国际油价方面起到了推波助澜的作用；二是扰乱了全球化肥产业链，对全球农业生产产生了较大的负面冲击；三是扰乱了全球粮食和食品供应链，进一步推高了国际粮食价格，依赖粮食进口的国家尤其是非洲国家将面临严峻的挑战；四是加剧了欧洲能源危机及通货膨胀压力，欧洲乃至全球经济都受到了严重冲击。不过，俄乌冲突也让世界各国更加重视经济安全以及基础产业的发展，未来全球经济有望在新兴与传统产业之间形成新的平衡。

二、2023 年世界经济影响因素分析及展望

（一）2023 年全球经济发展的主要影响因素分析

1. 货币政策具有滞后效应，累计滞后效应将在 2023 年充分显现

经济理论表明，货币政策具有滞后效应。著名的经济学家弗里德曼的研究结论是：货币政策实施后，市场经济活动和相应的价格需要长达 24 个月才能做出反应。2022 年各大央行实施紧缩性货币政策之后，尚未出现经济放缓或失业加剧的情况，预计紧缩性货币政策的累计效应将 2023 年甚至 2024 年充分显现。

从现实的经济逻辑来看，以美联储为代表的加息政策将带来如下负面的影响：一是政府将为承担的债务支付更多的利息，削弱了财政支持经济发展的能力；二是加息将提高企业的借贷成本，在压缩利润空间的同时也会抑制企业投资，商品和服务的供应水平可能减少，实体经济发展必将受到严重冲击；三是家庭和个人贷款利息增加，削弱了消费需求；四是美元升值使其他国家的进口商品更加昂贵，增加了现有的通胀压力；五是美联储加息迫使其他国家的中央银行提高利率。

2. 通货膨胀压力短期难以消除，全球经济进入高成本时代

紧缩性货币政策可以抑制总需求，在一定程度上缓解通货膨胀压力，却无助于解决能源价格上涨、去全球化、供应链中断、劳动力市场紧张等影响本轮通货膨胀的关键问题。因此，通货膨胀压力在短期内难以根本消除，2023 年通货膨胀水平不可能回落到各大央行的调控目标。

即使 2023 年全球通货膨胀率有所回落，全球也将进入高成本时代。一是逆全球化行为提高了成本。受贸易摩擦、疫情以及俄乌冲突等多重因素的影响，全球生产链和供应链的布局不再遵循效率最高、成本最低的市场原则，这无疑会提高全球生

产和消费成本。二是老龄化及劳动力供求不平衡必将进一步提高全球人力成本。三是应对全球气候变暖的政策也将推动能源价格居高不下。

3. 应对疫情的经济刺激政策退出，未来财政支出空间有限

疫情暴发后超常规的刺激虽然避免了经济停摆和崩溃，但重点都不在于解决供给问题，因此对解决当前全球性供应链问题和长期增长动力问题作用甚微。同时，财政刺激带来的个人收入和支出不具有可持续性。展望未来，一方面发达经济体由于债务负担过重财政空间将非常有限，不可能再采取大规模的刺激政策；另一方面，为应对高通货膨胀带来的社会问题，未来发达国家财政政策必将致力于缓解生活成本压力，对经济可持续增长的贡献也很小。

4. 充分就业预示未来增长空间有限

从经济增长函数来看，劳动力是重要变量，2022 年不少国家已达到或接近于充分就业状态，劳动力市场普遍紧张，经济发展缺乏相应的劳动力。这一矛盾在 2021 年已经显现，2022 年尤为突出，近期也难以缓解，这意味着劳动力对 2023 年经济增长的边际贡献接近于零。与此同时，在利率不断提高的背景下，投资也将受到影响。受劳动力和资本双重因素影响，2023 年经济增长空间将非常有限。

5. 全球金融体系相对稳健，新兴与发展中经济体具有较强的韧性

尽管世界经济发展面临较大压力，但全球金融体系相对稳健。同 2008 年之前相比，一是抵押贷款质量高，次级抵押贷款大幅降低；二是银行杠杆率相对较低，目前银行已将资本充足率提高至之前的 3~4 倍。全球金融体系相对稳健，即使出现动荡，也不会达到爆发金融危机的程度。换言之，金融与资本市场仍然是支持未来经济复苏的重要力量。

同时，在本轮加息升周期中，新兴与发展中经济体表现出较强的韧性，这与过去四十多年的表现迥异。例如，20 世纪 80 年代初，美联储收紧货币政策以抑制通货膨胀，拉丁美洲国家因无力偿还美元债务而陷入危机。1994 年，美国加息引发了墨西哥金融危机。2013 年，美联储试图缩减债券购买规模，引发了“缩减恐慌”，恐慌的外国投资者纷纷逃离包括巴西、印度和印尼在内的脆弱经济体。但是，2022 年美联储开启加息周期以来，新兴与发展中经济体金融市场几乎没有受到影响，实体经济也表现出较强的韧性，未来仍将成为全球经济发展的稳定器。

（二）2023 年世界经济增长趋势判断

从以上分析可以看出，2023 年全球增长动力明显不足，经济增速存在继续下行趋势，与此同时，欧美发达国家仍面临较大通货膨胀压力，全球经济滞胀特征明显。

2022年10月国际货币基金组织发布了《世界经济展望报告》，报告预计2022全球经济增长3.2%，与2021年的6%相比大幅回落，2023年将下降到2.7%；2023年发达经济体增速下滑到1.1%，增速比2022年下降1.3个百分点，意味着经济增长接近停滞；2023年新兴与发展中经济体经济增长3.7%，增速与2022年持平。全球货物与服务贸易增速继续下滑，预计2023年增长2.5%，增速比2022年下降1.8个百分点。全球通货膨胀压力虽然有所减轻，但CPI仍居高位，预计2023年全球消费者价格指数将上涨6.5%，涨幅比2022年回落2.3个百分点。

尽管国际货币基金组织的报告比较悲观，但世界经济发展并不缺乏亮点。2022年10月，标准普尔全球市场情报发布报告指出："在区域自由贸易协定、高效供应链和具有竞争力的成本的支持下，亚太地区GDP占世界GDP的35%，将在2023年主导全球经济增长。"

三、政策建议

从历史经验来看，一旦经济陷入通货膨胀与增长停滞并存的滞胀局面，传统宏观政策将陷入无计可施的尴尬境地。如果实施扩张性政策，必然会加大通货膨胀压力；如果实施紧缩性政策，又会打击业已不振的经济。正因在滞胀环境中传统的宏观政策难以奏效，所以20世纪西方发达国家经历了漫长而痛苦的滞胀调整期。但是，这并不意味着经济政策将无所作为，我们可以通过对国际国内经济社会的改革消除结构性障碍，从而实现"调结构、反通胀、稳增长"三者的有机统一。

1. 加强国际政策协调，尽快消除各种贸易壁垒

穆迪投资者服务公司的研究表明，美国消费者承担了对中国商品加征关税近93%的成本，只有7.6%的增加成本被中国吸收。根据彼得森国际经济研究所的数据，2018年之前，美国对从中国进口产品的平均关税仅为3.1%，但特朗普对从工业品到玩具的各种进口商品加征关税后，这个数字已上升到19.3%。中国征收的报复性关税则将美国制造商品的关税从8%提高到20.7%。这些关税无疑了美国消费者负担，推动了物价上涨。如能回到正常状态，对降低美国通胀压力的效果将是立竿见影的。

2. 高度重视基础产业，寻找传统与新兴产业之间的平衡点

疫情及地区冲突再次揭示了化肥、粮食、能源、水利等基础产业在国民经济与社会发展中的重要性，未来经济发展需要寻找传统与新兴产业之间的平衡点。以能源为例，新能源固然是社会进步的需要，但在近期内却不能替代化石能源，对原油

开采及炼油产业投资的不足加剧了全球通货膨胀压力。

3. 加快设备投资，探寻经济发展新动力

不论是作为发达经济体的日本还是新兴经济体的东盟国家，设备投资都为经济发展提供了新动力。2023 年建议重点做好如下工作：一是加速设备折旧，鼓励企业设备更新；二是制定有关设备投资税收优惠政策，降低企业成本；三是对先进技术设备实施免税政策；四是综合采取各种措施，切实降低企业融资成本；五是加快发展设备租赁业，破解中小企业资金瓶颈。

4. 进一步加强人力资本投资

从上文分析可以看出，人力资本不足是制约全球经济增长的重要障碍，但是发达国家应对疫情以及通货膨胀的财政支出更多用于补贴消费者日常生活，成了“吃饭财政”。建议今后逐步改变这一局面，加大对各类人力资本的投资，从而促进全球经济的可持续发展。

44　2022 年全球贸易形势分析及 2023 年展望

张　鹏*

摘要： 在新冠肺炎疫情、俄乌冲突、通胀高企、货币政策紧缩等不利因素的影响下，在 2021 年高速反弹的全球贸易进入 2022 年后增长动力明显不足，特别是在下半年显著下滑。展望 2023 年，高通胀和大幅加息的滞后影响将导致需求萎缩，并且导致全球商品贸易增速进一步下滑。根据 WTO 预测，2022 年全球商品贸易增速为 3.5%，2023 年将滑落至 1.0%。

关键词： 贸易逆差　能源贸易　贸易保护主义

一、2022 年全球贸易形势分析

俄乌冲突是新冠肺炎疫情之后世界遭遇的另一个"黑天鹅"事件，不仅引发了世界格局大震荡和大分化，还造成能源价格飞涨、粮食供给短缺和许多重要矿产品供应中断等种种不利情况，给居高不下的全球通胀火上浇油，不断加剧的通胀压力迫使美欧收紧货币政策，造成全球需求端收缩，全球贸易遭遇逆风。

（一）商品贸易增速放缓

2021 年，发达国家大规模刺激政策和疫情防控放松后的需求报复性反弹推动全球国际贸易快速复苏。联合国贸发会议（UNCTAD）指出，2021 年全球贸易增长创历史新高。根据世界贸易组织（WTO）统计，2021 年全球贸易增速达到 9.7%。但进入 2022 年后，随着汽车、电子产品等重要商品的贸易额下滑，全球商品贸易结束了高增长。根据 UNCTAD 统计，第一季度商品贸易同比增速降至 4.3%，低于 2021 年第四季度的 5.0%；环比增速为-4.5%，大大低于 2021 年第四季度的 4.3%。俄乌冲突的影响在第二季度进一步发酵，随着通胀形势恶化，美联储开启了大幅度、快频率的加息进程，过热的消费需求开始受到抑制，全球商品贸易同比增速降至 3.9%，但环比增速升至 3.2%。2022 年下半年，全球贸易疲软态势更加明显。以被

---

* 张鹏，国家信息中心经济预测部世界经济研究室主任，正高级经济师，研究领域为世界经济。

称为监测全球贸易状况“金丝雀”的韩国出口数据为例，10 月份工作日的日均出货量同比下降 7.9%，总体出口下降 5.7%，其中作为韩国最大收入来源的半导体的总出货量下降 17.4%，出现了自 2019 年以来的最大降幅。此外，标普全球对韩国制造业企业采购经理的调查显示，截至 10 月份，韩国新出口订单已经连续 8 个月下降。

（二）贸易逆差成为普遍性现象

由于石油、天然气、粮食等大宗商品价格飞涨，在加剧各国输入性通胀的同时也造成了国际收支状况的恶化。一方面，原有的逆差国贸易赤字进一步扩大。例如，由于食物和能源进口价格上涨，巴基斯坦贸易逆差不断扩大，截至 2022 年 6 月底巴基斯坦财政年度[1]结束时，贸易赤字接近 500 亿美元，比上一年增加 57%［见图 1（a）］。为阻止逆差扩大，巴政府在 2022 年 5 月宣布禁止进口超过 800 种的非必需奢侈品，但下半年外贸形势继续恶化。巴基斯坦国家银行最新数据显示，截至 8 月 5 日，其持有的外汇储备仅为 78.3 亿美元，为 2019 年 10 月以来最低水平。投资者担心不断扩大的贸易赤字将使得巴基斯坦成为下一个斯里兰卡，纷纷抛售债券，债务违约危机迫在眉睫。另一方面，原有的贸易顺差国变为逆差国。例如，十年来欧盟一直享有稳定的贸易顺差，但俄乌冲突带来的能源危机使欧盟出现贸易逆差。欧盟统计局最新数据显示，欧元区 2022 年 8 月与世界其他地区的贸易逆差为 509 亿欧元，创历史最高水平，而上年同期为贸易顺差 28 亿欧元［见图 1（b）］。贸易逆差主要由高能源价格驱动。8 月欧洲能源价格达到创纪录的 350 欧元/兆瓦时，11 月初价格回落至约 150 欧元/兆瓦时，但仍比一年前水平高了一倍。能源价格高涨也削弱了商品出口竞争力，2022 年以来欧盟制造业贸易顺差减少大约 50%，这是导致出现整体贸易逆差的另一个重要原因。

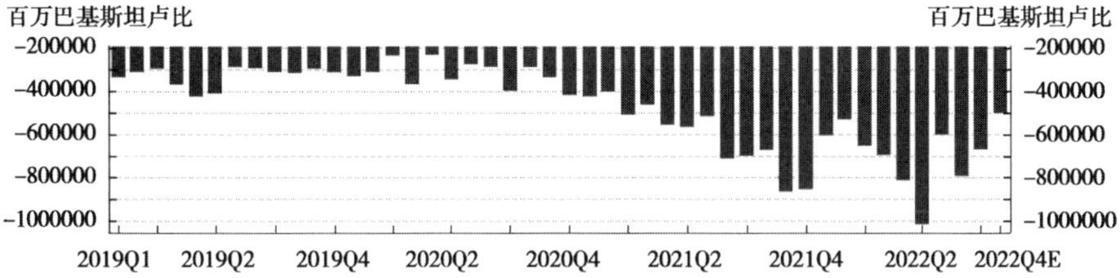

（a）巴基斯坦贸易差额

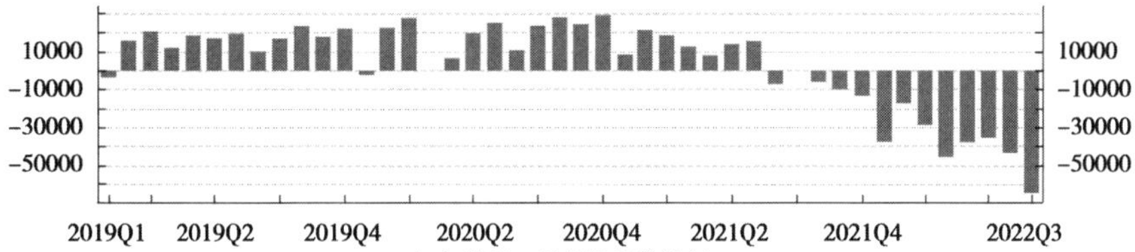

（b）欧盟27国商品贸易差额

图 1　巴基斯坦和欧盟贸易差额（月度）

---

［1］　巴基斯坦财政年度是当年 7 月 1 日至下一年 6 月 30 日。

（三）贸易顺差出现集中化趋势

自 2021 下半年开始，全球贸易顺差国数量快速减少，在已经公布 7 月份贸易数据的 62 个经济体中有 21 个顺差国，占比 34%，处于历史较低水平。当前，随着大宗商品价格高涨和各国通胀压力不断加大，全球贸易顺差在向资源出口国和能够吸收通胀压力的出口导向型国家集中。一方面，受益于贸易条件改善，资源出口国从大宗商品涨价中获得巨大利益。以澳大利亚为例，9 月贸易顺差从 8 月的 83 亿澳元飙升近 50%至 124 亿澳元（合 78 亿美元），增长主要由金属矿石和液化天然气推动。澳大利亚还是小麦等农产品的主要出口国，俄乌冲突后农产品价格上涨，也使澳大利亚获得了额外贸易利益。大宗商品涨价已经打破了资源进口国和出口国的贸易平衡，贸易红利向澳大利亚、加拿大、挪威和 OPEC 成员等少数资源出口国集中，贸易收益分配格局被严重扭曲。另一方面，东亚的中国、越南等具有成本优势的出口导向型国家通过消化输入性通胀压力保持了工业制成品价格优势，在全球对抗通胀的“战斗”发挥了巨大作用，也取得了更大的贸易顺差。2022 年前三季度，中国国际收支口径的货物贸易顺差为 5216 亿美元，同比增长 37%，其中第三季度货物贸易顺差 2008 亿美元，创历史新高。

（四）能源贸易格局发生巨变

俄乌冲突后全球能源贸易结构发生了较大改变。俄罗斯是世界第二大石油天然气生产国，而欧洲是俄罗斯油气最大的出口市场，俄罗斯石油出口的约 60%、天然气出口的约 80%卖到了欧洲。俄乌冲突爆发后，欧盟对俄制裁，俄则以能源为武器实施了一系列反制措施，预计欧盟从俄石油进口将减少 90%，天然气对俄进口依存度将从之前的 50%左右下降至 7. 5%。欧盟和俄罗斯能源贸易的“中断”极大改变了全球能源贸易结构，欧盟的石油天然气缺口需要寻找替代供应国。为了寻找稳定的能源供应渠道，德国总理朔尔茨等欧盟领导人将目光转向非洲。2021 年，仅有尼日利亚和阿尔及利亚等少数国家向欧盟出口液化天然气（LNG），但 2022 年许多非洲国家加大油气领域投资，为填补欧洲能源供应缺口做准备。非洲能源协会 7 月 6 日发布的报告称，南非近海 Brulpadda 和 Luiperd 的成功钻探，以及纳米比亚近海金星和格拉夫地区的最新发现，都凸显了该地区作为天然气新的勘探中心的地位，预计 2022 年非洲的天然气产量将达到 2600 亿立方米，成为欧盟更重要的能源伙伴。美国也从全球能源贸易格局变换中获益颇丰。美国能源信息署（EIA）宣布，在 2022 年前 9 个月，美国已超过澳大利亚成为世界上最大的液化天然气出口国，其中 71%的液化天然气出口至欧洲。

（五）服务贸易继续复苏

WTO 发布的 2022 年第二季度服务贸易晴雨表最新读数为 105. 5，高于 2021 年 9

月的 102.5，表明服务贸易保持恢复性增长态势。疫情期间，限制措施阻碍了服务消费，家庭支出主要用于购买商品，但随着疫情缓解，家庭支出逐渐从商品转向服务，消费模式更加均衡。与此同时，虽然高通胀抑制了低收入家庭的消费能力，但对高收入家庭影响相对较小，后者更愿意将钱花在服务领域，使得服务消费在通胀背景下更具韧性。2022 年 10 月，欧洲旅行委员会（ETC）调查显示，虽然旅行成本上升，但欧洲人的出行意愿仍有增无减，70%的受访者计划在未来六个月内出行，其中 52%打算至少旅行两次，度假需求呈井喷趋势。在新冠肺炎疫情前，每年有近 8000 万全球游客来到美国，旅游业给美国带来 534 亿美元贸易顺差，提供约 100 万个就业机会。2022 年，被疫情"冰冻"的美国旅游业快速"解冻"。例如，美国洛杉矶市旅游局估计，洛杉矶全年将接待超过 4600 万游客，接近 2019 年创纪录的 5070 万游客。相对于度假休闲旅游，全球商务旅行复苏相对滞后。据全球商务旅行协会（Global Business Travel Association）预测，2022 年全球商务旅行支出将增长近 34%，至 9330 亿美元，但仍远低于 2019 年 1.4 万亿美元的水平。

（六）全球航运业景气度下降

2021 年，洛杉矶港等重要港口出现长期拥堵，集装箱压港现象严重，航线船舶运行效率和空箱周转率大幅下降，全球航运系统陷入混乱，影响了商品贸易正常运行。进入 2022 年，全球航运系统基本恢复正常。反映全球航运业市场行情的波罗的海干散货指数从 2021 年 10 月的 5500 点以上迅速滑落至 2022 年 1 月的 1300 点低位，并在 2022 年总体保持相对低位。波罗的海干散货指数反映着世界主要航线的即期运费变化，包含 Capesize（海岬型/好望角型）、Panamax（巴拿马型）、Supramax（超灵便型）三种船型运价，其中海岬型船只载重量 17 万～18 万吨，主要用于铁矿石和煤炭等工业物资的长途运输；巴拿马型船只载重量在 6 万～8 万吨，主要运输矿砂和谷物等物资；超灵便型船只载重量在 5 万～6 万吨，具有较强的航道和港口适应性。2022 年海岬型船运价指数曾经一度暴涨，其原因在于煤炭需求增长。欧洲能源危机和多地电力供应短缺推动了全球对煤炭资源的争夺，目前多个欧洲国家已经恢复了燃煤电厂，包括印度在内的其他主要消费国也加快了进口的步伐，从而推高了全球煤炭运输的平均航程和整体散货需求。巴拿马型船运价受到俄乌冲突的影响一度滑落至冰点，但随着 8 月俄罗斯、乌克兰、土耳其和联合国等多方达成了恢复乌克兰谷物和化肥出口的过境程序，巴拿马型船运价也逐步上升。

二、2023 年全球贸易趋势展望

2022 年 10 月 WTO 发布预测表示，受全球经济形势恶化的影响，全球贸易增长在 2022 年下半年已经失去增长动能，预计全年全球货物贸易量将增长 3.5%，2023 年增速将大幅下降，仅增长 1%。

（一）需求减少抑制全球贸易增长

当前世界经济遭受多重冲击。在欧洲，高能源价格挤压家庭支出并提高制造成本；在美国，货币政策收紧打击住房、汽车消费和固定投资等对利率敏感的支出领域；在发展中国家，能源和食品上涨可能引发饥荒和债务风险。2023 年全球需求端收缩必然影响贸易增长。美国作为全球最重要的进口目的地，预计 2023 年将进入持续的去库存阶段。首先，目前美国库存总额持续上升，但销售额总额同比下滑情况明显，处于被动补库期阶段，而未来将进入主动去库存阶段。其次，美国库存数据包括制造商、批发商和零售商的三类库存。制造商库存作为美国库存的最上游，反映了美国工业产品的实际生产情况，其变化往往领先于整个美国的库存周期。目前美国制造商库存占总库存的比重已出现较为明显的下滑，反映上游已开始提前适应未来美国经济衰退的预期，主动减产去库，规避市场风险。由于电子产品需求下降，目前韩国也出现了库存过高问题。韩国统计局发布的数据显示，韩国 6 月的芯片库存同比激增 79.8%，创下了六年多以来的最大增幅。预计在 2023 年，不论是工业品出口国还是进口国，都将面临去库存问题。

（二）物价涨幅略降但仍处于相对高位

美国 CPI 同比增速在 2022 年 6 月创下的 9.1%这一 40 年来最高水平之后，到 10 月份已回落至 7.7%，通胀形势边际改善。总的看来，当前全球物价水平已经失去继续大幅攀升的主要动能。一是美联储加息后，全球货币环境收紧，货币超发现象得到缓解；二是欧美等发达国家面临衰退风险，需求端收缩严重；三是俄乌冲突带来的地缘政治冲击效应减退，风险溢价逐渐降低。预计 2023 年全球消费品价格和大宗商品价格将较 2022 年有所回落，但是仍处于相对高位。目前，美国劳动力市场处于充分就业状态，在“紧”劳动力市场和高通胀条件下，出现了“工薪螺旋”。多项调查数据发现，越来越多的劳动者希望找到更高薪酬的工作岗位来改善生活条件，从而迫使企业提高工薪水平。10 月份，美国平均每小时薪资环比增长 0.4%，同比增长 4.7%，保持快速增长势头。由于人工成本跃升，服务价格已取代商品价格成为物价上涨的主动力，预计工薪黏性将成为 2023 年通胀缓解的重大阻力。高通胀削弱消费者购买力，降低全球总需求，不利于全球贸易增长。各国通胀形势分化将导致贸易红利在资源出口国和资源进口国、出口导向型国家和需求拉动型国家之间发生转移，更容易引发贸易摩擦。

（三）贸易保护主义不断上升

新冠肺炎疫情和俄乌冲突导致越来越多的声音质疑全球经济的相互依存性，大国竞争更使得多边主义的根基受到动摇，西方国家开始支持产业链回流、近岸外包和“友岸外包”等举措，企图以“安全贸易”取代“自由贸易”。多边贸易体系存在被分割成两个或三个贸易区域的可能性。WTO的研究结果表明，如果世界被分成两个贸易集团，从长期来看，由于专业化程度降低和技术溢出减少，将导致全球实际GDP下降约5%。除了受逆全球化思潮的影响，贸易条件恶化也加剧了贸易保护主义。近期，土耳其、印度等国因贸易逆差增加、外汇储备减少，纷纷实施差异化关税政策，即对石油、天然气和粮食等大宗商品降低关税或提供补贴，对一般工业制成品则提高贸易壁垒。2023年，一旦全球出现大范围经济衰退，各种“甩锅”行为将加剧贸易冲突，干扰正常贸易秩序。

（四）产业外迁侵蚀欧洲贸易地位

当前全球已形成以中日韩为核心东亚产业网络，以美加墨为核心的北美产业网络，以德法意等为核心的欧洲产业网络。俄乌冲突对欧洲产业网络冲击最大，能源和原材料成本的飙升造成欧洲产业外迁，可能造成欧洲贸易格局的持续性变化。能源危机发生以来，天然气的短缺和涨价，对欧洲化工产业的发展产生了致命影响。以德国化工巨头、世界最大的化工厂之一巴斯夫的生产成本为例，2022年前9个月，该公司欧洲工厂的天然气支出较上年同期增加22亿欧元。另一德国化工巨头、全球最大的聚合物生产商之一科思创（Covestro）预计，该公司在2022财年全球能源成本将高达22亿欧元，而在2021年仅为10亿欧元。更有甚者，全球最大的合成氨生产商CF化肥公司已经关闭了其在英国因斯的合成氨和化肥厂。欧洲的化工体系发展成熟，是全球第二大的化工品生产基地，在全球化工品供应体系中处于重要地位。但是，在过去的20年里，即使在能源危机爆发前，欧洲化工品全球市场份额已出现逐年降低趋势，欧盟27国化工品的全球市场份额在2000年、2010年和2020年分别为24.9%、19.3%和14.4%，占比逐年降低。2022年以来，欧洲能源危机下的成本压力，加速了高耗能化工产业的“外逃”进程。在经历了“页岩气革命”后，美国在能源成本上具有较大优势，目前欧洲部分高耗能产业出现向美国迁移的情况。产业外迁将进一步削弱欧洲产品的国际竞争力，造成贸易格局的持久性恶化。

（五）亚太地区将引领全球贸易增长

10月27日，国际货币基金组织（IMF）发布《亚太地区经济展望》报告，表示亚太经济将是黯淡全球经济中的一个亮点。与此同时，标普全球市场情报（S&P global Market Intelligence）也发布报告预计，亚太地区2023年的实际增长率将达到3.5%，而欧洲和美国可能会面临衰退，因此标准普尔认为“在区域自由贸易协定、高效供应链和具有竞争力的成本的支持下，亚太地区GDP占世界GDP的35%，将在2023年主导全球经济增长”。亚洲开发银行9月发布的《2022年亚洲发展展望》（ADO）更新报告，预测不包含中国在内的亚洲其他发展中经济体2022年和2023年均将增长5.3%，中国同期将分别增长3.3%和4.5%，这将是30多年来亚洲其他发展中经济体的预期经济增速首次超过中国，表明亚太地区内部经济贸易结构正在发生变化。东盟在大国关系中拒绝选边站队，与主要贸易伙伴均保持了良好的贸易关系，2021年美国-东盟贸易额3790亿美元，同比增长23.46%，中国-东盟贸易额8782亿美元，同比增长28.1%，预计在2023年东盟外贸将保持较快增长，占全球贸易份额进一步提升。

三、政策建议

随着世界经济和全球贸易增长放缓，我国外贸发展环境日趋复杂，不确定性大幅增加，当前应努力保持外贸运行在合理区间。一是加强经贸谈判，防范出现对我不利的贸易规则体系。当前，美国推动“印太经济框架”（IPEF），妄图实现贸易“脱钩”，我国应以RCEP实施为契机，推动与主要贸易伙伴的规则对接和贸易畅通。加快中日韩自贸区谈判，持续推进加入《全面与进步跨太平洋伙伴关系协定》（CPTPP），为构建亚太自贸区奠定基础。二是加强中外产业合作，促进经济深度融合。我国与德国、法国、日本、韩国等国在贸易领域仍存在较强的互补性，产业链、供应链深度融合，同为全球价值链的重要组成部分，应依托各自优势，积极开拓产业合作的新领域，防止“脱钩”。三是发挥跨境电商作用，稳定外贸发展。出台进一步支持跨境电商海外仓发展的政策措施，支持跨境电商、海外仓等外贸新业态发展。四是保障物流运输畅通，稳定进出口贸易。提升港口集疏运和境内运输效率，确保进出口货物快转快运，保障产业链供应链稳定。

45　2022 年美国经济形势分析及 2023 年展望

赵硕刚 *

摘要：2022 年以来，美国经济“滞胀”特征更加明显。在上半年经济出现“技术性衰退”的同时，就业市场依然紧俏，通胀率不断创下 40 年来的新高。从增长、通胀、就业三者关系看，美国疫后经济复苏过程中，就业和通胀相对增长明显“超调”，这与美国大规模财政货币刺激叠加供给冲击导致的需求过度扩张和供给曲线陡峭化密切相关。目前来看，在美联储持续加息和缩表的影响下，2023 年美国经济由“技术性”衰退演变为“实质性”衰退的可能性正在增大。

关键词：经济衰退　通货膨胀　美联储加息

2022 年以来，美国经济增长显著放缓，上半年 GDP 环比折年增速连续两个季度萎缩，出现“技术性衰退”，第三季度在出口拉动下才恢复增长。与此同时，美国就业市场依然紧俏，失业率处于新冠肺炎疫情暴发以来的低位，由此也导致美国通胀高烧不退，通胀率不断创下 40 年来的新高。美国经济“滞胀”特征更加显著。

一、美国经济核心增长动能减弱

1. 经济出现“技术性衰退”

2022 年前两个季度，美国经济环比折年分别萎缩 1.6%和 0.6%，如果按照将连续两个季度负增长视作衰退的判断标准，则可以判断美国经济出现了“技术性衰退”。其中，一季度美国经济虽然萎缩幅度更大，但私人消费和投资增长还都比较稳定，第二季度私人投资较第一季度环比折年大幅萎缩 1.1%，进口增速也降至 2.2%，显示高通胀开始对内需产生压力。第三季度除私人投资继续萎缩外，进口也由增长变为下降，消费环比折年增速降至 1.4%，表明高通胀和紧货币已经对美国经济的内生增长动力造成了更为广泛的侵蚀。出口成为 2022 年第一季度后拉动美国

---

* 赵硕刚，经济学博士，助理研究员，研究领域为世界经济。

经济增长的首要动力，对第二、第三季度经济增长的贡献分别达到 1.51 个和 1.63 个百分点。随着疫情期间出台的财政纾困措施逐步到期，美国政府支出持续缩减，政府消费和投资在前两个季度环比折年分别下降 2.3%和 1.6%，第三季度增速有所回升，拉动经济增长 0.42 个百分点。美国主要经济指标增长率及其对经济增长的贡献见表 1。

表 1　美国主要经济指标增长率及其对经济增长的贡献

指标	2020 年	2021 年	2022 年		
			第一季度	第二季度	第三季度
GDP 及其构成增长率（经季节调整折年率，%）					
国内生产总值	-2.80	5.90	-1.60	-0.60	2.60
个人消费支出	-3.00	8.30	1.30	2.00	1.40
私人国内投资	-5.30	9.00	5.40	-14.10	-8.50
商品和服务出口	-13.20	6.10	-4.60	13.80	14.40
商品和服务进口	-9.00	14.10	18.40	2.20	-6.90
政府消费和投资总额	2.60	0.60	-2.30	-1.60	2.40
GDP 构成对经济增长的贡献（百分点）					
个人消费支出	-2.01	5.54	0.91	1.38	0.97
私人国内投资	-0.95	1.55	0.98	-2.83	-1.59
商品和服务出口	-1.54	0.64	-0.53	1.51	1.63
商品和服务进口	1.28	-1.89	-2.60	-0.35	1.14
政府消费和投资总额	0.45	0.11	-0.40	-0.29	0.42

资料来源：美国商务部经济分析局。

2. 通胀压力居高不下

进入 2022 年，美国的通货膨胀不降反升，尤其是俄乌冲突的爆发进一步加大了美国上半年的通胀压力，CPI 同比涨幅从 2022 年 1 月的 7.5%继续扩大，在 6 月份最高达到 9.1%，创 1981 年 11 月以来的新高，其中当月能源价格同比涨幅达到 41.6%。由于紧俏的劳动力市场推升服务价格，美国核心 CPI 同比涨幅在短暂回落后于 7 月份再度上扬，9 月份达到 6.6%，同比涨幅重回 40 年高位。美联储更为关注的核心 PCE 价格指数 2022 年 9 月份同比涨幅也达到了 5.2%，仅次于 3 月时创出的 5.4%的 40 年高位。美国通胀情况见图 1。

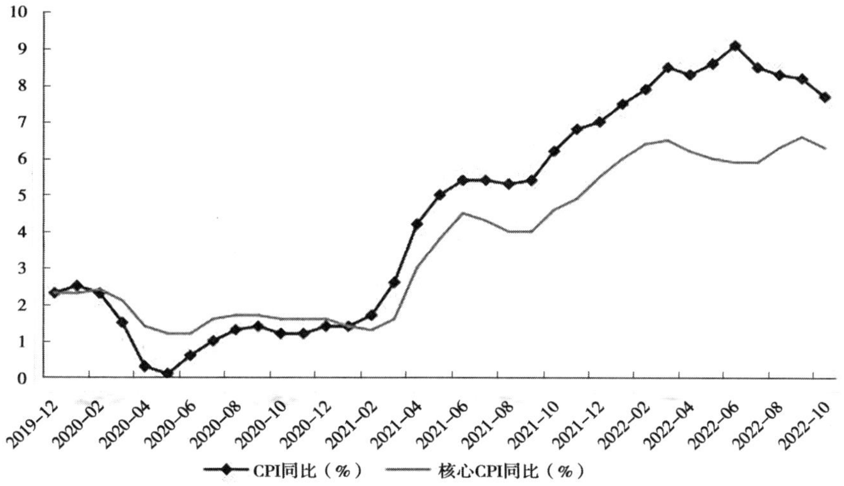

图 1　美国通胀情况

数据来源：美国劳工部。

3. 就业市场供需矛盾依然突出

随着疫情解封后经济的复苏，美国劳动力市场也持续恢复，美国非农失业率由 1 月份的 4%最低降至 7 月份的 3.5%，已经恢复至疫情暴发前的最低水平。而且，2022 年经济增长放缓对美国劳动力市场就业开始产生一定影响，前 10 个月非农业部门月均新增就业人数为 40.7 万人，低于 2021 年同期的 55.1 万人，10 月份新增非农业就业 26.1 万人，为 2021 年 1 月以来的最低水平。但美国劳动力短缺问题依然突出。劳工部数据显示，2022 年劳动力市场的岗位空缺数量持续超过 1000 万个，9 月份仍高达 1071.7 万个，超过登记的失业人口总数。美国劳动力市场情况见图 2。

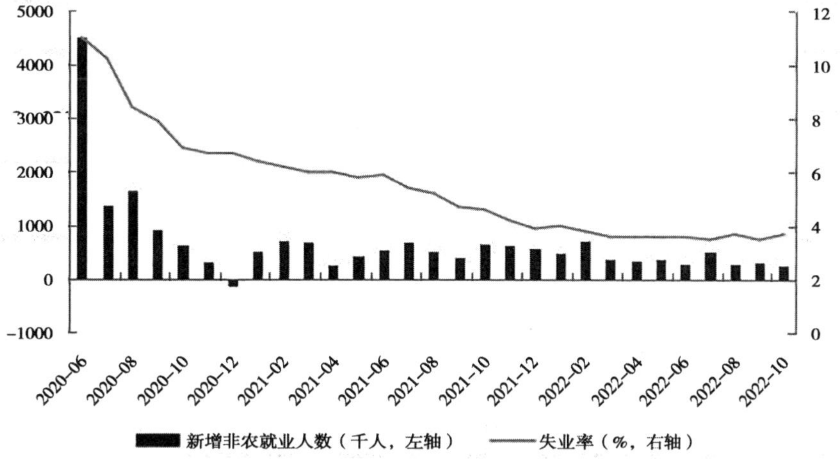

图 2　美国劳动力市场情况

数据来源：美国劳工部。

4. 贸易逆差显著收窄

2022 年第一季度，在强劲内需以及俄乌冲突导致大宗商品价格飙升的影响下，美国商品和服务进口激增，一度导致 3 月份贸易逆差达到 1067 亿美元，创有记录以来的最高水平。第一季度后，由于内需减弱导致进口显著下降，而对欧洲能源出口增加带动美国出口快速增长，使得美国贸易逆差迅速收窄，9 月份降至 733 亿美元，为 2021 年 10 月以来的低点。其中，非石油产品贸易逆差为 1027 亿美元，而石油及石油产品的贸易顺差为 24.4 亿美元。

5. 金融市场调整加大

2022 年以来，由于美国通胀压力居高不下，美联储加快了刺激性货币政策的退出步伐，年内六次提高上调联邦基金利率目标区间，尤其是 6 月份后连续四次大幅加息 75 个基点，政策利率区间达到 3.75%～4%，为 2008 年以来的最高水平。而且，美联储还自 6 月开始以每月 475 亿美元的步伐缩表，并在三个月内将缩表上限提高至每月 950 亿美元。在流动性收紧的压力下，三大股指自年初开始震荡下行，截至 11 月上旬，年内跌幅均超过 10%，纳斯达克指数跌幅更是超过 30%。同时，流动性收紧的预期推动美元指数持续走高，从年初的 96 点左右，最高上涨到 9 月底的 114 点以上，创 2002 年以来的新高。同样受流动性收紧预期影响的还有美债，十年期美债收益率从年初的 1.63%，上升至 11 月的 4.2%附近，刷新 2008 年以来的最高水平。美国股指走势见图 3。

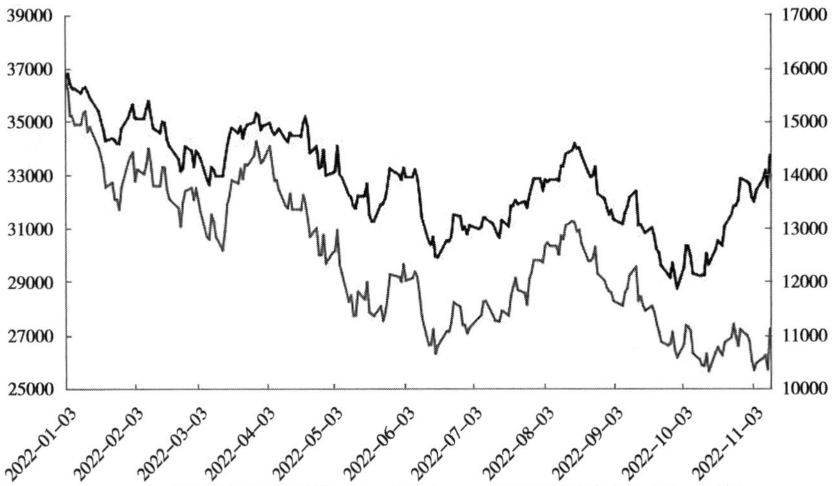

图 3 美国股指走势

数据来源：Wind 数据库。

二、美国宏观政策失误是高通胀主因

美国就业和通胀相比经济增长明显“超调”，虽然有国际供应链中断、大宗商品价格攀升等外部因素影响，但更多还是源自美国国内的因素。

1. 美联储货币政策“大放水”为通胀高企埋下伏笔

按照货币主义理论的观点，通货膨胀无论何时何地都是一种货币现象：当过多的货币追逐有限的商品时，就必会推高商品价格。为应对新冠肺炎疫情冲击，美联储采取了极度宽松的货币政策，带来美元流动性的“大放水”。2020 年 3 月，美联储两度紧急降息，将基准利率降至 0～0. 25%，并开启了“无上限”量化宽松政策。从 2020 年 2 月末至 2022 年 3 月末，美联储总资产规模由 4. 2 万亿美元迅速扩张至近 9 万亿美元，两年时间累计增长超 1 倍，这为美国高通胀提供了流动性基础。超低利率也刺激了美国房贷、车贷需求，对房价租金、二手车价格上涨起到了推波助澜的作用。纽约联储发布的 2022 年第一季度家庭债务和信贷季度报告显示，当季美国家庭债务总额增长 2660 亿美元，其中抵押贷款和汽车贷款余额分别增加了 2500 亿美元和 110 亿美元。美国家庭债务总额也达到了 15. 84 万亿美元，比 2019 年底高出 1. 7 万亿美元。

2. 美国政府财政政策“大刺激”加剧供需失衡

与美联储货币“大放水”相配合，财政政策“大刺激”也为美国通胀提供了政策沃土。疫情暴发后，美国政府先后推出了七轮财政纾困救助政策，金额累计达 6. 8 万亿美元。美国联邦政府财政赤字从 2019 年的 9840 亿美元跳升至 2020 年的 3. 1 万美元，财政赤字占 GDP 比重由 2019 年的 4. 6%跃升至 2020 年的 15. 2%。2021 年财政赤字虽略降至 2. 77 万亿美元，但仍为有记录以来的第二高位，占 GDP 的比重高达 12. 4%。而且，美国财政刺激多是以失业补贴和现金补助的方式发放给居民，这一方面导致了总需求的过度扩张，加剧了商品和服务市场供需失衡，另一方面也延滞了失业人口重返就业市场，加剧了劳动力市场的供需失衡。截至 2022 年 10 月，美国劳动参与率恢复至 62. 2%，仍低于 2020 年 2 月时 63. 4%的水平。

3. 供给冲击令菲利普斯曲线再度陡峭

在本次通胀高企之前，美国经济持续处于低通胀、低失业的状态，传统的菲利普斯曲线变得日益平坦，即通胀对于失业率变化的反应变得不如 20 世纪 80 年代时敏感，这使得美联储可以多次采取大规模量化宽松政策刺激经济而不需要过多考虑通胀失控的问题，也是此前耶伦、鲍威尔认为美国通胀是“暂时的”的重要原因。然而，劳动力市场供给短缺、国际供应链中断以及半导体、汽车等行业“缺芯”等形成了一系列供给冲击，尤其是2021年下半年后不断加剧的劳动力市场短缺不仅阻碍了美国经济生产、流动环节的畅通，而且加快了“工资-价格”螺旋上涨的循环，使美国供给曲线变得更为陡峭，叠加需求曲线向外扩张，造成此次美国经济产出恢复有限，物价却出现了大幅度的上涨。

三、2023年美国经济或将经历温和衰退

2022年第二季度以来，关于美联储激进加息导致美国经济“硬着陆”的担忧不断升温。高盛、摩根士丹利、美国银行等华尔街投行纷纷发声警示衰退风险，《金融时报》与芝加哥大学布斯商学院6月联合进行的最新调查显示，近70%的经济学家预计美国经济2023年有可能陷入衰退。10月下旬，美国10年期与3个月美债收益率曲线出现倒挂，而这通常被视为美国经济将出现衰退的先行指标。历史上不乏美联储大幅加息导致美国经济陷入衰退的先例。20世纪70年代末80年代初，为应对飙升的通胀，时任美联储主席保罗·沃克尔迅速收紧货币政策，联邦基金利率自1979年年中的10%左右大幅上调至1981年6月的20%附近，美国经济也随之分别于1980年和1982年两度陷入衰退。目前来看，在美联储持续加息和缩表的影响下，美国经济由“技术性衰退”演变为“实质性衰退”的可能性正在增大。

1. 美国居民消费增长将放缓

美国居民消费占GDP的比重高达70%，是美国经济最重要的支撑项。尽管劳动力市场紧张令美国居民工资收入持续增长，但高通胀侵蚀居民实际购买力，美国居民实际可支配收入不增反降，消费的高增长一定程度上是依靠储蓄和借债支撑。纽约联储公布的美国家庭债务和信贷报告显示，2021年第四季度美国家庭信用卡余额增加了520亿美元，创有数据记录22年以来的最大季度增幅。而且，美国居民储蓄占可支配收入的比重已经从疫后最高时的33.8%降至2022年9月份的3.1%，为2007年以来的新低。在实际收入下降、储蓄率处于低位、利率抬升提高借贷成本的情况下，美国居民消费将进一步放缓。

2. 私人投资增长存在不确定性

从设备投资周期的角度看，美国企业上一轮投资周期结束于2019年，当前仍处于新一轮设备投资周期的上升期，企业耐用品新增订单2022年以来依旧保持了10%左右的同比高增速。未来拖累投资增长的主要是住宅和存货投资。房贷利率的上升

将令美国房地产市场进一步降温，不利于房地产投资增长。同时，由于疫情后消费迅速复苏以及供应链中断导致企业生产中断，美国制造业存货一度持续下降，2020 年底以来美国企业加速补库存，使存货水平迅速攀升。随着企业补库增速存达到顶峰，美国库存周期迎来拐点，美国企业补库存对经济的拉动作用将进一步降低。

3. 政府支出将继续拖累经济增长

自 2021 年第三季度纾困政策逐渐到期后，美国政府支出连续三个季度环比下滑。由于高通胀及中期选举后民主党失去对国会的控制权将进一步限制国会通过新的大规模刺激政策的可能，美国政府财政支出将进一步缩减，根据白宫预算管理局数据，2022 年美国联邦支出将从上一年的 6. 82 万亿美元降至 5. 85 万亿美元，2023 年进一步降至 5. 79 万亿美元，这将使财政对美国经济产生持续紧缩效应。

4. 出口高增长难以持续

2022 年以来，不断上涨的成本压力严重削弱了全球经济增长动能，超预期的通胀已经迫使全球多数经济体央行把抑制物价上涨作为优先目标，先后开启了加息进程。由于俄乌冲突久拖不决、通货膨胀压力居高不下、货币政策加紧退出、能源粮食供应短缺等原因，2023 年世界经济增长将显著放缓。国际货币基金组织（IMF）在 2022 年 10 月发布的《全球经济展望》中预计，2023 年世界经济增速为 2. 7%，较 2022 年下降 0. 5 个百分点。而且，此次全球经济放缓的波及范围非常广泛，占全球经济约 1/3 的国家将在 2022—2023 年间出现收缩。受此影响，出口难以继续扮演美国经济增长主引擎的作用。

根据美联储、美国国会预算办公室（CBO）等的测算，当前美国经济潜在增速在 1. 8%左右，美国高通胀“降温”意味着经济增速需要降至潜在增速以下，失业率也会相应上升。国际货币基金组织将 2022 年美国经济增长预期下调至 1. 6%，将 2023 年增长预测下调至 1%。美联储 9 月预期 2022 年美国经济增长 0. 2%，2023 年增长 1. 2%；失业率 2023 年回升至 4. 4%。若美联储延续货币政策退出进程，由于货币和金融环境收紧，2023 年美国经济将经历一次温和经济衰退，高通胀和劳动力市场的紧张状况在下半年有望明显缓解。

46　2022年欧洲经济形势分析及2023年展望

肖有智*

摘要：2022年欧洲经济复苏势头回落，经济增速放缓；通货膨胀水平持续上升，通胀压力显著增大；失业率持续下降，但青年就业形势不容乐观；经济景气程度明显下降；贸易逆差持续扩大。2022年影响欧洲经济的主要因素包括俄乌冲突引发的能源危机和美联储持续加息的货币政策。展望2023年，欧洲经济可能陷入衰退，通胀水平仍旧处于高位，经济可能陷入滞胀局面。受制于能源危机引发的影响或将持续，以及美联储持续激进加息，欧洲去工业化风险、爆发财务危机的风险和能源政策倒退风险将显著增加。

关键词：衰退　通货膨胀　能源危机

一、2022年欧洲经济形势分析

（一）经济复苏势头回落，经济增速放缓

2021年以来，欧洲经济复苏强劲，欧盟27国不变价格GDP同比增速一度从2021年第四季度的4.9%提高至2022年第一季度的5.7%，欧元区不变价格GDP增速从2021年第四季度的4.6%提高至2022年第一季度的5.6%。但随着疫情后经济重启效应逐渐消退，俄乌冲突导致能源危机，自第二季度起，欧盟经济增速开始下降。2022年第二季度和第三季度，欧盟27国不变价格GDP同比增速降至4.3%和2.1%，欧元区不变价格GDP同比增速降至4.2%和2.4%，经济增速持续回落。欧盟主要国家中，德国2021年第四季度GDP同比增长1.2%，增速在2022年第一季度升至3.5%后，便开始持续回落，第二季度和第三季度GDP分别为1.7%和1.1%。法国在2022年第一季度和第二季度经历了4.9%和4.3%的高速增长后，第三季度增速迅速回落至0.9%（见图1）。

---

* 肖有智，经济学博士，目前就职于国家信息中心经济预测部世界经济研究室，研究领域为世界经济。

英国也经历了类似的情形。2022 年第一季度，英国不变价格 GDP 同比增速一度从 2021 年第四季度的 4.9%提高至 2022 年第一季度的 10.94%，之后经济增速便开始回落，2022 年第二季度的不变价格 GDP 同比增速为 4.39%（见图 2）。英国央行表示，预计从 2022 年第三季度起，GDP 增速将出现下滑，第三季度下滑 0.5 个百分点，第四季度下滑 0.3 个百分点。

以上数据均表明，2022 年欧洲整体经济形势不容乐观。2022 年是疫情后全球经济恢复的关键时期，欧洲作为最重要的经济体之一，其经济增长将在较大程度上引领全球经济快速恢复。但是，受制于多种因素的综合作用，欧洲从第二季度开始出现经济增速大幅度回落，甚至衰退的迹象，这也给全球经济复苏蒙上了阴影。

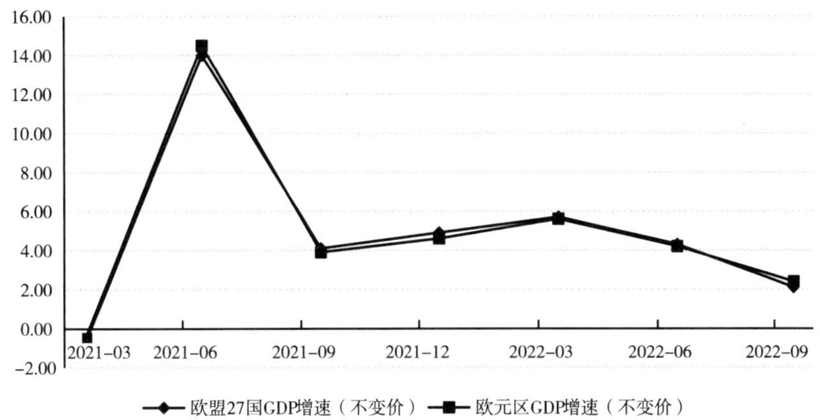

图 1　欧洲 GDP 增速

数据来源：Wind 数据库。

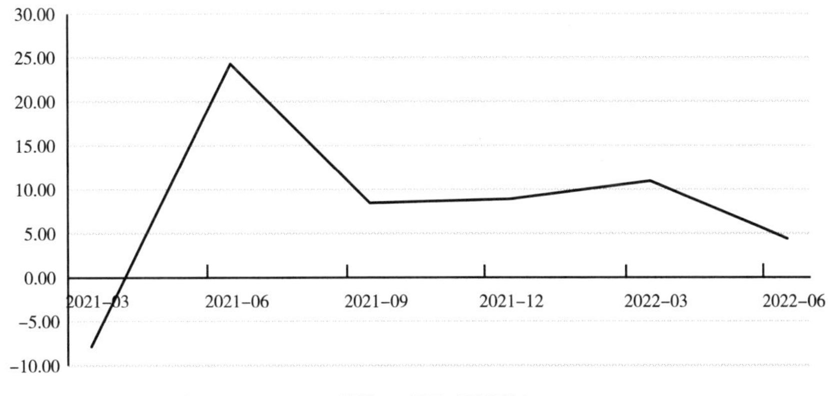

图 2　英国 GDP 增速

数据来源：Wind 数据库。

（二）通货膨胀持续飙升

受制于能源危机、极端天气，欧元区能源和食品价格持续飙升，通货膨胀水平连创新高。从2022年初开始，欧元区的通胀率持续上升。欧盟统计局的数据显示，2022年8月区欧元区通胀率达到9.1%，创历史新高。9月和10月，欧元区的通胀水平持续上升，分别达到9.9%和10.7%，连创历史新高。2022年10月，在欧元区的19个成员国中，有11个通胀率达两位数，波罗的海三国通胀率持续超20%。欧盟主要经济体德国10月通胀率为11.6%，法国为7.1%，意大利为12.8%，西班牙为7.3%。英国也未能独善其身，2022年7月，通货膨胀水平达到10.1%，40年来首次达到两位数，随后在8月降至9.9%，但是9月又上升至10.1%，并且英国央行预测，通货膨胀水平仍将保持上升态势（见图3）。目前来看，在通胀压力来源中，能源价格仍旧贡献了较大的份额，并进一步传导至非能源商品价格，导致非能源商品价格持续上升。

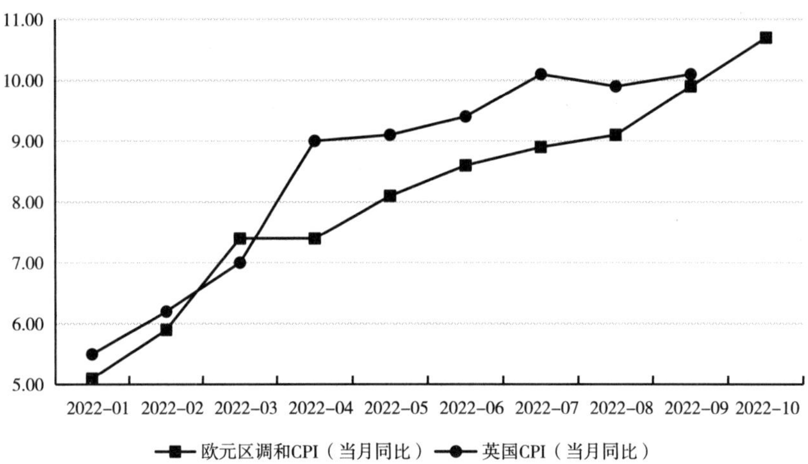

图3　欧元区和英国CPI同比增速

数据来源：Wind数据库。

（三）失业率持续下降，但是青年就业形势恶化

2022年以来，欧洲的失业率持续下降。2021年欧元区的平均失业率为7.73%，欧盟27国失业率为7.03%。从2022年1月起，欧洲的失业率持续下降，9月份欧元区的失业率降至6.6%，这是自1998年4月以来的最低水平。截至2022年9月，欧元区和欧盟27国的平均失业率为6.73%和6.12%。在欧盟主要国家中，2022年德国失业率约为3%，法国失业率为在7%上下，意大利失业率约为8%，均低于疫情前的水平。总体上看，英国失业率低于欧洲整体失业率水平，截至9月，2022年的平均失业率水平为3.75%，低于2021年的4.6%（见图4）。

但是，与此同时，欧洲的青年就业形势仍旧严峻，青年失业率仍旧处于 14%左右的高位，并且从 2022 年 5 月开始，呈现出小幅上涨趋势。2022 年 9 月，欧元区 25 岁以下的青年失业率已从 5 月份的 13. 9%上升至 14. 6%。总的来看，青年失业率约为总体失业率的两倍。欧盟主要国家也表现出类似的趋势，德国的 25 岁以下青年失业率约为 6%，法国的 25 岁以下青年失业率约为 16%。英国的青年失业率则表现得更加不容乐观，截至 2022 年 9 月，青年失业率均在 20%以上的高位震荡（见图 5）。

失业率的持续下降和青年就业形势的恶化，表现出欧洲就业市场出现的结构性问题。国际劳工组织发布的《2022 年全球青年就业趋势》指出，欧洲的青年失业率比世界平均水平高出约 1. 5 个百分点。欧洲整体就业市场的高涨并未带动青年就业市场的显著改善，青年就业矛盾仍旧突出。

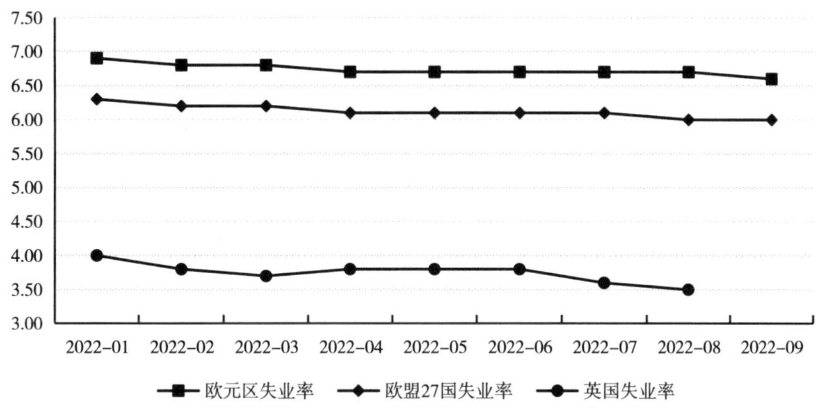

图 4　欧元区、欧盟 27 国和英国失业率

数据来源：Wind 数据库。

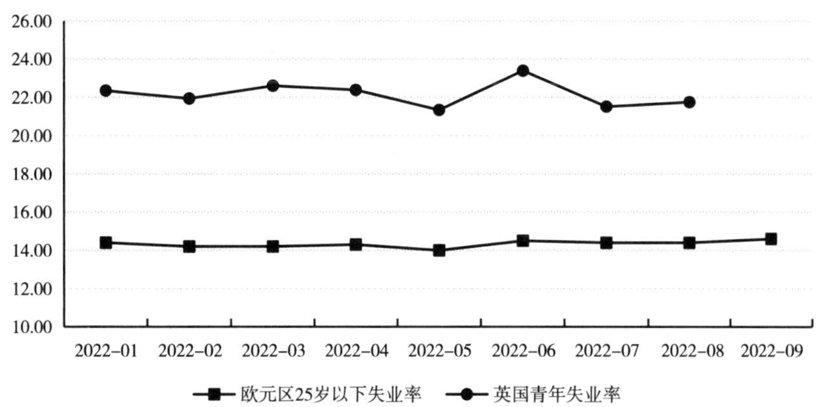

图 5　欧元区和英国青年失业率

数据来源：Wind 数据库。

（四）经济景气程度恶化

2022年欧洲经济景气程度持续恶化。首先，从采购经理指数（PMI）来看，制造业PMI指数自2022年1月起便开始出现持续下降趋势。7月，欧元区制造业PMI指数跌破荣枯线后，下滑趋势加剧，制造业PMI指数持续跌破荣枯线。截至10月，欧元区制造业PMI指数跌至46.2，已降至疫情初期水平，且有进一步加剧下滑的迹象，表明欧盟制造业持续收缩。欧盟主要国家中，德国制造业PMI指数自1月起持续下滑，7月开始，德国制造业PMI指数跌破荣枯线，10月和11月下滑趋势加剧，截至11月，德国制造业PMI指数降至45.1，创28个月以来的最低值。法国制造业PMI指数在2月达到57.2的高值后开始下降，3—5月均保持在55左右，7月首次跌破荣枯线，降至49.5，8月恢复至50.6后，9月以来便开始加速下降，截至10月，法国制造业PMI指数已降至47.2。英国制造业PMI指数也表现出类似的趋势，在2月达到58的最高值后便开始下降，8月降至荣枯线之下，9月有小幅回升，10月再次降至46.2的历史低位（见图6）。

其次，从各项信心指数和景气指数来看，2022年3月以来，欧元区信心指数、欧元区经济景气指数、欧元区工业信心指数、欧元区消费者信心指数均出现了明显且较大幅度的下滑。特别是欧元区工业信心指数，从年初的13.2大幅下降至10月份的-1.2。欧元区的消费者信心指数也远低于其长期平均水平-11，甚至低于2020年春季新冠肺炎疫情暴发初期的低点。欧洲各主要国家也出现了类似的趋势，截至2022年10月，德国的工业信心指数已经跌至2.9的历史低点，法国工业信心指数也跌至-6.8的历史低点，英国的消费者信心指数则跌至50年以来的最低点（见表1）。各类信心指数和景气指数主要表现对未来经济的预期，而预期往往具有自我实现性，可以预见，在未来较长的一段时间里，欧洲的经济仍旧不容乐观。

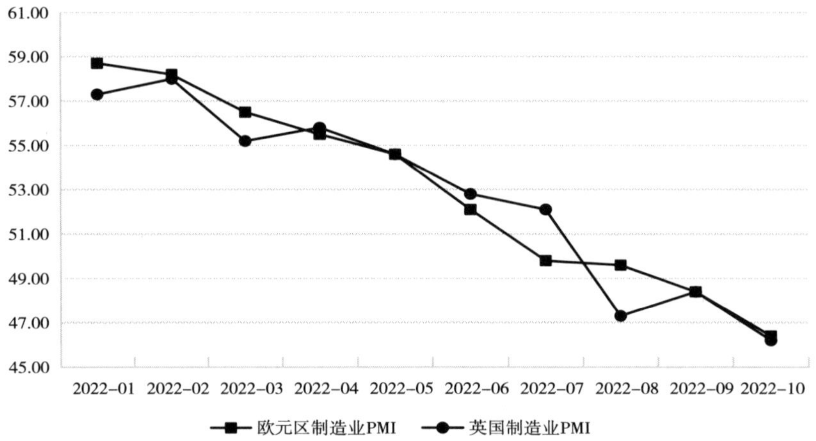

图6　欧元区和英国制造业PMI

数据来源：Wind数据库。

表1　欧元区和英国经济景气指数

时间	欧元区投资信心指数	欧元区经济景气指数	欧元区工业信心指数	欧元区消费者信心指数	英国消费者信心指数
2022-01	14.90	113.10	13.20	-9.70	-19.00
2022-02	16.60	114.10	13.40	-9.60	-26.00
2022-03	-7.00	106.30	8.90	-21.70	-31.00
2022-04	-18.00	104.50	7.60	-22.10	-38.00
2022-05	-22.60	104.40	6.10	-21.20	-40.00
2022-06	-15.80	103.20	6.90	-23.80	-41.00
2022-07	-26.40	98.50	3.30	-27.00	-41.00
2022-08	-25.20	97.30	1.10	-25.00	-44.00
2022-09	-31.80	93.60	-0.30	-28.80	-49.00
2022-10	-38.30	92.50	-1.20	-27.60	
2022-11	-30.90				

数据来源：Wind数据库。

（五）贸易逆差持续扩大

2021年欧盟27国实现贸易顺差627亿欧元。但是，2021年第四季度起，欧盟27国的商品贸易便开始出现逆差。进入2022年，欧盟27国的商品贸易逆差持续扩大，截至2022年8月，欧盟出现了3096亿欧元的贸易逆差，而2021年同期为918亿欧元顺差。欧盟出现高额贸易逆差的原因是，商品进口额增幅远高于商品出口额增幅。在主要贸易商品中，由于俄乌冲突导致的能源危机导致欧洲能源成本大幅上涨。2022年前七个月，欧盟能源贸易逆差增至3524亿欧元，上年同期为逆差1277亿欧元。在欧洲主要国家中，2022年德国贸易顺差大幅下降，上半年，德国的贸易顺差为343亿欧元，比上年同期减少了622亿欧元。截至9月底，法国贸易逆差达到1499亿欧元，创历史新高。欧盟商品贸易情况见图7。

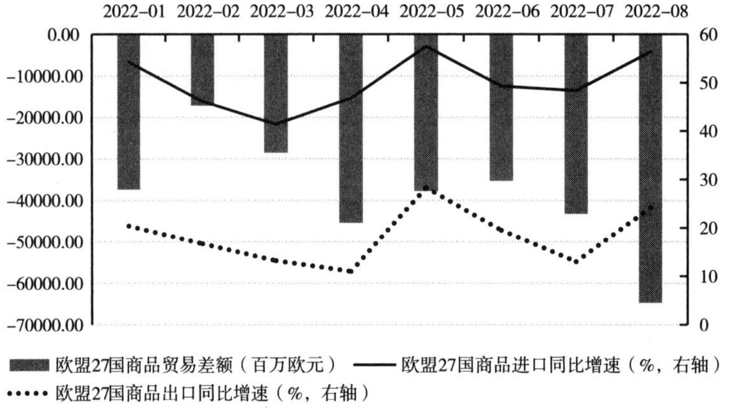

图 7　欧盟商品贸易

数据来源：Wind 数据库。

二、影响欧洲经济的主要因素

（一）能源危机的影响持续发酵

2022 年 2 月，俄乌冲突爆发，使欧洲陷入了能源危机，并由此引发了一系列连锁反应。应对能源危机成为欧洲 2022 年的首要任务。此次欧洲能源危机最大的特点是电力和天然气紧缺，天然气价格持续飙升，多国电价也创下历史新高。近期受库存充足、接收终端设施不足、需求下降以及气温偏高等多重因素影响，欧洲天然气价格有所下降。荷兰所有权转让中心（TTF）天然气期货主力合约价格自 6 月以来首次跌破每兆瓦时 100 欧元，个别合约价格甚至一度跌至负值。虽然天然气价格有所下降，但是欧洲天然气价格仍处于历史高位，远高于长期平均水平，近期天然气价格下跌也只是短暂现象，未来天然气价格仍旧有较大概率会上涨。加之能源价格的下跌具有传导滞后性，工业和生活品价格仍旧处于高位，欧洲整体的通胀水平依旧不容乐观，能源危机的影响仍在持续发酵。

欧洲爆发能源危机的主要原因是欧洲各国对俄罗斯天然气具有很高的依赖性。根据国际能源署数据，2021 年欧盟从俄罗斯进口了约 1550 亿立方米天然气，占天然气进口量的 45%，占天然气总消费量的 40%。根据欧盟能源监管机构合作署的测算，在欧洲的主要经济体中，德国和意大利分别约有 49%和 46%的天然气依赖俄罗斯的进口，而法国对俄罗斯天然气的依赖程度仅有约 25%，其主要的进口国为挪威。此外，一些较小的欧洲国家，如北马其顿、波斯尼亚、黑塞哥维那、摩尔多瓦，芬兰、拉脱维亚和塞尔维亚等约 90%以上的天然气供给需要从俄罗斯进口。2021 年

6 月至今，由于俄乌冲突导致俄罗斯的天然气供应量下降约 60%，俄罗斯对欧天然气供应量的锐减是此次能源危机的主要原因。

（二）美联储激进加息，让欧洲经济雪上加霜

为了应对国内通胀，2022 年美联储持续激进加息。自 2022 年以来，美联储已连续 7 次加息，共计 425 个基点，加至 4.25%~4.5%的高位。美联储的激进加息对欧洲经济的影响主要有以下三个方面。

首先，美联储加息导致美元资产收益率上涨，资本流向美国，欧元和英镑持续贬值。2022 年以来，欧元对美元贬值幅度接近 20%。英镑对美元汇率也比 2021 年底下跌了近 20%。为了应对美联储加息的影响，欧洲也开始持续加息。欧央行 2022 年已四次加息，主要再融资利率、边际贷款和存款工具的利率分别达到 2.5%、2.75%和 2%。英国央行自 2021 年 12 月起已连续 8 次加息，利率水平到达 3.00%水平，创 2008 年以来新高。但是和美联储相比，欧洲加息节奏与幅度显著落后，导致美欧短期利差迅速拉大，这也进一步加速了欧元的贬值。

其次，美联储加息引发的欧元贬值，叠加能源危机和俄乌冲突的影响，欧洲经济可能雪上加霜。由于大宗商品和能源的价格大都以美元标价，欧元贬值导致欧洲需要支付更高的价格，而欧洲对能源、食品等大宗商品的国际依赖也较强，特别是以德国为代表的欧洲中游制造国既承受了汇率损失，又要面临需求极端收缩和原材料价格大幅上涨的双重夹击，这可能引发输入性通胀，导致通胀水平持续高企。

美联储加息导致的资本外流，会导致欧洲经济迅速降温，制造业和工业部门景气度显著下降。理论上说，资本外流往往会导致国内投资疲软，进而带动国内需求下降，最终引发经济增速放缓。美联储加息导致的欧洲资本外流，会导致大量投资流入美国，欧洲境内的投资乏力，加之欧洲能源危机的影响，导致大量欧洲工业转移，欧洲经济复苏之路愈发崎岖。

三、2023 年欧洲经济展望

（一）欧洲经济恐陷入衰退

2022 年第二季度起，各机构普遍下调 2022 年和 2023 年欧洲经济增长预测。欧洲央行预测 2022 年欧元区国内生产总值将同比增加 3.1%，2023 年微增 0.9%，2024 年增长 1.9%。欧委会预测欧洲 2022 年经济增长率为 1.4%，2023 年增长 1.3%。世界货币基金组织（IMF）则预测，欧盟 2022 年经济同比增长 2.8%，2023 年经济增长 1.6%。世界银行预测欧元区 2022 年经济同比增长 2.5%，2023 年增长

1.9%。巴克莱预测欧洲2022年第三季度欧洲经济增长0.1%，第四季度将陷入萎缩，经济将萎缩0.7%，2023年全年欧洲经济将萎缩1.1%。彭博则认为欧洲未来12个月连续两个季度萎缩的概率超过80%。

具体到欧洲各主要国家，彭博认为，德国作为欧元区最大的经济体，最容易受到天然气供应缩减的影响，德国经济可能从2022年第三季度开始萎缩。IMF预测，德国2022年和2023年的经济增长率分别为1.2%和0.8%。德国宏观经济和经济形势研究所（IMK）则将德国GDP增长预期从2.1%下调至1.9%，将2023年增长预期从3.2%下调至2.6%。法国经济部将法国2023年的经济增长预测从1.4%下调到1%，法国央行预计2023年经济增长率将为0.5%，IMF预测2022年和2023年法国的经济增长率将分别为2.3%和1.0%，法国政府经济观察中心则预计2023年法国经济将可能“零增长”。IMF预测英国2022年和2023年的经济增长率分别为3.2%和0.5%，将为七国集团中最低。OECD则预计2023年英国经济可能出现零增长。

因此，欧洲2023经济增长存在较为明显的衰退风险，增长前景面临较大的挑战。可以预见，如果欧洲无法妥善解决能源危机，俄乌冲突愈演愈烈，加之美国的紧缩经济政策对其产生“传染效应”，以及欧洲央行持续收紧货币政策，欧洲的经济增速将受到明显抑制。欧洲整体的信心指数也持续位于低位，这种衰退预期引发的自我实现可能导致经济的持续衰退，欧洲衰退的严重程度和持续时长将可能超出预期。

（二）通货膨胀仍将持续，滞胀风险加剧

欧委会预测2022年欧元区的通胀率将达到7.6%，整个欧盟的通胀率将达到8.3%，2023年则会维持在4%左右的水平。欧洲央行预测2022年欧元通胀水平为8.1%，2023年为5.5%。彭博认为欧元区通胀水平将在2022年第四季度达到9.6的峰值后开始下降，但仍将保持较高水平，直至2024年才会回到2%的水平。对于欧洲主要国家来说，欧委会预测德国2022年通胀率将为7.9%，2023年为4.8%。英国国家经济和社会研究所预测2022年通胀水平将达到10.8%，并将在2023年底回归到2%左右。法国经济部将2022年通胀率预期上调到5.3%，2023年的通胀率预期上调至4.2%。OECD预测未来欧洲大部分地区的总体通胀和核心通胀水平都将保持高位，德国2022、2023两年通胀率分别为8.4%、7.6%，意大利分别为7.8%、4.7%，法国都将维持在5.9%左右。

为了应对持续高企的通胀水平，欧洲央行持续加息，预计2023年欧洲加息仍将持续。欧洲持续紧缩的货币政策令欧洲经济陷入衰退，加之持续高企的通胀水平，欧洲经济可能在较长的一段时期内陷入滞胀。

此外，欧洲央行加息对通胀的抑制效果仍有待观察。此次主要欧洲通胀的主要

原因是能源价格的飙升，并由此溢出到食品、工业生产品等多个领域，加息对能源价格的影响有限。加之美联储加息引发欧元持续贬值，输入性通胀压力增大，加息对其的抑制作用也有限。2022 年的一系列加息并没有降低通胀水平，通胀水平仍旧处于高位。欧洲央行在加息过程中为了协调多国的利益而举步维艰，加息对通胀的抑制效果也受到了限制，因此，2023 年欧洲的持续加息可能并不会引发通胀水平的下降。

（三）能源危机可能持续

目前，欧盟要求成员国天然气库存在今冬前至少达到储气能力 80%的目标已经实现。欧洲天然气基础设施协会的数据显示，不少欧盟国家储气情况良好，德国、法国、西班牙等国天然气库存已超过储气能力的 90%。欧盟也在 2022 年推出节能措施，降低了对天然气的需求，欧盟成员国同意，在 2022 年 8 月 1 日至 2023 年 3 月 31 日期间，将天然气需求在过去 5 年平均消费量的基础上减少 15%，并减少总体用电需求和高峰时段用电量。这些举措也导致天然气价格出现了短暂的下降。但是，目前欧洲应对能源危机的主要手段是“节流”，这对于解决能源危机无异是扬汤止沸。欧洲在“开源”上进展缓慢，相关机构和学者预测，即使储气率达到 100%，也仅能满足欧洲冬季两个多月的高峰需求，目前仍旧无法看到 2023 年欧洲新增大量补给的可能性，欧洲的能源危机可能将至少持续到 2023 年底。能源危机作为影响欧洲经济的关键所在，如果无法妥善解决，欧洲经济前景仍旧堪忧。

（四）欧洲可能出现产业转移，去工业化风险加剧

引发欧洲出现产业转移主要源于两个原因，一个原因是能源危机，另一个原因是美联储加息引发的资本外流。

能源危机在 2023 年可能仍将持续。能源价格高涨给很多企业增添了沉重的负担，尤其对于钢铁、汽车零部件、化学品制造等能源密集型行业而言，居高不下的能源价格对其将产生致命打击。诸多欧洲企业选择关停工厂或者减产，如全球铝业巨头挪威海德鲁表示，由于电力价格飙升，计划在 9 月底关闭斯洛伐克的一家铝冶炼厂；全球最大锌冶炼企业之一的 Nyrstar 也宣布，将从 9 月 1 日起关闭旗下位于荷兰的锌冶炼厂。特斯拉也宣布暂停了在德国制造电池的计划，并考虑将电池制造回归美国，借此获得美国电动汽车和电池制造税收抵免的资格。受制于天然气价格飙升带动的电力价格持续高涨，欧洲已经丧失了近一半锌和铝的冶炼产能，还有更多产能也面临着压缩或者关闭的风险。而钢铁、汽车零部件、化学品制造等行业往往处于供应链上游，一旦受到影响，其会导致下游相关行业受到连带影响，这可能会导致欧洲增加这些领域的进口，或将相关产业转移至能源价格较低的区域，并最终

导致欧洲的“去工业化”，甚至改变欧洲的工业格局和在全球产业链中的地位。如果相关企业逐渐向美国等地区转移，欧洲企业创新活动将减少，经济外溢效应以及在未来全球产业竞争格局中的影响力也将随之下降。可以预见，如果能源危机问题无法妥善解决，欧洲制造业将迎来寒冬，甚至迎来制造业的整体衰退。

美联储的持续加息导致美欧利差持续扩大。2023 年美联储仍将大幅加息，预计 2023 年将达到 5%的峰值，这可能导致更多的欧洲资本外流。此外，加之美国出台了多项产业政策，通过税收减免等手段吸引资本回流，这些都可能加剧欧洲的产业转移。

（五）欧洲恐出现债务危机

类似于欧洲的去工业化风险，欧洲可能出现的债务危机也源于持续的能源危机和美联储的加息。

首先，能源危机可能进一步演化为债务危机。欧洲央行释放紧缩信号后，意大利国债对德国国债的风险溢价已经超过 328 个 BP，高于 2018 年国际金融市场做空国债时期的风险溢价。欧元区整体风险偏好随着能源危机预期的加剧快速下降。欧洲央行为了预防债务危机的爆发，推出了大规模快速使用的传导保护工具 TPI，但是欧元区风险溢价仍旧普遍扩大，希腊对德国的债务利差已经上升至 255 个 BP，意大利的 10 年期国债收益率已经升至 4.6%。随着内部财政脆弱成员国国债和德国国债利差持续走阔，脆弱国家可能因融资成本上行而面临主权信用危机。而且欧元区主权债务往往与银行体系深度捆绑，银行业持有本国主权债券占总资产比例持续攀升，意大利银行业持有本国主权债券比例突破历史峰值，欧元区其他地区投资者也持有超过 20%意大利国债。意大利、法国、奥地利等国银行对俄罗斯主权债券风险也具有较大的敞口，脆弱国家主权债务风险可能通过银行体系在欧元区内“交叉传染”。同时，“不可能三角”在经济衰退期间所产生的矛盾会越发严重。成立统一货币的欧元区即意味着各成员国选择固定汇率和资本自由流动，放弃了货币政策独立性。财政政策成为各国宏观政策的主要抓手，但由于缺乏统一有效的财政联盟和转移支付机制，在经济下滑和欧洲央行持续加息的背景下，意大利、希腊、西班牙等国家倾向于过度扩张财政赤字来刺激经济，可能造成主权债券融资利率飙升。截至 2022 年第二季度末，希腊、意大利、葡萄牙、西班牙政府债务占 GDP 比例分别高达 194.5%、150.63%、125.5%和 118.3%，较欧债危机时期均有大幅提升。同期，欧元区 19 国一般政府债务未偿还余额占 GDP 比重达到 83.4%，创历史新高。能源危机的持续影响，进一步加剧了欧洲爆发债务危机的可能性。

其次，由于美联储连续加息，欧元持续贬值，欧洲各个国家的债务成本普遍提升，特别是对于债务比例较高的希腊、意大利、葡萄牙、西班牙等国而言，其融资成本也因此飙升，旧账无力偿还，又无法筹借新债，最终将导致欧洲各国不得不走向违约的结局。加之欧洲各国经济复苏乏力，2023 年经济并没有显著增长的态势，这也增加了欧洲各国违约的概率，进而引发欧洲债务危机。

（六）欧洲能源政策恐进一步倒退

为了应对能源危机，欧洲多个国家宣布重新启用煤炭作为发电的主要来源，如德国政府 7 月批准重启或延长运营十多座计划淘汰的煤电厂。此举最直接的后果是导致欧盟碳排放交易系统中的碳价格创历史新高，加之欧盟对俄罗斯煤炭进口的禁令，煤炭价格也被进一步推高。长期来看，这将对欧洲的能源转型和碳排放政策产生负面影响。长久以来，欧洲一直希望其能在气候变化和减碳领域成为全球的领导者，但是能源危机可能会让欧洲重新考虑增加传统化石能源的投入，以保证能源安全，这可能会进一步挤出欧洲在新能源和对抗气候变化领域的投资，改变欧洲的能源战略，甚至对全球气候目标、减碳目标和新能源的开发与利用等领域产生负面影响。

47　2022年日本经济形势分析及2023年展望

张　鹏*

摘要： 2022年，受俄乌冲突、大宗商品价格上涨、日元贬值等因素影响，日本经济增长明显乏力，呈现“疲软复苏”态势。IMF预测2022年日本GDP增速为1.7%，与2021年持平。由于2023年世界经济增长明显放缓，全球货币环境和贸易环境都将收紧，预计日本经济增速将进一步下滑。

关键词： 日元贬值　量化宽松　贸易逆差

一、2021年日本经济运行情况

2021年日本GDP增长1.7%，同期发达国家平均增速达到5.2%，其中美国GDP增速5.7%，欧元区GDP增速5.4%，可见日本经济复苏相对迟滞。2021年10月，岸田政府上台后加大刺激力度，并坚持实施宽松的货币政策，但经济形势未见明显好转。2022年日本经济继续呈现“疲软复苏”态势，并饱受日元贬值和贸易逆差的困扰。

（一）经济缓慢增长

2022年第一季度，日本实际GDP同比增长0.6%，环比增长0.1%，年化季环比增长0.2%。其中，民间消费和库存投资分别拉动GDP增长0.7个百分点和2.0个百分点（年化季环比增长率，下同），是经济实现正增长的主要动力；净进口和政府投资分别造成GDP下滑1.9个百分点和0.6个百分点，是拖累经济增长的主要障碍。第二季度，经济增长明显提速，GDP同比增长1.7%，环比增长1.1%，年化季环比增长4.6%。其中，民间消费拉动GDP增长2.7个百分点，是增长的最重要动力。第二季度消费增长，一方面是因为日本政府取消了部分防疫措施后居民户外活动增加。NHK与NTT docomo合作调查数据显示，5月1日至3日，即黄金周前三

---

* 张鹏，国家信息中心经济预测部世界经济研究室主任，正高级经济师，研究领域为世界经济。

天，从东京前往冲绳的客流量恢复至疫情前的规模；前往北海道的客流量恢复至疫情前的 80%，全国跨省（都道府县）移动整体流量恢复至疫情前的 76%。另一方面，受上年同期低基数的影响，基数效应显现。第三季度，根据日本内阁府 11 月 15 日一次速报数据，GDP 同比增长 1.8%，环比增长 -0.3%，年化季环比增长 -1.2%，是 2021 年第三季度以来首次环比负增长。内需方面，民间消费增长乏力，仅拉动 GDP 增长 0.6 个百分点；外需方面，由于进口加速增长而出口增长放缓，净出口造成 GDP 下滑 2.6 个百分点（见表 1）。

表 1　2022 年日本季度 GDP 年化环比增速及分项拉动

单位：%

	GDP	民间消费	民间住宅投资	民间企业设备	民间库存变动	政府消费	政府投资	净出口
第一季度	0.2	0.7	-0.2	-0.1	2.0	0.3	-0.6	-1.9
第二季度	4.6	2.7	-0.3	1.5	-0.9	0.7	0.2	0.7
第三季度	-1.2	0.6	-0.1	1.0	-0.3	0	0.2	-2.6

注：因小数点后四舍五入，数据存在误差。

资料来源：日本内阁府。

（二）外贸持续逆差

日元贬值、大宗商品价格飙升、供应链混乱等因素造成 2022 年日本贸易形势恶化（见图 1）。按照传统观念，日元贬值有利于刺激出口，拉动日本经济增长。但在当前大宗商品价格飙升的背景下，上游产品价格涨幅高于下游制成品价格，造成日

图 1　日本贸易差额（百万日元，月度）

资料来源：Wind 数据库。

本贸易条件恶化。日本财务省发布的2022年上半年贸易统计速报显示，出口增长15.2%，进口同比增长37.9%，其中原油和液化天然气（LNG）分别增长约2倍，煤炭增长3倍以上，上半年贸易收支为逆差7.9万亿日元，创出有可比数据的1979年以来的最高纪录。截至2022年9月，日本已经连续14个月出现贸易逆差。当前，东亚另一大经济体韩国也面临持续贸易逆差，日韩两国同时出现贸易逆差，意味着东亚贸易格局正发生趋势性变化。需要指出的是，日本拥有庞大的海外投资收益，受益于日元贬值，海外投资收益大幅增长，从而使得日本经常项目仍能保持顺差。

（三）通胀压力攀升

2022年以来，俄乌冲突造成原油、天然气、金属矿、小麦等大宗商品价格飙升，全球通胀压力急剧上升，日本国内的通胀压力也不断加大，企业和居民开始受到物价上涨的困扰。2022年4月份，CPI同比上升2.5%，七年来首次超过2%。9月份，核心CPI同比上升3%，创下1991年8月份以来新高，并连续13个月同比上升（见图2）。数据分析显示，9月份食品价格上涨4.6%，家庭耐用品价格上涨11.3%，住宿价格上涨6.6%。能源价格上涨16.9%，其中电费上涨21.5%，燃气价格上涨25.5%，汽油价格上涨7.0%。522种核心CPI指标中，有385种上涨，91种下降，46种不变。与欧美国家相比，日本CPI涨幅相对较小，但反映上游原材料价格的企业物价指数（PPI）涨幅较大。2022年以来，月度PPI同比涨幅持续在9%以上。由于上游原材料价格涨幅过大，日本企业开始向消费者转嫁成本压力，进一步增大了家庭生活成本压力。

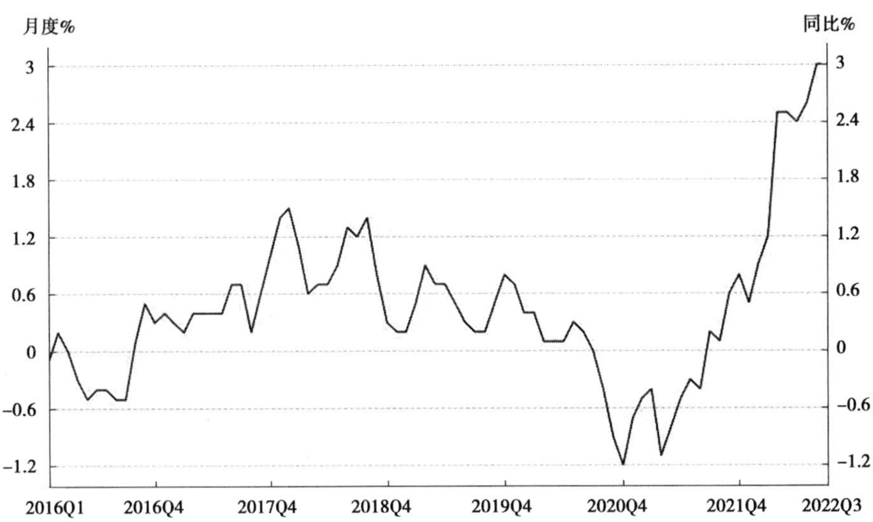

图2 日本CPI涨幅

资料来源：Wind数据库。

（四）消费呈现一定韧性

2022 年以来虽然受到了物价飞涨的不利影响，家庭消费仍维持增长态势。日本总务省公布的 9 月家庭收支调查结果显示，两人以上家庭每户月均消费支出为 280999 日元，剔除物价变动因素后实际比上年同期增加 2.3%，连续 4 个月增加。日本家庭消费能够在高通胀环境下保持增长，一个重要原因是防疫限制措施放松后旅游和餐饮等外出相关支出有所增加。日本政府对服务行业发放大量补贴，推出“Go To Eat”等优惠活动，重新激发大众外出就餐的需求。从 9 月份家庭消费支出分项数据来看，“食品”中的酒水费等餐饮相关支出增多，住宿费等“文化娱乐”支出增加 12.6%，包括铁路车票费、汽油费等在内的“交通及通信”支出增加 8.8%。9 月 20 日，日本政府决定向不缴纳居民税的低收入家庭每户发放 5 万日元补贴，以应对电力、天然气、食品和其他生活必需品的价格上涨。据统计，本轮补贴的对象家庭预计数量将超过 1600 万户，资金总额将达到 8540 亿日元，能在一定程度上对冲物价上涨冲击。

（五）制造业景气降低

2021 年，全球贸易高速增长，尽管受到供应链混乱和供给短缺的干扰，日本制造商仍获得了大量海外订单，呈现出较高景气水平。但在 2022 年，由于海外经济增长放缓，日本制造业的增长势头明显减弱。制造业 PMI 指数从 1 月份的 55.4 持续下滑至 10 月份的 50.7，逼近荣枯线。5 月份后，来自海外的机械订单环比持续下降，并在 8 月份出现 18.9%的断崖式下跌。受海外订单减少的影响，8 月份核心机械订单环比降低 5.8%。核心订单数据被视为日本未来 6~9 个月资本支出的晴雨表，因此在全球经济放缓和日元疲软的压力下，日本企业资本支出将更加谨慎，必然拖累经济增长。

（六）日元大幅贬值

自美联储于 3 月 17 日开启加息周期之后，日元兑美元汇率便从 1 美元兑 114 日元的起点连续大幅下跌，并先后跌破多个关键支撑位，累计贬值已超过三成，在全球主要货币之中表现最差。10 月 21 日，一度突破 1 美元兑换 151.90 日元，创日本泡沫经济尾声阶段 1990 年 7 月以来的 32 年新低。面对日元急速贬值，日本进行了多次干预。9 月 22 日，美联储宣布 2022 年第三次加息 75 个基点后，日元一度跌破 145 关口，日本政府自 1998 年 6 月以来首次以卖出美元、买入日元的方式进行汇率干预，当天日元一度反弹至 141，随后继续下跌。10 月 21 日，日元跌破 151.90 后，日本官员向市场发出警告，随后日元重回 150 下方。根据日本财务省数据，大量出售美元造成外汇储备持续下降。9 月末，日本外汇储备余额降至 12380 亿美元，较前一个月减少了超540亿美元，创有记录以来单月减少量的最大值。10月末，日本外汇储备余额为11945亿美元，比9月末又减少434亿美元。

二、当前日本经济运行中的潜在风险

2022年日本经济虽然保持增长，但潜在风险不断累积，未来存在出现债务危机、货币危机乃至地缘政治冲突的可能。

（一）金融系统脆弱性增大

日本央行为对抗持续通缩压力，先后采取了QQE、负利率和收益率曲线控制（Yield Curve Control，YCC）等非常规货币政策。收益率曲线控制的本质是一种非常规性利率工具，即通过政府债券回购的方式来间接设置特定期限的收益目标水平，将收益率控制在理想的范围内。截至2022年10月28日的货币政策会议，日本央行仍坚持将基准利率（短期利率目标）维持在历史低点-0.1%，将10年期国债收益率（长期利率目标）维持在0%附近的超宽松货币政策。为了维持YYC，日本央行大量购入国债，持有的国债份额不断升高。几年前，IMF曾经预计，日本央行如果持有约40%的日本债券，就会导致债市崩盘。而统计数据显示，截至2022年6月，日本央行已经持有价值542万亿日元的日本政府债券，占所有日本国债总额的44.5%。2022年，为捍卫YCC，日本央行在债市进行大规模扫货，导致市场流动性急剧枯竭，10年期国债一度连续四天未能交易，为1999年以来最长的持续期。YCC政策造成日本债市极其不稳定。2022年6月15日，受到美联储将加息75个基点消息的影响，10年期国债收益率冲高至0.30%附近，7~10年期国债期货一度暴跌2.01日元，创2013年以来最大单日跌幅。按照日本交易所机制设计，国债期货类产品熔断触发条件为价格单边波幅达2日元，当日日债期货下跌两度度触发交易所熔断机制。由于日本和美国的经济周期和货币周期出现极大差异，日本央行维持YCC的难度不断加大，市场10年期国债收益率反复冲击日本央行设定的0.25%上限。在这种情况下，国债交易价格低于日本央行承诺购买水平，实际上就违反了收益率曲线控制，这意味着市场参与者认为日本央行很快将不再能够维持目前的利率水平，而未能捍卫YCC可能导致日本国债价格灾难性地走低，并引发日元和经济的恶性崩溃。

（二）政府债务不断累积

随着经济从疫情中恢复，日本2021财年税收收入达到67万亿日元，创历史新高，但财政支出在以更快的速度增加，造成债务继续膨胀。当前日本财政对国债的依存度不断加大。根据日本财务省的统计，2022年度财政收入中的债务融资部分达到36.9万亿日元，占总财政收入的34.3%，而1990年时债务融资部分仅5.6万亿日元，占比仅为8.5%。日本财务大臣铃木俊一指出，同40年前相比，日本国债规模扩大了10倍以上，而同时期国内生产总值只增长了1.9倍，呈现出债务不断膨胀、对加息抵抗力较弱的财政结构。国际清算银行数据显示，日本政府杠杆率由1997年的82.7%持续上升至2021年的224.9%，远超过发达经济体111.9%的平均水平。2022年到6月末，日本官方的国债、借款、短期债券等债务总计约为1255万亿日元，再一次刷新历史纪录。日本官方债务已经连续增长了18年，2022年更是连续第6年创下历史新高。按人口简单计算，日本人均负债首次超过1000万日元。日本国债以内债为主，外债占比仅14.3%，而且多以0.005%和0.01%等低票息率发行，短期付息压力较小。但是目前有110万亿日元国债将在1年内到期，一旦利率失控，偿债压力将迅速抬升，这是2022年6月15日日债收益率上升引发恐慌并造成市场熔断的主要原因。严峻的财政状况已成为日本经济的最大风险因素之一。2021年10月岸田文雄当选首相后，提出构建日式“新资本主义”的政策理念，核心是推动经济增长与分配良性循环。“新资本主义”政策需要扩大财政支出，因此岸田上台后，接连推出刺激性扩张政策，并于2022年10月出台71.6万亿日元的综合经济对策，这些扩张性政策可能会加速财政状况的恶化。

（三）“脱钩”威胁产业发展

2022年5月11日，日本《经济安全保障推进法》（简称“经济安保法”）在参议院获得通过。该法案增强了日本政府对企业的控制能力，为日本对外实行经济保护和制裁提供法律依据，从而在国际形势急剧变化的背景下，与欧美协调一致，减少对中国及俄罗斯的经济依赖程度。从2012年上台的安倍政府到目前的岸田政府，因循了日本“脱亚入欧”的国家传统，不断强化作为西方一员的“价值观取向”，“经济安保法”从一个侧面反映出在大国博弈加剧背景下，日本政界已经做出了整体战略向美倾斜的重要选择。2022年5月23日，美国总统拜登和岸田文雄在东京宣布启动“印太经济框架”（IPEF），进一步加快了构建排华产业链的战略行动。泡沫经济破灭后日本经济陷入长期停滞，2010年GDP总量被我国赶超，当前中日在电子、汽车、机械、船舶和化工等重要工业部门的技术和产品差距不断缩小，日本经济界对来自中国企业的竞争压力日益焦虑。日本国内很多人没有扪心自问日本经济模式的自身缺陷，反而根据意识形态标准错误地将中国模式视为另类，狭隘地将日本经济竞争力下降归咎于中国崛起，产生了与中国经济局部“脱钩”的企图，希望通过建立排华产业链供应链重振日本经济。但是，日本国内市场狭小，经济具有较高的外向型特征，排华不仅将丧失全球市场份额，还将与全球最重要、最高效的产业链脱离。早稻田大学教授东藤康幸研究发现，如果没有从中国进口的零部件和材料，日本消费电子产品、汽车、服装和其他商品的生产可能会在短短两个月内停止。供应链研究企业 Owls Consulting Group 的数据显示，如家用电器和汽车等 80 种主要产品停止从中国进口，改为日本国内生产或从其他地区采购，每年将增加 13.7 万亿日元成本，相当于在东证主板上市的制造业企业总净利润的 70%。目前看来，日本政府主导的“脱钩”对日本制造业和出口可能产生较大负面影响。

三、2023 年日本经济展望

2022 年 10 月 IMF 发布的《世界经济展望》预测，2022 年日本 GDP 增速为 1.7%，2023 年增速略降至 1.6%。

1. 贸易继续恶化

对外贸易是日本经济的重要组成部分，2023 年将面临外需减弱和日元疲软的双重压力，前景黯淡。2022 年 10 月世界贸易组织（WTO）发布预测表示，受全球经济形势恶化的影响，预计 2023 年全球货物贸易增速仅为 1%。俄乌冲突和消费价格上涨造成欧洲需求下降，美国销售增长已经放缓，出现经济衰退的概率不断升高，意味着日本企业两个重要海外市场的订单将会减少。在外部需求减弱的情况下，日元贬值加大输入性通胀压力，对出口产业的帮助作用有限，因此贸易形势可能趋于恶化。

2. 消费增长疲软

由于收入涨幅无法对冲物价上涨，日本家庭消费能力被逐渐侵蚀，对 GDP 增长的贡献将逐渐降低。为了刺激国内消费，扶持遭到疫情重创的旅游业，日本宣布于 2022 年 10 月对多个国家和地区重启无签证入境旅行政策，外国游客不再需要通过旅行社办理赴日签证。日本政府希望依靠日元贬值和放宽入境限制吸引海外旅客，通过旅游业复苏提振日本经济。但在疫情暴发前，中国是日本旅游业最重要的客源地之一，因此中国出入境管理措施仍将限制日本旅游业的复苏。

3. 债务风险上升

为了控制债券收益率，日本央行实施了无限量购债。彭博的数据显示，截至 10 月底，日本央行对 7 年期及以上的国债持有率达到 73%，远高于 2022 年年底的 54.7%。据花旗银行估计，10 月份日本央行 10 年期国债持有比例一度超过 100%，而黑田东彦担任日本央行行长前的 2012 年，对应持仓占比还不到 10%。日本央行持有日债份额过高带来巨大风险。一旦通胀上升，日本央行将被迫放弃收益率曲线控制，减少购债量，而当前日本债市的一大问题是海外投资者不愿意入市购债，日本央行作为最大交易对手减少购债将导致日债定价过低、收益率急速攀升。在当前零利率条件下，2022 年度日本政府支出中债务支出已达 24.3 万亿日元，占总支出的 22.6%，如果收益率上升，日本政府面临暴雷危险，将从根本上摧毁泡沫经济破灭后日本经济的基本运行机制。

4. 日元贬值得到缓解

2023 年日元贬值现象有望得到缓解，主要原因在于，在经历了全球 40 年来最激进、最同步的货币政策收紧后，各国央行准备放缓加息步伐。由于 CPI 涨幅下滑，华尔街预计 12 月美联储的加息幅度将降至 50 个基点，并且最快将在 2023 年第二季度暂停加息。英国央行已经明确表示利率峰值“低于市场预计的水平”，澳大利亚和加拿大的央行也已经逐渐放慢加息速度。一旦主要央行停止加息，日元所承受的贬值压力将大大降低，有助于日元止跌企稳。2022 年由于日元大幅贬值，根据 IMF 的预测，以美元计算的日本人均 GDP 降至 3.4 万美元，低于中国台湾地区（3.5 万美元），预计 2023 年随着日元升值，日本人均 GDP 可能重新超过中国台湾地区。

48　2022年新兴市场国家经济形势分析及2023年展望

肖有智*

摘要： 2022年新兴市场国家经济波动加剧，经济复苏进程放缓；制造业采购经理指数（PMI）虽处于高位，但低于2021年平均水平；通货膨胀水平持续上升，通胀压力显著增大；失业问题严峻，失业率攀升；贸易增速放缓。2022年影响新兴市场国家经济的主要因素包括发达经济体持续紧缩的货币政策、俄乌冲突产生的连锁反应，以及发达经济体产业回流与转移并存的局面。展望2023年，新兴市场国家的经济复苏仍将继续放缓，通胀压力仍旧较大，经济可能陷入滞胀局面，俄乌冲突也将持续产生影响，美联储加息也加剧了新兴市场国家陷入债务危机的风险。

关键词： 复苏进程放缓　通货膨胀　滞胀

一、2022年新兴市场国家经济形势分析

（一）经济波动加剧，经济复苏进程减慢

新兴市场国家在经历了2021年的经济复苏后，2022年经济增长出现了较大的波动。2022年第一季度，南非和俄罗斯经济同比增速均出现了下滑。受制于俄乌冲突，俄罗斯的经济同比增速由2021年第四季度的10.40%下降至2022年第一季度的-19.18%，印度则由5.40%下降至4.09%，巴西与2021年第四季度经济增长状况基本持平，南非则与2021年第四季度相比，经济增速提升。第二季度以来，各新兴市场国家经济增长出现了较大的波动，经济增长出现了分化。巴西和印度经济增长提速，第二季度印度经济同比增长13.5%，创2021年以来的最高增速。俄罗斯经济增长也出现了复苏的迹象，实现了正增长，但是南非经济增速大幅放缓，降至0.19%（见图1）。

---

* 肖有智，经济学博士，目前就职于国家信息中心经济预测部世界经济研究室，研究领域为世界经济。

总体上看，新兴市场国家 2021 年的经济复苏势头，在进入 2022 年后因为诸多冲击而受阻，各国经济增长率均不及 2021 年水平或年初预期水平，经济增长也出现了较大幅度的波动，这也说明了 2022 年新兴市场国家面临的经济不确定性显著增强，经济复苏势头减缓。

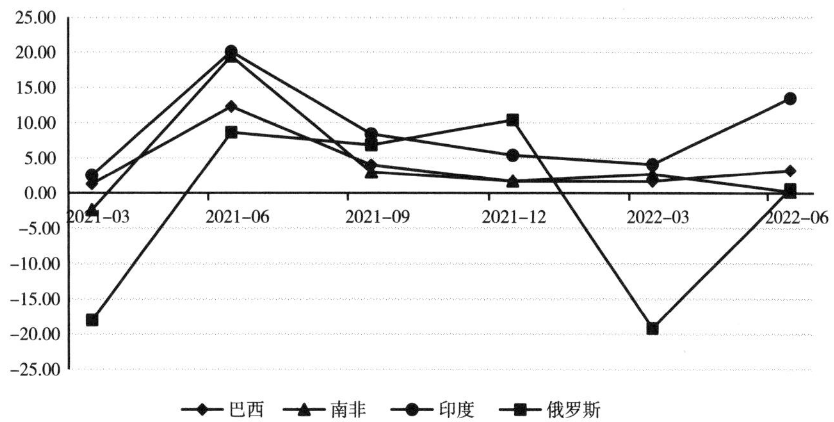

图 1　新兴市场国家经济增速（%）

数据来源：Wind 数据库。

（二）PMI 基本位于荣枯线之上，但是略低于 2021 年水平

总的来看，2022 年巴西、印度和南非的制造业 PMI 均处于荣枯线以上，2022 年 10 月三国制造业平均 PMI 分别为 51.76、54.91 和 52.70。而俄罗斯制造业 PMI 的均值则为 49.91，略低于荣枯线。但是，除印度外，其余三国的制造业 PMI 仍低于 2021 年平均水平。2021 年，巴西、印度、南非和俄罗斯的制造业 PMI 分别为 53.84、54.61、50.31 和 54.82，说明虽然 2022 年经济整体仍旧呈现出复苏态势，但是复苏的速度放缓，复苏势头不足。

巴西制造业 PMI 在 2021 年 11 月跌破荣枯线后，2022 年 2 月回升至荣枯线之上，6 月达到最高值 54.1 后，开始持续下降，并跌至荣枯线附近。印度制造业 PMI 在 2021 年 11 月达到 57.6 的高位后开始下降，但仍保持在 54 左右的水平。2022 年 6 月跌至 53.6 后开始反弹，并持续保持在 55 左右的水平。南非自 2022 年起制造业 PMI 波动较为剧烈。2021 年 11 月达到 64.1 的历史高位后，2021 年 12 月下滑至 51.59，之后又开始上升，2022 年 3 月达到 59.20 的全年最高水平后，便开始出现较大幅度的震荡。俄罗斯制造业 PMI 在 2022 年 1 月达到 51.80 的历史高位后，2 月起便开始持续下滑，3 月跌至 44.1 的历史低点后，逐步回升，并于 9 月达到 52 的高点，之后便在荣枯线上下徘徊（见图 2）。

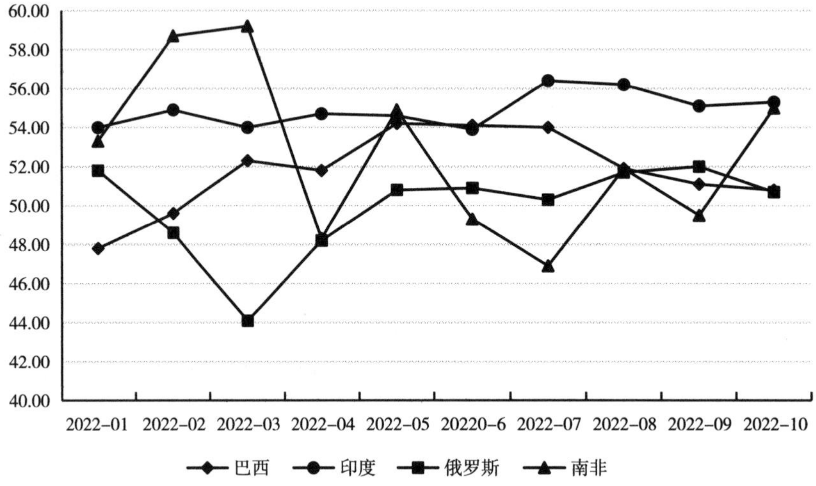

图 2　新兴市场国家 PMI

数据来源：Wind 数据库。

（三）通货膨胀持续上升，通胀压力居高不下

2021 年全球经济的特征之一是通货膨胀持续上升，2022 年通货膨胀持续上升的趋势并未改善，通胀水平仍旧在高位徘徊。总体来看，截至 2022 年前三季度，巴西、南非、印度和俄罗斯的通货膨胀水平已经超过上年。印度从 2022 年年初通胀水平便一直超出 6%的通胀容忍上限，南非通胀水平创 2020 年以来的历史新高，巴西通货膨胀水平自 2021 年第三季度以来，连续 11 个月超过 10%，俄罗斯通胀水平则创下 2015 年以来的最高水平（见图 3）。目前正是疫情后经济恢复的关键时期，新兴市场国家为了应对通胀，普遍采取紧缩的货币政策，且相较于发达经济体，各新兴市场国家的央行在加息中表现得更为激进。巴西央行于 2021 年 3 月以来连续 12 次上调利率。2022 年 8 月，巴西央行宣布再次将基准利率上调 50 个基点至 13.75%，已经接近 2016 年 11 月以来的最高水平。2022 年 9 月，南非央行宣布加息 75 个基点至 6.25%，这是南非央行自 2021 年 11 月以来连续第六次加息。同期，印度央行也宣布加息 50 个基点至 5.9%，自 2022 年 1 月以来，印度已经加息 4 次，累积加息达到 190 个基点。新兴市场国家的连续加息，给经济复苏之路蒙上了一层阴影，影响了各国经济增长的潜力。

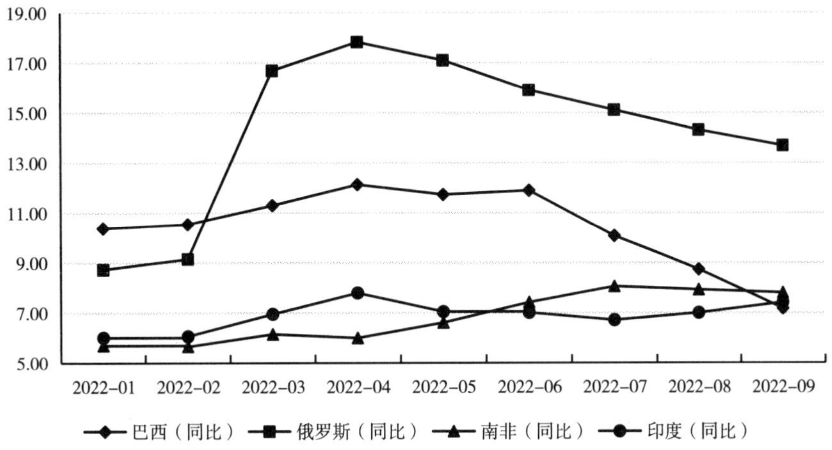

图3　新兴市场国家通货膨胀水平

数据来源：Wind数据库。

（四）失业问题严峻

2022年新兴市场国家面临的另一个严峻问题是高失业。2022年，在巴西、俄罗斯、南非和印度四个国家中，除了俄罗斯的失业率在4%左右的历史低位外，其余三个国家均面临较大的失业压力。2022年，印度的失业率均处在7%以上的历史高位。与此同时，印度也出现了劳动力参与率下降的趋势。印度经济监测中心的数据显示，印度的劳动力参与率已从疫情前的46%下降至40%，女性劳动力参与率降至19%。失业率的提升和劳动力参与率的下降使得印度的就业市场面临双重压力。2021年以来，南非失业率普遍处于高位，2022年南非失业率均处于30%以上的高位状态，劳动参与率仍未恢复至疫情前的水平。2022年，巴西失业率持续下降，2022年第二季度巴西失业率降至9.1%，为2016年1月以来的最低水平。但是，总体上来看，巴西的失业率仍旧处于高位，根本性改善缺乏动力。

与此同时，新兴市场国家也普遍面临较为严峻的青年失业问题。国际劳工组织发布的《2022年全球青年就业趋势》显示，2022年全球失业青年总数将达到7300万，虽然较2021年的7500万略有改善，但是仍比2019年疫情前高出约600万。经合组织（OECD）的数据显示，2022年，巴西18~24岁青年既没有工作也没有继续学业的比例高达35.9%，在所有受调查的国家中处于第二位，而处于第一位的国家是南非，该比例高达46.2%。印度的青年失业率也处于20%以上的高位。受制于新冠肺炎疫情、职业技能教育落后等因素的影响，青年劳动力市场面临持续恶化的趋势，高企的青年失业率也加剧了社会的不稳定风险。

（五）贸易增速放缓

2021 年全球经济复苏给国际贸易带来重大利好，同时由于疫情期间基数较低，2021 年全年新兴市场国家的贸易迎来了较大的增幅。但是，2022 年以来，随着经济复苏放缓，贸易争端加剧，贸易增速大幅回落。总体来看，2021 年印度、南非和巴西的出口平均增速分别为 52.50%、39.61% 和 33.55%，进口平均增速分别为 63.12%、23.98%和 40.97%。截至 2022 年 9 月，三国的出口平均增速分别为 19.77%、13.32%和 19.23%，进口平均增速分别为 36.98%，34.15% 和 29.40%。除了南非进口有较大幅度的增长外，其余两国的进出口增速均出现了明显回落。此外，2022 年印度、南非和巴西的进口增速均大于出口增速，进出口增速之间的差距显著扩大。印度进口增速大于出口增速带来了贸易逆差的持续扩大，截至 9 月已达到 1900 亿美元，创历史新高。南非和巴西的贸易顺差额则较 2021 年显著缩小。

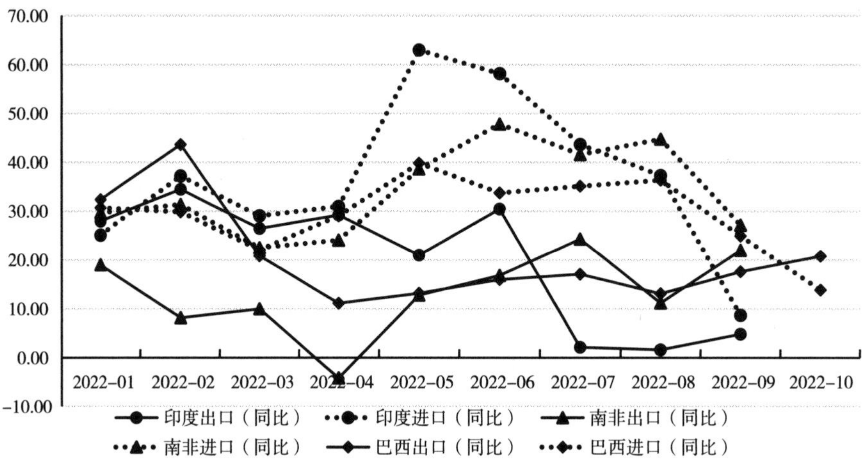

图 4 新兴市场国家进出口同比增速（%）

数据来源：Wind 数据库。

二、影响新兴市场国家经济的主要因素

（一）发达经济体通货膨胀居高不下，紧缩政策延缓经济复苏进程

通胀已经成为一项全球性难题。2022 年 6 月，美国消费者价格指数同比上涨 9.1%，创下了 40 年以来的最高水平；10 月，欧元区的通胀率更高达 10.7%，为欧洲货币联盟成立以来的最高水平。为了应对通货膨胀率的攀升，以美联储为首，各国央行迅速并大幅地收紧货币政策。美联储收紧的步伐之快之大超出市场预期，2022 年以来已连续 7 次加息，共计 425 个基点，加至 4.25%~4.5%的高位，同时资

产购买转为卖出。其他发达经济体央行也相继推出了货币政策紧缩措施或计划，各国利率大幅上升，未来预期各个发达经济体仍旧将持续提升利率水平。对于各个新兴市场国家而言，发达经济体大幅加息，导致其国内资本外流，更多的资本流入美国、欧洲等发达经济体。为了应对资本外流，新兴市场国家被迫更快更大幅度的加息，其经济增长将进一步受到重挫。

美联储加息引发的资本外流，进一步提升了全球对美元的需求，美元汇率持续走高，导致新兴市场国家经济体本币持续贬值。本币贬值又引发了一系列不良后果，新兴市场国家美元债务利息负担加剧，外部融资环境日趋恶化。美联储加息引发了全球融资成本的上升。随着全球债券收益率曲线上移，美元债务成本不断抬升，债务违约风险升高，债务危机使得新兴市场国家经济前景愈发黯淡。此外，新兴市场国家本币贬值也引发了贸易成本的上升，新兴市场国家进口价格提升，出口价格下降，贸易条件恶化，进一步拖累了新兴市场国家的经济复苏。

（二）俄乌冲突产生的连锁反应，加剧新兴市场国家风险

2022 年俄乌冲突的爆发，除了俄罗斯和乌克兰受到极大的影响外，其产生的一系列连锁反应，也加剧了新兴市场国家风险。俄乌冲突引发俄罗斯和乌克兰经济骤减，两国经济的大幅收缩也溢出至周边国家，周边国家的经济应声下跌。进一步的，俄乌冲突通过全球大宗商品市场、全球贸易、国际金融和前景信心等实体渠道和预期渠道对全球溢出了负面影响。由于新兴市场国家避险能力较弱，国际天然气市场、石油、煤炭和粮食价格的飙升对新兴市场国家经济产生的负面影响更为严重。具体来说，农业作为巴西的重要产业，其 70%以上的化肥依赖进口，俄乌冲突导致的化肥出口量下降和价格攀升，严重影响了巴西农业。南非不但是俄乌农产品的主要进口国，也是俄乌水果蔬菜的重要来源国，俄乌冲突加剧了南非的粮食供应风险，也降低了南非的农业出口收入。在俄乌冲突的过程中，印度、巴西和南非均明确表明自身的中立立场，并希望迅速解决争端，以减轻俄乌冲突带来的负面影响。

（三）发达经济体产业回流与产业转移并存

2022 年全年，发达经济体出现了产业回流与产业转移并存现象的出现。具体来说，产业回流主要指美国、欧盟、日本等发达经济体为了保障本国供应链安全，相继出台相关的产业政策，吸引高端制造业回流。全球供应链正处于重构的关键时期。以美国为首的发达经济体通过构建新的贸易规则和新的产业联盟，希望实现以半导体为代表的高端制造业向其本土回流。但是，与此同时，2022 年全球也出现了产业转移的现象。产业转移主要表现在两个方面：一方面是欧洲深陷能源危机的泥潭，对于钢铁、汽车零部件、化学品制造等能源密集型行业而言，诸多欧洲企业选择关停工厂或者减

产，抑或将产能转移至其他地区，而东南亚和新兴市场国家可能是承接此次产业转移的重要目的地之一。另一方面，欧美等发达经济体开始将一些原本位于中国的低端制造业进行转移，东南亚和新兴市场国家也开始承接从中国转出的制造业。根据相关测算，鞋服及配件（鞋服类）、家具及零件（家具类）、电气机械（电机类）、电信设备（通信类）这四大品类是此次产业转移的主要品类，欧美日韩在四大品类上合计从中国一年转移走约720亿美元订单，而东南亚5国承接了约530亿美元，其中越南作为绝对主力，承接了其中约450亿美元的海外订单。发达经济体的产业回流与产业转移的同时存在，给新兴市场国家带来了挑战与新机遇。从挑战来说，高端制造业的回流，可能使新兴市场国家陷入低端工业锁定的局面。但是，从机遇来看，部分新兴市场国家也可能承接从中国转移出去的相关产业，从而带动经济增长。

三、2023年新兴市场国家经济体展望

（一）经济复苏将继续放缓

受制于全球经济增长缓慢，发达经济体持续紧缩的经济政策，2023年新兴市场国家经济复苏可能仍旧缓慢。根据国际货币基金组织（IMF）2022年10月报告预测，2022年全球GDP将增长3.2%，比年初时的预测下调1.2个百分点；发达经济体与新兴市场和发展中经济体的增速分别为2.4%和3.7%，比年初时分别下调1.5个和1.1个百分点。2023年全球GDP将增长2.7%，发达经济体与新兴市场和发展中经济体的增速分别为1.1%和3.7%。根据世界银行最新的预测，2022年全球经济增速为2.9%，比年初时的预测下降1.2个百分点。发达经济体与新兴市场和发展中经济体的增速分别为2.6%和3.4%，较年初时的预测均下降1.2个百分点。2023年全球经济增速为3%，发达经济体与新兴市场和发展中经济体的增速分别为2.2%和4.2%。

对于俄罗斯，世界银行预测其2022年和2023年的经济增速分别为-8.9%和-2%；IMF的预测分别为-3.4%和-2.3%。对于巴西，世界银行预测其2022年和2023年的经济增速分别为1.5%和0.8%；IMF的预测分别为2.8%和1.0%。对于南非，世界银行预测其2022年和2023年的经济增速分别为2.1%和1.5%；IMF的预测分别为2.1%和1.1%。对于印度，世界银行预测其2022年和2023年的经济增速分别为7.5%和7.1%；IMF的预测分别为6.8%和6.1%。不论是IMF的预测还是世界银行的预测，2022年和2023年的经济增长均小于2021年。

2023年新兴市场国家的经济复苏之路仍将坎坷，经济增长前景面临较大的挑战。2021年全球经济复苏，新兴市场国家经济增长也取得了亮眼的成绩。但是2022年后，疫情期间积累的经济活力释放殆尽，世界经济重新陷入低增长泥潭，并将持

续拖慢世界经济复苏脚步，新兴市场国家在此次低增长周期中也难以独善其身。

（二）高通货膨胀仍将持续，经济恐陷入滞胀

2021 年以来，高通胀成为世界的主旋律，2022 年全球各大经济体处于高通胀状态中，政策紧缩成为 2022 年的关键词。2022 年第三季度以来，全球通胀治理初见成效，美国和欧盟等发达经济体通胀水平在见顶后出现了下降趋势。但是受制于多种综合因素的制约，2023 年全球通胀在回落的大趋势下，仍将处于高位。2022 年 7 月，IMF 预计 2022 年世界消费者价格指数上涨 8.3%，发达经济体为 6.6%，新兴市场和发展中经济体更高达 9.3%。10 月 IMF 的最新预测显示，全球通胀预计将从 2021 年的 4.7%上升到 2022 年的 8.8%，但 2023 年和 2024 年将分别降至 6.5%和 4.1%。

俄经济发展部预测，2022 年俄通货膨胀率将达到 13.4%，2023 年为 5.5%。巴西经济学家预测，巴西 2022 年通胀率为 5.61%，2023 年通胀率为 4.94%。南非储备银行预测，2022 年及 2023 年南非 CPI 年增长率分别为 6.9%及 4.9%。印度央行预测，2022—2023 财年，印度的通胀水平将达到 6.7%，并在 2023 财年保持在 6.7%的水平。由此可见，2023 年新兴市场国家的通胀水平仍旧处于高位。

为了应对持续高企的通胀水平，新兴市场国家普遍加息，采取紧缩的政策，这将延缓经济增长。而为了能够刺激经济增长，实现经济复苏，各国在疫情后普遍采取多项经济刺激政策，这些政策也在 2021 年显著带动了新兴市场国家的经济复苏。目前各国陷入两难境地，紧缩政策拖累经济增长，刺激政策又将提升通胀水平，新兴市场国家迫切需要在应对通胀和复苏经济中做出抉择。而目前的诸多数据显示，各国的通胀水平仍旧处于高位，而受制于各国经济增速放缓，经济刺激的规模受限，刺激经济政策产生的效果愈发减弱，新兴市场国家可能在较长时间内处于低经济增速和高通货膨胀的“滞涨”状态。

（三）俄乌冲突带来的影响恐在 2023 年持续

俄乌冲突已持续近 9 个月，双方立场仍旧具有较大的分歧，尚未显现出和平解决或进行谈判的迹象，因此俄乌冲突可能将在 2023 年持续。当地时间 9 月 21 日，俄总统普京与俄国防部长绍伊古发表全国电视讲话，宣布动员 30 万人，强调在乌“特别军事行动”目标未变。英国首相也宣布将在 2023 年为乌克兰提供超过 23 亿英镑的支持，这也意味着俄罗斯和西方诸国都已经做好了“持久战”的准备，有分析认为俄乌冲突将至少持续到 2023 年底，甚至会持续数年。当地时间 9 月 27 日，乌克兰顿涅茨克、卢甘斯克、扎波罗热、赫尔松各自的入俄公投正式结束，这意味着俄罗斯会将四州作为本国“领土”来保卫，双方谈判的基础发生了根本性改变，以美国为首的北约可能不会对此坐视不管，俄乌冲突可能在一段时期内进一步加剧。

受到俄乌冲突的影响，粮食危机可能会在2023年持续发酵。俄罗斯和乌克兰作为世界主要的小麦出口国，在全球粮食贸易中占据着至关重要的地位，麦肯锡在关于俄乌冲突和全球粮食安全的报告中预测，乌克兰小麦的下一季收获量可能会急剧下降35%~45%，且粮食总体收获量也可能比正常水平低3000万~4400万吨，加之极端气候的影响和通胀带来的化肥价格飙升，农民减少使用化肥，进一步抑制了粮食产量。根据法国咨询公司Strategie Grain的预测，欧盟2022—2023作物季的玉米产量将下降20%，整体谷物产量将下降8.5%，均创下历年最低水平，联合国也预测，俄乌冲突带来的粮食危机可能将持续至2023年。因此，长期持续的俄乌冲突可能进一步影响新兴市场国家的粮食供应，并进一步引发粮食价格和通胀的螺旋式上升。

（四）美联储持续加息，新兴市场国家债务危机风险加剧

市场预期美联储在2023年将继续加息。反映美联储官员利率预期的“点阵图”也显示，联邦基金利率预计在未来三年为4.4%、4.6%、3.9%，当前市场预期美联储政策利率将于2023年上半年触及5%的峰值。此外，为了缓解通货膨胀和应对美联储加息引发的负面影响，2023年加息仍旧是全球范围内的主流货币政策，印度、巴西、南非等国已经明确宣布2023年将持续加息。

美联储的持续加息，将增加新兴市场国家的债务风险，或引发债务危机。具体来说，美联储的持续加息，将在2023年使美元及美元资产进一步走强，导致新兴市场国家的资本出现外流势头。这一现象从2022年就开始出现。如印度在美联储2022年3月宣布加息后，其外汇储备就处于持续下跌状态。美联储9月加息前，印度的外汇储备已经较同期减少近一半，仅剩5400亿美元，创三年以来外汇储备的最低值。美联储的持续加息，也导致美元汇率攀升，包括印度卢比在内的多个新兴经济体货币对美元汇率创历史新低。国际金融协会（IIF）公布的数据显示，截至2022年7月份，新兴市场连续5个月遭遇投资组合资金净流出，总额累计超过390亿美元，创下2005年以来新兴市场连续资金净流出时间最长的纪录。

美元汇率的持续攀升，一方面提升了以美元计价债务的成本，新兴市场国家面临的债务偿还成本显著增加；另一方面也增加了新兴市场国家在国际资本市场的融资成本。已有债务的偿还成本提升，新债务面临的融资约束增加，进一步增加了新兴市场国家的债务违约风险，特别是一些短期债务比重较高的国家。斯里兰卡、加纳、坦桑尼亚、赞比亚、埃塞俄比亚、孟加拉国等国均出现了无法按期偿还债务的情形，并向IMF进行贷款求助。在外汇储备减少、经济增速放缓、通胀水平高企三重压力的联合作用下，新兴市场国家的债务危机风险加剧。各新兴市场国家为应对危机采取加息等紧缩政策会进一步提升借贷成本，这也继续提升了偿债成本，新兴经济体国家恐陷入“加息”与“债务成本提升”的螺旋形循环。

Annual Report on
China and the World Economic Development（2023）

能源双碳篇

ENERGY REPORTS

49 2022 年能源行业形势分析及 2023 年展望

尹伟华*

摘要：2022 年以来，受外需放缓、疫情散发多发以及房地产走弱等因素拖累，我国经济运行出现一定波动，但整体延续恢复态势，由此带动能源消费出现短期波动，下行后回升态势明显。分品种看，电力消费增速回落，居民生活用电快速增长；煤炭消费继续增长，发电用煤增幅较小；成品油消费低速增长，汽柴煤走势分化明显；天然气消费同比下降，城镇燃气消费依旧保持增长。能源生产稳步增长，供给保障能力不断提升；非化石能源快速发展，能源结构继续优化；能源进口量同比下降，国际价格高位震荡；能源行业效益总体改善，煤电企业大面积亏损。展望 2023 年，随着疫情防控形势总体好转，稳经济政策作用继续发挥，国民经济将持续恢复发展，支撑能源消费继续增长。2023 年“双碳”目标、“能耗双控”持续推进，能源结构继续朝着绿色低碳清洁高效方向转型。

关键词：能源行业　需求增长　能源转型　结构优化

一、2022 年以来能源消费出现短期波动

前三季度，我国经济运行出现一定波动，但整体延续恢复态势，由此带动能源消费短期下行后回升态势明显。前三季度，我国能源消费总量同比增长 2.5%。

1. 电力消费增速回落，居民生活用电快速增长

前三季度，受上年同期高基数以及疫情散发多发、极端高温天气等因素影响，全社会用电量 6.49 万亿千瓦时，同比增长 4.0%，增速较上年同期回落 8.9 个百分点。其中，第一、第二、第三季度，全社会用电量同比分别增长 5.0%、0.8%、6.0%，第三季度在稳经济政策措施逐步落地以及持续大范围极端高温天气等因素拉动下，用电量增速比第二季度明显回升。分产业看，1—9 月份，第一产业用电量

---

* 尹伟华，统计学博士，国家信息中心经济预测部政策仿真实验室副研究员，主要研究领域为能源、宏观经济统计与分析、全球价值链、投入产出模型、CGE 模型等。

858 亿千瓦时，同比增长 8.4%，增速较上年同期回落 10.5 个百分点，占全社会用电量的比重为 1.3%，对全社会用电量增长的贡献率为 2.7%；第二产业用电量 42364 亿千瓦时，同比增长 1.6%，增速较上年同期回落 10.7 个百分点，占全社会用电量的比重为 65.2%，对全社会用电量增长的贡献率为 26.8%；第三产业用电量 11379 亿千瓦时，同比增长 4.9%，增速较上年同期回落 15.8 个百分点，占全社会用电量的比重为 17.5%，对全社会用电量增长的贡献率为 21.2%；城乡居民生活用电量 10331 亿千瓦时，同比增长 13.5%，增速较上年同期提高 6.5 个百分点，占全社会用电量的比重为 15.9%，对全社会用电量增长的贡献率为 49.4%。

2. 煤炭消费继续增长，发电用煤增幅较小

2022 年以来，我国工业生产持续恢复，电力、化工等主要耗煤行业持续增长，带动了全国煤炭消费保持增长。从主要耗煤行业看，受全社会用电量增速回落、水电出力好于预期等因素影响，电力行业煤炭消费量小幅增长，1—9 月煤电发电量同比增长 0.6%，其中第三季度同比增长 9.2%，但煤电发电量占总发电量的比重接近 6 成，煤电仍是我国最主要电源，是煤炭消费的主力。传统煤化工需求偏弱，但随着现代煤化工技术的突破以及一批示范项目的建设运行，化工行业煤炭消费量呈现增长态势，1—9 月规模以上工业企业烧碱产量同比增长 2.8%。在投资增速整体放缓，特别是房地产投资持续走低的影响下，钢材市场需求疲软，钢铁行业煤炭消费量有所下降，1—9 月规模以上工业企业生铁产量同比下降 2.5%，粗钢产量同比下降 3.4%。建材整体用煤需求依旧不振，1—9 月规模以上工业企业水泥产量同比下降 12.5%，平板玻璃产量同比下降 3.2%。此外，随着产业结构和能源结构调整步伐加快，天然气及电力替代稳步推进，其他行业用煤需求继续保持稳定的下降趋势。

3. 成品油消费低速增长，汽柴煤走势分化明显

2022 年以来，随着国民经济持续恢复发展，我国成品油消费保持增长态势，但在疫情多发散发、消费低迷等因素作用下，成品油消费增速明显回落，三大油品（汽油、柴油、煤油）分化依旧明显。1—9 月份，全国成品油消费量 25383 万吨，同比增长 1.6%，增速较上年同期回落 1.4 个百分点。分品种看，受油价上涨、疫情多发散发，以及新能源汽车发展迅猛，对汽油消费的替代作用增强等因素影响，1—9 月汽油消费下滑，同比下降 5.4%。据中国汽车工业协会统计，1—9 月全国新能源汽车产销同比分别增长 1.2 倍和 1.1 倍。截至 9 月底，全国新能源汽车保有量达 1149 万辆，占汽车保有量的 3.65%，新能源汽车替代汽油量近 1000 万吨，占汽油消费量的 8%左右。随着经济顶住压力持续恢复，物流需求稳步回升，基建项目加快施工等又带动了柴油消费回暖，1—9 月柴油消费大幅增长，同比增长 14.6%。由于国内外多地疫情反复，民航旅客运输量减少，加之上年同期高基数影响，1—9月煤油消费大幅下滑，同比下降30.4%。据中国民航局统计，1—9月全国民航完成旅客周转量3164.1亿人公里，同比下降39.6%，完成旅客运输量20453.1万人次，同比下降42.1%。

4. **天然气消费同比下降，城镇燃气依旧保持增长**

前三季度，受国内经济增长放缓、疫情多发散发、天然气价格高企、煤炭供应增长等因素影响，我国天然气市场需求疲软，消费量出现历史上首次同比下降。1—9月份，全国天然气表观消费量2694.8亿立方米，同比下降1.4%，增速较上年同期回落11.6个百分点。截至9月底，除了1—2月采暖季天然气消费回升，7月全国疫情可控驱动消费回弹外，其余时间段内全国天然气消费同比都是下降趋势，5月的降幅甚至高达5.2%。分行业来看，城镇燃气消费受疫情冲击较小，加之气化水平与气化率不断提升，1—9月城镇燃气消费量同比有所增长，主要集中在采暖用气和居民用气。在煤炭供应形势好转、可再生能源发电量增加以及气价高位运行等因素影响下，1—9月发电用气量大幅下降。据中国电力企业联合会统计，1—9月全国燃气发电设备平均利用小时为1826小时，较上年同期降低248小时。受2021年“煤改气”工程大力实施，上年同期工业用气需求处于较高水平等因素影响，1—9月工业燃料用气量同比有所下降。受国内尿素市场弱势运行等因素影响，1—9月化工用气量小幅下降。

二、2022年以来能源行业运行特点

前三季度，我国全力保障能源安全稳定供应，能源结构继续优化，能源价格高位震荡，行业效益总体改善，能源供给侧结构性改革持续深化，不断助推能源高质量发展。

1. **能源生产保持稳定，供给保障能力不断提升**

前三季度，能源领域深入贯彻落实党中央、国务院关于能源保供各项决策部署，紧抓能源安全保供不松劲，加快释放先进产能，煤油气电等主要能源产品生产均保持稳定增长，能源保供能力不断提升。原煤生产较快增长。煤炭生产企业持续加大增产保供力度，扩大优质增量供给，充分发挥兜底保障作用。前三季度，规模以上工业原煤产量33.2亿吨，同比增长11.2%，增速较上年同期提高7.5个百分点。油气生产稳定增长。油气企业继续巩固增储上产良好势头，保障油气自主供应基础。前三季度，规模以上工业原油产量15375万吨，同比增长3.0%，增速较上年同期提

高0.5个百分点；天然气产量1601亿立方米，同比增长5.4%，增速较上年同期回落5.0个百分点。电力生产平稳有序。前三季度，规模以上工业发电量62867亿千瓦时，同比增长2.2%。其中，火力发电量43694亿千瓦时，同比增长0.5%；水电发电量9507亿千瓦时，同比增长5.0%；核电发电量3046亿千瓦时，同比增长0.5%；风电发电量5449亿千瓦时，同比增长15.6%。

2. 非化石能源快速发展，能源结构继续优化

非化石能源消费比重持续提高。前三季度，水电、核电、风电和太阳能发电等非化石能源发电1.9万亿千瓦时，同比增长6.5%，占全部发电的比重为30.2%。非化石能源消费占能源消费总量比重较上年同期提高0.6个百分点，石油比重下降0.7个百分点，天然气比重下降0.3个百分点。非化石能源发电装机比重进一步提高。截至9月底，全国非化石能源装机容量12.1亿千瓦，同比增长15.4%，占总装机容量的48.7%，占比较上年同期提高3.1个百分点。其中，水电装机容量4.1亿千瓦，同比增长5.8%；核电装机容量5553万千瓦，同比增长4.3%；风电装机容量3.5亿千瓦，同比增长16.9%；太阳能发电装机容量3.6亿千瓦，同比增长28.8%。1—9月份，全国新增非化石能源发电装机容量9402万千瓦，同比增长49.5%，占新增总装机容量比重为82.0%，较上年同期提高13.9个百分点。其中，水电新增装机容量1590万千瓦，同比增加154万千瓦；风电新增装机容量1924万千瓦，同比增加281万千瓦；太阳能发电新增装机容量5260万千瓦，同比增加2705万千瓦。

3. 能源进口量同比下降，国际价格高位震荡

受俄乌冲突不断升级以及欧美裁持续加码影响，全球能源等大宗商品价格保持高位运行，能源进口成本增加，我国能源产品进口需求下降。前三季度，煤炭进口20092.4万吨，同比下降12.7%；原油进口37040.6万吨，同比下降4.3%；成品油进口1737.2万吨，同比下降13.9%；天然气进口8116.3万吨，同比下降9.5%。国际能源价格高位震荡。煤炭价格大幅上涨，澳大利亚纽卡斯尔NEWC动力煤现货价格由年初的175美元/吨左右上涨到9月底的415美元/吨左右，创下历史新高。油气价格高位震荡运行，布伦特原油现货价格由年初的79美元/桶左右上涨至6月初的125美元/桶左右，而后震荡下行至9月底的88美元/桶左右；美国WTI原油现货价格由年初77美元/桶左右上涨至6月初的120美元/桶左右，而后震荡下行至9月底的80美元/桶左右；美国亨利中心（HH）天然气价格由年初的3.7美元/百万英热单位上涨至6月初的9美元/百万英热单位，而后震荡下行至9月底的6.4美元/百万英热单位。

4. 能源行业效益总体改善，煤电企业大面积亏损

受大宗商品价格高位运行等因素影响，能源行业效益总体改善。前三季度，规模以上工业企业中，煤炭开采和洗选业营业收入 29889.6 亿元，同比增长 38.0%，实现利润 7845.5 亿元，同比增长 88.8%；石油和天然气开采业营业收入 9427.3 亿元，同比增长 44.8%，实现利润 3231.0 亿元，同比增长 112.0%；电力、热力、燃气及水生产和供应业营业收入 81930.1 亿元，同比增长 18.8%，实现利润 3712.5 亿元，同比增长 4.9%。煤电企业持续大面积亏损。2022 年以来，电煤价格水平总体仍居高位，煤电企业采购的电煤综合价始终超过基准价上限，前三季度全国煤电企业因电煤价格上涨导致电煤采购成本同比额外增加 2600 亿元左右。大型发电集团到场标煤单价涨幅远高于煤电企业售电价格涨幅，导致大型发电集团仍有超过一半的煤电企业处于亏损状态，部分企业现金流紧张。近年来煤电企业普遍经营困难，主要是高煤价低电价“两头挤压”、新能源竞争冲击等多种不利因素叠加的结果。

5. 能源供给侧结构性改革持续深化，高发展质量加快推进

推动实施一批能源补短板项目。核准浙江三门、山东海阳、广东陆丰等 3 个项目 6 台核电机组；投产 10 台水电和抽水蓄能机组；第一批以沙漠、戈壁、荒漠地区为重点的大型风电光伏基地项目已经全面开工建设，第二批基地项目清单也已经印发；加大协调力度推进“三交九直”特高压工程前期工作，白鹤滩-江苏特高压直流工程竣工投产，张北-胜利特高压交流工程已具备核准条件；中俄东线南段安平-泰安段提前贯通。统筹布局建设加氢站，有序推进加氢网络建设，截至 9 月底全国已建成加氢站超 270 座，加氢站数量位居世界第一。持续完善能源绿色低碳转型相关产业政策。出台《推动能源绿色低碳转型 做好碳达峰工作的实施方案》《完善能源绿色低碳转型体制机制和政策措施的意见》等，加强能源转型政策保障。出台《关于加快建设全国统一电力市场体系的指导意见》，激发市场活力，推动构建新型电力系统，支撑新能源消纳。出台《“十四五”新型储能发展实施方案》，引导新型储能规模化、产业化、市场化发展，目前累计装机容量已超过 400 万千瓦。

三、2023 年我国能源形势的主要影响因素分析

展望 2023 年，随着疫情防控形势总体好转，稳经济政策作用继续发挥，国民经济将持续恢复发展，能源消费继续保持增长态势。2023 年能源形势的影响因素仍然较为复杂，以下五个方面值得关注：

1. 新旧动能转换加快，能源消费新动力不断积聚

近年来，传统产业增长乏力，高新技术产业和新兴产业蓬勃发展，成为支撑我国经济发展的新动力，由此带动了电力消费的快速增长。1—9 月份，传统的四大高

载能行业合计用电量同比下降0.2%。与此相反，第二产业中的高技术及装备制造业合计用电量同比增长2.3%，其中电气机械和器材制造业、医药制造业、计算机/通信和其他电子设备制造业用电量增速均超过5%，远高于同期制造业用电量平均增速（0.6%）。在新能源汽车快速普及、销量快速增长的拉动下，新能源车整车制造业用电量同比增长74.1%。第三产业中的信息传输软件和信息技术服务业用电量持续高位运行，远高于服务业用电量平均增速（4.9%）。电动汽车高速发展拉动充换电服务业用电量同比增长41.9%。未来这些新兴产业在“中国制造2025”、“互联网+”行动计划、数字经济发展战略等系列重大战略和政策措施的支持下，仍将继续保持快速发展，拉动电力消费较快增长。城乡居民生活用电亦成为拉动全社会用电量增长的主要动力，1—9月份，城乡居民生活用电量同比增长13.5%，远高于全社会用电量增速（4.0%）。未来随着国家城镇化率和居民生活电气化水平持续提高，城乡居民生活用电量将继续保持快速增长态势。

2. 工业服务业恢复向好，能源消费继续保持增长态势

工业生产恢复加快。前三季度，全国规模以上工业增加值同比增长3.9%，比上半年加快0.5个百分点，其中第三季度规模以上工业增加值同比增长4.8%。大多数行业和产品实现了增长，9月份，41个大类行业中，有32个行业增加值保持同比实现增长，增长面为76.2%；617种产品中，有325种产品产量同比实现增长，增长面为52.7%。第三季度，全国有23个省规模以上工业增加值增速较第二季度回升或降幅收窄、由降转增，回升面达到74.2%。第三季度，全国工业产能利用率为75.6%，较第二季度回升0.5个百分点。服务业持续恢复。前三季度，服务业增加值同比增长2.3%，增速比上半年提高0.5个百分点，其中第三季度服务业增加值同比增长3.2%。服务业生产指数同比增长0.1%。服务业景气水平不断回升，9月份生产性服务业商务活动指数连续4个月位于扩张区间；服务业业务活动预期指数为56.1%，位于较高景气区间，其中邮政、电信广播电视及卫星传输服务、货币金融服务、保险等行业业务活动预期指数均位于60.0%以上高位景气区间，企业对行业恢复发展保持信心。未来随着我国经济持续恢复，工业服务业将继续保持向好发展，由此带动能源消费增长。

3. 人均能源消费偏低，能源需求仍有增长空间

我国人均能源消费仍处于较低位置，未来增长空间可观。现阶段，我国经济总体处于工业化中后期、城镇化快速推进期，但居民人均用电量等指标与发达国家相比仍存在差距，2021年我国居民人均用电量约为830千瓦时，与发达国家差距较大，仅为美国的1/6左右，日本的1/3左右。随着我国经济社会高质量发展，居民生活水平和电气化水平不断提升，将带动居民生活电力消费的快速增长。我国天然气人均使用量和占比均处于较低水平，2021 年我国天然气占一次能源消费总量比重为 8.9%，人均天然气消费量约为 260 立方米，而相应的全球平均水平分别为 24.4% 和 500 立方米，相对于全球平均水平仍有很大的差距。此外，我国千人汽车保有量与发达国家相比还有比较大的差距，在电池技术短期无法取得突破，电动车难以大规模替代汽油车之前，未来随着居民收入不断提高，消费不断升级，城市化逐步推进，我国汽油车保有量会继续增长，汽油消费有望保持稳定增长。

4. 重点领域改革加快，能源发展动力活力不断激发

电力、油气等重点领域体制改革持续深化，不断激发能源发展动力活力。2022 年以来，我国着力推动全国统一电力市场体系建设，做好南方、长三角、京津冀等区域电力市场建设。健全各层次电力市场协同运行、融合发展、规范统一的交易规则和技术标准，加强中长期市场、现货市场和辅助服务市场的统筹衔接。深化电力中长期交易，不断扩大市场交易规模。推进电力现货市场建设，推动具备条件的电力现货试点转入长周期运行。推动辅助服务成本向用户侧疏导，通过市场机制充分挖掘供需两侧的灵活调节能力，有序推动新能源参与市场交易。推进油气管网改革，支持引导省级管网以市场化方式融入国家管网，积极推进油气干线管道建设和互联互通，推动省级管网运营企业运销分离，鼓励用户自主选择供气路径和供气方。深化“放管服”改革，推动行政审批制度改革，促进能源领域“证照分离”改革全覆盖。优化涉企服务，打通堵点，为分布式发电就近市场化交易、微电网、综合能源服务等新产业新业态新模式发展创造良好环境。2023 年，能源体制和市场化改革深入推进，进一步释放动力活力，推动能源高质量发展。

四、2023 年能源需求预测

根据上述我国宏观经济形势走势和能源需求的主要影响因素分析，综合判断，2023 年我国能源消费增速同比有所回升。主要预测如下：

1. 电力消费较快增长，第三产业和居民生活用电增长较快

疫情仍存局部散发的可能性，宏观经济下行压力依然存在，但国家坚持稳中求进工作总基调，高效统筹疫情防控和经济社会发展，稳经济政策作用继续发挥，国民经济将持续恢复发展，再加上 2022 年低基数的影响，全社会用电有望保持较快增长态势。随着服务业恢复向好以及居民消费升级、电气化水平不断提高、电能替代的持续推广等因素影响，第三产业和城乡居民生活用电将保持较快增长，是全社会

用电增长的主要动力。综合来看，预计 2023 年全年电力消费增速较 2022 年明显加快。

2. 煤炭消费增速放缓，电力仍是煤炭消费主力

随着国民经济持续复苏，工业和服务业用电需求将有所改善，对煤炭消费增长形成有力支撑。电力在终端能源消费中的比重越来越高，电力行业煤炭消费预计还将有所增加。然而，“双碳”背景下，水电、风电、太阳能发电等可再生能源快速发展对煤电有所挤出，一定程度上抑制了煤炭消费增长。同时，考虑国家不断加大大气污染治理力度，京津冀、长三角和珠三角等主要煤炭消费地区需求也将受到抑制。此外，随着“能耗双控”、供给侧结构性改革的深入推进，钢铁、建材及其他行业散煤消耗将持续减少，而现代煤化工用煤有望继续保持稳定增长。综合来看，预计 2023 年全年煤炭消费增速有所放缓。

3. 成品油消费低速增长，煤油消费有望实现大幅反弹

随着疫情防控形势总体好转，居民出行逐渐恢复正常，私家车出行较 2022 年明显增多，导致汽油消费较快增长；基建投资的持续增长以及房地产投资低迷后的恢复，将带动柴油消费增长，但受“公路运输转铁路运输”“公路运输转水路运输”“公路治理”“城市绿色配送行动”等政策持续推进影响，预计柴油消费小幅增长。伴随国内航空的恢复及国际航班的增多，航空客运周转量和航空货运周转量不断提升，将推动煤油消费大幅回升。综合来看，预计 2023 年全年成品油消费低速增长。

4. 天然气消费大幅增长，主要增量来自城镇燃气

天然气作为清洁高效的低碳能源，是实现“双碳”目标的重要力量，是未来我国能源消费结构中的主力能源之一，将会迎来新的“黄金发展期”。随着国家持续推进减排环保政策，加强减排环保监管，各地仍面临较大减排环保压力，加之城镇天然气管道和居民用气人口显著增加，推动天然气消费较快增长，主要增量来自居民、供热用气。然而，工业燃料用气受经济下行压力较大、燃气发电本较高等因素影响，短期依旧难以大幅改观。此外，2022 年的低基数也将影响明年的增速。综合来看，预计 2022 年全年天然气消费量大幅增长。

50　2022年煤炭市场形势分析及2023年展望

刘　明*

摘要： 2022年以来，国际能源供需紧张，国内防疫形势严峻，煤炭行业上下聚焦保障能源安全供应，积极释放先进产能，严格落实国家稳价政策，煤炭供需偏紧状况大幅缓解，拉闸限电、停工停产现象大幅减少，为保持经济稳定发展、保持社会大局稳定做出了积极贡献。展望2023年，党的二十大胜利召开为煤炭行业高质量发展提供强大发展信心和动力，煤炭供给保障能力将进一步增强。考虑到新能源发电装机容量高速增长对火电替代效应增加、房地产投资下行趋势短期难改，预计2023年煤炭市场运行将呈现需求增长逐步放缓、供需逐步宽松化、煤价逐渐回落的良好态势。

关键词： 保供　二十大　新能源　房地产

一、2022年煤炭供需偏紧状况大幅缓解

2022年以来，国际能源供需紧张，国内防疫形势严峻，煤炭行业上下聚焦保障能源安全供应，积极释放先进产能，严格落实国家稳价政策，煤炭市场呈现供给增幅明显、需求结构转变、价格温和上涨、进口探底上升、行业效益提升的良好态势。

（一）供给增幅明显

原煤产量大幅增长（见图1）。2022年1—9月，全国规模以上企业原煤产量33.2亿吨，同比增长11.2%。原煤日均产量为1214.5万吨，较上年同期增长13.1%，打破了2021年第四季度1209.3万吨的日均产量历史最高纪录。

固定资产投资迅猛增长（见图2）。2022年1—9月，煤炭开采和洗选业固定资产投资额累计增长28.4%，增速较上年同期提高21.8个百分点。其中，民间固定资产投资累计增长46.6%，增速较上年同期提高43.4个百分点。

---

* 刘明，数量经济学博士，国家信息中心经济预测部助理研究员，主要研究领域为能源经济与产业经济。

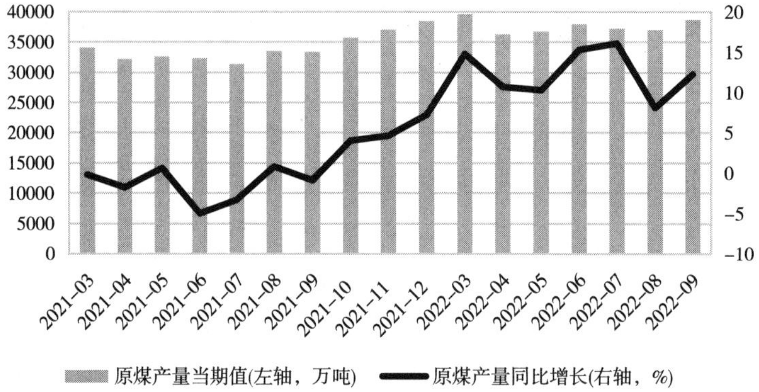

图1　2021—2022年我国原煤月度产量

数据来源：国家统计局。

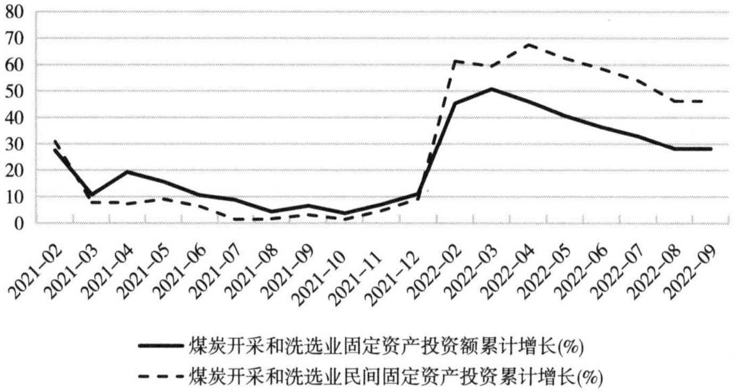

图2　2021—2022年煤炭开采和洗选业固定资产投资

数据来源：国家统计局。

产煤大省挑大梁（见图3）。1—9月，山西、内蒙古、陕西、新疆等四大产煤区域原煤产量合计为26.83亿吨，占全国总产量的80.9%，占比较上年同期上升1.2个百分点。23个产煤省份中，仅有5个省份原煤产量下降，增长覆盖面达到78.3%，较上年同期提高30.4个百分点。其中，内蒙古、吉林、黑龙江、湖北、湖南、广西、四川、甘肃、新疆产量增速均达到两位数。

煤炭铁路运量强劲增长。1—9月，全国铁路发运煤炭15.7亿吨，同比增长11.1%；其中电煤11亿吨，同比增长17%。其中，新疆煤外运量5833.1万吨，同比增长1.08倍。截至9月30日，全国363家铁路直供电厂存煤6548万吨，同比增加3566万吨；可耗天数29天，同比增加15天，保持较高水平。

序号	地区	1—9月原煤累计产量（万吨）	1—9月原煤产量累计增速（%）
1	山西省	96549.3	8.9
2	内蒙古自治区	87210.8	15.6
3	陕西省	55367.8	7.1
4	新疆维吾尔自治区	29132.4	31.1
5	贵州省	9299.7	-0.5
6	安徽省	8423.9	0.6
7	河南省	7375.4	5.9
8	宁夏回族自治区	7068.1	11
9	山东省	6538.7	-4.6
10	黑龙江省	4874.2	12.6
11	云南省	4712.1	9
12	甘肃省	4027.6	30.3
13	河北省	3560.1	1.1
14	辽宁省	2398.7	4.7
15	四川省	1599.3	18.5
16	江苏省	754.4	6.6
17	吉林省	713.5	21.3
18	青海省	598.8	-20.6
19	湖南省	580.2	17.3
20	福建省	328.9	-20.4
21	广西壮族自治区	250.7	24
22	江西省	152	-1.7
23	湖北省	49	84.7

图 3　2022 年 1—9 月我国产煤省份原煤产量

（二）需求结构转变

清洁能源持续发力对火电形成替代。1—9 月，水力发电量累计值 9506.8 亿千瓦时，同比增长 5.0%。风力发电量累计值 4870.8 亿千瓦时，同比增长 11.2%。太阳能发电量累计值 1749.9 亿千瓦时，同比增长 14.4%。火力发电量累计值 43693.5，同比仅增长 0.5%，火力发电量占发电量比重为 69.5%，占比较上年同期下降 1.7 个百分点。

房地产投资下降影响钢铁水泥产量。2022 年前三季度，全国房地产开发投资 10.36 万亿元，同比下降 8.0%，增速比上年同期下降 16.8 个百分点。1—9 月，粗钢、水泥累计产量分别为 7.81 亿吨、15.63 亿吨，累计同比分别下降 3.4%、12.5%，增速较上年同期分别下降 5.4 个、17.8 个百分点。

煤炭需求由动力用能持续向原料用能转变（见图 4）。受国际高油价、高气价、原料用能不纳入能源消费总量政策、国家能源安全日益重要等因素影响，煤化工重要性提升，行业持续快速发展。2022 年上半年，8 家煤制油项目的产能利用率为 86.8%，较上年同期提高 9.2 个百分点，产量、销量分别同比增长 11.8%和 16.7%。1—9 月份中煤能源股份有限公司煤制乙醇产量 133 万吨，较上年同期增长 25.2%。

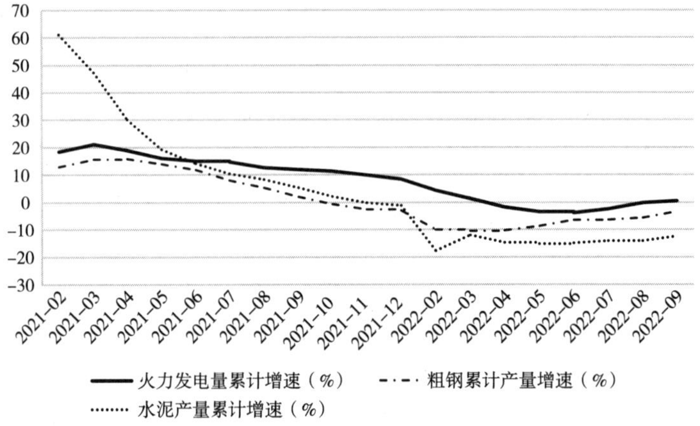

图 4 2021—2022 年我国主要用煤产品产量增速

数据来源：国家统计局。

（三）价格温和上涨

煤炭市场价格形成机制不断完善。国家发展改革委抓住难得时机打出了煤价、电价机制改革的“组合拳”，按照“下限保煤、上限保电”的原则，采取市场化、法治化手段，通过“打明牌、定边界”稳定各方预期，引导煤炭价格在合理区间运行，达到了稳煤价稳用能的作用。

国内煤炭价格中枢温和抬升（见图 5）。2022 年 10 月下旬，普通混煤（4500 大卡）、山西大混（5000 大卡）、山西优混（5500 大卡）市场监测价格分别为 1183.8 元/吨、1378.0 元/吨、1583.8 元/吨，比上年同期分别下降 9.1%、9.0%、2.3%。2022 年前 10 个月，普通混煤（4500 大卡）、山西大混（5000 大卡）、山西优混

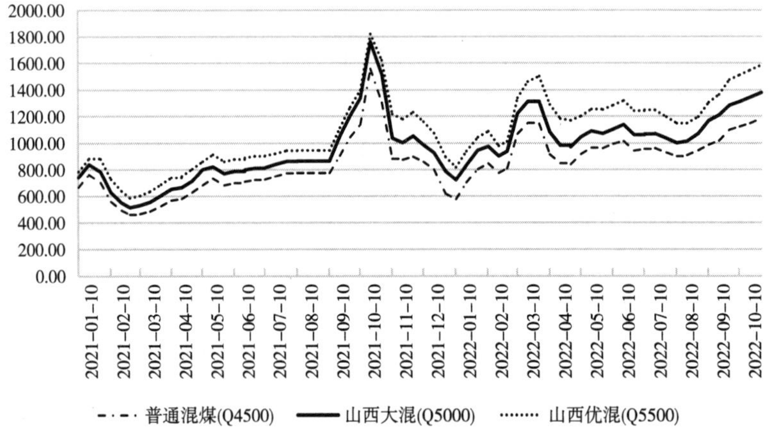

图 5 2021—2022 年流通领域煤炭监测价格（元/吨）

数据来源：国家统计局。

（5500 大卡）市场监测平均价格分别为 947.0 元/吨、1087.8 元/吨、1244.1 元/吨，比上年同期分别上涨 26.7%、28.4%、34.3%。

国际煤炭价格大幅上涨（见图 6）。截至 2022 年 10 月 28 日，欧洲 ARA 港动力煤现货价、理查德 RB 动力煤现货价、纽卡斯尔 NEWC 动力煤现货价分别为 325.0 美元/吨、286.5 美元/吨、376.6 美元/吨，相比 2022 年 1 月 3 日分别上涨 1.17 倍、1.49 倍、1.15 倍。

图 6　2021—2022 年国际主要港动力煤价格（美元/吨）

数据来源：Wind 数据库。

（四）进口探底回升

零关税助力煤炭进口回暖（见图 7、图 8）。2022 年 5 月 1 日—2023 年 3 月 31 日，国务院关税税则委员对煤炭实施税率为零的进口暂定税率，助推煤炭进口探底回升。1—10 月，我国共进口煤炭 23010.3 万吨，同比下降 10.5%，相比 1—5 月降幅收窄 5.7 个百分点。

印尼仍是我国煤炭进口第一来源国。1—9 月，我国进口煤前三大来源国分别为印尼、俄罗斯和蒙古国。其中，进口印尼煤 1.15 亿吨，占进口总量的 57.6%，进口俄罗斯煤占比 24%，进口蒙古国煤占比 9%。

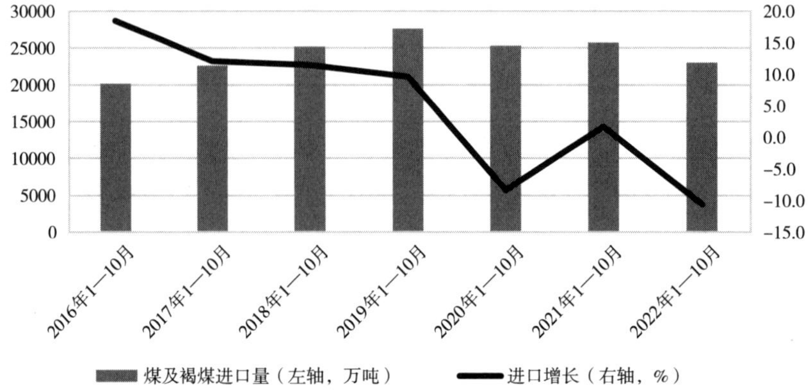

图 7　2016—2021 年 1—10 月煤及褐煤进口情况

数据来源：Wind 数据库。

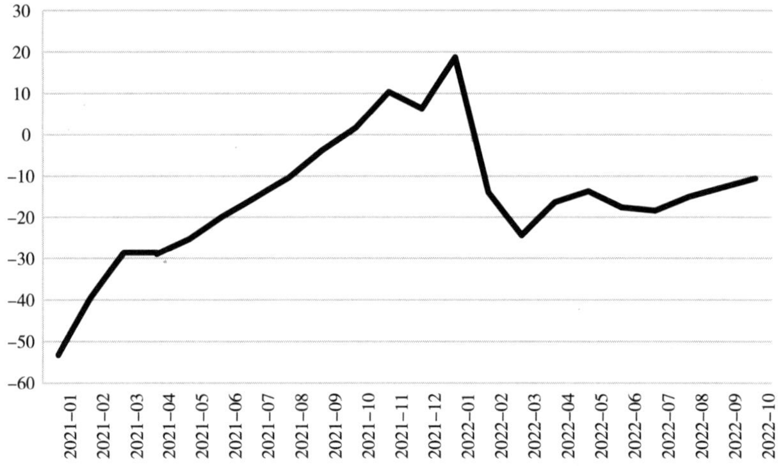

图 8　2021—2022 年煤及褐煤进口量累计增速（%）

数据来源：Wind 数据库。

（五）行业效益提升

煤炭价格保持高位稳定运行，行业盈利水平大幅提升（见图 9）。煤炭企业收入及利润水平同比显著提升，1—9 月，煤炭开采和洗选业营业收入和利润总额累计值分别为 29889.60 亿元和 7845.50 亿元，同比分别增长 38.0%和 88.8%。经营获现能力增强，债务负担小幅下降，截至 2022 年 9 月，行业资产负债率为 60.3%，比 2021 年下降 4.5 个百分点。

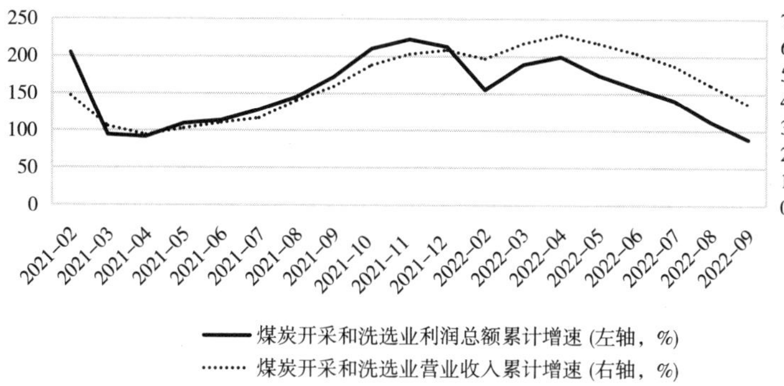

图 9　2021—2022 年煤炭开采和洗选业营业收入与利润总额增速

数据来源：国家统计局。

二、2023 年煤炭市场供需逐渐宽松化

展望 2023 年，党的二十大胜利召开为煤炭行业高质量发展提供了强大动力和信心，煤炭行业作为能源安全的“压舱石”将迎来高质量发展的良好环境。同时，2022 年国务院常务会议确定的新增 3 亿吨煤炭产能的任务完成、近些年煤炭行业持续高速增长的固定资产投资逐步形成实物量、先进产能建设陆续投产、各产煤省区增产保供责任的进一步压实，均对 2023 年煤炭供给增长产生显著的促进作用。

需求方面，防疫形势好转后积压的消费需求释放推动国内消费和服务活动快速复苏、固定资产投资在基建投资和高技术制造业投资带动下继续增长、出口竞争力增强，都将提高终端需求韧性，从而持续保持韧性等因素都对煤炭需求形成支撑。

同时也要看到，煤炭需求还受到“双碳”战略和房地产深度调整双重约束。一是在“双碳”战略目标背景下，新能源迎来良好发展环境，新能源装机量增速提高。1—9 月，全国新增风电装机容量 1924 万千瓦，新增风电装机容量 1924 万千瓦，同比增加 281 万千瓦，增长 17. 1%；新增太阳能装机容量 5260 万千瓦，同比增加 2705 万千瓦，增长 1. 06 倍；新增火电装机容量 2358 万千瓦，同比下降 27. 4%。新增风光电装机容量已占全国新增风电装机容量的 62. 7%，比上年同期提高 17. 2 个百分点。2022 年截至 9 月底，风电装机容量约 3. 5 亿千瓦，同比增长 16. 9%；太阳能发电装机容量约 3. 6 亿千瓦，同比增长 28. 8%，火电装机容量仅增长 2. 4%，火电发电装机容量占比下降至 52. 9%。新能源装机量的显著提升将加快对煤电的替代进程从而对煤炭需求的增量产生显著的抑制作用。二是房地产延续 2021 年下半年以来的调整趋势。1—9 月，房地产销售面积、新开工面积和房地产投资同比分别下降 22%、38%和 8%，在人口负增长加快到来、城镇化明显放缓和老龄化趋势加剧等长期因素作用下，房地产投资深度调整的趋势短期难以逆转，钢铁水泥产量延续探底进程从而继续对煤炭需求形成压制。

考虑到新能源发电装机容量高速增长对火电替代效应增加、房地产投资下行趋势难改，预计2023年煤炭需求增长将有所放缓，煤炭供需将呈现宽松化，煤炭价格逐渐回落。

三、坚守煤炭安全托底保障阵地，推动煤炭工业高质量发展

贯彻落实党的二十大报告关于“能源革命”“建设新型能源体系”“能源安全”“提升战略性资源供应保障能力”“煤炭清洁高效利用”等系列重要精神，适应能源安全新形势新要求，充分考虑能源转型的长期性和系统性，充分发挥煤炭“压舱石”和“稳定器”作用，坚守煤炭安全托底保障阵地，推动煤炭工业高质量发展，努力在“以中国式现代化全面推进中华民族伟大复兴”的历史任务中贡献煤炭行业力量。

（一）增强煤炭供应链稳定性和安全性

加大煤炭资源勘探与评价工作力度，持续优化煤炭产能布局，完善煤炭产供储销体系，提升煤炭资源供应保障能力，实现煤炭安全稳定供应。一是优化煤炭生产结构。坚定不移实施煤矿“上大压小、增优汰劣”，持续淘汰落后产能，有序释放煤炭先进产能，保障煤炭产能合理充裕。研究设立煤炭产能弹性释放阈值和等级，推动煤矿产能由刚性管理转为弹性管理，探索建立煤矿弹性产能和弹性生产机制。二是加快煤炭储备能力建设。聚焦煤炭生产集散地、消费集中地、主要铁路运输节点和接卸港口，加大财政资金投入力度，完善煤炭企业扶持政策，完善投融资机制，以财政资金为杠杆撬动社会资本共同参与煤炭储备设施建设和运营。建立和完善储备管理信息系统和储备动用投放机制，实现储备基地动态监测和调度管理“全国一张网”。三是继续加大安全生产力度。要高度重视安全生产，及时排查风险隐患，持续健全安全生产长效机制。持续推进煤炭开采、运输过程减人化无人化，大力推广露天煤矿无人驾驶矿卡运行技术。加强风险预警，建立健全煤炭供需预警机制，做好预案、加强演练，提高快速响应和能源供应快速恢复能力。

（二）加快推动煤炭绿色循环低碳发展

全面贯彻习近平生态文明思想，牢固树立和践行“两山”理念，减少煤炭产业碳足迹，推进煤炭消费转型升级。一是构建煤炭生产废弃物循环利用体系。加快研发煤

炭精准分选技术工艺及装备，推进煤炭分质分级梯级利用，提高煤炭资源利用效率，促进煤炭全生命周期绿色低碳循环发展。二是加强煤炭清洁高效利用。推动煤炭绿色低碳开采、洗选加工，不断提升煤炭安全绿色开采和清洁高效利用水平。大力实施煤电机组节能降碳改造、灵活性改造、供热改造“三改联动”。推动电力、钢铁、有色、石化、化工、建材等主要用煤产业优化升级，树立并滚动更新行业煤耗标杆水平和基准水平。三是推动煤炭与新能源低碳融合发展。支持社会资本、企业资本等多元资本投资，鼓励科研机构和企业联合开展煤炭与新能源、可再生能源协同耦合发展的新模式研究，推动煤炭和新能源优化组合，实现多种能源互补优化发展。

（三）提升煤炭产业链现代化水平

坚持创新在煤炭工业高质量发展全局中的核心地位，加快推动煤炭产业由资源依赖向创新驱动型转变，围绕产业部署创新链、资金链、人才链，推进产业基础高级化、产业链现代化。一是加强煤炭重大科技自立自强。围绕“四个面向”，坚持创新驱动，完善行业创新体制机制，营造良好创新生态，加强企业主导的产学研深度融合，提升产学研用协同创新水平，提高科技成果转化和产业化水平。二是推动煤企从传统生产方式向服务化方向转变。培育服务型煤炭企业，推动煤炭企业从以煤炭产品生产为主向基于用户的导向式服务转型，大力发展嵌入式服务、伴随服务、一体化解决方案等服务模式，促进煤炭产业链上下游产业深度衔接和融合。三是加快建设世界一流现代煤炭企业，坚持党对国有企业的领导不动摇，把加强党的领导和完善企业治理统一起来，建设中国特色现代企业制度，坚定不移把国有煤炭企业做强做优做大。

（四）促进数字技术与煤炭产业深度融合

把握数字技术新动向，加快推进云计算、物联网、大数据、人工智能、区块链为代表的新一代信息技术与煤炭产业的深度融合。一是积极融入国家工业互联网创新发展战略。加快大数据、云计算等算力基础设施建设和云网协同发展，建设可靠、灵活、安全的煤炭工业互联网基础设施，培育有竞争力的煤炭工业互联网平台企业，打造基于平台的煤炭产业新生态。二是通过数字技术赋能煤炭产业转型升级。利用互联网新技术对煤炭产业进行全方位、全角度、全链条的改造，加速推进煤矿开采向数字化、网络化、智能化转型，以信息流带动技术流、资金流、人才流、物资流，推动产业技术变革和优化升级。三是通过数字技术催生新业态新模式。积极培育新型产业组织，打造创新协同、技术共生、利益共享的组织形态，探索合作新业态新模式。壮大智能制造解决方案供应商队伍，鼓励大型煤炭企业开放应用场景，促进不同行业的资源共享和信息交流，为应用创新创造需求。

51 2022年电力行业形势分析及2023年展望

肖宏伟*

摘要： 2022年，电力行业认真贯彻落实党中央国务院关于能源电力安全保供的有关要求，为经济持续恢复发展提供了电力安全保障，呈现消费增速明显回升、总体延续平稳较快增长态势、电力消费结构向绿转型、产业内部用电结构优化升级、电力生产供应安全可靠、局部地区部分时段供应偏紧、电力生产结构绿色低碳、清洁电力装机比重加快提升、全国电力供需总体平衡，局部地区保供形势较为严峻等特点。展望2023年，受经济继续保持恢复向好态势、电动汽车渗透率进一步提升、电能替代步伐加快、2022年基数较低等因素影响，预计2023年全社会用电量92868亿千瓦时，同比增长6.6%，增速较2022年提高1.8个百分点，电力供应较为充足，总体供需基本平衡，但迎峰度夏、迎峰度冬期间局部地区电力供需依然偏紧。2023年电力行业亟须从“确保电力可控供应、加快电力供需平衡体系建设、锚定双碳目标任务、加快清洁能源供应体系建设、破解体制机制障碍、加快统一电力市场体系建设”等方面着手，着眼短期和长远发展需要，为经济保持恢复向好态势、碳达峰碳中和稳步推进、能源转型先立后破提供坚强的电力安全保障。

关键词： 电力供需　电能替代　碳达峰碳中和　电力安全

一、2022年电力形势及特征分析

2022年前三季度，我国高效统筹疫情防控和经济社会发展，加快落实稳经济一揽子政策和接续政策措施，国民经济顶住压力持续恢复，实现了GDP同比增长3.0%的恢复向好态势。电力行业认真贯彻落实党中央国务院关于能源电力安全保供的有关要求，为经济持续恢复发展提供了电力安全保障。总体来看，电力行业呈现消费增速明显回升、总体延续平稳较快增长态势、电力消费结构向绿转型、产业内部用电结构优化升级、电力生产供应安全可靠、局部地区部分时段供应偏紧、电力

---

* 肖宏伟，统计学博士，国家信息中心经济预测部政策仿真实验室副主任，副研究员，主要研究领域为能源经济预测、“双碳”战略、空间计量模型、CGE模型等。

生产结构绿色低碳、清洁电力装机比重加快提升、全国电力供需总体平衡，局部地区保供形势较为严峻等特点。

1. **电力消费增速明显回升，总体延续平稳较快增长态势**

2022年前三季度，全国全社会用电量6.5万亿千瓦时，同比增长4.0%，第一、第二、第三季度全社会用电量增速分别为5.0%、0.8%和6.0%，第二季度增速明显回落主要受4、5月部分地区疫情等因素影响，第三季度在稳经济一揽子政策和接续政策措施加快落实以及持续大范围极端高温天气等多重因素作用下，电力消费增速较第二季度明显回升。分产业来看，第一产业用电量858亿千瓦时，同比增长8.4%，增速比全社会用电量高出4.4个百分点，主要得益于乡村振兴战略全面推进以及乡村电气化水平不断提升等；第二产业用电量4.24万亿千瓦时，同比增长1.6%，增速比全社会用电量低2.4个百分点，第一、第二、第三季度增速分别为3.0%、-0.2%和2.2%，分别比全社会用电量低2.0个、1.0个和3.8个百分点；第三产业用电量1.14万亿千瓦时，同比增长4.9%，增速比全社会用电量高出0.9个百分点，第一、第三季度增速分别为6.2%和7.7%，分别比全社会用电量高出1.2个和1.7个百分点，其中第三季度用电量增速回升主要得益于疫情得到有效控制、服务业出现一定程度复苏；城乡居民生活用电量1.03万亿千瓦时，同比增长13.5%，增速比全社会用电量高出9.5个百分点，第一、第二、第三季度增速分别为11.8%、7.0%和19.8%，分别比全社会用电量高出6.8个、6.2个和13.8个百分点，其中第三季度用电量增速大幅回升主要受持续高温天气影响。分区域来看，除辽宁、广西、广东、上海和新疆外，其他26个省份全社会用电量实现正增长，其中增速高于全国平均水平（4.0%）的省份有18个，增速较高的前5个省份为西藏、云南、安徽、湖北、河南，均在9%以上。

2. **电力消费结构向绿转型，产业内部用电结构优化升级**

2022年前三季度，第一产业、城乡居民生活用电量占全社会用电量的比重分别为1.32%和15.91%，较上年同期分别提高0.09个和1.17个百分点，第二产业、第三产业用电量占全社会用电量的比重分别为65.24%和17.52%，较上年同期分别下降1.23个和0.04个百分点。从制造业内部用电结构来看，国家推进钢铁、有色、石化、化工、建材等行业节能降碳，坚决遏制高耗能、高排放、低水平项目盲目发展成效显著，化工、建材、黑色金属冶炼、有色金属冶炼等四大高耗能行业合计用电量同比下降0.2%，低于全国制造业同比增长0.6%的平均水平，其中，化工、有色金属冶炼行业用电形势良好，同比分别增长5.1%和3.0%，黑色金属冶炼、建材行业用电影响较大，同比分别下降5.3%和4.2%。高技术及装备制造业合计用电量同比增长 2.3%，增速比全国制造业平均水平高出 1.7 个百分点，其中，电气机械和器材制造业、医药制造业、计算机/通信和其他电子设备制造业用电量增速均超过 5%，分别达到 18.0%、8.2%和 5.4%；在纯电动汽车、插电式混合动力汽车和燃料电池汽车产销高速增长作用下，新能源车整车制造用电量同比大幅增长 74.1%。其他制造业行业合计用电量同比增长 3.1%，增速比全国制造业平均水平高出 2.5 个百分点，其中，废弃资源综合利用业、石油/煤炭及其他燃料加工业用电量同比分别增长 11.0%和 9.7%。从服务业内部用电结构来看，批发和零售业、租赁和商务服务业、公共服务及管理组织同比增长超过 5%，分别达到 6.6%、6.6%和 5.7%，高于第三产业的平均水平（4.9%）。在电动汽车相关技术快速发展的带动下，电动汽车的渗透率进一步提升，相应拉动充换电服务业用电量增长 41.9%。

3. **电力生产供应安全可靠，局部地区部分时段供应偏紧**

2022 年前三季度，电力行业认真贯彻落实党中央国务院关于能源电力安全保供的有关要求，全力以赴保障电力安全可靠供应，为疫情防控和经济社会发展提供了电力安全供应保障。从电厂发电量来看，全国规模以上电厂发电量为 6.29 万亿千瓦时，同比增长 2.2%。分品种看，全国规模以上电厂水电发电量 9507 亿千瓦时，同比增长 5.0%，增速较上年同期提高 5.9 个百分点，但第三季度受长江中下游地区连续干旱少雨，浙江西南部、安徽南部、湖北东部、湖南中部至南部、江西大部等地更是出现特旱天气等因素影响，全国水电出力明显受限，7—9 月全国水电发电量同比分别下降 0.5%、11.0%和 31.0%，呈现罕见的“丰水期缺水、大发期少发”特点；全国规模以上电厂火电发电量 4.37 万亿千瓦时，同比增长 0.5%，增速较上年同期下降 11.4 个百分点。分区域看，四川、河南、重庆、山西、安徽、湖北、宁夏、内蒙古和青海等 9 个省份火电发电量增速超过 5.0%，西藏、广西和黑龙江等 3 个省份火电发电量下降超过 10%。全国核电发电量 3046 亿千瓦时，同比增长 0.5%，增速较上年同期下降 11.8 百分点；全国并网风电厂发电量 5449 亿千瓦时，同比增长 15.6%，增速较上年同期下降 26.0 个百分点；全国并网太阳能发电量 3291 亿千瓦时，同比增长 32.1%，增速较上年同期提高 7.6 个百分点。从发电设备平均利用小时为数来看，全国 6000 千瓦及以上电厂发电设备平均利用小时为 2799 小时，同比降低 87 小时，其中风电、火电、水电、核电发电设备平均利用小时分别为 1616、3295、2729 和 5576 小时，同比分别降低 24、49、64、267 小时，太阳能发电设备平均利用小时 1063 小时，同比提高 57 小时。从可再生能源利用率来看，全国主要流域水能利用率约 98.6%，较上年同期提高 1.1 个百分点；全国风电平均利用率 96.5%，较上年同期降低 0.5 个百分点；全国光伏发电平均利用率 98.2%，较上年同期提高 0.2 个百分点。

4. **电力生产结构绿色低碳，清洁电力装机比重加快提升**

2022 年前三季度，电力行业锚定碳达峰碳中和目标任务，落实“十四五”可再生能源发展规划，加快推进大型风电光伏基地、大型水电站和抽水蓄能电站等重大项目建设，可再生能源得到大力发展，电力生产结构朝着绿色化低碳化稳步迈进。从新增发电装机容量结构看，前三季度，全国新增发电装机容量 11463 万千瓦，其中，新增非化石能源发电装机容量 9402 万千瓦，占新增发电装机容量的比重高达 82.0%。分类型看，水电、火电、核电、风电、太阳能发电新增装机容量分别为 1590、2358、228、1924 和 5260 万千瓦，水电、风电和太阳能发电分别较上年同期多投产 154、281 和 2705 万千瓦，火电较上年同期少投产 888 万千瓦。从发电装机容量结构看，截至 9 月底，全国发电装机容量 24.8 亿千瓦，同比增长 8.1%，其中，非化石能源发电装机容量 12.1 亿千瓦，占总装机容量的比重达到 48.7%，同比提高 3.1 个百分点，电力生产延续绿色低碳转型趋势。分类型看，水电、核电、风电、太阳能发电装机容量分别为 4.1 亿千瓦、5553 万千瓦、3.5 亿千瓦、3.6 亿千瓦，同比分别增长 5.8%、4.3%、16.9%和 28.8%，火电装机容量 13.1 亿千瓦，其中煤电 11.1 亿千瓦，占总发电装机容量的比重为 44.8%，同比下降 3.1 个百分点。从电力投资结构看，全国主要发电企业电源工程完成投资 3926 亿元，同比增长 25.1%，其中，非化石能源发电投资占电源投资比重达到 86.6%。分类型看，水电、火电、核电、风电完成投资分别为 534 亿、547 亿、404 亿和 1037 亿元，水电、核电、风电等清洁能源完成投资占电源完成投资的 84.1%。

5. **全国电力供需总体平衡，局部地区保供形势较为严峻**

2022 年前三季度，全国新增 220 千伏及以上变电设备容量 18772 万千伏安，新增 220 千伏及以上输电线路长度 22265 千米，变电设备容量和输电线路长度持续新增为跨区跨省电力输送提供了坚实保障。从跨区跨省输出电量来看，全国完成跨区送电量 5752 亿千瓦时，同比增长 6.0%，其中，华北送华东、西南送华东同比分别增长 27.7%和 25.5%，华北送华中、东北送华北、华中送华东、华中送南方、西北送华北和华中合计同比分别下降 37.2%、11.4%、23.5%、18.0%和 13.4%。全国完成跨省送出电量 13234 亿千瓦时，同比增长 3.2%，其中，内蒙古、云南、四川、山西、陕西、新疆同比分别增长 3.4%、9.4%、19.8%、16.2%、0.4%和 4.3%，宁夏送出电量同比下降 5.1%。从市场交易电量来看，前三季度全国各电力交易中心累计组织完成市场交易电量 38889 亿千瓦时，同比增长 43.5%，占全社会用电量比重为 59.9%，同比提高 16 个百分点，其中，全国电力市场中长期电力直接交易电量合计 31048.5 亿千瓦时，同比增长 43.1%。在跨区跨省输出电量和市场交易电量同比增长的共同作用下，全国电力供需总体平衡，但局部地区保供形势较为严峻。分季度看，第一、第二季度，全国电力供需总体平衡，2 月份江西、湖南、四川、重庆、上海、贵州等地在部分用电高峰时段电力供需平衡偏紧。第三季度，全国电力供需总体偏紧，全国有 21 个省级电网用电负荷创新高，华东、华中区域电力保供形势严峻，浙江、江苏、安徽、四川、重庆、湖北等地区电力供需形势尤为紧张。

二、2023 年电力供需形势预测

展望 2023 年，受经济继续保持恢复向好态势、电动汽车渗透率进一步提升、电能替代步伐加快、2022 年基数较低等因素影响，预计 2023 年用电消费呈现增速较快回升态势，增速较 2022 年有所提高，电力供应较为充足，总体供需基本平衡，但迎峰度夏、迎峰度冬期间局部地区电力供需依然偏紧。

1. 电力消费呈“增速较快回升、结构持续优化”态势

从消费增速看，电力消费呈现增速较快回升态势，预计 2023 年全社会用电量约 92868 亿千瓦时，同比增长 6.6 %，增速较 2022 年提高 1.8 个百分点。其中，第一产业用电量 1226 亿千瓦时，同比增长 10.9 %，增速较上年提高 2.9 个百分点；第二产业用电量 60818 亿千瓦时，同比增长 5.5%，增速较上年提高 2.7 个百分点；第三产业用电量 16314 亿千瓦时，同比增长 8.8%，增速较上年提高 3.5 个百分点；城乡居民生活用电量 14511 亿千瓦时，同比增长 8.7%，增速较上年回落 5.1 个百分点（见表 1）。从消费结构看，第一产业、第三产业和城乡居民生活用电量比重继续提升，第二产业用电量比重继续下降，电力消费结构持续优化。其中，第一产业用电量占全社会用电量的比重为 1.32%，占比较上年略提高 0.05 个百分点，第三产业和城乡居民生活用电量占全社会用电量的比重分别为 17.57%和 15.63%，占比较上年分别提高 0.36 个和 0.30 个百分点，第二产业用电量占全社会用电量的比重为 65.49%，占比较上年下降 0.70 个百分点。

表 1 2022—2023 年电力需求预测

	2021 年实际		2022 年预测		2023 年预测	
	绝对值（亿千瓦时）	增速（%）	绝对值（亿千瓦时）	增速（%）	绝对值（亿千瓦时）	增速（%）
全社会用电量	83128	10.3	87118	4.8	92868	6.6
第一产业	1023	16.4	1105	8.0	1226	10.9
第二产业	56131	9.1	57665	2.7	60818	5.5
第三产业	14231	17.8	14992	5.4	16314	8.8
城乡居民生活用电	11743	7.3	13355	13.7	14511	8.7

2. **电力供应呈“总体供需平衡、局部地区偏紧”态势**

综合考虑现有发电装机规模、新增发电装机容量、风电光伏基地、大型水电站和抽水蓄能电站等重大项目建设步伐、煤电装机控制力度等因素，预计2023年全年新增发电装机容量超过2.0亿千瓦，其中水电、核电、风电、太阳能发电等非化石能源发电装机容量超过1.5亿千瓦；年底全国发电装机达到28.0亿千瓦，非化石能源发电装机比重超过50%。综合发电设备利用小时数、电力市场交易、跨区跨省电力输送、用电负荷高峰、气候影响等因素，预计全年电力供应总体较为充足，供需总体基本平衡，但迎峰度夏、迎峰度冬期间局部地区电力供需依然偏紧。分区域来看，华北、东北地区电力供需基本平衡，华东、华中、西北、南方地区的部分省份在用电高峰时段电力供需偏紧。

三、电力行业保障经济平稳运行的政策建议

2023年是全面贯彻党的二十大精神开局之年，是积极稳妥推进碳达峰碳中和的关键之年，是全面构建风光水核等清洁能源供应体系的攻坚之年。电力行业作为国民经济发展的基础产业、碳减排的关键领域、能源转型的中心环节，亟须从“确保电力可控供应、加快电力供需平衡体系建设、锚定双碳目标任务、加快清洁能源供应体系建设、破解体制机制障碍、加快统一电力市场体系建设”等方面着手，着眼短期和长远发展需要，为经济保持恢复向好态势、碳达峰碳中和稳步推进、能源转型先立后破提供坚强的电力安全保障。

1. **确保电力可靠供应，加快电力供需平衡体系建设**

在我国经济发展与能源转型的过程中，能源保供对电力可靠供应提出了更高的要求，必须立足我国能源结构“以煤为主”的基本国情，在新能源并网的稳定性尚不能有效保障之前，增强传统能源生产供应的兜底作用，加快电力供需平衡体系建设。一是充分发挥煤电的基础性调节性作用，保障电力燃料可靠供应。统筹资源接续和矿区可持续发展，有序核准一批优质先进产能煤矿。加快推进在建煤矿建设投产，推动符合条件的应急保供产能转化为常态化产能。加大对迎峰度夏、迎峰度冬期间电力供应偏紧地区电煤、发电用燃气的合同履约的执行力度。二是加快电力系统调节能力建设。加快龙头水库建设，提升流域调蓄能力，缓解部分地区枯水期缺电量、汛期缺调峰容量的问题。在保障电力稳定供应、满足电力需求的前提下，积极推进煤电机组节能降耗改造、供热改造和灵活性改造“三改联动”。三是提升能源需求侧响应能力。健全分时电价、峰谷电价机制，支持用户侧储能多元化发展，

充分挖掘需求侧潜力，引导电力用户参与虚拟电厂、移峰填谷、需求响应。进一步优化有序用电管理措施，加强可中断负荷管理，梳理业务流程及标准，精准实施用能管理。优化完善电网主网架，在关键节点布局电网侧储能，提升省间电力互补互济水平，鼓励用户投资建设以消纳新能源为主的智能微电网。

2. 锚定双碳目标任务，加快清洁能源供应体系建设

推进碳达峰碳中和是党中央经过深思熟虑作出的重大战略决策，也是高质量发展的内在要求，大力推进能源绿色低碳转型势在必行，必须着眼长远发展需要，全面构建风、光、水、核等清洁能源供应体系。一是扎实推动水电、核电重大工程建设。稳步推进雅鲁藏布江下游水电开发前期工作，加快推动雅砻江孟底沟、黄河羊曲水电站建设，推进旭龙水电站核准。在确保安全的前提下，积极有序推动新的沿海核电项目核准建设。二是统筹推进以沙漠、戈壁、荒漠地区为重点的大型风光电基地的建设。锚定“双碳”目标任务，加大力度规划建设以大型风光基地为基础、以其周边清洁高效先进节能的煤电为支撑、以稳定安全可靠的特高压输变电线路为载体的新能源供给消纳体系。优化近海风电布局，开展深远海风电建设示范，稳妥推动海上风电基地建设。积极推进水风光互补基地建设。充分利用油气矿区、工矿场区、工业园区的土地、屋顶资源开发分布式风电、光伏。三是因地制宜，发展氢能、地热能等其他可再生能源。因地制宜开展可再生能源制氢示范，探索氢能技术发展路线和商业化应用路径。开展地热能发电示范，支持中高温地热能发电和干热岩发电，积极探索作为支撑、调节性电源的光热发电示范。加快推进纤维素等非粮生物燃料乙醇产业示范，稳步推进生物质能多元化开发利用。

3. 破解体制机制障碍，加快统一电力市场体系建设

“双碳”目标下，我国电力市场依然存在体系不完整、功能不完善、交易规则不统一、跨省跨区交易存在市场壁垒等问题，必须遵循电力运行规律和市场经济规律，适应碳达峰碳中和目标的新要求，破解体制机制障碍，加快统一电力市场体系建设。一是健全多层次统一电力市场体系，着力破除跨省跨区交易壁垒。国家层面研究适时组建全国电力交易中心，构建适应国家电力市场发展的交易平台。主体层面稳步推进省级/区域市场建设，提高省域内电力资源配置效率。协同运行维度引导各层次电力市场协同运行，条件成熟时支持省级市场与国家市场融合发展，或多省级联合形成区域市场后再与国家市场融合发展。跨省跨区维度有序推进跨省跨区市场间开放合作，分类放开跨省跨区优先发电计划，推动将国家送电计划、地方政府送电协议转化为政府授权的中长期合同。二是健全电力市场交易机制，着力化解统一市场发展中存在的难点。规范统一市场基本交易规则和技术标准，推动交易中心之间有效衔接。完善电价形成机制，统一规范各地电力市场价格规则，妥善处理政策性交叉补贴。做好市场化交易与调度运行的高效衔接，健全完善电网企业相关业务流程和制度标准。加强信息共享和披露，依法依规披露关键信息，健全信息安全保障机制。三是通过市场化手段促进清洁能源消纳，推动构建适合我国国情、具备更强新能源消纳能力的新型电力系统。提升电力市场对高比例新能源的适应性，有序推动新能源参与电力市场交易，以市场化收益吸引社会资本，促进新能源可持续投资。因地制宜建立发电容量成本回收机制，保障电源固定成本回收和长期电力供应安全。开展绿色电力交易，做好绿色电力交易与绿证交易、碳排放权交易的有效衔接。健全分布式发电市场化交易机制，鼓励分布式光伏、分散式风电等主体与周边用户直接交易。

52　2022 年石油行业形势分析及 2023 年展望

袁剑琴*

摘要：2022 年，全球经济面临新冠肺炎疫情持续影响、俄乌冲突、主要国家货币政策加速收紧、全球通胀大幅攀升、产业链循环不畅等多重挑战。我国坚持“稳字当头、稳中求进”，顶住压力、迎难而上，着力稳定宏观经济大盘，生产供给恢复回稳。在此背景下，我国原油供给稳步增长，对外依存度不断下降，能源安全有所提升；但成品油需求不足，部分油品消费量大幅下降。展望 2023 年，全球经济衰退风险加大，严峻的国际形势将对全球能源需求造成较大扰动，我国经济将温和复苏，成品油需求将有所反弹但仍处低位。在政策层面上，2023 年将以稳定市场预期、加强市场供需平衡调节、保障能源安全为核心，推动我国石油行业高质量发展。

关键词：原油　成品油　能源安全　绿色低碳

一、2022 年石油行业形势分析

（一）原油生产稳步增长，加工量逆势下降

2022 年，在“疫情要防住、经济要稳住、发展要安全”的要求下，我国加大宏观政策实施力度，加力落实稳经济各项政策措施，有效应对各种超预期的冲击挑战，工业生产持续改善，推动原油生产稳步增长。国家统计局数据显示，9 月我国原油生产由降转升，产量达到 1681 万吨，同比增长 1.4%，日均产量 56.0 万吨；前三季度，原油产量累计 15375 万吨，同比增长 3.0%，增速比上年同期提高 0.5 个百分点。但受炼厂开工率低影响，原油加工量大幅下降。数据显示，2022 年我国原油加工量累计 49726 万吨，同比下降 5.1%。与此同时，9 月原油表观消费量为 5704.9 万吨，同比下降 1.1%，前三季度原油表观消费量累计 52416.3 万吨，同比下降 2.4%，降幅较上年同期收窄 2 个百分点（见图 1）。

---

* 袁剑琴，国家信息中心经济预测部助理研究员，主要研究领域为投入产出和 CGE 模型开发及应用、能源经济、国际贸易及全球价值链。

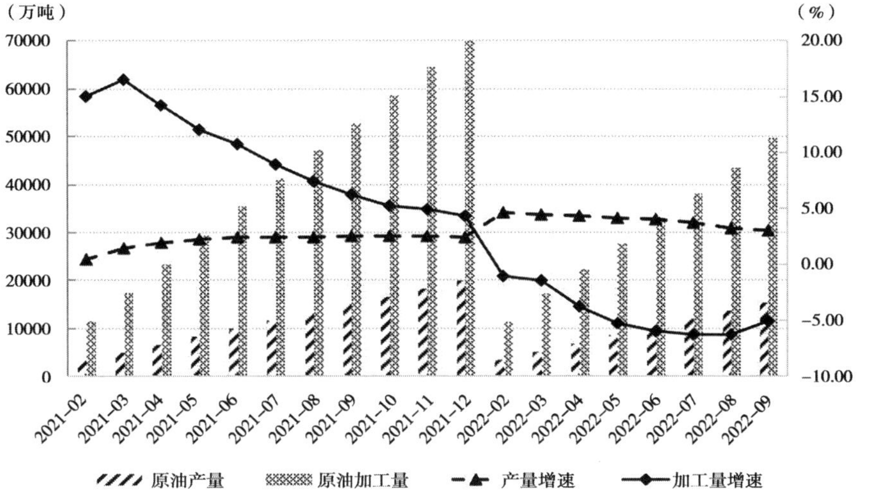

图 1　2021—2022 年我国原油产量和原油加工量增长趋势

（二）原油进口保持量减价增，对外依存度稳步下降

受地缘冲突频发、乌克兰危机、“OPEC+”减产的影响，国际原油价格大幅上涨抑制我国原油进口量，但进口金额大幅增长。2022 年 10 月我国原油进口量 4313.6 万吨，同比增速由降转升，达到 14.1%；1—10 月，原油进口量累计 41353.3 万吨，同比下降 2.7%，降幅较上年同期收窄 4.6 个百分点。按金额计算，1—10 月我国原油进口额达到 3026.7 亿美元，同比增长 47.3%。与此同时，原油非国营进口允许量也有所下降。9 月底商务部下发 2022 年度第三批原油非国营贸易进口允许量 289 万吨，叠加前两批 16172 万吨允许量，2022 年共计下发 16461 万吨，同比下降 7.07%，发放比例约为 75%。在国际高油价的影响下，我国原油进口价格再创历史新高，2022 年 1—10 月我国原油进口均价达到 731.9 美元/吨，同比上涨 51.4%。我国原油对外依存度也由年初的 71.4%下降至 9 月的 70.7%，石油供给安全稳步提升。2021—2022 年我国进口原油价格走势见图 2，2021—2022 年我国原油进口量及增速见图 3。

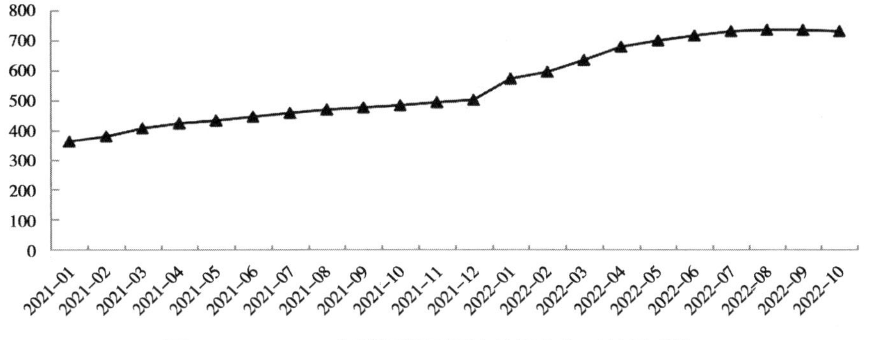

图 2　2021—2022 年我国进口原油价格走势（美元/吨）

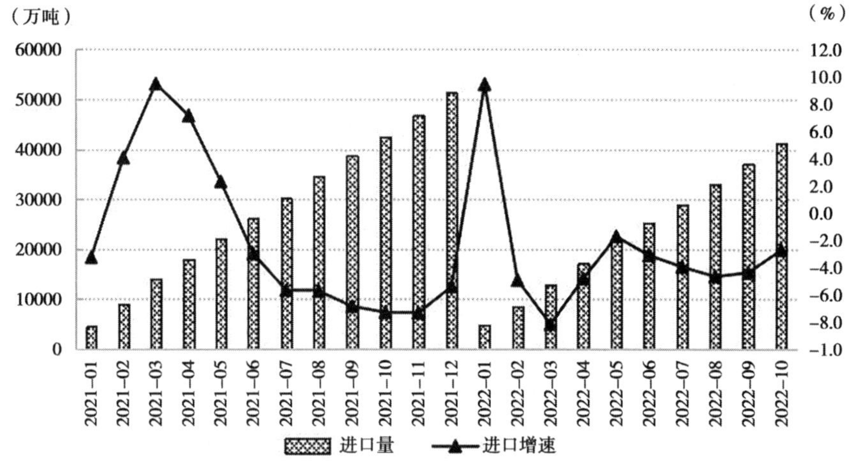

图 3　2021—2022 年我国原油进口量及增速

（三）成品油产量实现恢复性增长，柴汽比由降转升

受需求预期减弱、国内炼厂开工率持续走低影响，我国成品油产量有所下降，但油品分化态势显著。前三季度，汽油产量持续下降，煤油产量降幅加速扩大，柴油产量大幅上升。国家发展改革委运行局和国家统计局的数据显示，前三季度，我国汽油产量为10956.9 万吨，同比下降 3.3%；柴油产量为 13385.5 万吨，同比增长 16.8%。柴汽比由降转升，由 2021 年底的 1.06 上升至 2022 年 9 月的 1.22。煤油产量为 2138.2 万吨，同比下降 33.3%，较上年同期下降 43.1 个百分点（见图 4）。

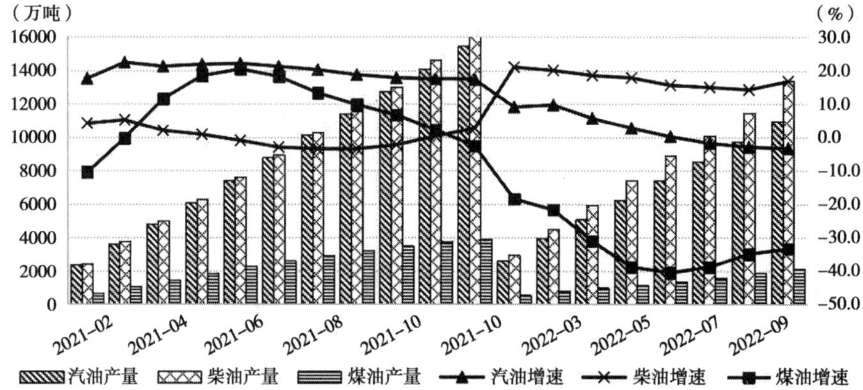

图 4　2021—2022 年我国成品油产量及增长趋势

（四）我国经济恢复稳定向好，成品油消费分化态势显著

2022 年以来，我国坚持“稳字当头、稳中求进”，加大宏观政策实施力度，内生发展动力不断增强，经济恢复稳定向好，推动成品油需求稳步上升。国家发展改革委运行

局的数据显示，9月全国成品油消费量为2804万吨，同比增长9.2%，前三季度，全国成品油累计消费量25383万吨，同比增长1.6%（见图5）。

分油品来看，受疫情多点散发影响，居民出行需求受到较大抑制，叠加新能源汽车需求旺盛冲击，前三季度汽油消费量同比下降5.4%。中汽协的数据显示，2022年1-9月，我国汽车销量为1947万辆，同比增长4.4%，其中9月，汽车市场进入传统“金九银十”销售旺季，在车辆购置税减征政策持续发力的提振作用下，我国汽车产销量分别同比增长28.1%和25.7%。与此同时，新能源汽车产销再创新高，9月新能源汽车产销分别完成75.5万辆和70.8万辆，同比分别增长1.1倍和93.9%；前三季度产销量分别完成471.7万辆和456.7万辆，同比分别增长1.2倍和1.1倍，市场占有率达到23.5%。

积极扩大有效投资政策加力落实，多地重大基建项目进展良好，推动柴油需求大幅增长。9月柴油消费量同比增长22.1%，前三季度实现同比增长14.6%。由于全球疫情持续影响、乌克兰危机增强全球产业链供应链脆弱性，我国航空煤油需求大幅下降，9月航空煤油消费量同比下降37.7%，1—9月同比下降达30.4%。

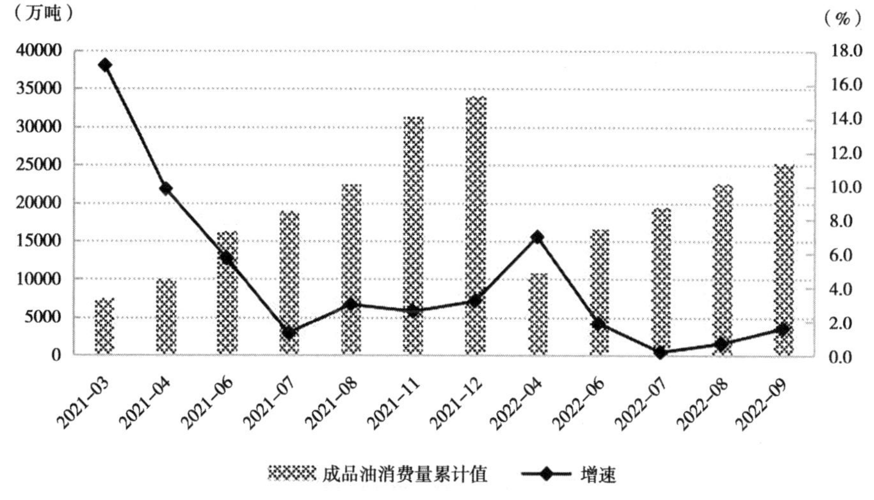

图5　2021—2022年我国成品油消费量及增速

（五）国际原油价格大幅攀升，成品油价格持续上涨

2022年以来，受地缘政治风险增强、新冠肺炎疫情持续影响、“OPEC+”延长减产协议、美联储货币政策加速收紧影响，国际原油价格大幅攀升。5月27日WTI轻质原油现货价格自2014年以来首次突破100美元高位，报收于100.15美元，并于6月8日达到108.41美元的新高；此外，3月7日布伦特原油现货也报收于124.37美元的新高点。截至目前，WTI轻质原油和布伦特原油现货价格分别较2021年底累计上涨18.2%和16.4%。从供给端看，美欧联合对俄罗斯石油进行“限价”制裁，俄罗斯石油供应减少，其他产油国短期内无法填补，叠加国际运输成本大幅提升，导致全球原油市场发现结构性供不

应求。10月，为应对全球经济增长疲软、全球主要央行加息带来油市崩盘的风险，“OPEC+”实施减产计划，将在11月及12月减产200万桶/日，进一步增强供应收紧预期，从而大幅提升油价。从需求端看，欧洲能源危机引发全球通胀高企，欧洲乃至全球经济衰退风险加剧。此外，2022年以来美联储加息7次，合计425个基点，助推美元走强，全球石油产品需求预期下滑，油价走强有所减弱。由此，短期内，原油价格维持高位震荡，我国成品油零售价迎来连涨模式。根据成品油价格形成机制，2022年我国成品油调价呈现“十三涨七跌一搁浅”的格局，汽油和柴油价格持续攀升，年内分别累计上涨1645元/吨和1580元/吨（见表1）。

表1　2022年成品油价格调整情况

	调价窗口	汽油	柴油
第1次	1月17日	涨345元/吨	涨330元/吨
第2次	1月29日	涨310元/吨	涨300元/吨
第3次	2月17日	涨210元/吨	涨200元/吨
第4次	3月3日	涨260元/吨	涨255元/吨
第5次	3月17日	涨750元/吨	涨720元/吨
第6次	3月31日	涨110元/吨	涨110元/吨
第7次	4月15日	降545元/吨	降530元/吨
第8次	4月28日	涨205元/吨	涨200元/吨
第9次	5月16日	涨285元/吨	涨270元/吨
第10次	5月30日	涨400元/吨	涨390元/吨
第11次	6月14日	涨390元/吨	涨375元/吨
第12次	6月28日	降320元/吨	降310元/吨
第13次	7月12日	降360元/吨	降345元/吨
第14次	7月26日	降300元/吨	降290元/吨
第15次	8月9日	降130元/吨	降125元/吨
第16次	8月23日	降205元/吨	降200元/吨
第17次	9月6日	涨190元/吨	涨185元/吨
第18次	9月21日	降290元/吨	降280元/吨
第19次	10月10日	不作调整	
第20次	10月24日	涨185元/吨	涨175元/吨
第21次	11月7日	涨155元/吨	涨150元/吨
全年累计		涨1645元/吨	涨1580元/吨

二、当前我国石油行业发展面临的主要问题

1. 原油价格过快上涨，国内炼厂压力骤增

目前我国原油对外依存度高，议价能力不足，消化上升成本的手段有限，企业面临亏损甚至破产的风险增强。2022 年以来，国际原油价格飙升，根据我国现行《石油价格管理办法》，当国际原油价格超过 80 美元/桶时，就要相应扣减炼厂的加工利润。在此背景下，一方面，国内炼厂成本显著增加；另一方面，不断出现的散发疫情对企业经营和居民就业带来严重影响，部分疫情严重地区工业企业经营困难，甚至停工、停产，就业形势严峻，居民收入增速放缓，企业和居民承受力下降，导致石油价格向下游传导阻力较大，炼厂利润大幅收窄，部分炼厂不得不降低开工率，若高油价持续，一些炼化企业或将处于破产的边缘。

2. 炼油结构性产能过剩问题依然突出

我国炼油产能结构性过剩仍然是制约行业发展的关键因素之一。中石油数据显示，2021 年我国炼油能力赶上美国，达到 9.1 亿吨/年，预计 2022 年仍将延续炼油能力较快增长态势，且我国将成为世界第一大炼油国。然而，尽管政府不断出台环保及安全监管的法律法规，环保力度持续加大、不达标的落后产能加速淘汰，但炼能结构性过剩仍然突出，传统炼厂面临转型挑战。小而散炼厂落后产能的淘汰效率还处于较低水平，随着安全环保要求越来越严格，叠加新冠肺炎疫情带来的需求大幅下降，落后炼油产能淘汰的压力将进一步增大。另一方面，我国炼厂产能规模发展不均衡，炼厂集约化、规模化、一体化程度较低，实现规模效益难度较大，也是制约炼油行业发展的又一因素。

3. 行业低碳转型的技术和装备仍存在较大缺口

石油行业是资源型和能源型产业，也是我国碳市场重点纳入的行业之一。石油行业产业链长，产业链各环节都面临通过技术创新推动碳减排、实现低碳发展的目标任务，这既包括本行业自身生产过程中所用到的技术，例如碳捕集利用与封存（CCUS）、制氢技术、生物质化学品技术、废弃化学品循环利用技术以及先进节能技术等，也包括外部相关行业的技术，例如绿电供应等。目前我国自主开发的多数低碳技术仍处于示范甚至概念阶段，与行业内国际领先水平仍有差距。我国大规模 CCUS 商业化运营项目还比较少，储氢材料、风/光等可再生电力相关设备仍依赖进口，行业对先进低成本的低碳、零碳、负碳技术及装备需求迫切。

三、2023 年石油供需形势预测

展望 2023 年，全球疫情防控仍面临严峻挑战、地缘政治风险持续将对世界经济复苏和能源需求造成较大扰动。面对严峻的国际形势，我国经济将温和复苏，在消费者和企业信心企稳、服务和消费活动显著提升、产业升级步伐加快、“双碳”战略有序推进、产业绿色低碳转型加速推进等因素的影响下，预计我国成品油消费量有所反弹，但仍在低位运行。

1. 需求侧动力略显不足，汽油消费仍将在低位运行

2022 年第四季度，受天气和疫情管控放松影响，私家车出行比例将有所提高；同时车辆购置税减征政策的“延续性+阶段性”、投资的拉动效应也将持续刺激消费，推动汽车市场进一步回暖，从而提振汽油消费。然而，受 12 月美国加息预期影响，国际原油价格仍将在高位徘徊，汽油涨价压力增强，对汽油消费形成一定的抑制作用。综合来看，汽油需求整体偏弱，汽油消费仍将在低位徘徊。展望 2023 年，一方面，国际原油价格有望保持高位震荡、行业节能降碳约束增强、新能源汽车替代加速将抑制汽油消费；另一方面，国内经济的温和复苏一定程度上将支撑汽油需求增长。总体来看，汽油消费将有所回升，但仍在低位运行。

2. 稳投资政策推动基建项目加速推进，柴油消费将稳步增长

2022 年第四季度，由于疫情防控的优化、投资政策的有效落实将推动基建项目加速形成实物量，且在物流保通保畅机制下，我国物流业将回暖向好，强力支撑柴油需求，因此柴油消费量还将保持快速增长。展望 2023 年，随着我国经济温和复苏，国内需求回暖，制造业投资恢复，工业生产稳步推进，基建项目持续推进将带来相关工程机械销量增长，尽管疫情多点散发风险犹存，但柴油消费仍将保持稳步增长。

3. 航空工业缓慢恢复，煤油需求降幅收窄

2022 年第四季度，在国内疫情防控优化政策落实的影响下，国内航线逐步恢复，将推动煤油消费提升。展望 2023 年，随着疫情逐渐得到控制，国内旅游及商务出行需求将大幅反弹，推动航空周转量上升；但与此同时，全球经济衰退风险加大，地缘冲突导致的全球产业链供应链“断链”“脱钩”风险仍将持续攀升，国际航空货运恢复将放缓，煤油需求降幅收窄。

四、石油行业高质量发展的政策建议

1. 强化预期引导，加大对国内石油供需平衡的调节力度

一方面，加强对石油市场价格的监测、预警和分析，及时有效地发布和解读相关信息，采取适当措施排查异常交易和恶意炒作，依法严厉打击哄抬价格、囤积居奇、散播虚假消息等违法行为，稳定市场预期。另一方面，对石油供应和需求两端进行双向调节。若油价上涨压力过大，可放松上游原油进口配额限制，开放更多配额给民营炼厂作为国有进口企业的补充，提升原油进口机动性，缓解民营炼厂成本压力。同时，鼓励炼厂提高产能利用率，加大石油储备市场的调节力度，鼓励石油经营企业释放储备库存。

2. 加快建设上海原油期货市场，提升国际定价影响力和话语权

乌克兰危机推动全球石油需求中心东移加速和重塑全球能源格局，我国作为全球最大的石油进口国，可以此为契机，一方面，进一步提升上海原油期货市场的稳定性、市场化和国际化程度，加速推动上海原油期货价格作为反映我国原油供需的定价基准，积极推动建立基于“中国价格”的区域性石油交易中心，提升我国在国际石油市场的定价权。另一方面，以“一带一路”建设为平台，在双边贸易中不断推广人民币结算，逐步实现人民币由结算货币向计价货币的转变；加速《中伊全面合作计划》的落实，推动中伊石油合作使用人民币结算，加快人民币国际化的脚步，实现我国绕开石油美元带来的价格风险，从而稳定石油价格。

3. 稳定和扩大石油供给，强化自主保障能力

对内加大重点盆地和海域石油资源勘探开发和增储上产力度，努力解决石油核心需求，推动石油资源的高效开发和利用。对外利用好欧美企业在中东、俄罗斯等地撤资的时间窗口，寻求具有互补优势的供应国，开展跨地区或者产业链上下游的资金、技术、管理经验等多方位的合作，加深相互依赖，保证长期稳定的供应来源。同时，加快打通我国和伊朗的陆路运输通道，使得我国从中东进口和运输的石油能够绕过马六甲海峡和霍尔木兹海峡，通过陆运或管道运输方式，途经中巴经济走廊直接运输回国，从而减少海上运输不确定性对供应链稳定造成的风险。

4. 加快推动减污降碳协同增效，加速行业绿色低碳转型

石油在相当长时期内仍将是我国能源体系的重要组成部分，行业高质量发展是保障能源安全的“压舱石”。要实现石油行业绿色低碳转型，减污降碳协同增效是重要手段。一是合理利用石油资源，逐步推进燃油车降油耗、加强多式联运，推动运输“公转铁”，确保石油消费量在2030年前达峰。二是调整石油化工产能规模和布局，实现减油增化降碳。控制炼油能力，增加乙烯生产能力，优化一体化改造，加大落后产能淘汰力度，有效化解结构性过剩矛盾，调整燃料变原料，提升产能利用率，实现节能降耗减碳。三是选择重点企业和产品率先开展节能降碳技术改造，合理设置政策实施过渡期，按照“整体推进、一企一策”的要求，分别制定省级节能降碳技术改造总体实施方案和企业具体工作方案，并稳妥有序实施。四是加快行业低碳管理制度建设，为加入碳市场夯实基础。开展行业碳管理体系建设，完善碳排放数据统计体系，提升数据质量，建立核算制度、交易制度以及核证减排量管理等低碳管理制度。

53　2022年天然气行业运行分析及2023年展望

温志超*

摘要：受新冠肺炎疫情、经济形势和天然气价格等因素影响，2022年前三季度天然气消费增速首次同比下降，除城市燃气消费正增长以外，工业消费、天然气发电消费和化工消费均出现负增长；国产天然气保持较快增长，进口气量有所下降；储气库采注气能力进一步增强，管道互联互通建设速度加快；天然气领域体制机制改革不断深化。展望2023年，在碳达峰、碳中和目标及大气污染防治等政策驱动下，天然气消费将大幅回升，国内增储上产能力进一步增强。建议推动油气勘采提质增效，加强基础设施建设和运营，进一步深化天然气领域体制机制改革，持续推进产供储销体系建设，推动天然气行业高质量发展，提升能源安全自主保障能力。

关键词：天然气行业　高质量发展　展望

一、2022年天然气行业运行特征分析

受新冠肺炎疫情、经济形势和天然气价格等因素影响，2022年前三季度天然气消费增速首次同比下降。我国持续提升油气勘探开发和投资力度，国产天然气增长较快；受我国天然气消费量放缓等影响，进口气量有所下降；储气库采注气能力进一步增强，管道互联互通建设速度加快；积极出台进口液化天然气接收站气化服务定价机制的指导意见和城市燃气管道等老化更新改造实施等政策，天然气行业稳步发展。

（一）天然气消费历史上首次同比下降，预计增速同比下降1.5%

2022年1—9月全国天然气消费量为2694.8亿立方米，较2021年同期减少约38亿立方米，同比降低1.4%。受新冠肺炎疫情、经济形势、天然气价格、煤炭供需形势等因素影响，我国天然气市场低迷，消费量从3月开始持续呈现同比负增长态势（见图1），在

---

* 温志超，经济学博士，国家信息中心经济预测部助理研究员，主要研究领域为环境经济、能源经济、碳市场交易机制、投入产出模型、CGE模型等。

此前的历史中，我国仅有2020年2月出现过同比下降的态势，连续多月同比下降的现象为历史上首次。第四季度进入冬季供暖用气高峰，天然气消费供需或仍整体偏宽松，但部分时段或紧平衡。预计全年消费量为3670亿立方米，同比下降1.5%。

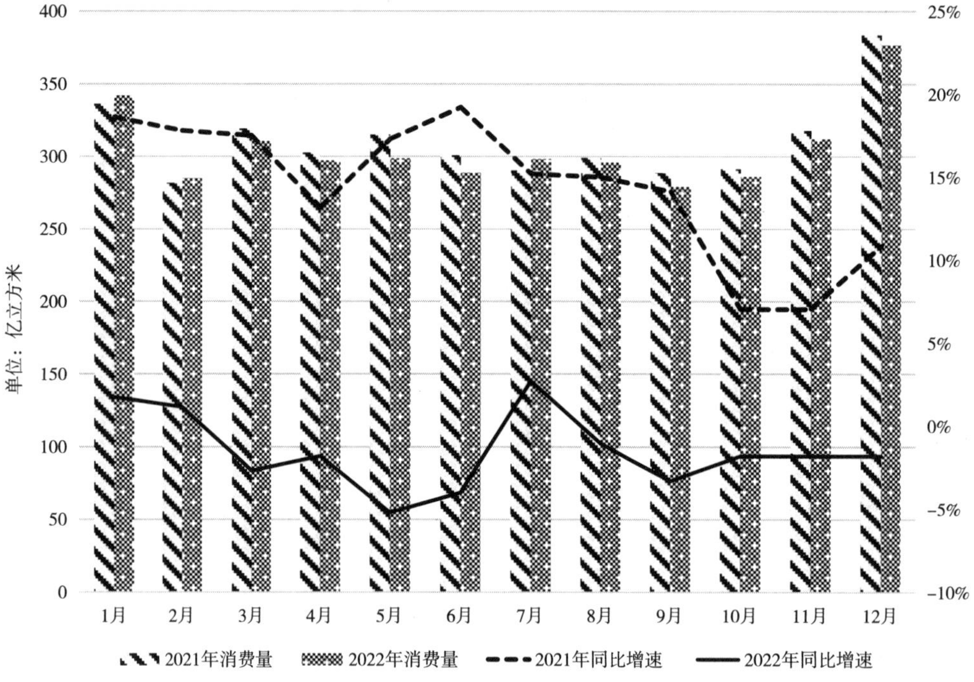

图1 2021—2022年我国天然气表观消费量及同比增速

注：2022年10—12月预测值为作者估计。

数据来源：国家发展改革委经济运行局。

分行业消费情况看，天然气消费仍以城市燃气消费和工业消费为主，两者约占天然气消费总量的75%。2022年1—9月，城市燃气消费量和工业消费量分别占天然气消费总量的34.8%和39.9%，天然气发电消费量占天然气消费总量的16.9%，化工消费量仅占天然气消费总量的8.4%（见图2）。

在消费增速方面，除城市燃气消费正增长以外，工业消费、天然气发电消费和化工消费均出现负增长。2022年1—9月，城市燃气消费同比增长7.5%；工业消费同比增长-4.4%；天然气发电消费同比增长-4.7%；化工消费同比增长-1.0%（见图3）。城市燃气消费主要集中在采暖用气和居民用气；受经济发展形势、疫情、天然气价格等因素影响，在煤改气工程大力实施的情况下，工业燃料用气量依然同比下降；除可再生能源发电、水电和太阳能发电等增加以外，煤炭供应宽松、天然气价格较高也是影响天然气发电消费量的主要因素；受农需转弱、化工品价格震荡等因素影响，天然气化工企业产量同比下降，进而带动化工消费有所降低。

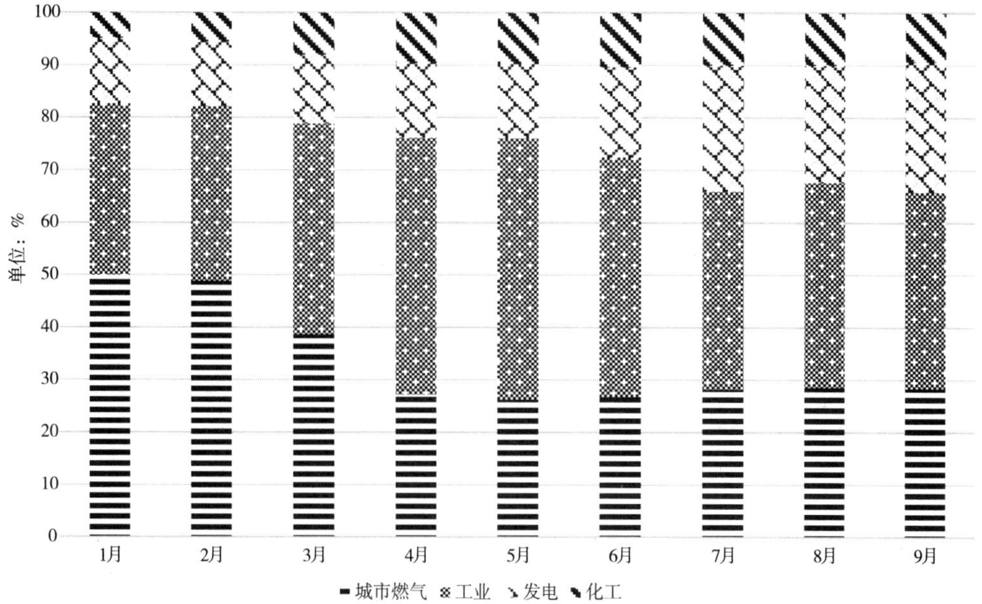

图 2　2022 年 1—9 月我国天然气消费结构

数据来源：北京世创能源咨询有限公司。

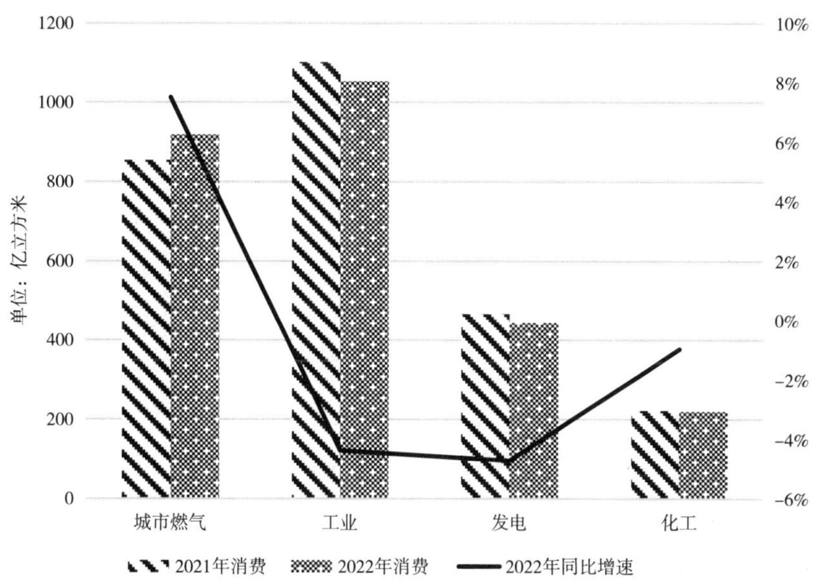

图 3　2021 年和 2022 年 1—9 月份分行业消费量及增速

数据来源：北京世创能源咨询有限公司。

（二）国产天然气保持较快增长，进口气量有所下降

2022 年我国持续提升油气勘探开发和投资力度，坚定不移推进油气增储上产，国产气总体上依然保持较快增长。2022 年 1—9 月国内天然气产量 1601 亿立方米，同比增加 82.7 亿立方米，同比增长 5.4%，同比增速低于 2021 年（7.1%）（见图 4）。

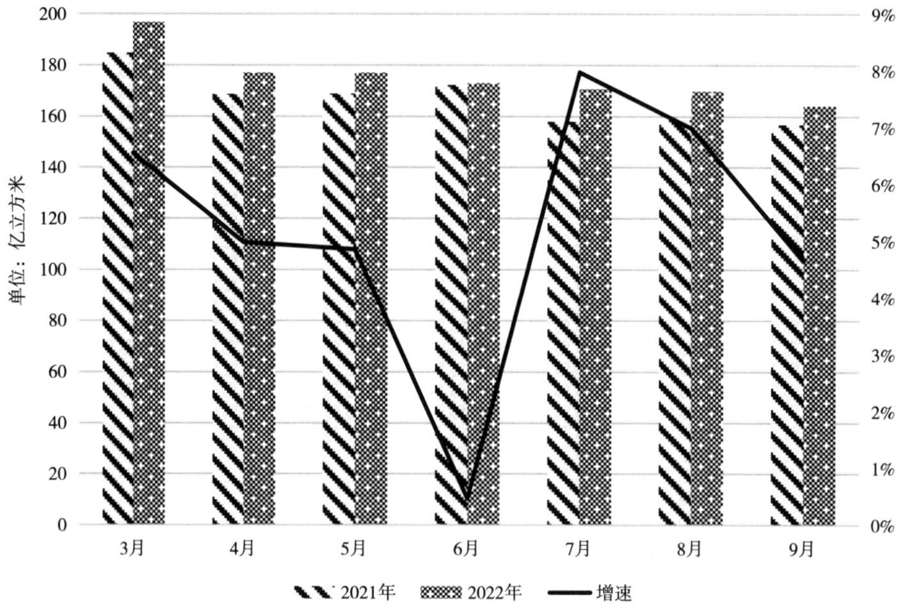

图 4　2021 年和 2022 年 3—9 月国产天然气产量及增速

数据来源：国家发展改革委经济运行局。

非常规气中页岩气和煤制气同比增速较快，煤层气同比增速较慢。2022 年 1—9 月页岩气产量为 183.4 亿立方米，同比增加 20.6 亿立方米，同比增速为 12.7%；煤制气产量为 42.5 亿立方米，同比增加 9.2 亿立方米，同比增速为 27.8%；煤层气产量为 76.5 亿立方米，同比增加 6.9 亿立方米，同比增速为 9.9%（见图 5）。

受我国天然气上产和消费量放缓的影响，天然气进口量有所下降，燃气发电需求下降是造成天然气进口量明显下降的主要原因。2022 年 1—9 月天然气进口量为 8116.3 万吨，同比增长-9.5%；其中进口管道气 3467.0 万吨，同比增长 10.5%；进口 LNG 4650.7 万吨，同比增长-20.2%（见图 6）。尽管进口量有所下降，但整体来看供需基本保持在平衡状态。

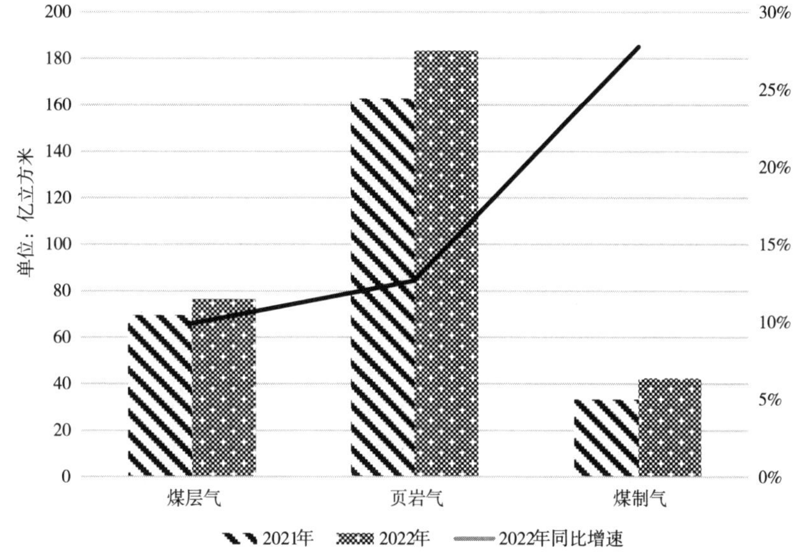

图5　2021年和2022年1—9月累计非常规天然气产量及同比增速

数据来源：北京世创能源咨询有限公司。

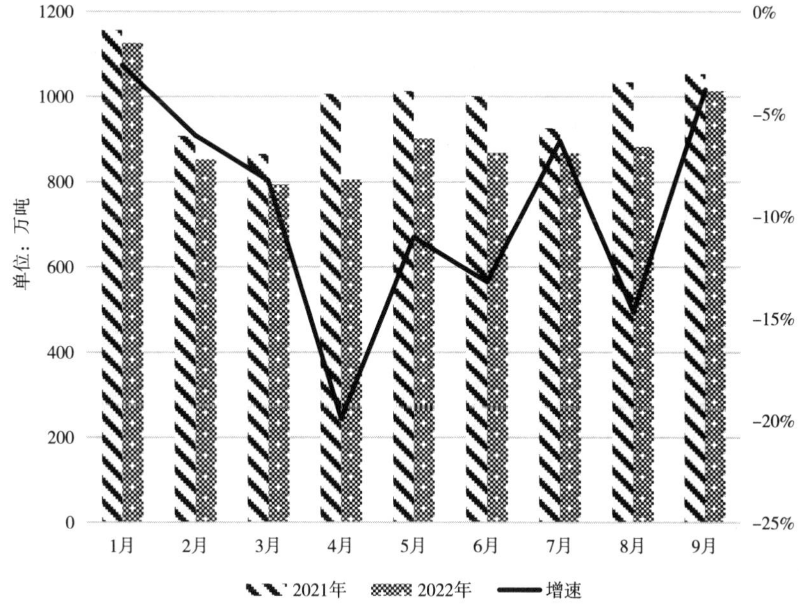

图6　2021年和2022年1—9月进口气量及增速

数据来源：海关总署。

（三）储气库采注气能力进一步增强，管道互联互通建设速度加快

储采气方面，2022年1—3月采气量为88亿立方米，远高于上年的53亿立方米。2022年4—9月，总注气量达到155亿立方米，亦高于上年的105亿立方米，储

气库采注气能力进一步增强。管道方面，广东省天然气管网粤电云河专线项目开工、广宁石涧至怀集闸岗高压天然气管道工程项目开工、中开线与平泰线互联互通工程开工建设、西气东输四线天然气管道开工建设；胶州湾海底天然气管线项目进入全面施工阶段、福建天然气二期管网德化支线与西三线东段联通工程竣工、南疆利民管网互联互通重点工程投运、新疆轮南天然气管道工程正式投产、国家管网川气东送管道江汉储气库输气联络线投产成功、国家管网集团海南省管网有限公司大唐海口输气管道工程投产通气；国家管网集团西气东输三线东段与德化支线联通工程顺利完成互联互通、国家管网集团西气东输三线东段与德化支线实现互联互通，国内管道互联互通建设速度进一步加快。

（四）受国际油价上涨等影响，进口管道气和 LNG 价格同比较快增长

2022 年 1—9 月，进口管道气平均价格为 5.89 美元/百万英热单位，同比增长 9.63%，自 2 月份以来，进口管道气价格呈现上涨趋势（见图 7）。但由于进口管道气价格按油价进行指数换算的时滞较长，以及我国进口的价格最低的俄罗斯管道天然气增大了占比，进口管道气价格上涨幅度和 LNG 相比显得较为温和。

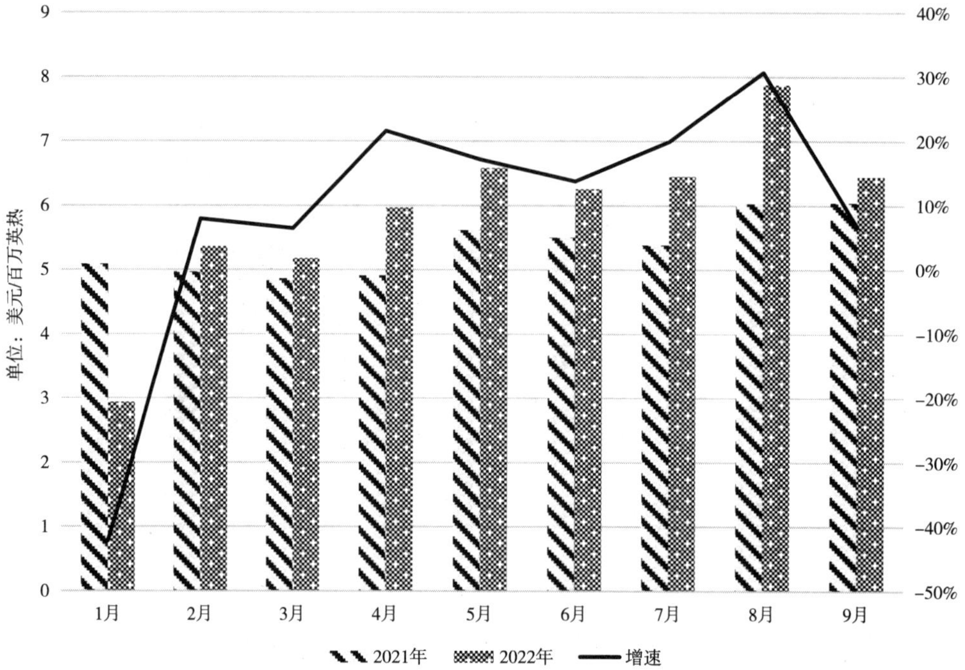

图 7　2021 年和 2022 年 1—9 进口管道气价格

数据来源：海关总署。

2022 年 1—9 月，进口 LNG 平均价格为 16.08 美元/百万英热单位，同比大幅上升 71.0%，特别是 1 月、4 月和 5 月同比涨幅均在 90%以上（见图 8）。相比管道

气，LNG 市场化程度更高，与国际原油价格相关性强，受国际油价上涨等影响，价格涨幅较大。

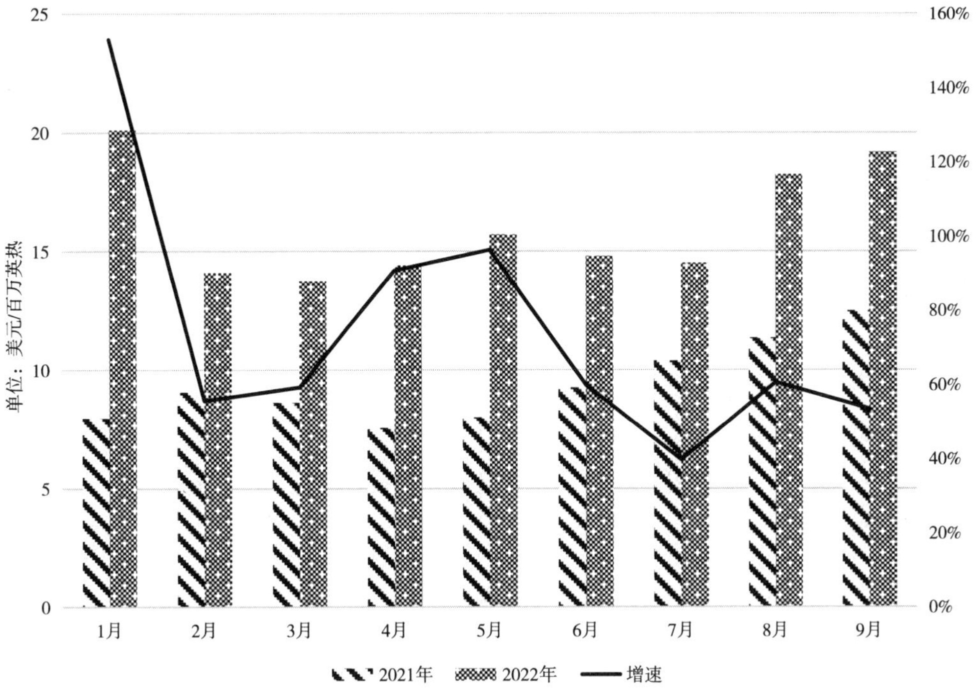

图 8 2021 年和 2022 年 1—9 进口 LNG 价格

数据来源：海关总署。

（五）接收站气化服务定价机制和城市燃气管道等老化更新改造实施等政策出台

国务院办公厅和国家发展改革委出台多项政策规划，涉及完善进口液化天然气接收站气化服务定价机制、城市燃气管道老化等更新改造等，促进天然气行业高质量发展，保障能源安全稳定供应。

（1）2022 年 5 月 20 日，国家发展改革委发布《关于完善进口液化天然气接收站气化服务定价机制的指导意见》，就完善接收站气化服务定价机制提出意见，明确气化服务价格定义及内涵、健全气化服务定价方式、完善价格制定方法、合理设定价格校核周期、细化其他服务价格管理等气化服务价格实行政府指导价管理。

（2）2022 年 6 月 10 日，国务院办公厅印发《城市燃气管道等老化更新改造实施方案（2022—2025 年）》，在全面摸清城市燃气、供水、排水、供热等管道老化更新改造底数的基础上，规划部署，抓紧健全适应更新改造需要的政策体系和工作机制，加快开展城市燃气管道等老化更新改造工作，彻底消除安全隐患。2022 年抓紧启动实施一批老化更新改造项目。2025 年底前，基本完成城市燃气管道等老化更新改造任务。

（3）2022 年 3 月 22 日，国家发展改革委与国家能源局联合印发《“十四五”现代能源体系规划》并公布。该规划指出，我国步入构建现代能源体系的新阶段。“十四五”时期现代能源体系建设的主要目标包括：能源保障更加安全有力；到 2025 年，非化石能源消费比重提高到 20%左右；单位 GDP 能耗 5 年累计下降 13.5%等。规划中特别强调了增强油气供应能力，提高发展水平，到 2025 年，国内原油年产量回升并稳定在 2 亿吨水平，天然气年产量达到 2300 亿立方米以上。

二、当前天然气行业需要关注的主要问题

碳达峰碳中和目标下，我国天然气产供储销体系还需进一步完善，上游勘探开采市场仍需进一步放开，油气探矿权市场化出仍需完善，储气库建设仍存诸多障碍，管网互联互通水平仍需提升，管网投资建设步伐仍需加快，市场化的天然气价格机制仍未理顺。

1. 油气探矿权市场化出让待完善，油气增储上产仍存难题

随着我国石油天然气对外依存度不断攀升，加大油气勘探开发力度、保障国家能源安全已成为我国油气领域的重点工作。党的二十大报告指出，“加大油气资源勘探开发和增储上产力度”。自 2012 年以来，我国上游油气勘探开采市场开放的步伐一直未停歇，相关政策不断完善，出让方式也由招标向拍卖、挂牌不断拓展。然而目前油气探矿权的竞争性出让仍存在问题。当前出让区块仍多为构造复杂、低资源禀赋区块，对参与勘探开发的企业提出不少挑战。由于投资强度、开采风险和开采难度等因素限制，新进入的投资主体鲜有成果。目前我国油气上游勘探开采主体主要为中国石油、中国石化、中国海油和延长石油这四家油企。我国虽具备增储上产的资源基础，但也存在资源品质总体较差、关键技术问题仍待突破、开发成本高、风险大等问题。

2. 储气库建设仍存诸多障碍，储气库尚无法满足调峰需要

储气库建设是天然气产业发展到一定程度必不可少的环节，目前储气库调峰和保供的作用日益凸显，但我国现有的地下储气库尚无法满足当前天然气的调峰需要。数据显示，2021 年我国地下储气库工作气量约为 170 亿立方米，在当年天然气消费量中占比不足 5%，远未达到 12%的世界平均水平，与欧美发达国家 20%~25%的水平也有较大差距，加大了冬季保供压力。目前，我国储气库建设仍存在资源地域分配不均衡、产权界定不清晰、标准规范不健全、盈利水平偏低、投资主体单一和市

场化程度不高等问题。由于我国库址资源地质条件复杂，储气库建设十分艰难。储气库垫底气费用，资金沉淀严重，极大增加了设施建设和后期运营成本。调峰价格直接影响企业建设储气库的动力，调峰气价不明确限制了企业建设储气库的热情。目前储气库建设最大的问题是投资回报渠道和运营机制不完善。

3. 管网互联互通水平仍需提升，管网投资建设步伐仍需加快

随着国家石油天然气管网集团有限公司独立运营，管网基础设施互联互通能力进一步稳步提升，管网运营模式发生变化。除主干网外，目前我国有数十家省级管网企业运营各省内天然气管网，还有数千家城镇燃气企业经营城镇燃气管网。其中省内管网相对独立，区域分割比较严重，各类管网系统间联通不畅，整体管输效率较低。主干网、省网、城镇燃气管网间在季节性用气高峰期也有利益之争，使得第三方公平准入难以有效推进，管网互联互通程度较低。天然气产业发展高度依赖输配管网，管网建设直接决定天然气市场的范围，虽然我国天然气基础设施在近年来有了较快的发展，但与国家经济整体的发展水平相比依然落后，管网投资建设步伐仍需加快。

4. 天然气定价机制仍需完善，亟待建立合理成本分摊机制

目前，天然气定价机制仍不完善，在气价高涨的当下，工业用户和城燃企业承受极大压力。我国长期以来一直采用低居民气价的模式，并通过对工商业用户实行高气价进行交叉补贴，导致价格水平不能完全反映用户实际应负担的成本，一定程度上抑制了价格机制发挥作用。我国天然气上下游顺价机制也仍未理顺，下游价格调整滞后。目前，由于非居民用气顺价有明确上限且幅度有限，远低于城市燃气企业的实际进气成本上涨幅度，超限部分只能由城市燃气企业自行消化。当前非居民用气终端销售价格的季节性联动机制已基本形成，但多以冬季用气高峰时上调为主，淡季用气低谷时下调却很少。总体上，我国现行的天然气价格形成机制与油气改革“管住中间、放开两头”的总体思路尚有很大差距，仍以政府管制为主，市场化的定价机制还需进一步完善。

三、2023年天然气行业前景展望

展望2023年，在碳达峰、碳中和目标下，天然气作为清洁能源，能有力促进空气环境质量的持续改善和人民生活品质的显著提升，是“减污降碳”计划中最现实的能源。随着天然气行业政策的持续发力，新能源行业的持续发展，天然气与新能源将进一步融合发展，天然气消费也将恢复增长态势。随着一些国内主要气田增储上产，天然气产量加速增长，同时随着天然气价格回落，进口气量将继续保持增长，我国天然气产业持续稳步发展的总基调不变，预计2023年天然气市场供需总体平衡略有宽松。

1. 在碳达峰、碳中和目标下，天然气行业稳步发展基调未变，天然气将与新能源融合发展，消费增速由负转正，预计全年消费将大幅回升

随着我国更加科学地制定疫情防控的宣传策略和预期管理，进一步加快疫苗加强针接种以及相关防控政策的优化调整等，疫情防控形势将大幅好转，房地产下行的负面影响逐渐消退，积压的需求得以释放，就业压力缓解和居民收入改善，推动服务和消费活动复苏，预计2023年我国GDP增速有望反弹。在“双碳”目标引领下，我国能源结构转型需要大量的清洁化石能源，可再生能源还不能担负起“双碳”的重任。2022年天然气负增长态势是短期现象，2023年天然气增量发展和存量替代将双重发力，推动我国天然气行业持续稳步发展。天然气体制机制改革继续深化，产业政策持续改进。天然气上中下游全产业链将进一步降本增效，上游激发勘探开发活力，中游加快形成全国一张网，下游天然气协调发展。深化天然气价格改革，进一步扩大天然气利用范围。预计2023年天然气消费将大幅回升。

2. 国内增储上产能力进一步增强，进口气将继续保持增长，能源安全保障能力进一步提升

随着我国矿业权流转机制、探矿权竞争性出让机制、储量及价值评估规则等逐步完善，非常规气页岩气矿业权重叠问题妥善解决，煤层气矿业权问题逐步理顺，制约国产天然气产量增长的体制机制问题将进一步得到解决，进一步激发勘探开发活力。随着更多元化的资本进入常规油气和非常规油气上游市场，加大对深层、低品位、小规模、难采的油气资源的勘查开采投入，推动常规天然气产量稳步增加，非常规天然气将取得较快发展。全球发展新能源的趋势不会发生根本性改变，油价长期走高的动力不足，我国进口天然气价格不会长期保持高位，一旦价格回落，进口天然气量将继续走高。预计2023年国产天然气供给量和进口量同比增长10%。

四、加快天然气行业高质量发展的政策建议

推动油气勘采提质增效、强化基础设施建设运营，加快气价市场化改革等仍面临一系列挑战，需稳步推进各项工作，并进一步深化天然气领域体制机制改革，重点落实已出台的改革政策，加快出台配套政策，持续推进产供储销体系建设，加快天然气行业高质量发展。

1. **加快释放国内供应潜力，提升能源安全自主保障能力**

努力加大勘探开发力度，保障能源安全。一是推进油气勘探开发领域市场化，实行勘查区块竞争出让制度和更加严格的区块退出机制，加快油田服务市场建设。二是强化勘探特别是风险勘探投资，加快资源探明，夯实资源基础，强化储量接续。三是强化国有企业的责任考核和使命担当，不断增强国内天然气生产保障能力，持续增储上产。积极稳妥深化能源领域国有企业混合所有制改革，进一步吸引社会投资进入能源领域。四是加快科技创新和工程示范，推动油气等资源先进开采技术开发应用。围绕深层深水常规气、深层页岩气、煤层气等难动用储量资源，强化勘探评价和科技攻关，推动效益建产、高效上产。

2. **推进储气能力建设市场化，促进储气库建设良性发展**

尽快推进储气能力建设市场化，并从规划、建设、运行各环节进行监管，促进储气库建设良性发展。一是完善储气库建设投资回报渠道和运营机制。在实践中探索系统的储气库建设收益机制，并尽快出台支持政策。二是探索推动社会资本合理有序参与储气库建设，完善盈利模式和收益机制。三是尽快出台垫底气相关补贴政策，缓解企业资金压力，调动企业建设积极性。四是加速推进“小而快”的储气库建设，创造盈利空间，吸引更多资本进入。

3. **加快天然气管网投资建设，推进管网运营体制机制改革**

加快天然气管网投资建设，坚持市场化改革方向，稳步推进管网运营体制机制改革。一是适度超前加快天然气基础设施投资建设，更好地满足天然气行业持续稳定发展的要求。加快完善区域及省内管道，强化供需衔接。支持实施天然气长输老旧管道更新改造，保障产业链平稳运行。二是持续推动天然气管网设施互联互通并向各类市场主体高质量开放，因地制宜、因省施策，加快推动省级管网市场化融入国家管网，促进天然气在市场的自由流动和灵活调配。三是完善管网运行调度规则，加强管网设施公平开放监管，提升管网设施利用效率，推动建立管网气量平衡辅助服务市场机制，加快管网数字化、智能化、标准化体系建设等。

4. **尽快全面理顺天然气价格，建立合理的成本分摊机制**

尽快实现天然气上下游价格联动，取消交叉补贴，理顺价格机制。一是最大限度消除由于交叉补贴引起的价格扭曲，尽快全面理顺天然气定价机制，建立合理的成本分摊机制。二是鉴于近期天然气价格保持高位，尽快推出天然气上下游价格联动机制的支持政策。三是积极推进城镇燃气配送网络公平开放，减少配气层级，严格监管配气价格，探索推进终端销售价格市场化，以“准许成本加合理收益”为基础，尽快理顺价格机制，消除交叉补贴。四是完善价格形成机制，对不具备取消门站价格管制条件的地区，完善门站价格形成机制，促进定价机制由政府管制向与油价挂钩转变。对具备取消门站价格管制条件的地区，加快发展天然气市场交易中心，促进定价机制从与油价挂钩向“气与气竞争”转变。

54　2022 年氢能产业形势分析及 2023 年展望

张晓兰*

摘要：2022 年，在国内经济面临“三重压力”背景下，我国氢能产业发展势头不减，延续 2021 年的良好态势，产业链核心环节取得积极进展。随着用氢需求的持续扩大和应用领域的不断扩展，2023 年我国氢能产业仍将处于加速发展阶段。但由于产业起步迟、发展晚，发展过程中面临基础设施薄弱、核心技术不强、运营成本高昂、应用领域单一等问题。对此，我国应强化氢能顶层设计，适度超前布局加氢站等基础设施建设，加强科技创新促使产业自主可控，着力拓展多元化应用场景。

关键词：氢能　加氢站　制氢技术

一、2022 年我国氢能产业发展态势分析

1. 制氢技术趋向清洁化低碳化

制氢技术是氢能上游产业链实现“零碳”的重要因素。当前，我国化石能源制氢和工业副产氢在制氢技术中占据主导地位，约占氢气来源的 95%，电解水制氢占比不到 5%。尤其是在国家氢能中长期规划发布和“3+2”燃料电池示范城市群落地等利好政策推动下，2022 年我国制氢技术加快向清洁化低碳化发展，电解水制氢技术正在加快更新。其中，碱性电解水和质子交换膜电解水是我国电解水制氢的主流技术。与质子交换膜电解水制氢相比，碱性电解水制氢设备成本优势较大、技术更为成熟，而质子交换膜纯水电解制氢技术具有无污染、槽体结构紧凑、运行更加灵活、更适合可再生能源波动性等优点，目前已有越来越多的新建绿电制氢项目开始选择使用质子交换膜电解槽技术，有加速赶超趋势。

2. 氢能应用领域不断延伸扩展

2022 年，我国氢能广泛应用于工业生产、发电、储能、交通等领域，持续拓展

---

* 张晓兰，经济学博士，国家信息中心经济预测部，副研究员，研究领域为国际经济、产业经济。

了工业领域的替代应用空间。据彭博新能源财经预计，2022 年钢铁、化工、甲醇、制氨和炼油五大行业的氢能使用量将超过全球 5 万多辆氢能汽车的总耗量。同时，氢能还高效替代了冶炼等高耗能、高排放行业能源，有效减少了二氧化碳排放。2022 年，国内多家钢铁公司大力布局氢能冶金，河钢集团启动建设氢冶金示范工程，山西晋南钢铁集团打造了钢-焦-化-氢全闭环低碳生产链。另外，2022 年我国氢能发展呈现积极态势，氢能大规模示范应用取得突破性进展。一方面，氢燃料电池多样化、规模化应用加快推进，燃料电池汽车在部分地区实现了小规模示范应用，北京冬奥会共示范运营了 1200 多辆氢燃料电池汽车。另一方面，氢能应用还不断推广至重型卡车和船舶等领域，200 辆潍柴氢燃料电池商用车同步投入运营，我国第一艘自研的氢燃料电池内河动力船“三峡氢舟 1 号”正式动工建造。

3. 政府支持政策提速加码

自 2019 年《政府工作报告》首次提出“氢能”后，政府支持政策密集发布，正在从试验推广到产业化发展全面加速。2022 年以来，我国陆续出台了多个氢能发展支持政策，积极推进氢能技术标准化工作，强化标准对技术创新和产业发展的引领作用。2022 年 3 月，国家发展改革委、国家能源局联合发布《氢能产业发展中长期规划（2021—2035 年）》；2022 年 3 月，国家能源局印发《2022 年能源工作指导意见》；2022 年 6 月，国家发展改革委、国家能源局等 9 部门联合印发《“十四五”可再生能源发展规划》；2022 年 8 月，科技部、国家发展改革委、工业和信息化部等 9 部门联合发布《科技支撑碳达峰碳中和实施方案（2022—2030 年）》。这些政策从氢能技术发展、“制-储-运-加-用”产业链各个环节，系统地提出了氢能产业发展重点，进一步明确国家对氢能发展的支持。与此同时，全国 20 多个省份共发布氢能规划和指导意见 200 多份，北京、河北、山东、上海、江苏、广东、河南、甘肃等地重点围绕“十四五”时期我国“双碳”发展要求，从产业规划、政策补贴、企业培育、加氢站建设、氢燃料电池投放等方面进行布局。

4. 全国各地积极打造全产业链生态

2022 年以来，为了助力“双碳”目标和把握氢能先发优势，全国多地加快扶持氢能产业各环节发展，积极推进氢能项目落地，着力打造氢能全产业链。2022 年 5 月，上海市发布《上海市氢能产业发展中长期规划》，预计到 2025 年将建设各类加氢站 70 座、3~5 家国际一流创新研发平台，氢燃料电池车保有量突破 1 万辆。2020 年 6 月，山东省出台《山东省氢能产业中长期发展规划（2020—2030 年）》，提出全力打造“中国氢谷”“东方氢岛”两大品牌，培育壮大以济南和青岛为重点的“鲁氢经济带”。2022 年 9 月，河南省发布《河南省氢能产业发展中长期规划

（2022—2035 年）》，预计到 2025 年将突破氢能产业关键技术和设备制造，产业链相关企业达到 100 家以上，氢能产业总产值突破 1000 亿元。2022 年 11 月，湖北省出台《支持氢能产业发展的若干措施》，加强支持产业链重点环节发展，着力构建全产业链生态，打造全国氢能产业发展高地。目前，我国已初步形成东、中、西、南、北五大氢能产业发展区域，全产业链规模以上氢能企业 300 多家，在建和筹建的风光制氢项目 40 多个。

5. 资本加速布局氢能产业链

除各地加快布局氢能全产业链外，国内资本也在加速布局氢能产业链。2022 年以来，我国氢能领域完成了超过 63 亿元的投融资规模。潍柴动力、迪威迅等企业积极布局、延伸氢能产业链。2022 年 7 月，迪威迅子公司迪威立方与雄川氢能企业签订了一份 82 辆氢燃料电池自卸汽车实施合作运营的协议。青岛氢启新能源科技有限公司经过近一年的设计、施工、厂房建设等，即将建成 CCM（三合一）涂布产线、膜电极封装检测自动化产线、双极板点胶产线、燃料电池电堆自动装配产线。同时，超过 1/3 的央企已布局了“制-储-加-用”全产业链，加快突破关键材料及核心技术设备瓶颈。未来，随着更多氢能项目落地，研发、制造等产业链上下游环节将加快推进，产业链协同效应将进一步拓展下游应用场景。

二、2022 年我国氢能发展存在的主要问题

目前，我国氢能产业已具备规模化生产基础，初步建立了较为完备的制、储、运、用全产业链，但由于产业起步迟、发展晚，仍面临基础设施薄弱、核心技术不强、运营成本高昂、应用领域单一等问题。

1. 基础设施不完善，与产业高速发展不相适应

加氢站等基础设施建设是我国氢能产业高速、高质发展的关键。截至 2022 年 7 月，我国共建成各类加氢站 271 座，仅为日本的 1/4，相较于美国与德国的加氢站数量仍然偏少，与产业高速发展不相适应。一方面，我国加氢站数量有限，无法全面满足规模化应用推广的市场需求；另一方面，我国加氢站主要以示范运行为主，大多数属于场内测试站与撬装站，固定储氢量或氢气压缩系统能力较低。未来，随着我国氢能产业加速发展，氢能车辆数量攀升、储氢能力持续提高、注氢时间持续减少，现有加氢站面临加氢车辆进场时间随机化、单次加注体量高、加气时间短等挑战，无法满足商用需求，重建、升级成本高昂。此外，与国际领先国家相比，尽管我国已具备 35MPa（兆帕）加氢站关键技术与装备集成能力，但 45MPa 加氢技术

仍未突破，现有技术氢气流量小、设备故障率高、高压管路和阀门等关键部件依赖进口，与发达国家存在较大差距。

2. **核心技术有短板，与自主安全可控不相适应**

近年来，我国通过氢能产业链持续加大研发力度，已初步掌握了制氢、储氢、加氢、氢燃料电池等主要技术和生产工艺。但受制于氢能产业发展时间短、前期基础弱等不利因素，在液态储氢、燃料电池系统、高端材料和装备制造等核心技术领域，我国与美、日、欧等国际先进水平仍存较大差距。如制氢技术领域，我国95%的氢气来源于化工能源和工业副产制氢，电解水制氢（零碳制氢）占比不到5%；碳纸、催化剂、质子交换膜等燃料电池核心零部件制造水平与国外差距较大、国产化水平较低，主要市场仍被国外企业占领。此外，我国高校和科研院所的氢能和燃料电池专业数量少、学科水平低，人才培养机制和高校毕业生数量与产业长远发展需求矛盾突出，人才缺口较大。2020年以来，我国节能产业领域人才缺口超过70万人。

3. **运行成本偏高，与市场增长需求不相适应**

我国是联合国产业中工业分类最全的国家，依托庞大的工业制造规模优势，拥有丰富的副产氢资源，有利于为传统产业初期发展提供低成本氢源，但由于我国制氢和建站成本较高，整体氢能使用价格较为昂贵。一方面，我国氢气成本在氢气售价中占比达到70%，电解水制氢成本为3~5元/m^3，显著高于化石燃料与工业副产制氢；另一方面，由于加氢站核心部件依赖进口，尽管我国加氢站数量逐年增多，但每座加氢站建设成本仍需1500万~2000万元，成本居高不下。同时，在顶层规划指导不足、地区响应力度不一、市场调节体系偏弱下，我国氢能产业尚未形成大范围的集群协作效应，上下游产业链发展不同步态势凸显，依托充分市场竞争、以产品供需平衡实现成本有效下降的循环生态建设尚需时日。短期内，偏高的氢能使用成本，与市场增长需求不相适应。

4. **应用领域较单一，与多元开发应用不相适应**

当前，我国氢能产业有序发展仍需政府、社会等长期和耐心的关注投入，但由于顶层设计框架和引导方向过于狭窄，发展重点过度聚焦于氢燃料电池汽车及其产业链，对其他领域的氢能技术创新指导力度有限，各省市政策、资金等激励措施与力度不足。单一化的政策引导，既制约了氢能技术的研发投入，又限制了市场的开发应用，不利于我国通过氢能产业发展实现能源开发利用的“弯道超车”和助力实现“碳达峰、碳中和”。目前，尽管我国氢能在商用车的应用取得了积极进展，但是乘用车应用的替代效果尚不明显。与纯电动汽车相比，昂贵的制氢和运输成本，以及加氢站、运输管网等基础设施建设不完善，导致我国氢能汽车竞争力较弱。此外，“绿氢”的应用对冶金、化工等绿色化、低碳化发展的促进作用有限，氢能多元化应用仍处于探索阶段。

三、2023 年我国氢能产业发展展望及建议

目前，我国氢能产业整体处于发展初期，但发展势头较好。在政府政策支持和各省市积极推动下，2023 年我国氢能产业仍将延续 2022 年的良好发展态势。尤其是国家重点研发计划启动实施“氢能技术”重点专项后，氢能绿色制取与规模转存体系、氢能安全存储与快速输配体系、氢能便捷改质与高效动力系统、“氢能万家”综合示范等关键技术将取得突破，氢能产业自主可控程度有望快速提升。同时，随着用氢需求的持续扩大和应用领域的不断扩展，2023 年我国氢能产业将迎来快速发展的新机遇。为了更好地推动氢能产业发展，提出以下四个方面建议。

1. 强化顶层设计，统筹产业链各环节发展

一是加强顶层政策设计。以“碳达峰、碳中和”为目标导向，制定全国性氢能产业整体目标和顶层政策，统筹产业链各环节、各地区氢能发展布局规划，落实国家氢能发展目标。二是统筹产业链上下游联动发展。适度超前布局加氢站、氢储存、氢运输、氢燃料电池等领域，鼓励央企、国有企业、行业龙头企业等率先向氢能等新能源业务转型，支持中小企业涉足氢能制备、储存、运输、开发应用等细分市场。三是突破绿色高纯制氢技术。坚持“绿色引领、高端布局、统筹有序”原则，面向交通、化工等重点领域，依托龙头企业、重点高校、科研院所等主体，导入政策、资金、人才、市场资源，推动研发绿色高纯制氢技术。四是保障产业发展资金需求。加大氢能产业财政补贴力度，设定财政税收的支持标准和时限，充分保障氢能产业前期发展资金需求。做好资金投入、担保、退出制度设计，有序引导社会资本投入氢能产业。

2. 适度超前布局，推进加氢站等基础设施建设

一是建立加氢站供给保障体系。坚持“示范引领、由点及面、区域辐射”发展思路，重点布局珠三角、长三角、京津冀等氢能产业基础较好、产业链较完善、应用场景较多的城市，优先推动落地形成布局合理、适度超前、供需匹配、设施先进、智能高效、安全可靠的加氢站供给保障体系。二是引导有条件的地区推进加氢站建设。鼓励其他有基础、有能力、有市场的地区出台氢能产业政策，优先在骨干高速公路、国省道沿线建设加氢站，鼓励现有加油（气）站、充电站附加加氢功能。三

是实现氢能分配调度顺畅。结合“新基建”发展规划，利用5G、物联网、工业互联网技术，搭建国家（省级）氢能线上服务平台，制定有序的氢能供需对接、运输配送、前后联动机制，实现科学的氢能分配调度生态。

3. 加强科技创新，提高产业自主可控能力

一是突破关键核心技术和装备攻关。加强氢能创新体系建设，加快突破核心技术和关键材料瓶颈，提高技术安全可控能力，制定完善的氢能产业标准，进一步增强氢能产业链安全稳定运行。二是构建协同高效的创新体系。统筹不同技术发展路线，聚焦短板弱项，采用“揭榜挂帅”“赛马”等方式，积极探索多种技术路线，提前布局突破性技术研发，推广技术与示范应用，形成跨区域、跨部门、跨行业的研发布局和高效协同的创新体系。三是推动政产学研用融合创新。发挥龙头企业主导作用，围绕氢能全产业链推动政产学研用融合发展，依托市场需求开展原创技术、共性技术、应用技术联合攻关，鼓励产业链上骨干企业、科研院所等共同打造自主可控的产业生态。四是搭建多层次多元化创新平台。依托龙头企业整合产业创新资源，合理布局产业创新中心、工程研究中心、技术创新中心、制造业创新中心以及装备制造中心等多层次创新平台，构建高效协作创新网络，助推产业关键技术开发和工程化应用。

4. 拓展应用场景，深挖产业发展潜力

一是“以用促进”发展多场景应用。加大财政补贴力度，鼓励中重卡车推广应用氢燃料电池。鼓励企业研发船用氢燃料电池系统，大力推广应用于公务船、客船、游船等。鼓励开发氢燃料电池混合动力机车，在港口码头、大型工矿企业等进行小规模应用。二是多维度建立多场景应用网络。拓展多元应用场景，大力推动中重型卡车、新能源客车、船舶等交通领域使用氢燃料电池，推动绿氢在石油炼化、合成氨等行业的推广应用，适当布局氢燃料电池分布式热电联产设施及氢电融合微电网，探索“可再生能源+氢储能”发展模式。三是积极开展新型模式示范推广。在燃料电池汽车数量多、氢能供给压力大的地区，开展天然气制氢加氢一体化站探索。在风光水电资源丰富、具备氢能应用场景地区，建设制氢加氢一体化站，逐步扩大氢能示范应用规模，形成可复制可推广经验。

55　我国碳交易市场运行平稳有序 五大问题仍有待进一步解决

袁剑琴*

摘要： 碳市场是我国利用市场机制控制和减少温室气体排放的一项重大制度创新，也是实现碳达峰碳中和目标的重要政策工具。2022 年全国碳市场运行平稳有序，交易价格稳中有升，市场基本框架初步建立，促进企业减排的作用初步显现，地方试点市场量减价增，运行制度持续完善。但市场基础数据质量有待提升、价格调节功能发挥不足、全国市场行业扩围仍存在一定障碍、监管力度有待加大、碳金融存在一定盲目扩张风险等五大问题仍亟待解决。建议进一步建立健全碳排放统计核算体系，完善碳交易市场法规制度，强化碳市场运行监管机制，提升市场参与各方的综合能力水平和加强专业化人才培养，夯实碳市场运行基础，推动我国碳市场建设行稳致远。

关键词： 碳市场　核算体系　体制机制

一、全国碳市场运行的“四梁八柱”基本建立

（一）全国碳市场运行平稳有序，交易价格稳中有升

2022 年 7 月 15 日，全国碳市场运行一周年，在第一个履约周期中，共纳入发电行业重点排放单位 2162 家，年覆盖温室气体排放量约 45 亿吨二氧化碳，其中累计参与交易的企业数量占重点排放单位总数的一半以上。截至 7 月 15 日，全国碳市场配额累计成交 1.94 亿吨，累计成交金额 84.92 亿元。随后进入第二个履约周期，市场活跃度有所下降，截至 2022 年 11 月 10 日，全国碳市场配额累计成交 1.97 亿吨，累计成交金额 86.73 亿元。成交价格稳步上升，2022 年 10 月平均价格为每吨 58.11 元，较开盘首日上涨 13.4%，第一个履约周期履约完成率达到 99.5%，整体情况较好，2022 年上半年，履约完成率约为 94.5%，基本达到预期。2021—2022 年

---

* 袁剑琴，国家信息中心经济预测部，助理研究员，主要研究领域为投入产出和 CGE 模型开发及应用、国际贸易及全球价值链、碳市场及碳定价。

全国碳市场运行情况见图 1。

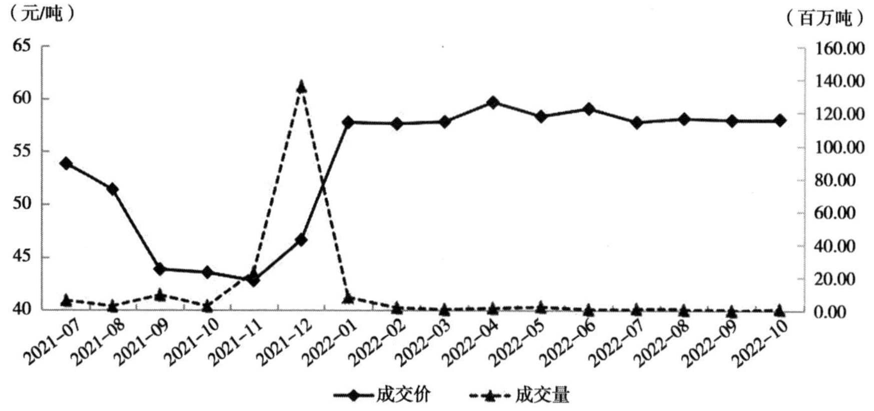

图 1　2021—2022 年全国碳市场运行情况

数据来源：Wind 数据库。

（二）地方试点市场量减价增

截至 2022 年，8 个碳排放权交易试点中，北京、天津、上海、广东和深圳 5 个试点地区完成了 9 次履约，湖北和重庆完成了 8 次履约，福建完成了 5 次履约。截至 2022 年 10 月，8 个试点碳市场累计完成配额交易量约 4.11 亿吨，累计成交额 105.6 亿元，其中 2022 年成交量为 2997.6 万吨，同比下降 25.3%，累计成交额 15.4 亿元，同比上涨 13.0%。广东是试点地区中市场最活跃的，2022 年广东交易量市场份额达到 40.5%，交易额份额更是达到 54.9%，其次是福建、深圳和天津，交易量分别占试点市场交易总量的 16.0%、14.5%和 13.7%。2022 年地方试点碳市场运行情况见图 2。

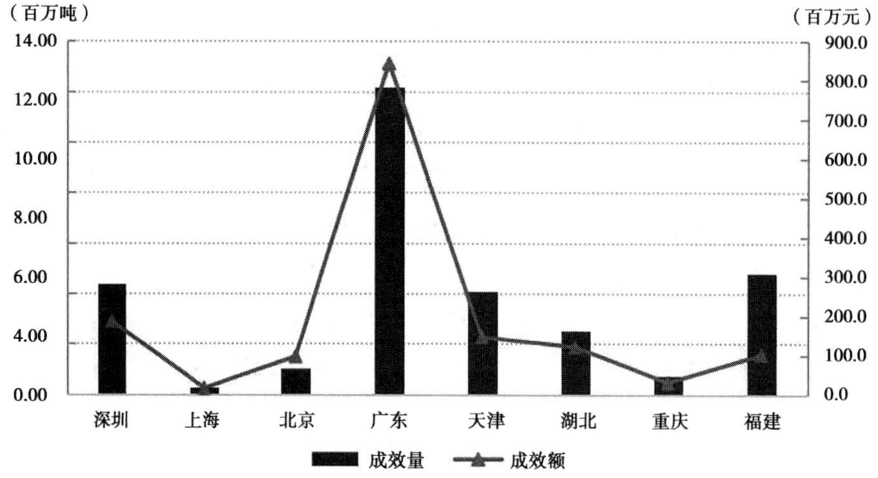

图 2　2022 年地方试点碳市场运行情况

数据来源：Wind 数据库。

2022 年试点市场碳价呈现稳步增长态势，但区域增长分化明显（见图 3）。北京试点市场碳价增长最快，经过第一季度的小幅下跌后，由 3 月的 51.5 元/吨上涨至 9 月的 96.5 元/吨，10 月创 110 元/吨的历史新高，较上年年底增长 102.1%，成为我国首个碳价超过 100 元/吨的市场。广东碳价保持平稳增长，由年初的 62.1 元/吨上涨至 10 月的 76.3 元/吨，累计上涨 22.8%且整体碳价位列试点城市第二位。其他地区碳价均低于全国碳市场价格，其中 10 月上海碳市场价格为 53.5 元/吨，福建、天津和重庆碳价整体偏低，且重庆碳价不升反降，由年初的 37.6 元/吨下降至 10 月的 30.8 元/吨，累计下降 18.1%。

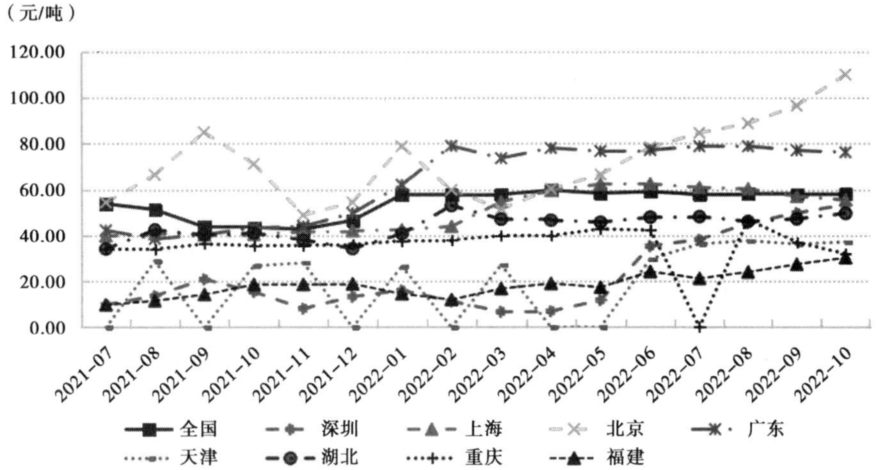

图 3 2021—2022 年全国和地方试点碳市场价格走势

数据来源：Wind 数据库。

（三）市场运行的制度体系加速建立和完善

制度体系是推进碳市场建设的重要保障。为更好地推进碳交易市场建设，在全国层面，制度体系基本建成，出台了《碳排放权交易管理办法（试行）》，明确了碳排放登记、交易、结算管理规则和全国碳市场配额分配方案，编制完善了碳排放核算、报告和核查技术指南，对全国碳市场各个环节和相关方权责作出了更为详细和明确的规定。发布了《建立健全碳达峰碳中和标准计量体系实施方案》，提出完善碳排放基础通用标准体系、加强重点领域碳减排标准体系建设、加快布局碳清除标准体系、健全市场化机制标准体系、完善计量技术体系、加强计量管理体系建设、健全计量服务体系等 7 个方面 24 项重点任务。为全国碳市场的建设、运行和监提供依据，初步建成了部门规章、规范性文件和技术规范相结合的政策法规和技术规范体系。在地区试点层面，各地纷纷制修订试点市场的碳排放权和自愿减排市场管理办法，加速完善试点市场的制度体系建设。2022 年 4 月，广东省重新编制并发布《广东省碳普惠交易管理办法》，深化完善了广东省碳普惠自愿减排机制；7 月深圳市出台《深圳市碳排放权交易管理办法》，进一步厘清了全国碳市场和深圳试点市场的管理边界，并建立相应的衔接机制；9 月北京市发布《北京市碳排放权交易管理办法（修订）》（征求意见稿），对主管部门职责、配额分配机制、碳排放核查机构准入条件以及履约机制做出了更为清晰明确的界定和要求。

（四）碳排放数据质量问题得到高度重视

准确可靠的数据是碳排放权交易市场有效运行的生命线，针对全国碳市场第一个履约周期内碳数据造假问题，一方面，主管部门组织开展碳排放报告质量专项监督帮扶，将燃煤元素含碳量缺省值由 0.03356 tC/GJ 调整为 0.03085tC/GJ，并规定当燃煤元素碳实测 3 个月及以上时可采用其他月份算术平均值代替未实测月份数据，以避免“高限值”导致的碳数据造假行为；另一方面，碳达峰碳中和工作领导小组办公室召开电视电话会议，通报碳市场数据造假有关问题，部署严厉打击碳排放数据造假行为、推进碳市场健康有序发展工作。

（五）碳排放统计核算体系加速完善

碳排放统计核算是做好碳达峰碳中和工作、推动碳市场健康平稳运行的重要基础。2022 年 8 月，国家发展改革委、国家统计局、生态环境部发布了《关于加快建立统一规范的碳排放统计核算体系实施方案》，制定了全国及省级地区碳排放统计核算方法，明确有关部门和地方对能源活动、工业生产过程、排放因子、电力输入输出等相关基础数据的统计责任，并组织开展全国及各省级地区年度碳排放总量核算；明确了重点行业和建立健全重点产品的碳排放核算方法及标准，完善了行业企业碳排放核算机制。完善了国家温室气体清单编制机制，为解决国内碳排放核算体系数据更新偏慢、核算口径不一、基础排放因子滞后等问题提供了方案。

（六）自愿碳减排市场加速发展

温室气体自愿减排交易市场是全国碳排放权交易市场的一个有益补充。启动自愿减排交易市场有利于充分调动全社会力量共同参与应对气候变化工作，也为社会和企业参与这项工作提供了一个新的平台，有助于推动实现碳达峰、碳中和目标。全国碳市场启动后，国家核证自愿减排（CCER）需求大幅增长，二级市场价格迎来大幅上涨。2021 年，全国 CCER 价格上涨了 18 倍，达到 35 元/吨的高点，2022 年进一步上涨至 70 元/吨，并于 7 月首次出现 CCER 价格超过碳配额价格的情况，这一趋势至今仍在延续。当前全国碳排放市场覆盖 40 亿吨碳排放量，按照 5%的抵销比例，全国市场的控排企业每年 CCER 的需求近 2 亿吨，而目前的存量仅为 5000

万吨左右。北京绿色交易所预测，全国碳市场扩容至八大行业后，纳入配额管理的碳排放总额规模将达到每年 70 亿~80 亿吨，届时 CCER 需求将达到每年 3.5 亿~4 亿吨，市场潜力巨大。10 月 26 日，生态环境部发布《关于做好全国碳排放权交易市场第一个履约周期碳排放配额清缴工作的通知》，表示组织有意愿使用 CCER 清缴的单位抓紧开立 CCER 注册登记账户和交易账户，尽快完成 CCER 购买并申请注销，由此可见，CCER 重启的市场呼声得到了有效回应。

二、碳市场运行基础不牢的问题依然突出

1. 基础数据的准确性和完整性还有待提升

一是尽管“高限值”得到及时修正，但调整后的缺省值仍比实测值高出 10%~18%，显著高于国际平均 5%~10%的水平。二是在以法人单位为核查主体、以排放设施为实测主体的制度下，第三方认证机制只对送检样品负责，而不是对全部数据的真实性和准确性负责。三是企业排放核算能力偏弱，除火电行业之外，其他高耗能行业的大多数企业还不具备核算能力。四是企业层面核算方法环节复杂、程序相对烦琐，增加了企业监测和核算的难度。

2. 市场流动性不足导致价格发现功能相对较弱

碳市场交易履约驱动现象显著，临近履约周期的两个月参与交易的市场主体是非履约期的 3 倍左右，这一阶段成交量占第一个履约周期成交量的 89%，占过去一年成交量的 82%，且碳价仅在这一阶段波动显著。上海环境能源交易所的数据显示，随着履约期临近，2021 年 11 月—12 月碳价由 42 元/吨的低点快速上涨至 54 元/吨，2022 年第一季度缓慢涨至 58 元/吨后保持平稳。控排企业碳配额的获得与履约之间存在较短的时间差，真实的供需仅在履约时充分地表达，交易主体在非履约期缺乏交易动机，从而未形成有效的碳价格。

3. 全国碳市场行业扩容仍存在体制机制障碍

首先，钢铁、有色、石化、化工等八大重点行业工序长、产品多元化，对原材料 、生产工艺、用电量等全流程的信息和数据要求较电力行业更高，在当前实测基础相对薄弱的条件下，这些行业通过实测获得基础数据相对更难。其次，钢铁、有色、石化、化工等行业碳排放核算方法体系和标准还未完全建立，碳排放核算、报告和核查等相关技术规范未修订完成，行业核算指南也未正式发布，行业扩容的制度还有待进一步建立和完善。最后，当前全国碳市场以基准线法分配碳排放配额，单位产品的碳排放量是计算企业应获配额的基础，发电行业一度电碳排放量的标准

很难应用到产品更加多元化的行业中，分配标准的不衔接和不一致将导致行业配额分配不公。

4. 监管执法力度有待加大

一是对第三方技术服务机制监管不到位，人员专业素质参差不齐，对技术服务机制的监管和核查工作存在较大漏洞。二是主管部门对企业虚报、瞒报碳排放数据和核算报告，未按时足额清缴碳排放配额等违规行为的约束手段相对不足，无法对企业形成有效的震慑。

5. 碳金融盲目扩张增大了扰乱市场秩序的风险

碳金融发展的前提是碳排放配额现货市场的健康有序运行和金融等风险的有效防范。当前我国碳金融体系结构较为单一，产品种类仍处于不断丰富的阶段，碳金融产品创新的法律制度、监管和风控能力、市场诚信环境等基础并不牢固。碳金融盲目扩张易引发碳价剧烈波动，企业配额清缴履约风险加大。2022 年 2 月在无基本面支撑的情况下，广东、湖北的机构和散户过度炒作“碳金融”概念，急切推动碳排放权质押融资、期货交易和非履约主体交易，助推碳价大幅上涨，扰乱市场秩序。

三、政策建议

1. 进一步建立健全碳排放统计核算体系，夯实碳市场运行基础

一是充分发挥专家智库作用，对接国际通行的碳排放统计核算方法，统一制定全国及省级地区碳排放统计核算方法，组织开展全国和各省级地区年度碳排放总量核算。二是加快修订电力、钢铁、有色、建材、石化、化工等重点行业和重点产品碳排放核算方法体系和标准，指导企业开展碳排放全生命周期核算。三是开展基础参数、核算方法、报告流程、核查管理等关键环节的研究评估，完善碳排放数据监测、报告和核查的技术规范，改进和优化配额分配标准及方案，确保核算方法的科学性和可操作性。四是强化国际标准和认证协调，积极参与国际能效、低碳标准制修订，积极寻求与更多国家在全产业链碳核算和管理方面的标准互认。

2. 完善碳市场的法规制度，加强市场运行的法制保障

一是加快推进《碳排放权交易管理暂行条例》出台，进一步完善相关的配套制度和技术规范体系，进一步健全碳排放监测核查体系的政策法规，为加强碳排放数据质量管理提供坚强的法治保障。二是加快出台碳排放权交易市场监督管理办法，系统总结碳交易试点及全国市场的已有经验，明确控排企业、咨询机构、检测机构、

认证、核查技术服务机构等市场参与方的责任义务，对第三方机构的违法违规行为制定更为严厉的惩罚措施。三是在《碳排放权交易管理暂行条例》框架下，修订完善碳排放权交易、登记、结算等管理办法，并制定出台碳排放核算、报告和核查技术与管理规则等其他配套管理规章和文件，不断完善法律法规和政策体系。

3. **强化碳市场运行的监管机制，推动碳市场行稳致远**

一是加快建立第三方技术服务机构准入门槛、“出清”机制和黑名单机制，设立技术服务机构和人员管理档案，强化对机构和从业人员的监管。二是完善数据质量管理长效机制，引入云计算、大数据、区块链和人工智能等科技手段，建设全国碳市场监管信息化平台，强化企业和第三方机构的日常监管和定期评估审核。三是建立完善多部门联合惩戒、信息披露和举报制度，进一步畅通公众监督举报渠道，提升同业监督水平，增强对碳排放权交易市场中潜在性、苗头性、倾向性问题的监测和发现能力。

4. **提升市场参与各方的综合能力水平，加强专业化人才培养**

一是主管部门针对碳市场交易的主体开展系列培训班，组织专家、技术人员就全国碳市场法律法规、技术规范等重要文件进行解读和典型问题讲解。二是对主管及监督部门加强碳数据管理、碳排放核查、碳市场监督等方面的业务培训和人才培养，提升管理人员业务水平。三是制定人才发展规划，加强与大专院校、科研院所的合作，推动不同行业加强专职碳核算、碳交易、碳数据管理的队伍建设和人才培训。四是加强碳数据核查、碳资产管理等领域的专业化认证，培养一批熟悉并掌握碳市场机制与碳交易工具的专业人才，进一步为全国碳市场的建设夯实基础。

56　探索运用卫星遥感数据监测评估碳排放研究

肖宏伟*

摘要： 碳排放统计核算是做好碳达峰碳中和工作的重要基础，是制定政策、推动工作、开展考核、谈判履约的重要依据。《关于加快建立统一规范的碳排放统计核算体系实施方案》提出，要探索卫星遥感高精度连续测量技术等监测技术的应用。《IPCC 国家温室气体清单编制指南（2019 修订版）》首次完整提出了基于大气浓度（遥感测量和地面基站测量相结合）反演温室气体排放量的做法，利用卫星遥感数据科学合理地反演碳排放成为一种新的核算技术。国内外学者运用卫星遥感数据开展碳排放估算研究较多，已证明其具有一定的可行性。笔者运用卫星遥感获取的夜间灯光数据对我国碳排放进行时空模拟，从整体、分年度、分省域、分年度分省域的估算结果来看，基于稳定夜间灯光数据的碳排放时空模拟效果良好。因此，运用卫星遥感监测评估碳排放具有较强的可行性，开发应用卫星遥感数据服务国家、区域碳排放监测评估是未来的应用方向。

关键词： 卫星遥感　碳排放　时空地理加权回归模型　监测评估

一、国内外学者运用卫星遥感数据开展碳排放估算已被证明具有一定的可行性

20 世纪 80 年代以来，随着美国军事气象卫星 DMSP 搭载的 OLS 传感器获取的全球夜间灯光影像数据的逐步完善，国内外学者围绕卫星遥感获取的夜间灯光数据在碳排放估算方面的应用研究较多。

全球和国家层面的研究首先探寻全球主要经济体夜间灯光亮度与碳排放之间的相关性，在确定两者存在相关关系的基础上，建立回归分析模型对碳排放进行估算。如 Elvidge 等人基于 DMSP/OLS 全球夜间灯光影像数据，对全球 21 个国家夜间灯光亮度与 GDP、电力消耗、碳排放等指标进行相关性分析，最先发现夜间灯光亮度与碳排放之间存在相关性。Doll 等人运用 1994 年 10 月至 1995 年 3 月期间全球不同发

---

* 肖宏伟，统计学博士，国家信息中心经济预测部政策仿真实验室副主任，副研究员，主要研究领域为能源经济预测、双碳战略、空间计量模型、CGE 模型等。

展水平的 46 个国家的 DMSP/OLS 夜间灯光亮度值与碳排放进行统计分析，发现夜间灯光亮度值与碳排放在统计上显著相关，表明运用全球夜间灯光数据来描绘碳排放空间分布是有效的。Oda 等人利用 1980—2007 年全球各国夜间灯光数据与能源消费碳排放总量之间的相关关系，构建了基于夜间灯光数据的全球碳排放空间分布反演模型，通过反演得到全球国家尺度的化石燃料碳排放清单。Raupach 等人选取中国、美国、日本、印度、欧洲、俄罗斯作为研究区域，对化石燃料碳排放与夜间灯光亮度值进行了相关性探寻，发现两者存在显著的线性关系，表明可以运用全球夜间灯光数据进行化石燃料碳排放的估算。Ghosh 等人通过中国、日本、加拿大、俄罗斯、印度及美国等国家夜间灯光亮度与化石燃料碳排放之间的相关性分析，发现两者之间线性相关，相关系数达 0.76，表明可以借助卫星夜间灯光图像较为准确地将主要国家的碳排放分解到全球网络。

省级和城市层面的研究与全球和国家层面的研究类似，亦主要是基于全球夜间灯光影像和能源消费碳排放数据，建立反演模型对省级和城市层面的碳排放进行估算。如 Meng 等人基于全球夜间灯光图像和能源统计数据，提出了一种自上而下的中国城市碳排放估算方法，研究发现夜间灯光数据适合中国城市碳排放估算。苏泳娴基于 DMSP/OLS 夜间灯光影像数据，开发了一套中国城市级能源消费碳排放遥感评估方法，能够在一定程度上解决中国城市级能源消费统计数据缺失以及国家-省域-城市数据之间不一致等问题，并对 1992—2010 年 30 个省市区和 66 个地级市的碳排放进行了模拟，模拟值与统计数据计算值最大相差 26998.25 万吨，最小相差 6 万吨，均方误差为 943.8 万吨，相对误差为 7.7%。Shi 等人通过整合全球夜间稳定灯光数据与碳排放统计数据，提出了面向中国更高分辨率的时空碳排放动态模型，模型评价结果显示，中国在 1997—2012 年间夜间稳定灯光数据与碳排放统计数据之间存在显著的正相关关系，该模型可能适合于估算 1 千米分辨率以下的碳排放。郭忻怡等人综合利用 DMSP/OLS 和 NDVI 数据，结合经济社会发展相关指标数据，构建了碳排放空间滞后回归模型，并对江苏省碳排放的空间分布网格进行了模拟。

上述研究在全球-国家-省级-城市等多尺度证明了全球夜间灯光数据与碳排放之间存在线性相关关系，表明运用卫星遥感获取的夜间灯光数据对碳排放进行估算具有一定的可行性。

二、运用卫星遥感数据对我国碳排放进行时空模拟效果良好

我们运用卫星遥感获取的 DMSP/OLS 全球稳定夜间灯光数据，在通过相互校

正、年内融合和年度间校正等系列处理得到中国分省稳定夜间灯光数据的基础上，首先分别构建中国分省稳定夜间灯光亮度DN值与人均碳排放之间的时空地理加权回归模型（记为模型1）、中国分省稳定夜间灯光亮度DN值与单位面积碳排放之间的时空地理加权回归模型（记为模型2），两个模型整体效果均较好，拟合优度分别高达96.74%和99.24%；其次运用稳定夜间灯光亮度DN值对分省人均碳排放和单位面积碳排放进行时空模拟；最后运用人口规模和土地面积对分省碳排放进行估算。从整体、分年度、分省域、分年度分省域的估算结果来看，基于稳定夜间灯光数据的中国分省碳排放时空模拟效果良好。

（一）卫星夜间灯光数据来源及处理

1. 数据来源

笔者使用的DMSP/OLS夜间灯光数据来源于美国国家海洋和大气管理局NOAA（National Oceanic and Atmospheric Administration）下属的国家地球物理数据中心NGDC（National Geophysical Data Center）网站，该网站目前发布的最新数据为1992—2013年共22年全球夜间灯光影像数据，分别由F10、F12、F14、F15、F16、F18六代卫星传感器探测获取，其中第10号DMSP卫星F10负责探测1992—1994年全球夜间灯光影像数据，第12号DMSP卫星F12负责探测1994—1999年全球夜间灯光影像数据，第14号DMSP卫星F14负责探测1997—2003年全球夜间灯光影像数据，第15号DMSP卫星F15负责探测2000—2007年全球夜间灯光影像数据，第16号DMSP卫星F16负责探测2004—2009年全球夜间灯光影像数据，第18号DMSP卫星F18负责探测2010—2013年全球夜间灯光影像数据。提供下载的DMSP/OLS夜间灯光数据产品主要包括无云观测频次、平均灯光、稳定灯光、平均可见灯光4种影像，其中无云观测频次影像数据质量与观测次数的多少有着密切的关系，当观测次数较少时，数据质量会相对较低，当观测次数较多时，数据质量则会相对较高；平均灯光影像数据未进行过多的偶然噪声降噪处理，灯光影像中依然含有短暂光源等噪声；稳定灯光影像数据对火光和偶然噪声进行了一系列的去除处理，处理后的灯光影像数据质量较高，其*DN*值的范围为0~63；平均可见灯光影像数据将灯光观测周期内偶然噪声所占频率的百分比纳入考虑范围，能够在一定程度上减少火光和偶然噪声带来的影响，但当探测次数较多时，依然无法将火光和偶然噪声大部分去除。纵观4种DMSP/OLS夜间灯光数据产品对火光和偶然噪声的去除程度，笔者选择稳定灯光影像数据作为夜间灯光强度变量用于分省碳排放的时空模拟研究。

2. 数据处理

1992—2013年DMSP/OLS夜间灯光数据部分年份由新旧两代卫星传感器同时探测获取，如第10号DMSP卫星F10和第12号DMSP卫星F12同时负责探测1994年全球夜间灯光影像数据，第 12 号 DMSP 卫星 F12 和第 14 号 DMSP 卫星 F14 同时负责探测 1997—1999 年全球夜间灯光影像数据，第 14 号 DMSP 卫星 F14 和第 15 号 DMSP 卫星 F15 同时负责探测 2000—2003 年全球夜间灯光影像数据，第 15 号 DMSP 卫星 F15 和第 16 号 DMSP 卫星 F16 同时负责探测 2004—2007 年全球夜间灯光影像数据，通过比较 1994 年、1997—2007 年新旧两代卫星传感器探测获取的夜间灯光影像数据发现，同一年份新旧两代卫星传感器探测获取的影像数据存在较大差异。为了提高卫星夜间灯光影像数据对中国分省碳排放的刻画程度，笔者采用 Liu 等人的处理方法，对 1992—2013 年 DMSP/OLS 稳定夜间灯光影像数据进行相互校正、年内融合和年际间校正等预处理。对于相互校正，一是选取 1992—2013 年间经济社会发展相对稳定的黑龙江省鸡西市市辖区作为待校正的影像像元参考区；二是选取第 16 号 DMSP 卫星 F16 探测的 2007 年夜间灯光影像作为校正稳定灯光影像的参考影像；三是选取二次多项式回归模型 $DN_{correct}=\alpha\times DN^2+\beta\times DN+\gamma$ 来构建校正方程，不同年份不同卫星校正方程参数 α、β、γ 通过当年卫星探测的鸡西市稳定夜间灯光亮度 DN 值与第 16 号 DMSP 卫星 F16 探测的 2007 年鸡西市稳定夜间灯光亮度 DN 值进行比较经验得出；四是运用二次多项式回归模型和相应的校正方程经验参数 α、β、γ 对每年稳定夜间灯光亮度 DN 值进行相互校正。对于年内融合，对比 1994 年和 1997—2007 年新旧两代卫星传感器探测获取的夜间灯光影像像元，如果该影像像元仅在其中一代卫星影像中有亮度，则将该影像像元标示为不稳定像元，相应地将其 DN 值年内融合为 0；如果该影像像元在新旧两代卫星影像中均有亮度，则将该影像像元标示为稳定像元，相应地将其 DN 值年内融合为新旧两代卫星影像像元 DN 值的平均。对于年度间校正，对比年度间同一个影像像元，如果该影像像元仅在较早年份有亮度，则将该影像像元标示为不稳定像元，相应地将其 DN 值年度间校正为 0；如果该影像像元在探测周期内均有亮度，则将该影像像元标示为稳定像元，相应地需要确保早期影像像元 DN 值不超过后期影像像元 DN 值。

（二）分省碳排放模拟模型构建

中国是一个幅员辽阔的国家，受资源禀赋、人口规模、经济发展、产业结构、技术水平等多种因素影响，各省能源消费总量和结构存在较大差异，从而引致分省碳排放亦存在较大时空差异。为了更为科学准确地模拟中国分省碳排放，笔者在消除规模因素对碳排放总量影响的基础上，选取人均碳排放和单位面积碳排放作为研究对象，首先分别构建人均碳排放和单位面积碳排放与稳定夜间灯光亮度 DN 值（DN 总值/栅格数）之间的时空地理加权回归模型，记为模型 1 和模型 2，其次运用稳定夜间灯光亮度 DN 值对分省人均碳排放和单位面积碳排放进行时空模拟，最后运用人口规模和土地面积对分省碳排放进行估算。

为了全面考察稳定夜间灯光亮度 DN 值及其空间外溢效应在不同省级区域的异

质性，笔者构建包含稳定夜间灯光亮度 DN 值空间滞后项 $W^*\ln DN_{it}$ 的时空地理加权回归模型如下：

$$
\begin{aligned}
\ln PCE_{it} &= \alpha_0(u_i,v_i,t_i)+\alpha_1(u_i,v_i,t_i)\ln DN_{it}+\alpha_2(u_i,v_i,t_i)W^*\ln DN_{it}+\varepsilon_{it} \\
\ln SCE_{it} &= \beta_0(u_i,v_i,t_i)+\beta_1(u_i,v_i,t_i)\ln DN_{it}+\beta_2(u_i,v_i,t_i)W^*\ln DN_{it}+\varphi_{it}
\end{aligned}
\quad (1)
$$

式（1）中 PCE_{it} 为省级区域 i 在年度 t 的人均碳排放，SCE_{it} 为省级区域 i 在年度 t 的单位面积碳排放，DN_{it} 为省级区域 i 在年度 t 的稳定夜间灯光亮度 DN 值，W 为空间权重矩阵，笔者采用肖宏伟等人提出的地理和经济信息相结合的空间权重矩阵，（u_i，v_i）为省级区域的经度、纬度，α_0（u_i，v_i，t_i）、β_0（u_i，v_i，t_i）分别为省级区域 i 在年度 t 人均碳排放和单位面积碳排放与稳定夜间灯光亮度 DN 值之间时空地理加权回归模型的截距项，α_1（u_i，v_i，t_i）、β_1（u_i，v_i，t_i）为省级区域 i 在年度 t 稳定夜间灯光亮度 DN 值对人均碳排放和单位面积碳排放的回归系数，α_2（u_i，v_i，t_i）、β_2（u_i，v_i，t_i）为省级区域 i 在年度 t 稳定夜间灯光亮度 DN 值的空间外溢效应对人均碳排放和单位面积碳排放的回归系数，ε_{it}、β_{it} 为省级区域 i 在年度 t 模型 1 和模型 2 的残差项。时空地理加权回归模型的核心是时空权重矩阵，通常选取不同的时空权函数来刻画时空关系，笔者采用高斯函数法和时空距离相结合的时空权函数。时空权函数形式如下：

$$
w_{ij}^{ST}=\exp\left\{-\left(\frac{d_{ij}^{ST}}{b_{ST}}\right)^2\right\}=\exp\left\{-\left(\frac{\alpha[(u_i-u_j)^2+(v_i-v_j)^2]+\beta(t_i-t_j)^2}{b_{ST}^2}\right)\right\} \quad (2)
$$

式（2）中 $d_{ij}^{ST}=\sqrt{\alpha[(u_i-u_j)^2+(v_i-v_j)^2]+\beta(t_i-t_j)^2}$ 为时空距离，b_{st} 为时空权函数的带宽，通常通过交叉验证来选择最优带宽。

基于稳定夜间灯光数据的中国分省碳排放测算模型如下：

$$
\begin{aligned}
CE1_{it} &= P_{it}\times PCE_{it}=P_{it}\times\exp\{\alpha_0(u_i,v_i,t_i)+\alpha_1(u_i,v_i,t_i)\ln DN_{it}+\alpha_2(u_i,v_i,t_i)W^*\ln DN_{it}\} \\
CE2_{it} &= S_{it}\times SCE_{it}=S_{it}\times\exp\{\beta_0(u_i,v_i,t_i)+\beta_1(u_i,v_i,t_i)\ln DN_{it}+\beta_2(u_i,v_i,t_i)W^*\ln DN_{it}\}
\end{aligned}
\quad (3)
$$

式（3）中 $CE1_{it}$、$CE2_{it}$ 分别为通过人均碳排放和单位面积碳排放测算的省级区域 i 在年度 t 的碳排放，P_{it}、S_{it} 分别为省级区域 i 在时间 t 的人口规模和土地面积。

（三）分省碳排放模拟效果检验

1. 模型变量数据选取

国家统计局根据第三次全国经济普查结果，对 2000 年以来能源消费总量和结构数据进行了修正。以 2013 年为例，修正后的能源消费总量上调 4.2 亿 t 标准煤，煤炭消费占能源消费总量的比重上调 1.4 个百分点，石油和天然气消费占能源消费总量的比重分别下调 1.3 个和 0.5 个百分点，一次电力及其他能源占能源消费总量的比重上调 0.4 个百分点，能源消费总量上调和煤炭消费占能源消费总量比重上升给碳排放基础数据带来了较大影响。为了与修正后的能源统计数据口径保持一致，笔者选取 2000 年以来的分省碳排放数据作为研究对象。最新的 DMSP/OLS 数据为 1992—2013 年共 22 年的全球夜间灯光影像数据，因此，笔者基于卫星夜间灯光数据的中国分省碳排放时空模拟研究时间跨度区间为 2000—2013 年。夜间稳定灯光数据来源于美国国家海洋和大气管理局下属的国家地球物理数据中心网站，碳排放数据来源于中国碳排放数据库（China emission accounts and datasets），该数据库由英美中欧等多国研究机构的科研人员共同开发，包含全国、30 个省区（因西藏能源统计数据缺失，暂不包含西藏）和 100 余个地级以上城市的多尺度碳排放数据，分省人口规模、土地面积等数据来源于《中国统计年鉴》。

2. 模型模拟整体效果

在通过相互校正、年内融合和年度间校正等系列处理获得 2000—2013 年 30 个省区 DMSP/OLS 稳定夜间灯光亮度 *DN* 值的基础上，运用时空地理加权回归模型估计稳定夜间灯光亮度 *DN* 值及其空间滞后项 $W^* \ln DN_{it}$ 在不同年份对分省人均碳排放和单位面积碳排放的影响系数，通过交叉验证确定模型 1 与模型 2 的最优带宽分别为 0.242 9 和 0.244 8，两个模型整体效果均较好，拟合优度分别高达 96.74% 和 99.24%。从表 1 和表 2 的模型参数估计描述统计结果来看，无论是人均碳排放还是单位面积碳排放，稳定夜间灯光亮度 *DN* 值及其空间滞后项 $W^* \ln DN_{it}$ 对其的影响系数变异较大，进一步表明基于卫星稳定夜间灯光数据对中国分省碳排放进行时空模拟时，需要将卫星夜间灯光数据的时空异质性纳入考虑范围，亦进一步证明选择时空地理加权回归模型来捕捉分省碳排放的时空动态特征更为科学。

表 1　模型 1 参数估计描述统计（最优带宽=0.242 9）

变量	最小值	1/4 分位数	中位数	3/4 分位数	最大值	四分位距
constant	-43.9633	-2.0513	-0.1426	0.9817	8.1453	3.0330
ln（*DN*）	-10.0017	-0.0455	0.8119	2.1396	61.0221	2.1851
***W*＊ln（*DN*）**	-51.3001	-0.4702	0.3256	1.5443	9.6942	2.0145

表 2　模型 2 参数估计描述统计（最优带宽=0.244 8）

变量	最小值	1/4 分位数	中位数	3/4 分位数	最大值	四分位距
constant	-41.2805	-1.6787	-0.0298	0.9522	8.0581	2.6309
ln（*DN*）	-9.7227	0.3936	1.4569	2.5614	58.1059	2.1678
***W*＊ln（*DN*）**	-48.4413	-0.7380	0.0259	1.0958	9.5468	1.8338

在运用卫星稳定夜间灯光数据模拟中国分省人均碳排放和单位面积碳排放的基础上，根据各个省级区域的人口规模和人均碳排放、土地面积和单位面积碳排放对分省碳排放进行间接模拟。模拟结果显示，2000—2013 年年均碳排放模拟值与实际值较为接近，两个模型相对误差均在 0.5%以内，其中模型 1 模拟的 2000—2013 年年均碳排放为 6.3185×10^9 t，与实际年均碳排放 6.3349×10^9 t 较为接近，绝对误差为 -16.5×10^6 t，相对误差为 0.3%；模型 2 模拟的 2000—2013 年年均碳排放为 6.3219×10^9 t，与实际年均碳排放 6.3349×10^9 t 亦较为接近，绝对误差为 -13.0×10^6 t，相对误差为 0.2%。

3. 模型模拟分年度分省域效果

分年度、分省域、分年度分省域的模型模拟结果显示，基于卫星夜间灯光数据的中国分省碳排放时空模拟效果良好（见表 3 至表 5）。

分年度看，所有年份的相对误差均在 5%以内，其中 2006 年分省加总碳排放模拟值与实际碳排放最为接近，绝对误差和相对误差均较小，模型 1 与模型 2 的碳排放模拟值分别为 6.2009×10^9 t 和 6.2062×10^9 t，与 2006 年实际碳排放 6.2036×10^9 t 均非常接近，相对误差仅为 0.04%。

分省域看，2000—2013 年年均碳排放模拟结果与实际碳排放均非常接近，除海南和宁夏外，其余 28 个省份相对误差均在 1%以内。其中模型 1 碳排放模拟相对误差在 0.2%以内的省区有天津、河北、山西、内蒙古、辽宁、上海、浙江、江西、广东、广西、重庆、甘肃、青海、新疆等地，模型 2 碳排放模拟相对误差在 0.2%以内的省区有北京、天津、河北、山西、内蒙古、辽宁、安徽、江西、广东、重庆、四川、贵州、甘肃、青海、新疆等地。

分年度分省域看，以 2013 年为例，除内蒙古、江苏、江西、河南、湖北、海南、重庆、青海、新疆等地外，其余省份的相对误差均在 5%以内。其中模型 1 碳排放模拟相对误差在 2%以内的省区有河北、山西、辽宁、黑龙江、上海、浙江、广西、四川、贵州、云南、陕西、宁夏等地，绝对误差和相对误差最小的省份为四川，模型模拟值与实际碳排放几乎相等；模型 2 碳排放模拟相对误差在 2%以内的省区有天津、山西、辽宁、黑龙江、上海、浙江、广西、四川、贵州、云南、陕西、甘肃、宁夏等地，绝对误差和相对误差最小的省区为甘肃，模型模拟值与实际碳排放非常接近，相对误差只有 0.1%。

表 3　2000—2013 年分省加总碳排放模拟效果对比

年份	实际碳排放（10^6 t）	模型 1 模拟值			模型 2 模拟值		
		预测值（10^6 t）	绝对误差（10^6 t）	相对误差（%）	预测值（10^6 t）	绝对误差（10^6 t）	相对误差（%）
2000	3059.47	3056.50	−2.97	−0.10	3053.17	−6.29	−0.21
2001	3233.31	3226.62	−6.69	−0.21	3222.63	−10.69	−0.33
2002	3522.38	3573.45	51.07	1.45	3562.37	39.99	1.14
2003	4054.34	4233.30	178.96	4.41	4240.69	186.36	4.60
2004	4721.04	4765.72	44.68	0.95	4762.74	41.70	0.88
2005	5573.04	5336.76	−236.28	−4.24	5352.53	−220.51	−3.96
2006	6203.59	6200.90	−2.69	−0.04	6206.16	2.57	0.04
2007	6821.45	6662.10	−159.34	−2.34	6668.94	−152.50	−2.24
2008	7210.21	7381.36	171.15	2.37	7403.92	193.70	2.69
2009	7660.30	7720.90	60.60	0.79	7697.18	36.88	0.48
2010	8372.88	8298.34	−74.54	−0.89	8271.34	−101.54	−1.21
2011	9255.93	8979.33	−276.60	−2.99	9007.90	−248.03	−2.68
2012	9502.50	9447.15	−55.35	−0.58	9476.67	−25.83	−0.27
2013	9498.26	9575.97	77.71	0.82	9579.97	81.71	0.86
年度平均	6334.91	6318.46	−16.45	−0.26	6321.87	−13.03	−0.21

表 4　2000—2013 年分省年均碳排放模拟效果对比

省区	实际碳排放（10^6 t）	模型 1 模拟值			模型 2 模拟值		
		预测值（10^6 t）	绝对误差（10^6 t）	相对误差（%）	预测值（10^6 t）	绝对误差（10^6 t）	相对误差（%）
北京	91.29	91.00	−0.28	−0.31	91.38	0.10	0.11
天津	104.21	104.02	−0.20	−0.19	104.37	0.16	0.15
河北	495.58	494.91	−0.67	−0.14	494.83	−0.75	−0.15
山西	319.87	319.69	−0.18	−0.06	319.41	−0.46	−0.14
内蒙古	336.38	336.14	−0.24	−0.07	336.20	−0.18	−0.05
辽宁	336.29	336.11	−0.18	−0.05	336.02	−0.27	−0.08
吉林	160.07	159.31	−0.76	−0.48	159.34	−0.73	−0.46
黑龙江	183.05	183.52	0.47	0.26	183.88	0.84	0.46
上海	164.56	164.55	−0.01	−0.01	164.90	0.34	0.21
江苏	432.55	431.34	−1.21	−0.28	431.61	−0.94	−0.22

续 表

省区	实际碳排放（10^6 t）	模型 1 模拟值			模型 2 模拟值		
		预测值（10^6 t）	绝对误差（10^6 t）	相对误差（%）	预测值（10^6 t）	绝对误差（10^6 t）	相对误差（%）
浙江	275. 82	275. 92	0. 10	0. 04	276. 85	1. 04	0. 38
安徽	206. 93	206. 19	-0. 74	-0. 36	206. 58	-0. 35	-0. 17
福建	147. 56	148. 41	0. 85	0. 58	148. 48	0. 92	0. 62
江西	115. 51	115. 42	-0. 09	-0. 08	115. 40	-0. 11	-0. 10
山东	558. 63	556. 20	-2. 43	-0. 43	556. 35	-2. 27	-0. 41
河南	365. 19	363. 73	-1. 46	-0. 40	363. 74	-1. 45	-0. 40
湖北	238. 68	237. 31	-1. 37	-0. 57	237. 37	-1. 31	-0. 55
湖南	189. 66	188. 83	-0. 83	-0. 44	189. 02	-0. 63	-0. 33
广东	369. 84	369. 72	-0. 12	-0. 03	370. 06	0. 22	0. 06
广西	123. 27	123. 42	0. 15	0. 12	123. 53	0. 26	0. 21
海南	22. 28	21. 96	-0. 32	-1. 42	21. 94	-0. 34	-1. 53
重庆	105. 63	105. 73	0. 10	0. 10	105. 77	0. 14	0. 14
四川	215. 19	214. 68	-0. 51	-0. 23	214. 81	-0. 38	-0. 18
贵州	156. 44	156. 86	0. 42	0. 27	156. 75	0. 31	0. 20
云南	139. 02	137. 69	-1. 33	-0. 96	137. 70	-1. 31	-0. 95
陕西	152. 27	151. 69	-0. 58	-0. 38	151. 69	-0. 57	-0. 38
甘肃	97. 54	97. 46	-0. 08	-0. 08	97. 36	-0. 18	-0. 18
青海	26. 78	26. 78	0. 00	0. 00	26. 76	-0. 02	-0. 08
宁夏	68. 85	63. 94	-4. 91	-7. 13	63. 89	-4. 96	-7. 21
新疆	135. 99	135. 94	-0. 05	-0. 04	135. 89	-0. 11	-0. 08
合计	6 334. 91	6 318. 46	-16. 45	-0. 26	6 321. 87	-13. 03	-0. 21

表 5　2013 年分省碳排放模拟效果对比

省区	实际碳排放（10^6 t）	模型 1 模拟值			模型 2 模拟值		
		预测值（10^6 t）	绝对误差（10^6 t）	相对误差（%）	预测值（10^6 t）	绝对误差（10^6 t）	相对误差（%）
北京	93. 43	95. 76	2. 33	2. 49	95. 67	2. 23	2. 39
天津	157. 67	163. 01	5. 35	3. 39	159. 62	1. 95	1. 24
河北	768. 87	757. 06	-11. 81	-1. 54	750. 25	-18. 61	-2. 42
山西	488. 84	479. 71	-9. 13	-1. 87	480. 64	-8. 20	-1. 68

续 表

省区	实际碳排放 (10^6 t)	模型 1 模拟值			模型 2 模拟值		
		预测值 (10^6 t)	绝对误差 (10^6 t)	相对误差 (%)	预测值 (10^6 t)	绝对误差 (10^6 t)	相对误差 (%)
内蒙古	580.79	614.93	34.13	5.88	614.96	34.17	5.88
辽宁	481.46	474.33	-7.13	-1.48	477.60	-3.87	-0.80
吉林	222.83	229.53	6.70	3.01	231.79	8.96	4.02
黑龙江	257.30	262.35	5.05	1.96	261.75	4.45	1.73
上海	203.45	202.10	-1.35	-0.66	200.75	-2.70	-1.33
江苏	694.33	648.71	-45.63	-6.57	656.65	-37.68	-5.43
浙江	378.99	380.84	1.85	0.49	382.74	3.75	0.99
安徽	342.34	325.90	-16.44	-4.80	328.34	-14.00	-4.09
福建	232.27	238.99	6.72	2.89	238.49	6.23	2.68
江西	196.86	182.83	-14.03	-7.13	182.61	-14.25	-7.24
山东	761.58	798.74	37.15	4.88	798.94	37.36	4.91
河南	483.01	515.40	32.39	6.71	515.61	32.60	6.75
湖北	309.10	331.87	22.76	7.36	332.37	23.27	7.53
湖南	271.38	283.56	12.17	4.48	283.31	11.93	4.40
广东	496.52	510.43	13.91	2.80	511.85	15.33	3.09
广西	210.03	213.09	3.05	1.45	211.61	1.58	0.75
海南	39.47	41.65	2.17	5.50	41.44	1.97	4.98
重庆	140.40	150.85	10.45	7.44	150.67	10.27	7.32
四川	343.07	343.09	0.02	0.01	341.83	-1.24	-0.36
贵州	233.21	234.89	1.68	0.72	235.28	2.07	0.89
云南	206.71	209.71	3.00	1.45	209.28	2.57	1.24
陕西	262.27	265.84	3.58	1.36	265.49	3.22	1.23
甘肃	159.57	156.16	-3.42	-2.14	159.77	0.20	0.13
青海	47.77	45.44	-2.33	-4.89	43.79	-3.98	-8.34
宁夏	142.00	144.38	2.38	1.67	143.68	1.68	1.18
新疆	292.72	274.85	-17.87	-6.10	273.18	-19.54	-6.68
合计	9498.26	9575.97	77.71	0.82	9579.97	81.71	0.86

三、运用卫星遥感监测评估碳排放的应用方向

从整体、分年度、分省域、分年度分省域的碳排放估算结果来看，基于稳定夜间灯光数据的中国分省碳排放时空模拟效果良好，表明运用卫星夜间灯光数据进行中国分省碳排放快速估算总体可行。《中国能源统计年鉴》是开展分省碳排放核算的重要数据基础，亦是开展分省降碳目标考核的重要依据，目前《中国能源统计年鉴》数据更新通常滞后一年，给分省碳排放核算和降碳目标考核带来较为严重的障碍，难以满足对分省碳排放进行快速监测评估的要求。随着我国“同时具有高空间分辨率和高时间分辨率光学遥感”技术的发展，卫星遥感影像数据的频率和质量稳步提升，发挥遥感卫星影像数据全天候、广覆盖、客观准确的天然优势，开发应用卫星影像数据服务国家、区域碳排放监测评估是未来的应用方向。一是整合卫星遥感数据为碳排放监测评估体系提供数据支撑。由国家发展改革委牵头，加快自然资源部、中科院、统计局等政府职能部门的碳卫星、夜间灯光等遥感数据资源共享，切实解决数据孤岛问题。二是运用卫星遥感数据开展碳排放监测及评估。充分利用中国自主遥感卫星影像资源，运用深度学习等机器学习技术提取卫星遥感数据源的有效信息，将月度、季度、年度卫星遥感数据与经济能源环境统计数据库进行对接并关联应用，形成卫星影像数据与统计数据耦合算法，对全国、省域、重点区域的碳排放进行模拟，为开展碳排放监测评估提供数据支撑。三是协同多方力量开展关键技术的前瞻研究。有机协同政府机关、高校智库、科研院所、企事业单位、卫星遥感机构等，开展模型技术、软件开发等碳排放监测评估关键技术的前瞻性跨学科研究。

57 碳排放“双控”政策趋势研判分析

尹伟华*

摘要：2021年中央经济工作会议首次提出能耗“双控”向碳排放总量和强度“双控”转变。碳排放“双控”是实现碳达峰、碳中和的要求，是能耗“双控”的延伸和发展，具有更加鲜明的控碳、降碳、减碳导向，且不会约束经济增长对用能的需求，有利于扩大可再生能源利用规模和非能源领域碳减排。在能耗“双控”向碳排放“双控”转变进程中，存在碳排放统计核算机制不完善、碳排放“双控”实施机制尚不明确和市场机制有待探索等难点。为尽早实现能耗“双控”向碳排放“双控”转变，需要解决碳排放“双控”指标统计核算、分配考核、实施节奏等问题，分阶段实现转变。

关键词：能耗“双控” 碳排放“双控” 趋势研判

一、碳排放“双控”政策的提出

2021年10月中央经济工作会议首次提出能耗“双控”向碳排放总量和强度“双控”转变。会议提出要正确认识和把握碳达峰碳中和（简称“双碳”），新增可再生能源和原料用能不纳入能源消费总量控制，创造条件尽早实现能耗“双控”向碳排放总量和强度“双控”转变（简称碳排放“双控”），加快形成减污降碳的激励约束机制。2022年1月中共中央政治局第三十六次集体学习时，习近平总书记强调把系统观念贯穿“双碳”工作全过程，提出要进一步完善能耗“双控”制度，新增可再生能源和原料用能不纳入能源消费总量控制；要健全“双碳”标准，构建统一规范的碳排放统计核算体系，推动能源“双控”向碳排放总量和强度“双控”转变。2022年3月政府工作报告再次提出，能耗强度目标在“十四五”规划期内统筹考核，并留有适当弹性，新增可再生能源和原料用能不纳入能源消费总量控制。同时，要有序推进碳达峰碳中和工作，推动能耗“双控”向碳排放总量和强度“双

* 尹伟华，统计学博士，国家信息中心经济预测部政策仿真实验室副研究员，主要研究领域为能源、宏观经济统计与分析、全球价值链、投入产出模型、CGE模型等。

控”转变，完善减污降碳激励约束政策。这些为能耗“双控”的改革明确了方向，具有重要意义。

自党的十八届五中全会提出实施能耗“双控”以来，我国能耗强度持续大幅下降，在支撑经济社会发展的同时，为促进高质量发展、保障能源安全、改善生态环境质量、应对气候变化发挥了重要作用。但是，随着“双碳”进程的推进，能耗“双控”在精准控碳等方面的局限性逐步凸显。能耗“双控”对能源消费总量进行控制，不仅包含传统化石能源，也包含风能、太阳能、水能、核能等非化石能源，以及不作为燃料动力使用的化石能源原料。过度强调能耗“双控”不利于非化石能源以及化工等原料用能行业的健康有序发展。而碳排放“双控”能够在控制化石能源消费的同时，鼓励可再生能源发展，强化低碳科技创新，可有效避免能源消费总量控制的局限性，引导产业绿色转型升级。此外，能耗“双控”对非能源领域碳减排作用有限。随着能源低碳转型的深入推进，能源消耗引起的碳排放大幅下降，非能源领域碳排放将成为减排的难点。目前，能耗“双控”对降低非能源领域的碳排放作用十分有限，碳排放“双控”有利于非能源领域碳减排。

可以看出，碳排放“双控”是实现碳达峰、碳中和的要求，是能耗“双控”的延伸和发展。相较于能耗“双控”，碳排放“双控”更具鲜明的控碳、降碳、减碳导向，且不会约束经济增长对用能的需求，有利于扩大可再生能源利用规模和非能源领域碳减排。

二、碳排放“双控”政策实施的难点

能耗“双控”向碳排放“双控”转变进程中，存在碳排放统计核算机制不完善、碳排放“双控”实施机制尚不明确和市场机制有待探索等难点。

1. 碳排放统计核算机制不完善

碳排放数据核算直接关系碳减排政策的合理性、管理与运作机制的有效性，并最终影响“双碳”目标的实现。目前，国内碳排放核算工作主要是借鉴 IPCC 核算方法与准则，碳排放量根据排放因子开展核算。对于化石能源燃烧排放，排放因子可使用自测值或标准提供的缺省值。企业提供的自测值计算出来的碳排放数据无法进行校核，因此无法保证其准确性；不同企业在不同地域能源单位热值含碳量不同，若统一使用缺省值进行核算，会导致核算精准度较低。对于生产过程排放，同一行业的不同企业也会由于工艺生产过程不同存在明显差异，使用相同生产过程排放因子进行核算会导致较大误差。同时，全国尺度的行业碳核算标准不统一，导致数据存在弹性空间。碳排放核算标准边界也相对模糊，核算依据涉及多种政策法规，且允许多套核算规则并行使用。

2. 碳排放“双控”实施机制尚不明确

“十三五”以来，我国能耗“双控”取得显著成效，但也暴露出能源消费总量管理缺乏弹性、差别化管理措施偏少等问题，“一刀切”控制能源消费总量带来了诸多现实困扰。如有的地区产业结构偏重、能源结构偏煤，新兴产业短期难以接替，实现总量控制目标有难度；有的地区是化石资源富集地，为保障能源安全作出重要贡献，但国家规划的重大项目未实行能耗单列，影响地方指标；还有的地区为完成能耗“双控”考核，采取限产、限电等管控措施。如何充分借鉴能耗“双控”的成熟经验，制定科学的碳排放“双控”实施机制，实现从能耗“双控”向碳排放“双控”转变，还有待进一步研究。目前，尚没有清晰的顶层设计，在协调经济发展与控碳减碳、合理设定总量和强度目标、统筹地区差异与任务分解、科学安排碳排放“双控”时间进程等方面，缺乏统一完善的实施方案。

3. 碳排放“双控”市场机制有待探索

碳市场、碳金融、碳资产管理等市场机制将在碳排放“双控”中发挥重要作用。通过碳市场交易可以逐年收紧高碳排放企业碳排放配额约束或提高碳市场基准线标准，从而激励生产效率高的企业发挥竞争优势。但市场机制如何设计才能有效调动企业减排积极性，并减小对产业健康发展的冲击，这些关键问题的深入研究仍显不足。目前全国碳市场已正式运行，但碳市场交易的产品只有碳排放配额，交易产品单一、层次单一，流动性受限。全国碳市场首批纳入交易的是 2000 多家“控排”发电企业，覆盖的行业单一，既限制了交易规模，同时限制了其他交易主体的参与，交易主体也呈现单一性。这些都对碳市场的功能发挥产生了影响。此外，碳配额交易与 CCER（中国核证自愿减排量）、绿电、绿证等机制如何有效衔接，也有待进一步探索和完善。

三、碳排放“双控”政策实施的条件

为尽早实现能耗“双控”向碳排放“双控”转变，需要解决碳排放“双控”指标统计核算、分配考核、实施节奏等问题。

1. 构建统一规范的碳排放统计核算体系

加强碳排放统计核算能力建设，支持行业、企业依据自身特点开展碳排放核算方法学研究，建立健全碳排放计量体系。积极参与国际碳排放核算方法研究，推动建立更为公平合理的碳排放统计核算方法体系。建立能源低位发热量、含碳率、碳氧化率等因子参数数据库，科学选择适用于不同核算主体的参数，保证碳排放数据的真实性、准确性、可追溯性。建立全员、全链条、全流程的碳核查统计数据责任制，构建覆盖全面、权责清晰的制度体系。健全碳核算法律法规体系，强化法律的保障作用。提高政府碳核查能力，加强部门间衔接，实现跨部门信息资源共享，减少部门间核算数据的误差，避免重复核算。推进碳排放实测技术发展，加快遥感测量、大数据、云计算等新兴技术在碳排放实测技术领域的应用，提高统计核算水平。

2. 建立灵活的碳排放“双控”分配考核机制

东部发达地区具备良好的经济基础和雄厚的科技实力，部分地区有望率先实现碳达峰。中西部欠发达地区聚集着众多高耗能产业，部分地区实现碳达峰任务艰巨。应结合各地区经济发展水平、产业结构布局、能源结构和消费状况等因素，同时考虑产业惯性和能源基础设施建设的长周期性、能源消费的季节性等问题，科学合理设定碳排放分解目标。选择经济发展水平较高、地域范围具有一定广度的地区，以及具有减排成本偏低、产业竞争度低、排放数据易于获取等特点的行业企业，分别开展地区及行业企业碳排放“双控”试点。建立行业企业指标与地区指标相补充的分配机制，行业企业层面要立好碳排放的行业标准，地区层面要设定碳排放强度及总量底线。借鉴能耗“双控”的发展历程，按照先强度、后总量，预期指标与约束指标相结合的思路，逐步形成碳排放“双控”政策的制度性约束机制。

3. 加快完善碳排放“双控”市场机制

逐步扩大碳市场覆盖行业范围，有序纳入水泥、有色、钢铁、石化和化工等高排放行业，最大限度地发挥碳价的激励约束作用。探索开展碳汇交易、碳配额质押贷款、碳资产质押融资、碳基金、碳信托等产品或服务，逐步推出碳远期、碳期货等碳金融衍生品交易，提升市场流动性。加大碳市场与电力市场化改革、用能权交易机制、可再生能源配额机制、排污权交易机制等在内的其他市场化改革和节能减排政策的协调、兼容和衔接。深化发展碳定价政策，未纳入碳市场的企业可以考虑开征碳税，非高碳行业或高碳行业里的中小型企业的能源数据基础较弱，未来很难纳入碳市场，可以在化石能源开采和生产环节征收碳税，通过生产链条传导到下游企业。碳定价政策可逐渐拓宽到涵盖甲烷等非二氧化碳温室气体的排放领域，并将森林碳汇和碳捕获、碳封存等引入碳市场框架，企业可以购买碳汇和捕获与封存带来的碳补偿额来对冲排放限制，从而形成一个更为广泛、长期、具有稳定预期的碳定价制度环境。

四、分阶段实现能耗“双控”向碳排放“双控”转变

根据国际经验，一般情况下，碳排放强度先达峰、总量后达峰，碳排放先达峰、能耗后达峰。碳达峰阶段（2030 年前），仍以能耗“双控”为主，优化管控机制，进一步细化原料品种、用途，精细化界定可不纳入能源消费总量控制的原料范畴，允许能源消费总量保持合理弹性，逐步扩大非化石能源占比和碳排放主要控制强度，稳步推进完成单位 GDP 碳排放下降目标。随着清洁能源占比不断提升，能耗水平与碳排放水平耦合程度逐步减弱，合理确定并重的能耗“双控”与碳排放“双控”指标，将发展重心转向提质增效，不断缩小技术、产业等与国际先进水平的差距。当经济增长与能源消费及碳排放逐渐脱钩后，宜将碳排放“双控”指标作为主要考核指标，推动低碳零碳负碳技术创新与应用，助力实现我国碳中和目标。

可以看出，能耗“双控”和碳排放“双控”可能长期并存。能耗“双控”与碳排放“双控”将按照碳达峰特点分为两个阶段。碳达峰阶段（2030 年前）：不会过分强调能源消费总量控制，但严格考核“单位生产总值能耗下降率”以保证能耗强度逐年降低；碳排放强度和总量考核加强，从而有效控制碳达峰前的碳排放总量。碳达峰之后：能源消费总量控制指标逐渐加强，碳排放强度指标考核力度不减，该阶段需要更有效、更直接的控制手段，此时能耗“双控”仍是考核重点。

58 中国征收碳税的可行性及政策研判

温志超*

摘要：碳税作为一种新型税种，已在很多国家和地区充分实践，并取得了良好的应用效果。作为减少碳排放的政策工具之一，碳税对我国落实“双碳”目标将发挥重要作用。笔者在分析国际碳税实践基础上，提出我国征收碳税应科学设置碳税税种、合理设计碳税税率、遵循碳中性原则、合理使用税收收入、完善配套政策措施，要把握时机适时实施碳税、逐步建立碳税与碳交易协同互补机制、分地区分行业推行碳税试点、进一步加强碳税国际合作，并对我国征收碳税的影响进行了分析。

关键词：碳税　碳市场　可行性　政策研判

一、国际碳税实践

碳税最早在北欧国家开征，目前已在多数发达国家和少部分发展中国家实施。20 世纪 90 年代初，芬兰、挪威、瑞典、丹麦等北欧国家率先开征碳税。进入 21 世纪，德国、爱沙尼亚、拉脱维亚、瑞士、列支敦士登等欧洲国家也陆续开征碳税。2010 年以后，冰岛、爱尔兰、日本、英国、法国、墨西哥、西班牙、葡萄牙、阿根廷、加拿大、新加坡、南非等越来越多的国家开征碳税。从碳税实施的国家来看，大致分为三类：第一类是以芬兰、挪威等为代表的第一批实施碳税的北欧国家。到 20 世纪末，其已基本构建了较为完备的碳税体系，现阶段正根据气候和本国国情在税率及征税对象等方面进行小幅调整。第二类是以英国、法国等为代表的高收入国家。这些国家在经合组织（OECD）和欧盟的带动下实施碳税，碳税税制体系较为完善但并不稳定，现阶段正根据出现的问题提出进一步改革方案。第三类是以新加坡、南非等为代表的早期未实施碳税的国家。这些国家碳税实施起步相对较晚，目前正在积极探索碳税征收之路。据世界银行统计，截至 2022 年 4 月，全球共有 37 个国家和地区实施了碳税，覆盖全球碳排放量的 5.5%左右。

---

* 温志超，经济学博士，国家信息中心经济预测部助理研究员，主要研究领域为环境经济、能源经济、碳市场交易机制、投入产出模型、CGE 模型等。

各国碳税发展虽存在较大差异，但在实践中仍有共同之处。在税制方面，主要有独立税种和融入税种两种模式。独立税种不依附于其他税种而存在，仅根据自身标准独立征税，如芬兰、瑞典等；融入税种是将碳税融入能源税或环境保护税等现有税种，如意大利、德国等。在计税依据方面，大多数国家采用化石燃料消耗量折算的碳排放量作为计税依据，少数国家按照碳实际排放量作为计税依据，如波兰、智利等。前者技术简单，管理成本低，后者技术复杂，实施成本高。在税率水平方面，各国碳税税率差异较大，但整体呈现逐步提高趋势。税率水平从波兰的 0.08 美元/吨二氧化碳当量到瑞典的 137.24 美元/吨二氧化碳当量不等，2021 年碳税税率平均增加了约 6 美元/吨二氧化碳。在征税环节上，多数国家在能源最终消费环节征税，如冰岛、日本，少数国家在生产环节征税，如波兰、英国。在税收优惠方面，各国碳税征收时遵循税收中性原则，实施税收减免等优惠政策，如丹麦对达到自愿减排协议规定的企业给予 80%的税收优惠。在收入使用方面，碳税收入通常实行专款专用。一些国家将碳税收入用于节能减排技术研发，如英国、日本；一些国家将碳税收入用于补贴低收入群体或投入养老基金，如加拿大、德国。在配套政策上，碳税通常与碳交易搭配组合，如日本、欧盟等推行碳税和碳交易并行的政策，在覆盖范围、价格机制等方面起到了良好的互补作用。

碳税国际实践已取得良好效果，但在实施中仍面临一些不足。一是碳税灵活性较差，实施时面临较大阻力。税种的出台和调整需要经过严格的程序，具有一定的时滞，灵活性较差。碳税短期内会导致企业生产成本增加，使居民利益受到一定影响，达成共识往往较难。此外，碳税的累退性可能增加低收入群体的税负，增大碳税实施阻力。二是碳税税率水平整体较低，碳排放总量控制不足。目前碳税税率普遍较低，近一半国家低于 25 美元/吨碳当量。碳税通过税率即价格来实现减排，一些高排放、高收益的企业在碳税较低情形下依然保持原有生产经营模式，减排意愿较低，不能有效地控制总排放量。三是存在碳泄漏风险，不利于全球减排联动。由于各国经济发展程度不同，当前开征与未开征碳税的国家比例悬殊，已开征碳税的国家之间的税率高低也不尽相同，致使碳排放在全球范围内存在巨大的价格成本落差，容易引发碳泄漏问题，大大降低了全球碳减排效果。

二、国际碳税实践经验对中国的启示

1. 科学设置碳税税制

国际上碳税税制的设置主要有独立税种、融入税种两种模式。独立税种模式的碳减排导向更为突出，可以向纳税人和外界传递更直接的减碳信号，但在已开征资源税、环境保护税等税种的情况下，会出现税种设立重复、增加税制复杂性问题，同时受制于税收立法过程，独立税种所要花费的时间更久。融入税种模式是将碳税融入现有的资源税、环境保护税等税种，尽管减碳信号不及独立税种模式，但政策效果类似，且修改税法的难度较新设税种低，更有利于减碳推进。鉴于我国实现“双碳”目标的紧迫性，初期可以考虑采取融入税种模式，在环境保护税下增设二氧化碳税目，以煤炭、石油、天然气等化石燃料消耗量折算的碳排放量为计税依据，待税制成熟后，再考虑独立税种模式，扩大征税范围。征税环节方面，初期可考虑从生产端征税入手，待发展较为成熟后再转入消费端征收。我国环境保护税本质上是为了保护和改善环境，而控制碳排放本质上也是为了保护和改善环境，因此初期将碳税置于环境保护税下更具合理性和可行性。

2. **合理设计碳税税率**

碳税税率设计至关重要，若税率设计不合理，脱离实际，则会增加碳税实施阻力或降低碳税减排效果。在国际实践中，各国在设计碳税税率时，通常实行差异化、先低后高的碳税税率机制。整体而言，国际碳税税率呈现上升趋势，但就目前水平而言，还很难达到《巴黎协定》的目标。根据碳定价高级别委员会估计，倘若要低成本高效益地实现《巴黎协定》的目标实现减排，到2020年碳价格至少为40~80美元/吨二氧化碳，到2030年前至少达到50~100美元/吨二氧化碳。然而，根据国际货币基金组织统计，目前全球碳价格还平均不到2美元/吨二氧化碳。鉴于国际实践，我国碳税税率的设定应与自身发展阶段相匹配，实行差异化、循序渐进的碳税税率。充分考虑我国区域经济发展不均衡的国情，根据不同地区、不同行业的实际情况区别设置税率，以确保公平原则。同时，在碳税开征初期可采取较低的税率，后期再逐步提高税率水平，并根据减排目标完成情况和经济形势进行动态调整。

3. **遵循碳税中性原则**

基于税收中性原则，在开征碳税的同时要实施减税降费，通过税收减免、提供补贴等优惠政策，保持税收中性，减轻企业税收负担，以减轻碳税对经济的负面影响。减税降费政策主要聚焦于低碳领域，以更好促进节能技术、清洁能源技术的开发和应用，如完善企业所得税中关于节能减排专用设备和资源综合利用的税前扣除政策，调整清洁能源发电的增值税优惠范围等；对自愿签订减排协议的企业提供一定期间内的豁免权，防止碳税对特定行业企业产生较大的不利影响；综合运用降低养老保险、企业所得税或个人所得税税率、增加补贴等政策手段缓解开征碳税对不同市场主体带来的影响等。

4. **合理使用税收收入**

合理使用碳税收入，做到专款专用。一是以补贴或转移支付等方式鼓励低碳技术研发、设备改造，加大对低碳环保相关技术的使用力度，促进减排降碳目标实现。如将从高能耗高污染产业征收的碳税收入，以财政补贴的形式发放给绿色产业，激励企业在低碳技术和产品研发上投入更多。二是将部分资金用于建立碳减排基金，对节能减排业绩突出的企业或项目提供支持，充分调动企业减排的积极性。三是将部分碳税收入以补贴或补偿等形式返还给公众，进一步减轻居民个人所得税、社会保险费等负担，切实减轻社会负担，以减轻碳税给居民带来的负面影响，提高碳税的社会接受度。

5. 完善配套政策措施

加强碳税与其他政策工具搭配组合。一是考虑碳税与碳市场作为政策组合，有序推进碳税和碳交易并行的减排政策措施，实现二者有机补充。鉴于现在中国设计的碳市场还未纳入全部碳排放源，而碳税可对未纳入碳市场的碳排放源进行征税以削减二氧化碳排放，因此碳税与碳市场作为政策组合可加强政策调控范围和力度的协调配合。二是推进中国自愿减排碳市场建设，完善自愿减排碳交易相关制度，推动碳税与自愿减排政策措施有效配合。考虑到部分属于碳税征收范围的企业也可能参与自愿减排交易，可对企业从碳交易市场中购买的排放量给予免税政策。三是加强与人民银行碳减排支持工具等政策工具的配合，推动形成绿色金融和绿色税收的政策合力。

三、中国碳税政策趋势研判

1. 把握时机适时实施碳税

当前，我国与实施碳税国家的经济发展程度、能源结构和产业结构等仍存在显著差别，加之我国碳税征收立法中尚存在技术不成熟、实践滞后及政策频繁更迭的缺陷，开征碳税时间起点不宜过早。特别是我国作为经济大国和碳排放大国，能源消费仍以煤炭为主，征收碳税带来的相关影响可能更大、更复杂，需权衡好实现碳减排目标与碳税的经济社会影响之间的关系，要符合国家能源安全战略，服务于经济建设需要，不可盲目冒进。此外，面对欧美发达国家计划即将实施的碳边境调节机制（CBAM）规则，应分别评估碳税实施与出口贸易受限对经济的负向影响，当出口贸易受限对经济负向影响较大时，则可以战略性实施碳税，但我国碳税实施时间不应早于欧美碳边境调节机制（CBAM）的正式实施时间。同时，我国承诺将在2030年实现碳达峰，届时经济对能源结构调整的承载力将大为增强，单靠碳排放权交易难以实现碳减排的目标，需要碳税政策工具提供支持。综合来看，我国应立足国情，统筹减排降碳与经济发展和能源安全，实施碳税的最佳时间应为 2030 年之后。

2. **碳税与碳交易协同互补机制逐步建立**

碳税和碳交易是两种互为补充、相互配合的减排机制。从覆盖范围看，碳交易比较适合较大的排放主体，碳税则更适合较小的排放主体，两者组合可以最低成本地实现碳排放主体的全覆盖；从运行效果看，碳交易的减排机制能够有效控制碳排放总量，但交易价格存在波动性，而碳税的特征是通过矫正税率限定了碳价，但难以对减排效果进行精准的预测，碳减排总量具有不确定性，因此两者组合可以在控制减排效果和维持市场稳定之间进行平衡。我国自 2011 年 7 月开始试点碳交易工作，2021 年 7 月全国碳交易市场正式运行，但目前仅覆盖发电行业，即使后续将石化、建材、化工、航空、有色、造纸和钢铁等高能耗行业逐步纳入，所覆盖的碳排放量也仅占全国碳排放总量的约 50%，难以承担起实现碳达峰与碳中和的目标。面对“双碳”目标的紧迫性和艰巨性，仅靠碳交易难以有效保证目标实现，需要与碳税政策并行实施来加大碳减排调控力度。

3. **分地区分行业推行碳税试点**

我国现存的产业结构不足以支撑全国范围内统一强度征收碳税，因地制宜地科学制定碳税征收范围和强度，对于我国实施碳税至关重要。碳税实施初期，可先行选择经济综合实力、产业结构、人均收入、低碳观念都具有优势的地区进行试点。按照先城市后农村、先一二线城市后三四线城市、先生产后生活、先一次能源产品后二次能源产品的路径逐步扩大实施地区和征收主体。从地区角度看，碳税可以先针对几个空气污染状况较为严峻的城市试点；对于经济发展高效率、高科技和低消耗、低投入的东部地区来说，碳税制度能够促进其经济增长，可以率先进行试点。从行业角度看，可以率先选取排放量占比较大的行业作为试点，我国的制造业与建筑业碳排量之和超过总碳排量的 50%，可以选择这两个行业进行试点。此外，可以选择化石能源开采和生产环节进行征收试点，随着征管能力的提高和控管条件的具备，再将征税环节调整为消费环节。

4. **碳税国际合作进一步加强**

随着气候变化不断加剧，全球范围内不同层面的碳减排协作不断加强。《联合国气候变化框架公约》《京都议定书》《巴黎协定》等国际公约明确以公平为基础并体现共同但有区别的责任和各自能力的原则，提倡发达国家在实现绝对减排目标的同时，向发展中国家提供技术援助，发展中国家根据自身国情逐步提高减排自主贡献。我国应积极开展碳税国际交流与协商，让国际社会了解我国的经济发展任务，以及为应对全球气候变化在节能降耗、低碳减排等方面付出的行动和积极成效，营造良好的国际舆论氛围，并寻求发达国家的低碳技术援助。面对“碳讹诈”行为，应加强与发展中国家的合作，争取达成共识，形成战略联盟，利用 WTO 现有法律机制强调作为发展中国家应承担“共同但有区别的责任”，积极参与碳边境调节机制征收规则的制订，积极寻求对我国有利的碳边境调节机制征收标准。

四、中国征收碳税的影响

1. 短期存在负面效应，长期有利于经济高质量发展

征收碳税将会给能源消耗型、资源密集型行业带来直接影响，使行业的生产成本提高。中国是富煤缺油少气的国家，煤炭在一次能源消费中长期占主导地位，“十四五”及今后更长一段时间内，煤炭仍将在能源消费体系中发挥重要作用。征收碳税将会对能源消耗大特别是对煤炭消费大的行业产生较大影响，从而会在短期内对经济产生一定的负向冲击，且碳税的税率越高，负向冲击的作用越大，但实施碳税产生的减排效果较为明显。然而从中长期来看，碳税是有效降低碳排放强度、提升生态环境质量的重要手段，能够推动产业结构、能源结构、交通结构等调整，提升重点行业能源利用效率，加快构建新型电力系统，加快绿色低碳技术研发和推广应用，以低碳环保引领推动高质量发展。

2. 促进产业结构调整，推进低碳经济发展

征收碳税将提高传统化石能源的使用成本，抑制第二产业高耗能、高排放产业的增长，但对能源依赖程度较小的制造业和建筑业总体影响不大，还能促进第二产业中低碳行业的发展。另外，征收碳税对低能耗的服务业起到促进作用，会推动包括仓储邮电通信业、批发零售贸易、餐饮业在内的第三产业发展，这将有利于产业结构的优化升级。同时，征收碳税将促使企业提高能效或者通过新能源替代化石能源，有利于鼓励企业开发利用可再生能源，加快淘汰耗能高、排放高的落后工艺，也可促进碳捕捉、新型减排、清洁能源和零碳生产等技术的应用，使一些新兴行业应运而生，增加新的就业岗位，促进低碳经济发展，是促进产业结构调整优化的重要路径。

3. 增加总体社会福利，降低企业税赋负担

征收碳税后会给政府带来新的财政收入，合理利用这部分收入会推动社会福利的提高。政府将碳税作为转移收入的一部分，按照一定比例补贴给居民或降低居民个人所得税，或增加对企业的转移支付，用于加强碳减排或应对气候变化等投入。

此外，鉴于征收碳税时遵循税收中性原则，为降低企业的税赋负担，政府开征碳税的同时将相应降低其他税种税率，降低或返还企业所得税等其他税收，以避免税收负担增加导致的企业竞争力下降。有学者通过分析美国碳税的成本问题指出，碳税收入可以用来减少其他税种所造成的扭曲效应，对社会福利产生积极作用。短期来看，征收碳税会对社会福利效应产生正面或负面的作用，但长期来看，正面效应大于负面效应，能够增加总体社会福利。

4. 减轻碳关税政策压力，降低碳关税影响

征收碳税是应对碳关税等贸易保护的有效措施。中国是出口贸易大国，碳关税的征收对中国出口贸易影响较大。2021 年 7 月 14 日欧盟提出了碳边境调节机制（CBAM）立法提案，2022 年 3 月 15 日就 CBAM 相关规则达成协议。该机制规定，欧盟将对从碳排放限制相对宽松的国家和地区进口的水泥、铝、化肥、钢铁等产品征税。有研究表明，如果欧盟碳市场将所有覆盖行业都纳入 CBAM 下，将影响中国对欧盟出口额约 2800 亿元人民币，占中国对欧盟出口总额的 12%。长期来看，欧盟为提升自身产业竞争力，不断在低碳领域发力，通过设计新的规则削弱制造业大国在技术和成本方面的优势，一旦未来针对中国优势产业制定或征收新的碳税，结合反补贴、供应链等法案，将可能形成限制中国产业的一揽子政策。我国开征碳税能够减轻欧美碳边境调节机制政策的压力，通过 WTO 禁止双重征税原则避免被征收碳关税，使得相应碳税税收留在国内，在促进企业减排的同时，也可以用碳税收入推动国内相关产业企业的低碳发展。